HISTOIRE

DE LA

MONARCHIE DE JUILLET

L'auteur et les éditeurs déclarent réserver leurs droits de traduction et de reproduction à l'étranger.

Ce volume a été déposé au ministère de l'intérieur (section de la librairie) en mars 1889.

DU MÊME AUTEUR :

Royalistes et Républicains, Essais historiques sur des questions de politique contemporaine : I. *La Question de Monarchie ou de République du 9 thermidor au 18 brumaire*; II. *L'Extrême Droite et les Royalistes sous la Restauration*; III. *Paris capitale sous la Révolution française.* 2ᵉ édition. Un volume in-18. Prix............ 4 fr. »

Le Parti libéral sous la Restauration. 2ᵉ édition. Un vol. in-18. Prix... 4 fr. »

L'Église et l'État sous la Monarchie de Juillet. Un vol. in-18. Prix... 4 fr. »

Histoire de la Monarchie de Juillet. Tomes I, II, III et IV. 2ᵉ édition. Quatre vol. in-8⁰. Prix de chaque vol...................... 8 fr. »

(*Couronné deux fois par l'Académie française, GRAND PRIX GOBERT, 1885 et 1886.*)

PARIS. — TYPOGRAPHIE DE E. PLON, NOURRIT ET Cⁱᵉ, RUE GARANCIÈRE, 8.

HISTOIRE

DE LA

MONARCHIE DE JUILLET

PAR

PAUL THUREAU-DANGIN

OUVRAGE COURONNÉ DEUX FOIS PAR L'ACADÉMIE FRANÇAISE
GRAND PRIX GOBERT, 1885 ET 1886

TOME CINQUIÈME

PARIS
LIBRAIRIE PLON
E. PLON, NOURRIT ET Cie, IMPRIMEURS-ÉDITEURS
RUE GARANCIÈRE, 10

1889
Tous droits réservés

HISTOIRE

DE LA

MONARCHIE DE JUILLET

LIVRE V

LA POLITIQUE DE PAIX

(1841-1845)

CHAPITRE PREMIER

L'AFFAIRE DU DROIT DE VISITE ET LES ÉLECTIONS GÉNÉRALES DE 1842

(Juillet 1841-juillet 1842)

I. Que faire? M. Guizot comprenait bien le besoin que le pays avait de paix et de stabilité, mais cette sagesse négative ne pouvait suffire. — II. Les troubles du recensement. L'attentat de Quénisset. — III. Les acquittements du jury. Affaire Dupoty. Élection et procès de M. Ledru-Rollin. — IV. Ouverture de la session de 1842. Débat sur la convention des Détroits. — V. Convention du 20 décembre 1841 sur le droit de visite. Agitation imprévue contre cette convention. Discussion à la Chambre et vote de l'amendement de M. Jacques Lefebvre. — VI. M. Guizot est devenu un habile diplomate. Ses rapports avec la princesse de Lieven. Lord Aberdeen. — VII. Mécontentement des puissances à la suite du vote de la Chambre française sur le droit de visite. La France ne ratifie pas la convention. Les autres puissances la ratifient en laissant le protocole ouvert. — VIII. Situation difficile de M. Guizot en présence de l'agitation croissante de l'opinion française contre le droit de visite, des irritations de l'Angleterre et des mauvaises dispositions des cours continentales. Comment il s'en tire. — IX. Débats sur la réforme parlementaire et sur la réforme électorale. Victoire du cabinet. Mort de M. Humann, remplacé au ministère des finances par M. Lacave-Laplagne. — X. Les chemins de fer.

Tâtonnements jusqu'en 1842. Projet d'ensemble déposé le 7 février 1842. Discussion et vote. Importance de cette loi. — XI. Élections du 9 juillet 1842. Leur résultat incertain. Joie de l'opposition et déception du ministère.

I

Lorsqu'il avait pris le pouvoir, le 29 octobre 1840, M. Guizot avait dû, comme Casimir Périer en 1831, se donner pour première tâche de raffermir la paix et l'ordre également ébranlés. En juillet 1841, cette tâche semble à peu près accomplie. Au dehors, la convention des Détroits a retiré la France d'un isolement périlleux pour elle, menaçant pour les autres, et l'a fait rentrer dans le concert européen. Au dedans, les partis de désordre paraissent découragés ; le ministère, qu'au début ses adversaires déclaraient n'être pas viable, a duré, et l'on peut se croire sorti des crises incessantes où se débattait le gouvernement parlementaire depuis cinq ans. Dès lors, que va-t-il être fait des loisirs qu'assure cette paix, des forces dont dispose ce ministère ? En face d'un péril immédiat, visible, tangible, comme celui de 1830 ou de 1840, une politique purement défensive suffit à occuper, à diriger, à entraîner l'opinion. Gouverner alors est ne pas périr. On s'estime heureux, dans la tempête, d'échapper à la foudre, d'éviter les écueils, de tenir tête aux vents, ne fût-ce qu'en louvoyant sans avancer ; mais quand le calme paraît rétabli, les passagers deviennent plus exigeants ; ils veulent savoir où on les mène ; ils prétendent qu'on les fasse aborder à quelque terre nouvelle. C'est leur cas avec M. Guizot, au milieu de 1841. Le ministre, du reste, a personnellement trop le goût et le sens du pouvoir pour ne pas désirer, tout le premier, d'en faire un noble usage ; comme il l'a écrit plus tard en évoquant les souvenirs de cette époque, il avait « une autre ambition que celle de tirer son pays d'un mauvais pas [1] ».

---

[1] *Mémoires de M. Guizot*, t. VIII, p. 4.

M. Jouffroy, qui n'était pourtant pas un esprit terre à terre, écrivait à M. Guizot, le 20 décembre 1841 : « Que le gouvernement libre dure en France et la paix en Europe, c'est là, d'ici à bien des années, tout ce qu'il nous faut [1]. » En effet, ne semblait-il pas que tels fussent l'intérêt bien entendu et le désir vrai du pays? A l'intérieur, après tant de secousses et de changements, il était avant tout nécessaire de consolider des institutions d'origine si récente, de les laisser prendre racine, de faire l'éducation d'un esprit public encore très inexpérimenté et de le guérir de l'agitation inquiète, de la mobilité stérile, fruits naturels d'une suite de révolutions. A l'extérieur, toute grande entreprise diplomatique nous était rendue singulièrement difficile par les méfiances qu'avaient éveillées en Europe les journées de Juillet : vainement, depuis lors, dix ans de sagesse avaient-ils commencé à calmer ces méfiances ; les témérités étourdies du ministère du 1er mars venaient de les raviver, et le refroidissement survenu entre nous et l'Angleterre semblait rendre plus facile aux autres puissances de renouer, le cas échéant, la coalition contre la France ; notre gouvernement avait avantage à gagner du temps, à attendre patiemment les effets d'une nouvelle période de sagesse ; il était encore réduit, comme M. Thiers le reconnaissait déjà en 1836, à « faire du cardinal Fleury [2] ».

M. Guizot comprenait les nécessités de cette situation, et il voulait y adapter sa politique. Estimant que le pays avait par-dessus tout besoin de stabilité, il professait très haut qu'un gouvernement libre n'était pas obligé, comme un despote, à distraire le pays pour lui faire oublier le sacrifice de ses libertés. « Sa mission, ajoutait-il, consiste à faire bien les affaires des peuples, celles que le temps amène naturellement, et l'activité spontanée de la vie nationale le dispense de chercher pour les esprits oisifs des satisfactions factices ou malsai-

---

[1] *Mémoires de M. Guizot*, t. VII, p. 9.
[2] « Nous sommes condamnés, écrivait M. de Barante, le 24 juillet 1841, à n'avoir que des avantages sans éclat, sans contentement pour notre amour-propre. » (*Documents inédits*.)

nes. » Le ministre se disposait donc à combattre de haut et avec un mépris sévère ce qu'il appellera bientôt « ce prurit d'innovation » ; il se refusait à troubler « la grande société saine et tranquille », pour plaire un moment à « la petite société maladive » qui s'agitait et prétendait agiter le pays. De même, nul ne sentait mieux l'avantage pratique, la nécessité patriotique, la beauté morale de la paix. Nul ne s'était moins ménagé pour la sauver quand elle était en péril, et il entendait bien ne pas l'exposer à des risques nouveaux. Ni le souci de sa popularité personnelle ni le désir de flatter l'amour-propre national ne le faisaient sortir de la sagesse prudente qui lui paraissait seule répondre aux besoins réels du pays. « Après ce que j'avais vu et appris pendant mon ambassade en Angleterre, a-t-il dit depuis, j'étais rentré dans les affaires bien résolu à ne jamais asservir aux fantaisies et aux méprises du jour la politique extérieure de la France. » Il écrivait, en 1841, à M. de Sainte-Aulaire qui venait d'être nommé à l'ambassade de Londres : « C'est notre coutume d'être confiants, avantageux ;... nous aimons l'apparence presque plus que la réalité... Partout et en toute occasion, je suis décidé à sacrifier le bruit au fait, l'apparence à la réalité, le premier moment au dernier. Nous y risquerons moins et nous y gagnerons plus. Et puis il n'y a de dignité que là [1]. » Un peu plus tard, il reprochera à M. Thiers « de traiter avec trop de ménagements l'opinion quotidienne sur les affaires étrangères », et il ajoutera : « C'est, à mon avis, un mauvais moyen de faire de la bonne politique extérieure... Quand on attache tant d'importance aux impressions si mobiles, si diverses, si légères, si irréfléchies qui constituent cette opinion quotidienne, la politique s'en ressent profondément [2]. »

Une telle manière de voir était bien conforme à ce que, d'après M. Jouffroy, le pays attendait du gouvernement. Seulement M. Jouffroy avait-il tout dit en déclarant, dans la lettre citée plus haut, qu'il ne fallait alors aux Français que la stabi-

[1] *Mémoires de M. Guizot*, t. VI, p. 129.
[2] Discours du 22 janvier 1844.

lité au dedans et la paix au dehors? S'il mettait ainsi en relief leurs besoins les plus profonds, tenait-il compte d'autres aspirations, d'autres velléités, qui, pour mal concorder avec ce besoin, n'en étaient pas moins réelles et devaient être prises en considération par le gouvernement? L'état de l'esprit public était complexe, comme il arrive souvent en des époques troublées. Par une contradiction que nous avons déjà eu l'occasion de signaler, cette même opinion, lassée de tant de secousses et désabusée par tant de déceptions, soupirant après la tranquillité et revenue des généreuses chimères, avait cependant gardé, des événements du commencement du siècle, un tempérament, des habitudes qui lui faisaient bientôt trouver fade la politique régulière et normale, celle qui se borne à faire bien les affaires de chaque jour. Lors des débats de la coalition, M. de Lamartine, qui cependant défendait alors le gouvernement, avait dénoncé le péril auquel s'exposait la monarchie de Juillet en n'ayant pas assez égard à cet état d'esprit, et il avait prononcé à ce sujet des paroles remarquables que les hommes d'État d'alors eussent eu intérêt à méditer avec plus d'attention qu'ils n'en apportaient d'ordinaire aux discours du poète : « 1830, disait-il, n'a pas su se créer son action et trouver son idée. Vous ne pouviez pas refaire de la légitimité, les ruines de la Restauration étaient sous vos pieds. Vous ne pouviez pas faire de la gloire militaire, l'Empire avait passé et ne vous avait laissé qu'une colonne de bronze sur une place de Paris. Le passé vous était fermé : il vous fallait une idée nouvelle... Il ne faut pas se figurer, messieurs, parce que nous sommes fatigués des grands mouvements qui ont remué le siècle et nous, que tout le monde est fatigué comme nous et craint le moindre mouvement. Les générations qui grandissent derrière nous ne sont pas lasses, elles ; elles veulent agir et se fatiguer à leur tour. Quelle action leur avez-vous donnée? La France est une nation qui s'ennuie. » Depuis que M. de Lamartine les avait signalées en 1839, ces exigences de l'opinion n'avaient été qu'en augmentant. M. de Barante écrivait, le 27 octobre 1841, à M. Guizot :

« Il y a, dans le gouvernement de ce pays, une difficulté radicale. Il a besoin de repos, il aime le *statu quo,* il tient à ses routines ; le soin des intérêts n'a rien de hasardeux ni de remuant. D'autre part, les esprits veulent être occupés et amusés, les imaginations ne veulent pas être ennuyées ; il leur souvient de la Révolution et de l'Empire [1]. » Cette difficulté, si finement observée, était encore aggravée par le malaise que venaient de produire les événements de 1840 : ces événements, en même temps qu'ils avaient créé en Europe une situation nous obligeant à plus de prudence et de réserve, avaient laissé dans l'esprit français une impression d'humiliation, un mécontentement des autres et de soi-même qui le rendaient ombrageux et susceptible. Le public n'en tirait pas sans doute cette conclusion qu'il fallait poursuivre ouvertement une revanche ; il eût même pris bien vite peur si le gouvernement fût entré dans cette voie ; mais, une fois rassuré sur ce point, il était disposé à reprocher à ce même gouvernement sa sagesse comme un oubli trop prompt et trop facile de l'offense subie par la nation.

Tout homme d'État eût été singulièrement embarrassé de satisfaire en même temps à des besoins si différents, si contradictoires. M. Guizot devait l'être plus qu'un autre. Ne semble-t-il pas en effet que sa nature ne le préparait pas à voir avec une égale netteté toutes les faces de ce problème ? Admirablement propre à comprendre le goût de stabilité et de paix, il l'était moins à distraire des imaginations blasées ou à caresser les ressentiments de l'amour-propre national. Peut-être, entre tant de nobles qualités de gouvernement qu'il possédait à un haut degré, lui manquait-il une aptitude d'ordre inférieur, parfois bien nécessaire aux ministres, l'adresse ingénieuse à

---

[1] Cette lettre est citée dans la notice de M. Guizot sur M. de Barante. C'est le même état d'esprit qui faisait écrire plus tard à M. Doudan, avec son *humour* habituel : « Ce que nous avons toujours souhaité, c'est d'être bien nourris, bien vêtus, bien couchés et couchés de bonne heure, et de marcher en même temps pieds nus et sans pain à la conquête de l'Europe. C'est un problème que ni César ni Bonaparte n'auraient pu résoudre apparemment. » (X. Doudan, *Mélanges et Lettres,* t. III, p. 265.)

inventer les expédients par lesquels on occupe et dirige l'esprit public. Plus habile à creuser et à grandir les idées dont il était possédé qu'à en trouver de nouvelles, il avait moins de souplesse et d'abondance que d'élévation et de profondeur. D'ailleurs, ne jugeant pas sensées les exigences de l'opinion, sa raison hautaine dédaignait d'en tenir compte. Dans la région supérieure, mais un peu fermée, où son esprit vivait de préférence presque sur lui-même, il ne semblait pas parfois en communication avec le sentiment général, ne vibrait pas et ne souffrait pas avec lui. Les conséquences s'en faisaient sentir, au dedans comme au dehors. Au dedans, convaincu à bon droit que le devoir du gouvernement et l'intérêt du pays étaient de refuser les nouvelles concessions réclamées par la gauche, il ne se demandait pas si cette sagesse négative suffirait toujours à l'opinion même conservatrice ; il ne comprenait pas assez la nécessité d'offrir aux esprits l'occasion d'un mouvement qui fût bienfaisant, s'il était possible, ou tout au moins inoffensif. Au dehors, il apportait un parti pris pacifique et une résolution de le manifester toujours très haut qui étaient plus conformes à l'intérêt vrai du pays que flatteurs pour son amour-propre ; l'espèce d'impartialité sereine avec laquelle il s'apprêtait à traiter ces questions, soit à la tribune, soit dans les chancelleries, son dédain légitime de ce qu'il appelait « les impressions mobiles et irréfléchies de l'opinion quotidienne », risquaient parfois de le faire paraître étranger et indifférent aux susceptibilités nationales ; suspicion dangereuse entre toutes, que l'opposition ne devait avoir que trop tôt l'occasion d'exploiter.

II

Au mois de juillet 1841, au moment même où l'on se flattait d'avoir pleinement raffermi l'ordre ébranlé par la crise de l'année précédente, des troubles graves éclatèrent à l'improviste dans certains départements. Une mesure financière en fut l'occasion. Le législateur, frappé des inégalités qui se produisaient entre les départements, dans la charge des impôts dits de répartition (contribution personnelle et mobilière et contribution des portes et fenêtres), avait décidé qu'en 1842 et ensuite de dix ans en dix ans, une nouvelle répartition serait proposée aux Chambres, et que, pour la préparer, un recensement serait fait des personnes et des matières imposables. En conséquence, par une circulaire du 25 février 1841, M. Humann, ministre des finances, avait ordonné aux agents des contributions directes de procéder à ce recensement. Il ne s'attendait à aucune difficulté. Mais fort ombrageuse en matière fiscale, l'opinion s'émut. Bien que le seul résultat légal et immédiat du recensement dût être une répartition plus égale des taxes, on crut y voir une arrière-pensée d'en augmenter le montant. La rédaction peu habile de la circulaire ministérielle aidait à ce soupçon. L'opposition, toujours aux aguets, s'empara de l'émotion ainsi produite. Soutenant, sans raison aucune, que le recensement eût dû être fait par les municipalités, elle s'appliqua à éveiller leurs susceptibilités. Sur plus d'un point, les autorités communales entrèrent en conflit ouvert avec les représentants du fisc. De là une agitation de jour en jour croissante, si bien qu'à Toulouse, en juillet 1841, elle tourna en sédition. Fait plus grave encore que cette sédition ou même que l'appui qui lui fut donné par la garde nationale, le préfet, le général, le chef du parquet, comme pris de vertige, se montrèrent tous au-dessous de leur tâche et, à des degrés divers, capitulèrent devant l'émeute. Aussitôt informé, le gouvernement central révoqua les fonctionnaires défaillants, désarma la garde nationale et rétablit avec éclat son pouvoir. Toujours pour la même cause, des désordres se produisirent en août à Lille, en septembre à Clermont, là plus bénins, ici plus meurtriers; ils furent promptement réprimés, mais non sans laisser dans l'opinion une impression d'étonnement inquiet. La gauche faisait grand bruit de ces accidents : elle les présentait comme un signe du mécontentement du pays, du discrédit du gouvernement et de l'impuissance de la politique conservatrice.

Fallait-il croire d'ailleurs, comme l'écrivait mélancoliquement un ami du cabinet, que « le vent de la révolte était déchaîné sur toute la France[1] » ? Par une singulière coïncidence, d'autres troubles éclataient, sous des prétextes divers, à Caen, à Limoges. Une querelle d'ouvriers amenait à Mâcon, les 8 et 9 septembre, un conflit sanglant avec la troupe. Quelques jours après, à Paris, sans autre cause appréciable que la contagion des agitations de province, des perturbateurs s'essayaient à une sorte d'émeute, avec rassemblement sur la place du Châtelet, promenade tumultueuse à travers la ville, cris séditieux et déploiement du drapeau rouge.

Il y eut pis encore. Le 13 septembre, le jeune duc d'Aumale, qui venait de se distinguer en Afrique, faisait sa rentrée à Paris, par le faubourg Saint-Antoine, à la tête du 17ᵉ léger dont il était le colonel. Il était accompagné du duc d'Orléans, du duc de Nemours et de plusieurs officiers généraux, venus à sa rencontre jusqu'à la barrière du Trône. Derrière ce brillant état-major, le régiment s'avançait, sérieux et fier. Les visages hâlés, les habits usés, le drapeau déchiré et noirci rappelaient les faits d'armes, les fatigues, les souffrances de ces soldats qui, depuis sept ans, combattaient sans relâche sur la terre algérienne. Le peuple ému saluait. Le cortège était arrivé dans la rue Saint-Antoine, au coin de la rue Traversière, quand une détonation se fit entendre : un coup de pistolet venait d'être tiré presque à bout portant contre le groupe des princes. Le cheval du lieutenant-colonel du régiment, ayant relevé la tête à ce moment précis, avait reçu la balle et était tombé mort devant le duc d'Aumale. La foule indignée s'empara de l'assassin, qui criait vainement : « A moi, les amis! » C'était un ouvrier scieur de long, appelé Quénisset. On eut peine à empêcher qu'il ne fût fait de lui sommaire justice. Cependant

---

[1] *Journal inédit du baron de Viel-Castel.*

les princes et le régiment continuèrent leur marche, devancés partout par la nouvelle de l'attentat. Les acclamations éclataient de plus en plus vives sur leur passage, comme si la population sentait le besoin de leur faire réparation et de venger son propre honneur. Dans la cour des Tuileries, à la vue du Roi descendu à la rencontre de son fils et l'embrassant devant le régiment qui se rangea sur deux lignes par un mouvement rapide et silencieux, l'émotion fut à son comble.

Ce sinistre couronnement des désordres qui venaient de se produire sur tant de points du royaume, causa dans l'opinion une impression de grande tristesse. Était-on donc revenu aux jours troublés de 1832 et de 1834? « Le nombre et la coïncidence des faits qu'on a eu à déplorer, écrivait M. Rossi, ont jeté dans les esprits de vives alarmes... On se demande avec anxiété si toutes ces atteintes à la paix publique, ces luttes qui ont ensanglanté plus d'une ville et l'attentat du 13 septembre ne sont pas des manifestations de la même cause, des scènes du même drame, s'il ne faut pas y reconnaître une pensée unique, une vaste organisation, l'annonce des combats qu'on veut à tout prix livrer à la monarchie, à la propriété, à l'ordre social [1]. » Au même moment, un observateur, que nous avons souvent eu l'occasion de citer, notait sur son journal intime : « Il y a beaucoup d'inquiétude dans les esprits. Sans craindre un danger immédiat pour la chose publique, on est attristé et découragé de cet état d'anarchie morale qui ne permet pas d'espérer, au moins de bien longtemps, une situation calme, forte et régulière. On s'effraye surtout des dispositions de la classe ouvrière qui, travaillée par les sociétés secrètes et espérant trouver dans un nouveau bouleversement politique les moyens de réaliser les rêves de réorganisation sociale dont on berce adroitement son envieuse misère et son avidité, forme en quelque sorte une armée toujours prête au service des conspirateurs [2]. »

[1] Chronique politique de la *Revue des Deux Mondes*, 1ᵉʳ octobre 1841.
[2] *Journal inédit du baron de Viel-Castel.*

III

Surpris de cette recrudescence inattendue du mal révolutionnaire, le gouvernement comprenait qu'il ne suffisait pas de réprimer les émeutes ou d'arrêter après coup les assassins. Pour faire plus, quelles armes avait-il entre les mains? Des procès de presse? Sans doute ils étaient bien justifiés par la violence des journaux, par l'audace factieuse avec laquelle le Roi était personnellement pris à partie. Mais grâce au jury, ils n'aboutissaient trop souvent qu'à de scandaleux acquittements. Le *National* s'était écrié, en s'adressant à M. Thiers et à M. Guizot : « Que nous importent, à nous, vos vaines querelles? Vous êtes tous complices. Le principal coupable, oh! nous savons bien quel il est, où il est; la France le sait bien aussi, et la postérité le dira. » Le parquet releva dans cet article une offense au Roi. Mᵉ Marie, avocat du prévenu, ne nia pas que le journal eût visé Louis-Philippe; il soutint seulement que l'inviolabilité royale avait pour condition *sine qua non* l'inaction absolue de la royauté, et, s'emparant des discours prononcés pendant la coalition par M. Thiers ou même par M. Guizot, il en concluait que cette condition avait été violée. Le jury, persuadé sans doute par cette étrange argumentation, prononça, le 25 septembre 1841, un verdict d'acquittement. Le lendemain, le *National*, encouragé par ce succès, publiait un article qui aggravait encore la première offense : nouvelle poursuite et nouvel acquittement. On ne pouvait pas compter davantage sur les jurés de province. La cour d'assises de Metz, par exemple, acquittait le *Courrier de la Moselle,* qui montrait dans l'attentat de Quénisset les représailles naturelles des répressions sanglantes exercées par le pouvoir à Mâcon, à Clermont et en d'autres lieux. Celle de Pau refusait de frapper les fauteurs des désordres de Toulouse. Chaque fois, l'opposition triomphait et présentait le verdict comme la condamnation du gouvernement.

C'était à se demander si les poursuites ne faisaient pas plus de mal que de bien. Le ministère cependant ne se décourageait pas de les ordonner. Le garde des sceaux, M. Martin du Nord, s'exprimait ainsi, le 22 septembre 1841, dans une circulaire aux procureurs généraux : « Ne vous laissez pas détourner de poursuites qui vous paraîtraient d'ailleurs justes et opportunes, par la crainte de ne pas obtenir une répression suffisante. Faites votre devoir : l'exemple de votre fidélité éclairera les esprits et affermira les consciences. » A la même époque, M. Guizot écrivait au Roi : « Je persiste à penser que toutes les fois qu'il y a délit et danger, le gouvernement doit poursuivre et mettre les jurés en demeure de faire leur devoir, en faisant lui-même le sien. » Le ministre comptait beaucoup sur l'effet de cet exemple de fermeté donné par le pouvoir : « Ce pays-ci est bon, disait-il encore au prince; mais, dans les meilleures parties du pays, il faut que le bon sens et le courage du gouvernement marchent devant; à cette condition, le bon sens et le courage du public se lèvent et suivent. » Sous l'empire de cette idée, M. Guizot se préoccupait de placer à la tête des parquets des hommes de décision et d'énergie : telle fut la raison qui lui fit appeler, le 12 octobre 1841, au poste de procureur général près la cour de Paris, un de ses amis politiques, M. Hébert, alors député et avocat général à la cour de cassation. Jurisconsulte plein de ressources, discuteur puissant et acéré, logicien inexorable, M. Hébert, loin de répugner à la lutte, s'y plaisait : il apportait une volonté de vaincre qui en imposait à beaucoup; on eût pu douter parfois de son esprit de mesure, jamais de sa fermeté et de son courage.

Avec le temps, cette énergie du pouvoir ne devait pas être sans effet sur les cours d'assises. On s'en apercevra, dès les premiers mois de 1842, au nombre plus grand des condamnations. Toutefois, le plus sûr moyen d'obtenir une répression était encore de soustraire les accusés au jury. C'est pour ce motif que l'attentat contre le duc d'Aumale fut déféré à la cour des pairs. L'instruction avait révélé que le crime était le résultat d'un complot tramé dans les bas-fonds de la démagogie communiste et jetait un jour sinistre sur ces régions où la bourgeoisie régnante n'avait pas l'habitude de porter ses regards. Par plus d'un côté le spectacle était effrayant, et les observateurs sceptiques eux-mêmes, comme Henri Heine, en concluaient que « le jour n'était pas éloigné où toute la comédie bourgeoise en France, avec ses héros et comparses de la scène parlementaire, prendrait une fin terrible au milieu des sifflements et des huées, et qu'on jouerait ensuite un épilogue intitulé *le Règne des communistes* [1] » ! Quénisset, tête faible et exaltée, s'était laissé affilier avec un cérémonial terrifiant à la société secrète des *Égalitaires*. Échauffé, perverti, dominé par les meneurs de cette société, il avait reçu d'eux, au dernier moment, l'ordre de faire le coup. Tous ces meneurs furent compris dans la poursuite. A ces criminels d'origine grossière, l'accusation accola un complice d'un ordre différent, M. Dupoty, rédacteur du *Journal du peuple*. Ce bon vivant, rasé de frais, bien ganté, portant manchettes, breloques et bijoux avec la recherche un peu ridicule d'un dameret suranné, prêchait dans ses articles, sous des apparences de bonhomie triviale, les plus détestables doctrines, fomentait les plus dangereuses passions. C'était le *Journal du peuple* qu'on lisait de préférence dans les réunions des Égalitaires, et Quénisset déclarait lui-même qu'il avait été « perdu » par cette lecture. Il y avait là les éléments d'une responsabilité morale évidente. Le parquet alla plus loin. Dans les articles, en effet fort suspects, que Dupoty avait publiés la veille et le lendemain de l'attentat, dans la lettre que lui avait écrite de la prison l'un des accusés, on crut trouver la preuve d'une complicité légale. Les journaux opposants, stupéfaits et furieux de voir ainsi mettre en question l'impunité de leurs habituelles excitations, prirent à grand bruit fait et cause pour Dupoty et déclarèrent solennellement la liberté de la presse en danger.

[1] Lettre du 11 décembre 1841. (*Lutèce*, p. 209.)

Pour se poser en défenseurs du droit, ils affectèrent de croire que l'accusation inventait une nouvelle complicité, la « complicité morale », et ces mots, une fois jetés dans la polémique, fournirent texte à des déclamations sans fin. M. Hébert, qui faisait en cette affaire ses débuts de procureur général, ne se laissa pas troubler par ce tapage. Les pairs, convaincus par sa pressante dialectique, reconnurent, le 23 décembre 1841, par 133 voix contre 22, non la complicité morale, mais la complicité réelle de Dupoty, et lui infligèrent cinq années de détention. Quénisset et deux de ses compagnons furent condamnés à mort : leur peine devait être commuée peu après par la clémence du Roi. Les autres furent frappés de châtiments variant de la déportation perpétuelle à la détention temporaire. Les cent bouches de la presse dénoncèrent aussitôt la condamnation de Dupoty comme un scandale juridique. Une protestation fut rédigée et publiée à laquelle adhérèrent seize journaux de nuances diverses, radicaux, légitimistes et appartenant à la gauche dynastique[1].

Cet empressement de tous les opposants à prendre sous leur protection les pires révolutionnaires, du moment où ceux-ci se trouvaient aux prises avec la justice, apparut avec non moins d'éclat dans un autre procès qui fit alors assez grand bruit. L'extrême gauche venait de perdre son chef parlementaire et son principal orateur : M. Garnier-Pagès avait succombé à une maladie de poitrine, le 23 juin 1841[2]. Bien que n'ayant

---

[1] « A aucune époque, disait cette protestation, la presse n'a montré plus de respect pour l'ordre légal ; à aucune époque, elle n'a été l'objet d'une persécution plus acharnée... Il nous sera permis de signaler un résultat qui s'élève aux proportions d'un malheur public... L'arrêt de la cour des pairs ne se borne pas à frapper un écrivain politique, il pèse sur la liberté même de discussion,... et l'arbitraire n'avait jamais été introduit aussi formellement dans la discussion... La presse ne peut accepter cette situation ; elle résistera. » Les journaux signataires étaient : pour les radicaux, le *National*, le *Journal du peuple*, la *Revue indépendante*, la *Revue du progrès* et le *Charivari*; pour les légitimistes, la *Gazette de France*, la *Quotidienne*, la *France*, la *Mode* et l'*Écho français*; pour la gauche dynastique, le *Courrier français*, le *Siècle*, le *Temps*, le *Commerce*, la *Patrie* et le *Corsaire*.

[2] Le Garnier-Pagès qui fut membre du gouvernement provisoire en 1848 était le frère cadet de celui qui mourut en 1841. Il dut toute sa notoriété au souvenir

pas plus de quarante ans au moment de sa mort, il s'était fait une place à part dans les Chambres. Rien chez lui du type banal des orateurs démocratiques : sa physionomie était douce, délicate et souffreteuse ; sa parole froide, correcte, souple, exprimait avec modération les opinions les plus extrêmes ; répugnant aux discussions générales, aux lieux communs, il était plus à son aise dans les débats précis, notamment dans les questions financières qu'il étudiait avec un soin et traitait avec une compétence rares dans son parti. Populaire auprès de ses coreligionnaires politiques, il était pris au sérieux par ses adversaires. C'était dès lors pour les radicaux une affaire importante de désigner celui qui lui succéderait comme député du deuxième collège du Mans. Leur choix se porta sur un jeune avocat à la cour de cassation, de famille bourgeoise et aisée, qui devait jouer, sinon tout de suite, du moins quelques années plus tard, un des rôles retentissants du parti révolutionnaire : il s'appelait Ledru-Rollin. En presque tout, c'était l'opposé de M. Garnier-Pagès. De tempérament sanguin et de haute stature, les épaules larges, la tête renversée, la voix forte, il rêvait d'être un tribun dans le goût de la Convention : pas une idée originale, personnelle, mais une teinte superficielle des lieux communs de 1792 et de 1793, le goût et la recherche du théâtral, une faconde facile, abondante, souvent vulgaire et pâteuse, parfois éloquente à force de véhémence passionnée. Son idéal était de paraître un nouveau Danton. Il est vrai qu'en soulevant le masque du tribun, on eût vite entrevu la figure molle, grasse et sensuelle d'un épicurien nonchalant, ne comprenant l'audace qu'en paroles, bien aise de faire peur, mais ayant soi-même plus peur encore, assez faible pour suivre partout son parti, mais incapable de le commander[1]. C'est là du moins le personnage tel qu'il devait

de son frère aîné, mais était loin d'avoir sa valeur. Dans la séance du 24 février 1848, quand on proclama à la tribune les noms des membres du gouvernement provisoire, le nom de Garnier-Pagès souleva des protestations, et une voix s'écria dans la foule : « Il est mort, le bon ! »

[1] C'est M. Ledru-Rollin qui dira à M. Léon de Malleville, au moment de l'émeute de juin 1849 : « Je suis leur chef, il faut bien que je les suive. » M. Dou-

se manifester plus tard. En 1841, lorsque son nom fut mis en avant pour la succession de M. Garnier-Pagès, il n'était pas encore bien connu; à peine s'était-il fait remarquer dans quelques procès politiques. Les rédacteurs du *National,* qui se souvenaient de l'avoir vu, en 1837, briguer une candidature sous le patronage de M. Odilon Barrot, le suspectaient de modérantisme. Ce fut sans doute pour dissiper ces soupçons que, la veille de l'élection du Mans, le 23 juillet, dans une réunion préparatoire des électeurs, le candidat fit un discours d'une extrême violence où il s'attaquait à toutes les institutions politiques et sociales. Le scandale fut grand. La cour d'Angers ordonna des poursuites contre l'orateur et contre le journal qui avait reproduit son discours. Aussitôt, grande clameur dans tous les rangs de l'opposition : tout à l'heure, dans l'affaire Dupoty, on déclarait la liberté de la presse menacée par le pouvoir; cette fois, la liberté électorale était en péril; on soutenait que les discours prononcés par un candidat devant les électeurs avaient droit aux mêmes immunités que les discours du député à la tribune de la Chambre. Pour venger avec plus d'éclat la liberté qu'on prétendait être ainsi violée, quatre députés, représentant les diverses nuances de l'opposition, MM. Arago, Marie, Odilon Barrot et Berryer, vinrent solennellement assister M. Ledru-Rollin devant la cour d'assises de Maine-et-Loire, saisie de l'affaire par décision spéciale de la cour de cassation. Les débats s'ouvrirent le 23 novembre 1841. Par une étrange distinction, le jury vit un délit, non dans le fait d'avoir prononcé le discours, mais dans sa publication, et, de ce chef, M. Ledru-Rollin fut condamné à quatre mois de prison et 3,000 francs d'amende, le gérant du *Courrier de la Sarthe* à trois mois et 2,000 francs. Cette condamnation ne fut même pas maintenue; un vice de procédure fit casser l'arrêt, et M. Ledru-Rollin, renvoyé devant la cour d'assises de la Mayenne, fut acquitté. Ainsi fit

dan ne pensait-il pas à lui quand il écrivait : « Un chef de parti dans le radicalisme est un homme qui fait ce qui plaît aux autres, et qui le fait avec le geste du commandement. »

son entrée sur la scène politique le futur membre du Gouvernement provisoire de 1848, le futur révolté du 13 juin 1849. Plus tard, quand il eut donné sa mesure, M. Berryer et M. Odilon Barrot, ou même M. Arago et M. Marie, se sont-ils sentis bien fiers d'avoir fait cortège à ses débuts?

IV

Cependant l'année 1841 touchait à son terme, et l'on approchait du jour fixé pour la rentrée du parlement. La session de 1842 se présentait avec une importance particulière : chacun s'attendait qu'elle fût la dernière de la Chambre élue en 1839; les débats qui allaient s'ouvrir devaient décider quel cabinet présiderait aux élections générales. En dépit des fanfaronnades de ses journaux, l'opposition ne se flattait guère de venir à bout du ministère, au moins de haute lutte et par ses seules forces. L'horreur et l'effroi produits par l'attentat de Quénisset et par les révélations du procès qui avait suivi venaient de redonner du crédit à la politique de résistance. Ce n'était pourtant pas qu'à regarder du côté de la majorité, la situation personnelle de M. Guizot parût bien solide. Des anciens 221, beaucoup ne lui avaient pas encore pardonné la coalition. Les timides s'effarouchaient de son impopularité qui paraissait plus grande que jamais [1]. Les sceptiques et les frivoles lui reprochaient de prendre trop au tragique le péril révolutionnaire [2]. Les médiocres lui en voulaient de sa supériorité. En

---

[1] On lit dans le *Journal intime du baron de Viel-Castel*, à la date du 5 décembre 1841 : « Jamais l'impopularité proverbiale de M. Guizot n'a été plus grande qu'aujourd'hui. » (*Documents inédits.*)

[2] Henri Heine écrivait, le 11 décembre 1841 : « Personne ne veut se voir rappeler les dangers du lendemain, dont l'idée lui gâterait la douce jouissance du présent. C'est pourquoi tout le monde est mécontent de l'homme dont la parole sévère réveille, parfois peut-être à contretemps, lorsque nous sommes assis justement au plus joyeux banquet, la pensée des périls imminents suspendus sur nos têtes. Ils en veulent tous au maître d'école Guizot. Même la plupart des soi-disant conservateurs sentent de l'éloignement pour lui, et, frappés de cécité comme ils

somme, parmi les conservateurs, plusieurs le subissaient plus qu'ils ne le goûtaient; ils le croyaient nécessaire, mais le trouvaient compromettant et déplaisant; c'était moins par dévouement pour lui que par crainte de ses successeurs possibles qu'ils le soutenaient. M. de Barante, alors à Paris, écrivait au comte Bresson, le 16 décembre 1841 : « Jamais ministre ne fut entouré de moins de bienveillance. Beaucoup de gens sages, d'amis de l'ordre, souhaitent son maintien, mais en disant que ce n'est pas à cause de lui. En même temps, vous savez la haine que lui portent les hommes de la gauche. En général, on ne croit pas qu'il puisse se soutenir. On peut se tromper, car personne ne se soucie de ses successeurs présomptifs[1]. »

La session s'ouvrit, le 27 décembre 1841, par un discours du trône, à dessein sobre et réservé. Les premiers votes furent plus favorables encore au gouvernement qu'on ne s'y attendait. M. Sauzet fut réélu président à une grande majorité, malgré la tentative faite pour lui opposer M. de Lamartine. La commission de l'adresse se trouva exclusivement composée de ministériels : pour trouver pareil fait, il eût fallu remonter jusqu'au ministère Villèle. Les adversaires du cabinet ne renoncèrent pas cependant à une lutte qui, à défaut de résultat immédiat, pouvait du moins préparer les élections.

L'opposition, M. Thiers en tête, dirigea tout d'abord son principal effort contre la convention des Détroits, dont il lui paraissait facile d'établir tout au moins l'insignifiance. Mais on s'aperçut bientôt que la majorité, désireuse de clore une affaire pénible, ne prenait pas goût à ces récriminations rétrospec-

---

sont, ils s'imaginent pouvoir remplacer Guizot par un homme dont le visage serein et le langage avenant sont bien moins de nature à les tourmenter et à les terrifier. O fous conservateurs, qui n'êtes capables de rien conserver, hors votre propre folie, vous devriez conserver Guizot comme la prunelle de vos yeux... » (*Lutèce*, p. 209.)

[1] *Documents inédits.* — Quelques semaines auparavant, le même observateur s'exprimait ainsi, dans une lettre adressée à un de ses parents : « Je ne sais comment sera la prochaine session. A en juger par ce que je vois de l'opinion, il y a peu ou point de bienveillance pour le ministère, mais on n'a de confiance ni de propension pour aucun autre. »

tives. M. Guizot d'ailleurs se défendit habilement : il ne chanta pas victoire, ne prétendit pas que « la convention du 13 juillet 1841 eût réparé, effacé tout ce qui s'était passé en 1840 », reconnut que « la politique de la France avait essuyé un échec », mais compara l'état où il avait amené les choses en Égypte, sur le Bosphore, en Europe, avec celui où il les avait reçues, dix-huit mois auparavant, des mains de M. Thiers. Le ministre ne se contenta pas de justifier ou d'expliquer le passé ; il indiqua l'attitude à prendre désormais par la France en face des autres puissances et particulièrement de l'Angleterre; c'est même la partie de ses discours la plus intéressante à noter : elle marque la transition entre l'isolement boudeur où il ne voulait plus laisser son pays et l'entente cordiale qu'il ne pouvait encore ni pratiquer ni proclamer. A son avis, il ne saurait être maintenant question d'une alliance. « Je ne dis pas cela, ajoutait-il, pour méconnaître les services qu'une alliance réelle et intime avec la Grande-Bretagne nous a rendus, lorsqu'en 1830, nous avons fondé notre gouvernement. Pour mon compte, quels que soient les événements qui sont survenus depuis, j'ai un profond sentiment de bienveillance pour le peuple généreux qui, le premier en Europe, a manifesté de vives sympathies pour ce qui s'était passé en France... Je suis bien aise de lui en exprimer ma reconnaissance. Mais les événements suivent leur cours... Des difficultés sont survenues, la diversité des politiques des deux pays s'est manifestée sur plusieurs points, l'alliance intime n'existe plus. — *Une voix à gauche :* Dieu merci ! — Est-ce à dire que la politique de l'isolement doive être la nôtre et remplacer celle des alliances? Ce serait une folie. Messieurs, ne vous y trompez pas, la politique d'isolement est une politique transitoire qui tient nécessairement à une situation plus ou moins critique et révolutionnaire. On peut l'accepter, il faut l'accepter à certain jour, il ne faut jamais travailler à la faire durer, il faut, au contraire, saisir les occasions d'y mettre un terme, dès qu'on peut le faire sensément et honorablement. Quelle politique avons-nous donc aujourd'hui? Nous sommes sortis de l'isolement; nous ne sommes entrés dans aucune alliance spéciale étroite; nous avons la politique de l'indépendance, en bonne intelligence avec tout le monde... L'alliance intime avec l'Angleterre a pour vous cet inconvénient qu'elle resserre l'alliance des trois grandes puissances continentales. L'isolement a pour vous l'inconvénient plus grave encore de resserrer l'alliance des quatre grandes puissances. Ni l'une ni l'autre situation n'est bonne. Que chaque puissance agisse librement suivant sa politique, mais dans un esprit de paix, de bonne intelligence générale : voilà le véritable sens du concert européen tel que nous le pratiquons; voilà la situation dans laquelle nous sommes entrés par la convention du 13 juillet. »

Peut-être, dans la majorité, quelques esprits trouvaient-ils M. Guizot un peu prompt à parler de « bonne intelligence » avec les auteurs de l'offense du 15 juillet 1840. Mais M. Thiers se chargea aussitôt de leur faire comprendre le péril d'une politique de ressentiment. En effet, il voulut, lui aussi, indiquer quelle devait être la situation de la France envers l'Europe. Passant en revue les diverses puissances, il les montra toutes hostiles. La Russie, disait-il, est notre adversaire depuis 1830. En Allemagne, « il n'y a pas un gouvernement qui ne regarde la France comme un ennemi tôt ou tard redoutable;... ils savent parfaitement qu'il y a entre eux et nous une question de territoire redoutable pour eux et une question de principe plus redoutable encore »; la question de territoire, c'est la rive gauche du Rhin; la question de principe, c'est la propagande des idées libérales françaises. Quant à l'Angleterre, M. Thiers estimait que, surtout depuis l'avènement des tories, on devait s'attendre à la voir le plus souvent se joindre à nos adversaires. Il résumait donc ainsi la situation : « Quand on a l'avantage de pouvoir se trouver tous réunis contre nous, on en saisit l'occasion avec empressement. » L'orateur en concluait-il qu'il fallait tâcher de désarmer ces défiances, manœuvrer habilement pour dissoudre cette coalition? Non, il engageait son pays à affronter seul, fût-ce les armes à la main, cette Europe malveillante et menaçante.

« Faites donc voir, s'écriait-il, que la France est forte par elle-même ; ne faites pas consister sa force dans ses alliés. » Et il disait encore : « Si une fois la France ne montre pas, par une grande résolution, qu'elle est prête à braver toutes les conséquences, plutôt que de laisser s'accomplir le projet de l'annuler, son influence est sérieusement compromise. Si l'on ne croit pas que vous serez prêts à vous lever le jour où l'on vous bravera, vous serez bientôt la dernière nation. Non, je le dis franchement, toutes mes opinions (et les gens qui me connaissent le savent bien) ne me portent pas à l'opposition, mais je suis convaincu que si vous n'avez pas un jour la force d'une grande résolution, le gouvernement que j'aime, le gouvernement auquel je suis dévoué, aura la honte ineffaçable d'être venu au monde pour amoindrir la France. » Une politique d'isolement défiant et menaçant, qui aboutirait fatalement à la guerre et à la guerre d'un contre tous, telle était donc la perspective offerte par M. Thiers. Ce langage pouvait flatter la gauche ; mais il n'était pas fait pour rassurer les conservateurs et les réconcilier avec le ministre du 1er mars.

On le vit bien lors du vote : M. Thiers ne put obtenir aucune manifestation contre la politique suivie par M. Guizot dans l'affaire d'Orient. Il se trouva une grande majorité pour adopter sur ce point le paragraphe de l'adresse, tel que l'avait rédigé la commission. Il est vrai que ce paragraphe se bornait à prendre acte de la convention du 13 juillet et à constater la clôture de la question sans un mot de satisfaction ou même d'approbation. Bien qu'exclusivement ministérielle, la commission n'avait pas osé demander davantage. La majorité se résignait au fait accompli ; sa raison l'y obligeait ; mais son amour-propre ne trouvait pas là de quoi panser ses blessures et satisfaire ses ressentiments. Elle comprenait qu'il n'y avait pas eu moyen de faire autre chose, et que nul autre ne se fût tiré plus convenablement d'une passe dangereuse ; mais ce n'en était pas moins une déconvenue. La conviction était complète ; mais c'était une conviction attristée. État d'esprit complexe et curieux qui méritait d'être noté. Si l'on s'en fût alors mieux rendu compte, on aurait été moins surpris de l'explosion qui allait se produire à propos de la question, devenue tout de suite si fameuse et si brûlante, du droit de visite.

V

Peu de jours avant l'ouverture de la session, les journaux avaient annoncé — sans que le public y fît grande attention — que notre ambassadeur à Londres venait de signer, le 20 décembre 1841, avec le gouvernement britannique et les représentants des autres grandes puissances, une convention relative à la visite des navires soupçonnés de faire la traite des nègres. Pour comprendre la portée de cet acte et les suites qu'il devait avoir, il convient de remonter un peu en arrière. On sait avec quelle ardeur, avec quelle passion l'Angleterre avait pris en main, depuis le commencement du siècle, la cause de l'abolition de la traite. Des motifs divers l'y avaient poussée : un sentiment religieux, profond et vrai, l'amour-propre national, et aussi, dans une large mesure, l'intérêt de sa suprématie maritime et commerciale. Ayant obtenu du congrès de Vienne qu'il fît entrer cette abolition dans le droit public européen, le cabinet de Londres demanda aussitôt après, comme conséquence de ce principe, que les puissances se concédassent réciproquement le droit de visite sur les bâtiments de leurs nationalités respectives : c'était, disait-il, le seul moyen d'atteindre efficacement les négriers, qui avaient toujours à bord plusieurs pavillons différents et s'en couvraient successivement pour échapper aux croiseurs. L'argument était sérieux, sincère, mais était-il entièrement désintéressé? Les autres États ne le jugeaient pas tel; ils se disaient qu'avec sa supériorité numérique, la flotte britannique aurait en fait, une fois le droit de visite établi, la police de toutes les autres marines : c'était, à leurs yeux, une manifestation nouvelle de l'ancienne prétention de l'Angleterre à la domination des mers. La résistance à cette suprématie était particulièrement dans les traditions de la politique française : aussi le gouvernement de la Restauration, plusieurs fois sollicité, s'était-il refusé constamment à rien concéder sur le droit de visite. Au lendemain de la révolution de Juillet, la monarchie nouvelle se montra plus facile ; elle se faisait un point d'honneur libéral de servir la cause abolitionniste, et surtout, en face de l'Europe inquiète et malveillante, elle avait besoin de l'alliance anglaise. Par une convention du 30 novembre 1831 que compléta un second traité du 22 mars 1833, les deux puissances s'accordèrent réciproquement le droit de visite dans de certaines régions ; il était stipulé que le nombre des croiseurs de l'une ne pourrait dépasser de moitié celui des croiseurs de l'autre. Le public français, jusqu'alors fort ombrageux en ces matières, laissa faire sans élever aucune protestation : à vrai dire, son attention était ailleurs. Ce ne fut pas tout. La convention ne pouvait avoir toute son efficacité que si les autres États y adhéraient et enlevaient par là aux négriers la chance d'échapper à la visite en arborant tel ou tel pavillon : le gouvernement français se joignit à celui d'Angleterre pour solliciter ces adhésions. Ainsi furent obtenues successivement celles du Danemark, de la Sardaigne, de la Suède, de Naples, de la Toscane, des Villes hanséatiques. La Russie, l'Autriche et la Prusse résistèrent plus longtemps ; ce ne fut qu'en 1838 et sur les instances renouvelées des deux États maritimes, qu'elles se montrèrent disposées à accepter ce droit de visite ; seulement, ne trouvant pas que leur dignité de grandes puissances leur permît d'accéder à des traités faits sans elles, elles demandèrent qu'une nouvelle convention fût conclue dans laquelle elles figureraient comme parties principales sur le même pied que la France et l'Angleterre. Notre ambassadeur à Londres fut autorisé à négocier sur ces bases. Après diverses péripéties, on était tombé d'accord, en 1840, pour rédiger un projet de convention qui reproduisait à peu près les clauses de 1831 et de 1833 ; seulement ce projet étendait les zones où la visite pouvait être exercée, et ne limitait pas la proportion des croiseurs de chaque puissance; ce dernier changement était rendu nécessaire par l'accession de la Prusse, dont la marine de guerre était comparativement peu nombreuse. Le 25 juillet 1840, c'est-à-dire dix jours après avoir conclu sans nous le fameux traité réglant les mesures à prendre contre le pacha d'Égypte, lord Palmerston, comme si rien ne s'était fait, nous avait invités à procéder aux signatures de la nouvelle convention sur le droit de visite. M. Thiers ne faisait aucune objection sur le fond, mais le moment lui parut mal choisi; il lui déplaisait de « faire un traité avec des gens qui venaient d'être si mal pour nous ». La négociation, sans être rompue, se trouva dès lors suspendue de fait pendant un an. En 1841, le jour même où la convention des Détroits vint clore le différend né du traité du 15 juillet 1840, lord Palmerston remit sur le tapis la convention du droit de visite. Il avait ses raisons pour être pressé. Le cabinet dont il faisait partie, loin d'avoir trouvé des forces dans le succès de sa campagne orientale, succombait sous le poids des embarras financiers dont cette campagne était en partie la cause; chaque jour plus délaissé par l'opinion, il avait à peine encore quelques semaines à vivre. Lord Palmerston désirait vivement ne pas se retirer sans avoir mené à fin une affaire que la nation anglaise avait tant à cœur. Mais M. Guizot n'avait aucune raison d'être agréable au promoteur du traité du 15 juillet. Il refusa donc formellement, et sans cacher pourquoi, de montrer l'empressement qu'on lui demandait. Sur ces entrefaites, le 30 août 1841, le cabinet whig, mis en minorité dans le pays d'abord, dans le parlement ensuite, dut définitivement céder la place aux tories : sir Robert Peel succéda à lord Melbourne en qualité de « premier », et le *Foreign office* passa aux mains de lord Aberdeen. Les nouveaux ministres témoignaient d'intentions bienveillantes à notre égard; quand ils critiquaient leurs prédécesseurs, l'atteinte portée à l'alliance française n'était pas le grief sur lequel ils insistaient le moins. M. Guizot leur savait gré de ces bonnes dispositions et croyait de sage politique d'y répondre. Aussi, dès que lord Aberdeen, en octobre 1841, lui reparla du droit de visite, il lui fit un accueil tout autre qu'à lord Palmerston et se montra prêt à terminer l'affaire. La convention fut signée, à Londres, le 20 décembre 1841; l'échange des ratifications était fixé au 19 février 1842.

M. Guizot avait agi sans aucune hésitation. Dans cette convention nouvelle, il ne voyait que la confirmation d'un régime accepté depuis dix ans par l'opinion française et pratiqué sans avoir donné lieu à de sérieux abus [1]. Quant à se demander si, pour être accepté sans ombrage et exercé sans conflit, le droit de visite ne supposait pas, entre les puissances contractantes, un état de confiance et de bon vouloir réciproques qui n'existait plus depuis 1840, notre ministre ne paraît pas y avoir songé [2]. En ne reculant pas davantage la conclusion de cette affaire commencée et préparée par ses prédécesseurs, il croyait faire un acte tout naturel et ne s'attendait de ce chef à aucune difficulté sérieuse et durable. Les faits semblèrent d'abord lui donner raison. L'incident fut jugé si insignifiant que, dans la conférence où ils fixèrent les points sur lesquels porterait l'attaque dans la discussion de l'adresse, les chefs de la gauche et du centre gauche commencèrent par l'écarter. Ce fut M. Billault qui réclama : il était député de Nantes; or les armateurs et les négociants de nos ports étaient fort prévenus contre le droit de visite, les uns parce qu'ils croyaient avoir à redouter de mauvais procédés de la part de la marine anglaise; quelques autres par des motifs peut-être moins avouables : ils passaient pour ne pas être grands ennemis de la traite; sans la faire eux-mêmes, ils expédiaient sur la côte d'Afrique les marchandises que les négriers employaient comme matière

---

[1] L'examen des archives n'avait fait relever, de 1831 à 1842, que dix-sept réclamations du commerce français contre l'usage fait du droit de visite : cinq ou six avaient obtenu satisfaction; les autres avaient été écartées comme sans fondement ou délaissées par les réclamants eux-mêmes.

[2] Le prince de Metternich disait avec raison, à propos du droit de visite : « Le vice de ce mode d'action, c'est qu'il n'est praticable qu'entre, je ne dis pas seulement des gouvernements, mais des pays vivant dans la plus grande intimité, étrangers à toute susceptibilité, à toute méfiance réciproque, et animés du même sentiment, au point de passer l'éponge sur des abus. » (Cité par M. Guizot dans son étude sur *Robert Peel*.)

d'échange dans leur trafic. Sur l'insistance de M. Billault, il fut décidé « qu'à tout hasard un mot serait dit de la nouvelle convention [1] », mais on n'en espérait aucun résultat important.

A peine l'annonce du débat eut-elle forcé l'attention du public à se porter sur cette convention, que commença à se manifester une opposition d'une vivacité à laquelle personne ne s'était attendu. Quelque fait nouveau avait-il donc subitement révélé, dans l'exercice du droit de visite, des inconvénients jusqu'alors inaperçus? Non ; le seul fait nouveau, c'était le traité du 15 juillet 1840 qui avait réveillé contre « l'Anglais » la vieille animosité, plus ou moins assoupie depuis 1830 [2], et qui, par suite, faisait regarder comme insupportable le régime naguère si facilement accepté [3]. Le mouvement se dessina tout de suite avec tant de force que M. Guizot, malgré son optimisme habituel, fut troublé dans sa sécurité. La veille même du jour où la question devait être débattue à la Chambre, il écrivait à M. de Sainte-Aulaire, alors ambassadeur à Londres :
« Sachez bien que le droit de visite est, dans la Chambre des députés, une grosse affaire. Je la discuterai probablement demain et sans rien céder du tout ; je suis très décidé au fond ; mais la question est tombée bien mal à propos au milieu de nos susceptibilités nationales ; j'aurai besoin de peser de tout mon poids et de ménager beaucoup mon poids en l'employant. Je ne sais s'il me sera possible de ratifier aussitôt que le désirerait lord Aberdeen. Il n'y a pas moyen que les ques-

---

[1] *Notes inédites de M. Duvergier de Hauranne.*
[2] M. Léon Faucher, qui était cependant ami de l'Angleterre, écrivait à M. Reeve, le 14 août 1841 : « Je suis effrayé des progrès que fait chez nous la haine de l'Angleterre. » Et, le 24 août, il écrivait encore à un autre Anglais, en parlant de lord Palmerston : « Croyez-moi, cet écervelé a fait plus de mal à l'Europe que des années de guerre. Il a rendu le nom anglais suspect et odieux à la France. Il a éveillé ici des passions que nous avions combattues pendant quinze ans. » (*Biographie et Correspondance*, t. I, p. 110 et 113.)
[3] M. Guizot devait le reconnaître un an plus tard, et il dira, à la tribune, le 23 janvier 1843 : « C'est le traité du 15 juillet 1840 qui a donné tout à coup aux traités de 1831 et de 1833 le caractère qu'ils ont maintenant. C'est le traité du 15 juillet qui a créé le sentiment public qui existe aujourd'hui et dont on ne s'était pas douté pendant dix ans. »

tions particulières ne se ressentent pas de la situation générale, et que, même lord Palmerston tombé, toutes choses soient, entre les deux pays, aussi faciles et aussi gracieuses que dans nos temps d'intimité. » Rien de plus fondé que cette dernière réflexion ; mais M. Guizot ne la faisait-il pas un peu tard?

La discussion s'engagea à la Chambre des députés, le 22 janvier 1842. M. Billault ouvrit le feu contre le droit de visite, montrant la tradition de la politique française méconnue, la liberté des mers livrée à la prépotence anglaise, le droit international mutilé, notre marine découragée, nos intérêts commerciaux compromis. Habile, incisif, spécieux, il eut du succès ; ce genre de questions convenait mieux à son talent d'avocat que les débats plus généraux. M. Dupin l'appuya avec sa verve familière qui agissait toujours sur une certaine fraction de la majorité. Puis, ce fut M. Thiers qui, devant l'importance inattendue prise par la question, se déclara adversaire du droit de visite, au risque de se faire rappeler qu'il était ministre lors de la convention de 1833 ; l'homme d'État eût dû se demander s'il était avantageux à la France de la jeter dans un nouveau conflit ; mais l'opposant avait entrevu une chance de faire échec au ministère, cela lui faisait oublier tout le reste. Le second jour, l'attaque fut continuée par MM. Berryer, Odilon Barrot et l'amiral Lalande. M. Guizot, presque seul, tint tête aux assaillants avec courage et talent ; il prit plusieurs fois la parole ; mais vainement rappelait-il les précédents ; vainement démontrait-il que, si des abus se produisaient, le gouvernement serait armé contre eux ; vainement essayait-il d'intéresser les sentiments libéraux et généreux de ses auditeurs à la répression d'un trafic infâme, — il sentait lui-même, non sans surprise, que sa parole ne portait pas, qu'elle se heurtait à des préventions plus fortes. « J'ai souvent combattu des impressions populaires, écrivait-il au sortir de ce débat, jamais une impression plus générale et plus vive que celle qui s'est manifestée contre le droit de visite, auquel personne n'avait pensé depuis dix ans qu'il s'exerçait. » Le fait le plus grave était que l'opposition ne se manifestait pas seulement sur les bancs de la gauche et du centre gauche : elle gagnait visiblement la majorité. Dans cette dernière partie de l'Assemblée, l'appel aux ressentiments contre l'Angleterre rencontrait de l'écho, et l'on croyait utile de montrer à tous que le pays n'avait pas le pardon aussi facile que ses gouvernants. D'ailleurs, les mêmes députés qui eussent été le plus épouvantés de voir la France jetée dans le moindre conflit, étaient bien aises, une fois rassurés sur ce danger par la sagesse des ministres, de ne pas laisser à la gauche seule l'avantage de paraître partager les susceptibilités nationales. Les préventions populaires, avec lesquelles ils devaient être prochainement aux prises dans les élections générales, les préoccupaient plus que les embarras diplomatiques dont leur manifestation pourrait être la cause : ce serait affaire au cabinet de se tirer de ces embarras, et, si par crainte de ses successeurs on ne voulait pas renverser M. Guizot, on s'inquiétait peu de lui rendre la vie désagréable.

Malgré tout, le ministre n'aurait-il pas pu enlever d'autorité le vote de la Chambre et écarter ainsi, dès le début, une difficulté qui devait devenir si grosse? Quelques-uns l'ont cru, même parmi ses adversaires les plus ardents. A leur avis, si le ministère avait résolument posé la question de confiance, en déclarant qu'après avoir fait signer une convention il ne pouvait lui-même la déchirer, la majorité eût suivi, bon gré, mal gré, et l'amendement de M. Billault eût été rejeté [1]. C'est ce qu'aurait peut-être tenté Casimir Périer. M. Guizot n'osa pas. Il ne se sentait pas l'autorité que donnait à Périer le péril de 1831, et il ne voulait pas risquer, sur une question après tout secondaire, l'existence d'un cabinet dont la chute eût compromis tant de grandes causes. D'ailleurs, il n'était pas, dans ses rapports avec ses partisans, le ministre impérieux et dominateur dont l'accent de sa parole donnait parfois l'idée. Bien plus disposé à ménager leurs préjugés qu'à les brusquer, combien de fois, au cours de son administration, il devait sacrifier ses vues personnelles, souvent les plus hautes et les meilleures, à la

---

[1] Telle est l'affirmation très nette de M. Duvergier de Hauranne. (*Notes inédites.*)

crainte de voir se disloquer par quelque côté cette majorité qu'il savait lui être nécessaire et dont il connaissait l'inconsistance! « M. Guizot, disait un jour sir Robert Peel, fait beaucoup de concessions à ses amis; moi, je n'en fais qu'à mes adversaires. »

Dès que le ministère ne posait pas la question de confiance, il n'était pas douteux que le vote serait une manifestation contre le droit de visite. Ne pouvant empêcher cette manifestation, les amis de M. Guizot se flattèrent qu'elle aurait moins le caractère d'un succès de l'opposition et d'un blâme contre le cabinet, si la rédaction adoptée par la Chambre émanait d'un membre de la majorité. En conséquence, un ministériel notoire, M. Jacques Lefebvre, proposa, avec l'assentiment unanime de la commission de l'adresse, un amendement proclamant, comme celui de M. Billault, « la nécessité de préserver de toute atteinte les intérêts du commerce et l'indépendance du pavillon »; la seule différence était qu'on y avait inséré le mot de « confiance ». Cette démarche ne se fit évidemment pas à l'insu et contre la volonté du ministère : mais nous doutons que M. Guizot ait connu à l'avance et approuvé le commentaire apporté à la tribune par M. Jacques Lefebvre. Celui-ci fit valoir que sa rédaction était celle qui condamnait le plus absolument tout droit de visite, et il exprima le vœu, non seulement que la convention de 1841 ne fût pas ratifiée, mais aussi « que celles de 1831 et de 1833 cessassent, le plus tôt possible, d'être mises à exécution ». Il détermina ainsi les membres de la gauche à abandonner leur amendement et à se rallier au sien; c'était évidemment son but; mais pensait-il à la situation où un tel commentaire mettait M. Guizot?

Si le ministre déclarait repousser l'amendement, il désavouait ses amis; s'il l'acceptait, il se désavouait lui-même. En cet embarras, il sut du moins garder la dignité et la fierté de son attitude oratoire. Il ne combattit pas l'amendement, mais ne promit pas de s'y soumettre. « Quelle que soit la difficulté que j'éprouve, dit-il, un double devoir m'appelle impérieusement à cette tribune : le premier, envers une grande et sainte cause que j'ai toujours défendue et que je ne déserterai pas aujourd'hui ; le second, envers la couronne que j'ai l'honneur de représenter sur ces bancs et dont je ne livrerai pas les droits. » Pour remplir le premier de ces devoirs, il défendit, une fois de plus, le principe du droit de visite, sans reculer devant le flot grossissant des préventions contraires ; il soutint avec force que la convention signée par lui ne portait pas atteinte à la liberté des mers. « Les mers, dit-il, restent libres comme auparavant ; il y a seulement un crime de plus inscrit dans le code des nations, et il y a des nations qui s'engagent à réprimer en commun ce crime réprouvé par toutes. Le jour où toutes les nations auront contracté ce même engagement, le crime de la traite disparaîtra. Et ce jour-là, les hommes qui auront poursuivi ce noble but à travers les orages politiques et les luttes des partis, à travers les jalousies des cabinets et les rivalités des personnes, les hommes, dis-je, qui auront persévéré dans leur dessein, sans s'inquiéter de ces accidents et de ces obstacles, ces hommes-là seront honorés dans le monde, et j'espère que mon nom aura l'honneur de prendre place parmi les leurs. » Puis, abordant un autre ordre d'idées, le ministre ajoutait : « J'ai aussi à défendre la cause des prérogatives de la couronne. Quand je parle des prérogatives de la couronne, je suis modeste, messieurs, car je pourrais dire aussi que je viens défendre l'honneur de mon pays. C'est l'honneur d'un pays que de tenir sa parole. » Il rappela alors comment, en 1838, la France, « après y avoir bien pensé sans doute », avait, de concert avec l'Angleterre, proposé aux autres puissances de faire une nouvelle convention pour l'extension du droit de visite, comment cette convention avait été conclue. « A la vérité, disait-il, le traité n'est pas encore ratifié, et je ne suis pas de ceux qui regardent la ratification comme une pure formalité à laquelle on ne peut d'aucune façon se refuser quand une fois la signature a été donnée ; la ratification est un acte sérieux, un acte libre ; je suis le premier à le proclamer. La Chambre peut donc jeter dans cette affaire un incident nouveau ; elle peut, par l'expression de son opinion, apporter un grave embarras, je ne dis rien de plus, un grave embarras à la ratification. Mais, dans cet embarras, la liberté de la couronne et de ses conseillers reste entière, la liberté de ratifier ou de ne pas ratifier le nouveau traité, quelle qu'ait été l'expression de l'opinion de la Chambre. Sans doute, cette opinion est une considération grave et qui doit peser dans la balance; elle n'est pas décisive, ni la seule dont il y ait à tenir compte. A côté de cette considération, il y en a d'autres, bien graves aussi; car il y a peu de choses plus graves pour un gouvernement que de venir dire à d'autres puissances avec lesquelles il est en rapport régulier et amical : « Ce que je vous ai proposé, il y a trois ans, je ne « le ratifie pas aujourd'hui; vous l'avez accepté à ma « demande; vous avez fait certaines objections; vous avez « demandé certains changements; ces objections ont été « accueillies, ces changements ont été faits, nous étions « d'accord; n'importe, je ne ratifie pas aujourd'hui. » ... Je le répète en finissant : quel que soit le vote de la Chambre, la liberté du gouvernement du Roi, quant à la ratification du nouveau traité, reste entière; lorsqu'il aura à se prononcer définitivement, il pèsera toutes les considérations que je viens de vous rappeler, et il se décidera sous sa responsabilité. »

La Chambre ne contesta pas cette réserve si hautement formulée au nom du gouvernement, mais elle n'en persista pas moins, de son côté, à se prononcer contre le nouveau traité, et telle était la force du mouvement, que l'amendement de M. Jacques Lefebvre fut adopté à la presque unanimité. Le *Journal des Débats* chercha tout de suite à atténuer la portée politique de ce vote : « La Chambre, dit-il, a voulu seulement donner au ministère un avertissement amical et bienveillant; c'est pour cela qu'elle a écarté ceux qui voulaient non pas avertir le ministère, mais le blâmer. Le vote n'a donc en définitive ni avancé ni reculé les affaires de l'opposition. » Naturellement, ce n'était pas l'avis des journaux de gauche, qui célébrèrent bruyamment ce qu'ils appelaient la défaite du cabinet, affectèrent de croire que M. Guizot ne pouvait pas rester un jour de plus au pouvoir et lui rappelèrent l'exemple du duc de Broglie, donnant sa démission, en 1834, aussitôt après que la majorité s'était prononcée contre le traité des 25 millions. A juger les choses de sang-froid et sans parti pris, on ne pouvait contester que le vote de l'amendement de M. Jacques Lefebvre ne fût un échec pour le cabinet : celui-ci en sortait affaibli. Toutefois, dans les conditions où ce vote avait été émis, il n'impliquait pas de la part de la Chambre la volonté de renverser le ministère, et n'obligeait pas ce dernier à céder la place à ses adversaires.

VI

Si l'opposition n'avait eu d'autre but que de mettre le ministère dans l'embarras, sans s'inquiéter de savoir si, du même coup, elle ne mettait pas le pays en péril, elle pouvait se féliciter des premiers résultats de sa campagne. Quelle situation, en effet, pour le cabinet! Refuser de ratifier à la date fixée une convention que notre gouvernement avait non seulement acceptée, mais proposée, c'était exposer la France à un conflit avec l'Europe justement blessée d'un tel manque de parole. Ratifier une convention contre laquelle la presque unanimité de la Chambre venait de se prononcer, c'était exposer le cabinet à un conflit parlementaire où il eût sûrement succombé. Le problème paraissait insoluble. Autour de M. Thiers, on disait, en se frottant les mains : « M. Guizot ne s'en tirera pas. »

Il devait cependant s'en tirer, non pas tout de suite, mais après une longue négociation qui mérite d'être citée comme un chef-d'œuvre de patiente et prudente habileté. M. Guizot, qui, en 1840, lors de son ambassade à Londres, ne savait qu'imparfaitement la diplomatie, l'avait apprise depuis par la pratique même de ces affaires étrangères qu'il dirigeait depuis plus d'une année, au milieu des circonstances les plus difficiles. Il convient aussi de noter, dans cette sorte d'éducation complémentaire de l'homme d'État, l'influence d'une femme dont nous avons déjà eu plusieurs fois l'occasion de prononcer le nom : madame de Lieven. Son mari, titulaire de l'ambassade de Russie à Londres de 1812 à 1834, y avait tenu peu de place ; la princesse, au contraire, avait été tout de suite fort en vue. C'était une grande dame et une femme d'esprit, peu jolie, mais pleine d'aisance et de bonne grâce, causeuse habile et charmante, très recherchée dans les salons et ayant su s'en créer un. Toujours en quête d'informations que, de Londres, elle adressait directement au Czar et à la Czarine, elle témoignait pour les grandes et les petites affaires de la politique une curiosité passionnée qui la faisait parfois soupçonner de cabale et d'intrigue. Quand son mari fut rappelé, en 1834, elle trouva grand accueil à Saint-Pétersbourg ; l'empereur Nicolas se plaisait à l'entretenir. Cette faveur ne suffit pas cependant à lui rendre supportable le séjour en Russie ; elle avait la nostalgie de l'Occident et obtint la permission d'y retourner. Après un court passage en Italie, où elle perdit son mari, elle vint s'établir à Paris. A peine arrivée, on la voit, au commencement de 1836, occupée, avec madame de Dino qu'elle avait connue à Londres, à renverser le duc de Broglie et à pousser M. Thiers à sa place. Ce dernier la fréquenta pendant sa courte administration, du 22 février au 6 septembre 1836. Peu après, M. Guizot devenait le familier de ce salon où l'on cherchait à attirer tous les hommes politiques considérables ; bientôt même, l'affection qu'il témoignait et qui lui était rendue lui fit une situation à part entre tous les amis de la maison : on eût dit un autre Chateaubriand auprès d'une autre madame Récamier. Quel attrait avait donc pu rapprocher de l'habile et remuante mondaine l'austère et grave doctrinaire ? En tout cas, l'âge de l'une [1], à défaut du caractère de l'autre, écartait toute interprétation malicieuse. Après la formation du ministère du 29 octobre 1840, la liaison, loin de se relâcher, fut encore plus étroite et plus affichée ; le ministre allait d'ordinaire chez

---

[1] La princesse de Lieven était née en 1784.

la princesse trois fois par jour, avant la séance de la Chambre, en en revenant et dans la soirée. Il y donnait des rendez-vous et s'y faisait apporter les pièces à signer. Étrange spectacle que celui de cette intimité notoire entre le principal dépositaire de tous nos secrets d'État et une étrangère qui, naguère encore, jouait un des premiers rôles dans la diplomatie d'un souverain hostile à la France! Disons tout de suite que les inconvénients qui semblaient à craindre ne se produisirent pas; madame de Lieven fut une amie fidèle et sûre. Ajoutons que si elle trouva dans ce commerce une occasion de satisfaire la curiosité politique qui avait été la passion de toute sa vie, elle apporta à son ami quelque chose en échange. Au milieu d'un salon où passaient tous les représentants de cette haute diplomatie européenne, jusqu'alors peu accessible aux hommes de Juillet, dans cette compagnie d'une ancienne ambassadrice qui avait vu de près, depuis 1812, tant d'hommes et d'événements, sous l'influence d'une femme supérieure qui possédait au plus haut degré ce je ne sais quoi que l'habitude du grand monde et aussi la délicatesse féminine ajoutent si heureusement à l'habileté politique, M. Guizot, ministre, trouvait ce que, jeune homme de souche bourgeoise et huguenote, il n'avait pas reçu de sa famille, ce que, professeur et écrivain, il n'avait pas rencontré dans les livres, ce que, chef de parti, il n'avait pu acquérir dans les luttes du parlement. Aussi n'est-il pas téméraire de supposer que les qualités toutes nouvelles de souplesse adroite, de mesure, de nuance, qui firent, à cette époque, du puissant orateur un négociateur éminent, un incomparable rédacteur de dépêches et de lettres diplomatiques, sont dues, en grande partie, à ses rapports avec madame de Lieven.

Tout habile que fût devenu M. Guizot, il n'eût probablement pas réussi à éviter un éclat, s'il eût été en face de lord Palmerston[1]. Mais, grâce à Dieu, ce dernier était, depuis le

---

[1] Dans les premiers mois de 1842, on disait couramment à Londres que si lord Palmerston avait été encore au pouvoir, on n'aurait pas échappé à la guerre avec la France. (*The Greville Memoirs*, second part, vol. II, p. 82.)

mois d'août 1841, remplacé par lord Aberdeen. Sans en être encore à l'« entente cordiale », le nouveau secrétaire d'État désirait vivre en bons termes avec la France. Chose singulière! Nous eussions eu tout à craindre du ministre appartenant à ce parti whig qui avait, depuis si longtemps, inscrit l'alliance française sur son programme, et nous avions beaucoup à espérer du ministre tory qui, par les principes de son parti et même par les souvenirs de sa propre existence, semblait préparé à être notre ennemi[1]. L'explication est dans le caractère des deux hommes. On connaît celui de lord Palmerston. Lord Aberdeen formait avec lui, presque sur tous les points, un absolu contraste : esprit très mesuré, très libre; fidèle aux traditions de son pays, supérieur à ses routines et à ses préjugés ; possédant cette qualité rare chez tous, particulièrement chez un Anglais, de se mettre à la place de ceux avec qui il traitait, de comprendre leurs idées, leur situation, et d'en tenir compte; sachant écouter la contradiction, sans éprouver le besoin d'argumenter ; discutant le moins possible, toujours sans aigreur contre son interlocuteur ni souci de sa propre personnalité ; aimant mieux dénouer les difficultés que de prouver qu'il avait raison ; répugnant aux procédés tranchants, aux partis extrêmes, et préférant les transactions patiemment poursuivies ; d'une droiture suprême qui inspirait tout de suite confiance à ceux avec lesquels il traitait[2] ; portant dans la politique, à un degré vraiment inaccoutumé, le sentiment, le scrupule de l'équité; réservé, grave, un peu triste au premier abord, tendre dans l'intimité; sincèrement modeste, sans recherche de son succès particulier; moins en vue que d'autres au regard de la foule, mais de grande influence dans le conseil;

---

[1] Dès 1813, lord Aberdeen avait joué l'un des premiers rôles diplomatiques dans la coalition contre la France. Tel était ce passé, que M. Greville se croyait fondé à écrire, le 13 janvier 1842 : « Toutes les prédilections de lord Aberdeen sont antifrançaises, et il n'oublie jamais ses anciennes attaches avec les Alliés. » (*The Greville Memoirs*, second part, vol. II, p. 74.)

[2] « Nous sommes destinés à nous revoir souvent, disait lord Aberdeen au chargé d'affaires de France : croyez tout ce que je vous affirmerai, jusqu'au moment où je vous aurai trompé en quoi que ce soit; dès lors, ne me croyez plus du tout. »

peu populaire, mais très considéré. Ce fut une bonne fortune, pour M. Guizot et pour la France, que la présence d'un tel homme, en un pareil moment, à la tête du *Foreign office*.

VII

Au sortir de la séance où avait été voté l'amendement de M. Jacques Lefebvre, M. Guizot ne se rendait peut-être pas compte à quel point le droit de visite était définitivement condamné; toutefois, comprenant l'impossibilité de ratifier au jour fixé la convention signée le 20 décembre 1841, il écrivit aussitôt à son ambassadeur à Londres [1] : « Tenez pour certain que, dans l'état des esprits, nous ne pourrions donner aujourd'hui la ratification pure et simple, sans nous exposer au plus imminent danger. J'ai établi la pleine liberté du droit de ratifier. J'ai dit les raisons de ratifier. Je maintiens tout ce que j'ai dit. Mais à quel moment pourrons-nous ratifier sans compromettre des intérêts bien autrement graves, c'est ce que je ne saurais fixer aujourd'hui. »

Outre-Manche, la surprise et l'irritation furent grandes. On était dépité de voir remettre en question une affaire que l'on croyait finie et à laquelle on attachait beaucoup d'importance. On se demandait, non sans inquiétude, s'il n'y avait pas là un coup monté avec les États-Unis, depuis longtemps réfractaires au droit de visite; à ce moment même, le gouvernement britannique négociait sur ce point avec le cabinet de Washington, et il avait compté, pour vaincre sa résistance, sur l'exemple de l'Europe adhérant tout entière à la convention de 1841. Enfin, les Anglais se sentaient blessés d'être l'objet de tant de méfiances et de ressentiments. « Les symptômes de la société sont graves ici, écrivait de Londres M. de Sainte-Aulaire; l'opinion qu'on entretient en France une haine violente contre

---

[1] Pour la négociation qui va suivre, je me suis principalement servi des documents cités par M. Guizot dans ses *Mémoires*, t. VI, p. 157 et suiv.

l'Angleterre se développe et provoque la réciprocité. » Si porté que fût lord Aberdeen vers la conciliation, il déclara tout d'abord à notre ambassadeur « que ce qui se passait dans les Chambres françaises ne le regardait pas, qu'il tenait le traité pour ratifié, parce que ni délai ni refus n'était supposable », et il ajouta que « la Reine parlerait dans ce sens à l'ouverture de son parlement ». En effet, le 3 février 1842, le discours de la couronne annonça la conclusion du traité, sans paraître prévoir qu'aucune difficulté pût être soulevée pour la ratification. C'est que le ministre anglais avait, tout comme le ministre français, à compter avec l'opinion de son pays. Les whigs étaient aux aguets ; lord Palmerston voyait venir avec joie un gros embarras pour ses successeurs et une occasion de batailler contre le gouvernement du roi Louis-Philippe, de lui « jeter le gant de la défiance [1] » ; dès le 8 février, il souleva la question à la Chambre des communes ; pour cette fois, le ministère se déroba en faisant observer que le terme fixé pour les ratifications n'était pas arrivé : mais une telle réponse ne pouvait servir longtemps encore. Lord Aberdeen ne se sentait pas seulement surveillé par l'opposition : dans le sein même du cabinet tory, plusieurs ministres témoignaient envers notre pays des dispositions fort peu traitables. Quant au « premier », sir Robert Peel, il était sans doute d'accord avec le secrétaire d'État des affaires étrangères pour vouloir sincèrement la paix et la justice dans les rapports avec la France ; mais cet esprit honnête était facilement inquiet et soupçonneux ; tout occupé de la politique intérieure qu'il menait supérieurement, il n'apportait pas dans les questions étrangères d'idées arrêtées et personnelles ; par suite, il ne se défendait pas toujours assez, en ces matières, contre les impressions passagères du public, surtout contre ses susceptibilités et ses préventions.

Dans les cours du continent, l'impression ne fut pas aussi vive qu'à Londres ; on y était beaucoup moins chaud pour le droit de visite. Toutefois, notre conduite provoquait des

---

[1] Bulwer, *Life of Palmerston*, t. III, p. 87.

réflexions désobligeantes. M. de Metternich déclarait que notre refus de ratifier « présentait un côté vraiment ridicule » : « On a vu, ajoutait-il, des cours se refuser à ratifier un arrangement qui leur avait été imposé par des circonstances indépendantes de leur volonté; mais le cas présent est, sans exception, le premier dans lequel un gouvernement recule devant l'accomplissement d'un arrangement que non seulement il a sollicité lui-même, mais au concours duquel il a invité d'autres cours; une situation pareille ne peut être que la suite d'une légèreté compromettante et qui écarte la confiance [1]. »

M. Guizot ne se laissa pas intimider par ces mécontentements, tout en faisant son possible pour les apaiser. Il maintint très nettement, en droit, la faculté de refuser la ratification, et fit valoir, en fait, pour expliquer un ajournement, les manifestations qui s'étaient produites en France. Ce dernier argument était à la vérité délicat à employer. « Prenez garde, lui faisait dire le cabinet britannique, ce sont là des motifs qui peuvent avoir pour vous une valeur déterminante, mais qu'il ne faut pas nous appeler à apprécier, car ils sont très injurieux pour nous. On est parvenu à persuader en France que nous sommes d'abominables hypocrites, que nous cachons des combinaisons machiavéliques sous le manteau d'un intérêt d'humanité. Vous vous trouvez dans la nécessité de tenir grand compte de cette clameur, et nous faisons suffisamment preuve de bon caractère en ne nous montrant pas offensés; mais si vous venez, à la face de l'Europe, nous présenter officiellement ces inculpations comme le motif déterminant de votre conduite, nous ne pouvons nous dispenser de les repousser. » Il fallait donc user de grandes précautions pour que les pourparlers ne dégénérassent pas en récriminations. M. Guizot s'y appliqua et y réussit; il ne lui était pas inutile de pouvoir rappeler qu'il ne partageait pas et qu'il avait combattu jusqu'à la dernière heure les préventions dont il était obligé de tenir compte. Du reste, voyant bien que l'état des esprits des deux

---

[1] Lettre au comte Apponyi, 4 mars 1842. (*Mémoires de Metternich*, t. VI, p. 613.)

côtés rendait pour le moment toute solution impossible, il évitait soigneusement de précipiter les choses. « Ne demandez rien, ne pressez rien, écrivait-il à son ambassadeur à Londres. Le temps est ce qui nous convient le mieux : c'est du temps qu'il nous faut, le plus de temps possible. Prenez ceci pour boussole. »

Cependant, le 20 février 1842, jour fixé par la convention pour l'échange des ratifications, approchait. Si désireux qu'il fût d'user de ménagements, M. Guizot ne voulut laisser aucun doute sur ses intentions : « Voici nos points fixes, mandait-il, le 17 février, à M. de Sainte-Aulaire : 1° Nous ne pouvons donner aujourd'hui notre ratification ; 2° nous ne pouvons dire à quelle époque précise nous pourrons la donner. Certaines modifications, réserves et clauses additionnelles sont indispensables pour que nous puissions la donner. » Ceci nettement indiqué, notre ministre se hâtait d'ajouter : « Cherchez avec lord Aberdeen les formes qui peuvent le mieux lui convenir. Je vous ai indiqué nos points fixes. Tout ce que nous pourrons faire, dans ces limites, pour atténuer les embarras de situation et de discussion que ceci attire au cabinet anglais, nous le ferons, et nous comptons, de sa part, sur la même disposition. »

M. Guizot n'avait pas tort d'y compter. Revenu de sa première surprise, le chef du *Foreign office* montrait son habituel esprit de modération. Au jour fixé, le 20 février, les plénipotentiaires de l'Angleterre, de la Russie et de l'Autriche échangèrent les ratifications de leurs cours; on se borna à constater que notre plénipotentiaire n'avait pas apporté celle de son gouvernement, et l'on stipula que le « protocole resterait ouvert pour la France ». Le tout dit, du reste, très brièvement, avec le souci d'éviter, de part et d'autre, toute parole blessante. Même préoccupation dans la communication faite, le 21 février, par lord Aberdeen à la Chambre des lords : « Je regrette, dit-il, de ne pas pouvoir annoncer à la Chambre que la France ait ratifié le traité ; je ne saurais même dire à quelle époque on peut espérer cette ratification. Vos Seigneuries connaissent la nature des motifs qui ont engagé le gouvernement français à suspendre cette ratification; je crois de mon devoir de ne rien dire et de ne rien faire de nature à soulever la moindre difficulté... J'espère que le temps viendra bientôt où les causes, auxquelles je ne fais pas aujourd'hui plus ample allusion, cesseront d'exister, et alors le traité recevra la conclusion que vous désirez. » Sir Robert Peel s'exprima avec les mêmes ménagements, à la Chambre des communes. M. Guizot se déclara satisfait : « La rédaction du protocole, écrivait-il à M. de Sainte-Aulaire, le 27 février, est bonne, et la situation aussi bonne que le permettent les embarras qu'on nous a faits... Je compte sur le temps et sur l'esprit de conciliation. Nous n'avons qu'à nous louer du langage tenu à Londres dans le parlement; il a été plein de mesure et de tact. Je craignais une discussion qui vînt aggraver ici l'irritation et mes embarras. Je puis, au contraire, me prévaloir d'un bon exemple. J'en suis charmé. » On était, sans doute, encore loin du but; mais on venait de franchir, sans accident, un premier défilé.

VIII

En ajournant la ratification à une date indéterminée, M. Guizot s'était flatté que l'opinion, bientôt apaisée ou distraite, se montrerait moins rebelle à accepter la convention tant soit peu mitigée. Mais les semaines s'écoulaient, et rien ne venait réaliser cet espoir : tout au contraire, un observateur clairvoyant et de sang-froid écrivait, en avril 1842 : « Les esprits se montent de plus en plus sur la question du droit de visite... On a rarement vu un entraînement aussi unanime et qui, dans son exagération, ait autant l'apparence d'un mouvement national[1]. » Dans tous les journaux de la gauche et de la droite légitimiste, ce n'était qu'un cri contre l'Angleterre et contre le

---

[1] *Journal inédit du baron de Viel-Castel.*

cabinet qui livrait à cette dernière les intérêts et l'honneur de la France. Certaines feuilles conservatrices, comme la *Presse*, ne se montraient pas moins véhémentes contre la convention. Le *Journal des Débats*, à peu près seul, se mettait en travers de ce mouvement; encore n'osait-il pas défendre trop ouvertement une cause si impopulaire. On racontait au public, avec indignation, les prétendus outrages commis par les croiseurs britanniques contre nos bâtiments de commerce. Le plus souvent, les faits étaient faux ou ridiculement exagérés; mais l'état de l'opinion ne permettait guère de faire accueillir une rectification. Dans les deux Chambres, l'opposition, secondée quelquefois par M. Molé et par ses amis, saisissait toutes les occasions de recommencer le débat et de remettre M. Guizot sur la sellette [1]. Le ministre faisait tête, avec un talent admiré de ceux mêmes qu'il ne parvenait pas à convaincre. Sans retirer ce qu'il avait dit du fond même de la question, il s'exprimait sur la ratification en termes qui lui paraissaient devoir satisfaire la Chambre : « Quand le moment de la ratification est arrivé, disait-il le 28 février, la couronne, d'après les conseils de son cabinet, et du ministre des affaires étrangères en particulier, a chargé son ambassadeur à Londres de déclarer qu'elle ne croyait pas devoir ratifier maintenant le traité; elle a dit de plus qu'elle ne pouvait faire connaître à quelle époque elle croirait pouvoir le ratifier : enfin, elle a fait des réserves et proposé des modifications au traité. » Si nettes que fussent ces paroles, l'opposition ne s'en contentait pas : affectant d'y soupçonner une équivoque et de redouter une collusion avec l'Angleterre, elle harcelait le ministre, le pressait d'interrogations malveillantes, le contraignait à renouveler ses déclarations, à les préciser, à s'engager plus avant dans le sens d'un refus de ratification, à atténuer la réserve qu'à l'origine il avait faite du droit de la couronne [2].

[1] Discussion du 28 février, des 12 et 20 mai 1842, à la Chambre des députés; du 11 avril et du 18 mai, à la Chambre des pairs.
[2] Le 11 avril 1842, à la Chambre des pairs, M. Guizot insistait sur ce qu'il avait déclaré à l'Angleterre « ne prendre aucun engagement, ni direct ni indirect,

Telle était la singulière difficulté de la tâche du ministre qu'en s'occupant de contenter son parlement, il risquait de blesser les puissances avec lesquelles il négociait. Il lui fallait toutes les qualités de souplesse, de sûreté et de mesure, qu'avait acquises sa parole, pour se mouvoir en équilibre entre ces exigences contradictoires. Son langage n'était pas moins surveillé à Londres qu'à Paris : seulement, c'était à un point de vue absolument opposé. On venait d'en avoir la preuve dans un incident étranger au droit de visite. Le 19 janvier 1842, au cours de la discussion de l'adresse, M. Guizot, répondant à ceux qui lui reprochaient d'avoir « abaissé » la politique française, avait rappelé l'énergie victorieuse avec laquelle, à ce moment même, était conduite la guerre d'Afrique; il ajoutait qu'en Europe personne n'avait plus la pensée de contester notre établissement algérien, et il citait à l'appui une dépêche de M. de Sainte-Aulaire, en date du 4 octobre 1841. D'après cette dépêche, notre ambassadeur à Londres ayant eu occasion de déclarer à lord Aberdeen que « la sûreté de nos pos-

de ratifier purement et simplement le traité à aucune époque quelconque ». Le 17 mai, dans la même assemblée, après avoir rappelé que « la ratification actuelle avait été positivement refusée », il ajoutait : « Maintenant on a dit, non pas dans cette enceinte, mais ailleurs : C'est la présence des Chambres qui a empêché, qui empêche encore la ratification du traité; quand les Chambres seront éloignées, le traité sera ratifié. Messieurs, je serais tenté de prendre ces paroles pour une injure à mon bon sens... Ce n'est point votre présence matérielle, c'est votre opinion, c'est votre sentiment, c'est votre vœu connu qui influe sur le gouvernement et qui influera tout aussi bien après votre départ qu'aujourd'hui. » Le 20 mai, à la Chambre des députés, le ministre reconnaissait qu'il s'agissait non seulement de modifier la convention de 1841, mais de revenir sur le principe du droit de visite : « Ne croyez pas, disait-il, quand le débat s'est élevé, quand j'ai vu devant moi l'opinion des Chambres et du pays, que j'aie méconnu sa gravité : j'ai bien vu qu'il y avait là autre chose encore que le traité de 1841; que les conventions de 1831 et de 1333 allaient aussi être mises en question. » Toutefois, il veillait à ne pas se laisser entraîner trop loin; il disait dans le même discours : « On m'a demandé : Avez-vous l'intention de ratifier le traité tel qu'il est? J'ai répondu catégoriquement : Non, et je renouvelle ma réponse. Maintenant on me dit : Ratifierez-vous jamais un traité quelconque, quelle que soit la situation, quelles que soient les modifications qu'on pourrait y apporter? Comment voulez-vous que je réponde? C'est absolument impossible... Il y a là une multitude d'éléments que le temps peut féconder, dont le temps peut faire sortir quelque chose de raisonnable, quelque chose d'utile et d'honorable pour le pays, et en même temps quelque chose de favorable à l'abolition, à la répression de la traite. Voilà ce que nous voulons, ce que nous pouvons attendre, ce qu'il est de notre devoir d'attendre. »

sessions d'Afrique était pour nous un intérêt de premier ordre », le secrétaire d'État lui avait dit : « Je suis bien aise de m'expliquer nettement avec vous sur ce sujet; j'étais ministre en 1830, et, si je me reportais à cette époque, je trouverais beaucoup de choses à dire; mais je prends les affaires en 1841 et telles que me les a laissées le précédent ministère : je regarde donc votre position à Alger comme un fait accompli contre lequel je n'ai plus à élever aucune objection. » Un tel langage était d'autant plus remarquable de la part de lord Aberdeen, que, dans l'opposition, il avait pris l'habitude de faire, chaque année, une motion pour protester contre notre conquête africaine. Aussi, après avoir lu à la Chambre la dépêche de M. de Sainte-Aulaire, M. Guizot s'écriait-il fièrement : « Est-ce là, messieurs, un symptôme de notre abaissement? » L'opposition n'avait rien à répondre. Mais à peine le discours fut-il connu outre-Manche qu'il y souleva une tempête. Les journaux de lord Palmerston provoquèrent l'indignation nationale contre le ministre britannique qui osait sanctionner l'usurpation française en Afrique. Interpellé à ce sujet, le 4 mars 1842, sir Robert Peel contesta, non la loyauté, mais l'exactitude du rapport fait par M. de Sainte-Aulaire; et lord Aberdeen lui-même fit, le 7 mars, à la Chambre des lords, la déclaration suivante : « Je n'ai jamais dit que je n'avais pas d'*objection* à faire contre l'établissement des Français à Alger, mais que je n'avais pas d'*observation* à présenter à ce propos, et que mon intention était de garder le silence. J'ai compris qu'après dix années toute objection serait aujourd'hui déplacée. De ce que je n'exprime aucune objection, il ne s'ensuit pas que je n'aie l'idée d'aucune. » La distinction était un peu subtile et trahissait quelque embarras; mais, en France, les journaux d'opposition y virent surtout la gêne qui pouvait en résulter pour le gouvernement français; ils firent grand bruit de ce qu'ils appelaient un démenti outrageant, et proclamèrent que nos ministres étaient trop humbles pour oser le relever. Si délicat que fût le sujet, M. Guizot jugea nécessaire de s'en expliquer sans retard à la tribune, et il saisit l'occasion du débat sur les fonds secrets, le 10 mars 1842. Avec un heureux mélange de fermeté et d'adresse, il sut à la fois donner satisfaction au sentiment français et cependant ne pas prolonger de tribune à tribune une controverse internationale qui se fût vite envenimée. « Que lord Aberdeen, dit-il tout d'abord, ait déclaré qu'il n'avait pas d'*objections* ou d'*observations* à faire, j'avoue que la différence des deux mots me touche peu. » Puis il ajouta : « Il y a déjà dix ans, messieurs, le premier peut-être, j'ai dit à cette tribune : La France a conquis Alger, la France gardera sa conquête. Les paroles que j'ai dites, il y a dix ans, je les répète aujourd'hui ; tout le monde les répète ou est bien près de les répéter. Mais vous ne pouvez vous étonner qu'il ait fallu du temps pour en venir là ; vous ne pouvez empêcher que les conquêtes aient besoin de temps... Eh bien, les paroles de lord Aberdeen à l'ambassadeur du Roi n'ont pas été autre chose que la reconnaissance de la sanction progressivement donnée par le temps à notre établissement en Algérie ; paroles prononcées à bonne intention, dans un esprit de bonne intelligence et de paix, pour n'être pas obligé de reprendre, au bout de dix ans, les mêmes réclamations, les mêmes contestations qui, en 1830, avaient été si vives. Ce sont ces explications spontanément données qui m'ont été loyalement transmises par l'ambassadeur du Roi à Londres. Qu'il y ait dans les termes telle ou telle variante, peu importe. Entre hommes sérieux et sensés, c'est du fond des choses qu'il s'agit. Je ne viens pas élever ici une discussion de mots ; je constate un grand fait, c'est que la France a conquis Alger, et que déjà douze ans de possession ont amené l'homme d'État qui avait élevé contre cette occupation les objections les plus graves, les réclamations les plus vives, à prendre, en rentrant aux affaires, une attitude toute différente et à garder sur cette question le même silence qu'avait aussi gardé son prédécesseur. Quand un temps encore plus long se sera écoulé,... vous verrez le cabinet anglais, comme les autres cabinets, comme la Porte elle-même, faire des pas nouveaux, et la sanction la plus complète, l'aveu de tout le monde viendra consommer notre établisse-

ment d'Afrique... C'est l'histoire de toutes les grandes mutations de territoire ; le temps seul les consacre irrévocablement. »
En France, les opposants durent confesser qu'on ne pouvait cette fois reprocher à M. Guizot d'avoir été timide ; ils se consolèrent par la pensée qu'une nouvelle contradiction viendrait d'Angleterre. Leur peu patriotique espoir fut déçu : le langage de notre ministre avait été assez habilement mesuré pour que lord Aberdeen n'y trouvât rien à relever.

D'ailleurs, si M. Guizot savait ainsi, le cas échéant, dire ce qu'exigeait la dignité nationale, il ne perdait pas de vue l'autre partie de son rôle et ne manquait pas une occasion de prononcer des paroles propres à calmer les susceptibilités britanniques. Chez lui, l'orateur veillait toujours à ne pas desservir le négociateur, au contraire. Ainsi, dans les nombeux débats auxquels donnait lieu l'affaire du droit de visite, avait-il soin de se séparer avec éclat de ceux qui « fomentaient des sentiments d'animosité » entre les deux nations occidentales, et, rappelant la façon dont, lors de l'adresse, il avait caractérisé leurs relations, il ajoutait : « Nous prenons au sérieux ce que nous avons dit des bons rapports que nous entendons entretenir avec la Grande-Bretagne aussi bien qu'avec les autres puissances. Nous portons (et je suis sûr d'exprimer en ceci les sentiments de la Chambre et du pays), nous portons une sincère estime à la Grande-Bretagne et à son gouvernement ; nous sommes avec elle dans une paix véritable, dans une bonne intelligence réelle, et nous ne souffrirons pas, autant qu'il dépendra de nous, que ces rapports, que cette bonne intelligence soient troublés par la contagion de l'animosité et de la crédulité populaire[1]. »

Sans nul doute, M. Guizot se fût fait plus facilement applaudir en évoquant les ressentiments, vieux ou récents, contre l'Angleterre. Mais c'eût été mal servir l'intérêt de son pays. Il suffisait de regarder au delà de nos frontières pour comprendre qu'une rupture avec nos voisins d'outre-Manche

---

[1] Discours du 11 avril 1842, à la Chambre des pairs.

eût rejeté la France dans le dangereux isolement de 1840. Avec la Russie, nous étions en moins bons termes que jamais. Au mois de novembre 1841, le représentant de cette puissance à Paris était subitement parti en congé : le motif non avoué, mais notoire, de ce départ était que le comte Pahlen, se trouvant cette année le doyen des ambassadeurs, devait, en cette qualité, présenter au Roi, le 1ᵉʳ janvier 1842, les hommages du corps diplomatique, et que le Czar n'avait pas voulu lui voir jouer ce rôle. Depuis 1830, le gouvernement français avait souvent laissé passer, sans paraître s'en apercevoir, les mauvais procédés, les offensantes boutades de Nicolas. Cette fois, il estima que le temps était enfin venu de se montrer moins débonnaire et d'exiger plus de politesse [1]. Aussi ordonna-t-il tout de suite à M. Casimir Périer qui, en l'absence de M. de Barante, faisait fonction de chargé d'affaires à Saint-Pétersbourg, de se tenir renfermé dans son hôtel le jour de la Saint-Nicolas, en alléguant simplement une indisposition. La leçon fut sentie et parut fort déplaisante au Czar, qui, par voie de représailles, prescrivit à la société de Saint-Pétersbourg de suspendre toute relation mondaine avec le personnel de l'ambassade française. On ne poussa pas les choses jusqu'à une rupture ouverte, mais les ambassadeurs des deux cours ne retournèrent pas à leur poste, et il n'y eut plus désormais, à Paris comme à Saint-Pétersbourg, qu'un simple chargé d'affaires [2]. Le Czar ne se bornait pas à ces manifestations mesquines. Sa diplomatie

---

[1] Peu après, dans une lettre à M. de Flahault, alors notre ambassadeur à Vienne, M. Guizot expliquait ainsi sa conduite : « Nous nous sommes montrés, pendant dix ans, bien patients et faciles ; mais, en 1840, la passion de l'Empereur a évidemment pénétré dans sa politique. L'ardeur avec laquelle il s'est appliqué à brouiller la France avec l'Angleterre nous a fait voir ses sentiments et ses procédés personnels sous un jour plus sérieux. Nous avons dû dès lors en tenir grand compte. A ne pas ressentir ce qui pouvait avoir de tels résultats, il y eût eu peu de dignité et quelque duperie. Une occasion s'est présentée : je l'ai saisie. Nous n'avons point agi par humeur, ni pour commencer un ridicule échange de petites taquineries. Nous avons voulu prendre une position qui depuis longtemps eût été fort naturelle et que les événements récents rendaient parfaitement convenable. »

[2] M. Guizot a raconté cet incident diplomatique en détail dans la *Revue des Deux Mondes* du 1ᵉʳ janvier 1861.

s'agitait pour transformer en une quadruple alliance permanente, naturellement dirigée contre la France, le lien temporaire noué entre les signataires du traité du 15 juillet 1840 ; sa thèse était que ce traité avait implicitement fait revivre celui de Chaumont [1]. En Autriche, la prudence de M. de Metternich se refusa à des démonstrations aussi provocantes ; mais le chancelier affirmait qu'au besoin les quatre puissances se trouveraient unies contre la France de Juillet ; le concours de l'Angleterre à une telle œuvre lui paraissait certain depuis l'avènement du ministère tory. Quant à ce qu'il appelait la « prétendue alliance entre les cours maritimes », il se félicitait de n'avoir plus à compter avec elle et notait avec plaisir comment la première difficulté sérieuse « avait mis un terme à une fantasmagorie qui, pour n'avoir point de consistance, n'en avait pas moins pesé d'un grand poids sur l'Europe [2] ». A Berlin, dispositions plus malveillantes encore. Déjà nous avons eu occasion de signaler l'animosité de Frédéric-Guillaume IV contre notre pays et notre gouvernement [3]. Ce prince éprouvait, au contraire, pour son beau-frère, l'empereur Nicolas, une tendresse dévouée et presque mystique. Il aimait aussi l'Angleterre, oubliait qu'elle était libérale, pour voir en elle « la grande puissance évangélique ». Il souffrait quand il la trouvait engagée avec la France dans une alliance qui lui paraissait un scandale et que, plus tard, il n'hésitera pas à qualifier d'*incestueuse* [4]. Servir de lien entre les cours de Londres et de Saint-Pétersbourg pour les unir dans une campagne contre la France révolutionnaire, tel était son rêve le plus cher. Ce fut certainement avec le dessein caché de travailler à le réaliser qu'il débarqua en Angleterre, au mois de janvier 1842, c'est-

---

[1] *Mémoires de M. de Metternich*, t. VI, p. 558, 577 et 578, 582 à 586.
[2] *Ibid.*
[3] Voy. ce que j'ai dit plus haut, t. IV, ch. IV, § x. — Ces sentiments devaient persister, et, en 1853, M. de Moustier, ministre de France à Berlin, écrivait : « Je ne puis m'ôter de l'esprit que le roi Frédéric-Guillaume ne soit un des souverains de l'Europe qui aiment le moins la France. » (Cité dans les *Souvenirs diplomatiques* de M. Rothan.)
[4] Lettre adressée à M. de Bunsen, au début de la guerre de Crimée.

à-dire au moment même où éclatait en France l'opposition contre le droit de visite. Le prétexte de son voyage était le baptême du jeune prince de Galles dont la reine Victoria, sous l'influence allemande du prince Albert, lui avait demandé d'être le parrain. Sollicité par notre ministre à Berlin de passer par notre territoire et d'avoir, sur quelque point de la route, une entrevue avec Louis-Philippe, Frédéric-Guillaume s'y était refusé, par le motif que son déplacement n'avait aucun caractère politique. Cette dernière considération ne l'empêcha pas, à Londres, dans ses conversations avec les personnages influents, entre autres avec le baron de Stockmar, confident de la Reine et du prince consort, de prêcher la haine et le mépris de la France, « nation pourrie où il n'y avait plus ni religion ni morale ». Il entreprit notamment de démontrer à M. de Stockmar, qui était en même temps le correspondant du roi Léopold, l'avantage qu'aurait la Belgique à rompre avec la France pour entrer dans la Confédération germanique ; cette ouverture n'eut aucun succès ; elle n'en marque pas moins, chez le roi de Prusse, une préoccupation de nous faire partout échec [1]. Telles étaient les dispositions des trois grandes puissances continentales : c'est parce que M. Guizot les connaissait qu'il ne voulait pas procurer à ces puissances le plaisir d'une rupture entre la France et l'Angleterre.

Toutefois, notre ministre réussirait-il toujours à écarter cette rupture ? Les membres du cabinet britannique étaient surpris et blessés de voir que l'opinion française, loin de s'apaiser avec le temps, s'échauffait de plus en plus. Ils se demandaient s'il ne leur faudrait pas se fâcher tout haut, pour ne pas s'aliéner le public anglais. M. Désages écrivait à un de nos agents diplomatiques, le 30 juin 1842 : « L... me dit qu'on est très mécontent de nous à Londres ; les Anglais qui sont à Paris parlent de guerre et l'appellent à grands cris [2]. » Lord Aberdeen lui-même, malgré sa courtoisie et son esprit de concilia-

---

[1] Cf. les études de M. Saint-René Taillandier sur le baron de Stockmar et sur M. de Bunsen.
[2] Notice sur lord Aberdeen, par le comte de Jarnac.

tion, manifestait, dans ses conversations avec le comte de Jarnac qui remplaçait alors notre ambassadeur en congé, des dispositions inquiétantes. Sir Robert Peel laissait voir plus d'irritation encore. « La politique récente de la France, disait-il à notre chargé d'affaires, vous a entièrement aliéné le parti qui me soutient. Personne n'a plus souvent que moi témoigné son respect et sa confiance pour le gouvernement actuel de la France... Mais jamais je n'avais pu prévoir que nos relations dussent en venir à la situation que je trouve aujourd'hui. Ne me rendez pas responsable d'un état de choses que je ne saurais me reprocher et que je ne puis m'expliquer. » M. de Jarnac signalait à M. Guizot la gravité de ces symptômes. « Il me paraît bon, lui écrivait-il en lui rendant compte de ces conversations, que vous puissiez prouver dans l'occasion à quel point la politique de la paix hostile compromet les relations de la France. » Le clairvoyant diplomate notait aussi le parti que les autres puissances cherchaient à tirer de ce refroidissement; il montrait leurs représentants « exploitant avec une grande persévérance » le mécontentement du cabinet anglais et « se félicitant sans cesse de l'entente parfaite établie entre leurs cours et le nouveau cabinet [1] ».

Toutefois, si blessés qu'ils fussent de ce qui se passait en France, lord Aberdeen et même sir Robert Peel avaient l'esprit trop loyal et trop équitable pour ne pas s'avouer que l'Angleterre en était pour partie responsable et qu'elle récoltait en cette circonstance ce qu'avait semé lord Palmerston. Aussi, ce dernier ayant, à la fin de la session [2], soulevé un débat général sur la situation extérieure, le premier ministre répondit par une très éloquente récrimination contre la politique de son contradicteur. Il rappela, entre autres faits, que lord Palmerston, en arrivant au *Foreign office,* avait trouvé « les relations établies sur un pied amical avec le gouvernement français ». « Eh bien, je vous le demande, s'écria-t-il en se

[1] Correspondance de M. de Jarnac avec M. Guizot pendant le mois de juillet et le commencement d'août 1842. (*Ibid.*)
[2] Séance du 10 août 1842 à la Chambre des communes.

tournant vers l'auteur du traité du 15 juillet 1840, dans quel état avez-vous laissé nos relations avec la France? Vous parlez de non-ratification d'un traité. Les difficultés sont toutes venues des sentiments qui avaient été produits par vous ou qui peut-être s'étaient fait jour malgré vos efforts dans les esprits des Français. Est-ce vrai, oui ou non? » Ensuite, le ministre, loin d'élever des plaintes contre la France, déclara avec insistance que l'Angleterre n'éprouvait à son égard aucun sentiment d'hostilité ni de rivalité, et il exprima l'espoir « qu'on pourrait, par les voies de conciliation, arriver à l'établissement de relations amicales entre les deux pays ». Ce langage était remarquable : en dépit de toutes les poussées du dehors et même de ses tentations propres, le cabinet anglais persistait sincèrement dans les voies de la conciliation.

Curieux et noble spectacle que celui de ces deux gouvernements résistant l'un et l'autre aux ressentiments qui les entouraient, risquant leur popularité pour sauvegarder l'intérêt vrai de leur pays et maintenant, par leur seule sagesse, une paix qui, avec le moindre laisser-aller de leur part, eût été bien vite compromise. Jusqu'à ce jour, tout éclat a été évité : c'est beaucoup; mais on n'a pu faire davantage. Depuis six mois que la question du droit de visite est soulevée, on n'a pas fait un pas vers la solution, on s'en est plutôt éloigné, et moins que jamais on entrevoit sur quel terrain pourra se faire une transaction.

IX

En France, si l'opposition faisait porter son principal effort sur les affaires étrangères, elle ne négligeait pas cependant les questions de politique intérieure. Sa tactique était de tout agiter en vue des élections. Ainsi avait-elle provoqué, lors de l'adresse, de violents débats sur l'affaire du recensement et sur les prétendues atteintes portées à la juridiction du jury : mais ce n'étaient que des escarmouches préliminaires. Le grand effort était réservé pour deux propositions dont le dépôt avait été décidé, dès le début de la session, dans les conciliabules des chefs de la gauche et du centre gauche; l'une, de M. Ganneron, portait sur la réforme parlementaire, l'autre, de M. Ducos, sur la réforme électorale; la première interdisait à un grand nombre de fonctionnaires publics l'entrée de la Chambre basse et stipulait que, sauf quelques exceptions, aucun député ne pourrait recevoir une fonction salariée pendant la durée de son mandat et une année après; la seconde étendait l'électorat à tous les citoyens inscrits sur la liste du jury. Bien souvent déjà, depuis 1830, des tentatives de ce genre avaient été faites; seulement, jusqu'alors, elles avaient été l'œuvre de la gauche; le centre gauche y avait été hostile ou tout au moins étranger. M. Thiers entre autres s'y était toujours montré peu favorable; on n'a pas oublié comment, en 1840, pendant son ministère, il avait repoussé ouvertement la réforme électorale et manœuvré sous main pour faire « enterrer » la réforme parlementaire. En 1842, au contraire, le centre gauche prend à son compte le vieux programme de la gauche. M. Thiers n'a pas sans doute plus de goût au fond pour ces mesures; mais, engagé dans une opposition à outrance, il ne lui déplaît plus de les voir proposer, du moment où c'est un moyen d'embarrasser la marche du cabinet. A ce point de vue, la question de la réforme entrait dans une phase toute nouvelle; on sait quel en devait être le dénouement.

Approuvé, poussé même par le Roi, M. Guizot résolut, dès le premier jour et sans un instant d'hésitation, d'opposer à ces propositions la résistance absolue dans laquelle il devait se renfermer jusqu'à la dernière heure de la monarchie. Il ne voulut même pas les laisser prendre en considération. A son avis, le gouvernement se trouvait en face d'une manœuvre d'opposition qu'il devait déjouer par son attitude décidée, non d'un mouvement sérieux d'opinion dont il fût obligé de tenir compte. En effet, dans le pays même, aucun symptôme ne révélait une volonté réelle de réforme; naguère, en 1840, quand on avait essayé des banquets réformistes, l'agitation était demeurée étroitement concentrée dans le parti radical. « Je n'avais, à ces deux propositions, a écrit plus tard M. Guizot, aucune objection de principe ni de nature perpétuelle. Diverses incompatibilités parlementaires étaient déjà légalement établies, et, en vertu de la loi rendue en 1830 sur ma propre demande comme ministre de l'intérieur, tout député promu à des fonctions publiques, était soumis à l'épreuve de la réélection. Je ne pensais pas non plus que l'introduction de toute la liste départementale du jury dans le corps électoral menaçât la sûreté de l'État, ni que le droit électoral ne dût pas s'étendre progressivement à un plus grand nombre d'électeurs. Mais, dans les circonstances du temps, je regardais les deux propositions comme tout à fait inopportunes, nullement provoquées par des faits graves ou pressants, et beaucoup plus nuisibles qu'utiles à la consolidation du gouvernement libre, ce premier intérêt national [1]. »

Le ministère était-il donc assuré, pour une résistance aussi nette, du concours de toute sa majorité? Celle-ci, on le sait, était loin d'être une et compacte. Elle comprenait, entre autres éléments, les vingt-cinq ou trente membres du centre gauche qui suivaient MM. Dufaure et Passy. Nous avons déjà eu occasion de parler du caractère de M. Dufaure, de son indépendance un peu hérissée et maussade, de ses évolutions toutes personnelles, de sa répugnance pour les attaches et la discipline, de sa crainte des compromissions [2]. Il disait peu auparavant à la tribune : « Je n'appartiens, quant à moi, à aucune des politiques qui croient se distinguer dans ce débat; je ne connais aucun parti dans la Chambre qui puisse m'imposer son opinion. » Sans doute, depuis le 29 octobre 1840, tout en ayant soin de ne pas se laisser absorber par le parti ministériel, il ne l'avait abandonné dans aucun des votes où l'existence du cabinet avait été mise en jeu. L'effroi que lui inspirait la politique aventureuse de M. Thiers, le ressentiment personnel

---

[1] *Mémoires de M. Guizot*, t. VI, p. 369, 370.
[2] Cf. plus haut, t. IV, ch. I, § III.

qu'il gardait contre ce dernier à raison de certains incidents des anciennes crises ministérielles, l'avaient jusqu'à présent emporté, dans son esprit, sur son peu de goût pour M. Guizot et sur sa vieille habitude de contredire le système de la résistance. Toutefois, plus d'un symptôme faisait douter de la persistance de son concours. Il rêvait visiblement un rôle intermédiaire, une sorte de tiers parti prenant position entre les ministériels et les opposants, ne se compromettant définitivement ni avec les uns ni avec les autres, volontiers désagréable à tous les deux, mais comptant pour s'imposer sur le besoin que chacun aurait de son appui. La gauche n'avait pas été la dernière à deviner ces dispositions; tantôt menaçants, tantôt caressants, ses journaux s'étaient beaucoup occupés d'intimider ou de séduire ce qu'ils appelaient le groupe Passy-Dufaure. Jusqu'à présent, ils n'avaient pas réussi; mais il leur semblait que la question des deux réformes était une de celles où il y avait le plus de chance de séparer le nouveau tiers parti de la majorité conservatrice.

La réforme parlementaire vint la première en discussion, le 10 février 1842. Des deux, c'était celle qui effarouchait le moins. Certains conservateurs avaient contribué à y habituer les esprits, en lançant étourdiment, sous le ministère du 1er mars, cette proposition Remilly qui avait fait un moment tant de bruit [1]. Les orateurs de l'opposition, entre autres M. de Rémusat, qui remporta en cette circonstance un brillant succès de tribune, eurent soin de donner au nouveau projet de réforme parlementaire la figure la plus modeste et la plus inoffensive; ils firent remarquer qu'il s'agissait seulement d'une prise en considération, c'est-à-dire de décider si la question méritait d'être examinée. M. Guizot ne crut pas nécessaire d'intervenir. Deux de ses collègues, M. Villemain et M. Duchâtel, soutenus avec éclat par M. de Lamartine, firent valoir la place occupée par les fonctionnaires dans la société française et le besoin que la Chambre avait de leur expérience. M. Du-

---

[1] Cf. plus haut, t. IV, ch. II, § VI. — J'ai exposé en cet endroit les arguments invoqués pour et contre cette réforme.

châtel, en particulier, ne se borna pas à ces considérations théoriques ; il avertit les conservateurs qu'il s'agissait, avant tout, pour l'opposition, de changer la direction de la politique générale en mutilant la majorité. Malgré ces efforts, la prise en considération ne fut rejetée que par 198 voix contre 190. Évidemment, la plus grande partie du groupe Dufaure avait voté avec la gauche. Si le ministère était vainqueur, il l'était bien petitement. Les journaux firent remarquer que, sur les 198 voix de la majorité, il y avait plus de cent trente fonctionnaires. Un tel résultat, succédant de près au vote sur le droit de visite, laissait le cabinet debout, mais affaibli et ébranlé.

C'était un préliminaire inquiétant pour la discussion de la réforme électorale. Cette discussion s'engagea le 14 février. L'opposition, encouragée par le demi-succès de sa première campagne, paraissait pleine de confiance. Ne dut-elle pas, d'ailleurs, se sentir affermie dans cette confiance et regarder la dislocation de la majorité comme faite, quand elle vit sa proposition soutenue à la tribune par le chef du centre gauche dissident, M. Dufaure, et par l'ancien orateur des 221, celui-là même qui venait de combattre la réforme parlementaire, M. de Lamartine ? M. Dufaure, mettant en relief le caractère très modeste, presque insignifiant, de l'innovation proposée, y montra l'application d'un système d'améliorations successives qui lui paraissait rentrer dans l'esprit de la Charte, et il termina en rappelant cette parole écrite par M. Guizot, en 1820 : « Sachez satisfaire ce qui est légitime, et vous aurez le plus fort point d'appui pour réprimer ce qui est déréglé. » M. de Lamartine fut plus véhément : « Mon Dieu, s'écria-t-il, il y a eu de tout temps et partout des hommes bien honorables, bien intentionnés, mais bien aveugles, dans les corps politiques, dans les majorités ; ce sont ceux qui se refusent à tout examen des choses nouvelles, quoique bonnes, mûres et préparées. (*Murmures au centre.*) C'est en vain que les pouvoirs s'altèrent, se décomposent, se dénaturent, que les forces morales mêmes du pays se corrompent, se démoralisent, s'abdiquent sous leurs yeux ; ils ne veulent pourvoir à rien ; ils se cramponnent, immobiles et toujours tremblants, à quoi que ce soit; ils saisiraient même le fer chaud d'un despotisme pour se préserver de la moindre agitation; ils ne voient qu'un seul mal pour eux, le mouvement, qu'un seul danger pour les institutions, le mouvement. On a beau avoir loyalement servi ces hommes intimidés dans tous leurs intérêts légitimes; on a beau s'associer à eux dans tous les jours de combats;.. du jour où vous leur proposerez une mesure d'innovation la plus prudente,... de ce jour-là, vous êtes leur ennemi. (*Longs applaudissements à gauche.*) Eh! mon Dieu! il y en a eu de ces hommes à toutes les époques : en 89, en 1815, en 1830, aujourd'hui. C'est de l'histoire que je raconte : ce n'est pas de la personnalité que je fais. (*Bravos aux extrémités.*) S'il y avait de pareils hommes ici, — et plût à Dieu qu'il ne s'en retrouvât jamais, de ces hommes que l'on pourrait marquer de quelque chiffre sinistre à cause de leurs fautes! (*A gauche : très bien, très bien!*) — s'il y avait de ces hommes, c'est à eux que je dirais : Daignez me croire, daignez ajouter quelque foi aux années de périls et de combats passées ensemble pour les mêmes causes; ne vous refusez pas aujourd'hui à l'amélioration bien modérée qu'on vous demande, ou plutôt offrez-la vous-mêmes! On dirait, à les entendre, que le génie des hommes politiques ne consiste qu'en une seule chose, à se poser là sur une situation que le hasard ou une révolution leur a faite et à y rester immobiles, inertes, implacables... (*Vive approbation à gauche.*) Oui, implacables à toute amélioration. Et si c'était là, en effet, tout le génie de l'homme d'État chargé de diriger un gouvernement, mais il n'y aurait pas besoin d'homme d'État, une borne y suffirait. (*Mouvement général et prolongé.*) » Quand un orateur, venu de la majorité, s'exprimait ainsi, la gauche pouvait se taire; elle n'eût pu dire plus; elle n'avait qu'à applaudir. Les journaux firent écho à ses bravos; ce mot de « borne » devait longtemps servir à leurs polémiques.

Les ministres se défendirent avec éclat. M. Guizot, qui attribuait peut-être à son abstention l'issue incertaine de la discussion sur la réforme parlementaire, s'engagea à fond. « J'ai beau regarder, dit-il, j'ai beau chercher; je ne puis trouver parmi nous, aujourd'hui, dans l'état de la société, à la réforme électorale qu'on vous propose, aucun motif réel, sérieux, aucun motif digne d'un pays libre et sensé... Le mouvement qui a produit la question dont nous nous occupons, est un mouvement superficiel, factice, mensonger, suscité par les journaux et les comités! (*Interruptions aux extrémités.*) » A l'origine de ce mouvement, le ministre dénonçait les factions hostiles à la monarchie de Juillet; à son terme, il montrait le suffrage universel. « Je suis pour mon compte, déclara-t-il, ennemi décidé du suffrage universel. Je le regarde comme la ruine de la démocratie et de la liberté! » S'élevant ensuite, suivant son habitude, pour considérer de haut la situation : « Nous avons, messieurs, une tâche plus rude qu'il n'en a été imposé à aucune époque; nous avons trois grandes choses à fonder : une société nouvelle, la grande démocratie moderne jusqu'ici inconnue dans l'histoire du monde; des institutions nouvelles, le gouvernement représentatif jusqu'ici étranger à notre pays; enfin une dynastie nouvelle... Eh bien, pour réussir dans ce qui est la véritable tâche de notre temps, nous n'avons besoin que de deux choses : de stabilité d'abord, puis de bonne conduite dans les affaires journalières et naturelles du gouvernement... Vous faites précisément le contraire... Vous altérez la stabilité des lois et des pouvoirs. Vous semez l'incertitude partout. Et pourquoi? Est-ce en présence d'un grand mouvement? Non, c'est pour satisfaire à un besoin faux, factice ou pour le moins bien douteux et bien faible... Messieurs, ne vous chargez pas si facilement des fardeaux qu'il plaira au premier venu de mettre sur vos épaules, lorsque celui que nous portons nécessairement est d'un si grand poids. Résolvez les questions obligées et repoussez celles qu'on vous jette aujourd'hui à la tête légèrement et sans nécessité! (*Vive adhésion au centre.*) » On ne pouvait exposer plus éloquemment, plus noblement les raisons de ne rien faire, donner à l'immobilité une plus fière tournure. Le ministre ne se contenta pas de ces hautes considérations. En présence de ce qui s'était passé pour la réforme parlementaire et des manœuvres dissolvantes que faisaient supposer l'attitude de M. Dufaure et de M. de Lamartine, il jugea à propos de rappeler la majorité au sentiment de sa propre responsabilité : « Vous nous avez engagés et soutenus dans une tâche pesante, lui dit-il en terminant ; je suis convaincu que vous êtes décidés à nous y soutenir tant que nous serons fidèles comme vous à la cause qui est la vôtre comme la nôtre. (*Oui! oui!*) Mais prenez garde ; prenez garde de ne pas affaiblir légèrement, par des motifs insuffisants, ce pouvoir que vous voulez soutenir ; prenez garde de ne pas diminuer la force, quand vous ne diminuez pas le fardeau. (*Profonde sensation.*) Vous avez, comme nous, des devoirs à remplir ; vous êtes partie du gouvernement ; vous avez votre part de responsabilité dans les affaires et devant le pays. Ne l'oubliez jamais. Ne vous déchargez pas facilement de ce qui vous revient dans le fardeau et dans la responsabilité... Si jamais la force nous manquait, si jamais les moyens de gouvernement nous paraissaient trop faibles pour que nous continuassions d'accepter notre responsabilité, soyez certains que nous vous le dirions avant que vous vous en fussiez aperçus. »

L'avertissement fut entendu et produisit son effet. En dépit de M. Dufaure et de M. de Lamartine, 234 voix contre 193 repoussèrent la prise en considération. Ce fut une nouvelle surprise en sens inverse. Le vote précédent avait été plus mauvais qu'on ne s'y attendait ; celui-ci était meilleur ; en tout cas il effaçait l'autre. M. de Barante écrivait au comte Bresson, le 18 février 1842, au sortir de ce débat : « La majorité qui a repoussé la proposition de réforme électorale est un fait de haute importance : il était peu prévu. A peine espérait-on le petit succès déjà obtenu contre la première proposition. C'est que les centres sont bien plus conservateurs que ministériels. Ils sont facilement irritables sur tout ce qui rapproche des doctrines de la gauche ou de la politique aventureuse de M. Thiers. J'ai assisté aux séances où M. Dufaure et M. de Lamartine ont été si rudement accueillis et interrompus sans cesse, et j'ai pu juger de la vivacité de ces excellents conservateurs. Maintenant la session est jugée. Le ministère la traversera et en sortira avec un peu plus d'autorité. » Cette victoire était bien la victoire personnelle de M. Guizot dont l'éloquente intervention avait décidé les suffrages ; et cependant, M. de Barante, confirmant une observation qu'il avait déjà faite avant la session, ajoutait : « Confiance et affection pour les personnes ne sont pas choses à espérer en ce temps-ci. Les succès de M. Guizot à la tribune sont très grands et presque incontestés, sans que pour cela une opinion bienveillante vienne l'entourer et le fortifier [1]. » Le ministre, pour le moment, ne paraissait pas s'en inquiéter. Optimiste de sa nature, il était entièrement à la joie et à la confiance. « M. Guizot, écrivait M. Doudan le 24 février, très en train d'esprit, ayant toutes les vertus des cœurs heureux, est tout semblable à un général qui vient de gagner trois ou quatre batailles dans une rapide campagne [2]. » L'opposition était la première à se rendre compte que, sur la politique intérieure, elle était définitivement battue : on le vit bien à son attitude lors de la loi des fonds secrets qu'elle n'osa pas contester sérieusement. Quant à M. Thiers, dégoûté de tenter une autre campagne parlementaire, il se donnait à ses travaux historiques et tâchait d'oublier ses propres défaites en reprenant le récit des victoires du premier Consul.

Si favorables que fussent ces symptômes, M. Guizot ne se rendait pas moins compte que les dispositions incertaines du « groupe Passy-Dufaure » demeuraient un danger et que, pour avoir pleine sécurité, il fallait trouver un moyen de rattacher plus étroitement ce groupe au ministère. Le 25 avril 1842, le ministre des finances, M. Humann, fut trouvé sans vie, la tête appuyée sur son bureau, la main encore posée sur des papiers. Deux jours auparavant, il disait à un de ses employés : « Je sens que je m'en vais, la vie que je mène m'épuise, je n'en ai

---

[1] *Documents inédits.*
[2] X. Doudan, *Mélanges et Lettres*, t. III, p. 94.

pas pour longtemps. » Cette mort faisait un vide sensible dans le cabinet. Ombrageux, personnel, la main un peu lourde, mais laborieux, d'une grande autorité financière dans la Chambre et dans le monde des affaires, M. Humann était un ministre à la fois incommode et considérable. Tout en sentant l'affaiblissement causé par cette perte, M. Guizot y vit l'occasion de faire une avance à la fraction incertaine du centre gauche. Dès le lendemain de la mort de M. Humann, il proposa le portefeuille des finances à M. Passy. Celui-ci refusa poliment, mais nettement : le nouveau tiers parti voulait garder son indépendance. Ainsi rebuté, M. Guizot se tourna d'un tout autre côté et donna un gage aux anciens 221 ; là aussi, il y avait des préventions à dissiper, des défections à prévenir, des intrigues à déjouer : la succession de M. Humann fut donc offerte à l'un des anciens collègues de M. Molé, M. Lacave-Laplagne, qui l'accepta avec empressement.

X

A l'intérieur, opposer un *veto* immobile aux innovations politiques ; à l'extérieur, gagner du temps pour attendre l'occasion de sortir d'un gros embarras diplomatique, c'était peut-être, de la part du cabinet, une conduite sage, bienfaisante, nécessaire ; ce n'était pas une politique éclatante qui pût suffire à occuper et à dominer l'esprit public. De là le désir de trouver quelque diversion. N'y avait-il rien à tenter dans une direction différente, dans celle du progrès matériel? On se trouvait précisément à l'époque d'une grande transformation économique. Le fait le plus considérable de cette transformation était, sans contredit, l'invention des chemins de fer. A entendre même les saint-simoniens qui, pour ne plus exister à l'état de petite église, n'en inoculaient pas moins leur esprit à une partie de la bourgeoisie régnante, ce nouveau système de communications constituait à peu près toute la civilisation moderne ; et les disciples d'Enfantin y montraient, avec un mélange bizarre de spéculation financière et d'exaltation mystique, comme la propagation d'un nouvel évangile destiné à remplacer l'ancien. Il y avait là une tendance dangereuse et malsaine. Sans y céder, en maintenant au côté moral de la civilisation la primauté qui lui appartient, on devait cependant reconnaître que les rails et la locomotive inauguraient, non seulement dans l'ordre matériel, mais dans l'ordre intellectuel, en un mot dans la vie sociale tout entière, une révolution aussi considérable que celle dont quatre cents ans auparavant, l'invention de l'imprimerie avait donné le signal. Établir et organiser les chemins de fer en France, résoudre les problèmes nouveaux et difficiles qui s'y rattachaient, décider par exemple les conditions législatives et économiques de leur construction et de leur exploitation, trouver les moyens financiers de mener rapidement à fin un tel travail, n'était-ce pas une entreprise digne de tenter l'ambition du cabinet du 29 octobre, l'occasion cherchée par lui de servir avec éclat les vrais intérêts du pays, d'agir sur son imagination et de lui faire oublier son malaise politique? Dès le 16 octobre 1841, le *Journal des Débats* avait mis en avant, non sans quelque solennité, l'idée de cette diversion. « Qu'on y songe bien, disait-il, il est d'urgence dans l'état présent des esprits, de saisir l'opinion d'une grande pensée, de la frapper par un grand acte. Pour lutter contre le génie de la guerre, le génie de la paix a besoin de faire quelque chose d'éclatant. A l'œuvre donc, et que la question soit promptement résolue! Du moment où, grâce à Dieu, il n'y a pas un bon citoyen qui veuille la guerre, on ne voit pas quel but d'activité on peut donner au pays, sinon des entreprises productives. L'opinion travaillée est inquiète, facile à égarer. Il est nécessaire de frapper un grand coup, de ces coups que peut porter un gouvernement sincèrement dévoué à la cause de l'ordre. Or quel autre grand acte a-t-on tout prêt? »

La question n'était pas neuve, mais elle était à peu près entière : on l'avait déjà beaucoup discutée, sans être parvenu à la résoudre. Ces tâtonnements sont utiles à connaître pour apprécier l'œuvre du ministère du 29 octobre. Les premiers chemins de fer établis à la fin de la Restauration, notamment celui de Saint-Étienne à la Loire, n'étaient que des chemins de faible parcours, créés par des industriels pour relier des centres de production houillers ou métallurgiques avec des rivières et des canaux. Ce fut seulement en 1833, que les pouvoirs publics, envisageant l'établissement possible d'un réseau de voies ferrées pour le transport des voyageurs et des marchandises, ouvrirent un crédit de 500,000 francs destiné à faire face aux premières études. Avec ces faibles ressources, le corps des ponts et chaussées trouva moyen, en moins de deux ans, de faire le projet de cinq grandes lignes partant de Paris et se dirigeant sur Lille, le Havre, Strasbourg, Lyon et Bordeaux ; ces lignes avaient une longueur de 3,600 kilomètres, et la dépense était évaluée à un milliard. L'énormité de ces chiffres n'était pas faite pour hâter la solution ; elle effarouchait les esprits timides et les disposait à regarder une telle entreprise comme une chimère saint-simonienne. Tandis que l'administration, avec sa méthode accoutumée, préparait des plans gigantesques dont les ministres n'osaient pas demander l'application, un homme d'initiative, ancien disciple d'Enfantin, M. Émile Pereire, passant hardiment à l'exécution, se faisait accorder, en 1835, la concession de la ligne de Paris à Saint-Germain et la menait à fin en deux ans. Son exemple était suivi, et des lois diverses concédaient, en 1836, les deux lignes de Paris à Versailles et celle de Montpellier à Cette. Ces chemins de fer locaux, sans influence possible sur le mouvement général du commerce, n'étaient en quelque sorte que des spécimens. A ce point de vue, ils ne furent pas sans effet sur l'opinion. La ligne de Saint-Germain surtout, inaugurée en août 1837, au milieu d'une très vive curiosité, contribua à faire mûrir l'idée des chemins de fer dans l'esprit du public parisien.

Cependant, on était loin d'avoir un parti arrêté sur les conditions dans lesquelles serait créé le grand réseau. Une question s'était posée d'abord qui dominait toutes les autres : la construction serait-elle faite par l'État ou par des compagnies? L'étranger fournissait des exemples opposés : l'Angleterre et les États-Unis avaient hardiment tout abandonné à l'initiative privée; en Belgique, au contraire, et dans plusieurs parties de l'Allemagne tout était fait par l'État. Chez nous, les deux systèmes eurent aussitôt leurs partisans. En faveur de l'État, on faisait valoir que les chemins de fer devaient être dans la main de l'administration comme toutes les autres grandes voies de communication, qu'on ne pouvait abandonner à des compagnies la fixation de tarifs intéressant si gravement la fortune publique, qu'avec nos mœurs économiques les associations n'étaient pas préparées à entreprendre cette œuvre colossale, que nos capitaux, peu aventureux d'habitude, ne se porteraient pas dans des entreprises aussi nouvelles et aussi aléatoires, que dès lors la spéculation serait seule à s'y jeter avec les abus et les désordres dont, à ce moment même, elle donnait trop souvent le répugnant spectacle. En faveur des compagnies, on répondait qu'il convenait d'encourager l'initiative privée et l'esprit d'association, que la puissance publique ne devait se substituer à eux qu'après démonstration préalable de leur impuissance, que l'État construisait très chèrement, que le charger de cette entreprise ce serait écraser absolument ses finances, que le gouvernement n'avait d'ailleurs pas intérêt à augmenter encore sa responsabilité et à s'aliéner les nombreux intérêts nécessairement froissés par une telle transformation. L'administration des ponts et chaussées, naturellement portée à regarder avec dédain ou défiance l'initiative privée, était fort ardente pour l'exécution par l'État; les économistes, les gens d'affaires, ceux qui se piquaient d'idées libérales et, à leur suite, la plupart des journaux, tenaient pour les compagnies.

Ce fut le 6 mai 1837 que le gouvernement proposa pour la première fois aux Chambres d'entreprendre la construction des grandes voies ferrées : il les saisit, le même jour, de plusieurs projets de loi fixant les conditions d'établissement des lignes de Paris à la Manche, de Paris à Bordeaux et Bayonne, de Paris à la frontière de Belgique, et de Lyon à Marseille. Les deux dernières devaient seules être construites tout de suite en entier; les deux premières ne seraient poussées pour le moment que jusqu'à Rouen et jusqu'à Orléans. Quant au mode d'exécution, le ministère, — c'était alors celui de M. Molé, — avait été fort embarrassé de trancher le débat existant entre les partisans de l'État et ceux des compagnies. Au fond, il eût préféré l'État, mais sa tactique étant de beaucoup ménager l'opinion, il se décida en faveur des compagnies et proposa de leur concéder les lignes en question, soit par adjudication, soit par traités directs, à charge pour l'État de leur accorder des subventions sous des formes diverses. Tout en faisant ces propositions, le ministère laissa voir que seule, la crainte de ne pas obtenir les crédits nécessaires l'avait fait renoncer à la construction par l'État. Une telle attitude n'était pas le moyen d'en imposer à des esprits que la nouveauté et la gravité du problème rendaient déjà fort perplexes. Ajoutez que le cabinet, qui venait de se reconstituer, le 15 avril, en dehors de tous les grands chefs parlementaires, rencontrait une opposition très vive et n'avait guère d'autorité sur ceux-là mêmes qui paraissaient constituer sa majorité. Après une discussion de trois jours, assez ardente, mais peu décisive, l'impression dominante fut que la question n'était pas suffisamment étudiée et que la Chambre ne pouvait se faire un avis. Tous les projets furent ajournés.

Le cabinet se persuada, ou se laissa persuader par l'administration des travaux publics, que la Chambre, en ajournant ces premiers projets, avait marqué son éloignement pour le système des compagnies. Il constitua une commission extra-parlementaire dont M. Legrand, l'habile directeur des ponts et chaussées, fut l'âme. Un vaste projet d'ensemble en sortit, très étudié, très complet, très fortement conçu, mais très systématique : neuf lignes principales y étaient prévues, dont sept, partant de Paris, aboutissaient à la frontière belge, au Havre, à Nantes, à Bayonne, à Toulouse, à Marseille, à Strasbourg;

deux autres allaient de Bordeaux à Marseille et de Marseille à Bâle ; soit 4,400 kilomètres de voies ferrées et une dépense d'un milliard ; pour le moment, on n'entreprenait que 1,488 kilomètres. Ces grandes lignes devaient être établies par l'État ; on ne réservait à l'industrie privée, officiellement proclamée incapable de toute entreprise considérable, que les embranchements et les chemins secondaires. Apporté à la Chambre des députés, le 15 février 1838, le projet rencontra tout de suite un accueil peu favorable ; les uns le combattaient par conviction économique ; beaucoup d'autres saisissaient l'occasion de faire échec au ministère. Nommée sous cette double impression, la commission fut nettement hostile. Symptôme significatif, elle renfermait les personnages les plus en vue de l'opposition, MM. Arago, Odilon Barrot, de Rémusat, Duvergier de Hauranne, Billault, Berryer, et enfin M. Thiers. Celui-ci s'était montré, dès l'origine, peu favorable aux chemins de fer ; il haussait dédaigneusement les épaules quand on parlait de leur immense avenir : obstination routinière qui surprend dans cet esprit, par d'autres côtés, si ouvert et si rapide. Sans doute, en 1835, un voyage à Liverpool et la vue des locomotives en marche l'obligèrent à reconnaître, de plus ou moins bonne grâce, que « les chemins de fer présentaient quelques avantages pour le transport des voyageurs », mais il se hâta d'ajouter que « l'usage en était limité au service de quelques lignes fort courtes et aboutissant à de grandes villes comme Paris. » L'année suivante, alors qu'il était ministre, voulant établir dans une discussion sur les droits de douane qu'on n'aurait jamais besoin de grandes quantités de rails, il avait dit à la tribune : « Si l'on venait m'assurer qu'on fera, en France, cinq lieues de chemin de fer par année, je me tiendrais pour fort heureux. » On comprend dès lors que M. Thiers, dans la commission de 1838, n'eût pas scrupule de faire échouer le projet du ministère. Le rapport fut confié à M. Arago chez qui, en cette circonstance, le parti pris de l'opposant altéra singulièrement la clairvoyance du savant. Il ne se contenta pas, en effet, de marquer pour l'industrie privée une préférence qui pouvait se défendre et de contester les moyens financiers indiqués dans le projet; il parut vouloir s'en prendre aux chemins de fer eux-mêmes de l'intérêt que leur portait le gouvernement. A l'entendre, le moment n'était pas encore venu de se lancer dans un travail d'ensemble et d'engager simultanément plusieurs grandes lignes; mieux valait attendre, pour profiter des découvertes que feraient les nations plus pressées. Il contestait l'importance que l'exposé des motifs attribuait aux chemins de fer sous le rapport du transit; il exprimait aussi des doutes sur leur valeur stratégique, et annonçait que le transport en wagons efféminerait les soldats, en leur faisant perdre l'habitude des grandes marches[1]. En fin de compte, le rapport concluait au rejet pur et simple de tout le projet. La discussion publique porta presque exclusivement sur la question de savoir s'il fallait réserver l'exécution à l'État ou la confier aux compagnies. Elle fut, de part et d'autre, fort remarquable, et servit beaucoup à éclairer l'esprit public sur ces questions nouvelles et difficiles. Il fut tout de suite visible que les adversaires économiques de l'État joints aux adversaires politiques de M. Molé, auraient la majorité. Vainement le ministère, corrigeant après coup ce que l'influence de l'administration des ponts et chaussées avait donné de trop absolu à son projet, offrit de transiger, en le réduisant à quatre lignes et en se déclarant prêt à accepter l'intervention de l'industrie privée pour deux d'entre elles; vainement finit-il par ne demander qu'une seule ligne, celle de la frontière de Belgique; vainement insista-t-il sur la nécessité de commencer, ne fût-ce que par un bout, ces chemins de fer tant demandés, et chercha-t-il à effrayer les adversaires de la loi, en leur montrant quelle responsabilité ils assumeraient par un refus absolu[2], rien ne put agir sur le parti pris

---

[1] Déjà, en 1836, à propos du chemin de fer de Versailles, M. Arago avait combattu l'idée de creuser un tunnel à Saint-Cloud; il déclarait qu'il faudrait au moins cinq ou six ans pour le mener à terme, et que les voyageurs qui se risqueraient dans ce dangereux passage en sortiraient avec des fluxions de poitrine.

[2] M. Martin du Nord, ministre des travaux publics, s'exprima ainsi : « Ce serait par un refus pur et simple que vous répondriez à nos propositions, à nos

de l'opposition. Le projet fut rejeté à l'énorme majorité de 196 voix contre 69.

Le ministère, fort docile de sa nature, vit dans ce vote une invitation à reprendre le système des compagnies que lui-même avait proposé sans succès, en 1837. Il s'y conforma sans retard. Dès les 6 et 7 juillet 1838, deux lois concédèrent à des sociétés particulières les chemins de Paris à Rouen et de Paris à Orléans : si ce n'était plus un vaste plan d'ensemble, c'était du moins le commencement des grandes lignes. On recourut au même système pour la concession de quelques chemins secondaires, comme ceux de Strasbourg à Bâle et de Lille à Dunkerque. Mais bientôt les compagnies concessionnaires, trop faiblement constituées, se trouvèrent aux prises avec des embarras qu'aggravèrent encore d'une part les excès d'une spéculation affolée, d'autre part, les crises intérieures et extérieures des années 1839 et 1840. Elles se déclarèrent incapables de remplir leurs obligations ; les unes, comme celle du chemin de fer de Rouen, renoncèrent à poursuivre leur entreprise; d'autres, comme celle d'Orléans, essayèrent de tenir bon, en implorant les secours de l'État. Plusieurs lois furent votées, en 1840, pour venir en aide, sous des formes variées, aux sociétés en détresse. Cette expérience semblait donner raison à ceux qui, dès le début, avaient mis en doute la puissance de l'initiative privée. En tous cas, elle n'était pas faite pour donner plus de hardiesse aux capitaux français.

Telle était la situation, à l'avènement du ministère du 29 octobre. Par l'effet de tous ces avortements législatifs et pratiques, il n'y avait, au 31 décembre 1840, que 433 kilomètres de chemins de fer en exploitation[1]. Rien n'était même commencé ou seulement décidé pour la plupart des lignes

---

efforts?... Prenez-y garde! Songez à votre responsabilité, après ce qui s'est passé dans la dernière session. Tout le monde dit : Il faut des chemins de fer... »

[1] Voici la progression des longueurs exploitées : au 31 décembre 1830, 37 kilomètres; 1836, 147 kilomètres; 1837, 166 kilomètres; 1838, 181 kilomètres; 1839, 246 kilomètres; 1840, 433 kilomètres; 1841, 571 kilomètres. Quarante ans plus tard, il y avait plus de 24,000 kilomètres en exploitation.

principales, celles de Paris à la Belgique, de Paris à Lyon et à Marseille, de Paris à Strasbourg, d'Orléans à Nantes et à Bordeaux. La France s'était laissé devancer de beaucoup par les nations étrangères, non seulement par les États-Unis, l'Angleterre et la Belgique, mais par l'Allemagne, la Prusse et l'Autriche. « En fait de chemins de fer, nous sommes maintenant à la queue de l'Europe », disait le *Journal des Débats*, en octobre 1841[1]. Aussi la feuille ministérielle déclarait-elle le moment venu d'en finir avec « ces indécisions, ces pompeux manifestes aboutissant à des actes mesquins ou à des négations pures ». « Il le faut, ajoutait-elle, pour que l'honneur national reste sauf et pour que la dynastie s'affermisse ; il le faut pour le renom et la durée de nos institutions ; il le faut pour l'ordre des rues et pour celui des intelligences. »

En abordant cette tâche où venaient d'échouer tous ses prédécesseurs, le ministère du 29 octobre avait sur eux ce double avantage que tant de discussions avaient fini par élucider les problèmes, et surtout que tant de retards avaient fait sentir à tous la nécessité d'en finir. Néanmoins, à un autre point de vue, la situation était plus difficile qu'en 1837 ou en 1838. On sait en effet quelles étaient, pour nos finances naguère si prospères, les conséquences de la crise de 1840 : les armements avaient produit, dans les budgets de 1840 à 1843, des déficits constatés ou prévus de près de 500 millions ; de plus, les travaux extraordinaires, civils ou militaires, définitivement votés par la loi du 25 juin 1841, s'élevaient à une somme égale : c'est ce que les adversaires de M. Thiers appelaient le milliard du 1er mars[2]. Trouver dans un budget à ce point engagé les ressources nécessaires à la construction des chemins de fer, était une tâche malaisée. Toutefois, le minis-

---

[1] En effet, à cette date, — fin de 1841, — la France n'avait que 877 kilomètres décidés, dont 541 exploités. Les États-Unis avaient 15,000 kilomètres décidés, dont 5,800 exploités ; l'Angleterre, 3,617 kilomètres décidés, dont 2,521 exploités ; la Belgique, 621 kilomètres décidés, dont 378 exploités ; la Prusse et l'Allemagne, 2,811 kilomètres décidés, dont 627 exploités ; l'Autriche, 877 kilomètres décidés, dont 747 exploités.

[2] Voy. plus haut, t. IV, ch. v, § xii.

tère ne se laissa pas arrêter par des considérations de prudence financière qui lui eussent paru décisives en d'autres circonstances : il estima, non sans raison, que l'entreprise ne pouvait être plus longtemps retardée, et que, d'ailleurs, elle constituait au plus haut degré un de ces travaux productifs pour lesquels on pouvait sans scrupule engager l'avenir.

Un projet de loi fut donc présenté, le 7 février 1842, comprenant la construction des six grandes lignes de Paris à la frontière de Belgique, au littoral de la Manche, à Strasbourg, à Marseille et à Cette, à Nantes, à Bordeaux : vaste ensemble que la commission devait encore étendre, en y ajoutant les lignes de Bordeaux à Marseille, de la Méditerranée au Rhin, d'Orléans sur le centre de la France par Bourges, et de Bordeaux à Bayonne. Quant au mode d'exécution, il ne pouvait être question de tout remettre aux compagnies qui venaient de se montrer impuissantes, ni de tout réserver à l'État contre le monopole duquel la Chambre s'était prononcée en 1838. Estimant que de semblables conflits doivent presque toujours finir par une transaction, le ministère imagina un système mixte où il était fait appel aux deux forces. L'État prenait à sa charge les acquisitions de terrain [1], les terrassements, les ouvrages d'art et les stations ; à ces conditions, il était propriétaire de la ligne. Quant aux compagnies, elles étaient admises à prendre à bail l'exploitation, sous la charge pour elles de poser la voie de fer, de fournir le matériel et d'entretenir l'un et l'autre. Les baux, soumis à l'approbation du législateur, détermineraient la durée et les conditions de l'exploitation, ainsi que les tarifs des transports. A l'expiration des baux, la valeur de la voie de fer et du matériel, établie à dire d'experts, serait remboursée à la compagnie fermière par la compagnie qui lui succéderait ou par l'État. La part de l'État dans la construction des lignes était, on le voit, plus considérable que celle des compagnies :

---

[1] Il était stipulé que l'État devait se faire rembourser les deux tiers de cette dépense d'acquisition par les départements et par les communes intéressés. Mais cette disposition souleva dans la pratique tant de réclamations, qu'on dut l'abroger en 1845.

c'était la conséquence naturelle du discrédit alors jeté sur ces dernières par la récente crise. La dépense totale à la charge de l'État était évaluée approximativement à 475 millions, chiffre — soit dit en passant — très au-dessous de la réalité. Il n'était question d'ouvrir immédiatement que 126 millions de crédits, dont 13 millions sur la fin de l'exercice 1842 et 29 millions sur l'exercice 1843. Pour faire face à cette dépense, il ne fallait pas compter sur les emprunts autorisés, l'année précédente, jusqu'à concurrence de 450 millions, car ils étaient destinés à payer les travaux militaires et civils prévus par la loi du 25 juin 1841; ni sur les disponibilités de la caisse d'amortissement, car elles allaient être, pendant plusieurs années, absorbées par les découverts des budgets. On avait donc l'intention de mettre la dépense des chemins de fer provisoirement à la charge de la dette flottante, jusqu'à ce que l'extinction des découverts des budgets permît de consolider cette dette avec les réserves de l'amortissement, ou, si cette ressource manquait, jusqu'à ce qu'il fût fait un autre emprunt. A ce moment, la réserve de l'amortissement, composée des sommes votées au budget pour le rachat des rentes et demeurées sans emploi parce que ces rentes se trouvaient au-dessus du pair, était évaluée à environ 75 millions par an; de plus, la progression annuelle du revenu public n'était pas moindre de 19 à 20 millions, et la construction même des chemins de fer devait accroître cette progression. Si lourde donc que fût l'opération, elle ne paraissait pas au-dessus des forces financières de la France : à une condition toutefois, c'était que la paix ne serait pas troublée d'ici à plusieurs années; il eût été en effet très grave d'être surpris par la guerre, avec toutes les ressources ainsi engagées.

Le projet fut assez bien accueilli. La solution proposée semblait indiquée par les circonstances, et surtout on sentait qu'il fallait à tout prix éviter un nouvel avortement. Ces sentiments prévalurent aussitôt dans la commission nommée par la Chambre des députés. « Votre commission, disait le rapport, pense que ce projet est, en ce moment, le plus raisonnable qu'on puisse adopter. » Puis, après avoir indiqué quelques modifications secondaires, il se terminait ainsi : « La commission a été fermement et constamment unanime pour désirer que le projet de loi ait un utile résultat, que toutes les opinions de détail, après avoir cherché à obtenir par la discussion un légitime triomphe, se soumettent au jugement souverain de la Chambre, et que la création d'un réseau de chemins de fer soit considérée par nous tous comme une grande œuvre nationale. » Ce langage avait d'autant plus d'action que le rapporteur, loin d'être un ministériel docile, se piquait d'indépendance : c'était M. Dufaure. Sa puissance de travail, la netteté vigoureuse de son esprit, son entente des questions d'affaires, aidèrent beaucoup au succès du projet. Il paraissait mieux à sa place que le président de la commission, M. de Lamartine : c'était le temps, il est vrai, où le chantre d'Elvire se défendait presque d'être un poète et mettait une étrange coquetterie à faire croire qu'il était un homme de chiffres [1].

La discussion commença, le 26 avril 1842, à la Chambre des députés, et se prolongea pendant quinze jours. On ne contesta pas sérieusement le principe même de la loi, le concours des deux forces de l'État et de l'industrie privée. Les partisans de cette dernière estimaient sans doute qu'on avait fait la part bien large à l'État; mais après l'échec récent des compagnies, ils se sentaient empêchés de demander davantage pour elles. Ils se préoccupèrent seulement de réserver l'avenir, et l'un d'eux, M. Duvergier de Hauranne, proposa un amendement en vertu duquel les lignes comprises dans le projet, mais non immédiatement exécutées, « pourraient être concédées à l'industrie privée en vertu de lois spéciales et aux conditions qui seraient alors déterminées ». « Comme je ne veux pas l'ajournement du projet, dit M. Duvergier de Hauranne en

---

[1] M. Duvergier de Hauranne, qui faisait partie de la commission des chemins de fer, disait plaisamment, à propos des travaux de cette commission : « Pendant les cinquante ou soixante séances que M. de Lamartine présida, il ne lui arriva pas une seule fois de comprendre que deux et deux font quatre. » (*Notes inédites de M. Duvergier de Hauranne.*)

développant sa proposition, je suis disposé à accepter le système du gouvernement quant aux fragments de ligne que nous allons entreprendre... L'État veut essayer : qu'il essaye, j'y consens volontiers; mais ce que je ne puis admettre, c'est qu'on décrète comme système général et absolu un système si peu éprouvé. » Tout en ne contestant pas au fond la réserve faite pour les lois futures, en affirmant même qu'elle allait de soi, les ministres eussent préféré ne pas la voir formulée si expressément; ils craignaient que le système de leur projet n'en fût affaibli. Mais M. Duvergier de Hauranne insista avec sa ténacité, avec son énergie habituelle, et la majorité lui donna raison. C'était une porte ouverte aux compagnies; celles-ci ne devaient pas tarder à en profiter pour prendre, dans la construction des grandes lignes, une part beaucoup plus considérable qu'on ne songeait à la leur accorder en 1842.

A défaut des objections de principe qu'elle ne croyait pas pouvoir faire contre le projet, l'opposition, conduite par M. Thiers, porta l'attaque sur un autre point. Elle demanda qu'au lieu de partager, dès le commencement des travaux, les efforts entre les diverses lignes, on les concentrât sur une ligne unique, celle de la frontière de Belgique à Paris et de Paris à Marseille. C'était rétrécir, mutiler le projet, retomber dans les mesures incomplètes et isolées des années précédentes. M. Thiers argua de l'état budgétaire qu'il peignit fort en noir, bien qu'il en fût le premier responsable. « Vous bravez financièrement, s'écria-t-il, une situation beaucoup plus inquiétante qu'aucune des situations politiques que vous avez traversées. » Chez lui, ce n'était pas seulement désir de faire échec au cabinet; en dépit des démentis que les événements lui avaient déjà donnés, il avait gardé quelque chose de son scepticisme originaire à l'égard des voies ferrées. Protestant contre « l'engouement » dont elles étaient l'objet, il se risqua encore à faire d'étranges prédictions; il affirmait, par exemple, que si les ouvriers venaient jamais, ce dont il doutait, à se servir des chemins de fer, les paysans n'en feraient, en tout cas, aucun usage. M. Duchâtel, bien que fort occupé, en sa qualité de ministre de l'intérieur, de l'administration politique, n'oubliait pas qu'il avait été un économiste et un homme d'affaires fort distingué; ainsi fut-il amené à prendre l'un des premiers rôles dans cette discussion. Ayant discerné nettement, dès le premier jour, cet avenir des chemins de fer que M. Thiers ne savait pas voir, il se fit le champion décidé du réseau complet et simultané, et combattit vivement ceux qui prétendaient se borner à un essai timide et partiel. Sa parole, comme toujours, précise et claire, fit une grande impression sur la Chambre. M. Thiers, d'ailleurs, ne fut pas suivi en cette circonstance par tous ses amis politiques : M. Billault, entre autres, parla en faveur du projet ministériel. Le scrutin donna raison à ceux qui voulaient que la France, confiante en sa force, entrât résolument dans la nouvelle carrière : l'amendement en faveur de la ligne unique fut repoussé par 222 voix contre 152.

Le ministère n'eut pas seulement à déjouer la manœuvre de l'opposition, il lui fallut aussi, d'un bout à l'autre du débat, résister à ce qu'on put appeler alors « le débordement de l'esprit de localité ». Pas un député qui ne prétendît faire passer le chemin de fer par son arrondissement : témoin ce M. Durand de Romorantin, ainsi désigné du nom de la ville qu'il représentait, qui, lors du vote de la ligne de Bourges, proposait gravement et naïvement d'ajouter ces mots : « par Romorantin ». L'approche des élections rendait les exigences plus âpres. Ce fut à croire, par moments, qu'on ne s'en tirerait pas. On y parvint cependant, grâce aux efforts unis du gouvernement et de la commission, grâce aussi à l'espèce d'association mutuelle contractée entre les députés des régions qui profitaient des tracés proposés; ces députés s'étaient concertés pour repousser toute modification.

Ces divers incidents ne furent pas les seules difficultés que le projet de loi dut surmonter. Par une coïncidence fatale, au cours même de la discussion, le 8 mai 1842, survint l'effroyable accident du chemin de fer de Versailles. C'était un dimanche : les grandes eaux avaient attiré les promeneurs en foule. Au retour, un train direct composé de quinze wagons et de deux locomotives avait à peine dépassé la station de Bellevue, que la locomotive de tête s'arrêta, par suite d'une rupture d'essieu. L'autre machine et le train se précipitèrent alors sur cet obstacle. Ce ne fut plus bientôt qu'un monceau informe où l'incendie éclata. Les portières, fermées à clef suivant l'usage du temps, empêchaient les voyageurs de s'échapper. Plus de cinquante personnes, dont l'amiral Dumont d'Urville, périrent en quelques minutes sur cet épouvantable bûcher. La consternation et la colère furent immenses dans Paris. On s'en prenait à la compagnie concessionnaire et même aux chemins de fer en général. Peu s'en fallut que le populaire ne mit le feu à la gare Montparnasse. Ce n'était pas fait pour faciliter la tâche de ceux qui demandaient alors au pays et aux pouvoirs publics un effort puissant et hardi en vue de multiplier les voies ferrées. On put craindre un moment que tout ne se trouvât arrêté ou au moins retardé. « Quelle effroyable calamité au point de vue de l'intérêt public! écrivait alors M. Léon Faucher à un de ses correspondants d'Angleterre. Dans un pays comme le nôtre, où l'industrie des chemins de fer est récente et ne faisait que des progrès très lents, cette catastrophe devait porter l'épouvante dans les esprits. L'accident, survenant au milieu de la discussion du projet de loi sur les grandes lignes de chemin de fer, a reculé notre avenir d'un ou deux ans sous ce rapport. Le public, se livrant à l'emportement des premières impressions, s'est mis à hurler contre les compagnies... Les capitalistes, qui semblaient le plus disposés à se jeter dans ces entreprises, reculent devant la responsabilité qui peut en résulter pour eux. C'est ainsi que MM. de Rotchschild renoncent à exécuter le chemin de Paris à la frontière belge... etc., etc. J'ai tenté de me mettre en travers de ce torrent... Mais vous savez qu'on n'arrête pas une déroute. J'attendrai désormais que le calme renaisse dans les esprits [1]. »

---

[1] Lettre du 15 mai 1842. (Léon FAUCHER, *Biographie et Correspondance*, t. I, p. 119.)

En fin de compte et malgré toutes ces difficultés, le projet de loi fut adopté, sans avoir été altéré dans aucune de ses dispositions principales. Au vote sur l'ensemble, il réunit 255 voix contre 83. A la Chambre des pairs, le succès fut plus complet encore : la minorité ne compta que 6 voix. Le vote de cette loi marquait une époque dans l'histoire des chemins de fer en France. Il mettait fin à une trop longue période d'inertie, de tâtonnements, et donnait l'impulsion décisive au grand œuvre. Notre réseau ferré date de là. La construction devait dès lors en être continuée sans interruption, quoique avec des vicissitudes et des crises dont nous aurons à reparler. Quant aux principes adoptés en 1842, ils pourront, dans l'avenir, recevoir quelques tempéraments : lorsque les capitaux seront devenus, avec l'expérience, plus puissants, plus confiants, mieux accoutumés à s'associer, on sera amené à augmenter la part des compagnies ; mais, alors même, on demeurera fidèle ou du moins on reviendra toujours à ce régime mixte, à ce concours des deux forces de l'État et de l'initiative privée que le ministère du 29 octobre avait pour la première fois organisé et qui devait être, en matière de chemins de fer, le vrai système français.

XI

Le parlement avait fini ses travaux. Dans la session de 1842 comme dans celle de 1841, la majorité n'avait manqué aux ministres dans aucun des votes qui mettaient en jeu leur existence. C'était beaucoup après les crises qu'on venait de traverser. Toutefois, M. Guizot souffrait de n'être pas mieux le maître de cette majorité. Que de fois il avait dû renoncer à braver ses préventions ou à brusquer ses faiblesses! Jamais il ne s'était senti pleinement assuré du lendemain. C'est que la Chambre qui s'était cru nommée, trois ans auparavant, pour faire prévaloir une tout autre politique, ne le suivait qu'en forçant chaque jour sa nature. Issue de la trop fameuse coalition,

« enfant chétif et revêche d'une mère malheureuse [1] », elle n'avait su ni faire triompher les idées de cette coalition ni s'en dégager pleinement. Si, en dépit de son origine, elle avait donné successivement des majorités nombreuses à tous les ministères, ces majorités semblaient toujours près de se décomposer. C'était là un mal de naissance, et M. Guizot n'y voyait de remède que dans des élections nouvelles. Le moment lui sembla favorable pour y procéder. Il se flattait que rien ne restait des conditions troublées et équivoques dans lesquelles s'étaient faites les élections de 1839, des mélanges de partis, des confusions de programmes qui avaient alors jeté le désarroi dans les esprits. Cette fois, tout ne se présentait-il pas simple et clair? La politique conservatrice et celle de gauche se trouvaient seules en présence, l'une et l'autre soutenues par tous leurs partisans. A une question nettement posée, on devait s'attendre que le pays ferait une réponse nette. Le 13 juin 1842, une ordonnance prononça la dissolution de la Chambre et convoqua les électeurs pour le 9 juillet.

Au premier abord, il ne parut pas qu'aucun grand vent d'opinion s'élevât dans le pays, soit d'un côté, soit de l'autre. Partout le calme plat. « Il n'y a point de véritable agitation électorale, écrivait M. Rossi le 15 juin. Otez les journaux, les candidats et quelques faiseurs officiels ou non officiels, tout est paisible, froid, indifférent. Il n'y a pas une question, pas un intérêt qui remue profondément le pays... Chacun est bien résolu à ne s'occuper que de ses affaires, jusqu'à ce qu'un événement majeur vienne l'en arracher. » Et le même observateur ajoutait, un peu plus tard : « On n'aperçoit pas la moindre agitation politique dans le pays; il s'élève par-ci par-là des débats personnels; il n'y a pas de combat sérieux, spontané, populaire, entre deux principes et deux politiques [2]. » Au point

---

[1] C'est ainsi que la qualifiait alors M. Rossi, dans la Chronique politique de la *Revue des Deux Mondes*, 15 juin 1842.
[2] Chronique politique de la *Revue des Deux Mondes*, 15 juin et 1er juillet 1842. — M. Léon Faucher, dans une lettre à M. Grote, en date du 15 mai 1842, se plaignait de l'énervement général. « La passion politique n'existe plus », disait-il. (Léon FAUCHER, *Biographie et Correspondance*, t. I, p. 120.)

de vue des mœurs publiques, il n'y avait pas lieu de se féliciter d'un pareil état de choses. Mais, en fait et pour le moment, l'impression générale était que cette indifférence profiterait à un ministère qui garantissait précisément, à ce pays dégoûté de la politique, le repos à l'intérieur et la paix au dehors. M. Guizot y comptait; quelques-uns de ses amis n'avaient qu'une crainte, c'était que les conservateurs, arrivant en trop grand nombre dans la Chambre future, ne crussent pouvoir s'y passer toutes leurs fantaisies. A gauche même, on ne doutait pas que le gouvernement n'obtînt une forte majorité [1].

Ni cette confiance ni cette désespérance n'étaient fondées. Le ministère et l'opposition, qui déjà au mois de janvier n'avaient pas prévu l'effet considérable que devait produire l'affaire du droit de visite dans le parlement, ne pressentaient pas mieux, au mois de juin, son contre-coup électoral. En effet, tandis que tous les autres griefs de la gauche laissaient froid le public, il se trouva que ce droit de visite éveillait, chez les électeurs, les mêmes susceptibilités, les mêmes ressentiments que naguère chez les députés. Alors, de l'horizon tout à l'heure si calme, s'éleva une brise qui enfla les voiles jusque-là inertes des candidatures opposantes, et qui, tournant même bientôt en bourrasque, menaça de faire chavirer plus d'une barque ministérielle. Les meneurs de gauche donnèrent aussitôt pour mot d'ordre de faire porter exclusivement sur ce point toute la polémique. Vainement le *Journal des Débats* répondait-il que la question n'en était plus une, puisque le ministère avait promis de ne pas ratifier la convention de 1841, les électeurs paraissaient croire qu'on les appelait à voter pour ou contre le droit de visite. Les conservateurs étaient embarrassés, intimidés, et le laissaient voir; quelques-uns ne trouvaient pas d'autre moyen de sauver leur candidature personnelle que de faire, sur cette question, chorus avec la gauche.

Les premières élections connues furent celles de Paris : sur

---

[1] « Un mois avant l'élection, écrivait peu après M. Duvergier de Hauranne, nous étions bien convaincus que le ministère obtiendrait une grande majorité. » (*Notes inédites.*)

douze députés élus, l'opposition en avait dix, dont deux républicains avoués. Les journaux de gauche poussèrent un cri de joie ; le *National* proclama que le pouvoir venait d'être condamné par « la ville qui était en possession de juger et d'exécuter les gouvernements ». Quand arrivèrent les résultats des départements, l'opposition ne cessa pas de triompher. Était-ce donc qu'elle y avait la majorité? Non, il s'en fallait. Mais le ministère, lui aussi, était loin d'avoir obtenu le succès sur lequel il comptait. A vrai dire, bien qu'il y eût quatre-vingt-douze députés nouveaux, la Chambre ne différait pas de la précédente : même proportion des partis, même tempérament des individus. Le cabinet, en s'attribuant toutes les voix conservatrices, pouvait encore annoncer dans ses journaux qu'il avait une majorité d'environ 70 voix, mais c'était une majorité composite, précaire, à la merci de la première bouderie de tel petit groupe, de la première intrigue de tel ambitieux. Et la bouderie comme l'intrigue étaient à prévoir. Le gouvernement n'avait donc pas fait un pas : il se retrouvait en face des anciennes difficultés, des anciens périls, aggravés par le fait même d'une déception si notoire.

Tout en protestant contre les affectations de victoire de l'opposition, la presse ministérielle ne pouvait s'empêcher de laisser voir son désappointement. « Nous ne le cachons pas, disait le *Journal des Débats* du 12 juillet, nous espérions que la majorité gagnerait en nombre. » Dans l'intimité, les conservateurs avouaient plus complètement encore leur échec. « Les élections nous ont été moralement peu favorables, écrivait M. Désages à M. de Jarnac ; ce serait se faire illusion que de penser le contraire. La session d'hiver sera évidemment très laborieuse[1]. » M. de Barante s'exprimait ainsi, dans une lettre à son beau-frère : « En somme, le ministère et nous autres, amis du bon ordre, nous avons été trompés dans nos espérances. Il y aura majorité, mais pas plus grande qu'auparavant. Les passions seront plus animées, la session orageuse et le gouverne-

---

[1] *Documents inédits.*

ment moins fort... En ce moment, malgré l'apparence, ce n'est pas tel ou tel nom propre contre lequel il y a tant de déchaînement. C'est une crainte de voir le pouvoir s'établir. Le cabinet du 29 octobre rencontre pour adversaires les passions qui ont renversé le ministère du 15 avril en 1839 et qui, depuis lors, ont été enhardies et en continuelle excitation[1]. » Quant à M. Guizot, il ressentait le coup d'autant plus rudement qu'il avait espéré davantage ; il se raidissait pour ne pas se laisser aller au découragement, mais il était triste. Ouvrant à l'un de ses correspondants le fond de son âme, il lui écrivait : « Vous m'avez quelquefois reproché de n'avoir pas assez bonne opinion de la sagesse du pays. J'en ai eu trop bonne opinion. Ce n'est pas l'opposition qui a gagné les élections ; c'est le parti conservateur qui les a perdues par son défaut d'intelligence et de courage. Je vous parle là comme je ne parle à personne. Je ménage fort, dans mon langage, le parti qui, après tout, est le mien. Je ne conviens point que les élections soient perdues ; et, en effet, elles ne le sont point, puisque nous avons, je l'espère, assez de force pour regagner dans les Chambres ce que nous aurions dû gagner dans les collèges électoraux. J'y ferai de mon mieux ; j'irai jusqu'au bout de la persévérance possible ; mais c'est difficile. Si je pouvais leur faire honte de ce qu'ils ont cru et fait, de ce qu'ils croient et font encore ! Mais il faut en même temps leur dire la vérité et ménager leur amour-propre. Je ne désespère pas du tout de la victoire, mais je suis las de la lutte. Pourtant soyez tranquille, je ferai comme si je n'étais pas las[2]. »

[1] *Documents inédits.*
[2] *Lettres de M. Guizot à sa famille et à ses amis*, p. **222**.

CHAPITRE II

LA MORT DU DUC D'ORLÉANS

(Juillet-septembre 1842)

I. La catastrophe du chemin de la Révolte. L'agonie du prince royal. La duchesse d'Orléans. — II. Douleur générale. Le duc d'Orléans était très aimé et méritait de l'être. Inquiétude en France et au dehors. — III. Nécessité d'une loi de régence. Attitude de l'opposition. Projet préparé par le gouvernement. M. Thiers presse l'opposition de l'accepter. — IV. Ouverture de la session. Discussion de la loi de régence. M. de Lamartine et M. Guizot. M. Odilon Barrot attaque la loi. M. Thiers lui répond et se sépare de lui avec éclat. Vote de la loi. — V. Scission du centre gauche et de la gauche. Le pays est calme et rassuré.

I

Les élections du 9 juillet 1842 étaient à peine connues dans leur ensemble, et l'on commençait à discuter leurs résultats, à supputer leurs conséquences, quand un coup de foudre, éclatant soudainement sur les marches du trône, vint faire aux espérances des opposants et à la déception des ministériels une lugubre et tragique diversion. Le 13 juillet, à onze heures du matin, le duc d'Orléans montait en voiture dans la cour des Tuileries, afin de se rendre à Neuilly : il allait faire ses adieux au Roi, avant de partir pour Saint-Omer, où il devait inspecter plusieurs régiments. Il était seul dans un cabriolet à quatre roues, attelé à la Daumont. Près de la porte Maillot, dans l'avenue appelée chemin de la Révolte, les deux chevaux, qui depuis quelques instants donnaient des signes d'agitation, s'emportèrent. « Tu n'es plus maître de tes chevaux ? » cria le duc d'Orléans au postillon. « Non, monseigneur, répondit celui-ci, mais je les dirige encore. » Et en effet, dressé sur ses étriers, il tenait vigoureusement les rênes. « Mais tu ne peux donc pas les retenir? » cria de nouveau le duc, debout dans la voiture. « Non, monseigneur. » Alors le prince royal, se plaçant sur le marchepied qui était très bas, sauta à pieds joints sur la route. Ses deux talons portèrent avec violence ; il retomba lourdement sur le pavé et resta étendu sans mouvement en travers du chemin. On accourut du voisinage. Le blessé, qui ne donnait aucun signe de connaissance, fut relevé et transporté, à quelques pas de là, dans la maison d'un épicier ; on l'étendit tout habillé sur un lit. Pendant ce temps, le postillon, qui s'était rendu maître des chevaux, ramenait la voiture.

Aussitôt informés, le Roi, la Reine, Madame Adélaïde accoururent de Neuilly, peu après suivis du duc d'Aumale, du duc de Montpensier, de la duchesse de Nemours, des ministres, du chancelier, du maréchal Gérard, des officiers de la maison royale. La pauvre chambre ne pouvait les contenir tous. La plupart se tenaient dehors, devant la boutique, dans un espace maintenu libre par un cordon de factionnaires. Au delà, la foule se pressait, silencieuse, émue d'une respectueuse compassion, étonnée et saisie d'être proche témoin d'un drame qui, dans un cadre vulgaire, mettait en scène de si grands personnages et pouvait avoir de si graves conséquences, plus étonnée et plus saisie encore de rencontrer de telles douleurs chez ceux qu'elle s'imagine d'ordinaire être les heureux de la vie. Chacun sentait d'ailleurs la mystérieuse présence de quelqu'un de plus puissant, de plus imposant, de plus redoutable que les ministres, que les princes, que le Roi : c'était la mort, la mort implacable et niveleuse, que l'on devinait là, dans ce galetas d'épicier de banlieue, face à face avec ce que le monde pouvait offrir de plus brillant par l'éclat du rang, de la fortune et de la jeunesse. Les médecins, appelés dès le premier moment, essayaient de lutter contre le mal que leur science discernait, mais qu'elle était impuissante même à retarder. Penchés sur le mourant, ils évitaient de lever les yeux, de peur de rencontrer les interrogations muettes des augustes affligés. Le prince était toujours sans mouvement ; il ne donna aucun signe de connaissance, quand le curé de Neuilly lui administra l'extrême-onction. Chacun faisait silence pour entendre la respiration qui révélait seule un reste de vie. Un moment pourtant, on perçut confusément quelques mots en allemand ; une dernière pensée, peut-être, qu'il adressait à la duchesse d'Orléans. Le Roi, debout, suivait avec angoisse le progrès de l'agonie sur le visage de son fils ; si déchiré, si accablé qu'il fût, il donnait tous les ordres. Les jeunes princes et les princesses pleuraient. Quant à la Reine, elle restait à genoux au pied du lit et priait, souvent à haute voix : pieusement héroïque dans sa maternelle sollicitude, ce qu'elle demandait à Dieu, ce n'était pas de lui rendre son fils, c'était d'accorder au mourant un instant de connaissance qui lui permît de penser au salut de son âme, et, en échange de cette grâce suprême, elle offrait sa propre vie. Pendant plusieurs heures, cette scène se prolongea, sans qu'aucun indice vînt ramener un peu d'espoir. Enfin, à quatre heures et demie, un dernier mouvement convulsif secoua le prince, puis l'immobilité : la mort avait eu raison des dernières résistances de la jeunesse. Les sanglots éclatèrent dans l'assistance. Le Roi et la Reine se penchèrent pour embrasser leur premier-né. « Encore, si c'était moi ! » dit le souverain qui pensait à la France et à la monarchie. Quant à la mère, toujours occupée de l'âme de son fils, sa première réponse aux paroles de condoléance fut ce cri : « Ah ! dites-moi du moins qu'il est au ciel[1]. » Le clergé, de nouveau introduit, dit les prières accoutumées ; puis le funèbre cortège se forma pour retourner au château de Neuilly. Quatre sous-officiers portaient le corps, placé sur un brancard. Derrière, suivaient à pied le Roi et la Reine qui n'avaient pas voulu monter en voiture, les princes et prin-

---

[1] Cette pieuse préoccupation devait persister. L'année suivante, la Reine eut à ce sujet des relations avec le Père de Ravignan, lui demanda et reçut de lui de hautes consolations. (Cf. la *Vie du Père de Ravignan*, par le Père DE PONTLEVOY, t. Ier, p. 243 à 248.)

cesses, les ministres, les officiers. Une compagnie d'élite, mandée à la hâte, faisait la haie. Au moment où l'on se mit en marche, un long cri de : Vive le Roi ! partit de la foule, expression spontanée de la compassion et de l'émotion générale : beaucoup, du reste, croyaient que le prince n'était pas encore mort et qu'on l'emportait à Neuilly pour le mieux soigner. La marche dura plus d'une demi-heure. On arriva ainsi jusqu'à la chapelle du château. Après s'être agenouillés une dernière fois, le Roi et la Reine, le premier toujours maître de soi, la seconde toujours pieusement soumise, mais l'un et l'autre brisés de fatigue et de douleur, se retirèrent dans leurs appartements.

Dans cette scène douloureuse, on n'a vu paraître ni la duchesse d'Orléans ni ses enfants. La duchesse suivait un traitement à Plombières, où son mari l'avait conduite et installée lui-même quelques jours auparavant. Les jeunes princes étaient à Eu. La nouvelle n'arriva à Plombières que le 14 juillet au soir[1]. Afin de ménager la princesse, on ne lui parla d'abord que d'une maladie grave. Elle voulut partir immédiatement pour Paris. Dans sa voiture, elle priait et pleurait en silence, sans que personne osât lui adresser la parole. Peu après avoir dépassé Épinal, — il était une heure du matin, — le courrier annonça une voiture venant de Paris. « Ouvrez, ouvrez ! » s'écria la duchesse d'Orléans. On la retint. Mais, à ce moment, deux hommes s'avancèrent vers elle ; l'un des deux était M. Chomel, le médecin de la famille royale. A sa vue, elle poussa un cri perçant. « M. Chomel ! Ah ! mon Dieu ! le prince ?... — Madame, le prince n'existe plus. — Que dites-vous ? » M. Chomel donna quelques détails interrompus par les exclamations et les sanglots de la princesse. Puis celle-ci, se retournant vers une dame de sa suite : « Mais cette maladie dont vous m'aviez parlé ? — C'était pour préparer Madame. — Comment, vous saviez la mort !... Ah ! quel courage vous avez

---

[1] Pour le récit qui va suivre, je me suis servi du charmant et touchant volume publié, peu après la mort de la princesse, sous ce titre : *Madame la duchesse d'Orléans.*

eu! » Elle demeura ainsi près d'une heure sur la grande route, dans l'obscurité de la nuit, sanglotant au fond de sa voiture, tandis que les autres personnes, assises sur les marchepieds, les portières ouvertes, ne pouvaient elles-mêmes contenir leur douleur. « Oh! j'ai tout perdu! s'écriait par moments la veuve désolée; et la France aussi, elle a perdu celui qui l'idolâtrait, celui qui la comprenait si bien. Mais vous ne saviez pas comme moi combien il était bon; quelle patience, quelle douceur, que de bons conseils il me donnait! Non, non, je ne puis vivre sans lui! » On voulut lui parler de ses enfants! « Mes pauvres enfants! reprit-elle. Dans le premier moment de ma douleur, je ne sens rien que pour lui; c'est lui qui avait tout mon cœur. » Vers deux heures du matin, on se remit en route. La princesse n'avait plus qu'une pensée, brûler les étapes pour pouvoir contempler une dernière fois les traits de son époux bien-aimé. Après deux cruelles nuits, elle arriva à Neuilly, le 16 juillet au matin. Le Roi l'attendait, entouré de la famille royale et des deux jeunes orphelins qu'on avait ramenés d'Eu. « Oh! ma chère Hélène, s'écria Louis-Philippe, le plus grand des malheurs accable ma vieillesse. » — « Ma fille chérie, vivez pour nous, pour vos enfants », reprit la Reine avec sa douce autorité. Au bout de peu d'instants, soutenue par le Roi et par le duc de Nemours, suivie de ses parents en pleurs, la duchesse alla s'agenouiller dans la chapelle, devant le cercueil, hélas! déjà refermé. Pâle, immobile, sous le coup d'une sorte de stupeur, il semblait que d'elle aussi la vie allait se retirer; mais la foi religieuse la soutenait[1]. Après une courte prière, elle se releva et se rendit dans son appartement, pour revêtir les habits de veuve que, depuis lors, elle n'a plus quittés.

[1] « Oui, écrivait la duchesse d'Orléans cinq mois plus tard, le Seigneur qui nous frappe est un père miséricordieux : j'en ai la conviction inébranlable, lors même que je n'éprouve pas ses douceurs et ses consolations. Je suis au milieu de l'épreuve qui exige une foi aveugle; par instants, je la sens bien forte, et alors l'amour et l'espérance me sont accordés comme un rayon d'en haut; mais, parfois aussi, je sens toute la misère de la nature, et il m'est impossible de m'élever vers Dieu Que de patience Dieu doit avoir avec nous! comment n'en aurions-nous pas pour supporter le fardeau qu'il nous impose! » (*Madame la duchesse d'Orléans*, p. 99.)

Le corps devait rester plus de deux semaines dans la chapelle du château, en attendant le service solennel que l'on préparait à Notre-Dame : présence à la fois douloureuse et consolante pour les affligés qui ne pouvaient s'empêcher de retourner vingt fois par jour auprès du cercueil. Le deuil planait sur cette royale demeure, où tout le monde parlait bas, où aucune voiture ne pénétrait plus, et où l'on n'entendait que le bruit des chants religieux qui se continuaient presque sans interruption dans la chapelle. Successivement tous les princes ou princesses, absents au moment de la catastrophe, étaient revenus. Pour les membres d'une famille si unie, c'était du moins un soulagement de pouvoir pleurer ensemble. M. Guizot, témoin respectueux et ému, dépeignait ainsi cet intérieur désolé, dans une lettre adressée à une de ses amies : « Le Roi, à travers des alternatives de larmes et d'abattement, est admirable de force d'esprit et de corps. La Reine est soumise à Dieu. Madame est dévouée à son frère. Madame la duchesse d'Orléans est haute, simple et pénétrée. Les quatre princes sont charmants d'affection réciproque, de bonté et de droiture [1]. » De son côté, la reine des Belges, accourue dès le premier jour auprès de ses parents, écrivait qu'elle avait trouvé son père et sa mère « tous deux vieillis et les cheveux entièrement blanchis » ; elle ajoutait, en parlant d'elle-même et de ses frères et sœurs : « Chartres [2] était plus qu'un frère pour nous tous; c'était la tête, le cœur et l'âme de toute la famille. Nous le respections tous. Je ne m'attendais pas à lui survivre, ainsi qu'à ma bien-aimée Marie. Mais, encore une fois, que la volonté de Dieu soit faite [3] ! »

---

[1] *Lettres de M. Guizot à sa famille et à ses amis*, p. 222.

[2] La reine des Belges appelait ainsi son frère du nom qu'elle était habituée à lui donner avant 1830, quand Louis-Philippe était duc d'Orléans et que son fils aîné portait le titre de duc de Chartres.

[3] Cette lettre, adressée à la reine Victoria, est citée par sir Théodore Martin, dans sa *Vie du prince consort*.

II

Le coup n'avait pas seulement frappé la famille royale, il était senti par la nation elle-même. La douleur fut universelle et profonde. « Jamais, écrivait alors Henri Heine, la mort d'un homme n'a causé un deuil aussi général. C'est une chose remarquable qu'en France, où la révolution n'a pas encore discontinué de fermenter, l'amour d'un prince ait pu jeter de si profondes racines et se manifester d'une façon aussi touchante. Non seulement la bourgeoisie, qui plaçait toutes ses espérances dans le jeune prince, mais aussi les classes inférieures du peuple regrettent sa perte. Lorsqu'on ajourna les fêtes de Juillet et qu'on démonta, sur la place de la Concorde, les grands échafaudages qui devaient servir à l'illumination, ce fut un spectacle déchirant que de voir assis, sur les poutres et les planches renversées, le peuple qui déplorait la mort du jeune prince. Une morne tristesse était empreinte sur tous les visages, et la douleur de ceux qui ne prononçaient aucune parole était la plus éloquente. Là coulaient les larmes les plus sincères, et, parmi les braves gens qui pleuraient, il y avait sans doute plus d'une tête chaude qui, à l'estaminet, se vante de son républicanisme. » Ce que l'on voyait et ce que l'on savait de la douleur du vieux roi éveillait une pitié sympathique. « Ses ennemis les plus acharnés dans le peuple, écrivait encore le même observateur, prouvent, d'une manière touchante, combien ils prennent part à son malheur domestique. J'oserais soutenir que le Roi est présentement redevenu populaire. Lorsque je regardais hier, à Notre-Dame, les préparatifs des funérailles et que j'écoutais les conversations des bourgerons qui y étaient rassemblés, j'entendis entre autres cette expression naïve : Le Roi peut maintenant se promener dans Paris sans crainte; personne ne tirera sur lui. » Il est vrai que Henri Heine ajoutait aussitôt, avec un scepticisme mélancolique : « Combien durera cette noire lune de miel[1] ? » En tout cas, il y avait pour le moment comme un retour de la vieille sensibilité royaliste que l'on ne connaissait plus depuis 1830. M. de Barante le constatait avec surprise. « C'est, écrivait-il au comte Bresson, tout à fait au delà de ce que nous pouvions soupçonner. Outre les regrets donnés au prince, la justice rendue à son mérite, outre cette popularité d'estime qui s'est trouvée être universelle, outre le caractère grave et presque religieux de la douleur publique, il s'est manifesté une opinion monarchique et un attachement à la dynastie vraiment très remarquables[2]. » L'émotion ne se renfermait pas dans Paris; à mesure que la nouvelle gagnait la province, les mêmes impressions s'y produisaient. L'armée surtout comprit quelle perte elle faisait. « Ce malheur est irréparable, écrivait le général de Castellane au général Changarnier, de la nature de ceux dont on sent chaque jour davantage l'étendue. L'armée est consternée. Mgr le duc d'Orléans était un intermédiaire entre elle et la couronne, chose précieuse sous notre forme de gouvernement où les ministres de la guerre changent souvent... Il avait sur l'armée une influence immense. Les regrets ont été unanimes[3]. » A Alger, le général Bugeaud disait du prince : « Il aimait notre métier et s'était donné la peine de l'apprendre à fond[4]. » De la petite ville de Miliana où il commandait, le colonel de Saint-Arnaud écrivait à son frère, le 22 juillet : « En faisant paraître l'ordre du jour qui annonce à la garnison la perte irréparable qu'elle vient de faire, j'ai vu des larmes dans tous les yeux[5]. »

C'est qu'en effet le duc d'Orléans était généralement aimé, « adoré même », suivant le mot dont se servait alors Henri Heine. Deux ans auparavant, celui-ci avait écrit : « Le prince royal a gagné tous les cœurs, et sa perte serait plus que

---

[1] *Lettres des 15, 19 et 29 juillet 1842. (Lutèce, p. 262 à 275.)*
[2] *Lettre du 28 août 1842. (Documents inédits.)*
[3] *Les dernières campagnes du général Changarnier en Afrique, par le comte* d'ANTIOCHE. *(Correspondant du 25 janvier 1888.)*
[4] *Ibid.*
[5] *Lettres du maréchal de Saint-Arnaud.*

pernicieuse pour la dynastie actuelle. La popularité du prince est peut-être la seule garantie de cette dernière. Mais le prince, héritier de la couronne, est aussi une des plus nobles et des plus magnifiques fleurs humaines qui se soient épanouies sur le sol de ce beau jardin qu'on nomme la France [1]. » J'ai déjà eu l'occasion, en racontant le voyage fait par le duc d'Orléans, en 1836, à Berlin et à Vienne, d'esquisser les qualités toutes françaises, à la fois charmantes et brillantes, qui lui valaient cette popularité [2]. Depuis lors, il avait gagné en maturité, sans perdre rien de sa grâce et de son éclat. Le dandysme un peu maniéré de l'adolescent avait fait place à une élégance plus virile, plus imposante, plus royale. Le cavalier à bonnes fortunes était devenu le plus tendre et le plus attentif des époux. Sans doute, dans l'ordre politique, il n'avait pas encore tout à fait répudié les velléités belliqueuses qui étaient chez lui l'entraînement d'un patriotisme passionné et comme la chaleur d'un sang jeune et généreux [3]; il n'avait pas non plus entièrement renoncé à des affectations libérales, même parfois un peu

---

[1] *Lutèce*, p. 22.

[2] Cf. plus haut, t. III, chap. II, § v.

[3] Quelques mois avant la mort du prince, M. Quinet avait été invité à une soirée de musique chez la duchesse d'Orléans. Poète et érudit, peu connu de la foule, il n'était jusqu'alors descendu sur la place publique que pour pousser le cri de la guerre, pour demander, en 1840, comme en 1830, la revanche de Waterloo et la conquête des frontières du Rhin. Par sympathie et par calcul, le duc d'Orléans voulut se montrer fort aimable pour l'auteur de la brochure intitulée : *1815 et 1840*. Voici comment M. Quinet a rapporté sur le moment, dans une lettre à sa mère, les paroles que lui adressa le prince : « Vous avez foi en la France. J'ai été frappé du profond sentiment national qui vit dans tout ce que vous avez écrit. Mais les cosmopolites nous perdent. Ils émoussent, ils énervent tout. Malheureusement le pays leur prête souvent la main... Vous avez bien raison, la grande question pour nous, c'est celle des frontières, c'est le besoin de se relever. Au lieu de tant parler des victoires de l'Empire, je voudrais que l'on instituât des fêtes funèbres, commémoratives de Waterloo, pour obliger le pays à s'en souvenir et à tout réparer. Au lieu de cela, on parle, on perd le sentiment de l'action... Tout le monde veut jouir. Personne ne veut faire crédit à la patrie. Si je me suis occupé de l'armée, ce n'est pas que je veuille jouer au soldat; je crois être au-dessus de cela. Mais c'est que je pense que là encore se trouve la tradition de l'honneur du pays. Il ne faut pas tomber; il ne faut pas ruiner, comme Samson, nos ennemis, en périssant nous-mêmes. Il faut les détruire et vivre. Quand nous serions acculés à Bayonne, il faut être décidé à reprendre tout le reste. Pendant que les autres amollissent tout, vous êtes le clairon. Ne désespérons pas. » (*Correspondance d'Edgar Quinet*, t. II, p. 371.)

révolutionnaires, qui venaient de 1830 [1] ; et ces tendances, si elles contribuaient à sa faveur auprès de la foule, ne laissaient pas que d'inquiéter certains esprits prudents. Mais, même sur ces points, il s'était assagi, et l'on sentait qu'il deviendrait plus sage encore avec les années, avec l'expérience plus complète des hommes ou des choses, et surtout avec le sentiment de la responsabilité. La transformation ainsi en voie de s'accomplir n'échappait pas au Roi et à M. Guizot qui s'en félicitaient [2]. Ajoutons que, si l'origine de la monarchie nouvelle avait faussé quelques-unes des idées du duc d'Orléans, elle lui avait donné, d'autre part, un sentiment singulièrement élevé et fécond de son métier de prince : il se croyait tenu de mériter par lui-même, par ses efforts, par ses services, par ses sacrifices, le rang que lui apportait sa naissance, estimant ne pouvoir rester le premier que s'il justifiait être le plus digne. Dès 1837, dans une lettre intime [3], il se déclarait « obligé, dans un temps où le travail est la loi commune, de faire sa carrière à la sueur de son front ». « Il n'y a aujourd'hui, ajoutait-il, qu'une manière de se faire pardonner d'être prince, c'est

---

[1] Voir, par exemple, dans le fragment du testament que nous reproduisons plus bas, la recommandation faite par le duc d'Orléans à son fils, de rester fidèle à la « révolution ».

[2] Causant, au lendemain de la catastrophe, avec M. de Flahault, ambassadeur de France à Vienne, M. de Metternich lui disait : « C'était une grande tâche pour votre roi que de former son successeur. Il y avait mis tous ses soins, et je sais que, depuis un an surtout, il était parfaitement content du résultat qu'il avait obtenu ; il éprouvait une grande tranquillité et une extrême satisfaction, en voyant que son fils était entré dans ses idées et qu'il pourrait s'endormir sans trouble, certain que le système d'ordre et de paix qu'il a établi ne serait point abandonné après lui. » M. Guizot, de son côté, a constaté que le prince se montrait « capable de s'arrêter sur sa pente, d'apprécier la juste mesure des choses, la vraie valeur des hommes, et d'apporter dans le gouvernement plus de sagacité froide et de prudence que son attitude et son langage ne l'auraient fait conjecturer ». Le ministre a même ajouté ce témoignage plus précis : « Depuis 1840, le prince avait fait dans ce sens de notables progrès, et, quoiqu'il ménageât avec soin l'opposition, son appui sérieux en même temps que réservé ne manqua point au cabinet. »

[3] Il s'agit d'une lettre par laquelle le duc d'Orléans raconte au général Damrémont comment il a obtenu du Roi et ensuite généreusement sacrifié à son frère l'honneur de prendre part à la seconde expédition de Constantine. J'ai cité, dans la seconde édition du tome III, ch. x, § xiii, d'autres fragments de cette admirable lettre. On en peut trouver le texte complet dans *L'Algérie de 1830 à 1840*, par M. Camille Rousset, t. II, p. 230 et suiv.

de faire en tout plus que les autres... Pour fonder une dynastie, il faut que chacun y contribue, depuis mon frère d'Aumale, qui apporte pour son écot un prix d'écolier [1], jusqu'à l'héritier du trône qui doit, dans les rangs de l'armée, se faire lui-même la première position après celle du Roi. » Cette tâche si virilement et si noblement tracée, il était résolu à s'y donner, sans épargner sa peine et, au besoin, son sang. A en juger d'ailleurs par certains pressentiments qu'il laissait quelquefois percer, par le fond de mélancolie qui se trahissait sous la grâce de son sourire, il n'avait pas dans l'avenir, et notamment dans la durée de sa propre vie, la confiance où se complaît d'ordinaire la jeunesse heureuse. Il parlait souvent de sa mort; non qu'il ait jamais prévu l'accident vulgaire qui devait l'emporter; mais il se voyait tombant sur un champ de bataille ou devant une émeute [2]. Et alors il se demandait, dans une incertitude anxieuse, ce que deviendrait son jeune fils : serait-il « un de ces instruments brisés avant qu'ils aient servi », ou bien « l'un des ouvriers de cette régénération sociale qu'on n'entrevoit qu'à travers de grands obstacles et peut-être des flots de sang » ? Il n'osait se répondre à lui-même, tant l'horizon lui paraissait obscur [3].

Sans doute la foule n'avait pas pénétré dans l'âme du prince

---

[1] En 1837, époque où le duc d'Orléans écrivait ces lignes, le jeune duc d'Aumale, âgé de quinze ans, venait d'obtenir un prix au concours général.

[2] Sur ces pressentiments, voir ce qu'en écrivait Henri Heine en 1840 et en 1842. (*Lutèce*, p. 21 et 269.) Voir aussi un petit incident du voyage que le duc d'Orléans avait fait, quelques jours avant sa mort, pour conduire la duchesse à Plombières. (*Madame la duchesse d'Orléans*, p. 83.)

[3] Je fais ici allusion à ce passage, souvent cité, du testament du duc d'Orléans, testament écrit en 1839, au moment de partir pour l'expédition des Portes de Fer, en Algérie : « C'est une grande et difficile tâche que de préparer le comte de Paris à la destinée qui l'attend; car personne ne peut savoir dès à présent ce que sera cet enfant, lorsqu'il s'agira de reconstruire sur de nouvelles bases une société qui ne repose que sur les débris mutilés et mal assortis de ses organisations précédentes. Mais, que le comte de Paris soit un de ces instruments brisés avant qu'ils aient servi, ou qu'il devienne l'un des ouvriers de cette régénération sociale qu'on n'entrevoit qu'à travers de grands obstacles et peut-être des flots de sang; qu'il soit roi ou qu'il demeure défenseur inconnu et obscur d'une cause à laquelle nous appartenons tous, il faut qu'il soit avant tout un homme de son temps et de sa nation, qu'il soit catholique et défenseur passionné, exclusif, de la France et de la révolution. »

aussi avant que ces publications posthumes nous permettent de le faire aujourd'hui. Mais d'instinct elle comptait beaucoup sur lui. Elle était persuadée qu'en lui reposait l'espoir de la monarchie. Si l'habileté prudente et flexible, la sagesse un peu sceptique, l'expérience consommée du vieux roi avaient pu seules constituer un gouvernement pacifique et régulier au lendemain d'une révolution, si seules elles avaient pu, après 1830, rassurer l'Europe et déjouer l'anarchie, les qualités plus brillantes et plus généreuses du duc d'Orléans, sa confiante hardiesse, sa communion étroite avec toutes les vibrations du sentiment national, la séduction et l'élan de sa jeunesse paraissaient nécessaires pour assurer l'avenir de la royauté bourgeoise, en y intéressant les cœurs et les imaginations. La catastrophe du 13 juillet bouleversa brusquement toutes ces prévisions, et, à la place de la grande espérance qui s'évanouissait, se dressa une perspective singulièrement inquiétante, celle d'une régence, devenue à peu près inévitable du moment où il n'y avait plus aucun intermédiaire entre un roi de soixante-dix ans et un enfant de quatre ans. Cette épreuve de la régence, toujours dangereuse, ne serait-elle pas mortelle pour une dynastie récente, contestée, et dans un pays infesté de révolution? On eût dit qu'un voile se déchirait, laissant voir la fragilité, jusqu'ici inaperçue, du régime sorti des journées de Juillet. « Cet accident funeste remet en question tout l'ordre des choses existantes », écrivait, dès le premier jour, Henri Heine; et un autre contemporain, précisant davantage, proclamait que « Dieu venait de supprimer le seul obstacle qui existait entre la monarchie et la république ». Ainsi, à la compassion éveillée par une grande douleur se joignait aussitôt un sentiment peut-être plus vif encore, parce qu'il était intéressé, celui du danger auquel la chose publique et, par suite, chaque situation particulière se trouvaient désormais exposées. « Tout le monde est inquiet pour son propre compte », disait M. Guizot, et telle était la violence subite de cette inquiétude qu'un spectateur la qualifiait « d'effroi et de consternation impossibles à dépeindre ». Cette impression s'étendait au delà de nos frontières. Un homme politique espagnol, M. Donozo Cortès, écrivait : « Cette mort a été un événement de la plus haute importance pour la majeure partie des puissances en Europe; tandis que la nation française porte le deuil, de l'autre côté de la Manche et du Rhin on découvre des symptômes de douleur et d'effroi [1]. » Lord Palmerston déclarait voir là « une calamité pour la France et pour l'Europe [2] ». M. de Metternich disait de son côté : « L'événement est l'un des plus graves auxquels puisse atteindre l'imagination : je lui reconnais toute la valeur d'une catastrophe [3]. »

III

Impuissant à remédier complètement au mal d'une telle perte, le législateur sentit cependant qu'il avait quelque chose à faire pour le limiter et l'atténuer. On s'était aperçu, en effet, que rien n'avait été prévu et réglé pour cette éventualité de la régence, devenue tout à coup si probable et peut-être si prochaine. La Charte n'en disait mot. Impossible de laisser subsister une incertitude absolument contraire à l'esprit même du gouvernement monarchique. En effet, suivant la parole du feu duc de Broglie, « c'est l'excellence de ce gouvernement que l'autorité suprême n'y souffre aucune interruption, que le rang suprême n'y soit jamais disputé, que la pensée même n'y puisse surprendre, entre deux règnes, le moindre intervalle d'attente ou d'hésitation; c'est par là surtout qu'il domine les esprits et contient les ambitions [4] ». Il fallait donc faire une loi déterminant à qui appartiendrait et comment serait exercée la régence,

---

[1] Lettre au journal *El Heraldo* du 24 juillet 1842. (*OEuvres de Donozo Cortès*, t. I.)
[2] Lettre à son frère, en date du 18 juillet 1842. (Bulwer, *Life of Palmerston*, t. III, p. 96.)
[3] Lettre au comte Apponyi, en date du 18 juillet 1842. (*Mémoires de M. de Metternich*, t. VI, p. 616.)
[4] Rapport sur la loi de régence, présenté à la Chambre des pairs, le 17 août 1842.

et la faire tout de suite. Tel était le vœu du public impatient d'être rassuré. Le gouvernement n'était pas moins pressé : il comprenait l'avantage de profiter de l'émotion générale, de cette nécessité de bonne conduite qui s'imposait à tous [1], pour enlever rapidement la solution d'un de ces problèmes constitutionnels qu'il est toujours délicat de livrer aux discussions des peuples. Il résolut même de ne pas attendre jusqu'au 3 août, jour indiqué pour l'ouverture de la nouvelle législature, et convoqua le parlement pour le 26 juillet.

Qu'allaient faire les partis? Rien à espérer des radicaux et des légitimistes : ennemis jurés de la monarchie de Juillet, ils ne se prêtaient pas à réparer le mal qu'un accident venait de lui faire; les légitimistes surtout étaient impitoyables; ils n'avaient même pas désarmé un instant devant ce grand deuil, et, à lire leurs journaux, il n'y avait rien chez eux du sentiment sous l'empire duquel le duc de Bordeaux, plus noblement inspiré que ses partisans, faisait célébrer à Tœplitz une messe pour l'âme de son infortuné cousin [2]. Mais quelles étaient les dispositions de ces opposants dynastiques qui, tout échauffés du résultat des élections, s'apprêtaient naguère à pousser plus vivement que jamais l'attaque contre le cabinet? Sous le coup de l'émotion inquiète qui les saisit à la nouvelle de la catastrophe et sous la pression de l'opinion générale, leur premier mouvement parut être de ne voir que la monarchie en deuil et en péril, et de reléguer au

---

[1] M. Guizot écrivait, le 14 juillet 1842 : « La bonne conduite est indispensable, et tout le monde le sent. »

[2] On lit, à ce propos, dans une lettre de M. de Metternich au comte Apponyi, en date du 12 août 1842 : « M. de Flahault m'a lu une lettre particulière de M. Guizot en réponse à ce que j'avais appris au premier sur la manière dont l'affreux événement du 13 juillet a été accueilli à Kirchberg. (C'était l'endroit où résidait alors la famille de Charles X.) Veuillez dire à M. Guizot et, si vous en trouvez l'occasion, également au Roi, que je ferai connaître là-bas l'impression que Sa Majesté a reçue de la communication. M. de Flahault mandera probablement, par le courrier de ce jour, que M. le duc de Bordeaux, qui a appris la nouvelle peu après son arrivée à Tœplitz, a fait dire le lendemain une messe à la paroisse de cette ville, à laquelle il a assisté avec tout ce qui compose sa suite. Il n'y a rien mis qui ressemblât à de l'ostentation, et toute la ville lui en a su gré. » (*Mémoires de M. de Metternich*, t. VI, p. 619.)

second plan la question ministérielle. M. Thiers et même M. Odilon Barrot s'empressèrent autour du Roi, protestant de leurs respectueuses et douloureuses sympathies, offrant leur concours pour les discussions qui allaient s'ouvrir, et exprimant le désir de voir tous les amis de la royauté de 1830 unanimes sur la constitution de la régence. Les journaux du centre gauche et de la gauche tinrent le même langage. « Il s'agit pour le moment, y lisait-on, non plus de discuter la politique du ministère, mais de donner à la monarchie de Juillet et à nos institutions les garanties d'existence et le complément constitutionnel qu'un affreux événement a rendus nécessaires. » Ces journaux demandaient seulement que « le cabinet n'essayât pas de se prévaloir d'une manifestation toute dynastique [1] ». Le *Journal des Débats* se félicitait de cette attitude. « Les passions, disait-il, ont fait silence. Depuis douze ans, on n'avait pas vu peut-être un pareil accord dans la presse constitutionnelle, et l'opposition, — c'est une justice qu'il faut lui rendre, — s'est montrée vraiment dynastique [2]. »

Ce désintéressement de l'opposition était trop beau pour durer. Quelques jours à peine s'étaient écoulés, que les mêmes journaux, sans rien rabattre, il est vrai, de leur zèle pour la monarchie, de leurs protestations d'union, et au contraire sous prétexte de diminuer les dangers de cette monarchie et de faciliter cette union, réclamaient ardemment la retraite de M. Guizot et prétendaient lui faire honte de « s'abriter derrière le cercueil du duc d'Orléans ». Ils ne demandaient que ce seul holocauste, sachant bien que le ministère ainsi mutilé ne serait plus en état de se défendre. A ce prix, ils promettaient au Roi leur concours pour la loi de régence. M. Molé appuyait cette manœuvre, insistant sur ce que l'impopularité de M. Guizot rendait impossible l'accord prêt à se faire. Mais on ne parvint ni à ébranler le Roi, ni à diviser le cabinet. « Les intrigues font feu croisé, écrivait M. Guizot à un de ses amis; intrigues du 15 avril, du 12 mai, du 1er mars, chacune pour

---

[1] *Constitutionnel* du 19 juillet 1842.
[2] 16 juillet 1842.

son compte et toutes ensemble contre moi. On a offert au Roi la loi de régence et la dotation qu'il voudrait, s'il consentait à me sacrifier. Il a répondu royalement et, je crois, très sensément. Il n'a jamais été mieux pour moi. Le cabinet tiendra bien ensemble [1]. » Dès le 22 juillet, en effet, un article du *Moniteur,* faisant allusion aux attaques dirigées particulièrement contre un des ministres, les dénonçait comme une manœuvre et affirmait la solidarité étroite de tous les membres du cabinet. Le même jour, le *Journal des Débats* déclarait très haut que le ministère ne se retirerait pas et qu'il ne sacrifierait pas M. Guizot. « Nous regrettons seulement, ajoutait-il, qu'après avoir pris une si noble part à la douleur publique, l'opposition, au bout de huit jours à peine, se soit lassée de sa modération. »

Tout en résistant à cette poussée, le gouvernement n'avait pas perdu un instant pour préparer la loi de régence. Il était dirigé dans cette œuvre par Louis-Philippe, qui dominait sa douleur de père pour remplir son devoir de roi. Les précédents n'étaient pas de grand secours. Sous l'ancienne monarchie, le roi, en raison de son pouvoir absolu, disposait de la régence comme de tout le reste; il fixait par son testament les conditions dans lesquelles elle s'exercerait; avec quelle efficacité, l'histoire troublée et souvent sanglante des minorités est là pour le dire. Dans ce passé donc, rien à imiter ni à regretter. A défaut de traditions, il fallait consulter les principes. Une première question se posa : convenait-il de faire une loi générale établissant d'avance un système de régence pour toutes les minorités, ou d'organiser la régence seulement pour le cas actuel, étant entendu qu'une loi spéciale serait faite pour chaque minorité nouvelle? En un mot, il y avait à choisir entre la régence de droit et la régence élective. Le gouvernement, partant de cette idée que la régence était une royauté temporaire et devait être constituée à l'image de la royauté véritable, se prononça pour la régence de droit. Il se dit qu'avec la régence élective on verrait, aux approches des mino-

---

[1] *Journal inédit du baron de Viel-Castel.*

rités, les partis se former pour pousser tel ou tel candidat, les prétendants descendre dans la lice, les membres de la famille royale peut-être se diviser ou, en tout cas, être mis sur la sellette et violemment discutés. Quoi de plus contraire au principe monarchique, qui est précisément de ne pas livrer périodiquement l'autorité suprême aux luttes des partis et aux brigues des ambitieux! Mieux valait donc établir d'avance une règle permanente qui ne laissait plus place à aucune compétition. Sans doute on se privait ainsi de choisir le régent d'après son mérite personnel; mais, comme le disait le feu duc de Broglie, « hasard pour hasard, c'est la nature du gouvernement monarchique de préférer les chances paisibles de la naissance aux chances turbulentes de l'élection [1] ».

Du principe que la royauté temporaire devait être assimilée à la royauté définitive, le gouvernement tira cette autre conséquence que la régence serait déférée au prince le plus proche du trône dans l'ordre de succession établi par la Charte. C'était étendre la loi salique à la régence, en exclure les femmes et particulièrement la mère du roi mineur. Il y avait sans doute dans notre histoire de nombreux précédents en sens contraire. Mais on estima que, de notre temps, dans une société démocratique où la royauté est tant discutée, souvent même tant outragée, il ne convenait pas de mettre le pouvoir aux mains d'une femme, qu'elle y trouverait trop de souffrances et n'y apporterait pas assez d'autorité. Du reste, le projet attribuait à la mère une autre tâche que l'on jugeait utile de séparer du gouvernement de l'État, afin de la soustraire aux vicissitudes de la politique et aux exigences des partis : c'était la garde, la tutelle et par suite l'éducation du jeune roi. Si graves que fussent ces considérations théoriques, elles ne pesèrent pas seules dans la décision. Derrière la question de principe, chacun avait vu tout de suite la question de personne : la régence masculine, c'était le duc de Nemours; la régence féminine, la duchesse d'Orléans. Tous deux sans doute étaient, à des titres

---

[1] Rapport fait à la Chambre des pairs.

divers, très dignes de cette haute mission. Nul ne pouvait contester la rare probité du duc de Nemours, l'élévation de ses sentiments, son désintéressement absolu : « Nemours est le devoir personnifié, disait souvent son frère aîné ; je ne prends jamais une décision importante sans le consulter. » Quant à la duchesse d'Orléans, c'était une âme généreuse et une intelligence supérieure. Toutefois, entre les deux, le Roi avait une préférence très décidée. De la part de la duchesse, il croyait avoir à craindre une certaine recherche de popularité libérale; à la suite de son mari, le devançant même au besoin, elle avait été vue souvent en coquetterie avec les hommes de gauche. Aucune inquiétude de ce genre au sujet du duc de Nemours, qui avait toujours été fort docile aux inspirations de son père et qui, par ses tendances personnelles, passait pour être plutôt en sympathie avec les hommes de la résistance ; avec lui, Louis-Philippe était mieux assuré de voir continuer, après sa mort, au dedans et au dehors, ce qu'il appelait « son système ». Du reste, le candidat ainsi préféré par le Roi était celui qu'avait désigné le duc d'Orléans lui-même; dans son testament, après avoir rendu hommage « au noble caractère, à l'esprit élevé et aux facultés de dévouement » de sa femme, après avoir exprimé le désir « qu'elle demeurât, sans contestation, exclusivement chargée de l'éducation de ses enfants », le prince royal ajoutait : « Si par malheur l'autorité du Roi ne pouvait veiller sur mon fils aîné jusqu'à sa majorité, Hélène devrait empêcher que son nom fût prononcé pour la régence et désavouer hautement toute tentative qui se couvrirait de ce dangereux prétexte pour enlever la régence à mon frère Nemours, ou, à son défaut, à l'aîné de mes frères. » Fidèle à son mari jusqu'après la mort, la duchesse d'Orléans fut la première à faire connaître la volonté qu'il avait exprimée, et elle ne permettait pas qu'on parût douter de la résolution où elle était de s'y conformer[1].

Les autres points présentèrent moins de difficultés. Toujours

---

[1] Ainsi fit-elle avec M. Dupin, la première fois qu'elle le vit après la catastrophe. (*Mémoires de M. Dupin*, t. IV, p. 178.) Quelques jours plus tard, lorsque M. de Lamartine soutint, à la Chambre, la thèse de la régence féminine, elle en fut fort

par application du même principe, le ministère décida de proposer que le régent serait inviolable comme le Roi et aurait le plein et entier exercice de l'autorité royale. Si nous ajoutons que l'âge de la majorité était fixé à dix-huit ans, nous aurons fait connaître toutes les dispositions du projet qu'on avait fait à dessein court et simple, pour en rendre l'adoption plus facile et plus prompte. « Ce projet, écrivait alors M. Guizot, n'a point la prétention de prévoir et de régler toutes les hypothèses imaginables, toutes les chances possibles ; il résout les questions et pourvoit aux nécessités que les circonstances nous imposent. »

Les motifs qui avaient déterminé le Roi et son conseil à écarter la régence élective et maternelle étaient précisément ceux qui la faisaient préférer par les opposants. Ceux-ci, très prononcés pour la duchesse d'Orléans qu'ils imaginaient être en sympathie avec eux, prenaient prétexte de ce que le duc de Nemours se tenait, avec une dignité un peu froide, plus à l'écart de la foule que les autres membres de sa famille, pour soutenir qu'il était impopulaire [1]. Toutefois, dans le sein même de cette opposition, le projet ministériel rencontra un avocat inattendu et puissant : ce fut M. Thiers. Il ne voulait pas sans doute plus de bien que par le passé à M. Guizot et à ses collègues, mais une préoccupation supérieure dominait alors chez lui toutes les autres : effrayé de la brèche faite à la monarchie de 1830 par la catastrophe du 13 juillet, il estimait nécessaire de faire du vote unanime de la loi de régence une grande manifestation dynastique. Il jouait ce rôle nouveau, avec sa vivacité accoutumée : « On ne peut se faire une idée, a raconté l'un de ceux qu'il s'appliquait alors à convertir, de tout ce que M. Thiers dépensa d'esprit, d'habileté, d'activité, pour ramener à son opinion le centre gauche et la gauche dynastique. Pendant quinze jours, son salon, son cabinet furent des clubs où il pérorait du matin au soir, sans jamais se lasser, sans jamais se

---

mécontente. « Il n'a pas parlé pour moi, dit-elle, il a parlé contre le gouvernement du Roi. » (*Madame la duchesse d'Orléans*, p. 135.)

[1] « Au début, écrit M. Duvergier de Hauranne, nous étions tous, presque tous du moins, pour la régence de madame la duchesse d'Orléans. » (*Notes inédites*.)

, décourager¹. » Le centre gauche dut se ranger à l'avis de son chef. Mais la gauche se croyait tenue à moins de soumission : si, de guerre lasse, au bout de quelque temps, elle parut se résigner à ne pas faire campagne en faveur de la régence féminine, elle n'abandonna pas la régence élective.

Cette question de la régence n'était pas la seule à propos de laquelle M. Thiers prêchait alors la modération à l'opposition. Les meneurs de la gauche et les plus ardents du centre gauche, notamment M. Duvergier de Hauranne et M. de Rémusat, eussent voulu que, soit avant, soit après la loi de régence, on livrât bataille au cabinet. Il fallait, selon eux, profiter sans retard de l'avantage obtenu dans les élections et ne pas laisser aux esprits le temps de se refroidir. On faisait d'ailleurs remarquer à M. Thiers que le zèle dynastique dont il aurait fait preuve dans l'affaire de la régence, lui donnerait plus d'autorité pour exposer les griefs de l'opinion contre la politique de M. Guizot. M. Thiers ne se laissa pas convaincre ; il soutint très vivement que le danger de la monarchie, l'état de l'opinion et aussi l'habileté commandaient de ne se préoccuper pour le moment que de la question dynastique et d'ajourner la question ministérielle à la session de janvier. « Nous n'y perdrons rien, disait-il ; le ministère est comme ces animaux qui ont reçu une charge de plomb dans le corps et qui courent encore, mais que tout à coup on voit s'affaisser et tomber. Il est blessé à mort, et il est fort douteux qu'il aille jusqu'à l'ouverture des Chambres. Dans tous les cas, il suffira de deux ou trois coups pour l'achever. » Puis le chef du centre gauche énumérait les députés qui ne croyaient pas devoir, en août, voter contre le cabinet, mais dont il avait la parole pour le mois de janvier prochain².

Le gouvernement, au courant de ces efforts de M. Thiers, en désirait le succès, sans beaucoup y compter. M. Guizot

---

[1] Henri Heine écrivait, dès le 19 juillet 1842 : « Le duc de Nemours jouit-il en effet de la très haute disgrâce du peuple souverain, comme on le soutient avec un zèle excessif? Je n'en veux pas juger. Encore moins suis-je tenté d'approfondir les raisons de sa disgrâce. L'air distingué, élégant, réservé et patricien du prince est peut-être le principal grief contre lui. » (*Lutèce*, p. 266.)

[2] *Notes inédites de M. Duvergier de Hauranne.*

écrivait, la veille de l'ouverture de la session, à ses agents diplomatiques : « Les chefs de l'opposition souhaiteraient, je crois, qu'il n'y eût en ce moment qu'une adresse dynastique et le vote rapide de la loi de régence. Mais les passions de leur parti les entraîneront probablement à quelque débat que nous ne provoquerons point, mais que nous ne refuserons point. Non pas, certes, pour l'intérêt du cabinet, mais pour la dignité du pays, du gouvernement, de tout le monde, toute lutte devrait être ajournée à l'hiver prochain. J'en doute fort[1]. »

IV

Le 26 juillet 1842, les deux Chambres étaient réunies pour entendre le discours royal : tous les assistants en deuil ; sur les visages, une émotion vraie et profonde. Des acclamations très vives et plusieurs fois répétées éclatèrent à l'entrée du Roi. Celui-ci, troublé, la voix pleine de larmes, eut peine d'abord à parler. Il se remit cependant à la troisième phrase. Son discours, grave, simple et bref, ne traitait que du malheur qui venait de le frapper et des mesures à prendre pour qu'en cas de minorité la France ne fût pas exposée à « l'immense danger » d'une « interruption dans l'exercice de l'autorité royale ». Toutes les autres questions étaient renvoyées à la session suivante. « Assurons aujourd'hui le repos et la sécurité de la patrie, disait le Roi en finissant ; plus tard, je vous appellerai à reprendre, sur les affaires de l'État, le cours de vos travaux. »

La Chambre, nouvellement élue, dut d'abord vérifier les pouvoirs de ses membres ; l'opération fut menée lestement. La gauche tenta bien quelques escarmouches, mais l'opinion, préoccupée d'autres questions, ne lui permettait pas de s'arrêter longtemps à ces chicanes. Pendant ce temps, le corps du

---

[1] *Mémoires de M. Guizot*, t. VII, p. 14.

duc d'Orléans était transporté à Notre-Dame, où les obsèques furent célébrées en grande pompe. Le concours fut immense; ce n'était pas seulement curiosité banale du spectacle : un sentiment de regret sympathique, de tristesse inquiète, planait sur cette foule. Cinq jours après, en présence de la famille royale, la dépouille du prince fut inhumée dans la chapelle que la duchesse d'Orléans, mère du Roi, avait fait élever à Dreux sur les ruines du château. Louis-Philippe, chez lequel l'horrible souvenir des profanations de 1793 était demeuré très vif, avait préféré pour les siens une sépulture moins en vue et moins accessible que la basilique de Saint-Denis. Assez sceptique sur l'avenir, l'un de ses constants soucis était de prendre des précautions contre les révolutions futures. Faut-il ajouter qu'il ne lui déplaisait pas de se séparer de la branche aînée jusque dans la mort? Revenu à Paris, après ce dernier adieu au corps de son fils, il reçut, le 11 août, l'adresse de la Chambre des députés en réponse au discours du trône. Cette adresse, sur laquelle l'opposition avait eu le bon goût de n'élever aucune contestation et qui avait été adoptée sans débat par 347 voix sur 361 votants, ne parlait, comme le discours, que de la douleur commune et des « mesures nécessaires à la continuité et à l'exercice régulier de l'autorité royale pendant la minorité de l'héritier du trône ».

Restait à prendre ces mesures, c'est-à-dire à voter la loi sur la régence, où chacun s'accordait, en effet, à voir l'affaire principale, unique de la session. Le gouvernement avait déposé son projet le 9 août. Le 16, la commission, par l'organe de M. Dupin, présenta son rapport, qui concluait à l'adoption. Quel accueil la Chambre allait-elle y faire? Retrouverait-on l'unanimité patriotique qui s'était manifestée lors de l'adresse? M. Thiers y travaillait de son mieux. Le jour où la loi devait être examinée dans les bureaux, il réunit chez lui quinze ou seize des meneurs de l'opposition : c'étaient, entre autres, pour la gauche, MM. Barrot, Abattucci, Havin, Chambolle, de Tocqueville et de Beaumont; pour le centre gauche, MM. de Rémusat, Duvergier de Hauranne, Ducos, Léon de Malleville, etc. Il leur exposa longuement et vivement les raisons d'adopter la loi. Personne ne combattit de front son avis. M. Barrot fit seulement observer que M. de Sade devait présenter un amendement en faveur de la régence élective. « Je ne puis, ajouta le chef de la gauche, me dispenser de me lever pour cet amendement ; mais je ne parlerai point, ou, si je parle, j'aurai soin de déclarer que, l'amendement fût-il rejeté, je n'en voterais pas moins pour la loi. » M. Thiers répondit qu'il vaudrait mieux rejeter tout de suite l'amendement, mais que le point important était de voter la loi elle-même à une grande majorité ; du moment qu'il avait sur ce point la promesse de M. Barrot, il se tenait pour satisfait. MM. de Beaumont et de Tocqueville parlèrent dans le même sens que le chef de la gauche [1].

La discussion publique s'ouvrit le 18 août. Il apparut tout de suite qu'elle serait vive et ample. L'événement de la première journée fut le discours de M. de Lamartine. Le poète était-il encore du centre où déjà de la gauche? On eût été embarrassé de répondre. A vrai dire, c'était un isolé et un fantaisiste. Il se prononça hautement contre le projet, y opposant la régence élective et féminine. A l'appui de sa thèse, il ne se contenta pas d'arranger l'histoire ou d'imaginer l'avenir : excité par les applaudissements de la gauche, irrité par les murmures du centre, il ne craignit pas d'employer des arguments faits pour étonner dans la bouche de l'orateur qui, lors de la coalition, avait défendu si éloquemment la prérogative royale contre la prépotence parlementaire. « Quand par un événement fatal, dit-il, le pouvoir parlementaire est appelé à l'héritage, à l'exercice, à la possession d'un de ces droits que la nation ne peut remettre à personne sans se déposséder, je dis qu'il y a honte et faiblesse à abdiquer la nouvelle et souveraine attribution qu'il impose. Je dis que se réfugier timidement et à la hâte, en pareil cas, dans le seul pouvoir dynastique, c'est déclarer, à la face de la France et du monde, qu'on

---

[1] *Notes inédites de M. Duvergier de Hauranne.*

ne croit pas le pays capable et digne de se gouverner soi-même. »
(*Bravos à gauche.*) Non content d'avoir laissé ainsi voir que, dans sa pensée, les Chambres devaient, en cas de régence, s'emparer du pouvoir exécutif et constituer une république temporaire, M. de Lamartine répondait en ces termes à ceux qui arguaient de la nécessité de fortifier la dynastie : « Nous ne voulons pas glisser du gouvernement national au gouvernement dynastique, exclusivement dynastique. La dynastie doit être nationale et non la nation dynastique... Et que faites-vous, en exagérant les concessions à ce principe dynastique? Vous faites dire aux ennemis du pouvoir que le gouvernement, que les amis de la dynastie lui sacrifient tout, qu'ils profitent de l'émotion, des crises, de la douleur même de ce généreux pays pour enlever, pour surprendre un peuple. (*Vives réclamations au centre.* — *A gauche : Oui, c'est vrai! c'est vrai!*)... Oui, je le dis avec douleur, il y a une fatale, une aveugle tendance à empiéter, à prendre toujours plus de force, jusqu'à ce que la nation se demande : Mais y a-t-il eu des révolutions? (*Violents murmures au centre.* — *A gauche : Très bien!*)... Donnons à la dynastie notre respectueuse sympathie, donnons-lui notre douleur, nos larmes, celles de ce peuple entier;... mais nous ne lui donnerons pas, ou plutôt nous ne donnerons pas à ses conseillers les garanties, les droits, les libertés de notre temps et de nos enfants. (*Très bien! à gauche.*) Et surtout, messieurs, ne faisons pas dire à la France, à l'Europe, à l'histoire, qui nous regardent dans ce grand acte constitutif de notre monarchie nouvelle,... que pour l'affermir, pour la perpétuer, il a fallu chasser la mère et toutes les mères, sinon du berceau, au moins des marches du trône de leur fils, et chasser les derniers vestiges du droit électif de nos institutions. » (*Nouvelle et vive approbation à gauche.*)

Le discours de M. de Lamartine avait eu assez d'éclat et produit assez d'effet pour que M. Guizot jugeât nécessaire d'y répondre. Tout d'abord, il écarta ce qu'il appelait « ces perspectives de parti, ces pressentiments sinistres qui s'étaient élevés dans beaucoup d'esprits au moment où le malheur nous avait frappés ». « A Dieu ne plaise, dit-il, que je prononce un mot, un seul mot qui puisse affaiblir l'impression du vide immense que laisse au milieu de nous le noble prince que nous avons perdu! (*Très bien! très bien!*) Les meilleures lois ne le remplaceront pas. (*Marques prolongées et très vives d'assentiment.*) Mais, en gardant toute notre tristesse, nous pouvons, nous devons avoir pleine confiance. Je renvoie ceux qui en douteraient au spectacle auquel nous assistons depuis un mois... La dynastie de Juillet a essuyé un affreux malheur; mais de son malheur même est sorti à l'instant la plus évidente démonstration de sa force (*mouvement*), la plus évidente consécration de son avenir... (*Très bien!*) Elle a reçu partout, chez nous, hors de chez nous, le baptême des larmes royales et populaires. (*Nouvelles marques d'approbation.*) Et le noble prince qui nous a été ravi a appris au monde, en nous quittant, combien sont déjà profonds et assurés les fondements de ce trône qu'il semblait destiné à affermir. (*Mouvement.*) Il y a là une joie digne encore de sa grande âme et de l'amour qu'il portait à sa patrie. » (*Sensation.*) Paroles habiles, bien éloquentes surtout, dont le Roi remerciait son ministre le lendemain[1], mais qui renfermaient, hélas! plus d'une illusion. Le ministre ajoutait, en réponse aux dernières paroles de M. de Lamartine : « Nous nous sentons parfaitement libres de faire une loi dégagée de toute préoccupation extraordinaire... Que la Chambre soit libre comme nous. Nous ne demandons à personne une concession, une complaisance; nous invitons la Chambre à voter cette loi aussi librement, aussi sévèrement que toute autre mesure politique, sans rien accorder aux circonstances, aux exigences du moment; nous n'en avons pas besoin. » (*Très bien!*) Avons-nous le droit de faire cette loi? telle était la première question que se posait ensuite M. Guizot. Réfutant la théorie radicale du pouvoir constituant que

---

[1] Louis-Philippe écrivit à M. Guizot : « Nous avons lu ce matin, en famille, votre admirable discours d'hier; les larmes ont coulé à l'exorde, et tous m'ont bien demandé de vous dire combien nous étions touchés. » (*Mémoires de M Guizot*, t. VII, p. 36.)

M. Ledru-Rollin avait exposée au début de la discussion, il concluait en ces termes : « Tout ce dont vous avez parlé, ces votes, ces bulletins, ces appels au peuple, ces registres ouverts, tout cela, c'est de la fiction, du simulacre, de l'hypocrisie. (*Marques très vives d'approbation au centre. — Murmures aux extrémités.*) Soyez tranquilles, messieurs, nous, les trois pouvoirs constitutionnels, nous sommes les seuls organes légitimes et réguliers de la souveraineté nationale. » Le terrain ainsi déblayé de cette objection préjudicielle, le ministre aborda les deux points traités par M. de Lamartine, la régence élective et la régence féminine. Pour montrer la portée et, par suite, le danger de la régence élective, il s'empara habilement des paroles, — il eût dit volontiers des aveux, — de l'orateur auquel il répondait. « Trouve-t-on, demanda-t-il, que nos institutions aient fait la royauté si forte, qu'il soit à propos de l'affaiblir encore et de fortifier le principe mobile aux dépens du principe stable? Ce qu'on vous demande de faire, au milieu de la plus grande société démocratique moderne, c'est d'introduire dans l'élément monarchique, dans sa représentation temporaire, le principe électif, c'est-à-dire de donner aux défauts de la démocratie une grande facilité pour pénétrer jusque dans cette partie du gouvernement qui est destinée à les contre-balancer et à les combattre. » Quant à la régence féminine, le ministre montra que le pouvoir politique n'était pas, surtout de notre temps, dans la destinée et dans les aptitudes de la femme. « Il y a, dit-il, des exemples de ce pouvoir entre les mains des femmes, dans les monarchies absolues, dans les sociétés aristocratiques ou théocratiques; dans les sociétés démocratiques, jamais. L'esprit et les mœurs de la démocratie sont trop rudes et ne s'accommodent pas d'un tel pouvoir. » D'un bout à l'autre de son discours, M. Guizot s'attacha à ne discuter que la loi en elle-même et ne fit aucune allusion à la situation du cabinet ou des partis. Il dit même expressément, en terminant : « On a parlé, à cette occasion, de l'union de toutes les opinions dynastiques, de l'oubli momentané de toutes les luttes ministérielles. On a eu raison. Évidemment, dans le projet que vous discutez, aucune pensée d'intérêt ministériel n'est entrée dans l'esprit du cabinet. La loi n'est pas plus favorable au cabinet qu'à l'opposition. Elle a été faite pour elle-même, dans la seule vue du bien de l'État, abstraction faite de tout parti, de tout ministère, de toute lutte, de toute prévention, de toute rivalité ; nous ne demandons rien de plus. » (*Vives et nombreuses marques d'approbation.*)

En s'exprimant ainsi, M. Guizot avait évidemment voulu permettre à la gauche de se montrer dynastique sans crainte de paraître ministérielle. C'était sa façon de seconder le travail qu'il savait être fait dans le sein de l'opposition pour amener le vote presque unanime du projet. Cependant, aussitôt après le ministre, l'un des députés qui avaient pris part à la conférence chez M. Thiers, M. de Tocqueville, se leva pour combattre l'application du principe héréditaire à la régence. A son avis, le système monarchique, excellent en général, était faible en un point : c'est que la royauté pouvait tomber aux mains d'un enfant ; à côté de ce hasard qui donnait un roi incapable de régner, l'orateur se refusait à placer un autre hasard qui pouvait donner un régent incapable de le suppléer. Ce discours était-il le signe que la gauche renonçait à tenir l'engagement pris envers M. Thiers ? On se rassurait par la pensée que M. de Tocqueville était un indépendant, se décidant par soi-même, entraînant peu de voix avec lui et systématiquement rebelle à l'influence, selon lui néfaste, de l'ancien ministre du 1er mars. Un seul homme avait vraiment qualité pour parler au nom de la gauche, c'était M. Odilon Barrot ; or il se taisait.

Le 19 août, la discussion continua. Plusieurs orateurs furent d'abord entendus, entre autres M. Passy, M. Berryer, M. Villemain, qui ajoutèrent à l'éclat du débat, sans y apporter rien de bien nouveau. Cette seconde journée touchait à son terme, quand M. Odilon Barrot parut à la tribune. M. Thiers en ressentit quelque déplaisir ; il eût préféré que l'orateur de la gauche persistât dans son silence ; toutefois, il ne s'inquiéta pas autrement, comptant, suivant la promesse faite, que, si le discours commençait par appuyer la régence élective, il finirait du moins par conclure au vote de la loi. Aussi, à M. Duvergier de Hauranne qui lui demandait s'il userait de son tour de parole pour y répondre : « Non, dit-il, j'aime mieux qu'un autre s'en charge ; je ne veux pas me trouver en contradiction avec Barrot [1]. » Ce dernier, après quelques protestations de fidélité à la « dynastie nationale », prit vivement à partie le principe même du projet, cette régence de droit « fondée sur le hasard aveugle de la naissance », cette « nouvelle légitimité » qu'on prétendait « ajouter à la Charte ». « Vous voulez faire aujourd'hui, dit-il, ce que vous n'avez pas voulu faire en 1830, alors que vous étiez investi d'un pouvoir constituant que vous n'avez plus. Aujourd'hui que nous sommes rentrés dans les limites de nos attributions définies par la Charte, je vous conteste le droit d'y ajouter une institution héréditaire pour la régence et de dépouiller vos successeurs du droit d'y pourvoir selon les nécessités du temps. » M. Thiers, attentif sur son banc, s'étonnait de voir l'orateur s'engager ainsi à fond ; il s'en étonnait sans doute de l'exécution de l'engagement pris : « Barrot, disait-il à M. Duvergier de Hauranne, qui était venu s'asseoir à côté de lui, Barrot s'avance beaucoup. Il a tort. Je ne sais pas comment, après tout cela, il va revenir à voter pour la loi [2]. » Cependant l'orateur, soutenu, poussé par les applaudissements de la gauche, poursuivait son discours, développant, avec une énergie croissante et non sans talent, les arguments déjà présentés en faveur de la régence élective par M. de Lamartine et M. de Tocqueville. Enfin, à la stupéfaction de M. Thiers, il termina par cette déclaration : « Certes, notre opinion personnelle sur les avantages qu'il y aurait à déférer la régence à la mère du roi mineur est bien arrêtée... Il serait plus facile de traverser les mauvais jours, alors que la faiblesse d'un enfant et d'une femme aurait pour appui la générosité de la nation, qu'avec ce que l'un de vous appelait une

---

[1] *Notes inédites de M. Duvergier de Hauranne.*
[2] *Ibid.*

régence à cheval. Cette conviction est profonde chez moi. Eh bien ! j'en aurais fait le sacrifice ; j'aurais voté avec vous pour telle ou telle désignation personnelle et actuelle que du moins nous avions pu préalablement juger et apprécier. Mais vous ne voulez pas de cette appréciation libre et intelligente... Vous voulez créer un droit pour l'inconnu... Vous voulez faire ce qui n'a jamais été fait, poser des règles absolues, aveugles comme le hasard ! Bien loin d'apporter une force à la dynastie de Juillet, c'est un danger que vous créez pour elle, et c'est ce que nous ne pouvons vous accorder. » (*Vive approbation à gauche.*)

Que s'était-il donc passé, pour que M. Odilon Barrot fît ainsi le contraire de ce qu'il avait promis à M. Thiers ? La veille, la gauche avait été vivement agitée par le discours de M. de Lamartine, d'autant que celui-ci avait habilement flatté ses préventions, éveillé ses jalousies, en faisant deux parts de l'opposition : d'un côté, les intrigants et les ambitieux, c'est-à-dire M. Thiers ; de l'autre, les honnêtes gens et les hommes de principes, c'est-à-dire M. Odilon Barrot. Dans la nuit, quelques députés de ce parti, M. de Tocqueville en tête, étaient venus trouver M. Barrot pour lui signifier qu'il eût à changer d'allure et à se séparer de M. Thiers en défendant l'amendement à outrance. Après une courte résistance, M. Barrot avait fini par céder. Seulement, embarrassé de sa situation, il n'avait pas osé prévenir M. Thiers. Celui-ci sortit de la séance d'autant plus irrité qu'il était plus surpris. « Ce que vient de faire Barrot est indigne, disait-il à M. Duvergier de Hauranne et à M. de Rémusat. Je sais combien il est faible et je ne lui en veux pas. Mais j'en veux à ceux qui l'ont poussé et qui l'ont ainsi conduit à rompre, même sans m'en avertir, une convention faite entre nous. Croyez-moi, mes amis, nous nous sommes trompés ; il n'y a rien à faire avec ces gens-là. » Vainement M. Duvergier de Hauranne, effrayé de la portée de cette dernière phrase, faisait-il observer « qu'un mauvais procédé ne devait pas faire légèrement abandonner un plan de conduite adopté depuis deux ans » ;

son chef, tout entier à son ressentiment, ne l'écoutait pas [1].

Sans connaître ces détails, les divers partis attendaient avec curiosité la troisième journée du débat, se demandant ce qu'allait faire M. Thiers. Le discours de M. Barrot n'avait pas mis sérieusement en péril l'adoption de la loi ; mais ce qui demeurait douteux et ce qui pouvait dépendre de l'attitude du chef du centre gauche, c'était le chiffre plus ou moins élevé de la majorité. Et puis, chacun sentait que les conséquences de cet incident pouvaient dépasser la loi en discussion et modifier la situation des partis. Aussi, dans la soirée, tandis qu'à gauche on envoyait une ambassade à M. Thiers pour connaître ses intentions [2], le Roi, qui suivait attentivement toutes les phases du débat, écrivait à M. Guizot : « Dieu veuille que Thiers parle demain et parle bien ! » Louis-Philippe insistait d'ailleurs sur la nécessité d'en finir. « Ce qui me paraît essentiel, disait-il, c'est que vous tâchiez de tout enlever rapidement... La séance commençant à midi, si vous êtes en nombre dès le début, vous devez pouvoir prendre le pas accéléré. La Chambre est pressée ; elle est française et s'animera si on lui sonne la charge ; mais les troupes sont molles, quand les généraux sont timides. Grâces à Dieu, vous ne l'êtes pas, et j'attendrai la victoire avec bonne confiance [3]. »

Le lendemain, 20 août, au début de la séance, M. Thiers paraît à la tribune. Il est pâle, nerveux, agité des suites d'une nuit d'insomnie. La Chambre entière est muette d'attention. Les premiers mots de l'orateur sont pour déclarer « qu'il ne s'est jamais senti dans une situation plus pénible, plus délicate ». « La Chambre, dit-il, sait que, depuis deux années, je siège sur les bancs de l'opposition. Je suis l'adversaire du cabinet ; des souvenirs pénibles m'en séparent, et je crois qu'il y a même mieux que des souvenirs pour m'en séparer ; il y a des intérêts du pays, peut-être mal compris par moi, mais des intérêts vivement sentis. Je suis donc l'adversaire du cabinet...

[1] *Notes inédites de M. Duvergier de Hauranne.*
[2] *Ibid.*
[3] *Mémoires de M. Guizot*, t. VII, p. 35.

Malgré cela, malgré cet intérêt très grave de ma position, je viens appuyer aujourd'hui le gouvernement ; je viens combattre l'opposition... Je suis profondément monarchique. Rappelez-vous ce que certains hommes m'ont reproché, ce que je ne me reprocherai jamais, d'avoir voté pour l'hérédité de la pairie... Cela doit vous dire à quel point je suis monarchique dans mes convictions. Quand je vois cet intérêt de la monarchie clair et distinct, j'y marche droit, quoi qu'il arrive ; fussé-je seul, entendez-vous ? » Il rappelle ensuite qu'avec ses amis il avait décidé, dès le premier jour, de « voter la loi sans modification », considérant que « le principal devoir était non de renverser les ministres, mais de consolider la monarchie ». « Quoi ! s'écrie-t-il, parce qu'un instant, sous la parole d'un homme que j'ai appelé, que j'appelle encore mon ami, parole éloquente, sincère, certaines convictions ont flotté hier, certaines conduites ont changé, j'irais déserter ce qui m'a paru une conduite sage, politique, honorable, bien calculée dans l'intérêt de l'opposition.... Non, fussé-je seul, je persisterais à soutenir la loi telle qu'elle est, sans modification, sans amendement. »

Après ce préliminaire, M. Thiers aborde la discussion du projet, déclarant « qu'il ne veut pas faire un discours, mais un acte ». Tout d'abord, il rencontre sur son chemin la thèse du pouvoir constituant, développée par M. Ledru-Rollin et à laquelle M. Odilon Barrot avait à demi sacrifié : il ne la ménage pas. « J'en ai parlé dans mon bureau, dit-il, avec peu de respect, et je m'en excuse. Mais savez-vous pourquoi j'ai montré pour le pouvoir constituant si peu de respect ? C'est qu'en effet, je ne le respecte pas du tout. Le pouvoir constituant a existé, je le sais ; il a existé à plusieurs époques de notre histoire ; il a joué un triste rôle. Il a été, dans les assemblées primaires, à la suite des factions. Sous le Consulat et sous l'Empire, il a été au service d'un grand homme. Sous la Restauration, il s'est caché sous l'article 14 de la Charte. Ne dites pas que c'est la gloire de notre histoire, car les victoires de Zurich, de Marengo et d'Austerlitz n'ont rien de commun avec ces misérables comédies constitutionnelles. Je ne respecte donc pas le pouvoir constituant. » L'orateur combat ensuite la thèse de la régence élective et de la régence féminine, avec sa verve abondante et rapide, ingénieuse et lucide. Et surtout, s'élevant au-dessus de la loi, non sans laisser voir son impatience et son dédain, il adresse de haut à l'opposition une leçon de conduite monarchique et gouvernementale. « Je ne veux calomnier personne, dit-il; j'ai été de l'opposition; j'ai été calomnié, comme on l'est souvent quand on contrarie le pouvoir établi, et je ne donnerai pas l'exemple de calomnier l'esprit des autres. Mais il faut s'expliquer. Il y a deux manières d'adhérer à la Charte : les gens soumis aux lois y adhèrent parce qu'elle est écrite; il y a une seconde manière d'y adhérer, c'est d'y adhérer de conviction, parce qu'on la croit excellente. Je suis de ceux qui y adhèrent ainsi. Pour moi, quand la Charte a institué la royauté comme nous l'avons, en lui donnant une masse de pouvoirs énorme, l'unité du pouvoir exécutif, le droit de paix et de guerre, le commandement des armées, le droit d'administrer, tout ce qui compose le gouvernement, tous les pouvoirs enfin; quand elle lui a donné l'inviolabilité, quand elle lui a donné l'hérédité, l'hérédité du prince capable au prince incapable, ce n'est pas un présent qu'elle a fait à la royauté... Ce n'est pas pour elle que ces pouvoirs lui ont été donnés, c'est pour vous, pour la grandeur du pays, pour sa force. Il n'y a dans tout cela rien pour la royauté, rien que la majesté, que l'amour du pays et ses hommages quand elle les a mérités. » (*Marques d'approbation au centre.*) M. Thiers n'est pas dès lors effrayé de donner à un régent, nécessairement plus faible, les pouvoirs qu'il a donnés à un roi. Il s'indigne d'ailleurs, comme partisan du gouvernement parlementaire, contre ceux qui, pour faire prévaloir ce gouvernement, veulent faire le régent faible. « Savez-vous, dit-il, pourquoi en Angleterre le gouvernement représentatif a tant de réalité? C'est parce que la royauté est forte et respectée... Chez nous, savez-vous ce qui fait qu'on résiste au gouvernement parlementaire? C'est qu'on nous dit que la royauté est faible... Eh bien, je fais appel aux vrais amis du gouvernement parlementaire; je leur donne rendez-vous; savez-vous où? à la défense de la royauté. » (*Très bien! très bien!*)

Le centre, surpris et charmé, applaudit pour remercier M. Thiers et aussi pour le compromettre. La gauche frémit; heurtée dans ses préjugés, blessée dans son amour-propre, sentant derrière ces paroles l'amertume du blâme ou la pointe de l'épigramme, elle éclate parfois en murmures et en interruptions. Mais l'orateur est lancé; loin de se laisser intimider, il riposte durement : « Messieurs, permettez-moi d'exprimer ma conviction. Je n'ai donné mes convictions à qui que ce soit, entendez-le bien! Je n'ai humilié ma pensée devant personne, entendez-vous? Je ne veux irriter personne, mais quelle est donc cette prétention de vouloir soumettre la conviction d'un homme auquel on ne refuse pas quelques lumières, de vouloir la soumettre à tout ce qu'on pense, à tout ce qu'on préfère? » Reprenant ensuite ses leçons : « L'opposition bien conduite, dit-il, savez-vous ce qu'elle doit faire? Au lieu de faire ce qu'ont fait toutes les oppositions depuis cinquante ans, au lieu de se détacher vite et vite des gouvernements qui ne réalisaient pas leurs espérances, pour courir à de nouveaux gouvernements qui ne les réalisaient pas davantage, savez-vous ce que doit faire une opposition sage? Au lieu de se décourager, de se retirer, elle doit s'appliquer davantage à corriger le gouvernement existant... On améliore, on redresse, on ne déserte pas un gouvernement, et le seul moyen de l'améliorer, c'est de lui prouver que les conseils qu'on lui adresse sont des conseils, non pas d'amis douteux, mais d'amis certains. » M. Thiers se pique d'être de ces « amis certains » du gouvernement de 1830, et voici la preuve qu'il en donne : « C'est que, malgré quelques divergences d'opinions, quelques mécontentements personnels, je n'ai pas cessé, entendez-vous? de repousser les autres gouvernements qui pouvaient s'élever à sa place; c'est que, pour moi, derrière le gouvernement de Juillet, il y a la contre-révolution, et que, devant, il y a l'anarchie. » Puis, après avoir parlé de la contre-révolution : « Voilà pour ce qui est derrière.

Quant à ce qui est en avant, c'est-à-dire la prétendue république, je croyais, en 1830, et je crois encore aujourd'hui, que ce qui est en avant est incapable de se gouverner soi-même et de gouverner le pays. (*Murmures à gauche.*) J'ai cru et je crois encore qu'en avant il n'y avait que l'anarchie, et voici ce que j'appelle l'anarchie : des hommes incapables de s'entendre pour faire un gouvernement, de maintenir l'ordre dans un pays, et de faire autre chose que ce qu'ils ont fait il y a quarante ans, peut-être avec la gloire de moins. (*Sensation.*) Voilà ce que je croyais en 1830, et, permettez-moi de le dire, ce qui s'est passé depuis n'a pas contribué à me faire changer d'opinion. » Enfin, l'orateur, se résumant, termine ainsi : « Je ne vois que la contre-révolution derrière notre gouvernement; en avant, je vois un abîme ; je reste sur le terrain où la Charte nous a placés. Je conjure mes amis de venir faire sur ce terrain un travail d'hommes qui savent édifier, et non pas un travail d'hommes qui ne savent que démolir. Les paroles que je viens de dire m'ont coûté; elles m'ont coûté beaucoup; elles me coûteront encore en descendant de cette tribune. Mais je me suis promis, à toutes les époques de ma vie, et j'espère que je tiendrai parole, de ne jamais humilier ma raison devant aucun pouvoir, quel qu'il fût, quelle que fût son origine, et de marcher toujours, le front haut, comme doit faire un homme qui a eu le courage jusqu'au bout de dire à tout le monde sa pensée, quelque désagréable qu'elle pût être. »

Sur ces paroles, M. Thiers descend de la tribune, fort ému lui-même et laissant l'assemblée dans une extrême agitation. Rarement discours a produit une impression aussi vive[1]. Les partisans de la loi n'ont plus qu'à hâter le scrutin. Il leur faut cependant laisser le rapporteur, M. Dupin, résumer la discussion et faire, avec une précision vigoureuse, une dernière réponse aux objections. Enfin, voici l'heure de mettre aux voix les deux amendements établissant la régence élective et la

---

[1] M. de Viel-Castel, en sortant de la Chambre, écrivait sur son journal intime : « La séance d'aujourd'hui est certainement la plus dramatique qu'il y ait eu depuis longtemps. » (*Documents inédits.*)

régence féminine. A ce moment, M. Dufaure se précipite à la tribune, et, se tournant vers M. Barrot, il adjure la gauche, en quelques paroles chaleureuses, de se joindre à la majorité, une fois les amendements repoussés, et de voter avec elle la loi. M. Barrot refuse avec une obstination solennelle. On procède au vote : les deux amendements sont rejetés par assis et levé, et l'ensemble de la loi est adopté par 310 voix contre 94. Ce n'est pas l'unanimité qu'on avait un moment rêvée, mais le succès en est presque plus complet. La minorité est trop faible pour avoir en rien diminué l'autorité de la loi, et la gauche n'a fait de tort qu'à elle-même.

Le surlendemain, le projet était porté à la Chambre des pairs. Le rapport y fut fait par le duc de Broglie, vrai chef-d'œuvre du genre, substantiel et rapide, donnant de la loi le commentaire le plus élevé et la justification la plus décisive. La discussion, qui s'engagea et se termina le 29 août, n'eut ni l'éclat ni l'ampleur de celle du Palais-Bourbon. On se hâta de passer au vote, et la loi fut adoptée par 163 voix contre 14. Les Chambres se séparèrent aussitôt, et la session fut prorogée au 9 janvier 1843.

V

Le gouvernement pouvait se féliciter de la session d'août 1842. Sans doute, pour qui réfléchissait, la blessure profonde faite le 13 juillet à la monarchie n'était pas guérie ; le grand vide laissé par la mort du duc d'Orléans était de ceux que l'on ne comble point par des mesures législatives. Mais enfin, tout ce qui pouvait être fait l'avait été. La loi de régence venait d'être votée, telle que le Roi la désirait, à une immense majorité et après une belle discussion. Dans le pays comme dans la Chambre, le sentiment monarchique s'était manifesté avec une vivacité et une étendue qui avaient surpris les amis du régime eux-mêmes. Sous le coup d'un affreux malheur, aux prises avec une crise redoutable, la royauté de Juillet était apparue plus forte et la France plus sage qu'on n'eût pu s'y attendre. Les gouvernements étrangers, qui avaient douté de cette force et de cette sagesse, étaient amenés à les reconnaître[1].

Bien que la question ministérielle eût été, d'un commun accord, systématiquement écartée des débats et renvoyée à plus tard, le succès de la session profitait au cabinet et semblait raffermir son crédit que le résultat équivoque des élections avait ébranlé. On en était frappé même au loin : M. de Metternich trouvait que « la situation générale se prononçait d'une manière favorable à M. Guizot », et que celui-ci avait « de bien grandes chances de fonder ce ministère de durée » dont la France avait un « véritable besoin[2] ». D'ailleurs, on ne pouvait contester que l'opposition, sortie si confiante, si arrogante, du scrutin du 9 juillet, ne fût singulièrement affaiblie par la rupture entre M. Thiers et M. Odilon Barrot. Depuis la scène de tribune où cette scission s'était produite avec tant d'éclat, la presse s'en était emparée et l'avait rendue plus profonde encore, en en faisant la querelle non plus de deux hommes, mais de deux groupes. Entre les journaux de la gauche et ceux du centre gauche, ce n'étaient que récriminations amères. Vainement l'un d'eux, le *Courrier français,* éclairé par la satisfaction ironique avec laquelle le *Journal des Débats* faisait écho à ces polémiques et signalait le désarroi dont elles étaient la preuve, rappelait-il à l'opposition que « les partis doivent laver leur linge sale en famille », les ressentiments l'emportaient sur ces conseils, et ce même *Courrier français* était réduit à s'écrier tristement : « Hier encore, l'opposition touchait au but,... le programme était arrêté, les hommes étaient d'accord, les postes assignés, et il ne restait plus qu'à laisser couler nos opinions dans le lit qu'on leur avait creusé. Faut-il renoncer à ces plans de campagne? Le vote qui a constitué la régence a-t-il détruit et dispersé en même temps l'armée

---

[1] Cf. les lettres de M. de Metternich au comte Apponyi, en date des 18 juillet, 13 et 26 août 1842. (*Mémoires,* t. VI, p. 617 à 621.)

[2] *Mémoires de M. de Metternich,* t. VI, p. 621, 622.

parlementaire qui devait faire la puissance du nouveau règne? »

C'est que derrière l'incident de tribune, origine de tout ce bruit, il y avait plus qu'une dissidence sur une loi particulière. On avait pu s'en rendre compte à la vivacité et surtout à la généralité des remontrances adressées en cette occasion par M. Thiers à la gauche. Ces remontrances n'avaient-elles pas tout de suite dépassé le point spécial en discussion, pour porter sur la conduite entière du parti, sur sa façon de comprendre l'opposition et le gouvernement? Au fond, M. Thiers et la gauche avaient des idées et des habitudes absolument différentes. La gauche, doctrinaire à sa façon, faisait grand étalage de ses principes et se croyait tenue de poursuivre l'application de toutes les théories de l'école libérale, dût-elle pour cela désorganiser le gouvernement. M. Thiers, homme de tactique plus que de principes, ne croyant qu'aux faits, fort ingénieux à imaginer les expédients et habile à s'en servir, se moquait des théories et des théoriciens; imbu de la tradition napoléonienne, ses préférences naturelles étaient pour un gouvernement fort, avec une armée très nombreuse et une administration très centralisée; il disait de lui-même, en un jour de franchise, qu'il « n'était pas libéral »; homme de pouvoir sinon d'autorité, il ne s'intéressait guère, en fait de libertés, qu'à ces libertés de la tribune ou de la presse qui pouvaient lui servir à s'emparer du ministère ou à se venger de ceux qui l'y avaient remplacé. Les députés de la gauche ne se maintenaient dans la faveur de leurs partisans et n'empêchaient les plus avancés de les supplanter qu'en professant des opinions violentes et déraisonnables; M. Thiers, au contraire, avait souci de demeurer un ministre possible. A gauche, si l'on sentait de quel avantage était le concours d'un si merveilleux orateur, les ambitieux jalousaient sa prépotence, et les « purs » le soupçonnaient d'intrigue; M. Thiers, de son côté, tout en usant de la gauche, s'inquiétait souvent de ses doctrines et surtout était agacé de ce qu'il appelait sa sottise. Ce sont toutes ces divergences, toutes ces antipathies qui, longtemps contenues et dominées par une passion plus forte, venaient enfin de faire explosion.

Et quand, dans la soirée du 19 août, s'épanchant avec M. Duvergier de Hauranne et M. de Rémusat, M. Thiers laissait échapper cette parole significative que nous avons déjà citée : « Croyez-moi, mes amis, nous nous sommes trompés, il n'y a rien à faire avec ces gens-là », il faisait allusion, non pas seulement à l'incident de la loi de régence, mais à des griefs qui, pendant deux ans, s'étaient accumulés et aigris dans son esprit.

Cette division semblait délivrer le ministère du risque d'être mis en minorité par la coalition de la gauche et du centre gauche. Était-ce pour l'exposer à un danger plus proche? Plusieurs le pensaient. Au premier moment, le sentiment général fut même que cette évolution de l'ancien ministre du 1er mars cachait une manœuvre pour se rapprocher personnellement du pouvoir, et l'on se demandait si M. Guizot ne courait pas plus de risque d'être supplanté par M. Thiers, rentré dans les bonnes grâces du Roi, que d'être renversé par M. Thiers, chef de l'opposition. « M. Thiers, écrivait M. Rossi dans la chronique politique de la *Revue des Deux Mondes,* n'est plus le candidat de la coalition, c'est un ministre du 11 octobre qui se trouve en disponibilité; le ministère peut en redouter le secours plus qu'il n'en redoutait les attaques. » A gauche, le *Siècle* disait avec une méfiance non déguisée : « M. Thiers ne souffrira pas qu'on le soupçonne un seul jour de s'être baissé pour recevoir l'héritage souillé du ministre des défections. » Du bord opposé, le *Journal des Débats,* tout en rendant hommage au discours du 20 août, déclarait, d'un ton gêné, qu'il ne voulait pas examiner si ce discours couvrait quelque manœuvre [1]. M. Thiers se défendait, il est vrai, de toute arrière-pensée de ce genre, et, dès le 22 août, il faisait dire par le

---

[1] M. de Viel-Castel écrivait sur son journal intime, le soir même du discours de M. Thiers : « Ce discours, l'attitude nouvelle que M. Thiers vient de prendre, l'accueil que lui a fait la majorité, les chances qui en résultent pour lui et dont beaucoup de personnes s'exagèrent l'imminence, tel est, ce soir, l'objet de toutes les conversations. Les ministres font d'ailleurs bonne contenance et se donnent pour fort satisfaits. Leurs amis les plus intimes disent avec affectation que M. Thiers n'a pas au fond rompu avec la gauche; que ce n'est qu'une querelle d'amants, qu'il faudrait être bien sot pour s'y laisser prendre. » (*Documents inédits.*)

Constitutionnel : « On prétend que M. Thiers a agi en vue du pouvoir... Nous répondrons qu'il ne songe pas à prendre le pouvoir... Il s'est déterminé par des raisons plus hautes et plus profondes ; il a vu l'intérêt de la dynastie, l'intérêt du pays ; il s'est souvenu de 1830. » D'ailleurs, pour que la manœuvre pût réussir, il eût fallu la complicité du Roi : or rien ne permettait à l'ancien ministre du 1er mars de compter sur cette complicité. On racontait alors, chez le duc de Broglie, que M. Thiers, après son discours, s'était rendu aux Tuileries pour y recevoir les compliments auxquels il avait droit ; le Roi les fit très chauds, très abondants ; seulement il ajouta : « Maintenant, il faut soutenir mon cabinet [1]. » Ce n'était probablement pas ce qu'attendait son visiteur.

Si le ministère avait lieu d'être satisfait de la session d'août, le public, de son côté, en était sorti plus rassuré. Trop peu réfléchi pour se demander si le péril, apparu comme à la lueur d'un coup de foudre dans la journée du 13 juillet, était écarté définitivement ou s'il n'était que provisoirement masqué, il constatait que les difficultés immédiates avaient été surmontées sans crise et sans désordre. La rue notamment avait été d'une tranquillité remarquable. Sans doute, en pénétrant alors dans les dessous du parti républicain, on eût découvert qu'aussitôt après la mort du duc d'Orléans, quelques meneurs révolutionnaires, M. Flocon en tête, s'étaient réunis ; prenant en considération que « la transmission du trône, jusqu'alors rendue facile par certaines qualités du prince héritier, était désormais soumise aux difficultés d'une régence », ils avaient décidé de prendre les armes à la mort du Roi ; ils avaient même tenté de s'organiser dans cette vue ; mais cette organisation n'était pas bien sérieuse, et, en tout cas, pour le moment, rien ne bougea [2]. Cette immobilité suffisait pour que le public, sans s'inquiéter autrement des éventualités lointaines, ne pensât plus qu'à ses affaires. Celles-ci étaient alors très prospères. Commerce,

---

[1] *Documents inédits.*
[2] DE LA HODDE, *Histoire des sociétés secrètes et du parti républicain, de* 1830 *à* 1848, p. 313 à 319.

industrie, chemins de fer, spéculations de tout genre, partout une activité qui souvent même dégénérait en fièvre. Les tableaux des revenus indirects, les états des douanes et de la navigation, toutes les statistiques témoignaient de ce grand développement économique. Le pays en jouissait et paraissait s'en occuper beaucoup plus que de la politique, dont il se montrait assez las. M. Rossi écrivait à ce propos : « Toujours dominé par ses préoccupations matérielles, ne songeant qu'à ses spéculations, à ses affaires, le public n'a pas de goût en ce moment pour la politique; il n'a pas de temps à lui donner; disons mieux, il ne l'aime guère, il s'en défie [1]. » « L'époque est au calme, disait le *Journal des Débats* le 29 septembre 1842; le pays jouit d'une tranquillité parfaite. On souffre de la peine que se donnent les journaux de l'opposition pour ranimer une discussion haletante et épuisée. » Le même jour, M. de Barante écrivait au comte Bresson : « Les factions sont étonnées de la manière dont cette crise s'est passée. A aucun moment je ne les ai vues en si petite espérance. Il y a une volonté de repos et de durée si universelle et si ardente que chacun paraît craindre de se compromettre et de se nuire en témoignant quelque vivacité d'opinion... Le parti conservateur est en situation bonne et croissante [2]. » A la date du 9 octobre, nous trouvons encore dans une lettre adressée par le même M. de Barante à M. Guizot : « Le calme dont nous jouissons continue et semble prendre un caractère naturel et plus que transitoire. Je ne me souviens guère d'avoir vu un moment où il y eût tant de repos dans les esprits, je dirais presque de sécurité pour le lendemain [3]. »

[1] Chronique de la *Revue des Deux Mondes* du 1ᵉʳ janvier 1843.
[2] *Documents inédits.*
[3] Cité par M. Guizot dans sa *Notice sur M. de Barante.*

CHAPITRE III

LE MINISTÈRE DURE ET S'AFFERMIT

(Septembre 1842-septembre 1843.)

I. Le ministère s'occupe de compléter sa majorité. Il obtient à Londres la clôture du protocole relatif à la ratification de la convention du 20 décembre 1841. — II. Négociations pour l'union douanière avec la Belgique. Résistances des industriels français. Opposition des puissances. Susceptibilités des Belges. Devant ces difficultés, le gouvernement renonce à ce projet. — III. Ouverture de la session de 1843. Silence de M. Thiers. M. de Lamartine passe à l'opposition. Son rôle politique depuis 1830, et comment il a été amené à se déclarer l'adversaire du gouvernement. — IV. Avantages que l'opposition trouve à porter le débat sur les affaires étrangères. Le droit de visite à la Chambre des pairs. A la Chambre des députés, le projet d'adresse demande la revision des conventions de 1831 et de 1833. M. Guizot n'ose le combattre, mais se réserve de choisir le moment d'ouvrir les négociations. Vote dont chaque parti prétend s'attribuer l'avantage. — V. La loi des fonds secrets. Intrigues du tiers parti. Succès du ministère. — VI. La difficulté diplomatique de la question du droit de visite. Débats du parlement anglais. Dispositions de M. de Metternich. — VII. Les affaires d'Espagne. Espartero régent. L'Angleterre n'accepte pas nos offres d'entente. L'ambassade de M. de Salvandy. — VIII. La question du mariage de la reine Isabelle. Le gouvernement du roi Louis-Philippe renonce à toute candidature d'un prince français, mais veut un Bourbon. La candidature du prince de Cobourg. Le cabinet français fait connaître ses vues aux autres puissances. Accueil qui leur est fait. Chute d'Espartero. Son contre-coup sur l'attitude du gouvernement anglais. — IX. La reine Victoria se décide à venir à Eu. Le débarquement et le séjour. Conversations politiques sur le droit de visite et sur le mariage espagnol. Satisfaction de la reine Victoria et du roi Louis-Philippe. Effet en France et à l'étranger. Bonne situation du ministère du 29 octobre.

I

Le calme, l'espèce d'immobilité politique qui, dans les derniers mois de 1842, avaient succédé aux grandes émotions de la session d'août, ne pouvaient faire oublier à M. Guizot qu'il se retrouverait, le 9 janvier 1843, en face de la nouvelle

Chambre, et que, cette fois, la question de confiance, jusqu'alors ajournée, serait nettement posée. Sans doute, le temps profitait au cabinet, et, comme l'écrivait M. de Barante, « chaque journée passée tranquillement lui donnait des chances meilleures » ; sans doute aussi, l'opposition était moins menaçante depuis qu'elle était divisée : c'étaient les bonnes chances. Les mauvaises venaient de la majorité elle-même. Celle-ci ne paraissait guère solide; on devait craindre qu'elle ne fût pas en état de résister aux surprises, aux entraînements, aux intrigues. Une défection d'ailleurs s'était déjà produite dans ses rangs : dès le lendemain des élections et après une délibération aussitôt rendue publique, M. Dufaure et ses amis avaient décidé de ne plus accorder leur appui au ministère; sans eux, aurait-on encore une majorité? Il y avait là des périls, tout au moins des difficultés, dont M. Guizot avait sujet de se préoccuper et contre lesquelles il devait travailler à se prémunir.

Son premier soin fut de chercher à combler le vide fait par la défection du groupe Dufaure, au moyen de ce qu'on appelait « les conquêtes individuelles ». Ce n'était certes pas le plus beau côté du régime parlementaire. Des politesses, des caresses aux amours-propres, au besoin des places, des faveurs administratives ou même des avantages plus matériels encore, telles étaient les séductions employées. Par nature, M. Guizot avait peu de goût et peu d'aptitude pour une telle besogne, mais, l'ayant vu accomplir par ses prédécesseurs, il la jugeait un mal nécessaire, et il la laissait faire au-dessous de lui par son chef de cabinet, M. Génie, et à côté de lui par son collègue, M. Duchâtel. On racontait un peu plus tard, dans les salons de l'opposition, que l'un des fonctionnaires du ministère de l'intérieur, parlant du travail fait entre la session d'août 1842 et celle de janvier 1843, avait dit : « Nous avions besoin de gagner une vingtaine de voix, et nous les avons gagnées ; mais elles nous ont coûté cher[1]. »

[1] Quelquefois le ministère n'avait qu'à panser des amours-propres blessés par ses adversaires. Parmi les députés sur lesquels comptait l'opposition et qui pas-

En même temps qu'il s'efforçait de compléter sa majorité, le ministère veillait à écarter d'avance ce qui aurait pu, au cours de la session, devenir une pierre d'achoppement. On se rappelle comment, le 19 février 1842, devant la déclaration faite par le gouvernement français qu'il n'était pas en mesure de ratifier la convention du 20 décembre précédent sur le droit de visite, les autres puissances, tout en échangeant leurs ratifications, avaient laissé le protocole ouvert pour la France. Cette mesure impliquait qu'elles ne désespéraient pas de notre ratification ultérieure. Ainsi l'avaient compris non seulement les cabinets étrangers, mais aussi le nôtre qui se flattait alors de ramener, un jour ou l'autre, l'opinion, à la convention plus ou moins modifiée. Les élections de juillet 1842, en révélant à quel point le pays était prévenu contre le droit de visite, avaient fait évanouir cet espoir. Dès lors, plus de motif pour laisser le protocole ouvert. Il importait au contraire de le fermer, ne fût-ce que pour ôter tout sujet aux malveillants de dire et aux badauds de croire que le gouvernement songeait toujours à donner sa ratification, et qu'il fallait prendre des mesures pour l'en empêcher. M. Guizot décida donc de requérir la clôture du protocole.

Cette clôture, fort raisonnable au point de vue français, ne pouvait être agréable aux autres puissances, ainsi averties qu'elles devaient renoncer définitivement à notre adhésion. Lord Aberdeen n'entra dans cette idée que fort à contre-cœur et après avoir vainement essayé de nous faire accepter quelque autre expédient. Les pourparlers portèrent ensuite sur les formes de la clôture. Plusieurs des ministres britanniques eussent voulu que, tout en prenant acte de notre refus de rati-

---

sèrent alors au gouvernement, il en était un, beau parleur de province, qui, à son premier discours, eut si peu de succès qu'on n'entendit bientôt plus que le bourdonnement des conversations. Étonné, point déconcerté, notre député rencontre M. Thiers en descendant de la tribune et lui demande : « Eh bien, que dites-vous de mon début? » — A cette question, M. Thiers se gratte la tête, essuie ses lunettes, et, après quelques moments d'hésitation : « Vous auriez tort de vous décourager, lui dit-il, votre voix est excellente. » — « J'en dis autant à mes chiens de chasse », riposte brusquement le député. De ce jour, le ministère n'eut pas d'ami plus fidèle.

fier, on nous répliquât et qu'on le fît vivement. Lord Aberdeen leur résista. « Au fait, disait-il à M. de Sainte-Aulaire, c'est moi et non pas eux qui serais responsable des suites ; je ne me laisserai pas pousser [1]. » Il fit donc prévaloir « la clôture sans phrases » que M. de Metternich avait proposée pour nous rendre service [2]; mais ce ne fut pas sans difficulté. « M. Guizot ni vous, disait-il à notre ambassadeur, ne saurez jamais la dixième partie des peines que cette malheureuse affaire m'a données. » De son côté, le ministre français procéda avec autant de tact que de fermeté; s'il était résolu à déclarer « sans compliments » son refus de ratifier, il tenait à éviter tout ce qui eût pu éveiller inutilement les susceptibilités anglaises; il se borna à motiver vaguement ce refus sur « les faits graves et notoires survenus à ce sujet, en France, depuis la signature de la convention ». Ainsi finit-on par tomber d'accord. Le 9 novembre 1842, les plénipotentiaires d'Autriche, de Grande-Bretagne, de Prusse et de Russie déclarèrent que « le protocole, jusqu'alors resté ouvert pour la France, était clos » ; et, le 15, le *Moniteur* annonça officiellement cette clôture au public français. « Voilà un gros embarras derrière nous, écrivait M. Guizot à M. de Sainte-Aulaire. Mais je ne veux pas que de ce traité non ratifié, il reste, entre lord Aberdeen et moi, le moindre nuage. Ce serait, de lui envers moi comme de moi envers lui, une grande injustice, car nous avons, l'un et l'autre, j'ose le dire, conduit et dénoué cette mauvaise affaire avec une prudence et une loyauté irréprochables... Dans la forme, j'ai voulu que notre résolution, une fois prise, fût franche et nette; je n'ai rien admis qui pût blesser la dignité de mon pays et de son gouvernement : c'était mon devoir. Mais, en même temps, je n'ai rien dit, accueilli, ni paru

---

[1] Cette citation et celles qui suivront sans indication spéciale d'origine sont empruntées aux *Mémoires de M. Guizot*.

[2] M. Guizot avait tout de suite réclamé les bons offices de M. de Metternich. Celui-ci était alors en disposition favorable au ministère français. « De tous les ministres depuis 1830, écrivait-il au comte Apponyi, et je n'ai aucune difficulté à étendre mon jugement également à ceux de la Restauration, aucun n'a possédé les qualités de M. Guizot. » (*Mémoires de M. de Metternich*, t. VI, p. 621.)

accueillir dont l'Angleterre pût se blesser. Lord Aberdeen, de son côté, a mis dans toute l'affaire beaucoup de bon vouloir et de modération persévérante. Nous étions, l'un et l'autre, dans une situation difficile. Nous avons fait tous deux de la bonne politique. Nous n'en devons garder tous deux qu'un bon souvenir. »

M. Guizot venait de faire une concession nouvelle aux adversaires du droit de visite, un pas de plus dans cette sorte de retraite commencée lors de l'adresse de 1842 et continuée dans la session qui avait suivi. Il comptait bien ne pas reculer davantage. De quoi pouvait-on encore se plaindre, du moment où il ne restait absolument plus rien de la convention du 20 décembre 1841, origine malencontreuse de tout ce tapage? Le ministre, cependant, n'ignorait pas que l'opinion s'était attaquée aussi aux traités qui, en 1831 et 1833, avaient organisé pour la première fois le droit de visite; mais, sur ce point, il se montrait résolu à résister. C'était même afin d'être plus fort dans cette résistance qu'il demandait aux autres puissances de le débarrasser complètement de la convention de 1841. « Pour que nous puissions nous retrancher fermement dans les anciens traités, écrivait M. Guizot à ses ambassadeurs, il faut que les Chambres et le pays n'aient plus à s'inquiéter du nouveau. » M. de Sainte-Aulaire avait prévenu notre gouvernement qu'à Londres « le parti était pris de ne rien céder sur les traités de 1831 et de 1833 ». « Toute tentative de les modifier, ajoutait-il, aurait pour conséquence nécessaire et immédiate une rupture diplomatique. Ma conviction à cet égard ne s'appuie pas sur telle ou telle parole, mais sur le jugement que je porte de l'ensemble de la situation. » M. Guizot répondit en affirmant de nouveau sa résolution de maintenir ces traités. « C'est la volonté bien arrêtée du cabinet, écrivait son principal confident, M. Désages, et nous en faisons une question d'honneur national [1]. » Le ministre sans doute s'attendait à une lutte sur ce sujet, dans la session pro-

---

[1] Lettre à M. de Jarnac du 8 novembre 1842. (*Documents inédits.*)

chaine, mais il se flattait de l'emporter. « Plus où moins ouvertement, écrivait-il à notre ambassadeur à Londres, on me demandera deux choses : l'une d'éluder, par des moyens indirects, l'exécution de ces conventions; l'autre d'ouvrir une négociation pour en provoquer l'abolition. Je repousserai la première au nom de la loyauté, la seconde au nom de la politique... J'exécuterai honnêtement ce qui a été promis au nom de mon pays. Quant à une négociation pour l'abolition des traités, l'Angleterre ne s'y préterait pas; son refus entraînerait de mauvaises relations, peut-être la rupture des relations diplomatiques entre les deux pays. Une telle faute ne se commettra pas par mes mains... Voilà mon plan de conduite. J'y rencontrerai bien des combats, bien des obstacles. Pourtant, je persévérerai, et je crois au succès. » M. Guizot se faisait illusion. Quelques semaines ne s'écouleront pas avant qu'il abandonne ces conventions que, très sincèrement, il promettait aux autres et se promettait à lui-même de défendre.

II

En travaillant ainsi à écarter les difficultés, M. Guizot ne pouvait obtenir qu'un résultat négatif. Pour l'honneur et l'affermissement du cabinet, il fallait quelque chose de plus, un acte positif, une initiative éclatante qui en imposât au public. Plus l'opinion se sentait tranquille, plus elle paraissait attendre du gouvernement la distraction de quelque nouvelle entreprise. Le *Journal des Débats* constatait, non sans impatience, cette disposition d'esprit et résumait ainsi le langage que l'on tenait au gouvernement : « Le pays est calme, nous l'avouons, très calme, assurément; il a conquis le repos, le bon ordre; il jouit de ce sentiment de confiance et de bien-être qu'il avait perdu depuis un demi-siècle... Eh bien, ingéniez-vous; inventez quelque chose! Ce quelque chose, nous ne vous l'indiquerons pas, par exemple... Mais prenez garde que le pays ne se fatigue du repos, qu'il ne s'ennuie. Amusez-le. » A ceux qui parlaient ainsi, la feuille ministérielle répondait que le ministère était déjà bien assez occupé avec toutes les affaires qu'il avait sur les bras : « Dieu nous garde, disait-il, des gouvernements inventeurs... Le pays est tranquille, respectons sa tranquillité[1]. » Cette réponse n'était pas décisive. M. Guizot lui-même ne s'en contentait pas, et il écrivait alors à l'un de ses collaborateurs diplomatiques : « Je n'ai guère réussi jusqu'à présent qu'à empêcher le mal : succès obscur et ingrat. Le moment viendra, je l'espère, où nous pourrons ensemble faire du bien[2]. » Mais quel bien? Toujours cette même question qui se représentait aussi embarrassante. Ce fut sans aucun doute dans l'espoir d'y trouver enfin réponse, qu'à cette époque, durant les derniers mois de 1842, le gouvernement poussa vivement une importante négociation commerciale. Il s'agissait d'établir entre la France et la Belgique une union douanière, imitation et revanche du *Zollverein* prusso-allemand. Les conséquences économiques d'une telle mesure pouvaient être diversement appréciées ; mais l'effet politique en aurait certainement été considérable. L'amour-propre national eût trouvé, dans cette sorte d'annexion morale, une éclatante compensation de ses récentes déconvenues, et du coup M. Guizot eût fermé la bouche à ceux qui déclamaient contre les abaissements et la stérilité de sa politique extérieure.

La question n'était pas neuve. Posée par la Belgique qui, à raison de sa grande production et de sa consommation restreinte, ressentait l'impérieux besoin de s'assurer un marché plus étendu que le sien propre, elle avait été souvent discutée dans la presse des deux pays et avait même été, à diverses époques, en 1837, en 1840, en 1841, l'objet de pourparlers entre les gouvernements. Diverses difficultés avaient empêché jusqu'alors ces pourparlers d'aboutir. Mais, en attendant et à défaut d'un accord plus général, il avait été conclu, le 16 juil-

---

[1] 29 septembre et 6 octobre 1842.
[2] Lettre du 16 août 1842, adressée au comte de Jarnac et citée par ce dernier dans sa Notice sur lord Aberdeen.

let 1842, une convention par laquelle nous abaissions nos droits de douane sur les fils et tissus de lin belges, tandis que la Belgique adoptait, sur ses frontières autres que celles de la France, notre tarif sur les fils et tissus étrangers. Les choses en étaient là, quand, à l'issue de la session d'août, le ministère renoua les négociations relatives à une union douanière. Le problème fut serré de plus près qu'il ne l'avait encore été. De part et d'autre, on semblait désireux et pressé de conclure. Louis-Philippe et M. Guizot avaient pris l'affaire à cœur. Léopold était venu à Paris, pour la traiter directement avec son beau-père. Un projet de traité fut proposé par la France et discuté sous trois formes de rédaction successives, sans cependant qu'on arrivât à un accord. De ces délibérations, de ces démarches, il transpira nécessairement quelque chose dans le public; les journaux s'emparèrent de la question, et ce fut bientôt le sujet principal de leurs polémiques.

L'union douanière, qui flattait en France le sentiment national, y menaçait des intérêts matériels, politiquement fort influents, surtout sous le régime du suffrage restreint : c'étaient ceux de nombreux industriels, notamment des maîtres de forges et des extracteurs de houille, qui se déclaraient hors d'état de soutenir la concurrence des produits belges. Déjà, en janvier 1842, sur le seul soupçon que le gouvernement songeait à cette union, une phrase avait été insérée dans l'adresse sur « la protection due à la production nationale ». A la fin de l'année, quand les négociations furent reprises et qu'on put les croire sur le point d'aboutir, ces intérêts s'alarmèrent davantage encore. Le 26 octobre, dans une réunion de députés, généralement conservateurs, convoquée chez M. Fulchiron, il fut décidé que « chacun des membres chercherait ou saisirait l'occasion de porter ses doléances auprès du trône, et lui ferait connaître les perturbations que causerait la réalisation des projets ministériels » ; en outre, chaque député « devait se mettre en rapport avec les délégués de l'industrie et du commerce dans sa localité, afin de leur offrir à Paris un intermédiaire et un organe pour toutes les représentations qu'ils croiraient utile d'adresser au gouvernement ». Beaucoup de chambres de commerce répondirent à cet appel, rédigèrent des protestations et des adresses. Bien plus, leurs délégués se rassemblèrent à Paris en une sorte de congrès et, après délibération, se prononcèrent hautement contre toute union douanière. Sans doute, dans certaines villes où les idées protectionnistes n'avaient pas le dessus, des manifestations en sens contraire se produisirent ; mais elles n'avaient pas autant d'éclat. Cette agitation eut son contre-coup dans le sein du ministère ; deux de ses membres, M. Cunin-Gridaine et M. Martin du Nord, s'y firent les avocats des fabricants français. Il devenait évident qu'en poursuivant cette mesure, M. Guizot serait abandonné dans le cabinet par plusieurs de ses collègues, et dans le parlement par une bonne part des conservateurs. Pour ne pas être en minorité, il lui faudrait chercher à gauche, où l'on paraissait favorable à l'union, les voix qui lui échappaient au centre. C'était à peu près ce qu'à ce moment même sir Robert Peel faisait en Angleterre pour la réforme de la législation sur les grains. Mais M. Guizot avait-il le même tempérament que le ministre anglais ? Nous avons déjà eu occasion de le montrer plus disposé à céder à ses amis qu'à les violenter. Robert Peel lui-même n'eût peut-être pas été aussi hardi de ce côté-ci de la Manche. Une opération de ce genre, toujours scabreuse pour le ministre qui l'entreprend, l'eût été tout particulièrement dans l'état de nos partis. La gauche, qui détestait beaucoup plus M. Guizot qu'elle ne désirait l'union douanière, n'aurait-elle pas saisi cette occasion de mettre le ministère en minorité ? Et puis, était-ce bien au gouvernement de provoquer lui-même une scission dans cette majorité déjà trop inconsistante ? Enfin, ne pouvait-on pas se demander si le cabinet serait seul mis en péril par cette dislocation du parti conservateur, et si la monarchie, qui n'était pas hors de cause comme en Angleterre, n'y courrait pas elle-même de grands risques ?

Entre la situation de M. Guizot et celle Robert Peel, il y avait une autre différence plus décisive encore. Le premier n'avait pas seulement affaire, comme le second, à l'opposition du dedans : il en rencontrait une au dehors, celle des grandes puissances. En Angleterre, le projet d'union douanière, aussitôt connu, avait réveillé les mêmes méfiances qui, au lendemain de 1830, s'étaient produites toutes les fois qu'on nous avait soupçonnés de la moindre velléité d'annexer tout ou partie de la Belgique. Dès le 21 octobre 1842, lord Aberdeen, dans une lettre pressante adressée à Léopold, le détournait d'une mesure qu'il déclarait être « pleine de dangers pour les intérêts du roi des Belges et pour la tranquillité de l'Europe ». Le 28, il adressait à Berlin, à Vienne et à Saint-Pétersbourg, une dépêche où il soutenait que l'union douanière serait contraire à la neutralité de la Belgique, et qu'en vertu du protocole du 20 janvier 1831, qui avait constitué cette neutralité, les autres cabinets auraient le droit de s'opposer à une combinaison périlleuse pour l'équilibre européen. En même temps, tout en évitant des démarches directes qui eussent irrité les Français et leur eussent rendu plus difficile de s'arrêter, il veillait à les bien instruire de ses dispositions. « Vous concevez, disait-il le 19 novembre à M. de Sainte-Aulaire, que l'Angleterre ne verrait pas de bon œil les douaniers français à Anvers. Vous auriez à combattre aussi du côté de l'Allemagne, et, cette fois, vous nous trouveriez plus unis que pour le droit de visite. » Le 6 décembre, il revenait sur le même sujet et déclarait hautement à notre ambassadeur que l'union douanière lui paraissait « une atteinte à l'indépendance belge et conséquemment aux traités qui l'avaient fondée ». « Je me suis abstenu jusqu'à présent de vous parler avec détail sur ce sujet, ajoutait lord Aberdeen, et je m'en applaudis, parce que votre gouvernement peut déférer aux plaintes du commerce français, sans que sa résolution paraisse influencée par des considérations diplomatiques ; mais, aujourd'hui, j'ai dû vous parler pour prévenir toute fausse interprétation de mon silence[1]. »

Le cabinet anglais avait trouvé, à Berlin, les esprits très disposés à soutenir et même à provoquer la résistance au pro-

---

[1] *Mémoires de M. Guizot*, t. VI, p. 281 à 284.

jet d'union douanière. La Prusse, depuis 1830, s'était montrée fort ombrageuse pour tout ce qui regardait la Belgique. Elle l'était plus encore depuis qu'elle avait à sa tête un roi personnellement ennemi de la France. Frédéric-Guillaume IV, qui, lors de son récent voyage à Londres, en janvier 1842, avait fait à M. de Stockmar des ouvertures pour l'entrée de la Belgique dans la Confédération germanique, était moins que personne disposé à prendre son parti de la constitution d'un *Zollverein* franco-belge. Son gouvernement témoigna donc, à ce sujet, une alarme et un mécontentement qui trouvèrent écho dans les petits États d'outre-Rhin. Notre ministre à Berlin, le comte Bresson, écrivait à M. Guizot : « Les esprits commencent à s'animer en Allemagne. Notre presse n'a que trop contribué à exagérer la portée politique de la négociation ; elle a éveillé la jalousie, la susceptibilité et l'inquiétude des États limitrophes, et elle a fourni elle-même les arguments qu'on nous oppose aujourd'hui. L'Angleterre a donc trouvé le terrain admirablement préparé pour l'embarras qu'elle veut nous susciter. M. de Bulow m'a dit que sa table était chargée de lettres qui lui arrivaient de toutes parts, pour le rappeler à ses devoirs et lui reprocher d'avoir négligé de nous avertir que la neutralité de la Belgique ne lui permettait pas de livrer ses intérêts matériels, son commerce, son industrie, ses finances à la France... J'ai même entendu prononcer, par un envoyé de cour secondaire d'Allemagne, le mot de *cas de guerre*[1]. »

Même hostilité dans le cabinet de Saint-Pétersbourg. L'éloignement eût dû le rendre moins sensible à ce qui se passait en Belgique ; mais on n'ignore pas avec quel empressement le Czar saisissait toute occasion d'être désagréable à la France de Juillet, et surtout de refaire contre elle une coalition européenne.

En Autriche, il y avait moins de passion. M. de Metternich, alors en veine de politesse avec le cabinet français, s'employa même à prévenir les démarches collectives et comminatoires

---

[1] Lettre confidentielle du 4 décembre 1842. (*Documents inédits.*)

désirées à Berlin et dans plusieurs petites cours allemandes [1]. Mais, au fond, il n'était pas moins opposé à l'union douanière, et, le moment venu, il nous signifia très nettement son sentiment [2]. Dans une lettre adressée, le 8 décembre 1842, au comte Apponyi et destinée à être communiquée à M. Guizot, il s'exprimait ainsi : « L'union douanière entre la France et la Belgique est impossible, parce que ni l'un ni l'autre de ces pays ne voudra provoquer une opposition qui finirait ou par l'abandon du projet ou par la rupture de la paix politique en Europe... L'Angleterre n'admettrait pas l'union douanière... Quant aux trois cours continentales qui, avec l'Angleterre et la France, ont consacré la séparation de la Belgique et de la Hollande, elles ne pourraient que soutenir les conditions sur lesquelles repose cette séparation ; cette attitude les réunirait à l'Angleterre sur le terrain de la résistance que cette puissance opposerait à l'union douanière... » Puis, après avoir développé ces idées, le chancelier terminait ainsi : « Veuillez donner connaissance de la présente lettre à M. Guizot ; je prie ce ministre de vouloir bien la prendre pour ce qu'elle est, c'est-à-dire pour la franche expression de notre conviction quant à ce qui ne se peut pas. » Le même jour, dans une autre lettre confidentielle à son ambassadeur, M. de Metternich expliquait sa démarche par la conviction où il était « de l'existence d'un danger sérieux [3] ».

---

[1] Lettre du comte Bresson à M. Guizot, du 19 décembre 1842. (*Documents inédits.*)

[2] D'après M. Guizot (*Mémoires*, t. VI, p. 293 et 294), M. de Metternich aurait témoigné ne pas attacher d'importance à cette affaire. Telle avait pu être son attitude au début, parce qu'alors il croyait à l'insuccès de la négociation. Mais aussitôt que celle-ci lui parut avoir chance d'aboutir, il prit position très nettement, ainsi qu'il résulte des documents publiés dans les *Mémoires de M. de Metternich*, t. VI, p. 623 à 627.

[3] *Mémoires de M. de Metternich*, t. VI, p. 623 à 627. — M. de Metternich, avec le sentiment souvent un peu exagéré qu'il avait de son importance, se flatta même plus tard d'avoir, par cette intervention, empêché l'union douanière. Il écrivit, le 2 janvier 1843, au comte Voyna, à Saint-Pétersbourg : « Je me reconnais quelque mérite relativement au genre d'action que j'ai regardé comme le seul qu'avec une chance d'utilité, il me serait possible d'exercer sur cet intermède. Il y a des questions qui de leur nature sont tellement malignes, qu'il n'y faut point toucher, ou les empoigner pour les étrangler de prime abord. La question

Notre gouvernement était donc prévenu : au cas où il conclurait l'union douanière, les quatre puissances seraient d'accord pour protester contre ce qu'elles prétendaient être une atteinte à la neutralité et à l'indépendance de la Belgique. Dans quelle mesure appuieraient-elles cette protestation par des démarches plus effectives? Il était difficile de le prévoir. Mais tout au moins la France serait ainsi replacée, en face de l'Europe unie, mécontente et menaçante, dans l'isolement périlleux où elle s'était trouvée en 1840, et dont elle venait à peine de sortir.

Aux difficultés provenant des intérêts français ou des défiances étrangères, il faut ajouter celles que faisaient naître les prétentions du gouvernement belge. C'était lui sans doute qui, sous la pression de son industrie en souffrance, avait proposé, sollicité l'union douanière; mais, quand on en venait à discuter avec lui les moyens d'exécution, on se heurtait aux mille exigences d'une nationalité et d'une indépendance d'autant plus susceptibles qu'elles étaient d'origine plus récente. Ainsi, dès le début, en même temps que la Belgique offrait d'abolir toute ligne de douane entre les deux pays et d'établir un tarif unique sur les autres frontières, elle se refusait à admettre nos douaniers sur son territoire. Le gouvernement français, de son côté, déclarait ne pouvoir confier à des Belges la garde de ses intérêts industriels et financiers. A chaque pas, se produisaient des objections du même genre. M. de Metternich était même disposé à en conclure qu'au fond Léopold ne désirait pas l'union autant qu'il voulait en avoir l'air [1], et, après coup, M. Guizot a reconnu que le chancelier autrichien pou-

---

en instance a dû passer par le second de ces remèdes, et je me suis décidé à l'employer immédiatement. L'événement ayant justifié l'entreprise, il ne me reste plus qu'à m'en féliciter. » (*Mémoires de M. de Metternich*, t. VI, p. 627.)

[1] Je me demande, disait un jour M. de Metternich à notre ambassadeur, si le roi Léopold a jamais eu bien sérieusement l'intention de conclure un pareil traité, et s'il n'est pas plus probable qu'il a mis en avant ce projet, qu'il doit savoir inexécutable, afin de n'arriver à rien, tout en paraissant disposé à tout faire pour plaire au roi son beau-père, à la nation française, au parti français en Belgique et au sentiment national qui cherche un débouché pour l'excédent des produits belges. » (*Mémoires de M. Guizot*, t. VI, p. 294.)

vait bien avoir eu raison : « Je suis fort tenté de croire, a-t-il dit, que le roi des Belges n'a jamais sérieusement poursuivi le projet d'union douanière ni compté sur son succès[1]. »

Était-il prudent au gouvernement français de braver tant d'oppositions? Lui était-il possible de surmonter tant d'obstacles? Il ne le crut pas et finit par renoncer, non sans regret, à une mesure où il avait espéré d'abord trouver un moyen de se grandir et de grandir son pays. A défaut de l'union douanière, il dut se contenter de négocier des traités plus modestes, plus restreints, facilitant les relations des deux pays par l'abaissement mutuel des tarifs. C'était la voie où il avait déjà fait un premier pas par la convention du 16 juillet 1842, relative aux fils et tissus de lin; sur ce terrain même, les difficultés ne devaient pas faire défaut, et ce ne sera que le 13 décembre 1845 que l'on parviendra à conclure un traité de commerce plus général.

Tout en prenant à part soi la résolution d'abandonner le projet d'union douanière, notre gouvernement jugea plus digne et plus prudent de ne pas battre trop ouvertement et trop brusquement en retraite. A la fin de novembre et au commencement de décembre 1842, M. Guizot adressa à ses représentants près les cours de Berlin, de Londres, de Vienne, de Saint-Pétersbourg, de Bruxelles, de la Haye, des dépêches à peu près identiques où apparaît bien la façon dont il entendait masquer cette retraite. Tout d'abord, il revendiquait le droit de la France et contestait absolument le bien fondé des objections faites par les autres puissances. Selon lui, l'union douanière ne portait aucune atteinte à l'indépendance et à la neutralité de la Belgique, du moment où celle-ci conservait sa souveraineté politique et où elle avait la faculté de rompre l'union dans un délai déterminé. Mais cette dissertation théorique une fois faite, il laissait voir peu de dispositions à user en fait du droit si hautement revendiqué. « Nous ne sommes point allés, dit-il, nous n'irons point au-devant de l'union

---

[1] *Mémoires de M. Guizot*, t. VI, p. 294.

douanière. Sans doute elle aurait pour nous des avantages, mais elle nous susciterait aussi, et pour nos plus importants intérêts, des difficultés énormes... L'état actuel des choses convient et suffit à la France qui ne fera, de son libre choix et de son propre mouvement, rien pour le changer. » M. Guizot rappelait comment la Belgique était venue nous demander l'union, pour échapper à des dangers menaçant sa sécurité intérieure et même son existence nationale, puis il ajoutait : « Que ces dangers s'éloignent ; que la Belgique ne s'en croie pas sérieusement menacée ; qu'elle ne nous demande pas formellement de l'y soustraire ; qu'elle accepte le *statu quo* actuel : ce ne sera point nous qui la presserons d'en sortir. Nous ne sommes point travaillés de cette soif d'innovation et d'extension qu'on nous suppose toujours. Nous croyons qu'aujourd'hui, pour la France, pour sa grandeur, aussi bien que pour son bonheur, le premier besoin, c'est la stabilité... Mais ce que nous ne pouvons souffrir, ce que nous ne souffrirons pas, c'est que la stabilité du royaume fondé à nos portes soit altérée à nos dépens, ou compromise par je ne sais quelle absurde jalousie du progrès de notre influence. » En somme, M. Guizot résumait ainsi sa politique : « Garder toute notre indépendance ; ne reconnaître à personne le droit de s'y opposer aux termes des traités et des principes de droit public » ; mais aussi « bien donner la persuasion que nous ne recherchons pas l'union douanière[1] ». En même temps qu'il prenait cette attitude en face des puissances, le cabinet français, sans rompre ouvertement les négociations avec la Belgique, les laissait peu à peu tomber.

Des diverses difficultés que notre gouvernement avait rencontrées dans cette affaire, quelle fut celle qui le détermina à abandonner son projet? Par crainte de fournir des armes à ceux qui l'accusaient de faiblesse envers l'étranger, il s'est défendu vivement d'avoir cédé aux représentations des puissances[2], préférant de beaucoup laisser croire qu'il avait reculé

[1] *Mémoires de M. Guizot*, t. VI, p. 285 à 293.
[2] *Journal des Débats* du 3 décembre 1842.

devant l'espèce d'insurrection de l'industrie française. Et même, comme ce dernier motif fournissait prétexte à l'opposition pour déclamer contre la prédominance des intérêts matériels, contre la féodalité financière, et lui servait d'argument en faveur de la réforme électorale, M. Guizot a fini par soutenir que la difficulté principale était venue des Belges eux-mêmes[1]. L'histoire n'est pas obligée de prendre à la lettre ces explications données en vue de l'opinion du moment. Sans prétendre que les difficultés extérieures aient été le motif unique de la détermination prise, on peut affirmer qu'elles ont eu plus d'influence que M. Guizot n'en convenait alors[2]. Ce n'est pas nous qui lui en ferons un reproche. Cette prudence, nous l'avons dit souvent, était la conséquence de la situation faite à la France en Europe par la révolution de 1830. Le moyen de modifier une telle situation n'était pas de s'abandonner à des bravades irréfléchies qui n'eussent fait, comme en 1840, que la confirmer et même l'aggraver à notre détriment : c'était de dissiper, par une sagesse prolongée, les méfiances des autres États et aussi de dissoudre peu à peu cette coalition latente qui réapparaissait chaque fois que la France laissait voir le désir d'étendre ses frontières ou seulement son influence.

Si désireux qu'eût été le gouvernement de laisser tomber sans bruit les négociations douanières, le public n'avait pas tardé à s'apercevoir de l'évolution qui s'opérait, et, dès la fin de novembre 1842, les journaux parlaient ouvertement de l'abandon du projet d'union. La presse opposante ne négligeait pas une si belle occasion d'attaquer le cabinet. Elle s'appli-

---

[1] Discours du 11 mai 1846, à la Chambre des pairs.

[2] M. de Metternich, comme on l'a vu plus haut, s'imaginait volontiers que son intervention avait été la raison décisive de l'abandon du projet d'union douanière, et affectait de croire que le motif tiré du mécontentement des industriels français n'était qu'une feinte de M. Guizot. (*Mémoires*, t. VI, p. 628.) Le chancelier d'Autriche exagérait son rôle. La dépêche dans laquelle il avait notifié son sentiment au gouvernement français était du 8 décembre 1842. Le 11 novembre, M. Désages écrivait à M. de Jarnac : « Les journaux ont déjà parlé d'une circulaire de lord Aberdeen relative au projet d'union franco-belge. *Comme ici, il y a ajournement obligé à raison de l'état d'esprit de nos industriels*, je ne pense pas que cette bombe, chargée par lord Aberdeen, éclate pour le moment. » (*Documents inédits.*)

quait à mettre en relief l'impuissance où il était de mener à fin ce que lui-même avait jugé utile à la grandeur de la France. Elle lui faisait honte de reculer devant les clameurs de quelques fabricants, ou mieux l'accusait d'avoir suscité ces clameurs pour se créer le prétexte d'une retraite motivée en réalité par la peur de l'étranger, et l'on sait que, sur ce dernier thème, les polémistes de gauche n'étaient jamais à court. Les journaux ministériels répondaient de leur mieux, mais ils n'avaient pas l'avantage du terrain. En somme, cette affaire, où M. Guizot avait un moment espéré trouver une force pour les luttes de la session qui allait s'ouvrir, le laissait, au contraire, avec l'embarras et la faiblesse qui résultent toujours d'une entreprise tentée et abandonnée. Aussi ses amis ne voyaient-ils pas venir sans inquiétude le retour des Chambres. M. de Barante écrivait mélancoliquement, le 3 décembre 1842, à un de ses parents : « L'état des esprits est encore fort inerte en apparence, mais les ennemis du ministère seront vifs, ses amis très tièdes, et l'atmosphère composée d'éléments d'indifférence assez malveillante. Mettez tout autre nom propre au pouvoir, il en sera absolument de même. La conviction à une opinion, la confiance à tout homme gouvernant ne sont pas de ce moment[1]. »

III

La session s'ouvrit le 9 janvier 1843. Le discours du trône, simple et bref, ne souleva aucune question irritante. Sans fuir la lutte, le gouvernement ne la provoquait pas. Qu'allait faire l'opposition, et tout d'abord quelle serait l'attitude de M. Thiers? Maintenant qu'il s'agissait non plus de la monarchie, mais du ministère, reprendrait-il sa place de combat à la tête des groupes de gauche? Plusieurs de ses amis l'y poussaient, entre autres

[1] *Documents inédits.*

M. de Rémusat et M. Duvergier de Hauranne. Il s'y refusa absolument. Sans doute, à qui voulait l'entendre, il déclarait « qu'il était toujours, plus que jamais même, de l'opposition, qu'on pouvait compter sur son vote » ; mais il ne promettait qu'un vote muet, triste, boudeur; il se montrait résolu à demeurer à l'écart, immobile et silencieux, retiré en quelque sorte sous sa tente. Avec la mobilité habituelle de sa nature, il se disait las et dégoûté de ces manœuvres de parti qui, à d'autres époques, l'avaient tant passionné[1]. Pour le moment, l'intérêt de sa vie était ailleurs : il se donnait entièrement à cette histoire du Consulat et de l'Empire, dont nous l'avons déjà vu commencer les travaux préparatoires au milieu même de ses luttes parlementaires[2]. Vivant ainsi dans la compagnie de Napoléon, il se prenait pour sa personne, pour son œuvre, d'une admiration qui ne le disposait pas à l'indulgence envers les idées et les hommes de la gauche.

Cette abstention de M. Thiers affaiblissait beaucoup les adversaires du cabinet. Un homme se présenta aussitôt pour remplir, à la tête de l'opposition, le rôle oratoire laissé vacant par l'ancien ministre du 1er mars : c'était M. de Lamartine. En 1843, il avait cinquante-trois ans et faisait partie depuis

[1] Ce sentiment se manifestait déjà en juillet 1841. M. Thiers écrivait alors à M. Buloz : « Je vous dirai qu'avec un goût tous les jours plus vif pour la grande politique, j'en ai toujours un moindre pour la petite, et j'appelle petite politique celle qu'on fait chaque jour pour la circonstance. Ce pain quotidien dont on vit à Paris m'inspire un dégoût presque insurmontable. Je suis fort partisan de nos institutions, car je n'en sais pas d'autres possibles, mais elles organisent le gouvernement en un vrai bavardage. L'opposition ne parle que pour embarrasser le gouvernement cette semaine, et le gouvernement n'agit que pour parer à ce que l'on dira la semaine prochaine... C'est pour moi un vrai sacrifice que de rentrer dans ce présent si étroit et si agité... Je suis heureux où je suis, en faisant ce que je fais. » M. Thiers venait de Hollande et allait en Allemagne pour étudier les champs de bataille de Napoléon. (Notice sur M. Buloz, par M. DE MAZADE, Revue des Deux Mondes du 1er juin 1877.)

[2] M. Léon Faucher écrivait à un de ses amis, le 15 novembre 1842 : « Notre politique est toujours à l'état de langueur; Thiers se préoccupe de son Histoire de l'Empire... » Il ajoutait, dans une autre lettre du 22 mars 1843 : « Thiers reste à Paris tout l'été, dans l'espoir d'achever son histoire cette année : il est à peu près perdu pour la politique jusque-là... »'(Léon FAUCHER, Biographie et Correspondance, t. I, p. 135 et 140.) Les trois premiers volumes de l'ouvrage de M. Thiers devaient être publiés au commencement de 1845.

dix années de la Chambre des députés. Déjà plusieurs fois, nous avons eu occasion de noter son intervention dans les débats parlementaires, mais à des intervalles plus ou moins éloignés, sans qu'il y eût de lien visible entre ces manifestations diverses et souvent peu concordantes. Nous n'avons pas cherché à suivre sa marche, à découvrir quelle impulsion le mettait en mouvement, vers quel but il se dirigeait. Le moment paraît venu de tenter cette étude, fallût-il pour cela suspendre quelques instants le récit des événements. Le personnage qui, en janvier 1843, passe avec éclat à la gauche, doit, dans ce rôle nouveau, exercer une action trop considérable et trop néfaste, pour que ce problème de psychologie individuelle n'intéresse pas l'histoire générale.

En traitant des effets de la révolution de Juillet sur la littérature [1], nous avons dit ce que cette révolution a été pour le poète royaliste et chrétien des *Méditations* et des *Harmonies*; comment elle l'a en quelque sorte déraciné du sol religieux et social où il avait jusque-là si heureusement fleuri, pour le livrer sans défense aux vents de tempête qui soufflaient de toutes parts; comment surtout il a été alors tenté par la politique et lui a sacrifié la poésie, désormais dédaignée comme l'amusement frivole de sa jeunesse. En effet, dès 1831, l'amant d'Elvire et de Graziella, le rêveur du lac du Bourget ou du golfe de Baïa, brigue les suffrages prosaïques des électeurs de Dunkerque. Il ne réussit pas du premier coup et n'est élu qu'en 1833, pendant ce fastueux voyage d'Orient qu'il a entrepris pour « mettre une page blanche entre son passé et son avenir ». Où va-t-il s'asseoir dans la Chambre? « Au plafond, dit-il, car je ne vois de place pour moi dans aucun groupe. » Il a des raisons de s'éloigner ou au moins de se distinguer de chacun des partis. Ancien serviteur des Bourbons, c'est pour lui un point d'honneur de garder, à l'égard de la monarchie nouvelle, « les rancunes décentes d'un royaliste tombé ». Il ne veut pas se confondre avec les légitimistes dont la conduite le choque. Ce qu'il

---

[1] Cf. liv. II, ch. x, § II.

appelle la « boue républicaine » lui inspire effroi et dégoût.
A la différence des autres poètes, il a résisté à la fascination
napoléonienne et sent vivement le péril du pseudo-libéralisme
belliqueux et révolutionnaire. Pour être d'un parti, il en imagine un, le « parti social », dont il est le chef, mais auquel ne
manquent que des adhérents connus et un programme défini.
En réalité, c'est un isolé, agissant au gré des inspirations du
moment, inspirations changeantes et capricieuses. Un jour, il
attaque avec la gauche les lois de septembre ; un autre jour, il
défend contre cette même gauche une loi plus impopulaire
encore, la loi de disjonction. Avec des traditions conservatrices et religieuses, il a des tentations d'opinions « avancées » ;
à la fois aristocrate d'éducation, de tempérament, de relations
sociales, et révolutionnaire d'imagination [1] ; par-dessus tout,
demeuré poète alors même qu'il se défend de l'être, obéissant
à des impressions plus qu'à des convictions, improvisateur en
politique comme il l'a été et le sera toujours en littérature. Rien
chez lui de ce qu'on appelle une ligne, un programme : jamais
hésitant, car il ne réfléchit pas assez pour voir les raisons de
douter ; toujours sincère, d'une sincérité d'artiste qui chante
tout ce qui résonne, peint tout ce qui brille, vibre à tout ce qui
l'émeut, mais oubliant, le lendemain, avec une sérénité parfaite, ce qu'il a senti ou cru la veille [2]. De nature généreuse, il
se sent attiré vers les sujets qui ont un côté sentimental, comme

---

[1] Lamartine écrivait à un ami, le 1er octobre 1835 : « Il se fait, depuis mon voyage et mon incursion dans l'histoire, un grand travail de renouvellement en moi... Je deviens de jour en jour plus intimement et plus consciencieusement révolutionnaire. »

[2] « Il est mobile et sincère, disait madame de Girardin. La seconde page de ses lettres dément la première et n'en est pas moins pour cela l'expression d'un sentiment vrai, je veux dire qu'il l'éprouve véritablement au moment où il l'exprime. Seulement on peut dire de lui (M. de Humboldt faisait le même reproche à l'abbé de Lamennais) qu'il change trop souvent d'idée fixe. » — M. Sainte-Beuve a écrit dans ses *Notes et pensées* : « Lamartine est, sur tous les points, convaincu chaque jour de contradiction et d'incohérence. Il parle à Marseille pour le libre-échange, et on lui rappelle qu'il a précédemment prêché la doctrine contraire. Un jour, causant chez madame Récamier de l'impôt sur le sel, il dit toutes sortes de raisons en faveur de cet impôt : « Je suis charmé, dit M. de « Chateaubriand, de vous entendre soutenir ces choses, car on m'avait dit que « vous parleriez contre. — Ah ! c'est vrai, répliqua Lamartine, ils sont venus me

la suppression de la peine de mort, l'abolition de l'esclavage, l'assistance des enfants trouvés, ou certaines questions de politique étrangère. Mais, en même temps, il affecte de se poser en homme d'affaires, de discuter la conversion des rentes, la législation des sucres, la construction des chemins de fer. Il s'amuse de la facilité avec laquelle il croit s'assimiler ces connaissances spéciales [1]. Et puis, c'est sa façon de se dégager de « cette malheureuse prévention de poésie qu'il traîne après lui, comme un lambeau de pourpre qu'un roi de théâtre traîne, en descendant de la scène, dans la foule ébahie d'une place publique [2] ». Ainsi traite-t-il les sujets les plus variés, y apportant beaucoup d'aperçus superficiels ou de chimères nuageuses, mais ayant aussi parfois des vues supérieures ou même quelqu'une de ces intuitions singulièrement prévoyantes, quelqu'un de ces « coups d'aile vers l'avenir [3] », qui semblent, à certaines heures, rapprocher le poète du prophète et expliquer comment la langue latine les appelait tous deux du même nom : *vates*.

Les discours ne coûtent pas plus à M. de Lamartine que les vers, et il les laisse couler avec une sorte de prodigalité d'éloquence, sans trace d'effort ni crainte d'épuisement. Après

« trouver, et j'ai promis d'appuyer l'abolition de l'impôt; mais je suis convaincu « qu'au fond il est moins onéreux qu'utile. » — Ainsi de tout. »

[1] M. de Lamartine disait à M. Sainte-Beuve : « Avez-vous jamais lu de l'économie politique? » et sans attendre sa réponse : « Avez-vous jamais mis le nez dans ce grimoire? Rien n'est plus facile, rien n'est plus amusant. » (*Portraits contemporains*, nouvelle édition, t. I, p. 381.)

[2] C'est M. de Lamartine lui-même qui s'exprime en ces termes, dans sa critique de l'*Histoire des Girondins*. Il disait, un jour, à M. Duvergier de Hauranne : « Et vous aussi, vous croyez que la poésie est ma vocation. Sachez que, pour moi, la poésie est une simple distraction à laquelle je n'attache aucune importance. Le matin, avant déjeuner, je fais des vers que j'écris au crayon sur quelques morceaux de papier. Puis, sans y songer davantage, je jette tous ces morceaux de papier dans un sac où madame de Lamartine va les chercher pour les classer à son gré. Ma véritable vocation, c'est la politique, ce sont les affaires, ce sont les chiffres. » M. de Lamartine, à qui les années ne coûtaient rien, ajoutait qu'il avait pâli dix ans sur la question du libre-échange, dix ans sur la question des prisons, dix ans sur la question du budget, etc., etc. (*Notes inédites de M. Duvergier de Hauranne.*)

[3] Expression de M. Émile Ollivier, dans l'éloquent discours qu'il avait préparé pour sa réception à l'Académie française. (*Lamartine, précédé d'une préface sur les incidents qui ont empêché son éloge en séance publique de l'Académie française*, par Émile OLLIVIER.)

quelques tâtonnements et grâce à cette richesse de dons qui lui rendait faciles les succès les plus divers, il est devenu l'un des orateurs et, ce qui est plus rare encore, l'un des improvisateurs en renom de la Chambre. Souvent, sans doute, son argumentation manque de vigueur et de puissance ; presque jamais, il n'a de passion profonde et communicative ; le dessin général est un peu mou, l'impression, monotone ; on voudrait quelque chose de plus nerveux, de plus viril et même de plus heurté. Mais quelle belle abondance ! Quel éclat de forme et de couleur ! Avec quelle aisance souveraine se déroulent ces longues périodes imagées et cadencées ! Ce n'est pas le vol soudain et terrible de l'aigle fondant sur sa proie : on dirait plutôt d'un noble cygne planant, avec une sorte de grâce majestueuse, dans un nuage de pourpre et d'or. Il n'est pas jusqu'à l'aspect de l'orateur, sa haute taille, l'élégance de son allure, son profil sculptural, son front inspiré, l'élégante dignité de son geste, son timbre sonore et mélodieux qui ne paraissent faits pour augmenter son prestige et son charme. Et cependant, le plus souvent, M. de Lamartine n'exerce pas une grande action sur la Chambre : il en est fort surpris[1]. La curiosité, l'admiration même avec lesquelles on accueille ses discours sont un peu du genre de celles qu'obtiendraient les beaux morceaux d'un virtuose en renom. Un jour vient cependant, — en 1839, dans les débats de la coalition, — où il acquiert subitement une importance politique qu'on lui a jusque-là refusée. C'est que, pour la première fois, il sort de ses nuages flottants et prend

---

[1] M. de Lamartine écrivait à un ami, le 14 janvier 1836 : « Avant-hier, j'ai improvisé une demi-heure admirablement, éloquemment et politiquement selon moi. Il n'y a que moi qui m'en sois aperçu. » Et le 13 janvier 1838 : « J'ai beau travailler, comprendre, me former à une parole qui intérieurement me semble au niveau et fort au-dessus même de beaucoup d'autres, je ne suis pas encore entendu ni compris par la masse et je n'exerce pas l'ascendant naturel et proportionné à mon effort. » — Madame de Girardin écrivait peu après : « N'a-t-on pas abreuvé de ridicule et d'ironie l'orateur, sublime amant d'Elvire ? Ne lui a-t-on pas crié comme une injure son beau titre de poète, chaque fois qu'il montait à la tribune ? N'a-t-on pas traité ses plus nobles sentiments de fictions et de chimères ? On lui a dit qu'il plantait des betteraves dans les nuages, que sa conversion des rentes ne valait pas sa conversion de Jocelyn, et mille autres niaiseries semblables... » (*Lettres parisiennes du vicomte de Launay*, t. II, p. 160.)

nettement parti dans la bataille qui se livre sur terre. Va-t-il donc se fixer dans l'armée conservatrice? On le croit un moment, mais pas longtemps. Dès 1842, en février à propos de la réforme électorale, en août avec plus d'éclat encore dans la discussion de la loi de régence, il fait acte d'opposition et parle en homme de gauche. On ne voit d'abord là autre chose qu'un retour à son ancienne mobilité, le caprice passager d'un indépendant, le goût de caresser tour à tour chaque parti; quelques jours avant le discours en faveur de la réforme électorale, n'en a-t-il pas fait un contre la réforme parlementaire? On se refuse donc à croire que sa rupture avec le parti conservateur soit définitivement consommée[1].

Telle est la situation quand s'engage la discussion de l'adresse de 1843. Dès le premier jour, le 27 janvier, dans un discours qui a un grand retentissement, M. de Lamartine prend position de façon à ne plus laisser place à aucune illusion. Sans doute, il se dit encore monarchiste, mais cette réserve faite, il va aussi loin que possible : il s'attaque à tout le système du gouvernement, à la « pensée du règne » telle qu'elle s'est manifestée depuis huit ans, et fait amende honorable de l'avoir jusque-là trop ménagée. Il sait bien que, sur ce nouveau terrain, il a peu de monde avec lui. « Mais, s'écrie-t-il, était-elle donc plus nombreuse et plus populaire, en commençant, cette opposition des quinze ans, objet des mêmes dédains?... Non, il ne sera pas donné de prévaloir longtemps contre l'organisation et le développement de la démocratie moderne, à ce système qui usurpe légalement, qui empiète timidement, mais toujours, et qui dépouille le pays, pièce à pièce, de ce qu'il devait conserver des conquêtes de dix ans et de cinquante ans. (*Murmures au centre.*) Non! ce n'est pas pour si peu que nous avons donné au monde européen, politique, social, religieux, une secousse telle qu'il n'y a pas un empire qui n'en ait croulé ou tremblé (*Bravo!*), pas une fibre humaine dans tout l'univers qui n'y ait participé par le bien, par le mal,

---

[1] Cf. plus haut, ch. I, § IX, et ch. II, § IV.

par la joie, par la terreur, par la haine ou par le fanatisme! (*Applaudissements aux extrémités.*) Et c'est en présence de ce torrent d'événements qui a déraciné les intérêts, les institutions les plus solidifiées dans le sol, que vous croyez pouvoir arrêter tout cela, arrêter les idées du temps qui veulent leur place, devant le seul intérêt dynastique trop étroitement assis, devant quelques intérêts groupés autour d'une monarchie récemment fondée. Vous osez nier la force invincible de l'idée démocratique, un pied sur ses débris!... Derrière cette France qui semble s'assoupir un moment, derrière cet esprit public qui semble se perdre et qui, s'il ne vous suit pas, du moins vous laisse passer en silence, sans vous résister, mais sans confiance, il y a une autre France et un autre esprit public; il y a une autre génération d'idées qui ne s'endort pas, qui ne vieillit pas avec ceux qui vieillissent, qui ne se repent pas avec ceux qui se repentent, qui ne se trahit pas avec ceux qui se trahissent eux-mêmes, et qui, un jour, sera tout entière avec nous. C'est pour cela que je m'éloigne, de jour en jour davantage, du gouvernement, et que je me rapproche complètement des oppositions constitutionnelles où je vais me ranger pour toujours! » (*Rires et bruyants murmures au centre. A gauche : Très bien, très bien!*)

La surprise fut grande de voir ainsi l'ancien orateur des 221 rejoindre et presque dépasser la gauche. Quel était donc le secret de cette évolution? M. de Lamartine avait apporté dans la politique une ambition immense : ambition d'un caractère assez singulier, sans âpreté envieuse et offensive contre les personnes, car celui qui l'éprouvait, ne se croyant pas de semblable essence ni appelé aux mêmes destinées que les autres hommes, ne supposait seulement pas qu'il pût leur être comparé [1]; ambition dédaigneuse des avancements hiérarchiques,

---

[1] M. Royer-Collard disait un jour, en décembre 1841 : « On n'est jamais sûr que, lorsqu'on vient d'entendre de M. de Lamartine un magnifique discours à la tribune, si on le rencontre dans les couloirs de la Chambre et qu'on le félicite, il ne vous réponde à l'oreille : « Cela n'est pas étonnant, voyez-vous, car, entre « nous, je suis le Père éternel! » (*Cahiers de M. Sainte-Beuve*, p. 15.)

ne visant aucun but déterminé, sans limites précisément parce qu'elle est indéfinie; ambition d'imagination plus que d'intérêt, qui rêvait moins l'exercice et la jouissance du pouvoir que l'éclat d'un rôle extraordinaire, quelque chose comme la mise en action d'un beau poème ou d'un grand drame [1]. M. de Lamartine a raconté lui-même que, tout jeune encore, il avait ainsi conçu et communiqué à ses amis le programme de sa vie : ses premières années à la poésie; ensuite un livre d'histoire; puis il ajoutait : « Quand j'aurai écrit ce livre d'histoire, complément de ma célébrité littéraire de jeunesse, j'entrerai résolument dans l'action, je consacrerai les années de ma maturité à la guerre, véritable vocation de ma nature qui aime à jouer, avec la mort et la gloire, ces grandes parties où les vaincus sont des victimes, où les vainqueurs sont des héros... Et si la guerre me manque, je monterai aux tribunes, ces champs de bataille de l'esprit humain, je tâcherai de me munir, quoique tardivement, d'éloquence, cette action parlée qui confond, dans Démosthène, dans Cicéron, dans Mirabeau, dans Vergniaud, dans Chatham, la littérature et la politique, l'homme du discours et l'homme d'État, deux immortalités en une [2]. » Qu'on ne dise pas que ce programme a été tracé après coup, pour mettre une sorte d'unité dans cette vie si disparate. Le poète laissait déjà entrevoir ses rêves d'ambition politique, sous la Restauration, dans son discours de réception à l'Académie française [3]. La révolution de Juillet, en brisant autour de lui

---

[1] M. de Lamartine a écrit, dans un de ses *Entretiens de littérature* : « Les révolutions de 1814 et de 1815 auxquelles j'assistai, la guerre, la diplomatie, la politique auxquelles je me consacrai, m'apparurent, comme les passions de l'adolescence m'étaient apparues, par leur côté littéraire... Tout devint littéraire à mes yeux, même ma propre vie. L'existence était un poème pour moi. »

[2] Cité par M. DE MAZADE, dans son intéressante étude sur M. de Lamartine. (*Revue des Deux Mondes*, 1er août et 15 octobre 1870.)

[3] Dans ce discours, M. de Lamartine opposait, avec complaisance, aux temps calmes où chacun est classé, suit sa voie, les temps d'orage, « ces drames désordonnés et sanglants qui se remuent à la chute ou à la régénération des empires, dans ces sublimes et affreux interrègnes de la raison et du droit ». Alors « le même homme, soulevé par l'instabilité du flot populaire, aborde tour à tour les situations les plus diverses, les emplois les plus opposés... Il faut des harangues pour la place publique, des plans pour le conseil, des hymnes pour le triomphe... On

tous les freins et en supprimant devant lui toutes les barrières, lui paraît rendre plus facile la réalisation de ces rêves. En 1831, il croit entendre M. de Talleyrand lui prédire qu'il sera le Mirabeau d'une nouvelle révolution [1]. L'année suivante, en Orient, rencontrant lady Esther Stanhope au sommet du Liban, où elle prend les attitudes d'une sorte de prophétesse, il se fait saluer par elle comme « l'instrument des œuvres merveilleuses que Dieu va bientôt accomplir parmi les hommes ». Élu député, son ambition tourne plus décidément encore vers la politique, sans cesser cependant d'être flottante. Il n'est à la Chambre que depuis un an, quand il prédit à ses amis que bientôt « le pays sera dans ses mains [2] ». Comment, « sous quel drapeau », il l'ignore ; il est aux ordres de son « idée », et fera ce qu'elle aura commandé [3]. Le plaisir avec lequel il contemple et admire ses progrès dans l'art oratoire [4], la facilité avec laquelle il se figure que « tous les partis viennent à lui, comme à une idée, qui se lève [5] », l'aident d'abord à attendre assez patiemment l'accomplissement de sa prophétie. Au bout de quelque temps, il commence à se lasser de cette attente : « Ma destinée était l'action, écrit-il le 13 janvier 1838 ; les événements me la refusent, et j'en sèche. » Après la coalition, il croit, un moment, être sur le point de jouer le rôle auquel il se sent appelé. « Ma petite puissance, écrit-il le 12 mai 1839,

cherche un homme ; son mérite le désigne... On lui impose au hasard les fardeaux les plus disproportionnés à ses forces... L'esprit de cet homme s'élargit, ses talents s'élèvent, ses facultés se multiplient ; chaque fardeau lui crée une force, chaque emploi, un mérite. »

[1] M. de Lamartine a rapporté plus tard cette conversation, dans ses *Entretiens de littérature*. Le langage prêté à Talleyrand est peu conforme à ses habitudes d'esprit, mais il montre au moins ce que M. de Lamartine désirait entendre.

[2] Lettre du 10 décembre 1834.

[3] Lettre du 12 avril 1838.

[4] La correspondance de M. de Lamartine est remplie des épanchements de l'admiration qu'il ressent pour sa propre éloquence. Il l'exprime avec une sorte de candeur et aussi peu de gêne que s'il s'agissait d'un autre : « J'ai eu un grandissime succès (juin 1836). — Tu n'as pas l'idée de l'effet de ma dernière séance à la tribune (mars 1837). — Depuis les beaux discours de la Restauration, il n'y a pas eu d'effet de tribune si merveilleux (25 avril 1838). — Je viens d'avoir un tel succès que je n'en ai jamais vu de semblable depuis 1830 (1839). »

[5] Lettres du 27 décembre 1834 et du 25 avril 1838.

est devenue tellement immense que tous les partis font les derniers efforts pour me faire pencher vers eux, et, dans le pays honnête, j'ai une faveur qui va jusqu'à l'adoration. » Aussi son dépit est grand, quand, au 29 octobre 1840, lors de la constitution du cabinet destiné à raffermir l'ordre et la paix en péril, il voit le Roi et les conservateurs, au secours desquels il est venu l'année précédente, s'adresser à l'un des fauteurs de la coalition, repentant il est vrai, à M. Guizot. On s'est cru quitte envers le poète avec l'offre d'un portefeuille secondaire ; il le refuse, déclarant ne pouvoir accepter que le ministère de l'intérieur ou celui des affaires étrangères, que personne n'a envie de lui confier. Il repousse également la proposition qui lui est faite d'une ambassade à son choix. En somme, il sort de là avec le sentiment d'avoir été victime d'une grande ingratitude.

Faut-il donc croire que la monarchie de Juillet a péri pour n'avoir pas ménagé une de ces vanités de lettrés, si terribles parfois dans leurs vengeances, et que M. de Lamartine, comme naguère M. de Chateaubriand, est passé à l'opposition par l'effet d'un ressentiment personnel ? Avec notre poète, on risquerait de se tromper si l'on faisait une trop large part à un semblable mobile ; malgré ses préoccupations si naïvement personnelles, il se défendait, non sans sincérité, d'être rancuneux ; il n'eût pas écrit de soi, comme M. de Chateaubriand : « Je suis malheureusement né ; les blessures qu'on me fait ne se ferment jamais. » Le déplaisir de n'avoir pas été ministre ne saurait donc être l'unique ni même la principale cause de son changement. Lui eût-on proposé, en 1840, ceux des portefeuilles qui lui paraissaient seuls dignes de lui, il n'en aurait pas été longtemps satisfait. Prendre simplement rang dans un gouvernement régulier ne pouvait lui suffire. Son idéal n'était pas si modeste, si banal, et il fallait autre chose pour intéresser son imagination. S'il a rêvé un moment de trouver son rôle au service des idées conservatrices, c'est qu'il pressentait des événements extraordinaires, par exemple, une catastrophe au milieu de laquelle il eût apparu comme le sauveur de la société et de la monarchie ; il se voyait « jeté au timon brisé par un grand flot de terreur » ; et il ajoutait ces mots bien significatifs : « Une tempête ou rien [1]. » Du moment où la politique conservatrice ne lui offre pas la chance d'un sauvetage dramatique, il s'en dégoûte. « Toute réalité le fatigue et l'ennuie, dit finement M. Rossi ; il lui faut des images lointaines, des lueurs éblouissantes qui permettent de tout supposer, de tout rêver. Que peut lui offrir de séduisant le parti conservateur, avec sa mesure, sa règle, son positif, avec un horizon dont les limites sont à dix pas de nous ? Que peut lui offrir un parti qui fait profession de vouloir être demain ce qu'il est aujourd'hui, de faire demain à peu près ce qu'il fait aujourd'hui, un parti qui n'admet qu'un progrès lent, sans bruit, sans éclat, sans dangers ? Évidemment ce n'est pas là le parti de M. de Lamartine. Il peut l'être aux jours du péril ; mais, dans les temps de calme et de repos, il ne s'y sent pas à l'aise [2]. » Un mot qui revient alors à chaque instant sous sa plume, en parlant de la politique régnante, résume assez bien l'état d'esprit auquel il est arrivé, c'est le mot d'ennui. « J'en suis prodigieusement ennuyé, écrit-il... je ferai l'insurrection de l'ennui... Du nouveau ! du nouveau ! c'est le cri des choses et du pays [3]. » Ce « nouveau », où le trouver ? L'opinion conservatrice ne le lui apportant pas, M. de Lamartine en vient à se demander s'il ne faut pas le chercher dans l'opposition, non dans celle de M. Thiers qui n'a pas plus d'horizons et qui « l'ennuie » tout autant que la politique ministérielle [4], mais au delà, dans une région plus lointaine et plus indéterminée. Ainsi que l'observe encore M. Rossi, « l'opposition lui offre quelque chose d'inconnu, un avenir couvert de nuages, percé par des éclairs ; si ce n'est l'infini, c'est du moins l'indéfini ; l'imagination peut tout y placer ».

[1] Lettre du 10 octobre 1841.
[2] Chronique politique de la *Revue des Deux Mondes*, 15 septembre 1842.
[3] Lettres du 5 novembre 1841 et du 23 novembre 1842.
[4] « Guizot, Molé, Thiers, Passy, Dufaure, cinq manières de dire le même mot. Ils m'ennuient sous toutes les désinences. Que le diable les conjugue comme il voudra ! » (Lettre du 5 octobre 1842.)

Un dernier mécompte avait précipité son évolution. Trompé dans ses prétentions ministérielles, M. de Lamartine s'était mis en tête, au début de la session de 1842, de briguer la présidence de la Chambre. N'eût-il pas été sage d'essayer de le retenir, en lui donnant cette satisfaction? Qu'on redoutât sa présence dans un ministère, cela se comprend. Mais en quoi était-il dangereux au fauteuil de la présidence? Le ministère ne vit qu'une chose, c'est que M. Sauzet lui serait un président plus commode, et il combattit vivement la candidature rivale, en affectant de croire qu'elle était une intrigue conçue et conduite en dehors de M. de Lamartine. Au scrutin, ce dernier n'eut que 64 voix. Presque aucun conservateur n'avait voté pour lui. Il en fut plus mortifié encore que de n'avoir pas été appelé au pouvoir, le 29 octobre 1840. Dès lors, son parti fut pris de passer à gauche. Quelques semaines plus tard, le 12 février 1842, il s'exprimait ainsi dans une lettre intime, au sujet du discours qu'il venait de prononcer contre la réforme parlementaire, dernier service rendu par lui à la cause conservatrice : « Ce sont mes adieux. La semaine prochaine, je commencerai à parler en homme de grande opposition. On me fait toutes les offres imaginables pour me retenir à la vieille majorité; je n'en veux plus. » Le 17 février, au lendemain de son discours pour la réforme électorale, il écrivait : « Je viens de sauter un grand fossé, au milieu d'un orage inouï dans la Chambre... Je sais où je tends, comme la boussole sait le pôle. » Il ajoutait, le 6 septembre de la même année, à la suite du débat sur la loi de régence : « J'ai profité hardiment de l'occasion, pour débarrasser le terrain des principes démocratiques, de la présence et de la tactique de M. Thiers qui m'empêchaient d'y mettre le pied. Maintenant m'y voici. Je commence, de ce jour, ma vraie carrière politique. Je vais faire de la grande opposition, ressusciter les jours de 1815 à 1830. » Aux approches de la session de 1843, son animation augmentait encore; il se plaisait à cette « vie infernale ». « Je veux attaquer le règne tout entier », écrivait-il le 5 octobre 1842. Et le 9 décembre : « Je crois l'opposition nécessaire à grandes

10.

doses à une situation léthargique. » C'est cette « attaque contre le règne tout entier », cette « opposition à grandes doses » qui éclatent dans le fameux discours du 27 janvier 1843. Après ce que nous venons de voir de l'état d'âme et d'imagination de ce poète si malheureusement égaré dans la politique, sommes-nous aussi surpris de ce discours que le fut alors le public? Ne possédons-nous pas ce que nous avons appelé le secret de cette évolution?

On sait aujourd'hui quel devait être le dénouement de l'opposition où s'engageait M. de Lamartine. Sur le moment, les conservateurs, bien qu'attristés de voir s'éloigner d'eux un homme dont la parole avait été souvent une force ou tout au moins un ornement pour leur cause, ne croyaient pas avoir lieu de s'en alarmer. M. Villemain, qui répondit sur-le-champ au discours du 27 janvier, le fit sommairement, en ne poussant rien à fond, avec plus d'ironie que d'émotion, sans prendre l'événement au tragique, ni même presque au sérieux. « L'opinion conservatrice, disait le lendemain le *Journal des Débats*, ne perd qu'un vote, un vote inconstant et incertain. Mais M. de Lamartine, en quittant le parti conservateur, perd le seul terrain sur lequel il pouvait fonder et construire, avec le temps, son importance politique. » Cette sécurité semblait justifiée par l'accueil assez froid que l'opposition faisait à celui qui venait à elle d'une allure si altière et si conquérante. « M. de Lamartine, disaient dédaigneusement les journaux de M. Odilon Barrot, passe, avec son bagage de poète orateur, dans les rangs de la gauche; il voudrait en être le chef, mais la place est prise. » A ne voir donc que le parlement et le monde politique qui gravitait autour, l'effet produit ne semblait pas être considérable. En était-il de même dans le pays? M. de Lamartine écrivait, le 3 février 1843, à un ami : « L'étincelle tombée de la tribune a, contre mon attente, immédiatement allumé un incendie des esprits dont rien ne peut vous donner l'idée. Je ne croyais pas la désaffection si profonde, et je m'en effraye. A ce coup de tocsin, les forces me sont accourues de toutes parts avec fanatisme. » On ne saurait prendre à la lettre un témoignage où il entre sans doute une bonne part de cette illusion vaniteuse à laquelle notre poète était plus sujet que personne. Tout cependant n'y est pas imaginaire. A la même époque, deux autres témoins non suspects, M. Rossi[1] et M. Sainte-Beuve[2], constataient que, si l'action du nouvel opposant était à peu près nulle à la Chambre, elle grandissait au dehors. Par ses défauts comme par ses qualités, M. de Lamartine répondait à certains besoins de l'esprit public. Il était en communion avec cette imagination et cette sensibilité populaires dont aucun gouvernement, en France, ne peut impunément négliger de tenir compte, et auxquelles la politique un peu sèche et terre à terre de la bourgeoisie régnante ne donnait pas toujours satisfaction. Peu auparavant, ne se vantait-il pas d'être « le point de mire de tout ce qui rêvait en France une idée, une chimère, un noble sentiment[3] » ? Et, plus tard, comme on lui énumérait tous ceux qu'il rebutait ou effrayait : « Que m'importe ! répondait-il ; j'ai pour moi les femmes et les jeunes gens ; je puis me passer du reste[4]. » En somme, par sa nouvelle attitude, il n'apportait pas seulement une satisfaction et une espérance aux passions ennemies du gouvernement, il offrait une distraction et une émotion à ceux dont il avait dit à la tribune, en 1839 : « La France est une nation qui s'ennuie. » A ce point de vue, le passage de M. de Lamartine à l'opposition n'était pas un incident aussi négligeable que les politiques l'ont cru d'abord. Nul, sans doute, ne pouvait indiquer avec précision et lui-même ignorait où il allait. Mais il y avait là un inconnu inquiétant. « C'est une comète dont on n'a pas encore calculé l'orbite », disait M. de Humboldt, au sortir de la séance du 27 janvier 1843.

---

[1] Chronique politique de la *Revue des Deux Mondes* du 1ᵉʳ avril 1843.
[2] *Chroniques parisiennes* de M. SAINTE-BEUVE, p. 17.
[3] Lettre du 6 février 1841.
[4] *Notes et pensées* de M. SAINTE-BEUVE, t. XI des *Causeries du lundi*, p. 462.

IV

Le discours de M. de Lamartine n'était qu'un épisode, épisode imprévu pour les adversaires du ministère eux-mêmes et ne rentrant pas dans leur plan d'attaque. D'après ce plan, arrêté à l'ouverture de la session, l'opposition devait, comme les deux années précédentes, porter son principal effort sur la politique étrangère. Elle savait que là était, depuis la mortification de 1840, le point sensible et douloureux de l'esprit public; là existaient un malaise et des ressentiments qu'on avait chance de tourner contre le cabinet. Cette tactique persistera jusqu'à la révolution de 1848. On dirait que, pour être sorti d'une crise de politique extérieure, le ministère du 29 octobre était condamné à batailler indéfiniment sur ce même terrain.

Que les Chambres exercent leur contrôle sur la direction donnée à la diplomatie, que même, à de certaines heures, dans la préoccupation universelle d'un grand péril national, comme en 1831 ou en 1840, ce soit le sujet premier de leurs débats, rien de plus naturel et de plus légitime. Mais qu'à des époques ordinaires, paisibles par calcul parlementaire, plus que par sollicitude patriotique, l'opposition s'attache principalement, on dirait presque exclusivement, aux affaires étrangères; qu'elle y livre toutes les batailles ministérielles; qu'aux aguets par toute l'Europe et même dans le monde entier, elle cherche des incidents à grossir, des difficultés à envenimer, dans le seul dessein d'embarrasser, d'affaiblir, de renverser un cabinet détesté; qu'elle élève ainsi, à tort et à travers, des critiques qui trouvent écho dans les préjugés du moment, mais dont, plus tard, l'histoire, à la lumière des événements, reconnaît presque toujours l'injustice; que tel soit l'objet non seulement de la discussion de l'adresse, mais de presque tous les débats politiques — fonds secrets, crédits supplémentaires, budget, interpellations spéciales, — voilà ce qui ne s'était jamais vu à d'autres époques. Il y avait là un fait anormal, un véritable désordre, un danger grave pour le pays dont la diplomatie risquait ainsi d'être compromise et entravée. C'est par des abus de ce genre que le régime parlementaire s'est attiré le reproche de sacrifier l'intérêt national aux calculs de parti. Dès 1837, le duc de Broglie disait à la tribune de la Chambre des pairs : « J'ai peu de goût aux discussions sur les affaires étrangères. L'expérience démontre qu'en thèse générale ces discussions suscitent au gouvernement, et, par contrecoup, au pays, des embarras sans compensation, des difficultés dont on ne saurait d'avance ni prévoir la nature ni mesurer la portée [1]. » M. de Tocqueville, qui était pourtant adversaire du ministère du 29 octobre, a reconnu plus tard, après avoir fait à son tour l'expérience du pouvoir, combien il était fâcheux que « la politique extérieure devînt l'élément principal de l'activité parlementaire » ; et il ajoutait : « Je regarde un tel état de choses comme contraire à la dignité et à la sûreté des nations. Les affaires étrangères ont, plus que toutes les autres, besoin d'être traitées par un petit nombre d'hommes, avec suite, en secret. En cette matière, les assemblées doivent ne se réserver que le contrôle et éviter autant que possible de prendre en leurs mains l'action. C'est cependant ce qui arrive inévitablement, si la politique étrangère devient le champ principal dans lequel les questions de cabinet se résolvent [2]. » Ce sont là des considérations dont l'opposition ne tient pas d'ordinaire grand compte. De 1840 à 1848, elle ne paraît avoir vu qu'une chose, l'intérêt qu'elle avait à se placer sur un terrain favorable pour attaquer le ministère. Ce terrain, elle ne le trouvait pas dans la politique intérieure où les partis étaient classés avec des frontières à peu près fixes ; ce n'était pas son programme de réforme parlementaire ou électorale qui pouvait lui servir à dissoudre la majorité. La politique extérieure, au contraire, lui paraissait se prêter à toutes

---

[1] Discours du 9 janvier 1837.
[2] Lettre du 1er octobre 1858, adressée à M. W. R. Greg, esq. (*OEuvres et correspondance inédites* d'Alexis de Tocqueville, t. II, p. 456.)

les manœuvres, à toutes les combinaisons, voire même aux coalitions les plus hétérogènes. Là, elle ne jugeait pas impossible d'amener à voter avec elle des conservateurs que, sur les autres questions, ses principes eussent effarouchés [1]. Et puis, dans les débats de ce genre, n'avait-elle pas, sur ceux qu'elle attaquait, cet avantage de pouvoir tout dire, sans autre souci que de choisir les arguments les plus propres à remuer l'assemblée et à blesser le cabinet, tandis que celui-ci se voyait sans cesse entravé dans sa défense, par la préoccupation des conséquences diplomatiques que pouvait avoir telle ou telle parole? Grâce à son irresponsabilité même, l'opposition se donnait licence de développer des thèses flatteuses à l'amour-propre national, alors à la fois surexcité et souffrant; le gouvernement avait, au contraire, cette tâche particulièrement ingrate de rappeler au pays la prudence patiente et parfois un peu immobile à laquelle l'obligeait, pour quelque temps encore, la situation faite à la France en Europe par la révolution de Juillet et aussi par la crise de 1840.

M. Guizot sentait ces désavantages : il ne s'en troublait pas. Il aimait même à aller au-devant de la principale des objections qui lui étaient faites et à exposer de haut, suivant son procédé oratoire, les raisons de la réserve expectante dans laquelle il maintenait notre politique extérieure. Ainsi fit-il précisément, au début de la session de 1843, dans la discussion de l'adresse des pairs qui devançait de quelques jours celle des députés. « On se laisse diriger, dit-il, par des habitudes, des maximes, aujourd'hui hors de saison. La France a vécu longtemps en Europe à l'état de météore, de météore enflammé, cherchant sa place dans le système général des États européens. Je le comprends; c'était naturel, elle y était obligée. La France avait à faire triompher un état social nouveau, un état politique

---

[1] C'est encore ce que M. de Tocqueville exprimait ainsi, dans la lettre déjà citée : « Ce terrain de la politique étrangère est essentiellement mobile, il se prête à toutes sortes de manœuvres parlementaires ; on y rencontre sans cesse de grandes questions capables de passionner la nation, et à propos desquelles les hommes politiques peuvent se séparer, se rapprocher, se combattre, s'unir, suivant que l'intérêt ou la passion du moment les y porte. »

nouveau; elle ne trouvait pas de place faite; il fallait bien qu'elle se la fît. On la lui contestait souvent avec injustice et inhabileté. Elle a fait sa place, elle a conquis son ordre social, son ordre politique. L'Europe les a acceptés l'un et l'autre. Je prie la Chambre de bien arrêter son attention sur ce fait, car il est la clef de la politique du gouvernement du Roi. La France nouvelle, son nouvel ordre social et son nouvel ordre politique sont acceptés sincèrement par l'Europe : acceptés avec tel ou tel regret, telle ou telle nuance de goût ou d'humeur; peu nous importe. En politique, on ne prétend pas à tout ce qui plaît; on se contente de ce qui suffit. Eh bien, messieurs, les faits étant tels, que doit faire la France? Adopter une politique tranquille, prendre sa place d'astre fixe, à cours régulier et prévu, dans le système européen. A cette condition, à cette condition seule, la France recueillera les fruits de l'ordre social et politique qu'elle a conquis. Quand nous aurons ainsi clos l'ère de la politique révolutionnaire, quand nous serons ainsi décidément entrés dans l'ère de la politique normale et permanente, quand cette question, qui est la question générale en Europe, sera bien évidemment et effectivement résolue, alors vous verrez la France reprendre, dans les questions spéciales, toute son indépendance, toute son influence, toute son action. Elle a déjà commencé; cela est déjà fait en partie, pas encore complètement. Il faudra encore bien des années et bien des efforts pour atteindre un tel but; mais nous sommes sur la voie de la bonne politique. Il s'agit maintenant d'y marcher, d'y marcher tous les jours. » Et un peu plus loin, l'orateur concluait ainsi : « Nous avions, en 1830, un grand choix à faire : il y avait devant nous une politique violente, turbulente, agitée, qu'on pouvait continuer, en paroles, sinon en réalité, un peu puérilement; il y avait une autre politique tranquille, mais forte au fond, efficace, qu'on pouvait comprendre et pratiquer virilement. Entre ces deux politiques, le cabinet actuel a fait son choix, il ne s'en dédira pas [1]. »

---

[1] Discours du 21 janvier 1843.

M. Guizot avait jugé important de commencer par relever sa politique, en en marquant le principe et la portée, en démontrant qu'elle était le résultat d'un calcul et non d'une défaillance. Mais il savait bien que, surtout à la Chambre des députés, le débat ne resterait pas dans ces hautes généralités. En effet, les diverses questions dont avait alors à s'occuper notre diplomatie furent successivement abordées par l'opposition. Celles d'Espagne et de Syrie, sur lesquelles nous aurons à revenir, ne donnèrent lieu qu'à des escarmouches. Ce fut sur le droit de visite que, cette fois encore, les adversaires du cabinet livrèrent la principale bataille.

On se rappelle où en était cette malheureuse affaire, à la fin de 1842. Reculant à regret devant le soulèvement de l'esprit public et désirant ôter tout prétexte à de nouvelles attaques, le ministère avait complètement abandonné la convention du 20 décembre 1841 et avait fait clore le protocole, laissé d'abord ouvert à Londres pour attendre la ratification de la France[1]. A ce prix, il s'était flatté d'en finir avec cette agitation et de sauver les traités de 1831 et de 1833. Le discours par lequel le Roi ouvrit la session de 1843 garda sur ce sujet un silence significatif : le gouvernement indiquait ainsi qu'il regardait l'affaire comme terminée et ne fournissant plus matière à un débat. Tout autre fut l'avis de l'opposition. La satisfaction obtenue au sujet de la convention de 1841, loin de lui paraître une raison de désarmer, l'encourageait à poursuivre la campagne; elle prétendait, en invoquant les mêmes raisons et en usant des mêmes procédés, faire disparaître entièrement le droit de visite. Un fait s'était produit, d'ailleurs, depuis la session précédente, qui lui fournissait un argument de nature à faire effet sur l'opinion : le 9 août 1842, l'Angleterre avait conclu avec les États-Unis un traité pour régler diverses contestations qui menaçaient de dégénérer en querelle ouverte; d'après ce traité, la république américaine, de longue date opposée à tout droit de visite, s'engageait sans

---

[1] Cf. plus haut, § I.

doute à armer des croiseurs pour réprimer la traite ; mais il était convenu que les croiseurs de chacun des deux contractants feraient séparément la police de leurs nationaux, sans que les Anglais eussent le droit de visiter les navires américains, ni que les Américains pussent visiter les navires anglais. Pourquoi donc, disait-on, la France serait-elle moins soucieuse que les États-Unis de l'indépendance de son pavillon?

Telle était sur ce sujet l'animation des esprits, qu'elle se manifesta tout d'abord dans l'enceinte ordinairement paisible de la Chambre haute. M. Turgot proposa d'ajouter à l'adresse une phrase demandant la revision des traités de 1831 et de 1833. Vivement soutenu par plusieurs orateurs, cet amendement répondait au sentiment de beaucoup de pairs. M. Guizot le combattit. Il déclara que, dans l'état des relations entre la France et l'Angleterre, toute tentative de revision des traités échouerait, « qu'elle aboutirait à une faiblesse ou à une folie ». « Pour mon compte, ajouta-t-il, je ne me prêterai ni à l'une ni à l'autre... Ne sacrifions pas la grande politique à la petite. Les bons rapports avec la Grande-Bretagne valent mieux, politiquement et moralement, que la modification des traités sur le droit de visite... C'est par cette raison que, sans sacrifier l'indépendance nationale, sans engager l'avenir, le gouvernement du Roi persiste dans l'exécution complète et loyale des traités et ne croit pas, quant à présent, qu'il soit sage ni opportun de tenter d'ouvrir, à leur sujet, une négociation qui n'atteindrait pas le but qu'on se propose. » Le duc de Broglie vint à la rescousse du ministre, avec l'autorité de sa parole et de son caractère. Un amendement ainsi combattu ne pouvait être adopté par la Chambre des pairs : toutefois, il réunit 67 voix contre 118 : c'était, en un tel lieu, une minorité considérable.

Bien que M. Guizot fût arrivé à ses fins, qu'il n'eût rien cédé et eût maintenu intactes les conventions de 1831 et de 1833, cette première épreuve n'était pas rassurante. Si l'opposition avait été telle au Luxembourg, à quoi ne devait-on pas s'attendre au Palais-Bourbon? Les dispositions des députés se manifestèrent dès la nomination de la commission de l'adresse.

Cette commission, quoique en majorité ministérielle, ne crut pas pouvoir garder sur le droit de visite le même silence que le discours du trône et l'adresse des pairs. Elle inséra dans son projet un paragraphe où, après avoir félicité le gouvernement de n'avoir pas ratifié la convention de 1841, on ajoutait : « Pour l'exécution stricte et loyale des conventions existantes, tant qu'il n'y sera point dérogé, nous nous reposons sur la fermeté et la vigilance de votre gouvernement. Mais, frappés des inconvénients que l'expérience révèle, et dans l'intérêt même de la bonne intelligence si nécessaire à l'accomplissement de l'œuvre commune, nous appelons, de tous nos vœux, le moment où notre commerce sera replacé sous la surveillance exclusive de notre pavillon. » Impossible de demander plus nettement l'abolition des conventions de 1831 et de 1833. La presse de gauche triompha : « C'est un échec au ministère ! » s'écria-t-elle. « Non, répondait le *Journal des Débats* ; ce ne peut être un acte d'hostilité contre le cabinet, puisque la commission est composée en majorité de ses partisans, et que le rapporteur est M. Dumon, l'un des plus chauds amis de M. Guizot. » Même équivoque, on le voit, que celle qui s'était produite dans l'adresse de 1842, lors de l'amendement de M. Jacques Lefebvre.

Au cours de la discussion générale, de nombreux orateurs se prononcèrent contre le droit de visite, entre autres M. Saint-Marc Girardin qui votait ordinairement avec les amis du cabinet. Seul, M. de Gasparin osa le défendre. Aussitôt que s'ouvrit le débat sur le paragraphe proposé par la commission, M. Guizot parut à la tribune [1]. Sa situation n'était pas facile. Repousser ouvertement ce paragraphe, c'était se mettre en lutte avec ses propres amis. L'accepter et promettre de satisfaire au vœu qui y était exprimé, c'était se mettre en contradiction avec l'attitude qu'il avait gardée jusqu'alors, soit dans les négociations avec les autres puissances, soit dans la discussion de la Chambre des pairs. « Quelques personnes, dit-il en commençant, se pro-

---

[1] 1er février 1843.

mettent de presser, de pousser vivement le cabinet et moi en particulier, dans cette discussion. Elles espèrent en faire sortir pour nous quelque embarras. Je leur épargnerai tant de peine. J'irai au-devant de toutes les questions, de tous les doutes. » Après quelques mots sur la convention de 1841, le ministre aborda de front le sujet vraiment délicat, celui des conventions de 1831 et de 1833. « Les traités conclus, ratifiés, exécutés, dit-il, se dénouent d'un commun accord ou se tranchent par l'épée. Il n'y a pas une troisième manière. Le commun consentement, le commun accord, est-ce le moment de le demander? Y a-t-il chance actuelle de l'obtenir? Le cabinet ne l'a pas pensé. Le cabinet n'a pas cru devoir entamer à ce sujet des négociations. » Par cette première déclaration, le ministre se maintenait en harmonie avec ce qu'il avait dit au palais du Luxembourg. Allait-il donc repousser le paragraphe de la commission, comme il avait repoussé l'amendement de M. Turgot? Non, il ne l'osa pas, et voici comment il tâcha de contenter la Chambre sans compromettre la dignité du gouvernement, d'ajouter à son langage précédent sans se démentir, de faire une concession nouvelle en évitant les apparences d'une capitulation : « On demande si le cabinet prendra réellement le sentiment public au sérieux. Je serais bien tenté de regarder cette question comme une injure... Le cabinet prend très au sérieux le sentiment public, l'état des esprits, le vœu de la Chambre. Quand le cabinet croira avec une parfaite sincérité, avec une conviction profonde, qu'une telle négociation peut réussir, que les traités peuvent se dénouer d'un commun accord, le cabinet l'entreprendra : pas auparavant; alors, certainement. Si quelqu'un pense que la Chambre doive ordonner au gouvernement du Roi une négociation immédiate, actuelle, si quelqu'un le pense, qu'il le dise; nous ne saurions accepter cette injonction; nous entendons garder toute notre liberté, toute notre responsabilité. Nous n'élèverons point de discussion sur des mots ou des phrases incidentes ; mais nous demanderons à tout le monde de s'expliquer nettement, à fond, sur le sens des paroles qu'il adresse, des recommandations qu'il porte à la couronne. » Le ministre ajoutait d'éloquentes considérations sur la nécessité « de rétablir, de développer les bons rapports, la bonne intelligence avec l'Angleterre ». « Je reconnais, disait-il, le mouvement d'opinion en France; je reconnais le chagrin, la colère qui, à l'occasion du traité du 15 juillet, se sont réveillés et ont réveillé des souvenirs, des préventions, des sentiments qui semblaient endormis. Je reconnais ce fait; mais, messieurs, ce fait n'est pas inabordable à l'influence de la raison, de la justice, de la vérité; mon pays n'a pas à cet égard un parti pris, une volonté arrêtée, un de ces sentiments qui résistent à toute la force du temps, de la vérité, et aux intérêts réels du pays. Non, il y a dans ce mouvement de l'opinion, à mon avis, quelque chose de plus superficiel, de plus factice et de plus passager qu'on ne le croit communément; et je suis bien aise de le dire à cette tribune, pour qu'on l'entende de l'autre côté de la Manche, pour que, là aussi, on sache bien que les sentiments justes, équitables, raisonnables, qui doivent présider aux rapports de ces deux grands peuples, ne nous sont pas étrangers, et que le fond de ces sentiments subsiste toujours parmi nous, si la surface en est pour le moment voilée. » En février 1843, un tel langage était dur aux oreilles françaises [1]. Sans doute, le ministre avait politiquement raison, quand il insistait sur l'avantage, sur la nécessité de la bonne entente des deux puissances libérales. Mais, en tenant une balance si impartiale entre les griefs respectifs des deux nations, M. Guizot ne risquait-il pas, comme nous l'avons déjà indiqué, de paraître trop étranger, trop indifférent aux ressentiments de l'amour-propre national? Ses adversaires croyaient trouver là une bonne occasion de tourner et d'ameuter contre lui les susceptibilités patriotiques, et M. Garnier-Pagès l'interrompait pour lui crier : « C'est un discours anglais! »

On voit bien la tactique de M. Guizot. Elle consistait à

---

[1] Vers cette époque, le 13 mars 1843, M. Désages écrivait au comte de Jarnac: « L'anglophobie existe encore à un degré vraiment incroyable dans une foule de têtes qui, à cette infirmité près, sont d'ailleurs assez saines. » (*Documents inédits.*)

mettre les opposants en demeure de proposer quelque amendement allant plus loin que le paragraphe de la commission ; s'ils le faisaient, la portée de ce paragraphe était singulièrement atténuée, et le ministère n'avait qu'à faire rejeter l'amendement, ce qui était facile, pour sortir pleinement vainqueur du débat. On put croire d'abord que la gauche, entraînée par sa passion, s'engageait sur le terrain, dangereux pour elle, où l'attirait le ministre, et qu'elle poursuivait un vote exprimant ouvertement la défiance envers le cabinet. Mais alors intervint M. Dupin, non moins animé au fond contre M. Guizot, mais plus habile et obligé, par situation, à plus de modération extérieure. Il invita la Chambre à écarter toute préoccupation autre que celle de l'« honneur national », à s'en tenir au paragraphe de l'adresse et à le voter avec la même unanimité qui s'était produite lors de l'amendement présenté par M. Jacques Lefebvre. Après avoir ainsi rassuré les conservateurs, en affectant d'écarter la question ministérielle, le malicieux et sarcastique orateur s'appliqua à donner au paragraphe le sens le plus mortifiant pour le cabinet. Il rappela comment, l'année précédente, M. Guizot avait essayé de faire accepter la convention de 1841, en arguant des difficultés et des périls d'un refus de ratification ; comment il avait suffi à la Chambre de ne pas avoir égard à ces arguments ministériels, pour arriver à ses fins ; et l'orateur, au milieu des rires de la gauche, félicitait le ministère de s'être soumis et de « n'avoir pas ratifié ». « Plus il a dû en coûter aux individus, ajoutait-il ironiquement, plus le sacrifice était grand, et plus il faut vous en savoir gré. » A l'entendre, il n'était pas plus difficile d'obtenir la revision des traités de 1831 et de 1833. Sans doute, le ministère venait « d'accumuler d'avance et d'office tous les moyens qu'un Anglais bien intentionné aurait pu accumuler lui-même dans l'intérêt de la non-revision ». Mais M. Dupin soutenait que la France avait des moyens puissants à faire valoir en sens contraire, et il concluait ainsi : « Que la Chambre exprime donc sa volonté sans crainte ; qu'elle l'exprime à l'unanimité. Cette volonté sera efficace, et vous, ministres, vous l'aurez pour entendu. »

A gauche, on applaudit vivement le discours de M. Dupin, moitié par reconnaissance, moitié par calcul. Ceux qui avaient voulu d'abord provoquer un vote de défiance y renoncèrent, se déclarant satisfaits du paragraphe de l'adresse ainsi commenté. Invité à s'expliquer sur ce commentaire, M. Guizot se borna à renouveler ses déclarations précédentes. « Si l'on veut nous imposer davantage, ajouta-t-il, qu'on le dise nettement, et nous nous y refuserons. » Comme M. Barrot pressait avec véhémence le cabinet, l'accusant de se dérober derrière une équivoque : « L'équivoque n'est pas de notre côté », riposta M. Duchâtel, et il somma l'opposition de proposer l'addition « d'une phrase disant en termes formels que la Chambre avait défiance du cabinet quant à la négociation à intervenir ». La gauche ne releva pas le défi, mais continua ses invectives. Enfin, après un débat de plus en plus tumultueux, le paragraphe de l'adresse fut voté à la presque unanimité ; seuls, quelques députés d'extrême gauche votèrent contre ; il y eut une dizaine d'abstenants, dont M. Guizot.

Dès le lendemain, chaque parti prétendit s'attribuer la victoire. En réalité, personne n'était vainqueur. L'opposition ne pouvait nier que, mise en demeure, elle n'avait osé présenter aucun des amendements de défiance préparés par elle, qu'elle s'était ralliée à une rédaction proposée par les amis du ministère, et qu'elle avait ainsi déclaré « se reposer sur la vigilance et la fermeté du gouvernement ». De son côté, le ministère avait, sous les yeux de tous, abandonné une partie du terrain qu'il était résolu à défendre ; il avait suivi ceux qu'il eût été de son rôle de conduire. Subissant au Palais-Bourbon ce qu'il venait de combattre et de faire écarter au Luxembourg, il avait laissé mettre en question les conventions de 1831 et de 1833 qu'il voulait maintenir ; il avait consenti éventuellement à en poursuivre la revision, ne se réservant que le choix du moment. Aussi comprend-on que la gauche se félicitât d'avoir affaibli le cabinet, et l'un des amis de M. Guizot pouvait écrire sur son journal intime, à la date du 11 février 1843 : « La discussion de l'adresse est loin d'avoir fortifié le ministère... Le pouvoir ne peut pourtant pas vivre à la condition d'annuler son action pour échapper à des échecs qui autrement seraient inévitables[1]. »

V

La question ministérielle, volontairement ajournée dans la session d'août, lors de la loi de régence, n'avait donc pas été résolue par le vote sur le droit de visite. On ne pouvait cependant laisser plus longtemps dans le doute le point de savoir si le cabinet avait ou non perdu la majorité, dans les élections de juillet 1842. La loi des fonds secrets fournissait une occasion de sortir de cette incertitude. De part et d'autre, on s'y prépara comme à une bataille que l'on pressentait devoir être décisive. L'opposition, que l'accession de M. de Lamartine n'avait pas consolée de l'éloignement de M. Thiers, pressa ce dernier de prendre la tête de l'attaque. Ce fut en vain; le chef du centre gauche persista à se tenir à l'écart, mécontent et silencieux. Cette abstention fit croire au tiers parti que son heure était venue et qu'il lui appartenait de briguer la succession du cabinet. Des pourparlers eurent lieu, et bientôt le bruit se répandit qu'il y avait partie liée entre MM. Dufaure et Passy, d'une part, et M. Molé, de l'autre, pour former ensemble le cabinet qui devait remplacer celui du 29 octobre; on ajoutait que M. Thiers, consulté par M. Molé, lui avait promis son appui au moins pour une session, et que la gauche elle-même se montrait disposée à quelque bienveillance[2]. Les choses étaient-elles à ce point préparées et concertées? On peut en douter. M. Molé, il est vrai, dans l'ardeur de son ressentiment contre M. Guizot, semblait tenté de former à son tour une seconde coalition pour se venger de celle dont il

[1] *Journal inédit du baron de Viel-Castel.*
[2] *Notes inédites de M. Duvergier de Hauranne.*

avait été la victime; mais, répugnant à se découvrir par des démarches trop précises et trop patentes, il s'en tenait à des conversations de salons ou de couloirs. M. Dufaure, avec une nature fort différente, n'aimait pas davantage à se compromettre; bien que devenu très âpre contre le cabinet, il était plus grondeur que décidé; par moments, paraissant accueillir les ouvertures de M. Molé; l'instant d'après, se reprenant, ombrageux et hérissé. Malgré tout, les meneurs de l'opposition affectaient de croire et faisaient répéter dans leurs journaux que l'accord était conclu. On racontait d'ailleurs, jusque dans des milieux conservateurs, que le Roi était d'avance résigné à un changement de ministres, et qu'il avait dit, en faisant allusion à l'éventualité d'un vote hostile à M. Guizot : « Mon relais est prêt [1]. » La conclusion était que la Chambre pouvait provoquer une crise, sans avoir à en redouter les suites.

Le cabinet ne laissait pas que d'être alarmé. Certains indices lui faisaient croire que la nouvelle coalition, afin d'éviter des explications gênantes, songeait à voter sans discussion, comme on avait fait, en février 1840, pour renverser le ministère du 12 mai. Il estima que le meilleur moyen de parer à ce danger était de marcher droit sur ses adversaires, de les forcer à se montrer au grand jour et à parler tout haut. Sans attendre la discussion dans la Chambre, le *Journal des Débats* ouvrit le feu avec une extrême vivacité, et dénonça cette « conjuration de muets », cette « intrigue honteuse qui n'osait s'avouer elle-même [2] ». La vigueur de cette polémique donnait bonne atti-

---

[1] Lettre de la duchesse de Dino à M. de Barante. (*Documents inédits.*)

[2] Le *Journal des Débats* disait, le 20 février 1843 : « Nous demandons et nous avons le droit de demander une discussion franche et complète, et, si nous ne l'obtenions pas, si le cabinet était renversé clandestinement par des adversaires honteux d'eux-mêmes et de leurs rôles, le ministère qui viendrait à la place est baptisé d'avance; il ne pourrait s'appeler que le ministère de l'intrigue. » Il ajoutait, le lendemain : « Nous n'aimons pas, on le sait, les coalitions; mais nous aimons encore moins, s'il est possible, l'intrigue honteuse, qui n'ose s'avouer elle-même... Que voyons-nous?.. Une conjuration de muets, apostés auprès du pouvoir, et qui s'apprêtent à le saisir, si, après le combat auquel ils sont décidés à ne prendre aucune part, leur appoint mystérieux et furtif donne la majorité à l'opposition... Il faut donc que le pays, la Chambre et le ministère le sachent

tude au cabinet, rendait courage à ses amis et embarrassait ses adversaires. Toutefois, la situation demeurait critique, et plus on approchait du débat, plus le résultat en paraissait incertain.

Ce débat s'ouvrit le 1ᵉʳ mars 1842. Il tourna tout de suite à l'avantage du cabinet. Vivement mis en demeure de s'expliquer [1], les chefs du tiers parti contrarièrent complètement la tactique des opposants qui, afin de détacher du cabinet les conservateurs hésitants, leur avaient affirmé que tout était prévu et concerté pour sa succession. M. Passy déclara qu'étant en désaccord avec la Chambre et avec M. Dufaure sur le droit de visite, il ne « devait pas être tenu pour candidat au ministère ». Quant à M. Dufaure, presque aussi empressé à se dérober, il démentit tout ce qui avait été dit sur la préparation de la future administration, et nia avec insistance qu'aucun concert préalable eût été établi. M. Guizot, mis en train par cette maladresse, prit la parole à deux reprises, d'abord pour exploiter avec habileté l'embarras de M. Dufaure, ensuite pour accabler superbement M. de Lamartine, qui avait voulu refaire une seconde édition de son discours de l'adresse contre « la pensée de tout le règne ». Qu'est-ce donc que cette pensée? demandait le ministre. « C'est, répondait-il, la pensée du pays. J'ai vu et vous avez vu comme moi le gouvernement de Juillet se lever au milieu de la France ; je l'ai vu se lever comme l'homme entre dans le monde, nu et dépourvu de tout (*mouvements divers*) ; oui, nu et dépourvu de tout. J'ai vu l'émeute monter sans obstacle jusqu'au haut des escaliers de son palais. Toutes les forces qu'il possède aujourd'hui, tous les moyens d'action qu'il a entre les mains, il les a conquis par la publicité et la discussion ; tout ce qu'il a fait, il l'a fait de l'aveu et avec le concours du pays, du pays libre et convaincu (*mouvements divers*) ; il l'a fait, au milieu de vos dis-

---

bien : une comédie d'ambition se prépare. Méfions-nous des personnages muets qui veulent y jouer un rôle. »

[1] Dans un discours fort mordant, l'un des amis du cabinet, M. Desmousseaux de Givré, avait interpellé M. Dufaure et M. Passy : « Quand on a vécu sous le même toit pendant trois ans, avait-il dit, il n'est pas permis de déménager la nuit, sans dire adieu à ses hôtes. »

cussions, sous le feu de vos objections, en votre présence, à vous, minorité, opposition, aussi bien qu'en présence de la majorité qui le soutenait. (*Vive approbation au centre.*) Sachez donc quelle est la pensée que vous poursuivez! C'est la pensée de la France, de la France libre et convaincue. » (*Approbation au centre.*) Cette fois, M. de Lamartine avait surtout parlé de la politique extérieure. Le ministre passa en revue toutes ses objections, et y répondit de haut, non sans laisser voir le dédain que lui inspiraient tant d'inexpérience, d'irréflexion, de déclamation vide. Aux réponses de fait et de détail, il se plaisait à mêler d'éloquentes généralités : « Comment, s'écriait-il, on s'étonne d'une politique qui demande qu'on patiente, qu'on temporise, qu'on sache attendre! Est-ce que cela est nouveau en politique, messieurs? Est-ce qu'il n'est pas arrivé à tous les gouvernements, aux plus hardis, aux plus forts, aux plus ambitieux, aux plus conquérants, d'attendre, de temporiser, de patienter? Vous parlez d'un an, de deux ans, comme de quelque chose qui doit lasser la patience d'un gouvernement, d'une assemblée; mais d'où venez-vous donc? (*On rit.*) Vous n'avez donc jamais assisté au spectacle du monde? Vous ne savez donc pas comment les choses se passent et se sont passées de tout temps? De tout temps, il y a eu des moments, — et des moments dans l'histoire, ce sont des années, — de tout temps, il y a eu des moments où il a fallu savoir accepter les difficultés d'une situation, attendre des époques plus favorables, s'accommoder avec des faits qu'on ne pouvait écarter de son chemin comme un caillou que vous rencontrez sur le boulevard. (*Mouvements divers.*) Eh bien! quand nous sommes arrivés aux affaires, nous avons trouvé une situation de ce genre, nous nous sommes vus en présence d'une nécessité de ce genre. » Et plus loin : « Situation vraiment étrange que celle à laquelle on prétend nous réduire aujourd'hui, quand on nous oblige à venir sans cesse justifier la politique de la paix! Mais vous n'y pensez pas; c'est la guerre qui est obligée de se justifier. (*Très bien!*) La guerre est une exception déplorable, une exception qui doit être de plus en plus rare. Nous ne consentons pas à cette accusation continuelle, tantôt patente, tantôt déguisée, contre la politique de la paix. Je dis déguisée, je le dis pour vous, pour le discours que vous venez de prononcer à cette tribune ; que m'importe que vous parliez de la paix, que le mot de paix sorte sans cesse de vos lèvres, si de vos paroles, si des actes qui correspondraient à vos paroles, la guerre doit nécessairement sortir ! » (*Très bien, très bien!*) M. Guizot termina par cette magnifique péroraison : « Dans un discours précédent, M. de Lamartine a parlé de dévouement et de la nécessité du dévouement pour faire de grandes choses au nom des peuples. Il a eu parfaitement raison. Il n'y a rien de beau dans ce monde, sans dévouement ; mais il y a place partout pour le dévouement. La vie a des fardeaux pour toutes les conditions, et la hauteur à laquelle on les porte n'en allège nullement le poids. Vous aimez, dites-vous, à porter vos regards en haut ; portez-les donc au-dessus de vous. Êtes-vous, depuis douze ans, le point de mire des balles et des poignards des assassins? Voyez-vous, depuis douze ans, vos fils sans cesse dispersés sur la face du globe, pour soutenir partout l'honneur et les intérêts de la France? Voilà du dévouement, du vrai, du pratique dévouement. (*Bravos prolongés au centre.*) Messieurs, souffrez que nous le reconnaissions, que nous lui rendions hommage, et que nous ne soyons pas ingrats même envers tout un règne. » (*Aux centres : Très bien, très bien!*) La majorité était dans l'enthousiasme. L'opposition elle-même ne pouvait s'empêcher d'admirer. Rarement la parole de M. Guizot avait eu autant d'effet ; rarement il avait remporté une victoire de tribune aussi complète, aussi éclatante. Le parti conservateur se sentait vengé de la défection de M. de Lamartine ; il lui semblait que d'un adversaire ainsi flagellé, défait, écrasé, rien n'était désormais à craindre, qu'un tel vaincu ne comptait plus politiquement. L'éloquence produit parfois de ces illusions. Le soir de cette séance, M. Guizot reçut du Roi cette lettre :

« Maudissant la grandeur qui l'attache au rivage,

disait Boileau de Louis XIV. Et moi aussi, mon cher ministre, j'ai bien maudit celle qui m'empêchait d'aller, ce soir, vous serrer la main, et vous dire de grand cœur combien je suis profondément ému et reconnaissant des paroles que vous avez fait entendre pour moi, et du magnifique discours que vous avez prononcé avec tant d'effet et d'éclat. » A la lettre du Roi, était joint ce billet de la Reine : « Comme femme et comme mère, je ne puis résister au désir de remercier l'éloquent orateur qui, en soutenant d'une manière si admirable les intérêts du Roi et de la France, a rendu une justice éclatante à tout ce que j'ai de plus cher au monde [1]. » Quelques jours après, M. Doudan écrivait à une de ses amies : « Comment avez-vous trouvé la façon dont M. Guizot a traité M. de Lamartine? Je m'en suis fort réjoui dans mon cœur. C'était un beau spectacle de le voir plumer d'un air sévère ce bel oiseau des tropiques. On dit que celui-ci avait l'air tout mal à son aise après avoir été ainsi plumé ; mais les ailes de l'amour-propre repoussent très vite; elles repoussent un peu moins brillantes, et voilà tout. J'espère que le chantre d'Elvire ne prendra plus de quelques mois des airs de dictateur [2]. »

Le vote n'eut, cette fois, rien d'équivoque. A la question de confiance très nettement posée, la Chambre répondit en donnant au ministère une majorité de quarante-cinq voix. Victoire considérable et dépassant toute attente. Le cabinet en jouissait d'autant plus qu'il avait été plus inquiet. « Il est tout triomphant », écrivait un spectateur. « Honneur à la majorité! disait le *Journal des Débats;* honneur aussi au ministère! » Chacun reconnaissait que ce résultat était dû en grande partie au talent supérieur dont avait fait preuve M. Guizot. Il était dû aussi à l'indécision malhabile de M. Dufaure et de M. Passy, et au défaut de crédit de M. Molé, qui n'avait pas pu déplacer plus de quatre ou cinq voix dans la Chambre. Les journaux de gauche étaient les premiers à railler et à malmener ceux dont l'alliance leur avait été si peu profitable. Dès lors, le ministère pouvait envisager

---

[1] *Mémoires de M. Guizot,* t. VIII, p. 82.
[2] X. Doudan, *Mélanges et Lettres,* t. III, p. 112.

sans crainte la fin de la session. « M. Guizot a brillamment et
vigoureusement franchi le défilé, écrivait M. Désages à l'un de
nos agents diplomatiques. Nous n'aurons plus à lutter, je crois,
que contre des taquineries. Il n'y a plus de question obligée de
cabinet. Nos oppositions ont l'oreille assez basse [1]. » En effet,
peu après, la réforme parlementaire fut repoussée sans contestation sérieuse et à une majorité plus forte que l'année précédente [2]; il ne se trouva personne pour soulever la question
de la réforme électorale, et une proposition de M. Odilon Barrot, en vue de définir l'attentat soustrait par les lois de septembre à la juridiction du jury, ne fut même pas prise en
considération. Battus sur le terrain politique, les opposants
cherchèrent à se consoler, en entravant les lois d'affaires présentées par le gouvernement. Plus d'une fois ils y réussirent,
grâce à l'étrange état d'esprit d'une majorité qui, n'osant pas
donner le coup mortel au ministère, se plaisait à lui donner
des coups d'épingle, grâce aussi à l'indifférence de M. Guizot
pour ce qu'il appelait les petits débats. Toutefois, cela n'allait
jamais bien loin, et il suffisait que la question politique parût
engagée, pour que la majorité se retrouvât. Force était donc
aux meneurs de l'opposition de reconnaître qu'il ne leur restait plus rien des avantages dont ils avaient cru être en possession, au lendemain des élections de juillet 1842. « Nous avons
laissé échapper l'occasion, écrivait mélancoliquement l'un des
plus ardents adversaires du cabinet, et il faudrait des circonstances extraordinaires pour qu'elle se retrouvât [3]. »

VI

Le succès de M. Guizot, dans la discussion des fonds secrets,
avait fait pleinement disparaître l'équivoque parlementaire née

---

[1] Lettre à M. de Jarnac, du 6 mars 1843. (*Documents inédits.*)
[2] En 1842, il n'y avait eu que 8 voix de majorité : 198 contre 190. En 1843,
il y en eut 26 : 207 contre 181. Il est à remarquer que le chiffre total des votants
était le même dans les deux cas.
[3] *Notes inédites de M. Duvergier de Hauranne.*

du vote sur le droit de visite. Mais restait entière la difficulté diplomatique que ce vote avait condamné le cabinet à résoudre. Les opposants comptaient bien que M. Guizot ne pourrait pas s'en tirer. Au lendemain du jour où il avait eu tant de peine à faire accepter par l'Angleterre le refus de ratifier la convention de 1841, comment obtenir de cette puissance l'abandon des traités de 1831 et de 1833 ? Outre-Manche, les esprits étaient plus animés que jamais, et l'on s'y montrait fort irrité du tour pris par les débats de notre Chambre des députés ; la question fut soulevée au parlement britannique, dès sa réunion en février, et lord Palmerston ne manqua pas cette occasion d'exciter l'opinion contre la France.

A côté de ce fauteur de discorde, se trouvèrent heureusement, à Londres, des hommes pour tenter, non sans éclat, la même œuvre d'apaisement et de réconciliation que M. Guizot poursuivait à Paris. Dans la Chambre des lords, l'événement fut le discours d'un illustre libéral, lord Brougham, qui venait d'assister chez nous aux débats de l'adresse. Il en rapportait cette conviction que les véritables causes de l'irritation existant entre les deux pays n'étaient pas dans les questions actuellement soulevées, entre autres dans le droit de visite, mais dans les fautes d'une politique antérieure. « Vous pouvez m'en croire, disait l'orateur, je connais les Français et je sais aujourd'hui quel est l'état de l'opinion en France. Eh bien, je vous le dirai en bon Anglais, la signification des six ou sept phrases qui agitent aujourd'hui la France se résume en ces mots : 15 *juillet* 1840 ; *négociation de lord Palmerston.* » Puis il continuait par ces éloquentes paroles : « Je n'hésiterai pas à le déclarer, mylords, mon opinion bien arrêtée est que les importants intérêts de l'Angleterre, que ses sentiments les plus chers et ses sympathies sont inséparablement liés avec la paix et l'alliance de la France. Je regarde la paix de l'Europe comme pouvant se résumer en un seul mot : *Paix avec la France...* Tout en admirant la bravoure de nos troupes, en payant un juste tribut d'hommages au succès qui a couronné la direction des affaires civiles et militaires en Angleterre, je regarde avec une égale admiration cette nation fameuse qui habite de l'autre côté de la Manche, et, avec un grand nombre de mes compatriotes, je la considère comme non moins riche que l'Angleterre en braves soldats, en grands capitaines, en hommes d'État profonds et en illustres philosophes... Je tiens la branche d'olivier suspendue entre les deux pays, les admirant, les aimant tous deux presque également, et je ne me laisserai pas arracher cette branche d'espérance et de paix, dussé-je n'en conserver entre les mains qu'une feuille, une fibre. Je suis convaincu qu'il ne faut qu'un peu d'esprit conciliant, de modération, de loyauté de la part des ministres des deux pays pour ramener les deux peuples, qui ne demandent qu'à revenir à de meilleurs sentiments. Quelques instants de paix suffiront pour produire ce résultat. (*Écoutez!*) Mylords, j'espère avoir exprimé, en parlant de l'alliance entre l'Angleterre et la France, l'opinion du parlement et du pays, et j'ai la satisfaction bien douce à mon cœur de savoir que les mots que j'ai dits ne seront pas sans utilité [1]. » (*Bruyants applaudissements.*)

Peu de jours après, dans la Chambre des communes, un tory, le chef même du cabinet, sir Robert Peel, exprimait la même pensée. Il renvoyait à lord Palmerston la responsabilité de l'hostilité qui se manifestait en France. Puis, faisant allusion à la présence, dans les deux cabinets de France et d'Angleterre, du maréchal Soult et de lord Wellington, il ajoutait en un magnifique langage : « C'est chose remarquable de voir deux hommes qui occupent les postes les plus éminents dans le gouvernement de leurs pays respectifs, les plus distingués par leurs exploits et par leur renom militaire, deux hommes qui ont connu l'art et les misères de la guerre, qui se sont combattus l'un l'autre sur les champs de bataille de Toulouse et de Waterloo,

Stetimus tela aspera contra,
Contulimusque manus;

c'est, dis-je, une chose remarquable de voir ces deux vaillants hommes, les meilleurs juges des sacrifices imposés par la guerre,

[1] Février 1843.

employer, l'un en France et l'autre en Angleterre, toute leur influence à inculquer les leçons de la paix ; et c'est là, certes, pour leurs vieux jours, une glorieuse occupation! La vie de chacun d'eux s'est déjà prolongée au delà de la durée ordinaire de l'existence accordée à l'homme, et j'espère que tous deux vivront longtemps encore, que longtemps ils pourront exhorter leurs compatriotes à déposer leurs jalousies nationales et à rivaliser honorablement de zèle pour l'augmentation du bonheur de l'humanité. (*On applaudit.*) Quand je compare la position, l'exemple et les efforts de ces hommes qui ont vu le soleil éclairer à son lever des masses vivantes de guerriers descendus dans la tombe avant que ce même soleil se couchât ; lorsque je les entends répandre autour d'eux les leçons de la paix et user de leur autorité pour détourner leurs compatriotes de la guerre, j'espère que, de chaque côté du canal, les journalistes anonymes et irresponsables qui font tout ce qu'ils peuvent pour exaspérer l'esprit public (*applaudissements*), pour représenter sous un mauvais jour tout ce qui se passe entre les deux gouvernements désireux de cultiver la paix, disant à la France que le ministère français est l'instrument de l'Angleterre, et à l'Angleterre que le ministère anglais sacrifie l'honneur national par peur de la France, j'espère, dis-je, que ces écrivains profiteront de l'exemple de ces deux illustres guerriers, et je compte que ce noble exemple neutralisera l'influence des efforts dont je viens de parler, efforts qui ne sont pas dictés par le dévouement et l'honneur national, mais par le vif désir d'exciter les animosités entre les peuples ou de servir quelque intérêt de parti ou de personne [1]. » (*Tonnerre d'applaudissements.*)

C'était beaucoup sans doute que le premier ministre, par l'ascendant de son caractère et de son éloquence, fît applaudir un tel langage au palais de Westminster ; il n'en fallait pas cependant conclure que le gouvernement britannique fût sur le point d'entrer en négociation pour la revision des traités de 1831 et de 1833. Lord Aberdeen y eût-il été disposé par habi-

---

[1] 17 février 1843.

tude conciliante, qu'il eût dû y renoncer par égard pour l'état de l'opinion. De Londres, M. de Sainte-Aulaire avait bien soin de ne laisser aucune illusion à son ministre; il lui « déclarait, sans la moindre hésitation, qu'aujourd'hui toute ouverture faite au cabinet anglais aboutirait à une rupture ou à une retraite de fort mauvaise grâce pour nous [1] ». Ainsi informé de la résistance qu'il devait s'attendre à rencontrer à Londres, M. Guizot tâcha de s'assurer, d'un autre côté, un concours qui déjà, quelques mois auparavant, lui avait servi à faire agréer son refus de ratifier la convention de 1841; il écrivit à M. de Flahault, ambassadeur de France à Vienne : « La question du droit de visite reste et pèsera sur l'avenir. J'ai sauvé l'honneur et gagné du temps; mais il faudra arriver à une solution. J'attendrai, pour en parler, que la nécessité en soit partout comprise. Causez-en, je vous prie, avec M. de Metternich. Il sait prévoir et préparer les choses. J'espère que, le moment venu, il m'aidera à modifier une situation qui ne saurait se perpétuer indéfiniment, car elle amènerait, chaque année, au retour des Chambres, et, dans le cours de l'année, à chaque incident de mer, un accès de fièvre très périlleux [2]. » M. de Metternich était alors d'humeur à écouter un pareil langage. Il s'intéressait vivement au maintien de M. Guizot [3], et venait précisément de le « féliciter de la manière dont il s'était tiré, dans les Chambres, de l'affaire du droit de visite [4] ». Il se montra donc disposé à ne pas refuser, au jour

---

[1] *Mémoires de M. Guizot*, t. VI, p. 187.
[2] *Ibid.*, p. 186.
[3] Lettre du comte Apponyi, en date du 5 mars 1843. (*Mémoires de M. de Metternich*, t. VI, p. 677.)
[4] Lettre du 13 février 1843 (*ibid.*, p. 675). — M. de Metternich ajoutait cette réflexion : « Il n'y a pas de question dans laquelle un cabinet puisse se trouver plus singulièrement placé que le nôtre dans celle-ci. Nous avons combattu les propositions anglaises, pendant plus de vingt ans. De guerre lasse, et restés seuls de notre bord, nous avons fini par céder à l'invitation pressante des deux puissances maritimes, et cela pour nous trouver engagés dans un système que nous avions combattu avec les raisons, — fort bonnes d'ailleurs, — que nous devons récuser aujourd'hui, parce qu'elles sont incomplètement soutenues par l'une des puissances originairement contractantes! Tout bien considéré, il me paraît prouvé que certaines idées philanthropiques ne nous conviennent pas. »

où elle serait nécessaire, l'assistance qu'on lui demandait.

La démarche faite par M. Guizot auprès de M. de Metternich était une précaution prise en vue d'une négociation que le vote de la Chambre l'obligeait à ouvrir un jour ou l'autre ; elle n'indiquait pas, de la part du ministre français, l'intention de commencer aussitôt les pourparlers. Toujours convaincu, comme il l'avait dit à la tribune des deux Chambres, que, dans l'état de l'opinion anglaise, il n'y avait rien d'utile à tenter, et usant de la liberté qu'il s'était réservée de choisir le moment favorable, il recommanda à son ambassadeur auprès du gouvernement britannique « de se tenir, quant à présent, bien tranquille sur cette question-là ». Il veillait seulement à ce que ses agents eussent toujours présente à l'esprit la tâche difficile qu'il leur faudrait entreprendre plus tard, et son vigilant collaborateur, M. Désages, écrivait à M. de Jarnac, chargé d'affaires à Londres pendant les absences de M. de Sainte-Aulaire : « Travaillez-vous toujours, *in your closet*, à cette terrible question du droit de visite ? A tout événement, rendez-vous tout à fait maître de la matière. » Et encore : « Étudiez-vous toujours, à part vous, la grande, la bien autrement grande question du droit de visite ? N'y renoncez pas [1]. »

VII

Cette question du droit de visite n'était pas la seule qui soulevât alors des difficultés entre la France et l'Angleterre. Ces deux nations avaient de nombreux points de contact ; et telle était l'influence d'une tradition séculaire d'antagonisme, de la divergence des intérêts et de l'antipathie des caractères, que ces contacts risquaient toujours d'amener des chocs ou au moins des froissements. Déjà nous avons eu sujet de faire cette observation à l'époque où les deux puissances se proclamaient

---

[1] Lettres du 13 avril et du 13 juin 1843. (Notice sur lord Aberdeen, par le comte DE JARNAC.)

alliées. A plus forte raison devait-il en être de même après le refroidissement qui s'était produit depuis 1836 et le conflit qui avait éclaté en 1840. Aussi, au commencement de 1843, malgré les intentions conciliantes des hommes qui dirigeaient les affaires de chaque côté du détroit, les heurts étaient-ils, pour ainsi dire, de tous les instants. Des deux parts, on croyait avoir droit à se plaindre : tandis que sir Robert Peel exprimait rudement ses défiances, et que lord Aberdeen lui-même reprochait au gouvernement français de « témoigner, sous toutes les formes, son hostilité envers l'Angleterre [1] », M. Guizot constatait ce qu'il appelait « le vice anglais, l'orgueil ambitieux, la préoccupation constante et passionnée de soi-même, le besoin ardent et exclusif de se faire partout sa part et sa place la plus grande possible, n'importe aux dépens de quoi et de qui » ; et le roi Louis-Philippe, attristé et offensé des soupçons dont il se voyait constamment l'objet, écrivait à son ministre : « La difficulté de détruire chez les Anglais ces illusions, ces défiances, ces *misconceptions* de nos intérêts, après quarante ans de contact avec eux, aussi bien, j'ose le dire, qu'après mes treize années de règne, me cause un grand ébranlement dans la confiance que j'avais eue de parvenir à établir, entre Paris et Londres, cet accord cordial et sincère qui est, à la fois, selon moi, l'intérêt réel des deux pays et le véritable *alcazar* de la paix de l'Europe [2]. »

Cet antagonisme, visible alors sur tous les théâtres où les deux politiques, française et anglaise, avaient accoutumé de rivaliser d'influence, — en Syrie, en Grèce, dans les vastes régions ouvertes à l'extension coloniale, — était particulièrement aigu et menaçant en Espagne. Il y avait près de dix ans que le déplorable état de la Péninsule était l'une des plus graves et des plus ennuyeuses préoccupations de notre diplomatie [3]. Le danger avait d'abord semblé venir des carlistes, danger tel

---

[1] Même notice.
[2] *Mémoires de M. Guizot*, t. VII, p. 309, et t. VIII, p. 108.
[3] Voy. ce qui a été déjà dit des affaires d'Espagne, liv. II, ch. xiv, § v; liv. III, ch. ii, §§ iv et vi; ch. iii, § iii, et ch. vi, § i.

qu'en 1835 et 1836, il avait été question d'une intervention militaire française. Depuis lors, la situation avait changé, sans devenir meilleure. L'insurrection carliste avait subitement pris fin, dans les derniers mois de 1839, par la trahison de Maroto; et don Carlos, réduit à se réfugier en France, avait été interné à Bourges, par ordre du gouvernement du roi Louis-Philippe. Mais à peine avait-on eu le temps de se féliciter, à Paris, d'événements qui semblaient un grand succès pour notre politique [1], qu'au mois de septembre 1840, une révolution chassait en Espagne les modérés du pouvoir, obligeait la reine mère Christine à fuir en France après avoir abdiqué la régence, et lui donnait pour successeur le chef militaire de la faction progressiste, le général Espartero. C'était la défaite du parti français et le triomphe du parti anglais. Lord Palmerston, alors encore au *Foreign office*, s'empressa de prendre sous sa protection le nouveau régent, tandis que l'ambassadeur de France à Madrid quittait l'Espagne, ne laissant derrière lui qu'un chargé d'affaires.

Telle était la situation assez fâcheuse dans laquelle M. Guizot trouvait les affaires espagnoles, en prenant le pouvoir à la fin de 1840. Trop occupé de la question d'Orient pour songer à jouer un rôle actif dans les dissensions de la Péninsule, il ne prit pas une attitude offensive contre la nouvelle régence et se renferma dans une réserve froide, mécontente plutôt que malveillante. S'il accordait à la reine Christine une hospitalité ouvertement amicale, il évitait de se compromettre officiellement dans les menées de ses partisans. Sans se laisser troubler par ceux qui lui reprochaient de livrer l'Espagne à l'Angleterre, il attendait du temps, des fautes des progressistes, des intérêts en souffrance, de la mobilité de l'opinion, que l'Espagne sentît elle-même le besoin de se rapprocher de la France.

[1] Le maréchal Soult écrivait au duc d'Orléans, le 15 octobre 1839 : « En Espagne, tout marche à notre satisfaction, et le mérite des événements qui s'y sont passés depuis deux mois appartient incontestablement à la sagesse des conseils et des manifestations qui, avec l'approbation de Sa Majesté, ont eu lieu de notre part pour imprimer une impulsion nouvelle aux opérations. » (*Documents inédits.*)

Il estimait d'ailleurs que la lutte d'influence des deux puissances occidentales, au delà des Pyrénées, était « une lutte de routine, d'habitude, de tradition, plutôt que d'intérêts actuels et puissants ». Aussi, à peine le cabinet tory eut-il pris le pouvoir, que le ministre français lui proposa une sorte de désarmement réciproque dans les affaires espagnoles. « Des trois partis qui s'agitent là, écrivait-il le 11 octobre 1841 [1], les absolutistes et don Carlos, les modérés et la reine Christine, les exaltés et le régent Espartero, aucun n'est assez fort ni assez sage pour vaincre ses adversaires, les contenir et rétablir dans le pays l'ordre et le gouvernement régulier. L'Espagne n'arrivera à ce résultat que par une transaction entre ces partis. A son tour, cette transaction n'arrivera pas tant que la France et l'Angleterre n'y travailleront pas de concert... La bonne intelligence et l'action commune de la France et de l'Angleterre sont indispensables à la pacification de l'Espagne... Sur toutes les questions, on nous trouvera modérés, conciliants, sans arrière-pensée et sans prétention exclusive. Nous ne pouvons souffrir qu'une influence hostile s'établisse là aux dépens de la nôtre; mais j'affirme que, sur le théâtre de l'Espagne pacifiée et régulièrement gouvernée, dès que nous n'aurons rien à craindre pour nos justes intérêts et nos justes droits, nous saurons vivre en harmonie avec tout le monde et ne rien vouloir, ne rien faire qui puisse inspirer à personne, pour l'équilibre des forces et des influences en Europe, aucune juste inquiétude. »

Cette ouverture n'eut pas tout d'abord grand succès auprès des membres du nouveau cabinet anglais. Il y avait longtemps que M. de Metternich disait et répétait à nos ambassadeurs : « Vous ne vous mettrez jamais d'accord avec l'Angleterre sur l'Espagne [2]. » Tous les souvenirs lointains ou proches, — guerre de la Succession et traité d'Utrecht sous Louis XIV, pacte de famille sous Louis XV, part prise par le cabinet de Madrid de concert avec celui de Louis XVI à l'émancipation

---

[1] Lettre adressée à M. de Sainte-Aulaire, mais destinée en réalité à lord Aberdeen. (*Mémoires de M. Guizot*, t. VI, p. 305 et suiv.)
[2] *Documents inédits*.

des colonies américaines, guerre d'Espagne sous Napoléon, intervention armée du gouvernement de Louis XVIII en faveur de Ferdinand VII, — avaient fait de la crainte de la prépondérance française au delà des Pyrénées et de la nécessité de lutter contre cette prépondérance, une des traditions indiscutées de la diplomatie anglaise. Celle-ci s'y obstinait, sans tenir compte des changements accomplis en Espagne, en France, en Europe. Aussi, au premier moment, le chef du cabinet tory, sir Robert Peel, ne parut-il pas avoir sur cette question une autre politique que lord Palmerston. « Résister à l'établissement de l'influence française en Espagne, disait-il, tel doit être notre principal et constant effort. » Pour atteindre ce but, il n'hésitait pas à rechercher contre nous l'appui des puissances continentales, qui n'avaient cependant pas reconnu la reine Isabelle. Lord Aberdeen, avec plus de douceur dans les formes, n'avait pas à l'origine un autre sentiment, et il maintenait, comme représentant de l'Angleterre à Madrid, M. Aston, qui y avait été l'agent passionné de la politique de lord Palmerston [1].

Le gouvernement français n'en persista pas moins dans sa modération conciliante, et, pour en donner une nouvelle preuve, il se décida, vers la fin de 1841, à renvoyer un ambassadeur à Madrid. Son choix se porta sur un membre de la Chambre, naguère collègue de M. Molé dans le ministère du 15 avril, M. de Salvandy. Mais à peine celui-ci fut-il arrivé à Madrid, le 22 décembre 1841, qu'une contestation éclata entre lui et Espartero, au sujet des lettres de créance. Le régent prétendait qu'elles devaient lui être remises, comme au dépositaire de l'autorité royale. L'ambassadeur voulait les remettre à la jeune reine personnellement, sauf à traiter ensuite de toutes les affaires avec le régent. La malveillante obstination du premier, la solennité un peu importante du second donnèrent tout de suite beaucoup d'éclat au conflit. Le gouvernement français soutint son représentant et, pour témoigner de

---

[1] *Mémoires de M. Guizot*, t. VI, p. 298, 299. *Mémoires de M. de Metternich*, t. VI, p. 590, 591.

son mécontentement, le rappela immédiatement en France.
M. de Salvandy eût voulu que son rappel fût suivi de l'envoi
d'une armée française en Espagne, ou tout au moins de l'interruption absolue des relations diplomatiques ; le gouvernement,
n'estimant pas que l'incident autorisât des mesures aussi
extrêmes, se borna à faire signifier à Madrid que le roi des
Français ne recevrait aucun agent espagnol, accrédité à Paris,
avec un titre supérieur à celui de chargé d'affaires [1].

Dans cette querelle d'étiquette, Espartero avait été soutenu, et même, s'il fallait en croire M. de Salvandy, poussé
par le ministre d'Angleterre, M. Aston. On s'aperçut que
lord Palmerston n'était plus au *Foreign office*. En dépit des
objurgations de la presse whig, lord Aberdeen n'approuva pas
la conduite de son agent. « Personne, écrivit-il à M. Aston
le 7 janvier 1842, ne peut être plus disposé que moi à soutenir le gouvernement espagnol quand il a raison, spécialement contre la France. Mais, dans cette circonstance, je crois
qu'il a décidément tort, et je regrette beaucoup que votre jugement, ordinairement si sain, soit arrivé à une autre conclusion. » Il terminait en prescrivant au ministre d'Angleterre de
travailler, s'il en était temps encore, à « quelque accommodement ». Lord Aberdeen s'était décidé par cette considération
que la prétention du régent portait atteinte à l'intégrité du
pouvoir monarchique. Mais il n'était pas pour cela converti
à la politique d'entente que proposait M. Guizot pour les
affaires d'Espagne. On le vit bien, à cette même époque,
quand, pour la première fois, le gouvernement français jugea
à propos d'aborder nettement cette question du mariage de la
reine Isabelle, qui devait, quelques années plus tard, amener
un conflit si grave entre les deux puissances occidentales.

[1] Dépêche du 5 janvier 1842.

VIII

Du jour où, bien à contre-cœur, le roi Louis-Philippe s'était vu obligé de reconnaître l'admission des femmes à la succession de Ferdinand VII, il avait pressenti les risques que le mariage de la reine Isabelle ferait un jour courir à l'œuvre de Louis XIV au delà des Pyrénées [1]. Sans doute, l'Espagne, affaiblie par le despotisme et les révolutions, ne pouvait être une ennemie aussi redoutable qu'au temps de Philippe II; elle ne pouvait même plus être une alliée aussi utile qu'au dix-huitième siècle. D'ailleurs, le temps était passé où la parenté des souverains emportait l'alliance des nations. Mais, sans rêver aucun nouveau « pacte de famille », on ne devait pas oublier à Paris ce que l'histoire ou seulement la géographie enseigne si clairement, à savoir que la France est singulièrement amoindrie dans sa force et dans sa liberté d'action, si elle n'a pas l'entière sécurité de sa frontière méridionale. Il fallait donc veiller avec une particulière sollicitude à ce que, dans cette péninsule où existait déjà un parti antifrançais, ne vînt pas s'établir une influence disposée à faire le jeu de nos adversaires. N'eût-ce pas été le cas si un mariage avait appelé à s'asseoir sur le trône de Philippe V quelque prince appartenant à une famille rivale ou peut-être ennemie de la France? On ne saurait donc s'étonner de l'importance alors attachée par notre gouvernement à cette affaire du mariage [2]. Quant à ceux qui reprochaient, en cette circonstance, au roi Louis-Philippe de trans-

---

[1] Rappelons ici ce passage, déjà cité par nous, d'une lettre écrite, le 25 octobre 1833, par le duc de Broglie à lord Brougham : « Nous eussions fort préféré que don Carlos eût succédé naturellement à son frère, selon la loi de 1713. Cela était infiniment plus dans l'intérêt de la France. La succession féminine, qui menace de nous donner un jour pour voisin je ne sais qui, nous est au fond défavorable. » (*Documents inédits.*)

[2] En commençant dans ses *Mémoires* le récit des négociations relatives à ce mariage, M. Guizot l'appelle « l'événement le plus considérable de son ministère ». (T. VIII, p. 101.)

former en question nationale une préoccupation dynastique, ils oubliaient cette loi vraiment providentielle de la monarchie qui réunit et confond presque toujours l'intérêt dynastique et l'intérêt national.

En Espagne, aussi bien à la cour que dans le peuple, le mari le plus désiré pour la jeune reine eût été l'un des princes français, entre tous le duc d'Aumale, mis alors fort en vue par ses exploits africains. Mais les autres puissances, particulièrement l'Angleterre, n'étaient pas d'humeur à accepter cette réédition de l'entreprise de Louis XIV [1], et Louis-Philippe était encore moins disposé à risquer, pour la leur imposer, une nouvelle guerre de la succession d'Espagne. Prévoyant sur ce point une résistance analogue à celle qui s'était naguère élevée contre l'appel d'un prince français au trône de Belgique, le Roi se montra, dès le premier jour, aussi décidé à refuser le duc d'Aumale à l'Espagne, qu'il l'avait été, en 1831, à refuser le duc de Nemours à la Belgique. Les lettres confidentielles qu'il adressait à M. Guizot témoignent de sa résolution. Loin de désirer que l'idée d'une telle union se répandit en Espagne, sa préoccupation constante était de prévenir une demande qui n'eût été pour lui qu'un embarras. « Il faut instruire nos agents, disait-il, pour écarter et faire avorter, autant qu'ils pourront, toute proposition relative à mon fils [2]. » La considération de l'Europe n'était pas le seul motif de sa conduite. Assez pessimiste de sa nature, il n'avait aucune foi dans l'avenir de l'Espagne. « Croyez bien, mon cher ministre, écrivait-il à M. Guizot, que nous ne pouvons jamais trouver en Espagne qu'un seul motif d'étonnement : ce serait qu'elle ne fût pas en proie successivement à toute sorte de gâchis et de déchire-

---

[1] Dès le 1ᵉʳ novembre 1836, lord Palmerston, dont la méfiance jalouse était si facilement en éveil, écrivait à son frère : « Louis-Philippe est aussi ambitieux que Louis XIV et veut mettre un de ses fils sur le trône d'Espagne, comme mari de la jeune reine. » (BULWER, *Life of Palmerston*, t. III, p. 24.)

[2] Des écrivains anglais ont prétendu que Louis-Philippe avait commencé par désirer marier la Reine à un de ses fils. Cette assertion ne peut un moment se soutenir, en face des preuves données par M. Guizot. (*Mémoires*, t. VIII, p. 107, 108.)

ments politiques. Nous devons nous tenir soigneusement en dehors de tout cela ; car, dans ma manière de voir, il n'y a pour nous d'autre danger que celui d'y être entraînés, comme ceux qui dans les usines approchent leurs doigts des cylindres mouvants qui broient tout ce qui s'y introduit[1]. » C'était cette préoccupation qui naguère l'avait rendu si hostile à toute intervention militaire en Espagne : elle le détournait maintenant d'un mariage qui lui eût fait assumer en quelque sorte la responsabilité du relèvement de ce pays.

Mais si, dans cette affaire du mariage, Louis-Philippe n'hésitait pas à sacrifier au maintien de la paix générale toute ambition de famille, il n'était pas moins résolu à défendre contre des prétentions jalouses notre situation au delà des Pyrénées. Ne cherchant pas d'agrandissement, il ne voulait pas souffrir de diminution. Plus il donnait la preuve de son désintéressement et de sa modération, plus il se croyait le droit d'exiger que les autres puissances eussent égard aux droits historiques et aux légitimes intérêts de la France. Or il lui paraissait que ces intérêts seraient atteints, si un prince n'appartenant pas à la famille de Bourbon prenait place sur le trône d'Espagne. Entre les divers maris que cette famille pouvait alors offrir, — princes de Naples, de Lucques, princes espagnols fils de l'infant don Francisco ou même fils de don Carlos, — notre gouvernement n'imposait ni n'excluait personne ; mais il n'admettait pas que le choix sortît de ce cercle.

Le danger contre lequel le cabinet de Paris se prémunissait, en arrêtant cette ligne de conduite, n'était pas imaginaire. Depuis 1841, une candidature étrangère à la maison de Bourbon avait été mise en avant, non sans chance de succès : celle du prince Léopold de Cobourg, cousin germain du mari de la reine Victoria et neveu du roi des Belges. Son frère aîné, le prince Ferdinand, avait été, en 1836, porté au trône de Portugal par son mariage avec la reine Dona Maria. Un autre de ses frères devait épouser, en 1843, la princesse Clémentine,

---

[1] Lettre du 9 août 1843. (*Mémoires de M. Guizot*, t. VIII, p. 107.)

fille de Louis-Philippe, et sa sœur était, depuis 1840, duchesse de Nemours [1]. Qui avait pris l'initiative de cette candidature? Un certain mystère régnait sur ce point. Toutefois, en y regardant d'un peu près, il est facile d'entrevoir l'action du prince Albert, déjà fort influent sur la jeune reine Victoria qui l'aimait tendrement, et de son confident, si hostile à la France, l'Allemand Stockmar. Sans doute le prince consort veillait à ne point se découvrir; sa situation l'y obligeait; il ne proposait rien ouvertement; encore moins avait-il l'air de prétendre rien imposer; non résolu à emporter la place de vive force, mais s'apprêtant à profiter de toute occasion qui se présenterait d'y entrer par surprise, il désirait le succès, sans trop y compter. Pour le moment, il se bornait à faire en sorte que l'idée fût lancée en Espagne comme en Angleterre, et qu'elle y fît peu à peu son chemin. Il était secondé sous main, avec beaucoup de réserve et de circonspection, par son oncle, le roi des Belges, conseiller fort écouté à Windsor [2]. Quant aux ministres anglais, ils n'eussent peut-être pas eu, d'eux-mêmes, l'idée de ce mariage; ils pressentaient des difficultés et n'avaient pas envie d'y engager à la légère la politique de leur gouvernement; toutefois, ils voyaient bien qu'ils seraient agréables à leur cour, en secondant ou tout au moins en ne contrariant pas ce projet; aussi, sans le prendre à leur compte, en affectant même une sorte d'indifférence entre les divers candidats,

[1] La maison de Saxe-Cobourg-Gotha, cette maison « si rapidement ascendante », comme a dit M. Guizot, se divisait en plusieurs branches. Le duc régnant, Ernest Ier, avait deux fils : Ernest, qui devait lui succéder, et Albert, l'époux de la reine Victoria. Le frère cadet d'Ernest Ier, Ferdinand, avait quatre enfants : Ferdinand, mari de la reine de Portugal; Auguste, qui devait épouser la princesse Clémentine d'Orléans; Léopold, le prétendant à la main d'Isabelle, et une fille mariée au duc de Nemours. Un autre frère d'Ernest Ier était Léopold, le roi de Belgique. Enfin ces trois frères avaient eu deux sœurs, l'une mariée en Russie, l'autre, Victoria, duchesse de Kent, et mère de la reine Victoria.

[2] Un peu plus tard, M. de Sainte-Aulaire, qui avait vainement cherché à faire expliquer le roi Léopold sur cette question, résumait ainsi son impression : « Le roi Léopold ne veut pas mécontenter notre roi; il s'emploiera toujours en bon esprit entre nous et l'Angleterre. Mais, après tout, il est beaucoup plus Cobourg que Bourbon, et il fera pour son neveu tout ce qu'il jugera possible. » (Dépêche de M. de Sainte-Aulaire, en date du 14 juillet 1843. *Mémoires de M. Guizot*, t. VIII, p. 132.)

réclamaient-ils, pour le choix de la reine Isabelle, une liberté qui leur paraissait un moyen de réserver les chances du prince de Cobourg. C'était la tactique même que leur avait suggérée le prince Albert [1]. En tout cas, aux yeux de tous, de ses partisans comme de ses adversaires, cette candidature avait une couleur nettement anglaise. On rappelait les liens déjà anciens et si étroits de la maison de Cobourg et de la cour d'Angleterre ; on rappelait aussi que c'était lord Palmerston qui, en 1836, avait poussé Ferdinand de Cobourg sur le trône de Portugal, et l'union du frère cadet de Ferdinand avec Isabelle semblait devoir étendre sur la cour de Madrid l'influence que l'Angleterre exerçait sur la cour de Lisbonne.

Le cabinet de Paris avait vu naître avec déplaisir la candidature du prince Léopold et était très décidé à la combattre. La présence d'Espartero à la tête du gouvernement espagnol, sa dépendance de l'Angleterre et son hostilité contre la France paraissaient augmenter le danger. Le régent ne dissimulait pas

[1] Par un calcul facile à comprendre, le baron de Stockmar, dans ses *Mémoires*, et sir Théodore Martin, dans sa Vie du prince consort, ont cherché à diminuer ou à supprimer complètement la responsabilité du gouvernement et de la cour d'Angleterre dans cette candidature du prince de Cobourg. Je ne leur opposerai pas les renseignements contraires recueillis alors par la diplomatie française. Je me bornerai aux aveux mêmes du baron de Stockmar, tels qu'on les trouve dans ses *Mémoires*. Le confident du prince Albert, examinant, à la date du 14 mai 1842, la question du mariage espagnol, et parlant évidemment pour le prince autant que pour lui, commençait par dire que « les Bourbons offraient prise à beaucoup d'objections ». Puis il ajoutait ces paroles significatives : « *Notre candidat est plus acceptable.* » Non qu'il fût sûr des aptitudes personnelles du jeune Léopold : « Mais, ajoutait-il, en de telles circonstances, c'est faire assez, c'est même tout faire que de permettre au destin de le trouver, si le destin, dans sa capricieuse envie de réaliser des choses invraisemblables, persistait à le chercher en dépit de tous les empêchements et de tous les obstacles. *C'est ce qui a eu lieu*, autant du moins que la chose était en notre pouvoir. *Nous avons dirigé sur ce candidat l'attention de l'Espagne et de l'Angleterre* avec la prudence que conseillait un examen attentif de toutes les convenances. » Puis, après avoir parlé des dispositions d'Espartero, il terminait ainsi : « *Nous avons déjà obtenu que notre ministère, d'abord favorable à un Bourbon*, parce qu'un Bourbon susciterait le moins de difficultés extérieures, *devienne tout à fait impartial et soutienne loyalement tout choix conforme aux vrais intérêts de l'Espagne.* Ainsi *la semence est déjà confiée à la terre*, à une terre, il est vrai, où, selon toute vraisemblance, elle ne lèvera pas. Qu'importe? *Notre part du travail est accomplie*, la seule part qui fût possible, la seule que conseillât la raison ; nous n'avons plus qu'à attendre le résultat. »

son opposition à tout mariage avec un Bourbon [1], et, sans se prononcer nettement au sujet du Cobourg, il en parlait en termes qui paraissaient encourageants aux partisans de ce prince [2]. N'était-il pas dès lors possible qu'en dépit de la jeunesse d'Isabelle à peine âgée de douze ans, Espartero voulût profiter de son pouvoir pour brusquer le mariage à notre détriment? Dans ces conditions, le gouvernement français crut nécessaire de saisir ouvertement l'Europe elle-même de la question, et, en mars 1842, il lui fit savoir, avec une netteté loyale, comment il avait résolu de se conduire dans cette affaire. « Notre politique est simple, déclarait M. Guizot. A Londres et probablement aussi ailleurs, on ne voudrait pas voir l'un de nos princes régner à Madrid. Nous comprenons l'exclusion et nous l'acceptons dans l'intérêt de la paix générale et de l'équilibre européen. Mais, dans le même intérêt, nous la rendons : nous n'admettons point, sur le trône de Madrid, de prince étranger à la maison de Bourbon. »

Au premier mot que lui dit sur ce sujet l'ambassadeur de France, lord Aberdeen se récria : « En vérité, dit-il, je ne comprends pas une pareille déclaration; je ne vois pas en vertu de quel droit vous intervenez dans cette question; la reine d'Espagne doit rester libre de choisir le mari qu'il lui plaira; c'est une prétention exorbitante, j'allais dire contraire à la morale, que de lui imposer tel ou tel choix. — Nous ne faisons, objecta notre représentant, que rendre exclusion pour exclusion. — Nous n'excluons personne, reprit lord Aberdeen; c'est une affaire purement domestique dont nous ne voulons pas nous mêler. — Dans ce cas, je pourrai dire au gouvernement du Roi que si la reine Isabelle désire épouser son cousin le duc d'Aumale, vous ne vous y opposerez pas? — Ah! je ne dis pas;

---

[1] *Mémoires de M. Guizot*, t. VIII, p. 130.

[2] Dans l'écrit du 14 mai 1842, déjà cité plus haut, le baron de Stockmar, après avoir rapporté comment le prince Albert et lui avaient « dirigé » sur leur candidat « l'attention de l'Espagne », ajoutait : « Espartero ne s'est déclaré ni pour ni contre; il a dit très sagement qu'une telle affaire ne pouvait être décidée que par le gouvernement espagnol, en vue des véritables intérêts de la nation espagnole, *sous le patronage et avec l'assentiment de l'Angleterre.* »

il s'agirait alors de l'équilibre de l'Europe ; ce serait différent. » C'était bien le langage désiré par le prince Albert, dans l'intérêt de son cousin de Cobourg. Les pourparlers se prolongèrent, sans pouvoir faire sortir le cabinet anglais de cette attitude. A la fin, cependant, tout en persistant à nous contester un droit d'exclusion, il se montra prêt « à faire entendre à Madrid un langage de conciliation qui disposât le gouvernement actuel d'Espagne à chercher une solution propre à satisfaire tous les intérêts [1] ». Bien que ces déclarations fussent très vagues, on voulut y voir, à Paris, une tendance à s'entendre avec la France, sinon sur les principes, du moins sur les personnes et sur les faits.

Notre gouvernement avait également communiqué ses résolutions aux cabinets de Vienne et de Berlin. M. de Metternich, tout en nous contestant, comme lord Aberdeen, le droit d'exclure tel ou tel prince, nous reconnut celui « d'examiner jusqu'à quel point il pouvait nous convenir de nous opposer à un acte considéré comme hostile à nos intérêts ou menaçant pour notre sûreté ». « C'est le droit de paix et de guerre, ajoutait le chancelier, que je n'ai pas plus le pouvoir de vous contester que je n'ai celui de vous reconnaître le droit d'imposer votre volonté à l'Espagne. » Cette distinction théorique une fois faite, M. de Metternich proposa ce qu'il appelait « son idée » : c'était le mariage d'Isabelle avec le fils de don Carlos. Le gouvernement français n'avait pas d'objection *à priori* contre cette « idée », qui ne faisait pas sortir le trône de la maison de Bourbon ; mais, malgré les instances de M. de Metternich, il ne voulut pas s'en faire le patron. Il n'estimait pas cette solution possible, en présence des répugnances libérales et des exigences carlistes. A Berlin, dans cette question comme dans beaucoup d'autres, on se bornait à emboîter le pas derrière la cour de Vienne [2].

L'année 1842 s'acheva sans qu'aucun incident fît avancer l'affaire du mariage. Toutefois la candidature du prince de Co-

---

[1] *Mémoires de M. Guizot*, t. VIII, p. 110 à 118.
[2] *Mémoires de M. de Metternich*, t. VI, p. 598, 620, 658, 682 à 702. *Mémoires de M. Guizot*, t. VIII, p. 118 à 122.

bourg restait toujours à l'horizon. Il nous revint même, dans les premiers mois de 1843, que ses partisans se remuaient, que le chargé d'affaires de Belgique à Madrid manœuvrait sans bruit, mais activement, pour cette combinaison, que le régent Espartero, dans ses conversations avec le ministre d'Angleterre, M. Aston, se montrait disposé à la favoriser, et que le prince Léopold songeait à faire une visite à Madrid [1]. Devant cette agitation, le cabinet de Londres demeurait inerte et embarrassé, ne se prononçant pas pour cette candidature, mais n'osant s'y montrer contraire. M. Guizot en fut péniblement affecté : comme nous l'avons dit, il avait tâché d'interpréter les explications échangées au mois de mars 1842, en ce sens que lord Aberdeen aurait promis d'agir à Madrid pour donner à l'affaire du mariage une solution qui nous convînt, et il s'étonnait de ne lui voir rien faire pour acquitter sa promesse. Son étonnement fut plus grand encore quand il connut les déclarations faites, le 5 mai 1843, à la Chambre des communes, par sir Robert Peel. « L'Espagne, avait dit ce dernier, investie de tous les droits et privilèges qui appartiennent à un État indépendant, a, par ses organes dûment constitués, le droit exclusif et le pouvoir de contracter les alliances matrimoniales qu'elle jugera convenables. » Faite dans ces termes absolus et comme « exprimant l'opinion bien arrêtée du gouvernement anglais », une telle déclaration paraissait avoir pour objet de contredire les prétentions françaises et d'en séparer complètement la politique britannique. M. Guizot crut devoir s'en plaindre. Il n'eut pas de peine à faire ressortir combien un tel langage était peu sérieux de la part d'un gouvernement qui interdisait à la nation espagnole de porter son choix sur un des fils du roi Louis-Philippe, et il déplora que l'Angleterre « persistât à marcher, en Espagne, dans la vieille ornière de rivalité et de lutte contre la France, alors que l'accord des deux puissances mettrait promptement un terme à toutes les questions soulevées, et que « ni l'Angleterre ni la France

---

[1] Lettres du duc de Glücksberg, chargé d'affaires de France, à M. Désages, en date du 18 mars et du 5 avril 1843. (*Mémoires de M. Guizot*, t. VIII, p. 131.)

n'avaient réellement, dans l'état actuel des faits, aucun intérêt vrai et important à demeurer en désaccord [1] ». Les informations que notre gouvernement recevait, au même moment, sur les dispositions des cours continentales, n'étaient pas pour le consoler du désappointement que lui causait l'attitude du cabinet britannique. De Berlin, le comte Bresson écrivait à M. Guizot : « Mesurons bien l'étendue des embarras et des dangers qui peuvent surgir pour nous de l'état de l'Espagne, et ne nous en rapportons qu'à nous-mêmes pour en sortir : non seulement, quelque juste que soit notre cause, on ne nous aidera pas; mais même, si l'on peut, sans trop se dévoiler, sans trop se compromettre, nous entraver et nous nuire, on ne se refusera pas ce plaisir. Cette disposition sera uniforme à Londres, à Vienne, à Pétersbourg, à Berlin [2]. »

Les affaires d'Espagne semblaient donc mal tourner pour nous, quand, en juillet 1843, une nouvelle révolution changea complètement la face des choses. Depuis quelque temps déjà, l'étoile d'Espartero était visiblement en déclin. Son gouvernement avait été à la fois malhabile et vexatoire, faible et violent, blessant les consciences et inquiétant les intérêts. Sa dépendance de l'Angleterre irritait le sentiment national et était devenue l'un des principaux griefs de l'opposition [3]. Pris entre deux feux, il lui fallait faire tête tantôt aux soulèvements des christinos, tantôt à ceux des radicaux qu'il s'était aussi aliénés. Vainement bombardait-il les villes révoltées, dissolvait-il les Cortès, le mécontentement allait toujours grandissant. Enfin ses ennemis de tous bords s'unirent contre lui

---

[1] Dépêche de M. Guizot à M. de Sainte-Aulaire. (*Mémoires de M. Guizot*, t. VIII, p. 134 à 138.)

[2] Lettre du 15 février 1843. (*Documents inédits*.)

[3] Dès septembre 1842, l'un des hommes politiques du parti radical, M. Olozaga, de passage à Paris, disait à M. Guizot : « L'influence anglaise est fort diminuée; elle pèse à tout le monde. » (*Mémoires de M. Guizot*, t. VIII, p. 124.) — Peu d'années après, le duc de Broglie, rappelant, à la tribune de la Chambre des pairs, la chute d'Espartero, s'exprimait ainsi : « C'est la nation espagnole elle-même qui s'est chargée de renverser le parti antifrançais, le parti soi-disant national; c'est la rupture de ce parti, de son chef avec la France, qui a préparé et précipité sa ruine. » (Discours du 19 janvier 1847.)

dans une vaste insurrection ; la lutte dura quelques semaines ; mais partout vaincu, honni, pourchassé jusqu'à Cadix, le régent fut réduit, le 29 juillet, à se réfugier sur un navire anglais.

Le gouvernement du roi Louis-Philippe accueillit avec une satisfaction facile à comprendre la nouvelle de cette révolution. Il y trouvait la justification de la politique de réserve patiente suivie par lui depuis trois ans en Espagne. On lui avait reproché d'y laisser ruiner l'influence française au profit de l'influence anglaise. Or il se trouvait, en fin de compte, que le résultat contraire se produisait. Les « modérés », nos clients naturels, n'avaient sans doute pas été les seuls auteurs de la révolte victorieuse ; mais ils y avaient joué un rôle considérable, et il était évident qu'avant peu, ils en recueilleraient le profit ; c'était Narvaez, le chef militaire des christinos, accouru de Paris au premier bruit du soulèvement, qui avait commandé la principale armée de l'insurrection et avait porté le coup mortel au régent en s'emparant de Madrid ; quant à la reine Christine elle-même, chacun prévoyait qu'elle ne tarderait pas à être rappelée. La révolution de juillet 1843 était si évidemment favorable à la France, qu'en dépit des dénégations de M. Guizot, on fut partout persuadé, en Autriche aussi bien qu'en Angleterre, qu'elle avait été secrètement préparée par les machinations du cabinet de Paris ou tout au moins par celles du roi Louis-Philippe [1].

A Londres, le coup fut vivement ressenti. « J'ai dîné hier auprès de lord Aberdeen, écrivait M. de Sainte-Aulaire, le 27 juillet 1843 ; il est visiblement fort troublé des affaires d'Espagne. Je le conçois, car c'est un rude échec pour la politique whig, que le cabinet tory a eu la faiblesse de faire sienne [2]. » Le premier mouvement du ministre anglais fut de s'en prendre à nous de son désappointement et de récriminer sur le prétendu concours que nous aurions donné aux révoltés. Mais, dans cet esprit sensé, la mauvaise humeur ne pouvait

---

[1] *The Greville Memoirs, second part*, t. II, p. 50. — BULWER, *Life of Palmerston*, t. III, p. 179. — *Mémoires de M. de Metternich*, t. VI, p. 684.

[2] *Mémoires de M. Guizot*, t. VIII, p. 141.

être longtemps maîtresse, et il apparut bientôt que cette nouvelle preuve de l'instabilité des choses en Espagne lui faisait faire au contraire de salutaires réflexions sur les périls de la lutte d'influence où s'était obstinée la politique anglaise et sur les avantages de l'accord que M. Guizot lui avait proposé jusqu'alors avec si peu de succès. Sa conversion fut prompte et complète[1]. Dès le 24 juillet 1843, quand Espartero n'avait pas encore quitté le sol espagnol, mais que l'on ne pouvait plus se faire illusion sur sa défaite, lord Cowley vint communiquer à M. Guizot une longue dépêche, datée du 21, dans laquelle, après quelques observations sur l'appui que les insurgés avaient, dit-on, trouvé en France, lord Aberdeen ajoutait : « On ne peut espérer que les passions qui ont si longtemps fait rage en Espagne se calment immédiatement; mais, si les gouvernements liés à l'Espagne par leur position, par des intérêts communs et d'anciennes alliances, spécialement les gouvernements de la Grande-Bretagne et de la France, s'unissaient sérieusement et consciencieusement pour aider l'Espagne à établir et à maintenir un gouvernement stable, on ne peut guère douter qu'en peu de temps la tranquillité ne fût rendue à ce malheureux pays. Le gouvernement de Sa Majesté propose donc que les gouvernements anglais et français unissent leurs efforts pour arrêter le torrent de discordes civiles qui menace de bouleverser encore une fois l'Espagne, et qu'ils prescrivent, l'un et l'autre, à leurs agents diplomatiques à Madrid, d'agir dans un amical et permanent accord, pour faire prévaloir les bienveillants desseins de leurs deux gouvernements à cet égard[2]. » Le secrétaire d'État restait dans ces généralités et n'abordait pas la question du mariage, mais au même moment, ayant eu une

---

[1] Cette idée d'un accord avec la France sur les affaires espagnoles s'était, du reste, déjà manifestée dans l'entourage de lord Aberdeen. En mars 1842, lord Wellington avait dit à un envoyé de M. Guizot : « Ils ont détruit, dans ce pays-là, tous les vieux moyens de gouvernement, et ils ne les ont remplacés par aucun autre; il faudrait que les deux grandes puissances, l'Angleterre et la France, se concertassent pour la pacification de l'Espagne. » (*Mémoires de M. Guizot*, t. VIII, p. 117.)

[2] *Ibid.*, p. 143.

explication sur ce sujet avec le prince Albert, il lui fit comprendre « qu'avec la chute du régent les prétentions du prince de Cobourg perdaient leur meilleur appui », et que cette candidature devait par suite être écartée [1]. M. Guizot retrouvait avec satisfaction, dans la dépêche anglaise, les idées qu'il avait lui-même exprimées si souvent. Il demeurait fidèle à ces idées, bien que le vent eût tourné en Espagne à notre avantage ; dans sa pensée, d'ailleurs, cet accord avec le cabinet de Londres faisait partie d'un plan d'ensemble. Il se hâta donc de répondre, le 10 août 1843, que « le gouvernement du Roi accueillait avec grand plaisir la proposition de concert et d'action commune dans les affaires d'Espagne, que lui adressait le gouvernement anglais ». Il ne se priva pas toutefois du plaisir de rappeler que « lui-même, à diverses reprises et notamment avant les derniers événements, il avait proposé au cabinet anglais cette action commune ». Enfin, ne voulant laisser place à aucune équivoque, il traita aussitôt le sujet du mariage. « Pour que le concert soit efficace, dit-il, il importe de se rendre bien compte des questions auxquelles il doit s'appliquer : la plus grave est, sans contredit, celle du mariage futur de la reine Isabelle. » Tout en protestant de son respect pour l'indépendance de la Reine, il exposa que « les puissances voisines, la France surtout, étaient grandement intéressées en cette affaire », et que « c'était un acte de loyauté de s'expliquer franchement et de bonne heure sur cet intérêt évident et sur la conduite qu'on se propose de tenir en conséquence ». Puis il continua en ces termes : « C'est ce que nous avons fait lorsque, soit publiquement, soit dans les communications officieuses que nous avons eues à ce sujet avec le cabinet britannique et avec les principaux cabinets européens, nous avons déclaré que l'intérêt français commandait au gouvernement du Roi de faire tous ses efforts pour que la couronne d'Espagne demeurât dans la maison royale qui la porte. En exprimant ainsi la pensée que les descendants de Philippe V doivent continuer à occuper le

---

[1] *Mémoires de M. Guizot*, t. VIII, p. 144.

trône d'Espagne, le gouvernement du Roi n'a témoigné, à coup sûr, aucune vue ambitieuse ou personnelle, car il a simplement demandé le maintien du *statu quo* et des maximes qui président, depuis l'ouverture du dernier siècle, à l'équilibre européen. Le gouvernement du Roi sera empressé de se concerter avec le gouvernement anglais pour assurer, par les voies d'une influence légitime et en gardant à l'indépendance de l'Espagne et de sa reine le plus scrupuleux respect, un résultat si juste en lui-même et si important au repos de l'Europe [1]. » M. Guizot acceptait donc l'accord proposé, mais il en précisait les conditions, en ce qui concernait le mariage. Lord Aberdeen ne marqua en aucune façon que ces conditions ne lui convinssent pas. Bien au contraire, quelques jours plus tard, une démarche spontanée et imprévue de la reine d'Angleterre vint confirmer, avec éclat, le rapprochement des deux cours occidentales, et même lui donner un caractère plus solennel et plus général.

IX

Vers la fin d'août, en pleines vacances parlementaires, alors que Louis-Philippe avait pris, à Eu, ses quartiers d'été, que les princes ses fils étaient dispersés, que M. Guizot se reposait au Val-Richer, la nouvelle se répandit tout à coup, sans que rien y eût préparé les esprits, que la reine d'Angleterre se disposait à faire visite au roi des Français. La première impression fut une surprise mêlée d'incrédulité. Les adversaires du gouvernement voulaient se persuader que c'était un faux bruit; ses amis se taisaient, par crainte d'une déception. Pas un souverain n'avait jusqu'ici consenti à être l'hôte du « roi des barricades » : les journaux en avaient plus d'une fois fait la remarque. Personne n'avait rendu les visites faites à Berlin et à Vienne par le duc d'Orléans et le duc de Nemours. Quand le

---

[1] Dépêche à M. de Jarnac, chargé d'affaires à Londres, citée par M. Guizot, à la tribune de la Chambre des pairs, dans son discours du 20 janvier 1847.

roi de Prusse était allé à Londres en 1842, il avait refusé, malgré les ouvertures de notre ministre à Berlin, de traverser le sol français. Or voici que cette sorte d'interdit allait être levé. Et par qui? Par la souveraine de cette Angleterre si longtemps notre ennemie, dont aucun roi n'avait mis le pied sur notre sol depuis l'entrevue de Henri VIII et de François Ier, et qui, naguère, semblait conduire contre la France la coalition de l'Europe. Pour mieux marquer qu'il s'agissait surtout d'une politesse faite au Roi, n'ajoutait-on pas que la visite se ferait à Eu, et que la Reine n'irait pas à Paris[1]? Si invraisemblable que parût tout d'abord la nouvelle, on n'en put longtemps douter. Car on apprit presque aussitôt que la Reine s'était embarquée, le 28 août, à Southampton, accompagnée du prince Albert et de lord Aberdeen, et qu'après avoir visité quelques ports anglais de la Manche, elle se dirigeait vers le Tréport.

Ce voyage était le résultat de l'initiative propre, — les mécontents disaient du caprice, — de la jeune souveraine, alors âgée de vingt-quatre ans. Grâce aux mariages contractés entre les d'Orléans et les Cobourg qui lui tenaient à elle-même de si près[2], la reine Victoria était devenue l'alliée et l'amie de plusieurs membres de la famille royale de France. Professant depuis longtemps grande tendresse et estime pour la sainte reine des Belges, fille aînée de Louis-Philippe, elle s'était prise récemment d'un goût très vif pour sa sœur plus jeune, la brillante princesse Clémentine, qui venait d'épouser, le 21 avril 1843, le prince Auguste de Cobourg. Elle connaissait aussi et avait fort apprécié les fils du Roi, qui tous, sauf le plus jeune, étaient venus à des époques diverses en Angleterre. De là, chez elle, une grande curiosité de visiter cette famille à son foyer, d'approcher une reine qu'elle savait si

---

[1] A Eu, lord Aberdeen dit à M. Guizot : « La Reine n'ira point à Paris; elle veut être venue pour voir le Roi et la famille royale, non pour s'amuser. » (*Mémoires de M. Guizot*, t. VI, p. 193.)

[2] Rappelons que la duchesse de Kent, mère de la Reine, et le prince Albert, son mari, étaient des Cobourg. D'autre part, trois enfants de Louis-Philippe, les princesses Louise et Clémentine et le duc de Nemours, avaient épousé des Cobourg.

universellement vénérée, de causer avec un roi qu'on disait si
habile, si spirituel, si plein d'expérience, et qui avait été autrefois l'ami de son propre père, le duc de Kent. « Je médite
d'aller voir vos parents à Eu, avait-elle dit un jour à la princesse
Clémentine; laissez-moi arranger cela et gardez-moi le secret. »
Ce fut en juin 1843 qu'elle parla pour la première fois de son
projet à sir Robert Peel et à lord Aberdeen. Ceux-ci furent
fort surpris; mais cette fantaisie royale concordait précisément
avec l'évolution que faisaient faire à leur politique le déclin et
la chute dès lors probable d'Espartero. Aussi ne présentèrent-ils
aucune objection. « Nous laisserons Sa Majesté faire autant de
pas qu'elle le voudra dans cette voie-là », dit lord Aberdeen.
Il fut seulement convenu, pour éviter les questions et peut-être
les critiques de l'opposition, que le plus grand secret serait
gardé. Le duc de Wellington lui-même ne fut informé du projet que trois jours avant son exécution [1].

A la cour de France, la satisfaction fut vive, quand on reçut
avis de la visite projetée. Il ne restait que quelques jours pour
s'y préparer. Le Roi veilla à tout avec entrain. « Je suis fort
malheureux avec quatre invalides pour servir six pièces, écrivait-il le 26 août à M. Guizot; le maréchal en avait ordonné
trente l'année dernière; j'ai dit au général Teste de les faire
venir en poste de Douai; tout cela pour faciliter le secret. Puis,
de l'argenterie, de la porcelaine. Il n'y a rien ici, que des têtes
qui partent. Les logements sont un autre embarras; heureusement, il y a chez Peckam une douzaine de baraques en bois,
destinées à Alger, que je vais faire établir dans le jardin de
l'église et meubler comme nous pourrons. Je fais arriver
soixante lits de Neuilly et chercher à Dieppe de la toile à voiles
qu'on va goudronner pour les toits. Cela sera une espèce de
smala où le duc d'Aumale donnera l'exemple de coucher,
comme il a donné celui de charger la *smala* d'Abd-el-Kader.
Je fais commander un spectacle... Je vous conseille de venir
au plus tard jeudi, afin que nous puissions bien nous entendre

---

[1] *The Greville Memoirs, second part*, t. II, p. 196, 197.

et bien causer avant la bordée; *but you will have to excuse the accommodation which will be very indifferent. Never mind*, tout ira très bien [1]. »

Le 2 septembre 1843, à cinq heures un quart du soir, le canon annonça que le yacht de la Reine était en vue. Le Roi et sa suite s'embarquèrent dans un canot pour aller au-devant d'elle. La mer était belle, le ciel pur, la côte couverte de toute la population des environs. Six bâtiments français, gaiement pavoisés aux couleurs des deux nations, saluaient avec toutes leurs pièces d'artillerie. Les matelots sur les vergues poussaient des hourras. De son bord, la jeune reine regardait venir le canot du Roi. « A mesure qu'il approchait, dit-elle dans son journal[2], je me sentais de plus en plus agitée. Enfin il accosta. Le bon roi était debout et tellement impatient d'aborder, qu'on eut de la peine à l'en empêcher et à le faire attendre jusqu'à ce qu'il fût assez près. Il monta aussi vite que possible et m'embrassa tendrement. C'était un spectacle vraiment attendrissant, et je n'oublierai jamais l'émotion que cela m'a causée. Le Roi exprima, à plusieurs reprises, la joie qu'il éprouvait de me voir. On ne perdit pas de temps pour quitter le yacht, et bientôt on vit le spectacle nouveau des étendards de France et d'Angleterre flottant côte à côte, au-dessus des souverains des deux pays, tandis qu'on les conduisait à terre sur le canot royal français. Le débarquement était magnifique à voir, embelli par une soirée délicieuse et éclairé du soleil couchant. Une foule de gens, tous si différents des nôtres, des troupes, différentes aussi de nos troupes, toute la cour et toutes les autorités étaient rassemblés sur le rivage. Le Roi me conduisit par un escalier assez raide, où la Reine, accompagnée de ma chère Louise (la reine des Belges), me fit le plus tendre accueil; Hélène (la duchesse d'Orléans)

---

[1] *Mémoires de M. Guizot*, t. VI, p. 188, 189.
[2] Les extraits de ce journal, auquel je ferai plusieurs autres emprunts, ont été publiés par sir Théodore Martin, dans son ouvrage *The Life of H. R. H. the Prince Consort*. M. Craven a donné une traduction abrégée de cet ouvrage, sous ce titre : *Le Prince Albert, extraits de l'ouvrage de sir Théodore Martin*.

en grand deuil, Françoise (la princesse de Joinville) et Madame Adélaïde étaient aussi là. Tout cela, les acclamations du peuple et de la troupe, criant : *Vive la Reine! Vive le Roi!* me fit presque défaillir. Le Roi répéta de nouveau combien cette visite le rendait heureux et combien il était attaché à mon père et à l'Angleterre[1]. »

Débarquée un samedi, la Reine resta à Eu jusqu'au jeudi suivant, ravie de l'hospitalité qu'elle y recevait, s'amusant de tant de choses nouvelles pour sa jeune curiosité[2], jouissant de tous les divertissements si agréablement ordonnés qui remplissaient les journées ou les soirées. Son journal est plein des témoignages presque naïfs de sa joie. Dès le lendemain de son arrivée, elle écrit : « Il me semblait que c'était un rêve que je fusse à Eu et que mon château en Espagne favori fût réalisé ; mais ce n'est pas un rêve ; c'est une charmante réalité. » Le lundi, après une promenade et un divertissement champêtre : « C'était une délicieuse fête ; je m'amuse beaucoup. » Le mercredi, à l'occasion d'un déjeuner improvisé en forêt : « C'était si joli, si gai, si champêtre, et la rapidité avec laquelle tout avait été arrangé était merveilleuse. » Dans les concerts qu'on lui donne, elle trouve que les artistes jouent « à merveille » ; les comédies la font « mourir de rire ». Ce qui lui plaît plus encore, c'est l'intimité où elle vit avec la famille royale. « Le Roi est gai, écrit-elle, sa conversation riche d'anecdotes » : et elle ajoute, le lendemain : « La gaieté et la vivacité du Roi me charment et m'amusent. » Elle ne tarit pas sur la « chère et excellente reine qu'on ne peut que vénérer et aimer » ; elle se

---

[1] A propos des acclamations des populations, M. Guizot faisait, dans une lettre écrite le lendemain, les réflexions suivantes : « Ce pays-ci n'aime pas les Anglais. Il est normand et maritime. Dans nos guerres avec l'Angleterre, le Tréport a été brûlé deux ou trois fois et pillé je ne sais combien de fois. Mais on a dit, on a répété : La reine d'Angleterre fait une politesse à notre roi ; il faut être bien poli avec elle. Cette idée s'est emparée du peuple et a surmonté souvenirs, passions, tentations, partis. Ils ont crié et ils crieront : *Vive la Reine!* et ils applaudissent le *God save the Queen* de tout leur cœur. Il ne faudrait seulement pas le leur demander trop longtemps. » (*Mémoires de M. Guizot*, t. VI, p. 191.)

[2] A propos de la visite faite à la chapelle du château, la Reine écrit sur son journal : « C'est la première chapelle catholique que j'aie vue. »

sent pour elle « une tendresse filiale ». Ce n'est pas sans une respectueuse émotion qu'elle est admise à entrevoir les fonds douloureux de cette âme royale qui ne se console pas de la mort soudaine de son premier-né. « J'ai montré à la Reine, écrit-elle, les miniatures de Puss et de son frère (ses enfants) qu'elle a beaucoup admirés, et elle nous a dit si tendrement : *Que Dieu les bénisse et qu'ils puissent ne vous donner jamais de chagrin!* Alors j'ai dit que je voudrais qu'ils devinssent comme ses enfants à elle. A quoi elle a répondu : *Oui, en une chose, dans leur attachement pour leurs parents: mais souvent aussi ils donnent du chagrin.* En disant cela, elle baissa les yeux qui se remplirent de larmes, et elle ajouta : *Enfin ce que Dieu veut...* » Le lendemain, la reine Victoria notait encore ce trait qui l'avait frappée : « La chère reine m'a dit en me faisant sa visite hier et en me parlant de ses enfants : *Je vous les recommande, Madame, ainsi qu'au prince Albert, quand nous ne serons plus. Protégez-les, ce sont des amis de cœur.* » Le « profond deuil » de la duchesse d'Orléans touche aussi beaucoup la noble visiteuse : « La chère Hélène, dit-elle, a beaucoup d'esprit et de sens ; elle montre beaucoup de courage et de force de caractère. Elle m'a parlé, les larmes aux yeux, de ma sympathie pour elle dans son bonheur et dans son malheur. Pauvre excellente Hélène! » Puis, c'est la reine des Belges : « Chère angélique Louise! elle est si bonne pour nous, sans cesse nous demandant ce que nous désirons, ce que nous aimons. » Les princes ne lui plaisent pas moins : « Ces jeunes gens sont si gais », dit-elle, particulièrement « Joinville, si aimable et notre grand favori ». « Ils sont tous si empressés et si agréables, écrit-elle encore ; cela réjouit le cœur : je suis à l'aise avec eux comme si j'étais de la famille. » Et elle répète, le lendemain : « Je me sens si gaie et si heureuse avec ces chères gens ! »

Au milieu de ces fêtes et de ces épanchements de royale amitié, la politique se faisait sa part[1]. Il fut tout de suite

---

[1] Pour l'exposé des conversations politiques qui ont eu lieu à Eu, pendant la visite de la reine d'Angleterre, je me suis principalement attaché au témoignage de l'un des interlocuteurs, aux *Mémoires de M. Guizot* (t. VI, p. 191 et suiv., et

visible que les ministres britanniques, loin de vouloir diminuer la portée de la démarche faite par leur souveraine, entendaient s'y associer et en faire sortir le rapprochement des deux gouvernements. A peine débarqué, lord Aberdeen dit à M. Guizot ces paroles très significatives : « Prenez ceci, je vous prie, comme un indice assuré de notre politique et sur la question d'Espagne et sur toutes les questions ; nous causerons à fond de toutes. » Dès le lendemain, il avait avec le roi Louis-Philippe un long tête-à-tête. S'en expliquant aussitôt après avec M. Guizot, il se déclara « content des vues et des intentions politiques que le Roi lui avait développées, spécialement sur la question d'Espagne, frappé de l'abondance de ses idées et de ses souvenirs, de la rectitude et de la liberté de son jugement, de la vivacité naturelle et gaie de son langage ». Mais c'était surtout entre les ministres que les questions devaient être serrées de près. Ils ne se contentèrent pas des entretiens un peu à bâtons rompus qu'ils pouvaient placer au milieu des excursions ou des réunions générales. Un jour, ils demandèrent la permission de ne pas prendre part à la promenade royale et passèrent deux heures à arpenter seuls le parc, s'entretenant de toutes choses. « Entretien singulièrement libre et franc des deux parts, a rapporté M. Guizot, et auquel nous prenions visiblement, l'un et l'autre, ce plaisir qui porte à la confiance et à l'amitié. » Pas un sujet qui ne fût abordé. On parla du traité de commerce, de la Russie, de l'Orient, de la Grèce, surtout du droit de visite et du mariage de la reine d'Espagne, qui, aux yeux de lord Aberdeen, étaient l'un « le plus gros embarras », l'autre « la plus grande affaire » du moment.

En ce qui touchait le droit de visite, M. Guizot ne jugeait pas encore le moment venu de faire aucune proposition, mais il s'attacha à faire comprendre comment les votes de la Chambre l'obligeaient à ouvrir prochainement une négociation pour la revision des conventions de 1831. De son côté, lord Aberdeen ne laissa pas ignorer au ministre français à quel point les pré-

---

t. VIII, p. 144). Les citations qui seront faites sans indication de source spéciale sont empruntées à ces Mémoires.

ventions étaient excitées en Angleterre. « Il y a deux choses, lui dit-il, sur lesquelles mon pays n'est pas traitable et moi pas aussi libre que je le souhaiterais, l'abolition de la traite et la propagande protestante. Sur tout le reste, ne nous inquiétons, vous et moi, que de faire ce qui sera bon ; je me charge de le faire approuver. Sur ces deux choses-là, il y a de l'impossible en Angleterre et beaucoup de ménagements à garder. » Et comme M. Guizot lui demandait quelle était, dans la Chambre des communes, la force du parti des *saints* : « Ils sont tous *saints* sur ces questions-là », répondit-il. Toutefois il n'opposa pas de fin de non-recevoir absolue à la négociation qu'on lui annonçait. C'était précisément la qualité propre de cet esprit équitable, qualité plus rare qu'on ne le croit, de tenir compte des difficultés sous l'empire desquelles se trouvaient ceux avec qui il traitait. Il sortit de cet entretien, ayant compris que les Chambres françaises ne désarmeraient pas avant d'avoir obtenu l'abolition du droit de visite, et « qu'il y avait là, entre les deux pays, une question à laquelle il fallait trouver une solution, un péril qu'il fallait faire cesser ».

Sur le mariage espagnol, lord Aberdeen, demeuré jusque-là soupçonneux en dépit de nos déclarations antérieures, fut tout d'abord frappé et charmé de l'insistance et de la netteté avec lesquelles, dans l'intimité du tête-à-tête, le Roi et son ministre affirmèrent leur résolution de ne pas aspirer et même de se refuser à l'union d'un prince français avec Isabelle. Mais, on le sait, dans la pensée de notre gouvernement, cette renonciation devait avoir une contre-partie qui était l'exclusion de tout candidat étranger à la famille de Bourbon. Obtint-on, à Eu, que le cabinet britannique adhérât enfin à cette exclusion ? La question est délicate et importante : elle est un des éléments du grave procès qui se plaidera, quelques années plus tard, entre les deux gouvernements, chacun reprochant à l'autre d'avoir manqué à sa parole [1]. La vérité est que, non par arrière-pensée

---

[1] Les historiens anglais ont naturellement cherché à établir que leur gouvernement ne s'était nullement engagé à repousser la candidature du prince de Cobourg. Telle est notamment la thèse de M. BULWEN (*Life of Palmerston*) et de sir Théo-

de se duper mutuellement, mais par crainte de rendre plus difficile un accord très désiré des deux parts, les interlocuteurs évitèrent de pousser les choses trop à fond, et qu'à bonne intention, on laissa, dès l'origine de cette affaire, régner un certain vague qui n'était pas sans danger pour l'avenir. Du côté de la France, on n'osa pas mettre l'Angleterre en demeure de reconnaître le droit d'exclusion qu'elle nous avait jusqu'ici dénié, et de répudier nommément la candidature du prince de Cobourg. Du côté de l'Angleterre, la réserve une fois faite du principe et le ménagement gardé sur la personne, on ne refusa pas de s'engager, ou l'on nous laissa croire qu'on s'engageait à seconder en fait nos efforts en faveur des prétendants de la maison de Bourbon et à décourager tous autres candidats. Ce fut ainsi que M. Guizot comprit les conditions de l'accord conclu[1], et la conduite ultérieure de lord Aberdeen indique qu'il se regardait en effet comme ayant pris ces enga-

dore MARTIN (*Life of H. R. H. the Prince Consort*). Le baron de Stockmar présente les faits de même dans ses *Mémoires*.

[1] M. Guizot, revenant sur ces événements, le 20 janvier 1847, à la tribune de la Chambre des pairs, a raconté ainsi, sans être contredit par lord Aberdeen, ce qui s'était passé à Eu, en 1843, au sujet du mariage espagnol : « Cette question devint, entre lord Aberdeen et moi, l'objet de plusieurs conversations : il fut convenu, non pas que lord Aberdeen accepterait et proclamerait notre principe sur les descendants de Philippe V qui seuls nous convenaient pour le trône d'Espagne, mais qu'en fait, en pratique, les conseils de l'Angleterre seraient donnés dans ce sens, que tout autre candidat serait découragé, par voie d'influence seulement, mais qu'il le serait. » Et l'orateur citait, à l'appui de son récit, la dépêche par laquelle, le 21 septembre 1843, il mandait à M. de Flahault, son ambassadeur à Vienne, le résultat des conversations qui venaient d'avoir lieu, quelques semaines auparavant : « …Lord Aberdeen accepte les descendants de Philippe V comme les seuls candidats convenables au trône de la reine Isabelle. Il ne proclamera pas le principe hautement et absolument comme nous. Il l'adopte en fait, et se conduira en conséquence. Aucune exclusion n'est formellement prononcée. Nous n'excluons pas formellement les Cobourg. L'Angleterre n'exclut pas formellement les fils du Roi. Mais il est entendu que nous ne voulons ni l'une ni l'autre de ces combinaisons, que nous ne poursuivrons ni l'une ni l'autre, que nous travaillerons, au contraire, à empêcher que l'une ou l'autre soit proposée par l'Espagne, et que si l'une des deux propositions était faite, l'autre reprendrait à l'instant sa liberté… Cela convenu, lord Aberdeen s'engage à appuyer, de concert avec nous, celui des descendants de Philippe V qui aura en Espagne le plus de chance de succès, sous ces deux réserves, qui sont parfaitement notre avis aussi à nous : 1º que l'indépendance de l'Espagne et de la Reine sera respectée; 2º que l'Angleterre ne prendra aucune initiative et se bornera à marcher avec nous, en appuyant de son influence notre résolution commune. »

gements[1]. Seulement, tout en étant personnellement résolu à les tenir avec sa loyauté ordinaire, le secrétaire d'État, par souci des préventions du public anglais et par égard pour les préférences de sa cour, paraît avoir hésité à les faire connaître clairement et complètement autour de lui, mettant volontiers en lumière la réserve qu'il avait faite, en principe, du libre choix de la reine d'Espagne, et laissant un peu plus dans l'ombre le concours pratique qu'il avait promis aux candidats désirés par la France[2]. Du reste, fallût-il admettre un doute sur la mesure de l'engagement pris par le gouvernement anglais, un fait du moins n'est pas contestable, — et ce fait paraît décisif, — c'est que la renonciation du gouvernement du roi Louis-Philippe au mariage français était conditionnelle; elle supposait que les Bourbons seraient les seuls candidats admis à la main de la Reine. Lord Aberdeen en était formellement averti. « L'apparition du prince de Cobourg, lui avait dit M. Guizot, serait la résurrection du duc d'Aumale[3]. »

[1] Notre assertion n'est nullement contredite par ce fait que lord Aberdeen a affirmé plus tard avoir « toujours protesté contre la prétention d'imposer comme mari à la Reine et à son peuple un prince pris expressément dans telle ou telle famille ». (Lettre à M. Guizot, du 14 septembre 1846, publiée dans la *Revue rétrospective*.) C'était là la réserve de principe. Mais dans cette même lettre, lord Aberdeen se faisait honneur de n'avoir jamais rien fait pour la candidature Cobourg, d'en avoir, au contraire, détourné la Reine et le prince Albert, d'avoir désavoué ceux de ses agents qui s'étaient laissé compromettre dans ce sens, et d'avoir exprimé l'avis que le mariage avec un Bourbon était le plus convenable. Voilà l'exécution de l'engagement de fait.

[2] C'est ainsi seulement qu'on peut expliquer comment le prince Albert écrivait, le 10 septembre 1843, en revenant d'Eu, à son confident, le baron de Stockmar : « Il ne s'est rien passé de politique, excepté la déclaration de Louis-Philippe à Aberdeen qu'il ne donnerait pas son fils à l'Espagne, même si on le lui demandait, et la réponse d'Aberdeen qu'excepté un de ses fils, tout aspirant que l'Espagne choisirait serait accepté par l'Angleterre. » (*Le Prince Albert*, t. I, p. 98.) — Évidemment, si le mari de la reine Victoria avait été tenu au courant des longues conversations échangées entre les deux ministres anglais et français, il n'eût pu écrire qu'il « ne s'était rien passé de politique », et il n'eût pas tout réduit à un abandon de la candidature française sans aucune contre-partie. Il est donc probable que lord Aberdeen, qui n'aimait pas à contredire et à contrister les gens, n'avait pas été empressé de faire savoir au prince consort à quel point il avait sacrifié, en fait, les chances matrimoniales de son cousin.

[3] Ce propos si significatif était rapporté, quelques jours après avoir été tenu, dans la dépêche adressée par M. Guizot à M. de Flahault. (Discours précité du 20 janvier 1847.)

Tel fut, autant qu'on peut aujourd'hui le préciser, le résultat de ces longs entretiens sur les principales questions pendantes. M. Guizot s'en félicitait, et c'est ce qui lui faisait écrire un peu plus tard à M. de Barante : « La surface du voyage d'Eu a été très bonne. Le fond est encore meilleur [1]. » Du reste, ce qui valait peut-être mieux que l'accord conclu sur tel ou tel point particulier, c'était le caractère tout nouveau que prenaient les rapports des deux hommes appelés à diriger la politique étrangère de la France et de l'Angleterre. Tandis que l'intimité s'établissait entre leurs cours, ils devenaient personnellement amis. Ce que toutes les assurances et les protestations de leurs dépêches n'eussent jamais parvenu à faire, la liberté et la cordialité de leur tête-à-tête sous les ombrages du parc d'Eu l'ont accompli en quelques heures. Ainsi ont été, sinon entièrement dissipés, du moins fort atténués, les méfiances et les ombrages dont une rivalité séculaire avait fait en quelque sorte la tradition politique de leurs deux gouvernements. Chacun des interlocuteurs a été à la fois surpris et touché de rencontrer chez l'autre tant de sincère bon vouloir, de modération impartiale et conciliante, de largeur et d'équité d'esprit. Cette amitié n'était pas un caprice superficiel et passager. Elle devait subsister jusqu'à la fin, résistant aux plus délicates complications, permettant de les résoudre et, par là même, aidant singulièrement à la paix du monde. Il faudra la chute de lord Aberdeen et le retour de lord Palmerston, pour perdre le fruit du rapprochement inauguré ainsi en 1843, et pour voir renaître, entre les deux puissances occidentales, les vieilles suspicions et les vieilles animosités.

Après cinq jours de réunion, il fallut bien se séparer. « A six heures moins un quart, — écrit la reine Victoria sur son journal, à la date du jeudi 7 septembre, — nous nous sommes levés, le cœur gros, en pensant que nous devions quitter cette chère et aimable famille... J'étais si triste de m'en aller! » Puis, après avoir raconté son embarquement : « Enfin le mau-

---

[1] Lettre du 2 novembre 1843. (*Documents inédits.*)

vais moment est arrivé, et nous avons été obligés de prendre congé les uns des autres avec le plus grand regret... Nous nous sommes placés de manière à les voir passer sur un petit bateau à vapeur à bord duquel ils sont tous montés. Le Roi a agité sa main et nous a crié encore : Adieu ! Adieu[1] ! » Le prince Albert, d'un tempérament plus froid, moins disposé à s'attendrir, surtout quand il s'agissait de la France, n'en rapportait pas moins une impression favorable de sa visite à Eu, et, à peine de retour en Angleterre, le 10 septembre, il écrivait à son confident Stockmar : « Notre expédition s'est passée à merveille. Le ciel nous a favorisés d'un temps magnifique, et rien n'est arrivé qui pût nous causer le moindre désagrément... Le vieux roi était dans l'enchantement, et toute la famille nous a reçus avec une cordialité, je puis même dire avec une affection vraiment touchante. Victoria a été frappée de la nouveauté de la scène, et elle est tout à fait triste que ce soit fini. Joinville nous a accompagnés à notre retour et est resté ici deux nuits. J'ai rarement vu un jeune homme qui m'ait plu autant. Ses vues sont particulièrement saines. Il est droit, honorable, bien doué et aimable, mais très sourd. Tous les Français se sont montrés satisfaits et infatigables dans leur courtoisie avec nous. L'effet produit par l'excursion est excellent. Ici le public en est aussi parfaitement satisfait... Lord Brougham m'a écrit hier pour féliciter Victoria et moi sur les bons effets produits en France par notre voyage et sur ce qu'il peut y avoir, dans cette sage démarche, de propre à faire naître de bons sentiments entre les deux nations. Je crois même qu'il en sera ainsi. Aberdeen a été parfaitement satisfait de tous et s'est fait aimer... La famille de Louis-Philippe n'oublie pas que, depuis treize ans, elle a été mise au ban de l'Europe ; aussi apprécie-t-elle vivement cette royale visite. Le Roi m'a répété cela à plusieurs reprises...[2]. »

Louis-Philippe, en effet, était pleinement heureux. Il n'avait pas eu d'aussi bons jours depuis les fêtes du mariage du duc

---

[1] *Le Prince Albert*, t. I, p. 96 et 97.
[2] *Ibid.*, t. I, p. 97 et 98.

d'Orléans. « Tout ce que je vous dirai, écrivait-il au maréchal Soult après le départ de la reine Victoria, ne pourra pas vous donner une idée exacte de sa grâce, de son aménité et de l'affection qu'elle nous a témoignée, à la Reine, à ma sœur, à moi et à tous les miens [1]. » Les intérêts de son pays et ceux de sa dynastie lui paraissaient avoir été également bien servis. Cet éclatant témoignage des dispositions du gouvernement anglais facilitait et affermissait la politique de paix, en même temps qu'elle donnait à cette politique meilleure figure, lui ôtait ce je ne sais quoi d'un peu modeste et humilié que prétendait lui reprocher l'opposition. La courtoisie déférente avec laquelle avait été traitée la royauté de Juillet augmentait son prestige aussi bien aux yeux du public français que des cours étrangères. Le Roi constatait ces résultats, et il y voyait, non sans quelque orgueil, le fruit et la récompense de son habile et patiente politique. M. Guizot partageait la joie et le triomphe de son souverain. Avant même que les hôtes royaux eussent quitté le château d'Eu, il écrivait à un de ses amis : « Je pense beaucoup à ce qui se passe ici. Si je ne consultais que mon intérêt, l'intérêt de mon nom et de mon avenir, je désirerais, je saisirais un prétexte pour me retirer des affaires et me tenir à l'écart. J'y suis entré, il y a trois ans, pour empêcher la guerre entre les deux plus grands pays du monde. J'ai empêché la guerre. J'ai fait plus : au bout de trois ans, à travers des incidents et des obstacles de tout genre, j'ai rétabli, entre les deux pays, la bonne intelligence et l'accord. La plus brillante démonstration de ce résultat est donnée en ce moment à l'Europe. Je ne ressemble pas à Jeanne d'Arc ; elle a chassé les Anglais de France ; j'ai assuré la paix entre la France et les Anglais. Mais vraiment ce jour-ci est, pour moi, ce que fut, pour Jeanne d'Arc, le sacre du roi à Reims. Je devrais faire ce qu'elle avait envie de faire, me retirer. Je ne le ferai pas, et on me brûlera quelque jour, comme elle [2]. »

Le public en France n'était sans doute pas monté au même

[1] Lettre du 10 septembre 1843. (*Documents inédits.*)
[2] *Mémoires de M. Guizot*, t. VI, p. 195, 196.

diapason que M. Guizot, et l'entrevue de Victoria avec Louis-Philippe ne lui faisait pas l'effet du sacre de Charles VII. Toutefois son impression était vive ; elle s'était traduite d'abord en surprise, ensuite en curiosité très occupée de tous les détails de la réception. Vainement les journaux de gauche tâchaient-ils de réveiller les ressentiments contre l'Angleterre et de faire croire que le Roi payait en abandon des droits de la France l'honneur qui lui était fait ; le sentiment dominant était la satisfaction. « L'effet sera immense, mandait de Paris M. Duchâtel le 3 septembre, plus grand qu'on ne pouvait le croire au premier abord. » On s'était demandé un moment si la Reine ne viendrait pas à Paris. « La réception y aurait été très belle, écrivait encore M. Duchâtel. J'étais d'abord un peu dans le doute. Mais toutes mes informations sont très favorables. Le général Jacqueminot trouve la garde nationale très animée dans le bon sens [1]. » En somme, la nation était flattée, dans son amour-propre, de la politesse qui venait d'être faite à son souverain et dont elle prenait justement sa part.

A l'étranger, au contraire, partout où l'on n'aimait pas la France de Juillet, le dépit fut grand. Dès la première nouvelle des intentions de la reine d'Angleterre, les ambassadeurs des puissances continentales à Paris et à Londres avaient laissé voir leur mauvaise humeur [2]. « Un roi n'eût pas fait cela, disait tel d'entre eux ; c'est une fantaisie de petite fille. » En même temps, le comte Bresson écrivait de Berlin à M. Guizot : « Il y a longtemps que je n'ai reçu une aussi agréable nouvelle... Que nous importe maintenant que tel ou tel prince, de grande, moyenne ou petite cour, juge que ses principes ne lui permettent pas de toucher la terre de France ? La manifestation essentielle est accomplie. Il faut avoir, comme moi, habité, respiré, pendant longues années, au milieu de tant d'étroites préventions, de passions mesquines et cependant ardentes, pour bien

---

[1] *Mémoires de M. Guizot*, t. VI, p. 196.
[2] « Les ambassadeurs du Nord ont montré de la mauvaise humeur, écrivait le prince Albert à Stockmar, ce qui est peu judicieux... L'empereur de Russie en sera impatienté, mais cela nous est égal. » (*Le Prince Albert*, t. I, p. 98.)

apprécier le service que vous avez rendu et pour savoir combien vous déjouez de calculs, combien de triomphes vous changez en mécomptes, et tout ce que gagne le pays aux hommages qui sont rendus au Roi [1]. » Quelques jours plus tard, la visite faite, le même comte Bresson, qui avait pu saisir sur le vif les impressions, non seulement de la cour de Prusse, mais aussi de l'empereur de Russie, alors de passage à Berlin, mandait encore à M. Guizot : « C'est un immense mécompte pour le Czar et pour tous ceux qui partagent ses sentiments. Avec un ministère tory, cet événement n'était pas même entré dans les prévisions : on se croyait assuré du concert à quatre en toutes circonstances analogues à celles du 15 juillet. On voit qu'à l'instar de l'Angleterre, il faudra compter et l'on comptera beaucoup plus avec nous. Le roi de Prusse n'a guère été plus charmé que son beau-frère... Indubitablement il est froissé que la Reine l'ait relégué dans l'arrière-plan, lui, le parrain du prince de Galles et qui avait droit à la première des visites [2]. » Ce dernier grief était un des plus vivement ressentis en Allemagne ; les journaux d'outre-Rhin rappelaient comment Frédéric-Guillaume IV s'était rendu, l'année précédente, à Londres, pour le baptême du prince de Galles, et ils se plaignaient de le voir si mal récompensé de son empressement. A Vienne, la mortification n'était pas aussi vive, mais M. de Metternich n'en considérait pas moins avec déplaisir l'intimité des deux puissances occidentales [3]. L'événement lui paraissait surtout avantageux pour la France : « Ce qui est évident, écrivait-il au comte Apponyi, c'est que, à Eu, lord Aberdeen s'est laissé enjôler. Dans une rencontre avec Louis-Philippe et M. Guizot, il tirera toujours la courte paille [4]. »

---

[1] Lettre du 31 août 1843. (*Mémoires de M. Guizot*, t. VI, p. 196, 197.)

[2] Lettre du 22 septembre 1843. (*Documents inédits.*) — A la même époque, la duchesse de Dino écrivait à M. de Barante : « On ne dit pas Nicolas de trop belle humeur, et ce qui se passe à Eu lui déplaît mortellement. Je pense que tous nos petits princes allemands, qui craignent de se crotter en passant le Rhin, vont peu à peu le sauter à pieds joints. » (*Documents inédits.*)

[3] Dépêches de M. de Flahault du 11 et du 20 septembre 1843. (*Mémoires de M. Guizot*, t. VI, p. 197, 198.)

[4] Lettre du 12 octobre 1843. (*Mémoires de M. de Metternich*, t. VI, p. 690.)

Ainsi, qu'on regardât au delà ou en deçà des frontières, qu'on s'attachât à l'apparence ou à la réalité, l'entrevue d'Eu était un fait heureux pour la politique française. Ce succès diplomatique, s'ajoutant au succès parlementaire qui avait marqué la fin de la session de 1843, particulièrement au vote des fonds secrets, faisait une bonne situation au ministère du 29 octobre. Il ne restait plus rien de l'ébranlement produit par le résultat équivoque des élections de juillet 1842. La partie qui, pendant quelque temps, avait paru douteuse, était gagnée, et le cabinet terminait, dans une sécurité qu'il n'avait pas encore connue, sa troisième année d'existence. Une durée de trois ans! Cela seul n'était-il pas un progrès inespéré? Les esprits réfléchis en étaient frappés. « Je vois avec plaisir, écrivait alors la duchesse de Dino à un de ses amis, que votre opinion est très favorable à la situation du ministère Guizot. Tout ce qui assure de la durée à quelque chose ou à quelqu'un est inappréciable en France... Il semble que la mauvaise veine soit épuisée et que la mort de ce pauvre duc d'Orléans ait été la clôture des mauvais jours [1]. » Cette stabilité si nouvelle avait son heureux contre-coup sur le développement des affaires; la prospérité était grande. Il ne faudrait pas croire cependant qu'en devenant ainsi plus solide, le ministère eût acquis une vraie popularité, et que l'opinion fût disposée à lui témoigner beaucoup de gratitude pour les services qu'il rendait. Dans une lettre qu'il adressait à M. Guizot, le 7 novembre 1843, M. de Barante notait assez exactement l'état des esprits : « Vous devez être content, disait-il au ministre, car il me paraît que le pays l'est aussi. Sans doute son bien-être ne lui donne ni conviction, ni affection, ni reconnaissance; il est même en garde contre de tels sentiments; mais il est sciemment calme et s'applaudit de son repos [2]. »

---

[1] Lettre à M. de Barante. (*Documents inédits.*)
[2] *Documents inédits.*

CHAPITRE IV

L'ENTENTE CORDIALE ENTRE LA FRANCE ET L'ANGLETERRE

(Septembre 1843-février 1844.)

I. Lord Aberdeen et ses rapports avec le cabinet français. Les voyages du duc de Bordeaux en Europe. Sur la demande du gouvernement du Roi, la reine Victoria décide de ne pas recevoir le prétendant. Les démonstrations de Belgrave square. Leur effet sur le roi Louis-Philippe. Cet incident manifeste les bons rapports des deux cabinets. — II. Le discours du trône en France proclame l'entente cordiale. Discussion sur ce sujet dans la Chambre des députés. M. Thiers rompt le silence qu'il gardait depuis dix-huit mois. L'entente cordiale ratifiée par la Chambre. — III. Débats du parlement anglais. Discours de sir Robert Peel. — IV. La dotation du duc de Nemours. Une manifestation des bureaux empêche la présentation du projet désiré par le Roi. Article inséré dans le *Moniteur*. Mauvais effet produit. — V. L'incident de Belgrave square devant les Chambres. Le projet d'adresse « flétrit » les députés légitimistes. Premier débat entre M. Berryer et M. Guizot. Faut-il maintenir le mot : *flétrit ?* Nouveau débat. M. Berryer rappelle le voyage de M. Guizot à Gand. Réponse du ministre. Scène de violence inouïe. Le vote. Réélection des « flétris ». Reproches faits par le Roi à M. de Salvandy. Conséquences fâcheuses que devait avoir pour la monarchie de Juillet l'affaire de la « flétrissure ».

I

Aussitôt après la visite faite à Eu, en septembre 1843, par la reine Victoria, les cabinets de Londres et de Paris s'appliquèrent, avec une bonne volonté et une bonne foi égales, à pratiquer leur nouvelle politique d'entente. Au mois d'octobre, lord Aberdeen, s'étant rendu dans sa terre de Haddo, en Écosse, pour y prendre un peu de repos, invita à l'y suivre notre chargé d'affaires qui était en ce moment le comte de Jarnac. Le ministre et le diplomate vécurent à Haddo sur un pied d'intimité confiante et affectueuse. « Le repas du matin terminé, a raconté M. de Jarnac [1], lord Aberdeen m'emmenait dans son cabinet. Les courriers de l'ambassade comme ceux du *Foreign office* nous arrivaient sans cesse. Nous nous communiquions tout, autant que les intérêts du service le permettaient; nous causions de tout à cœur ouvert. » Puis, à d'autres moments, le soir principalement, c'étaient de longues conversations où le secrétaire d'État devisait librement des choses et des hommes de la politique. Tantôt, il réveillait ses souvenirs sur les luttes du commencement du siècle, sur Napoléon, sur Talleyrand qu'il jugeait sévèrement, sur les autres personnages de cette tragique époque. Tantôt, revenant au temps présent, « il parlait volontiers, rapporte son interlocuteur, de l'inflexible intégrité du duc de Broglie; de la reine Marie-Amélie, *that angel on earth*, à laquelle il avait voué un culte tout particulier, *la seule personne de notre siècle*, disait-il, *contre laquelle le souffle de la calomnie n'a jamais osé s'élever;* de la noble lutte que soutenaient le roi Louis-Philippe et M. Guizot pour les intérêts les plus chers de l'humanité »; toutefois, il laissait voir des doutes sur l'issue de cette lutte : les destinées futures de notre pays l'inquiétaient. Le sujet le plus fréquent des entretiens était naturellement la situation respective de la France et de l'Angleterre. C'est même en cette circonstance que leurs nouveaux rapports paraissent avoir reçu, pour la première fois, le nom qu'ils devaient conserver dans l'histoire diplomatique. Un jour, en effet, le ministre fut amené à communiquer à notre chargé d'affaires une longue lettre confidentielle qu'il adressait à son frère sir Robert Gordon, ambassadeur à Vienne; dans cette lettre, pour caractériser les relations qu'il désirait désormais entretenir avec le gouvernement français, il se servait de cette expression : « *A cordial good understanding*, une cordiale bonne entente. »

Bien que dégagé des préjugés surannés et supérieur aux mesquines jalousies, lord Aberdeen restait non seulement très

---

[1] Notice de M. le comte de Jarnac sur lord Aberdeen.

anglais, mais aussi très tory. Cette disposition d'esprit influait sur sa façon de concevoir l'entente des deux puissances occidentales. Au lendemain de 1830, alors que les whigs étaient au pouvoir, cette entente avait été plus ou moins une alliance libérale destinée à tenir tête, en Europe, aux cabinets réactionnaires. En 1843, dans l'esprit du ministre tory, elle devait avoir un caractère conservateur et surtout pacifique. C'était parce que le gouvernement du roi Louis-Philippe résistait, en France, à l'esprit révolutionnaire et belliqueux, c'était pour le seconder dans cette résistance, que lord Aberdeen estimait utile et juste de se rapprocher de lui. Tout en effectuant très loyalement ce rapprochement, il n'oubliait pas que l'alliance avec les puissances continentales avait été la tradition de son parti et qu'elle pourrait redevenir nécessaire, au cas, nullement impossible, où la France tenterait de détruire l'œuvre de 1815. Il demeurait très attaché à cette œuvre à laquelle il avait pris personnellement une grande part; l'état européen, créé à cette date, lui paraissait la condition de la sécurité de la Grande-Bretagne qui se trouvait sans armée en face de la France toujours occupée à développer ses forces militaires. « L'alternative pour nous, disait-il à M. de Jarnac, c'est une Europe fortement constituée dans notre intérêt, ou des armements extraordinaires et excessifs; notre grandeur, notre indépendance, notre sécurité même sont à ce prix. » Aussi ne cachait-il pas au chargé d'affaires français qu'il ferait cause commune avec les autres cours, si nous voulions toucher aux traités de 1815 : « Souvenez-vous, — lui disait-il un jour où la conversation avait porté sur l'Autriche, — souvenez-vous, quelle que soit d'ailleurs l'intimité de notre union, qu'en Italie, je ne suis pas Français, je suis Autrichien. » Sous l'empire du même sentiment, il s'appliquait à calmer les mécontentements que l'entrevue d'Eu avait provoqués à Vienne et à Berlin. « Dans ce rapprochement, disait-il à M. de Bunsen, ministre de Prusse à Londres, il n'y a rien d'exclusif; d'ailleurs, la paix et la bonne harmonie ne peuvent que gagner à ce que les relations des grandes cours avec celle de France rede-

viennent entièrement ce qu'elles étaient de 1815 à 1830 [1]. »
Il ne manquait pas une occasion de rappeler au diplomate
prussien que son dessein principal, en se rapprochant de la
France, était d'y contenir le parti de la guerre [2]. Ces explications ne suffisaient pas, il est vrai, à dissiper la mauvaise humeur
des cabinets de Berlin et de Vienne. M. de Metternich, entre
autres, ne parlait pas sans colère de la « monstrueuse jonction »
de la France et de l'Angleterre, et de la « stupidité » avec laquelle le cabinet de Londres se laissait jouer par celui de Paris [3].

Le soin avec lequel lord Aberdeen tâchait de prévenir tout
refroidissement entre la Grande-Bretagne et les cours du continent, n'impliquait pas de sa part double jeu. C'était seulement
une précaution qui lui paraissait imposée par les incertitudes
de l'avenir. Pour le moment et tant qu'à Paris on demeurait
conservateur et pacifique, il s'appliquait, « sans briser les autres
alliances qui lui tenaient lieu d'armements », à entretenir avec
notre gouvernement des relations vraiment intimes. « Pour la
France, a rapporté M. de Jarnac, étaient au fond la grande considération, les grands égards, les grandes prévenances. En tout,
depuis l'action commune sur les plus importantes questions
jusqu'au plus intime détail de l'étiquette et du cérémonial, pour
elle était le pas, pour elle le premier rang [4]. » En Grèce et en
Espagne, sur les deux théâtres où l'antagonisme était naguère
le plus aigu, des efforts sincères étaient tentés pour faire entrer
la cordiale entente dans la pratique; sans doute, les instructions
conciliantes envoyées de Londres n'avaient pas, du premier

---

[1] Cité dans une lettre du comte Bresson à M. Guizot, en date du 29 septembre 1843. (*Documents inédits*.)

[2] HILLEBRAND, *Geschichte Frankreichs*, 1830-1848, t. II, p. 583.

[3] La seule consolation que M. de Metternich trouvait au spectacle de cette « monstrueuse jonction », était l'espoir qu'elle ne durerait pas. « On a pris à Paris et à Londres, écrivait-il au comte Apponyi le 26 janvier 1844, l'habitude d'une politique de sous-entendus; à Paris, c'est la finesse qui doit remplacer le fond qui manque en toutes choses; à Londres, on est franchement stupide. Or, comme la stupidité a aussi son réveil, c'est de Londres que viendront les premières causes de tension. La finesse, étant toujours éveillée, n'est pas soumise aux mêmes lois; elle va aussi longtemps que le permet la force des choses. » (*Mémoires de M. de Metternich*, t. VII, p. 19 et 20.)

[4] *Notice sur lord Aberdeen*.

coup, raison des habitudes contraires prises par les agents anglais résidant à Madrid et à Athènes. Mais du moins, la direction était loyalement donnée. Cela suffisait pour que M. Guizot pût écrire, le 2 novembre 1843 : « L'Espagne et la Grèce sont en bon train [1]. » Et, quelques semaines plus tard, le 9 décembre, notre ambassadeur à Londres, M. de Sainte-Aulaire, formulait ainsi son appréciation : « Quant à la politique générale, la situation me paraît bonne. En Grèce, nous irons avec l'Angleterre. En Espagne, les vieilles méfiances sont amorties [2]. »

Ce n'était pas seulement dans ces affaires en quelque sorte normales et permanentes, c'était aussi dans les incidents imprévus et passagers que les bonnes dispositions du cabinet britannique avaient occasion de se manifester. Précisément à cette époque, le voyage du duc de Bordeaux à Londres fit naître un de ces incidents. Tant que Charles X avait vécu, conservant, en dépit de l'abdication de Rambouillet, le gouvernement de sa famille, sa préoccupation avait été d'empêcher que son petit-fils ne tombât aux mains des agités du parti royaliste [3]. Après sa mort (6 novembre 1836), le duc d'Angoulême, devenu Louis XIX pour son entourage et le comte de Marnes pour le dehors, n'était porté, ni par son âge ni surtout par son caractère, à rien changer aux traditions établies par son père, et la petite cour exilée de Goritz demeura à la fois aussi respectable et aussi morte que par le passé. Pendant ce temps, le duc de Bordeaux grandissait ; l'enfant devenait jeune homme, et, bien que son éducation eût été entièrement dirigée selon les vues de Charles X, il sentait le besoin de sortir de cette retraite immobile et muette ; il aspirait à voir la terre des vivants et à s'y montrer. De là, son voyage à Rome, accompli en octobre 1839, comme une sorte de coup de tête, à l'insu de ses parents, avec la seule complicité du duc de Lévis et en trompant par un déguisement la surveillance de la police autri-

---

[1] *Documents inédits.*
[2] *Ibid.* — J'aurai occasion d'exposer plus tard les affaires de Grèce et de continuer le récit de celles d'Espagne. Voir plus loin dans ce même volume le ch. VII.
[3] Voir plus haut, t. III, ch. III, § v.

chienne. Il avait alors dix-neuf ans. Le Pape, surpris, gêné, ne put pas cependant ne pas lui faire bon accueil, et le jeune prince passa tout l'hiver à Rome, fort répandu dans les salons de l'aristocratie. Mis en goût par ce premier acte d'émancipation, il songeait dès lors à visiter Berlin et Londres; mais la crise de 1840 l'empêcha de donner immédiatement suite à son projet : plus tard, survinrent d'autres obstacles, notamment la longue immobilité à laquelle le condamna une grave chute de cheval, faite en juillet 1841. Ce fut seulement à la fin de 1842 qu'il recommença ses pérégrinations, en se rendant à Dresde. Le voyage en Prusse et en Angleterre était annoncé pour l'année suivante.

Ces déplacements ne laissaient pas que de causer quelque émoi aux Tuileries. Ce que Louis-Philippe savait des sentiments de la plupart des cours européennes lui faisait craindre que la présence du duc de Bordeaux auprès de ces cours n'amenât quelque incident déplaisant pour la monarchie de 1830. Il ne se sentait plus d'humeur à supporter patiemment les mortifications qu'au début, nouveau venu au milieu des vieilles royautés, il avait cru plus sage de ne pas remarquer; d'autre part, il désirait vivement ne pas se créer d'affaires, surtout pour un tel sujet; il comprenait qu'une surveillance trop tracassière ne serait pas digne, et il ne voulait pas se faire accuser d'ajouter de petits déplaisirs à une si grande infortune. Les instructions envoyées à nos agents, sur ce sujet délicat, furent donc pondérées avec soin [1]. Que le duc de Bordeaux se rendît dans les diverses capitales, qu'il y fût reçu par les souverains, le gouvernement français n'y trouvait pas à redire, pourvu que ce fût à titre privé, sans caractère politique, et que le séjour ne dépassât pas la durée d'une visite de passage. Mais il avertissait les autres cours que ses représentants diplomatiques ne pourraient continuer à résider là où ces conditions n'auraient pas été observées. A Dresde, en décembre 1842, et l'année suivante en Prusse, bien que, dans ce dernier pays, le

---

[1] Instructions envoyées à Vienne, à Dresde, à Berlin, décembre 1842 à septembre 1843. (*Mémoires de M. Guizot*, t. VIII, p. 46 à 53.)

prince fût l'hôte du roi Frédéric-Guillaume à Sans-Souci, notre cabinet ne jugea pas que les limites fixées par lui eussent été dépassées ; il se montra même fort satisfait de la déclaration spontanément faite par le gouvernement de Berlin, que « la visite aurait été déclinée, si l'oncle du jeune prince avait cessé de vivre, et que le neveu, gagnant d'importance aux yeux d'un parti, eût été regardé comme un prétendant [1] » .

Le voyage à Londres, qui devait suivre celui de Berlin et qui était annoncé pour le mois de novembre 1843, inquiétait davantage le cabinet de Paris. Le théâtre était plus proche, plus en vue, et l'on savait que les légitimistes allaient saisir cette occasion pour faire une grande manifestation de parti. Ajoutons qu'après l'entrevue d'Eu, la cour de France croyait pouvoir obtenir de celle d'Angleterre ce qu'elle eût peut-être hésité à demander aux cours d'outre-Rhin. Lord Aberdeen prit les devants avec une cordialité parfaite : « La Reine, dit-il à notre chargé d'affaires, désire ne point voir le prince, et, quant à moi, je prendrais la responsabilité de lui conseiller de refuser sa visite, si, par un motif quelconque, vous m'en exprimiez le désir au nom du gouvernement français. La question est entre vos mains, et vous connaissez assez ce que sont les dispositions de cette cour, pour n'éprouver aucun scrupule à faire connaître vos vœux. Maintenant, je vous dirai que, livré à moi-même, et si l'on était indifférent à Paris, je voudrais que, s'il le désire, la Reine reçût le jeune prince. Cette réception serait évidemment tout à fait particulière (*strictly private*), une simple présentation sans dîner, etc. Mais si vous m'en exprimez le désir, je le répète, je déconseillerai même cette simple prévenance de notre cour [2]. » Évidemment, le secrétaire d'État était préoccupé du mauvais effet que ferait, dans l'aristocratie tory, le refus de recevoir la visite ; et cependant, pour témoi-

---

[1] Cette déclaration se trouvait dans une lettre que le roi de Prusse avait fait écrire par M. de Humboldt à M. Guizot, le 23 septembre 1843, pour le rassurer sur les conditions dans lesquelles s'était accomplie la visite. (*Mémoires de M. Guizot*, t. VIII.)

[2] Lettre du comte de Jarnac à M. Guizot, du 31 octobre 1843. (*Ibid.*, p. 54 et suiv.)

gner de son désir d'être agréable au gouvernement français, il se montrait prêt à affronter ces mécontentements de salons, qui ne sont pourtant pas d'ordinaire les moins redoutés. M. Guizot eût volontiers montré l' « indifférence » désirée et conseillée par lord Aberdeen; mais, à ce moment même, il voyait les légitimistes se donner, avec grand apparat et grand bruit, rendez-vous à Londres, autour de celui qui devenait ainsi un « prétendant ». « Il y a là autre chose que du respect pour le malheur, disait notre ministre, et le respect est dû à autre chose encore que le malheur [1]. » Dans ces conditions, le gouvernement français estima, après en avoir délibéré, qu'il y avait lieu de demander à la reine d'Angleterre de ne pas recevoir le prince. « Si M. le duc de Bordeaux, écrivit à Londres, le 6 novembre, M. Guizot, était simplement un prince exilé et malheureux, voyageant sans but ni effet politique, nous trouverions très naturel et convenable qu'on donnât à son malheur et à son rang toutes les marques de respect. Mais les choses ne sont pas telles, bien s'en faut. Que M. le duc de Bordeaux le veuille ou ne le veuille pas,... il est bien réellement un prétendant qui fait de la politique de faction ou qui se prépare à en faire. » M. Guizot exposait ensuite que les légitimistes chercheraient à tirer parti d'une visite même reçue *privately*, et qu'au contraire, un refus déjouerait leurs manœuvres [2]. Louis-Philippe, qui personnellement prenait très vivement cette affaire, avait déjà écrit, le 4 novembre, avant même la délibération de son conseil, au roi des Belges, son intermédiaire ordinaire avec la cour de Windsor : « Le duc de Bordeaux va en Angleterre, pas comme *visitor abandoned and interesting*, mais comme *pretender*, cela est certain. Dès lors, il faut qu'il ne soit pas reçu par la Reine... Qu'on mette le plus de formes qu'on voudra dans cette décision, cela, on le pourra, pourvu qu'on ne cède pas sur le fait [3]. » Le gouvernement anglais s'exécuta immédiatement.

---

[1] Lettre de M. Guizot à M. de Jarnac, du 4 novembre 1843. (*Mémoires de M. Guizot*, p. 56.)
[2] *Ibid.*, p. 57 et suiv.
[3] *Revue rétrospective*.

En revenant de Windsor, le 10 novembre, lord Aberdeen dit à notre représentant : « Tout est arrangé à l'égard du duc de Bordeaux; la Reine se conformera exactement au vœu du gouvernement français; il lui a suffi d'en être avertie. » Personnellement, sans doute, lord Aberdeen était contrarié. « Dites de ma part à M. Guizot, déclara-t-il à M. de Jarnac, que je ne le reconnais pas là; c'est de la politique de Metternich[1]. » Le duc de Wellington ressentit plus vivement encore le déplaisir des exigences françaises. Ni l'un ni l'autre n'eurent cependant un instant d'hésitation. Quant à sir Robert Peel, il fit plus; il approuva la conduite de notre gouvernement et insista pour que la reine d'Angleterre « ne laissât attribuer sa décision à aucune instigation venant de Paris », et pour qu'elle « parût ne suivre en cela que sa propre volonté et son sentiment spontané[2] ».

Le duc de Bordeaux arriva à Londres vers la fin de novembre 1843, et s'installa dans l'hôtel qu'on lui avait loué, à Belgrave square. Informé des résolutions de la Reine, il évita de solliciter une entrevue qui eût été déclinée. L'aristocratie anglaise, d'habitude fort empressée à fêter les visiteurs extraordinaires, garda cette fois une certaine réserve, par déférence pour l'exemple donné par sa souveraine[3]. Par contre, les légitimistes français, accourus en foule à Londres, se donnèrent beaucoup de mouvement et firent grand bruit. La presse du parti portait leur nombre à deux mille, chiffre certainement exagéré : dans une lettre postérieure, le prince ne parla que de mille. Parmi

---

[1] Lettre de M. de Sainte-Aulaire à M. Guizot, du 10 novembre 1843. (*Mémoires de M. Guizot*, t. VIII, p. 61.)

[2] Lettre du comte de Jarnac à M. Guizot, du 8 novembre 1843. (*Ibid.*, p. 60, 61.)

[3] Revenant peu après sur ces événements, notre ambassadeur à Londres, M. de Sainte-Aulaire, écrivait, le 6 février 1844, à M. de Barante : « Bien que le parti légitimiste ne rencontre aucune sympathie en Angleterre, le pays est trop aristocratique pour n'être pas un peu ébloui par beaucoup de noms historiques, et, abstraction faite de l'intention du pèlerinage, on aurait voulu fêter les pèlerins. Je crois en vérité que la Reine et le gouvernement anglais nous ont rendu un fort grand service, en entravant cette tendance. Si M. le duc de Bordeaux eût été reçu à Windsor, des ovations eussent été données à lui et à ses leudes dans toutes les demeures hospitalières de l'Angleterre. Il retournait sur le continent, tout autre personnage qu'il n'en était venu. Les invitations de toutes les cours d'Allemagne arrivaient, les ministres de France ne pouvaient tenir à leurs postes, et l'isolement nous devenait non moins coûteux qu'en 1840. » (*Documents inédits.*)

eux, on remarquait plus d'un grand nom de la noblesse, deux pairs : le duc de Richelieu et le marquis de Vérac, et cinq députés : MM. Berryer, de Larcy, de Valmy, Blin de Bourdon et de la Rochejaquelein[1]. Aucun doute sur le caractère de la démarche. Ce n'était pas seulement un prince malheureux qu'on venait honorer et consoler ; c'était le souverain légitime qu'on acclamait, pour l'opposer à l'usurpateur. Le 29 novembre, le duc de Fitz-James lisait, à la tête de trois cents de ses amis politiques, une adresse à celui qu'il appelait « *son roi* », et des cris de : *Vive Henri V!* suivaient ce discours. Chaque jour, c'était une manifestation nouvelle, dont les journaux s'appliquaient ensuite à prolonger en France le retentissement.

Au nombre des visiteurs était M. de Chateaubriand. On avait vu, non sans quelque étonnement, ce grand désenchanté, qui proclamait « ne plus croire à la politique », sortir de sa retraite chagrine et dédaigneuse[2], pour prendre part à cet acte de piété et de foi monarchiques. Il en fut largement payé. Après le prince, tous les honneurs furent pour lui. Les royalistes présents à Londres lui apportèrent solennellement le témoignage de leur reconnaissance. « Après avoir rendu hommage au roi de France, — disaient-ils, toujours par l'organe du duc de Fitz-James, — il nous restait encore un autre devoir à remplir, et nous nous sommes présentés auprès de vous, pour rendre hommage à la royauté de l'intelligence. » Le duc de Bordeaux lui-même s'associa à cet hommage, et il déclara que, s'il aspirait au trône de ses ancêtres, c'était pour servir la France « avec les sentiments et les principes de M. de Chateaubriand ». Ce dernier, à la fois flatté et ému, écrivait à ses amis de Paris : « Je viens de recevoir la récompense de toute ma vie... Je suis là à pleurer comme une bête. » Il ajoutait, à la vérité, pour ne pas paraître dupe de sa propre émotion : « Hélas! tout cela, ce sont des paroles; c'est du roman qui

---

[1] Un autre député, le marquis de Preigne, se rendit aussi à Londres : mais il déclara plus tard que son voyage avait eu pour motif des affaires personnelles, et que sa visite au prince n'avait été dictée que par un sentiment de convenance et de politesse.

[2] Sur cette retraite de M. de Chateaubriand après 1832, cf. liv. II, ch. ix, § x.

n'empêche pas le monde de marcher. » Doit-on chercher dans le langage tenu en cette circonstance par M. le duc de Bordeaux l'expression de ses idées personnelles à cette époque? Il faudrait alors savoir ce qu'étaient « les sentiments et les principes de M. de Chateaubriand » ; on eût pu être embarrassé de les définir. Toutefois, le prince laissait voir par là une certaine préoccupation de se donner une physionomie libérale. Sur un autre point, il marqua, sinon ce qu'il voulait, du moins ce qu'il ne voulait pas : ce fut en accueillant très froidement le marquis de la Rochejaquelein, représentant de ce royalisme démocratique qui, à la suite de la *Gazette de France*, prônait le suffrage universel, l'appel au peuple et l'alliance avec la gauche. Le prince voulait-il ainsi venger M. Berryer qui, peu auparavant, avait été violemment attaqué par la *Gazette?* Il ne parut pas cependant témoigner de faveur particulière au grand orateur qui, à Londres, fut laissé dans une situation un peu effacée, nullement en rapport avec son importance en France; l'action parlementaire n'était probablement pas celle qui intéressait le plus le petit-fils de Charles X. Du reste, il ne faudrait pas se figurer qu'aucun programme politique un peu précis se dégageât des manifestations de Belgrave square. Les pèlerins n'étaient venus chercher rien de semblable ; ils avaient voulu surtout satisfaire un sentiment : c'était le propre, l'originalité et parfois aussi la force de l'opinion légitimiste d'agir beaucoup par sentiment; ainsi se trouvait-elle plus capable qu'une autre de fidélité et de sacrifices. Si le prince ne formula pas de programme, il saisit du moins cette occasion de poser les bases d'une organisation de ses partisans dans la France entière, organisation émanant de lui et aboutissant à lui. Du vivant même du comte de Marnes, qui demeurait immobile à Goritz [1], celui qui dès lors s'appelait le comte de Chambord prenait en main le gouvernement du parti royaliste. A cette date, commence ce règne de l'exil qui devait se prolonger pendant près de quarante ans.

[1] Le comte de Marnes n'avait plus, du reste, que quelques mois à vivre. Il mourut le 3 juin 1844.

Aux Tuileries, on prêtait grande attention aux scènes de Belgrave square. Louis-Philippe se faisait remettre chaque jour la liste des pèlerins, et toutes les fois qu'il y trouvait un nom considérable, il ne dissimulait pas son déplaisir. La participation des députés qui lui avaient prêté serment de fidélité lui parut surtout un scandale intolérable. « Le Roi, écrivait sur son journal intime un ami de la monarchie de Juillet, est très blessé et très préoccupé du concours croissant des légitimistes qui vont voir en Angleterre M. le duc de Bordeaux. Il en parle beaucoup trop [1]. » Son désir eût été de faire réprimer des manifestations qu'il jugeait factieuses; mais les moyens légaux manquaient, et il n'en connaissait pas d'autres. Tout au plus put-on révoquer les maires qui s'étaient rendus à Londres et poursuivre une feuille royaliste, la *France,* que le jury, suivant son habitude, se hâta d'acquitter.

Si notre gouvernement ne pouvait rien en France pour réprimer des faits se passant en Angleterre, avait-il du moins chance d'obtenir quelque nouvelle assistance du cabinet britannique? Il n'hésita pas à la lui demander. Lord Aberdeen répondit en exprimant son regret d'être sans armes légales pour empêcher ce qu'il qualifiait de « scandale insensé et coupable »; mais il fit aussitôt notifier au duc de Lévis, conseiller du duc de Bordeaux, « que la Reine et son gouvernement avaient été péniblement affectés des scènes de Belgrave square, et qu'ils les verraient avec peine se renouveler ». Le duc de Lévis protesta du désir qu'avait son prince d'éviter tout ce qui pourrait déplaire à la reine d'Angleterre; le comte de Chambord, ajouta-t-il, était le premier à regretter qu'on lui eût donné le titre de roi; il n'avait pu, sur le moment, contrister ses amis par une réprimande sévère, mais son intention n'était point de prendre ni d'encourager personne à lui donner un autre titre que celui de comte de Chambord [2]. En fait, cette démarche du gouverne-

---

[1] *Journal inédit du baron de Viel-Castel*, à la date du 27 novembre 1843.
[2] Lettres de M. de Sainte-Aulaire, en date des 30 novembre, 1er et 8 décembre 1843, et note de lord Aberdeen, en date du 9 décembre. (*Mémoires de M. Guizot*, t. VIII, p. 63 à 66.)

ment anglais produisit son effet. Pendant les quelques semaines que le jeune prince resta encore en Angleterre, il eut soin de ne plus faire acte de prétendant.

Ainsi, du commencement à la fin de cet incident, le cabinet britannique avait déféré avec empressement à tous les désirs du cabinet des Tuileries. Celui-ci y était d'autant plus sensible que l'affaire lui tenait plus à cœur. M. Guizot ne manqua pas de remercier lord Aberdeen de « ses excellents procédés [1] ». En même temps Louis-Philippe écrivait, le 12 novembre 1843, à son « très cher frère et excellent ami » le roi des Belges : « Veuillez faire parvenir à la reine Victoria combien je suis touché, ainsi que toute ma famille, des sentiments qu'elle nous a manifestés sur ce point et de la ténacité qu'elle y a mise. Veuillez aussi, si vous en avez l'occasion, faire savoir à lord Aberdeen combien j'apprécie, ainsi que mon gouvernement, ses procédés envers nous en cette circonstance [2]. » Les deux cabinets tenaient d'ailleurs à bien marquer qu'il ne s'agissait pas seulement d'un bon office accidentel et passager. Ils se plaisaient à voir là l'une des premières manifestations de l'entente qu'ils désiraient établir entre eux. C'est sous ce jour que la chose était présentée aussi bien à Paris qu'à Londres. Dès les premières communications, le 6 novembre, M. Guizot, exposant les conséquences qu'aurait le refus par la Reine de recevoir le duc de Bordeaux, disait : « Ce résultat, excellent en soi et pour nous, sera excellent aussi pour les relations de nos deux pays. On y verra une preuve éclatante de la cordiale amitié de la reine d'Angleterre pour notre famille royale, de son gouvernement pour le nôtre, de l'Angleterre pour la France. Ce sera le complément de la visite au châ-

---

[1] *Mémoires de M. Guizot*, t. VIII, p. 62.

[2] *Revue rétrospective*. — Le *Times* avait publié, pendant le séjour du duc de Bordeaux à Londres, un article tout à fait conforme aux vues du gouvernement français. L'auteur de cet article était M. Reeve, alors à Paris. Peu de jours après, comme il était présenté au Roi, celui-ci lui dit : « Je regrette, monsieur Reeve, de ne pouvoir vous exprimer plus complètement, en cette circonstance, combien je vous ai d'obligations pour le service que vous nous avez rendu. » (*The Greville Memoirs, second part*, vol. II, p. 216.)

teau d'Eu. Nous puiserons dans ces deux faits la réponse la plus frappante, la plus populaire aux déclamations et aux méfiances les plus aveugles [1]. » De l'autre côté, ce n'était pas seulement lord Aberdeen qui entrait pleinement dans l'idée exprimée par M. Guizot; sir Robert Peel lui-même disait à notre chargé d'affaires : « Je veux qu'il résulte de cet incident un nouveau motif de rapprochement et de confiance mutuelle entre les deux cours [2]. »

II

Fort satisfait des avantages qu'il retirait de sa bonne entente avec le cabinet anglais, le gouvernement français estima que cette entente devait être non seulement fidèlement pratiquée, mais hautement proclamée. Au début de la monarchie de Juillet, il avait été longtemps d'usage d'insérer dans les discours de la couronne, en France et en Angleterre, une mention spéciale de l'union existant entre ces États. Notre gouvernement jugea le moment venu de reprendre cette tradition, interrompue depuis 1836. En ouvrant, le 27 décembre 1843, la session de 1844, le Roi témoigna solennellement de « la sincère amitié qui l'unissait à la reine de la Grande Bretagne » et de « la cordiale entente » établie entre les deux cabinets. Il avait, on le voit, traduit l'expression même dont s'était servi lord Aberdeen, dans la dépêche communiquée à M. de Jarnac : *cordial understanding*. La progression des formules employées à ce sujet, depuis 1840, était curieuse à observer. En 1841, avant la convention des Détroits, M. Guizot proclamait, à la tribune, « l'isolement et la paix armée »; en 1842, c'était « l'indépendance au sein de la bonne intelligence »; en 1843, il se hasardait à parler « d'accord sans intimité ». Cette

---

[1] Lettre de M. Guizot au comte de Jarnac, en date du 6 novembre 1843. (*Mémoires de M. Guizot*, t. VIII, p. 58.)
[2] Lettre du comte de Jarnac, en date du 8 novembre 1843. (*Ibid.*, p. 61.)

fois, on faisait un pas nouveau et considérable : on annonçait
« l'amitié » et « l'entente cordiale », et on le faisait dans le discours même de la couronne. Ainsi se manifestait la marche de
cette politique qui, ayant pris la France brouillée avec l'Angleterre, avait constamment travaillé à l'en rapprocher. Elle
était fondée sur cette double conviction, fort enracinée dans
l'esprit de Louis-Philippe et de son ministre : d'abord que,
dans les conditions créées par la révolution de 1830, et jusqu'à
ce que le temps et la sagesse persévérante de la monarchie
nouvelle eussent changé ces conditions, toute rupture avec
l'Angleterre amènerait aussitôt la coalition de l'Europe contre la
France ; en second lieu, qu'étant donnés les rapports si étroits
et si multiples des deux nations occidentales, la paix ne pouvait
longtemps subsister entre elles avec un état de froideur, de
bouderie, de méfiance, et que, par suite, du moment où l'on ne
voulait pas de rupture, il fallait tendre franchement au rétablissement des rapports amicaux [1]. L'entente cordiale semblait
ainsi justifiée. Toutefois, le gouvernement, qui avait raison de

[1] Le duc de Broglie a développé cette idée, le 16 janvier 1845, à la tribune de
la Chambre des pairs : « Il y a deux manières, a-t-il dit, d'être en paix avec les
autres puissances. On peut être en paix, et puis aussi en bonne intelligence, en
amitié, en confiance ; ou bien on peut être en paix, et puis être dans un état de
hauteur, de froideur, dans un état de défiance et de bravade. On peut avoir des
relations pacifiques qui soient amicales, et on peut avoir des relations pacifiques
qui ne soient pas amicales. Ces deux situations sont également compatibles avec
la paix ; il ne faut pas s'y tromper cependant : elles ne sont pas compatibles avec
la paix également dans tous les cas et pour tous les pays. » L'orateur montrait
par exemple qu'entre la France et la Russie « l'état de paix et un état de froideur et de méfiance pouvaient durer assez longtemps, sans inconvénients graves ».
Mais en pouvait-il être de même entre la France et l'Angleterre ? Il montrait ces
puissances à peu près limitrophes, ayant « des relations commerciales ou autres
immenses, de toutes les natures, de tous les jours et de tous les instants, se rencontrant partout », en Europe et dans le reste du monde. « Croyez-vous que, dans
un tel état de choses, une situation de froideur, de réserve et de mésintelligence
soit longtemps compatible avec la paix ? Si les deux nations se placent dans une
telle situation, l'une vis-à-vis de l'autre, que, des deux tribunes, on s'envoie à tous
les instants des défis ; dans une telle situation que, toutes les fois que leurs marins
se rencontrent quelque part, ils enfoncent leurs chapeaux et se regardent entre
les deux yeux ; que lorsque l'une dise blanc, l'autre dise noir ; que leurs agents
diplomatiques, lorsqu'ils ont à traiter des affaires ensemble, en Espagne, en
Grèce, à Constantinople, partout, car ils se rencontrent partout, si l'un prend un
parti, l'autre prenne nécessairement un parti opposé, je ne crois pas, pour ma
part, qu'un tel état de choses puisse être durable. »

la pratiquer, était-il prudent en la proclamant avec tant d'éclat? Tenait-il un compte suffisant des irritations encore si vives, en France, contre la puissance promotrice du traité du 15 juillet 1840? Si l'opinion avait vu avec plaisir l'entrevue d'Eu, si même, dans ses parties réfléchies et raisonnables, elle comprenait les avantages d'une bonne intelligence et surtout redoutait les dangers d'un conflit, elle était encore loin de l'amitié attendrie qui avait marqué les rapports de la famille royale avec la reine Victoria, ou de l'intimité confiante qui s'était établie entre M. Guizot et lord Aberdeen. Moins obligée que les chefs d'État de veiller au présent et de prévoir l'avenir, elle était plus sous le coup du passé et en gardait rancune. Sans doute, en semblable matière, il appartenait aux gouvernants de précéder et de guider la nation. Oui : mais en réglant leur marche de façon à pouvoir être suivis. Il ne leur fallait pas fournir prétexte au reproche qui leur avait déjà été fait, de n'être pas suffisamment en communion avec les susceptibilités nationales. En décembre 1841, pour s'être montré trop empressé à signer la convention relative au droit de visite, le ministère du 29 octobre avait créé lui-même des obstacles au rapprochement qu'il désirait opérer. Cette fois encore, n'était-il pas à craindre qu'une manifestation trop solennelle et surtout trop sentimentale d'amitié pour l'Angleterre n'inquiétât l'opinion sur les dispositions du cabinet? Cette opinion ne serait-elle pas ainsi portée à chercher la première occasion de montrer qu'elle avait gardé plus fidèle mémoire de l'injure subie et non vengée [1]?

Pour le moment, toutefois, les deux Chambres consentirent à s'associer par leurs adresses à la déclaration contenue dans

---

[1] M. de Metternich a critiqué assez finement M. Guizot d'avoir choisi pour qualifier ses relations avec l'Angleterre « un mot exprimant un *sentiment* ». « Il eût bien mieux fait, ajoutait le chancelier, de prendre position sur le terrain de l'*intérêt* réciproque qu'ont ces États de vivre en paix et dès lors en bonne harmonie... Les mots d'*entente cordiale* ne marquent qu'une *disposition morale*, et ce sont justement les *dispositions* qui prêtent le plus à la critique passionnée et haineuse... En exprimant un sentiment, M. Guizot a fait appel aux sentiments opposés. » (Lettre au comte Apponyi, du 29 août 1844. *Mémoires de M. de Metternich*, t. VII, p. 27 et 28.)

le discours du trône. Au Palais-Bourbon, ce ne fut pas sans un débat assez vif. La commission avait proposé à la Chambre de se dire « heureuse d'apprendre la sincère amitié qui unissait les deux souverains et l'accord de sentiments établi entre leurs gouvernements sur les événements de l'Espagne et de la Grèce ». Bien que ces derniers mots semblassent limiter l'accord que le discours du trône avait proclamé d'une façon plus générale, le projet d'adresse n'en était pas moins, avec une simple variation dans les formules, une adhésion expresse et satisfaite à la politique de l'entente cordiale. L'opposition le comprit ainsi, et M. Billault, qui, depuis les discussions sur le droit de visite, s'était fait une spécialité de servir et d'exciter les préventions contre l'Angleterre, se hâta de proposer une autre rédaction. Pour y gagner le plus de suffrages possible, il se bornait, dans son amendement, à prendre acte des déclarations royales sur l'entente cordiale, sans l'approuver ni l'improuver : l'appréciation de cette politique était remise à plus tard et après l'épreuve des faits. Néanmoins, pour son compte personnel, dans le discours qu'il prononça le 19 janvier 1844, le député de Nantes ne s'en tint pas à cette réserve expectante. Il critiqua ouvertement l'entente cordiale : à son avis, il était malséant de la proclamer, alors même qu'elle eût été réelle ; mais elle ne l'était pas ; et, passant en revue toutes les questions grandes ou petites, il y dénonça l'animosité jalouse de l'Angleterre. Ces récriminations, il faut bien le reconnaître, flattaient alors les sentiments de beaucoup d'esprits. M. Guizot cependant n'hésita pas à prendre ouvertement le contrepied de M. Billault. « Depuis la formation du cabinet, dit-il, un des buts essentiels que nous nous sommes proposés a été de rétablir les bons rapports, la bonne intelligence, l'entente cordiale entre la France et l'Angleterre. Nous avons constamment poursuivi ce but, sous la condition qu'aucune atteinte ne serait portée à l'indépendance, à la dignité, aux intérêts de notre pays. Nous croyons avoir presque atteint ce but. » Et pour justifier cette politique, pour en montrer les profits, il prenait, l'une après l'autre, toutes les questions traitées par M. Billault, notamment celles d'Espagne, d'Orient, de Grèce, comparait l'état de 1840 à celui de 1844, et faisait partout ressortir une réelle amélioration.

Ce fut M. Thiers lui-même qui répondit. Pendant la session de 1843, toutes les sollicitations de ses anciens alliés n'avaient pu le faire sortir de son silence : on eût dit qu'il était résolu à ne jamais pardonner à l'opposition son attitude dans la discussion de la loi de régence. Mais depuis, le temps avait émoussé peu à peu ses griefs contre la gauche, tandis qu'au contraire son animosité jalouse contre M. Guizot s'était ravivée, en voyant le cabinet durer et s'affermir. Il n'avait pas d'ailleurs tiré de sa retraite le profit qu'il en attendait. Son dessein avait été d'amener à lui une partie des conservateurs et de constituer, en les réunissant au centre gauche, un parti intermédiaire qui eût été plus en harmonie avec ses opinions personnelles que la vieille gauche; ce nouveau parti lui eût permis d'abord de jouer, à l'égard du ministère, le rôle d'un protecteur craint et ménagé, ensuite, à l'heure favorable, de le supplanter. Or, dix-huit mois s'étaient écoulés, sans qu'aucune de ces espérances se fût réalisée. Telles furent les raisons diverses qui le décidèrent, en 1844, à écouter plus favorablement qu'il ne l'avait fait jusqu'alors les instances de ses amis, particulièrement de M. Duvergier de Hauranne [1], et à reprendre son ancienne place à la tête de l'opposition : rentrée absolument inattendue pour le public, et qui fut une sorte de coup de théâtre. En critiquant l'entente cordiale, M. Thiers ne pouvait oublier qu'à d'autres

---

[1] Cette intervention de M. Duvergier de Hauranne fut connue alors dans le monde parlementaire. M. Thiers lui-même s'amusait de ce qu'on racontait à ce sujet : « Que voulez-vous? disait-il, puisqu'il faut absolument un gouvernement personnel, j'ai choisi Duvergier. » Il écrivait à ce dernier : « Au roi de mon choix. » Des quatre anciens doctrinaires qui s'étaient séparés de M. Guizot en 1840, deux, M. Duvergier de Hauranne et M. de Rémusat, étaient restés dans l'opposition et même s'y étaient enfoncés plus avant; deux, M. Piscatory et le comte Jaubert, étaient au contraire revenus aux conservateurs : le premier avait été nommé, en juin 1843, ministre de France à Athènes; le second devait être élevé à la pairie, à la fin de 1844.

époques, il s'était posé en champion de l'alliance anglaise; voici comment se résumait sa thèse : L'alliance anglaise était légitime et efficace après 1830, et son affaiblissement après 1836, par suite de notre refus d'intervenir en Espagne, a été, pour notre politique, la cause d'échecs successifs qui ont abouti au grand mécompte de 1840 ; mais aujourd'hui, les circonstances sont absolument changées; l'alliance anglaise n'est plus nécessaire, parce que les dispositions des puissances continentales sont différentes de ce qu'elles étaient au lendemain de la révolution de Juillet, et que la paix n'est pas en péril; cette alliance ne serait plus efficace, parce que les tories ont remplacé les whigs au pouvoir et qu'ils sont en désaccord avec nous sur la plupart des questions; jusqu'à ce que les suites de 1840 soient complètement effacées, la France doit garder sa liberté d'action, et se renfermer dans la politique que le cabinet lui-même formulait ainsi en 1842 : l'indépendance au sein de la bonne intelligence avec tous les cabinets; en abandonnant cette politique, en se montrant impatient de renouer et de proclamer l'alliance anglaise, le cabinet a méconnu les sentiments du pays et a compromis les relations mêmes qu'il voulait rétablir. M. Thiers concluait en ces termes :
« Je suis donc fondé à dire que non seulement cette politique engage à un certain degré la liberté qui fait la force morale de la France, mais que, dans son imprudent désir, si je puis parler ainsi, de couvrir de spécieuses apparences la nullité de la situation, elle va contre le but même que vous voulez atteindre. C'est là seulement ce que je voulais lui reprocher, et c'est seulement à ce titre que je conseillerais à la Chambre, si je pouvais me permettre de lui donner un conseil, d'employer dans son langage la plus grande réserve possible. Ce n'est pas l'alliance que je suis venu attaquer; ce n'est pas le passé que je suis venu remettre en question; c'est un conseil de réserve que je me suis permis de venir donner à la Chambre. »

Ce discours habile, à raison de son apparente modération, obligea M. Guizot à remonter à la tribune. Avec une ironie sûre d'elle-même, il lança d'abord quelques traits acérés contre M. Thiers, contre sa politique de bascule, contre ses trop grands ménagements pour les fluctuations de l'opinion dans les questions étrangères, contre ses témérités de 1840. Ce fut seulement après avoir affaibli par cette offensive l'autorité de son contradicteur, qu'il en vint à justifier sa propre politique. Il se défendit tout d'abord d'avoir aliéné, dans une mesure quelconque, la liberté du pays. Il exposa comment la bonne intelligence, l'entente cordiale, n'étaient pas une alliance. Une alliance, c'est un engagement formel sur des questions déterminées et dans un dessein spécial. La convention pour aller prendre Anvers et vider, à cette époque, les affaires de Belgique, le traité de la quadruple alliance pour les affaires d'Espagne, voilà des alliances, des alliances véritables. Rien de pareil aujourd'hui. Les mots dont s'était servi le discours de la couronne exprimaient seulement que, « sur certaines questions, les deux pays avaient compris qu'ils pouvaient tenir d'accord une certaine conduite, qu'ils pouvaient s'entendre et agir en commun, sans engagement formel, sans aucune aliénation d'aucune partie de leur liberté ». Passant ensuite à un reproche plus délicat encore, celui d'avoir blessé le sentiment national : « Je n'ai point oublié, disait M. Guizot, les événements de 1840 et l'offense que le pays a reçue à cette époque. Mais enfin, le cabinet, je pourrais dire le ministre, de qui cette offense provenait, est tombé. Ses successeurs ont témoigné, avant leur avènement, depuis leur avènement, les sentiments les plus bienveillants, non seulement pour la France, mais pour le gouvernement sorti de notre révolution de Juillet. Qu'y avait-il à dire? Fallait-il reporter sur eux les torts de leurs prédécesseurs et nos éternelles rancunes? Les peuples ne vivent pas de fiel. » Le ministre terminait ainsi : « Il ne faut pas hésiter à parler de la bonne intelligence, quand la bonne intelligence est réelle. C'est en rendant justice à ce fait, c'est en le proclamant vous-mêmes que vous le maintiendrez, que vous le développerez. La paix veut être soignée et cultivée... Votre dignité n'est pas intéressée à ne pas rendre justice à la vérité, à vous montrer rancuniers, pleins d'humeur, quand aucun motif réel et sérieux n'en existe. »

Après cette éloquente passe d'armes des deux grands orateurs, la discussion se prolongea encore. M. Guizot remonta une troisième fois à la tribune; ce fut moins pour apporter de nouveaux arguments — il avait tout dit — que pour poser hautement la question de confiance. Le vote eut lieu le 22 janvier 1844. Il se présentait sans aucune des équivoques qui s'étaient produites à propos du droit de visite, lors des adresses de 1842 et de 1843. L'amendement de M. Billault fut repoussé à mains levées : on évalua la majorité à une soixantaine de voix. Pour le moment du moins, la politique de l'entente cordiale triomphait à la Chambre.

III

La session du Parlement anglais devait s'ouvrir le 1er février. Notre gouvernement se préoccupait vivement du langage qui y serait tenu. Dans l'état de susceptibilité où était l'opinion française, un mot prononcé à Londres pouvait faire perdre tout le terrain qu'on venait de gagner à Paris. Or, le cabinet tory, tout comme le ministère du 29 octobre, se trouvait aux prises avec une opposition qui lui reprochait d'avoir une politique extérieure sans énergie, sans dignité, et de sacrifier les intérêts nationaux à « l'entente cordiale ». Lord Palmerston était l'organe singulièrement passionné et parfois redoutable de cette opposition. Déjà, à la fin de la session précédente, le 28 juillet 1843, lors de la chute d'Espartero, il avait fait, sur cet abaissement de la politique de son pays, un discours bien fait pour piquer au vif le vieil orgueil anglais. Les ministres tories ne pouvaient-ils pas être amenés, pour prévenir de telles attaques, à tenir, dans leur parlement, un langage qui nuirait, dans le nôtre, à la cause de l'entente cordiale? C'était là ce qui inquiétait M. Guizot, d'autant qu'il savait sir Robert Peel plus soucieux de ménager les préjugés nationaux qu'expert à observer les nuances diplomatiques [1].

L'événement prouva que ces inquiétudes étaient sans fondement. La Reine, dans son discours à peu près modelé sur celui du roi des Français, se félicita des « relations amicales » existant entre les deux souverains, et de « la bonne entente heureusement établie » (*the good understanding happily established*) entre les deux gouvernements. Dans les débats de l'adresse qui suivirent immédiatement, lord Brougham et lord Aberdeen ne furent pas les seuls à parler en termes excellents de l'entente avec la France. Sir Robert Peel prononça ces paroles qui faisaient noblement écho à celles que M. Guizot venait de faire entendre à la tribune française : « Il importe non seulement aux intérêts de l'Angleterre, mais encore aux intérêts de la paix et au bien-être de tous les peuples civilisés, que nous maintenions une entente amicale (*friendly understanding*) avec la France. » Puis, venant aux reproches de dépendance et de trahison adressés aux ministres, des deux côtés du détroit : « Je suis parfaitement certain, dit-il, que cette bonne intelligence avec la France ne serait ni cordiale ni permanente, si elle devait être achetée par un des deux pays, au prix de la concession d'un seul point d'honneur ou du sacrifice de quelque grand principe... Au nom de l'Angleterre, je déclare qu'aucune concession de cette nature n'a été faite par la France, et que le gouvernement français ne s'est soumis à l'abandon d'aucun droit. Je fais la même déclaration pour l'Angleterre : il n'y a pas eu de concession de notre part; il n'y a eu aucune espèce d'abandon d'un principe quelconque. Mais jetez les yeux sur la position des deux pays. Nous sommes à l'extrémité occidentale de l'Europe; notre accord ou notre désaccord doit nécessairement exercer de l'influence sur la politique de tous les

---

[1] Quarante-huit heures avant l'ouverture de la session britannique, le collaborateur de M. Guizot, M. Désages, écrivait à notre chargé d'affaires à Londres : « Je vois avec peine que sir Robert Peel a plus peur que lord Aberdeen et même qu'il nous rend moins justice. J'espère toutefois qu'il ne fera pas à ses adversaires de concessions qui se traduiraient ici en démenti donné à la cordiale entente et nous vaudraient de nouveaux débats où nous serions conduits, à notre tour, à affaiblir la valeur de notre expression. » (*Documents inédits.*)

pays de cette partie de l'univers, et l'on en ressentira les effets dans les régions situées au delà de l'Atlantique. S'il doit toujours y avoir, en quelque lieu que ce soit, un parti français et un parti anglais, il est évident que nous serons assez forts pour entraver, mais que nous serons impuissants à améliorer la politique intérieure d'un peuple. Il est donc de la plus haute importance de maintenir la bonne intelligence entre la France et l'Angleterre. Je crois que telle est aussi l'opinion de la grande masse du peuple anglais. Les sentiments d'antipathie nationale, produits par le voisinage, ont été remplacés, à cause de ce même voisinage, par des sentiments de mutuel bon vouloir. Les conflits passés ne nous empêchent pas de reconnaître la gloire de la France, sa renommée militaire. Aucun pays au monde n'a atteint une plus haute réputation dans la guerre, grâce à l'habileté de ses grands capitaines et à l'intrépide valeur de ses soldats; mais j'espère que le peuple français, ce peuple grand et puissant, sera satisfait de cet honneur et de ce renom, qu'il ne croira pas nécessaire de continuer ses anciennes hostilités et d'entreprendre de nouvelles opérations militaires en vue d'assurer à la France une gloire dont elle n'a pas besoin. » Ces paroles furent couvertes par les applaudissements de la Chambre des communes. Tel était d'ailleurs le sentiment général que les chefs des whigs, lord John Russell et même, dans une certaine mesure, lord Palmerston, crurent devoir se féliciter du rétablissement de la bonne intelligence entre les deux nations.

Le gouvernement français ne pouvait qu'être satisfait de ce langage, et M. Guizot se hâta de le faire savoir à Londres[1]. Le mécompte était pour ceux des journaux français qui s'étaient fait une habitude de montrer la France maltraitée et méprisée par l'Angleterre. Avec cette promptitude à se retourner qui est le propre de l'opposition, ils déclarèrent « qu'on

---

[1] M. Désages mandait à M. de Jarnac, le 9 février 1844 : « M. Guizot a écrit à votre chef (M. de Sainte-Aulaire, ambassadeur à Londres) que nous étions contents de lord Aberdeen, de sir Robert Peel et de lord Brougham. » (*Documents inédits.*)

voulait nous endormir en flattant notre vanité », et ils dénoncèrent les éloges donnés à M. Guizot comme une preuve de la dépendance où il était du cabinet de Londres, comme le prix dont on payait sa trahison. Bien que, étant donnée la sottise d'une partie du public, ce genre de polémique ne fût pas sans danger, notre ministre ne s'en inquiéta pas; il était tout à la joie de voir son but atteint. Ne semblait-il pas, en effet, que l'entente cordiale, inaugurée sous les ombrages d'Eu, dans le mystère d'un téte-à-téte, venait d'être scellée, à la face des deux nations, par le dialogue public et éclatant qui s'était établi, à travers la Manche, d'une tribune à l'autre?

IV

La question de l'entente cordiale n'était pas la seule dont le Parlement français se fût occupé, à l'ouverture de la session de 1844. Et tout d'abord, avant de voir quels autres sujets furent traités dans les débats de l'adresse, il convient de parler d'un incident qui, pour n'avoir pas amené de discussion publique, n'en causa pas moins, à cette époque, une certaine agitation dans le monde parlementaire. On n'a pas oublié les préventions aussi invincibles que mesquines auxquelles s'était heurté, en 1837 et en 1839, le projet tendant à accorder une dotation au duc de Nemours : deux ministères y avaient succombé, celui du 6 septembre et celui du 12 mai [1]. Louis-Philippe cependant ne se tenait pas pour battu. Ne voyant que l'intérêt de ses enfants, l'évidente justice de sa demande et la sottise méchante des objections qui y étaient faites, il ne se rendait pas compte du péril de ces questions d'argent, surtout pour une monarchie dont l'origine révolutionnaire avait déjà diminué le prestige; il oubliait qu'en semblable matière, si fondé que fût son droit, un souverain ne

---

[1] Voy. t. III, ch. III, § x, et t. IV, ch. I, § xi.

devait jamais se laisser mettre dans la posture d'un solliciteur éconduit. Une première fois déjà, au commencement de 1842, il avait pressé le ministère du 29 octobre de reprendre le projet de dotation, et de prouver ainsi son zèle monarchique. M. Guizot, qui pressentait le péril d'une pareille entreprise, avait gagné du temps, en alléguant les élections générales qui allaient avoir lieu. Plus tard, le résultat incertain de ces élections et la mort du duc d'Orléans donnèrent, pendant quelque temps, une autre direction aux préoccupations du gouvernement. Cette crise surmontée, Louis-Philippe revint à la charge, en mai 1843. La position faite au duc de Nemours par la loi de régence lui paraissait un argument de plus en faveur de la dotation. Nul moyen, cette fois, pour le ministère, de se dérober; il dut promettre au Roi que le projet serait déposé au début de la session de 1844.

L'heure était arrivée de tenir cet engagement. A la première nouvelle qu'une dotation allait être demandée, les anciennes polémiques de 1837 et de 1839 reprirent, plus violentes et plus âpres que jamais. L'opposition se réjouissait, tandis que la majorité ne cachait pas son ennui et sa tristesse. M. Thiers, dont aux Tuileries on avait espéré le concours ou tout au moins la neutralité, signifia assez rudement qu'on n'eût pas à compter sur lui[1]. Inquiet de ces symptômes, le cabinet avait peu de goût à se faire briser sur une telle question. Mais comment se dégager de sa promesse? Deux députés de la majorité, MM. Delessert et d'Haussonville, vinrent à son secours. Non sans doute contre l'aveu des ministres, ils organisèrent dans les bureaux de la Chambre, alors réunis pour nommer la commission de l'adresse, une démonstration à huis clos, destinée à prévenir la demande de dotation et la périlleuse discussion publique qui en eût été la suite. Sur leur initiative, la question fut soulevée dans chaque bureau, et partout avis amical, mais très net, fut donné au gouvernement que le dépôt de la proposition n'était pas regardé comme opportun. Impossible de

---

[1] *Notes inédites de M. Duvergier de Hauranne.*

passer outre à cet avertissement venant des conservateurs; le Roi lui-même le reconnut.

L'affaire devait avoir, six mois plus tard, un épilogue dont il convient de parler tout de suite. Fort désappointé d'avoir à reculer devant la manifestation des bureaux, le Roi voulait en appeler des préjugés des députés à l'équité et au bon sens du pays. Il attribuait volontiers les échecs subis jusqu'alors à la mollesse de ses ministres, et désirait plaider lui-même sa cause. « Si on eût tout dit à la France, répétait-il souvent, si j'avais pu, sans intermédiaire, lui tout expliquer, jamais elle n'eût ainsi traité son vieux roi; tout le mal vient de ce que le Roi n'a pas la parole. » L'idée d'écrire une lettre publique au président du conseil lui avait un moment traversé l'esprit. Les ministres l'amenèrent, sous forme de transaction, à se contenter d'un article qui serait inséré au *Moniteur* et dont ils tâchèrent ensuite de reculer indéfiniment la publication [1]. Mais arrivés aux dernières semaines de la session, l'insistance du Roi les obligea à s'exécuter, et l'article parut le 30 juin 1844. Cet article, véritable plaidoyer en faveur de la dotation, posait d'abord le principe de droit qu'un établissement était dû par la nation aux enfants du Roi. Sans doute, d'après la loi de la liste civile, cette charge ne pesait sur l'État qu'en cas d'insuffisance du domaine privé; mais l'insuffisance existait, et, à l'appui de cette assertion, on donnait une espèce de décompte de l'actif et des charges de ce domaine. L'article se terminait ainsi : « Pour que cette grave question puisse être convenablement soumise à l'examen des Chambres, il faut d'abord que les bons citoyens, les hommes justes et sensés soient éclairés sur la vérité des choses et concourent eux-mêmes à dissiper ce nuage d'erreurs grossières et de mensonges perfides, amassés avec tant de soin pour obscurcir, aux yeux du pays, les droits et les faits. » Cette publication inattendue et insolite causa une vive agitation. Tandis que le *Journal des Débats* reproduisait l'article comme un « appel à l'impartialité de la France », les

---

[1] *Papiers inédits du duc de Broglie* et *Notes inédites de M. Duvergier de Hauranne.*

feuilles de gauche, nullement touchées de la confiance ainsi témoignée par la couronne elle-même dans les libres discussions de la presse, s'attachèrent à présenter cette démarche comme une nouvelle preuve de l'avidité sans vergogne et sans scrupule qu'elles imputaient à Louis-Philippe. Ce dernier ne se troubla pas d'abord de la violence de cette explosion ; tout au contraire, il recommandait à M. Guizot de ne pas laisser tomber la polémique, se flattant que le résultat dernier lui en serait favorable [1]. Mais le ministre était loin d'avoir la même ardeur et le même espoir. Il lui fallait bien reconnaître que l'article du *Moniteur* faisait généralement très mauvais effet, et que cette insistance paraissait un manque de dignité. Ceux qui en jugeaient ainsi oubliaient, il est vrai, que ce reproche était plus encore mérité par l'obstination mesquine de la Chambre à refuser ce qui était réellement dû à la famille royale. Les conservateurs ne se montraient pas les moins mécontents ; ils en voulaient au gouvernement de les remettre en face d'un embarras qu'ils croyaient avoir indéfiniment ajourné. Interpellé à la Chambre, M. Guizot répondit en homme qui désirait éteindre le feu plutôt que l'entretenir ; un ordre du jour pur et simple termina le débat [2]. La polémique se prolongea un peu plus longtemps dans la presse ; non soutenue par les journaux conservateurs, elle finit aussi par s'apaiser. Le silence se refit sur la dotation, mais on ne pouvait se dissimuler que ce dernier incident était loin d'avoir rendu la solution plus facile et plus proche.

[1] « La fureur que l'article excite, écrivait le Roi à M. Guizot, le 1er juillet 1844, ne m'étonne pas et ne me paraît pas un mauvais symptôme... Mais à présent que la polémique est engagée, il faut la soutenir vigoureusement. Il est clair qu'on veut faire, comme les autres fois, tomber la question, en arrêtant le débat par intimidation, et, cela étant, il faut au contraire leur montrer qu'ils ne font pas peur et qu'ils n'étoufferont pas les justes cris de ma famille et de moi-même. Je vous recommande cela bien vivement, mon cher ministre, et je vous prie de mettre les fers au feu dans ce sens-là. » (*Revue rétrospective*.)

[2] Séance du 1er juillet 1844.

V

Pour suivre jusqu'à son terme l'épisode de la dotation, il a fallu un peu anticiper sur les événements. Revenons maintenant aux débats de l'adresse. Aussi bien n'avons-nous pas encore parlé de la partie de ces débats qui occupa alors le plus le public, c'est-à-dire de la discussion qui s'engagea sur les démonstrations légitimistes de Belgrave square. Les scènes de violence qui s'y sont produites en ont fait l'un des épisodes fameux de nos annales parlementaires.

Ce fut le cabinet lui-même qui provoqua cette discussion. Ni M. Guizot ni Louis-Philippe ne comprenaient qu'une indifférence dédaigneuse eût été, en cette circonstance, l'attitude la plus habile. Le Roi surtout semblait avoir perdu le sang-froid patient et un peu sceptique dont il avait donné tant de preuves aux heures difficiles. Plusieurs semaines après que les manifestants avaient repassé la Manche, le gouvernement français était encore occupé d'eux. Il ne se contentait pas d'agir diplomatiquement sur les autres cabinets, pour prévenir une récidive[1]; il cherchait un moyen de sévir parlementairement, en France, contre les députés et les pairs qui, au mépris de leur serment, s'étaient associés à une démarche jugée factieuse. Après consultation des hommes importants du parti conservateur, l'idée qui prévalut fut celle d'une sorte de réprobation morale prononcée par les deux Chambres dans leurs adresses.

A la Chambre des pairs, le programme arrêté à l'avance s'exécuta sans aucune difficulté. L'adresse porta que « les pouvoirs de l'État, en dédaignant les vaines démonstrations des factions vaincues, avaient l'œil sur leurs manœuvres criminelles ». Elle ajouta : « Le Roi a tenu ses serments. Quel

---

[1] Circulaire aux agents diplomatiques, en date du 2 janvier 1844.

Français pourrait oublier ou trahir les siens? » On ne pouvait se flatter que les choses se passassent aussi tranquillement au Palais-Bourbon. Tout d'abord la commission, qui comptait sept ministériels et deux opposants, eut, en rédigeant le projet d'adresse, la main plus lourde que la commission de la Chambre des pairs. Elle proposa la phrase suivante : « *La conscience publique flétrit de coupables manifestations.* » Quand, le 12 janvier 1844, le projet fut lu à la Chambre, les expressions employées parurent choquantes et exagérées. M. Guizot l'a reconnu lui-même plus tard, « le mot *flétrit* convenait mal à ces scènes et aux personnes qui s'y étaient engagées; il leur attribuait un caractère d'immoralité et de honte qui n'appartenait point au fait qu'on voulait ainsi qualifier;... c'était une de ces expressions excessives et brutales par lesquelles les partis s'efforcent quelquefois de décrier leurs adversaires et qui dépassent les sentiments même hostiles qu'ils leur portent ». Comment donc la commission avait-elle été amenée à proposer une rédaction ainsi jugée par le principal ministre? Le duc de Broglie va nous révéler le secret de la coulisse, dans une lettre intime adressée, sur le moment, à son fils : « La phrase de l'adresse, lui écrivait-il, dépasse toute mesure et va plus loin que ses auteurs n'ont voulu. Le fait est que la commission a d'abord été embarrassée de trouver un rapporteur; elle a hésité entre Hébert et Saint-Marc Girardin. Tout compte fait, il a paru ridicule de faire louer le gouvernement par son procureur général. Saint-Marc Girardin n'a accepté qu'à son corps défendant; il a rédigé tellement quellement la phrase, comme forcé et contraint; on en a été mécontent, et l'un des représentants de la gauche dans la commission, M. Ducos, a rédigé la phrase telle que tu la verras dans le journal, plutôt par goût pour la déclamation que par une véritable intelligence de ce qu'il faisait. Les conservateurs, qui craignaient avec raison de se voir abandonnés par les autres, s'en sont emparés, et elle a passé à l'unanimité[1]. »

---

[1] Lettre du 13 janvier 1844. (*Documents inédits.*)

Aussitôt la discussion générale de l'adresse ouverte, le 15 janvier 1844, M. Berryer demande la parole pour un fait personnel. On s'attend que le lion va rugir, que le puissant orateur va répondre à la « flétrissure », en foudroyant de son éloquence irritée les hommes et les principes de la monarchie de Juillet. Son talent ne semble-t-il pas particulièrement approprié à cette tâche? Il ne fait rien de pareil. Au lieu de braver ses adversaires, on dirait qu'il cherche à les désarmer. Renonçant à se porter accusateur, acceptant le rôle d'accusé, il se renferme dans une défensive timide et embarrassée, subtilise péniblement sur le serment, proteste de sa loyauté, se fait honneur de ses efforts pour détourner son parti des moyens violents et pour le convertir à l'opposition légale, affirme que, s'il est allé à Londres, c'est « pour dire la vérité sur l'état du pays, la vérité sur la ruine entière de tout ce qui, dans le passé, n'est que poussière et qui ne peut pas se ranimer, la vérité sur la nécessité de ne rien entreprendre désormais en France que par la volonté nationale ». La malveillance visible d'une grande partie de la Chambre, les murmures, les interruptions, loin de lui être un coup de fouet, semblent le déconcerter, et, un moment, on peut croire qu'il renoncera à continuer son discours. Ce n'est pas le Berryer qu'on attendait. M. Guizot, au contraire, se surpasse. Bref, nerveux, frappant de haut, dédaigneux avec ironie ou avec une sorte de commisération plus mortifiante encore, quelques instants lui suffisent pour l'exécution. Une fois admis le point de vue auquel devait se placer un champion de la monarchie de 1830 pour combattre celui de la légitimité, et ce point de vue était naturellement celui de la Chambre, chaque coup portait. Le succès du ministre est tel, que tous le reconnaissent, spectateurs sans parti pris [1] ou même adversaires [2]. Quant aux amis du cabinet, ils triomphent. « Je comptais

---

[1] M. Sainte-Beuve écrivait sur le moment : « M. Guizot a montré la plus véritable, la plus énergique éloquence, la force, la sobriété, quelque chose de démosthénique et d'accompli. » (*Chroniques parisiennes*, p. 177.)

[2] Un historien démocratique, écho fidèle de l'opposition du temps, M. Elias

t'envoyer un grand récit de la défense héroïque des légitimistes à la tribune, écrit M. Doudan au prince Albert de Broglie ; mais comme il n'y a pas eu de défense, c'est à peine si l'on peut en faire un magnifique récit. Pour M. Guizot, en cette affaire, il a paru à tous ceux qui l'ont entendu, au comble de la perfection, pour la gravité, la mesure, la hauteur et un certain dédain superbe qui n'était pourtant pas blessant pour les personnes [1]. »

Si le vote pouvait suivre immédiatement, le ministère l'emporterait haut la main. Mais on n'en est qu'à la discussion générale, et la commission, maladroite en tout, a placé à la fin de l'adresse le paragraphe sur la manifestation légitimiste ; avant de l'aborder, il faut donc débattre toutes les autres questions, notamment celle de l'entente cordiale : plus de dix jours sont ainsi employés. Pendant ce temps, un travail se fait dans les esprits. Plus on raisonne sur ce mot *flétrit,* plus il paraît déplacé et excessif. La gauche, par haine des « blancs », s'est montrée d'abord fort aise de les voir durement traiter ; d'ailleurs, la phrase en question a été imaginée par l'un des siens, M. Ducos. Mais M. Thiers a discerné bientôt qu'en venant au secours des légitimistes, l'opposition aurait chance de faire échec au cabinet. Il le fait comprendre à M. Odilon Barrot, et, sous leur impulsion, la gauche se retourne. Les mêmes gens qui, si la rédaction de M. Ducos n'avait pas été agréée par le ministère, eussent accusé celui-ci de connivence avec les carlistes, se mettent à lui reprocher le projet de « flétrissure » comme un abus de pouvoir parlementaire. Cette campagne n'est pas sans danger pour le cabinet, d'autant que, parmi les conservateurs, plusieurs sont troublés. « Je vois un grand ébranlement sur le dernier paragraphe et pour le mot *flétrir,* écrit M. Duchâtel à M. Guizot ; Bignon est très inquiet et hésite beaucoup ; il m'a dit hier qu'il connaissait bien d'autres mem-

---

Regnault, dit à ce sujet : « Il faut l'avouer, M. Guizot fit preuve d'une vigueur et d'une éloquence dignes du sujet et put, à bon droit, s'enorgueillir d'une éclatante victoire. » (*Histoire de huit ans,* t. II, p. 364.)

[1] Lettre du 19 janvier 1844. (X. Doudan, *Mélanges et Lettres,* t. II, p. 1.)

bres qui repoussaient le mot. » Faut-il donc, du côté du gouvernement, s'obstiner à une formule qui, après tout, vient de la gauche et que les ministres ont, dès le début, jugée malheureuse? Pourquoi ne pas la remplacer par une expression moins brutale, celle de *réprouver,* par exemple? La commission s'y montre disposée et prend même, par six voix contre trois, une délibération dans ce sens. Mais d'autres conservateurs, sans défendre en soi le mot critiqué, parfois même en le regrettant, soutiennent qu'il est trop tard pour changer de front, qu'au point où l'on est, toute modification paraîtra une faiblesse dont triompheront les légitimistes et leurs alliés de gauche; que mieux vaut donc, comme ils disent, « livrer combat carrément ». Tel est l'avis du Roi, toujours fort animé contre les pèlerins de Belgrave square. Il y amène ses ministres et, par eux, pèse sur la commission. Celle-ci renonce à corriger le mot *flétrir,* et il est convenu que le cabinet s'engagera à fond pour le faire voter par la Chambre.

Ces tâtonnements, qui sont connus du public, sont un fâcheux préambule à la discussion du paragraphe; ils ne sont pas de nature à affaiblir les objections faites au projet d'adresse, ni à décourager les adversaires. La gauche compte d'ailleurs que, cette fois, M. Berryer jouera mieux sa partie. Elle ne lui épargne pas ses conseils. Depuis plusieurs semaines, ses journaux ne se lassent pas de lui répéter : « Surtout n'oubliez pas le voyage à Gand! » On sait à quel incident il est ainsi fait allusion. Vers la fin des Cent-Jours, les royalistes constitutionnels, groupés autour de M. Royer-Collard, jugeant la chute de Napoléon inévitable, mais inquiets des efforts faits pour ramener Louis XVIII aux idées d'ancien régime, avaient chargé M. Guizot de se rendre à Gand auprès du Roi et de lui faire connaître sans réserve leur pensée sur l'état des affaires, sur la nécessité de maintenir le gouvernement constitutionnel, d'accepter la société moderne et particulièrement d'éloigner M. de Blacas. Parti de Paris le 23 mai 1815, M. Guizot était demeuré à Gand jusqu'après Waterloo, et n'était rentré en France qu'avec la royauté. Bien des fois, depuis 1830, ses adversaires politiques lui ont jeté à la tête ce voyage. Quand, par ce moyen, la gauche cherchait à envelopper le chef des doctrinaires dans l'impopularité alors attachée au parti légitimiste, quand elle tâchait de faire de lui une sorte d'émigré trahissant la France pour servir le Roi, elle était dans son rôle. Mais il était interdit à un partisan de la branche aînée des Bourbons d'user d'une pareille arme. M. Berryer ne pouvait l'ignorer, et c'est sans doute par l'effet de ce scrupule, de cette pudeur, que, dans son premier discours, il n'a pas fait le rappel conseillé, attendu par la gauche[1]. Celle-ci en a été désappointée, et elle l'a fait sentir à l'orateur, en ne le soutenant pas contre la malveillance et les murmures de la majorité. Le trouvera-t-elle, dans le second débat, plus docile à ses incitations?

Commencée le 26 janvier 1844, la délibération sur le paragraphe relatif à la flétrissure se traîne d'abord assez languissante. Plusieurs orateurs légitimistes prennent la parole, entre autres M. Berryer qui refait, sans plus de succès, une dissertation embarrassée sur le serment, mais qui ne souffle pas mot du voyage à Gand. M. Duchâtel et M. Guizot leur répondent. On pouvait croire tout fini, quand M. Berryer, irrité des duretés dites à son parti, et peut-être dépité de n'avoir pas fait jusqu'alors meilleure figure, reparaît à la tribune. « Je ne reporterai pas mes souvenirs sur d'autres temps, dit-il; je ne me demande pas ce qu'ont fait les hommes qui viennent aujourd'hui dire qu'on a perdu la moralité politique. » La gauche, tout heureuse de voir M. Berryer venir enfin là où elle l'attendait depuis le premier jour, sort de la réserve froide où elle s'est ren-

---

[1] M. Duvergier de Hauranne, ordinairement bien au courant de ce qui se passait dans les coulisses parlementaires, donne, dans ses *Notes inédites*, une explication assez étrange du silence de M. Berryer. A l'entendre, M. Guizot avait fait avertir M. Berryer qu'il avait entre les mains une lettre fort compromettante, écrite par lui en 1831 ou 1832 et saisie dans les papiers d'un conspirateur vendéen. Si M. Berryer prononçait le mot de Gand, cette lettre serait lue. C'est devant cette menace qu'il s'était arrêté. Mais alors, pourquoi la lettre n'a-t-elle pas été lue lors du second débat, quand M. Berryer s'est décidé à parler de Gand? M. Duvergier de Hauranne suppose qu'au milieu du tumulte, M. Guizot, troublé, ne pensa plus à la lettre. Ce récit paraît peu vraisemblable.

fermée jusqu'alors : elle applaudit l'orateur, l'encourage, le pousse : « C'est cela, lui crie-t-elle ; très bien ! très bien ! » Et, de sa voix tonnante, M. de la Rochejaquelein l'excite à « dire tout ». M. Berryer y est décidé ; ses scrupules ont disparu devant le désir de vengeance qui l'anime. Après avoir soutenu que la moralité politique n'est pas violée quand, « en pleine paix », on va saluer en exil un prince malheureux et lui dire : « Laissez la France en paix », il ajoute : « Et c'est nous qu'on vient accuser d'avoir trahi les devoirs de citoyen ! Je le demande, si nous étions allés aux portes de la France, devant l'Europe assemblée en armes, porter, quoi? des conseils politiques, aurions-nous manqué à la moralité politique? Vous ne le pensez pas. Vous vous en êtes glorifié... Ma conscience proteste, elle proteste par le parallèle. Attendais-je donc des désastres pour faire triompher mes conseils par leur lien douloureux?... »

Au premier mot rappelant le voyage de Gand, M. Guizot a demandé la parole. Une tactique semble s'imposer à lui, celle qu'il suit toutes les fois qu'on lui oppose les souvenirs de la coalition : il doit se refuser hautement à une diversion arrangée d'avance pour déplacer le débat et pour renverser les rôles. Il y est d'autant plus fondé que, déjà plusieurs fois et notamment au début du ministère, dans la séance du 25 novembre 1840, il s'est expliqué sur sa conduite en 1815 et l'a fait à la satisfaction de la Chambre. Tel est le conseil que lui ont donné très résolument ses collègues, aussitôt qu'ils ont eu vent de ce qui se préparait. Mais le ministre des affaires étrangères répugnait à ce qui lui paraissait une lâcheté : confiant dans ses forces et se flattant d'en finir, une fois pour toutes, avec une accusation sans cesse renouvelée, il est arrivé à la Chambre, résolu à accepter le débat si ses adversaires le soulèvent [1].

Aussitôt donc que M. Berryer a cessé de parler, M. Guizot quitte son banc et se dirige lentement vers la tribune. Tous les yeux sont fixés sur lui. Dans l'attente d'une scène prévue, cha-

---

[1] *Notes inédites de M. Duvergier de Hauranne.* Ce dernier dit tenir ces détails de M. Vitet, ami du ministre.

cun garde un silence profond. L'exorde indique bien que le ministre ne se dérobe pas. « Messieurs, dit-il, je commencerai par vider un incident tout personnel (*sensation*), qui ne regarde ni le gouvernement du Roi, ni le cabinet actuel, ni le ministre des affaires étrangères, qui regarde M. Guizot personnellement. » Mais à peine, pour commencer ses explications, prononce-t-il ces mots : « Vous le savez, je suis allé à Gand... » qu'une clameur effroyable s'élève. La gauche feint de ne pouvoir entendre un homme avouer une telle infamie. M. Guizot ne se trouble pas. S'appuyant sur son coude et regardant fixement ses adversaires, il reprend d'une voix assurée qui scande chaque syllabe : « Je suis allé à Gand. » Les interrupteurs, furieux de se voir bravés, reviennent à la charge, plus bruyants encore. Et la même scène se répète plusieurs fois de suite, sans qu'on fasse reculer le ministre, mais aussi sans qu'il puisse avancer d'un pas. Parle-t-il de liberté, de justice? essaye-t-il de faire honte à l'assemblée de son intolérance et de son désordre? C'est en vain. Dès qu'il reprend sa phrase : « Je suis allé à Gand », il se heurte au parti pris de clameur : clameur confuse, brutale, grossière, mêlée d'insultes et d'invectives, où dominent les mots de « traître » et de « trahison ». Presque tous les membres de la gauche, debout, le poing tendu, l'injure aux lèvres, ivres de tapage et de violence, font leur partie dans ce hideux concert. Des légitimistes se joignent à eux, comme s'ils ne voulaient pas laisser oublier que c'est un des leurs qui a provoqué ce tumulte : du haut de son royalisme d'alors, M. de la Rochejaquelein est l'un des plus ardents à s'indigner contre le mauvais Français qui avait osé, en 1815, se mettre du côté du Roi contre Napoléon, et il ajoute à ce reproche, si étrange dans sa bouche, une calomnie, sortie on ne sait d'où, sur la part qu'aurait prise M. Guizot « à la sanglante réaction et aux atrocités de 1815 ». Le public des tribunes se mêle au tumulte. On se croirait revenu à quelque séance de la Convention, et c'est à se demander si la proscription et l'échafaud ne sont pas la conclusion logique de telles violences de paroles et de gestes.

Mais non, — et ce n'est pas ce qu'il y a de moins répugnant et de moins méprisable, — on n'est pas en face d'une véritable colère, d'une explosion spontanée et imprévue : c'est une colère à froid, une explosion volontaire, une comédie arrangée à l'avance. « Si nous ne pouvons vaincre M. Guizot, dit l'un des plus acharnés, il faut l'éreinter. » A côté des acteurs de la gauche, les spectateurs du centre gauche : M. Thiers et ses amis assistent à cette scène, muets, immobiles, sans rien faire pour l'arrêter, espérant en recueillir le profit, toutefois ne laissant pas que d'être gênés et un peu honteux du tour qu'elle prend. Sur les bancs de la majorité, on est sans doute indigné et dégoûté ; mais, au premier moment, on est peut-être encore plus abasourdi et intimidé : il semble qu'on hésite à prendre trop ouvertement parti pour un homme en butte à de telles imprécations. Quant au président de la Chambre, l'énergie et la présence d'esprit lui ont manqué dès le début ; il est visiblement débordé et impuissant. M. Guizot est donc à peu près seul en face de cette émeute d'une nouvelle sorte, pâle, les lèvres contractées, brisé de fatigue, mais la tête haute, tenant ses insulteurs sous la flamme d'un regard que rien ne peut faire baisser. « Ces interruptions me ralentiront, dit-il, mais ne m'empêcheront pas de dire ce que je pense. » Ou encore : « Je suis obligé de répéter qu'aucune interruption, aucun murmure ne m'empêchera d'aller jusqu'au bout. » Et plus loin : « Messieurs, on peut épuiser mes forces, mais j'ai l'honneur de vous assurer qu'on n'épuisera pas mon courage. » A un député de l'opposition modérée, M. Dubois, qui lui dit avec une émotion compatissante : « Reposez-vous, reprenez haleine », il répond : « Quand je défends mon honneur et mon droit, je ne suis pas fatigable. »

Qui donc va l'emporter dans cet étrange duel d'un contre cent ? Voilà déjà une heure et demie que l'orateur est aux prises avec cette meute de hurleurs[1]. C'est la meute qui se

---

[1] M. Doudan écrivait le surlendemain : « Ceux qui ont assisté à ce beau spectacle disent que rien ne ressemblait à une meute de chiens de bouchers comme l'élite de l'opposition hurlant contre M. Guizot. » (*Mélanges et Lettres*, t. II, p. 3.)

lasse la première. La ténacité intrépide finit par avoir raison de la violence tumultueuse. M. Guizot contraint la gauche à entendre, phrase par phrase, l'explication de sa conduite en 1815. Il est d'ailleurs maintenant mieux soutenu; les députés du centre, rassurés par son énergie, ne craignent plus de lui témoigner ouvertement leur sympathie. Aussi l'accusé de tout à l'heure ne se contente-t-il plus de se justifier; il prend à son tour l'offensive et porte à ceux qui l'assaillent des coups qui les font reculer avec des cris de douleur et de rage. « Ne croyez pas, leur dit-il, que lorsque j'ai été porter à Louis XVIII les conseils de la monarchie constitutionnelle, ne croyez pas que je n'aie pas pressenti vos paroles, vos murmures, vos colères. Je les ai pressentis, je les ai acceptés d'avance et je les surmonterai, car j'ai mon pays avec moi. (*Bruyantes réclamations à gauche. Vive adhésion au centre.*) J'ai mon pays avec moi. (*Oui! oui! Non! non!* — *Se tournant vers la gauche :*) Avez-vous jamais eu, vous qui poussez de pareilles clameurs, avez-vous jamais eu l'assentiment du pays, vous, vos opinions, vos pratiques? (*Exclamations à gauche. Au centre : Jamais! jamais!*) N'êtes-vous pas armés, depuis vingt-cinq ans, de toutes les forces de ce gouvernement dont je parle? N'êtes-vous pas en possession de toutes ces libertés? Comment avez-vous su vous en servir? (*Violentes réclamations à gauche.*) Les avez-vous fait tourner à la gloire et au repos du pays? Est-ce par vous que le pays a vu son gouvernement fondé? Est-ce par vous que le pays a vu ses libertés mises en pratique? (*Approbation au centre.*)... Vous n'avez jamais su fonder ni un pouvoir ni une liberté. (*Vives réclamations à gauche.*) Vous avez toujours perdu... (*nouvelles réclamations*), vous avez toujours perdu et les libertés et les pouvoirs. » Puis, quand il a dit tout ce qu'il voulait dire, sur le point de descendre de la tribune, le ministre rassemble ce qui lui reste, après en avoir tant dépensé, d'énergie, de fierté, de mépris, et il jette à ses adversaires cette phrase célèbre et terrible : « Quant aux injures, aux calomnies, aux colères extérieures, on peut les multiplier, les entasser tant qu'on voudra, on ne les élèvera jamais au-dessus de mon dédain. »

Après une telle scène, la suite du débat ne pouvait beaucoup fixer l'attention : on entend successivement M. Odilon Barrot qui, pour récompenser M. Berryer d'avoir enfin parlé du voyage de Gand, combat la « flétrissure », et le ministre des affaires étrangères, qui trouve la force de remonter une troisième fois à la tribune pour « adjurer » la majorité d'adopter le paragraphe proposé par la commission. L'assemblée, encore tout agitée du long orage qu'elle vient de traverser, se sépare, en renvoyant le vote au lendemain.

M. Guizot quitte la Chambre, le corps épuisé [1], mais l'âme satisfaite. Le Roi lui écrit : « Je veux vous témoigner combien j'ai souffert de tout ce que j'ai recueilli sur ce qui s'est passé et combien j'ai admiré l'attitude que vous avez si noblement maintenue... Ce n'est pas à vous que j'ai besoin de dire que tout cela ne pourrait qu'ajouter au prix que j'attache à la conservation de votre ministère et à la confiance que vous m'inspirez [2]. » Dans le public, beaucoup de gens partagent le sentiment du Roi ; des personnes étrangères à la Chambre, la plupart inconnues de M. Guizot, se réuniront et feront frapper une médaille où le ministre est représenté à la tribune, tenant tête au tumulte. La gauche est loin d'avoir les mêmes raisons de fierté que le ministre. Vainement cherche-t-elle à présenter ce tumulte comme un sublime mouvement de justice nationale, et, affectant une joie féroce, montre-t-elle M. Guizot écrasé sous l'indignation publique et sous ses propres remords, elle ne peut se dissimuler que sa conduite inspire un dégoût presque universel ; elle s'est déshonorée, elle a discrédité le régime parlementaire dont elle se prétendait le champion, et cela en pure perte, sans avoir retiré le profit misérable qu'elle attendait de sa violence, sans avoir pu briser le courage ni seulement étouffer la parole de son adversaire. Quant aux légitimistes et à M. Berryer entre autres, ont-ils lieu d'être plus contents de soi ? Ont-ils conscience de s'être

---

[1] En rentrant chez lui, M. Guizot se coucha et dormit douze heures de suite. (*Journal inédit du baron de Viel-Castel.*)
[2] *Mémoires de M. Guizot*, t. VIII, p. 73.

défendus par des moyens dignes de leur cause? Ils se sont trouvés hors d'état de rien répondre, lorsque M. Guizot a montré, avec une ironie dédaigneuse, « ces hommes de la Restauration se faisant une arme contre lui de ce qu'il avait été s'entretenir avec Louis XVIII ». En ameutant l'opinion contre le royalisme de 1815, pour faire diversion à leurs embarras du moment, n'ont-ils pas travaillé contre leur propre parti?

Il semble donc, au soir de cette chaude bataille, que l'avantage soit au ministère. Et cependant, celui-ci n'attend pas sans inquiétude le vote du lendemain. Le courage déployé par M. Guizot ne fait pas que l'adresse ait raison de *flétrir* les pèlerins de Belgrave square. Parmi les députés de la majorité, plusieurs demeurent troublés, non seulement par scrupule de conscience, mais par préoccupation d'intérêt personnel; ils désirent ménager le parti légitimiste, soit parce qu'ils ont besoin, dans leurs circonscriptions électorales, de l'appoint des voix de droite, soit parce qu'ils ont de ce côté leurs relations de famille ou de société. Bien que le ministre ait fini par avoir le dessus, la violence même du tumulte a laissé un certain émoi parmi les conservateurs; ceux qui se piquent d'être des « bleus » demeurent, en dépit de toutes les explications, gênés par cette histoire du voyage à Gand[1]; les timides hésitent à braver des passions aussi échauffées. On en est donc à se demander si le cabinet ne va pas perdre, dans cette affaire secondaire, le fruit de toutes les victoires qu'il vient de remporter dans les grandes questions politiques.

A la séance suivante, le 27 janvier, la Chambre se trouve

---

[1] « La scène faite à M. Guizot, lisons-nous dans une lettre du duc de Broglie, a augmenté, auprès des connaisseurs, sa réputation d'intrépidité et de talent; mais pour le gros même de la majorité, il reste quelque chose de pénible, des imputations, des vociférations, des menaces. Le souvenir de Gand n'est bon à remuer auprès de personne, et, malgré l'éclat de la résistance, j'aurais préféré, tout compte fait, qu'au lieu de faire avaler goutte à goutte toute cette histoire à la minorité furieuse, M. Guizot se fût borné à dénoncer la scène comme une scène préparée et arrangée, et qu'il eût refusé d'y jouer un rôle. » (*Documents inédits.*)

en face d'un amendement présenté par la gauche pour substituer le mot : *réprouve* au mot : *flétrit*. Bien que les légitimistes s'abstiennent et que le groupe Dufaure vote contre, cet amendement n'est rejeté qu'après deux épreuves douteuses. L'ensemble de l'adresse, mis aussitôt après aux voix, est adopté par 220 voix contre 190. Il semble donc que, par ce dernier vote, la majorité ait un peu repris de son assiette. Toutefois, il reste du malaise. « La victoire a été remportée, écrit le duc de Broglie à son fils, mais elle a coûté cher ; on a laissé du monde sur le champ de bataille ; il a fallu emprunter le secours de quelques auxiliaires ennemis ou douteux. Tous ceux qui ont bien voté sont sortis tristes et mécontents, convenant que, dans la situation, il n'y avait rien de mieux à faire, mais soucieux et avec de l'humeur [1]. »

Le gouvernement a-t-il du moins atteint son but ? Cette « flétrissure », si chèrement achetée, produit-elle l'effet moral qu'il en attendait ? A la suite du vote de la Chambre, les cinq députés « flétris » envoient leur démission, comme « une protestation, disent-ils, non contre un langage injurieux qui ne saurait les atteindre, mais contre la violence qui leur est faite au mépris de leurs droits ». Quelques semaines plus tard, ils sont tous réélus, grâce à l'appui qui leur est ouvertement donné par la gauche, et ils rentrent à la Chambre, acclamés triomphalement par les journaux de leur parti.

Ce n'est pas le seul épilogue désagréable de cette affaire. Parmi les députés conservateurs qui n'avaient pas voté la flétrissure, était M. de Salvandy, alors vice-président de la Chambre et ambassadeur à Turin. Royaliste libéral sous la Restauration, il s'était très nettement rallié à la monarchie de Juillet, mais avait eu soin de demeurer en bons rapports personnels avec la société légitimiste. Son vote causa une grande irritation aux Tuileries. Quand il y accompagna, en sa qualité de vice-président, la députation chargée de porter l'adresse, le Roi, qui ne savait pas toujours se contenir, ne

---

[1] *Documents inédits.*

répondit pas à son salut et, l'entraînant dans un salon voisin, lui exprima vivement son mécontentement; les éclats de sa voix arrivaient jusqu'aux députés qui, tout interloqués de cette scène, attendaient qu'on leur rendît leur vice-président. L'incident fit du bruit dans le monde parlementaire. M. de Salvandy donna sa démission d'ambassadeur, et le comité directeur de l'opposition[1], ne reculant pas devant le scandale d'une mise en cause du Roi, le cherchant au contraire, décida de porter l'incident à la tribune. M. Thiers offrit de s'en charger lui-même, à la grande surprise, mais aussi à la grande joie de ses alliés. Voulait-il ainsi se faire pardonner par la gauche son zèle monarchique dans l'affaire de la régence, et sa bouderie de dix-huit mois? Ce fut le 22 février 1844, au cours du débat engagé sur une nouvelle proposition de réforme parlementaire, qu'il souleva la question. Il ne garda aucun ménagement. Faisant allusion aux paroles de blâme qui avaient déterminé M. de Salvandy à donner sa démission d'ambassadeur, il demanda de qui elles émanaient. « Dans ma conviction, répondit-il, ce n'est pas un ministre qui a dit ces paroles. Toute la question est là. » Il concluait que « sous l'administration actuelle, se passaient des actes non rigoureusement conformes aux règles constitutionnelles », et ce désordre lui paraissait assez fréquent pour qu'il jugeât nécessaire « d'en prendre acte devant la Chambre et le pays ». « On se demandera, ajoutait-il, comment nous, qui nous piquons d'appartenir à l'opposition modérée, nous venons nous mêler à la discussion d'un tel incident... Notre conduite est le résultat de deux résolutions invariables... Nous sommes résolus à maintenir le gouvernement... mais aussi à le contenir dans la rigueur des règles constitutionnelles. Il n'y a pas un esprit élevé parmi nous qui voulût se prêter à une vaine comédie constitutionnelle qui ne

---

[1] Ce comité, qui venait d'être constitué sous le nom de conseil des Dix, se composait, pour la gauche, de MM. Odilon Barrot, de Beaumont, de Tocqueville, Abbatucci, Havin; pour le centre gauche, de MM. Thiers, de Rémusat, Vivien, Billault, Duvergier de Hauranne. Il se concertait, au besoin, avec les deux délégués de l'extrême gauche, MM. Garnier-Pagès et Carnot. (*Notes inédites de M. Duvergier de Hauranne.*)

cacherait en réalité que la domination d'un pouvoir sur les autres. La France a eu beaucoup de gouvernements. Elle a eu, sous l'Empire, le gouvernement du génie ; elle a eu, sous la Restauration, le gouvernement des traditions. L'un et l'autre ont fini dans les abîmes ; mais l'un et l'autre avaient leur prestige. Nous avons aujourd'hui un gouvernement nouveau ; ce gouvernement ne peut avoir qu'un prestige, c'est de réaliser dans sa vérité le gouvernement représentatif que la France poursuit depuis cinquante ans. » M. Guizot, évidemment gêné par le tort que s'était donné le Roi, répondit brièvement ; il protesta contre des attaques inconstitutionnelles qui visaient plus haut que le cabinet, assuma la pleine responsabilité de ce qui avait été fait, et indiqua que les moyens ne manquaient pas à la Chambre, si elle le jugeait à propos, de mettre en action cette responsabilité. L'opposition ne releva pas ce défi ; l'incident fut clos, et la proposition de réforme écartée à une assez forte majorité. L'effet de ce débat n'en fut pas moins fâcheux. Il n'avait pu être indifférent de voir un ancien président du conseil, l'un des hommes les plus considérables du régime, dénoncer le Roi au pays, porter contre lui cette accusation de pouvoir personnel, sous laquelle avait déjà succombé Charles X, et au moyen de laquelle les révolutionnaires cherchaient depuis longtemps à renverser Louis-Philippe. La monarchie ne sortait pas de là sans quelque atteinte.

Il était donc écrit que jusqu'à la fin, dans cette affaire, tout tournerait mal pour le gouvernement. L'impression que l'entrevue d'Eu et l'établissement de l'entente cordiale avaient donnée de l'adresse et du bonheur du cabinet, s'en trouvait un peu altérée. Au lendemain du jour où elle avait été conviée à se féliciter de l'affermissement de la paix au dehors, l'opinion éprouvait quelque ennui et quelque trouble de voir qu'à l'intérieur, au contraire, la guerre sévissait plus violente que jamais entre les partis. Les amis de M. Guizot ne pouvaient se dissimuler ce malaise des esprits. « Ces incidents, écrivait l'un deux, ont rendu la situation générale non pas précisément grave, mais pénible, embarrassée, fausse à plusieurs égards, tandis qu'il y a quelques semaines, elle paraissait forte et brillante. Le ministère, le gouvernement même ont été évidemment affaiblis par le peu d'habileté ou de puissance qu'ils ont montré pour diriger la marche de cette question, par l'irritation qu'elle a ranimée entre les partis[1]. »

Heureux encore si l'on en eût été quitte pour un malaise momentané. Mais les conséquences devaient être plus graves et plus durables. Si impuissants et impopulaires que parussent les légitimistes quand ils se trouvaient, comme après 1830, séparés des libéraux du centre droit, ils n'en étaient pas moins, suivant une parole déjà citée de M. Renan, « l'assise indispensable de toute fondation politique en France ». Privé de cet élément, le parti conservateur était incomplet, affaibli, rabaissé, découronné. Aussi avons-nous dû plusieurs fois signaler, dans l'hostilité originelle des hommes de droite, l'une des faiblesses du gouvernement de Juillet[2]. Le temps seul, — et un long temps, — était capable d'éteindre cette hostilité. On pouvait aider, accélérer cette œuvre du temps. S'il y avait, parmi les anciens royalistes, des irréconciliables, il en était d'autres d'un caractère moins absolu; et puis, là même où les pères étaient difficiles à ramener, ne restait-il pas une chance de s'entendre avec les fils? En fait, à mesure que s'éloignaient les souvenirs irritants de 1830, que le gouvernement se montrait adversaire plus décidé de la révolution, et que l'intérêt conservateur apparaissait plus évidemment lié au maintien de la monarchie nouvelle, celle-ci gagnait, sinon chez les royalistes militants, du moins autour d'eux. Ce rapprochement, déjà visible sous le ministère de M. Molé, qui y avait personnellement travaillé, était devenu plus marqué encore depuis le 29 octobre 1840. Or, voici qu'un mot dans une adresse, mot facile à éviter et au fond blâmé par le gouvernement, venait arrêter ce précieux mouvement et faisait perdre en quelques jours une partie du terrain

---

[1] *Journal inédit du baron de Viel-Castel.*
[2] Voy. entre autres liv. II, ch. VIII, § v.

gagné en plusieurs années. Aussitôt toutes les vieilles blessures, qui commençaient à se cicatriser, furent rouvertes. Au lendemain même de ces scènes parlementaires, un ami de la monarchie de Juillet notait sur son journal intime : « Cette discussion a jeté entre les partis une irritation telle, qu'on n'avait rien vu de pareil depuis plusieurs années, et elle menace de nous ramener aux époques où les rapports mêmes de société étaient devenus impossibles entre les personnes d'opinions diverses. Non seulement les légitimistes modérés, mais beaucoup d'hommes qui, ayant jadis appartenu à ce parti, s'étaient peu à peu rapprochés du gouvernement, montrent une véritable exaspération et semblent croire de leur honneur de ressentir fortement l'outrage adressé à leurs parents ou amis [1]. » Quelques jours plus tard, un de nos ambassadeurs, M. de Sainte-Aulaire, écrivait à M. de Barante : « Je ne pense pas que vous soyez retenu par le charme de nos salons. On m'écrit que tous les fauteuils y sont rembourrés d'épines. Tout cela m'afflige fort ; je n'y vois plus d'issue. Le bail des haines politiques est renouvelé pour trente ans [2]. » Entre tous les hommes d'État du gouvernement de 1830, M. Guizot était le dernier dont on eût attendu une telle faute. Il semblait mieux préparé et plus intéressé que tout autre à l'éviter. S'étant donné pour tâche de corriger l'origine révolutionnaire du gouvernement, il était conduit, par la direction habituelle de ses idées, à comprendre la force sociale du parti légitimiste et l'avantage de son concours. Attaqué avec acharnement par la coalition de tous les partis de gauche, il sentait la nécessité d'y opposer la coalition de tous les conservateurs. N'était-ce donc pas une étrange inconséquence que celle qui lui faisait, dans ce cas particulier, aller au rebours de sa politique générale ? Il cherchera plus tard à en effacer les traces, par des avances publiques aux royalistes [3] ; mais, en semblable matière, le mal

---

[1] *Journal inédit du baron de Viel-Castel.*
[2] Lettre du 6 février 1844. (*Documents inédits.*)
[3] Ainsi M. Guizot dira, deux ans plus tard, le 28 mai 1846, en pleine Chambre des députés : « Nous avons beaucoup d'estime pour la plupart des hommes qui

se fait plus vite qu'il ne se guérit ; les ressentiments subsistèrent, et si, le 24 février 1848, la haine des légitimistes contre la monarchie de Juillet est apparue encore si vivace, c'est qu'en janvier 1844, elle avait été rajeunie et ranimée par l'incident, nous allions dire par l'accident de la « flétrissure ».

composent le parti légitimiste ; nous faisons grand cas de leur position sociale, des idées et des sentiments qui les animent... C'est notre désir que l'ensemble de notre politique, l'état de notre pays, l'empire de nos institutions rallient successivement tout ce qu'il y a d'éclairé, d'honorable et de considérable dans cette portion de la société française. »

CHAPITRE V

BUGEAUD ET ABD EL-KADER.

(1840-1844.)

I. Abd el-Kader recommence la guerre à la fin de 1839. Le maréchal Valée reçoit des renforts. La campagne de 1840. Ses médiocres résultats. — II. Débats à la Chambre des députés. Idées exprimées par le général Bugeaud. M. Thiers songe à le nommer gouverneur de l'Algérie, mais n'ose pas. Cette nomination est faite par le ministère du 29 octobre. — III. Antécédents et portrait du général Bugeaud. — IV. Système de guerre que le nouveau gouverneur veut appliquer en Afrique et qu'il a proclamé à l'avance. — V. Les lieutenants qu'il va trouver en Algérie. Changarnier. La Moricière. Ce dernier, comme commandant de la division d'Oran, a été le précurseur du général Bugeaud. — VI. Le gouverneur entre tout de suite en campagne, au printemps de 1841. Occupation de Mascara et destruction des établissements d'Abd el-Kader. — VII. L'armée apprend à vivre sur le pays. Campagne de l'automne de 1841. — VIII. La Moricière s'installe à Mascara. Sa campagne d'hiver autour de cette ville. Les résultats obtenus. Bugeaud défend La Moricière contre les bureaux du ministère de la guerre. Bedeau à Tlemcen. — IX. Le sergent Blandan. Expédition du Chélif au printemps de 1842 et soumission des montagnes entourant la Métidja. La Moricière continue ses opérations autour de Mascara. — X. Campagne de l'automne 1842. Changarnier et l'Oued-Fodda. Grands résultats de l'année 1842. — XI. Retour offensif d'Abd el-Kader dans l'Ouarensenis au commencement de 1843. Fondation d'Orléansville. — XII. La smala. Le duc d'Aumale. Surprise et dispersion de la smala. Effet produit. — XIII. Bugeaud est nommé maréchal. Ses difficultés avec le général Changarnier. — XIV. Abd el-Kader est rejeté sur la frontière du Maroc. — XV. Le gouvernement du peuple conquis. Les bureaux arabes. La colonisation. — XVI. L'Algérie et le parlement. Rapports du gouverneur avec M. Guizot et avec le maréchal Soult. Bugeaud et la presse. — XVII. Bugeaud a eu le premier rôle dans la conquête. Ses lieutenants. L'armée d'Afrique. La guerre d'Algérie a-t-elle été profitable à notre éducation militaire?

I

Un jour, en janvier 1842, comme les orateurs de l'opposition dénonçaient l' « abaissement », la « pusillanimité » de la politique extérieure, et reprochaient au gouvernement de

Juillet de n'avoir fait aucune conquête : « Cela est faux, s'écria M. Guizot ; vous êtes engagés, depuis dix ans, dans la conquête d'un grand territoire. La guerre d'Afrique est une conquête à laquelle vous travaillez tous les jours... Consultez l'Europe, consultez les connaisseurs en fait de conquête et d'agrandissement territorial ; vous verrez ce qu'ils diront : ils regardent tous l'occupation de l'Afrique par la France comme un grand fait, comme un fait destiné à accroître beaucoup, un jour, son influence et son poids en Europe. » En effet, de même que la prise d'Alger avait été l'œuvre de la Restauration, la soumission de l'Algérie fut celle de la monarchie de 1830 et spécialement de ce ministère du 29 octobre, si facilement accusé de manquer de toute énergie belliqueuse. Guerre d'un caractère particulier, qu'on peut bien qualifier de grande guerre, si l'on considère l'importance des armées mises en campagne, le nombre des morts et le chiffre des dépenses[1] ; mais, en même temps, guerre locale, sans contre-coup en Europe, ne mettant pas en péril la paix du monde, bien plus, impliquant l'existence et le maintien de cette paix, car le gouvernement qui n'en eût pas été assuré, aurait été étrangement téméraire de se lancer dans une pareille entreprise et, suivant l'expression du maréchal Bugeaud, de « grever, pour tant d'années, d'une aussi lourde hypothèque, son armée et ses finances[2] ». « Je suis frappé, écrivait M. Guizot le 18 octobre 1842, de la nécessité d'agir en Afrique, pendant la paix de l'Europe ; l'Afrique est l'affaire de nos temps de loisir[3]. »

Pour comprendre ce que fut l'œuvre du ministère du 29 octobre en Algérie, il faut remonter un peu en arrière et reprendre l'exposé des affaires de cette région à la fin de 1839, au moment où allait recommencer avec Abd el-Kader la guerre un moment suspendue par le traité de la Tafna[4]. Dès le milieu

[1] Un milliard de 1830 à 1848 : soit 323 millions de 1830 à 1841, et, de 1841 à 1848, environ 100 millions par an.

[2] Lettre du maréchal Bugeaud à M. de Corcelle, en date du 28 septembre 1845. (*Documents inédits.*)

[3] *Mémoires de M. Guizot*, t. VII, p. 141.

[4] Sur les événements d'Algérie de 1830 à 1839, voir tome III, ch. x.

de cette année, tous les indices révélaient une crise imminente, et il était manifeste que la paix boiteuse, subsistant depuis deux ans, ne durerait plus longtemps. L'émir avait son parti arrêté. Le 3 juillet 1839, il avait fait décider en principe la guerre sainte par l'assemblée des grands, se réservant de la déclarer au moment qu'il jugerait convenable; puis il avait employé août et septembre à parcourir les tribus, excitant les esprits et amassant de l'argent. Soucieux de ne pas paraître provoquer la rupture, il attendait un prétexte. Le maréchal Valée le lui fournit à la fin d'octobre, par l'expédition des Portes de Fer.

Depuis longtemps, le gouverneur désirait établir une communication par terre entre la province de Constantine et Alger. Impossible de suivre l'ancienne voie romaine qui passait au sud, dans les États de l'émir; il fallait donc chercher un chemin plus au nord, au milieu des tribus kabyles, dans le pâté montagneux du Djurdjura. Là, une seule fissure se présentait, celle du Biban ou des Portes de Fer, de tel renom, que les Turcs ne s'y étaient jamais aventurés. Le maréchal Valée n'hésita pas à y lancer une colonne légère de 2,500 hommes d'élite, sous les ordres du duc d'Orléans. Elle devait se diriger à vol d'oiseau de Sétif à Alger, à travers un pays absolument inconnu et affreusement tourmenté, en passant à gué plusieurs rivières qu'une seule nuit de pluie pouvait rendre infranchissables. Grâce au secret gardé, à la rapidité de la marche, à la vigueur des troupes, à l'audace heureuse du commandement, la colonne, partie, le 18 octobre 1839, de Mila près de Constantine, arriva saine et sauve à Alger, quinze jours après. Elle en avait été quitte pour quelques escarmouches avec Ben-Salem, lieutenant d'Abd el-Kader. Mais on avait eu plus de bonheur que de prudence. Les Portes de Fer avaient été trouvées plus dangereuses encore qu'on ne s'y attendait : c'était une gorge de quinze à vingt mètres de largeur, entre deux murailles à pic, hautes de cent à deux cents mètres, en quelque sorte crénelées pour la fusillade; et ce défilé se prolongeait pendant 6 kilomètres. Il fallut sept heures pour le franchir. Chacun se rendait compte qu'une poignée d'hommes eût pu tout arrêter. Un orage éclata quelques heures après le passage; s'il fût arrivé plus tôt, l'armée était noyée entre les rochers. Aussi, l'un des résultats les plus clairs de cette hasardeuse expédition fut-il de nous convaincre qu'il fallait chercher ailleurs la communication militaire entre les deux provinces.

« Louanges à Dieu, s'écria Abd el-Kader en apprenant les nouvelles du Biban, l'infidèle s'est chargé de rompre la paix; à nous de lui montrer que nous ne craignons pas la guerre. » Aussitôt il envoya partout l'ordre de prendre les armes. Le 20 novembre 1839, au jour fixé par lui, Arabes et Kabyles se précipitaient comme une trombe dévastatrice sur la plaine de la Métidja. En un moment, les fermes européennes qui commençaient à s'y établir étaient détruites, les colons mis en fuite ou massacrés, les tribus alliées de la France razziées et décimées. Malgré tant d'indices qui eussent dû le mettre en éveil, le gouverneur général fut absolument surpris et se trouva hors d'état de chasser les envahisseurs. Ses troupes étaient dispersées et immobilisées dans les postes qu'il avait partout multipliés et qui n'avaient servi à rien contre l'invasion. Les premiers détachements, trop faibles en nombre, qui se hasardèrent à en sortir, furent fort maltraités, tel un bataillon du 24ᵉ qui, en une seule affaire, eut cent cinq morts et quatre-vingt-sept blessés. Le Sahel lui-même, massif montagneux auquel s'appuie Alger, paraissait menacé; la panique gagna la ville où l'on arma les batteries de l'enceinte; on pouvait se croire revenu aux plus mauvais jours de 1831. Cette épreuve jugeait le système défensif du maréchal Valée. Ce fut seulement après plusieurs semaines, grâce surtout à l'énergie des colonels Changarnier et de La Moricière, qui commandaient l'un le 2ᵉ léger à Boufarik, l'autre les zouaves à Koléa, qu'on commença à faire un peu moins mauvaise figure. Encore nos troupes n'en étaient-elles pas à reprendre l'offensive : elles se bornèrent à débloquer les postes conservés dans la Métidja; plusieurs avaient dû être évacués et détruits.

Le premier effort de l'ennemi s'était porté contre la province d'Alger. Il ne s'attaqua qu'un peu plus tard à nos établissements, si restreints d'ailleurs, de la province d'Oran. Là aussi, nos troupes se trouvèrent réduites à une défensive qui ne fut pas toujours heureuse [1]. Dans la province de Constantine, où Abd el-Kader n'avait jamais pu établir sérieusement sa puissance, notre situation était meilleure, grâce au concours de plusieurs grands chefs indigènes; ceux-ci bataillaient pour notre cause et envoyaient, en grand apparat, au général commandant la division, les oreilles coupées sur les cadavres des partisans de l'émir.

Dès le commencement de l'attaque, le maréchal Valée avait fait parvenir en France un cri d'alarme, demandant avec instance des renforts immédiats. Sous l'influence du duc d'Orléans, le ministère, — c'était alors celui du 12 mai 1839, présidé par le maréchal Soult, — prit aussitôt des mesures pour porter l'effectif de l'armée africaine de 40,000 hommes à près de 60,000. « Le Roi et son conseil, écrivait le prince royal au maréchal Valée, ont accepté, sans hésitation, sans récrimination, la situation actuelle de l'Algérie. L'opinion publique, la presse ont suivi cet exemple; les Chambres seront

---

[1] C'est alors, en février 1840, qu'eut lieu la défense de Mazagran, autour de laquelle on fit tant de bruit. Le fait se réduisait à ceci : 123 zéphyrs, soldats des compagnies de discipline, occupant un ancien fortin turc en assez bon état, s'étaient vus assiéger par environ 1,500 Arabes. A l'abri de leurs remparts, ils tinrent bon pendant quatre jours, et l'ennemi, qui n'avait ni canons pour faire brèche ni échelles pour escalader les murailles, dut se retirer. La défense était honorable, mais n'avait rien d'extraordinaire. On en pouvait juger aux pertes de la garnison qui, pendant ces quatre jours, n'avait eu que trois tués et seize blessés. La guerre d'Afrique offrait maints faits d'armes bien autrement remarquables. Mais l'opinion, égarée par le rapport exagéré du commandant, le capitaine Lelièvre, par les amplifications fantastiques des journaux et aussi par l'étrange penchant des honnêtes bourgeois à exalter le soldat vicieux aux dépens des autres, s'engoua des « héros de Mazagran », qui furent comparés aux défenseurs des Thermopyles. Le gouvernement lui-même, dupe de cette mise en scène, leur prodigua les récompenses, jusqu'au jour — près de trois ans plus tard — où, mieux informé, mais ne voulant pas confesser publiquement son erreur, il se contentera de mettre silencieusement le capitaine Lelièvre à la retraite. Le commandant de Montagnac, un vrai brave, celui-là, écrira à ce propos, dans une lettre en date du 22 novembre 1842 : « Notre fameux *lapin* de Mazagran a fini par être expulsé de l'armée, à la suite de tous ses méfaits. Il y a longtemps qu'on aurait dû lui rendre cette justice. » Beaucoup d'historiens en sont encore restés à la légende de Mazagran.

entraînées de même. Jamais général en chef n'aura été soutenu et traité comme vous l'êtes : appui moral, récompenses pour vos troupes, pouvoir d'agir, liberté de mouvements, renforts immédiats et abondants, vous aurez tous les éléments du succès... » Puis, parlant de lui-même, le prince ajoutait, avec cet accent de patriotisme qui vibrait si souvent dans ses lettres : « Reprendre, pour une lutte solennelle, une place encore chaude, si je puis m'exprimer ainsi, parmi les troupes que je viens de commander dans une expédition presque pacifique, répondre à l'appel que l'Afrique fait à ses défenseurs, c'est plus qu'un droit pour moi, c'est, à mes yeux, un devoir d'honneur qui fait taire toute autre considération et qui a été apprécié par le Roi et son conseil. J'ai écarté l'offre d'un commandement distinct du vôtre : le service en eût souffert. Je n'ai d'autre ambition que le bien général. Je partirai d'ici avec mon frère d'Aumale qui fera ses premières armes sous vos ordres. L'opinion publique et la presse se préoccupent vivement de mon départ, et tant que cela ne va pas jusqu'à des manifestations qui troubleraient ma liberté, je ne puis qu'être touché d'une sollicitude qui me prouve que mes efforts pour me tenir à la hauteur de ma position n'ont pas été complètement perdus ; mais ni les motifs qu'on allègue, ni aucune considération d'intérêt, ni aucun calcul d'avenir ne pourront me retenir ici, lorsque, dans mes inflexibles idées de point d'honneur, je crois avoir un devoir à remplir. Le cri de ma conscience me conduira en Afrique ; Dieu réglera l'avenir [1]. » A l'ouverture de la session, le 23 décembre 1839, le Roi parla avec fermeté de la nécessité de « punir l'agression » de l'émir et « d'en rendre le retour impossible, afin que rien n'arrêtât le développement de prospérité que la domination française garantissait à une terre qu'elle ne quitterait plus ». La Chambre, si longtemps incertaine dans ses vues sur l'Algérie, s'associa à ces sentiments. Sa volonté fut même mise particulièrement en lumière par le vote d'un amendement qui corrigeait sur ce point la

---

[1] Cité par M. Camille ROUSSET, *l'Algérie de 1830 à 1840*, t. II, p. 389 à 391.

rédaction proposée par la commission ; cette rédaction, tout en insistant sur la « vigueur » avec laquelle la guerre devait être poussée, laissait planer quelque doute sur l'usage qui serait fait de la victoire ; l'amendement, voté à une grande majorité, sur la demande du ministère, substitua à cette rédaction un peu équivoque une phrase où, reprenant les expressions mêmes du discours royal, on parlait de « cette terre que la domination française ne quitterait plus ».

Les renforts arrivèrent en Algérie dans les premiers mois de 1840. Le maréchal Valée se trouva ainsi en mesure de former un petit corps expéditionnaire, bientôt porté à dix mille hommes, et dans lequel étaient réunis les Africains les plus renommés, le général Duvivier, les colonels de La Moricière, Changarnier et Bedeau. Le duc d'Orléans commandait l'une des divisions, et son jeune frère le duc d'Aumale, alors chef de bataillon, faisait partie de son état-major. D'après le plan concerté avec le gouvernement, tout l'effort devait être porté dans la province d'Alger où l'on voulait s'emparer de Cherchel à l'ouest sur le bord de la mer, de Miliana au sud-ouest dans les terres, et de Médéa au sud. On se flattait que ces villes, une fois revenues en notre possession, serviraient de rempart à la plaine de la Métidja. Le plan fut exécuté comme il avait été conçu. Le maréchal occupa Cherchel le 15 mars, Médéa le 17 mai, Miliana le 8 juin. Aucune de ces villes ne fut défendue : les deux premières furent trouvées désertes, la troisième en flammes. Sur la route, à l'aller et au retour, il fallut souvent en venir aux mains avec Abd el-Kader ou avec ses lieutenants. Le plus rude et le plus brillant de ces combats eut lieu avant d'arriver à Médéa, sur ce col de Mouzaia, tant de fois arrosé de notre sang depuis la première expédition du général Clauzel : Abd el-Kader occupait, avec ses réguliers et de nombreux auxiliaires, les crêtes et le piton qui dominaient à gauche le passage ; ainsi défendue, cette forteresse naturelle paraissait inaccessible ; rien ne put arrêter l'élan de nos soldats entraînés par Changarnier et La Moricière. Mais quel était le fruit de ces victoires ? Vainement, à chaque rencontre, l'emportait-on sur Abd el-Kader, celui-ci ne se laissait pas envelopper ni même serrer de trop près. Toujours vaincu, jamais mis hors de combat, il continuait à tenir la campagne, harcelant toutes nos marches offensives et encore plus nos retraites. Ainsi quelques jours après le combat de Mouzaia, comme l'armée repassait le col pour revenir dans la Métidja, l'arrière-garde fut si soudainement et si violemment attaquée, qu'on put craindre un moment sa destruction.

Malgré les efforts faits et le sang versé, cette campagne était donc sans résultat décisif. L'armée en avait le sentiment et, chose fâcheuse, s'en prenait à son chef. Plusieurs fois, il avait paru qu'avec sa lenteur méthodique, encore augmentée par l'âge, le maréchal laissait échapper les meilleures occasions. Artilleur éminent, il ne possédait pas au même degré les qualités fort différentes du général d'armée; de plus, nourri dans les traditions de la grande guerre européenne, il n'avait pas l'intelligence de cette guerre d'Afrique qui exigeait tant de prestesse dans les mouvements, tant de promptitude dans le coup d'œil. La Moricière traduisait le sentiment général, quand il écrivait alors dans une lettre confidentielle : « On n'a pas d'idée de ce que c'est que dix mille hommes conduits de la sorte; cela dépasse de beaucoup tout ce que je pouvais imaginer [1]. » Cependant le gouverneur était satisfait. « Le plan de campagne est exécuté, disait-il dans son rapport au ministre; la France est fortement établie dans la vallée du Chélif; de grandes communications relient à la Métidja Médéa et Miliana. Le moment approche où les tribus se sépareront de l'émir. » Singulière illusion ! Le maréchal Valée avait laissé à Médéa et à Miliana, non des corps de troupes assez forts pour rayonner aux environs, mais les garnisons indispensables à la garde des villes : toujours le parti pris de défensive. Aussi, à peine l'armée s'était-elle éloignée, que ces garnisons étaient bloquées, sans communications régulières avec Alger, constamment attaquées, souvent manquant de vivres, et surtout exposées à

---

[1] *Le général de La Moricière*, par M. KELLER, t. I, p. 231.

la démoralisation, conséquence de leur attitude passive et de leur isolement. « Horribles villes, écrivait alors un de nos plus solides soldats, véritables prisons, dans lesquelles on a jeté trois mille individus, et qui sont autant de gouffres où disparaissent ces malheureux abandonnés [1]. » Vivres et munitions, tout devait être apporté de la côte, et chaque ravitaillement exigeait une nouvelle armée, une nouvelle expédition, de nouveaux combats contre l'ennemi qui tenait toujours la campagne. C'était recommencer purement et simplement ce qu'avait fait le général Clauzel au lendemain de la prise d'Alger, comme si le temps n'avait rien fait gagner ni l'expérience rien appris. Ces expéditions répétées épuisaient l'armée, d'autant que le chiffre des troupes mobilisables était singulièrement restreint : presque tout l'effectif continuait à être absorbé par la garde des nombreux postes que le maréchal avait établis autour du Sahel et dans la Métidja.

Ces postes nous donnaient-ils au moins quelque sécurité? Non; les coureurs ennemis s'avançaient jusqu'aux portes d'Alger. A peu de distance de la ville, des détachements de deux cents hommes étaient surpris et massacrés. Un témoin [2] a tracé ce tableau de nos possessions africaines après la campagne de 1840; il se suppose devant une carte, marquant en noir ce qui nous appartient véritablement : « Alger est à vous, disait-il, et même, pourvu que la nuit soit encore éloignée, vous pouvez vous promener à une lieue aux environs. Trois ou quatre points dans un rayon de trois ou quatre lieues; ce sont vos postes ou camps de la Maison-Carrée, du Fondouk, de l'Habra, etc. Vous possédez la surface qu'ils occupent et les alentours jusqu'à portée de fusil, mais à condition de n'y rien semer, de n'y rien bâtir; à condition d'avoir, derrière vos fossés, suffisamment de vivres et de munitions pour attendre la colonne de ravitaillement. Lorsqu'il n'y a pas d'eau dans

---

[1] *Lettres d'un soldat, correspondance du colonel de Montagnac.*
[2] Ce témoin est M. Louis Veuillot, qui vint en Algérie avec le général Bugeaud, au commencement de 1841, et qui, aussitôt après, publia ses impressions de voyage, sous ce titre : *Les Français en Algérie.*

l'intérieur du camp, les soldats ne vont à la fontaine qu'en force suffisante. Ils sont dévorés de vermine, excédés de fatigue et d'ennui, décimés par la fièvre, par le soleil, par les exhalaisons pestilentielles des marécages. Heureux ceux qui peuvent lire quelques lambeaux d'un vieux journal! J'ai entendu des officiers, enfermés dans ces prisons brûlantes, dire que l'esprit le mieux trempé ne peut résister à trois ou quatre mois d'un pareil supplice. Beaucoup s'adonnent aux liqueurs fortes, demandant à l'abrutissement de les sauver de la folie. Mais poursuivons : un point à Douera, un point à Boufarik, un autre à Blida, deux autres à Coléa et à Cherchel. Vous entretenez dans chacun de ces endroits un certain nombre de troupes et quelques cabaretiers qui empoisonnent ce que la fièvre et l'Arabe ont laissé vivre. Voilà votre province d'Alger... J'oubliais vos villes de Médéa et de Miliana, deux grands tombeaux, au bout d'un chemin sur lequel vous pourriez construire vingt pyramides triomphales des ossements de vos soldats. » L'auteur de ce tableau n'exagérait pas l'insalubrité des postes occupés dans la province d'Alger. Tel bataillon, qui en arrivant dans l'un d'eux comptait 700 hommes, se trouvait, au bout de peu de temps, réduit à 210. « Ces malheureux, écrivait un de leurs officiers, sont frappés de la fièvre comme de la foudre; ils tombent, et l'on n'a que le temps de les porter à l'hôpital[1]. » C'est à l'occupation de ces retranchements bien plus qu'aux combats, si meurtriers fussent-ils, qu'il faut attribuer le chiffre très élevé des pertes de l'armée en 1840 : 9,300 morts sur un effectif de 60,000 hommes[2].

En dépit des bulletins optimistes que le maréchal Valée lui adressait de la meilleure foi du monde, le ministre de la guerre finissait cependant par s'apercevoir du fâcheux état des choses : « La situation générale, écrivait-il, ne s'est pas améliorée depuis le commencement de la campagne. Nous occupons, il est vrai, Médéa et Miliana, mais dans des conditions jusqu'ici peu favorables. Les partis arabes n'en demeurent pas

---

[1] *Lettres d'un soldat*, correspondance du colonel de Montagnac.
[2] Chiffre avoué par le gouvernement dans la séance du 14 avril 1841.

moins à peu près maîtres de la plaine, et les communications entre nos postes sont difficiles et rares. Il est urgent de remédier, par des opérations heureuses et décisives, à un tel état de choses dont il y aurait bientôt à s'alarmer [1]. » Comment répondre au vœu du ministre? L'armée était dans un état de lassitude physique et surtout morale qui ne semblait plus permettre de lui imposer de nouveaux efforts. On en était à se demander si, avec des soldats surmenés, des officiers découragés, il serait possible de continuer les opérations indispensables au ravitaillement des villes occupées. Heureusement Changarnier se trouvait là, toujours prêt à agir et sachant entraîner les autres; il était la grande ressource du maréchal dans ses embarras; simple colonel ou général de récente promotion, il se voyait attribuer le commandement de presque toutes les expéditions, qu'il menait à bien avec un rare mélange d'audace, d'énergie et d'adresse. « Les généraux sont à Alger, écrivait le capitaine de Montagnac, n'ayant pas d'emploi et n'en demandant pas. Il y a ici un général qui est tous les généraux d'Afrique : c'est Changarnier. Y a-t-il une expédition à organiser? vite on ramasse des fractions de tous les corps et l'on prend mon Changarnier. Y a-t-il une razzia à faire? Changarnier. S'agit-il d'établir un télégraphe dans les nuages? encore Changarnier, toujours Changarnier... Du reste, il répond à la confiance qu'on a en lui : il se bat bien. Sa réputation va toujours grandissant, et bientôt la terre ne sera plus assez vaste pour la contenir [2]. »

Même avec un si énergique lieutenant, le maréchal Valée était loin de faire tout le nécessaire. Miliana a été ravitaillée, le 23 juin 1840, pour trois mois. Depuis lors, on n'a plus eu de communication avec la ville, de nouveau bloquée. Les trois mois se sont écoulés sans que l'on ait trouvé moyen d'envoyer un nouveau convoi. Dans la nuit du 27 au 28 septembre, un homme vêtu en Arabe se présente au palais du gouverneur : c'est un échappé de Miliana; les nouvelles qu'il apporte sont

[1] Camille Rousset, *l'Algérie de 1830 à 1840*, t. II, p. 473.
[2] *Lettres d'un soldat.*

telles, qu'en toute hâte une colonne est organisée par Changarnier. Le 4 octobre, après avoir livré plusieurs petits combats, elle arrive à Miliana. Quel spectacle! La moitié de la garnison est dans le cimetière, un quart dans les hôpitaux; le reste se traîne sans force et sans courage, incapable de défendre les remparts que l'ennemi, mal informé, n'a heureusement pas attaqués[1]. Tel a été le résultat des fatigues, des maladies et surtout de la nostalgie causée par cet état de séquestration, d'isolement et d'abandon. Il faut prendre dans le corps expéditionnaire les éléments d'une garnison entièrement nouvelle. La colonne ainsi réduite ramène, non sans peine, à Alger, les débris de l'ancienne garnison, contre lesquels la mort devait s'acharner jusqu'au bout. Des 1,236 hommes laissés en juin 1840 dans Miliana, 70 seulement survivaient au 31 décembre. Lamentable incident, qui eut tout de suite un douloureux retentissement et qui n'était pas fait pour relever le prestige du maréchal Valée, soit en Afrique auprès de l'armée, soit en France auprès du public et du gouvernement.

II

Pendant que la guerre se poursuivait avec ces fortunes diverses, survenaient, en France, des débats parlementaires et des crises ministérielles qui avaient leur contre-coup sur les affaires algériennes. Avant même que le maréchal Valée eût reçu ses renforts et commencé sérieusement ses opérations, son système avait rencontré, à la tribune de la Chambre, un contradicteur autorisé, redoutable, qui avait l'habitude de dire très haut ce qu'il pensait et de ne ménager personne : c'était le général Bugeaud. Il y avait déjà plusieurs années que ce personnage jouait, dans les affaires d'Afrique, un rôle important dont les diverses phases semblaient, il est vrai, peu

---

[1] Ce tableau de la garnison de Miliana a été tracé par le général Changarnier lui-même, dans un passage que cite M. Camille Rousset.

concordantes. Le même homme qui, en 1836, par la victoire de la Sickack, était apparu comme l'un des plus vigoureux adversaires d'Abd el-Kader, avait négocié et signé, en 1837, le traité de la Tafna, qui faisait la part si large à l'émir, si étroite à la France. A cette époque, il professait très haut et à tout venant que l'entreprise algérienne était une sottise, que la conquête serait pénible, la colonisation impossible, et que le mieux était de s'en aller[1]. Mais, depuis lors, une évolution s'était accomplie dans son esprit. Sans désavouer sa première opposition, en persistant même à déclarer l'entreprise peu heureuse, il avait fini par trouver que la France était trop engagée pour reculer. Dès lors, il estimait que le pire était de piétiner sur place, et qu'on devait aller de l'avant; l'évacuation écartée, il ne voyait plus qu'une issue, la conquête complète et rapide. Dans cette façon nouvelle de considérer les choses, il apportait son habituelle impétuosité, exposant en toute occasion ses idées avec une verve abondante et puissante. Ainsi, avait-il pris la parole, le 15 janvier 1840, lors de la discussion de l'adresse, mêlant assez étrangement, avec une égale vivacité, l'apologie de sa conduite personnelle dans le traité de la Tafna et la critique de l'occupation restreinte. « Je ne serai pas suspect, disait-il, quand je déclarerai que l'occupation restreinte me paraît une chimère. Cependant, c'est sur cette idée qu'avait été fait le traité de la Tafna. Eh bien! c'est une chimère! Elle vient d'être jugée par les faits. C'est à grands frais, avec un grand déploiement de forces et de fortifications, que vous avez voulu garder la petite zone réservée dans la province d'Alger. Vous avez vu ce qui est arrivé! Au moment où la guerre a éclaté, nos points retranchés ont été franchis; les Arabes se sont précipités dans la plaine de la Métidja, y ont fait disparaître l'ombre de colonisation que nous y avions si péniblement établie. Je dis que l'occupation restreinte est une chimère, une chimère dangereuse. Tant que vous resterez dans votre petite zone, vous n'attaquerez pas votre adversaire

---

[1] Sur les antécédents algériens du général Bugeaud, voir t. III, ch. x, § x et xii.

au cœur. Lors même que vous étendriez un peu cette zone, l'ennemi aurait plus d'espace qu'il ne lui en faut pour subsister... Il ne reste donc, selon moi, que la domination absolue, la soumission du pays... Puisque mon pays est en Afrique, je désire qu'on ne s'y débatte plus dans l'impuissance. Nous nous agitons, depuis dix ans, pour faire les choses du monde, je ne dirai pas les plus futiles, mais les plus infructueuses. Je pense que les grandes nations, comme les grands hommes, doivent faire les fautes avec grandeur. Oui, à mon avis, la possession d'Alger est une faute ; mais puisque vous voulez la faire, il faut que vous la fassiez grandement, car c'est le seul moyen d'en obtenir quelque fruit. Il faut donc que le pays soit conquis et la puissance d'Abd el-Kader détruite. » Le but ainsi nettement fixé, l'orateur indiquait les moyens de l'atteindre : c'était de substituer au système des postes fortifiés la création de six colonnes mobiles, parcourant le pays dans tous les sens et atteignant les Arabes dans leurs intérêts agricoles, les seuls saisissables en Afrique.

Le ministère, qui venait d'approuver le plan du gouverneur, n'était pas disposé à suivre les conseils du général Bugeaud. Mais, quelques semaines plus tard, il était renversé et cédait la place au cabinet du 1er mars 1840, formé par M. Thiers. Le nouveau président du conseil arrivait au pouvoir, fort animé pour la conquête de l'Algérie et assez prévenu contre le maréchal Valée. La position de ce dernier, au premier moment fort menacée, ne fut raffermie que par l'influence du duc d'Orléans qui s'apprêtait alors à rejoindre l'armée d'Afrique. Ce ne fut pas pour bien longtemps. A peine les opérations militaires étaient-elles commencées que, devant la médiocrité et l'incertitude des résultats, M. Thiers sentit renaître ses premiers doutes sur l'homme et sur son système. Quant au général Bugeaud, il trouvait dans ces faits la confirmation de ses idées, et, le 14 mai 1840, il saisissait l'occasion de la discussion des crédits, pour insister avec plus de vivacité encore sur la critique du plan suivi par le maréchal Valée. « Si l'on veut, disait-il, occuper Médéa, Miliana, Cherchel, on aura tous les inconvénients de l'occupation restreinte multipliés sur une plus grande échelle. » A l'entendre, ce n'est pas 2,400 hommes qu'il faudrait mettre à Médéa, ce serait 8,000 hommes en état de prendre l'offensive. « Il y a, ajoutait-il, un système qu'il faut abandonner, c'est le système de la multiplication des postes retranchés. Je n'en connais pas de plus déplorable. Il nous a fait un mal affreux... Que diriez-vous d'un amiral qui, chargé de dominer la Méditerranée, amarrerait ses vaisseaux en grand nombre sur quelques points de la côte et ne bougerait de là ? Vous avez fait la même chose... C'est le système de la mobilité qui doit soumettre l'Afrique. Il y a entre le système de l'occupation restreinte par les postes retranchés et celui de la mobilité toute la différence qu'il y a entre la portée du fusil et la portée des jambes. Les postes retranchés commandent seulement à la portée du fusil, tandis que la mobilité commande le pays à vingt ou trente lieues. Il faut donc être avare de retranchements et n'établir un poste que quand la nécessité en est dix fois démontrée... Vous voulez rester imperturbablement en Afrique ! Eh bien, il faut y rester pour y faire quelque chose. Jusqu'à présent, on n'a rien fait, absolument rien. Voulez-vous recommencer ces dix ans de sacrifices infructueux, ces expéditions qui n'aboutissent qu'à brûler des maisons et à envoyer bon nombre de soldats à l'hôpital ? Vous ne pouvez continuer quelque chose d'aussi absurde, messieurs. Puisque vous êtes condamnés à rester en Afrique, il faut une grande invasion qui ressemble à celle que faisaient les Francs, à celles que faisaient les Goths ; sans cela, vous n'arriverez à rien. » Et l'orateur ne cachait pas à la Chambre qu'une armée de 90,000 hommes était nécessaire. Tout en trouvant le général Bugeaud trop absolu, M. Thiers tomba d'accord avec lui qu'on avait eu tort d'éparpiller les troupes et de multiplier les postes ; la meilleure tactique, selon le président du conseil, eût été de s'emparer de quelques points principaux et de rayonner de là dans tous les sens. Lui aussi repoussait absolument « la chimère de l'occupation restreinte ». Enfin, aux adversaires de l'entreprise algérienne qui tiraient argument des résultats incertains de la campagne, il répondait en célébrant avec une vivacité éloquente les profits que nous réservait cette conquête et aussi, d'une façon plus générale, l'avantage qu'il y avait pour la France « à se battre quelque part[1] ».

Cette discussion n'avait pas raffermi le maréchal Valée. Le ministère comprenait la nécessité de le changer ; une seule chose l'arrêtait, la difficulté que présentait le choix du successeur. Un candidat sans doute était indiqué et paraissait s'offrir : le général Bugeaud. En une question où tant de gens tâtonnaient, il avait un système, le professait bien haut et se faisait fort de réussir là où les autres avaient échoué. Dans beaucoup d'esprits, l'idée gagnait qu'il pourrait bien être l'homme de la situation. Le général s'attendait à être choisi. « Il est toujours fortement question de m'envoyer en Afrique, écrivait-il à un de ses confidents, et je crois même que c'est arrêté, mais qu'on ne veut pas le publier encore... Je n'ai fait aucun mouvement. Sans être Achille, on vient me chercher sous ma tente[2]. » Cependant les jours s'écoulaient, et le ministère n'osait avouer le choix qu'il avait peut-être décidé *in petto* : c'est qu'il se croyait obligé de ménager la gauche et que celle-ci détestait le général Bugeaud. Jusqu'à quand ces préventions de parti eussent-elles ainsi retardé une mesure si évidemment commandée par l'intérêt de l'Algérie ? Quoi qu'il en soit, le cabinet du 1er mars tomba sans avoir rien fait, et la question se trouva renvoyée au cabinet du 29 octobre, avec beaucoup d'autres non moins graves, plus graves même, qui composaient l'onéreux héritage laissé par M. Thiers à ses successeurs.

Les nouveaux ministres n'avaient aucune raison d'être effarouchés par la couleur politique du général Bugeaud, mais ne pouvaient-ils pas l'être par ses desseins militaires ? Le nommer, c'était s'engager à fond dans la guerre d'Afrique, renoncer à tout expédient d'occupation restreinte, entreprendre la conquête de la régence entière, se condamner à obtenir de la

---

[1] J'ai déjà eu occasion de citer un fragment de ce discours, t. IV, ch. v, § IX.
[2] Lettre du 17 octobre 1840. (*Le maréchal Bugeaud*, par le comte D'IDEVILLE, t. II, p. 149.)

Chambre, jusqu'alors peu généreuse en cette matière, beaucoup d'hommes et beaucoup d'argent, et cela pendant de longues années. Le général n'avait laissé sur ce point aucune équivoque. Il ne s'était pas expliqué seulement à la tribune, dans des circonstances où il pouvait être soupçonné de quelque entraînement de discussion ou de quelque exagération oratoire : un jour que le Roi était particulièrement préoccupé des affaires d'Algérie, des opinions divergentes qui se manifestaient à ce sujet, de la stérilité des efforts faits jusqu'alors, il avait appelé le général Bugeaud et, en plein conseil des ministres, lui avait demandé son avis. « Sire, dit le général, si le pays cultivé, le Tell algérien, se prolongeait indéfiniment dans le sud, il faudrait évacuer demain matin ; la conquête serait impossible. Mais la fortune veut que l'épaisseur du pays cultivé ne soit en moyenne que de trente lieues, et qu'au delà soit le petit désert. Qu'est-ce qui fait que, depuis dix ans, vous multipliez les efforts sans parvenir à soumettre les Arabes? C'est qu'Abd el-Kader a toujours derrière lui une région où il peut lever l'impôt et recruter des soldats. Toutes les fois que vous laissez à l'ennemi l'impôt et le recrutement, la guerre est interminable. Il faut prendre la totalité du Tell, et alors, l'émir, n'ayant plus ni impôt ni recrutement, sera forcé de capituler. » Et comme le Roi, frappé du bon sens de ce raisonnement, avait fait cette question : « Si je vous chargeais de cette entreprise, accepteriez-vous, et à quelles conditions? — J'accepterais, répondit le général, mais je demanderais au Roi cent mille hommes de son armée et cent millions de son budget pendant sept ans [1]. » Pour peu que M. Guizot et ses collègues eussent été les politiques timides et mesquins que la gauche dénonçait et flétrissait si bruyamment, de telles perspectives eussent eu de quoi les faire hésiter ou même reculer.

[1] Cette conversation m'a été rapportée par M. le général Trochu, qui la tenait lui-même du maréchal Bugeaud. Il en avait conservé un souvenir très vif, sans pouvoir en préciser la date. Aux débuts de sa carrière, le capitaine Trochu avait été l'officier d'ordonnance et l'homme de confiance du maréchal, qui faisait de lui le plus grand cas. « Je ne connais dans l'armée aucun homme plus distingué que lui », écrivait le maréchal à M. Guizot, le 2 juillet 1846.

Tout au contraire, avec une pleine connaissance des suites de leur résolution, ils proposèrent au Roi de nommer le général Bugeaud gouverneur général. Quant à Louis-Philippe, il trouvait bien un peu lourde l'entreprise algérienne. « Le duc de Broglie a raison, disait-il volontiers, l'Algérie est une loge à l'Opéra qui coûte bien cher. » Mais dès qu'il lui fut démontré que l'honneur et l'intérêt du pays étaient engagés, il prit son parti des sacrifices à faire, si lourds fussent-ils : réponse anticipée aux fausses lettres que la presse légitimiste allait publier, quelques semaines plus tard, en vue de faire croire que le Roi avait promis à l'Angleterre l'évacuation de l'Algérie [1]. L'ordonnance qui appelait le général Bugeaud à remplacer le maréchal Valée fut signée le 29 décembre 1840. Cette date est importante dans l'histoire de la conquête de l'Algérie : elle marque la fin des tâtonnements stériles et le commencement des opérations efficaces.

III

Au moment où il prenait en main la direction des affaires algériennes, le général Bugeaud avait cinquante-six ans. Forte stature, large poitrine, visage coloré, voix mâle et rude, regard hardi, allure décidée, tout en lui respirait le commandement. Les qualités de l'âme, de l'intelligence et surtout du caractère étaient supérieures, mais avec des inégalités et des contrastes qu'expliquent son origine et les vicissitudes de sa vie. D'une famille noble du Périgord, Thomas Bugeaud de la Piconnerie perdit sa mère quand il n'avait que dix ans. Son père, ruiné par la révolution, d'un tempérament violent et dur, ne s'intéressant qu'à son fils aîné, retira le jeune Thomas de l'école où l'avait placé sa mère, et le laissa absolument à lui-même, sans lui faire donner aucune éducation. L'enfant ainsi

---

[1] Sur ces lettres, voir t. IV, ch. v, § ix.

abandonné se réfugia à la campagne, avec ses sœurs aînées dont la tendresse mettait seule un peu de douceur dans sa vie, n'ayant en fait d'instruction que ce que les pauvres filles, non moins délaissées elles-mêmes, pouvaient lui apprendre, passant son temps à chasser, à pêcher, à vagabonder au milieu des landes et des bois avec les petits paysans de son âge, dans un tel dénuement que, faute de souliers, il se fabriquait lui-même des espèces de sandales. Cette étrange existence se prolongea jusqu'en 1804, où Thomas, âgé de dix-neuf ans, s'engagea dans les vélites de la garde impériale. Il prit ce parti par pauvreté, non par goût. Longtemps ses lettres témoignèrent de ses regrets pour la vie rustique, de son désir de « quitter le militaire ». Toutefois, par sentiment du devoir, par vaillance naturelle, plus encore que par ambition, il écrivait à sa sœur aînée, lors de sa première entrée en campagne : « Je t'assure que je mourrai ou que je me distinguerai. » Caporal de la garde à Austerlitz en 1805, sous-lieutenant de la ligne en 1806, blessé à la fin de la même année dans la campagne de Pologne, il fut envoyé, en 1808, à l'armée d'Espagne, où il resta jusqu'en 1814, successivement capitaine, chef de bataillon, major. Sur ce nouveau théâtre, dans une guerre de surprises et d'embuscades, il eut occasion de faire œuvre d'initiative et de commandement, bien qu'encore dans un grade relativement peu élevé; de brillants faits d'armes, de vigoureux coups de main attirèrent sur lui l'attention de ses chefs, particulièrement du maréchal Suchet qui le prit en haute estime. Ce fut la première Restauration, bien accueillie par lui, qui lui donna ses épaulettes de colonel. Mais s'étant rallié à Napoléon pendant les Cent-Jours, il fut mis en demi-solde après la seconde Restauration. Il se retira alors en Périgord, dans le vieux domaine de sa famille, et, portant sur l'agriculture son énergie accoutumée, il transforma le pays qui l'entourait. Ainsi passa-t-il quinze années, loin de tout bruit et de toute agitation, refusant de prendre part aux conciliabules républicains et bonapartistes dans lesquels on cherchait à l'attirer.

Le gouvernement de Juillet lui rouvrit l'armée et le fit

général. Élu député en 1831, conservateur résolu, implacable, provocant, il n'était pas d'humeur à jouer les rôles muets. C'était un orateur original, prime-sautier, n'ayant pas toujours autant de mesure que de verve, prompt, sur ce champ de bataille comme sur les autres, à prendre l'offensive, particulièrement animé contre les journalistes qui, naturellement, n'étaient pas en reste avec lui et le dépeignaient comme un soudard brutal, ennemi du peuple et courtisan du prince. Il n'était pas d'ailleurs jusqu'à son rôle militaire, son service de général qui ne le mît en butte aux attaques des partis : en 1833, il acceptait, par dévouement au Roi, la mission pénible de garder la duchesse de Berry à Blaye, et s'attirait ainsi les ressentiments des légitimistes; en 1834, placé à la tête d'une des brigades de l'armée de Paris, il irritait les républicains par sa vigueur à réprimer l'émeute du 13 et du 14 avril; c'est alors que se produisit le douloureux incident si perfidement exploité par l'opposition sous le nom de « massacre de la rue Transnonain », — incident dont, en tout cas, le général Bugeaud n'était aucunement responsable, car les soldats incriminés appartenaient à la brigade du général de Lascours, non à la sienne. Les journaux n'en prodiguèrent pas moins leurs invectives à celui qu'ils se plaisaient à appeler le « geôlier de Blaye » et le « bourreau de la rue Transnonain ». Le général n'était pas homme à prendre en patience de telles attaques. Il en coûta cher à un député de la gauche, M. Dulong, pour avoir répété à la Chambre ce que disaient les journaux : le mot de « geôlier », lancé par lui dans une interruption, lui valut d'être tué en duel par l'ancien commandant du château de Blaye. Le général Bugeaud n'était pas moins indigné, quand on l'accusait de cruauté dans l'affaire de la rue Transnonain; rien ne lui eût été plus facile que de dégager sa responsabilité; mais longtemps il se refusa à le faire, pour n'avoir pas l'air de charger son camarade, le général de Lascours; lorsque sa femme et ses sœurs pleuraient sous la violence des outrages : « Mes amies, leur disait-il, je vous en prie, soyez plus calmes; croyez-vous que je ne souffre pas?

Dieu a été méconnu, outragé, abreuvé d'ingratitude sur cette terre. Ai-je le droit de me plaindre? » Ce fut seulement après la révolution de Février, le 28 mars 1848, qu'il se décida à publier une lettre pour prouver que le fait, prétexte de tant de calomnies, n'était pas imputable à des soldats placés sous ses ordres. Les attaques des journaux avaient du moins ce résultat que le général Bugeaud, avant d'avoir pu conquérir son renom militaire, était déjà très connu du public. Lui-même, un jour, constatait plaisamment à la tribune la notoriété et l'importance dont il était ainsi redevable à ses adversaires. « La presse ne m'a pas fait de mal, disait-il; au contraire, elle m'a fait du bien; car, sans les outrages qu'elle s'est efforcée de me faire subir, eh! mon Dieu, mon nom serait presque inconnu en France. (*On rit.*) On saurait à peine qu'il existe un général Bugeaud, tandis qu'aujourd'hui, partout où je vais pour la première fois, je suis un objet de curiosité. (*Nouveaux rires.*) On s'empresse sur mon passage; on veut voir cette espèce d'ogre politique, cet orateur de corps de garde, dont l'éloquence sent la poudre à canon, dit M. de Cormenin dans sa biographie des députés; et je l'en remercie : c'est une très bonne odeur que celle de la poudre à canon. Dernièrement, étant à Lille dans le salon du préfet, — ce n'était pas jour de réception, — le salon se remplit tellement, qu'on fut obligé d'en ouvrir un autre, tant on était curieux de me voir (*hilarité générale*), et l'on fut tout étonné de voir que j'étais un homme à peu près comme un autre, et que je parlais à peu près comme tout le monde [1]. »

Si impétueusement qu'il se fût jeté dans les luttes politiques, le général Bugeaud n'en tenait pas moins à rester avant tout un homme de guerre. C'était comme tel qu'il se sentait capable de faire de grandes choses et qu'il aspirait à donner sa mesure. L'expérience militaire qu'il avait acquise dans la première partie de sa carrière se trouvait avoir été très variée et très complète. Il avait vu la grande guerre que

---

[1] Discours du 8 avril 1839.

les officiers plus jeunes, uniquement formés en Algérie, ne connaissaient pas, et, en outre, il avait fait, pendant six ans, en Espagne, une guerre de guérillas qui le préparait merveilleusement aux campagnes d'Afrique. Judicieux et attentif, il avait ainsi amassé un riche fonds d'observations qui lui servait non seulement à se guider lui-même, mais à enseigner les autres : car c'était son habitude, son goût, on dirait presque sa manie, si la chose n'avait été le plus souvent fort profitable, d'être, avec tous ceux qui l'approchaient, petits ou grands, « en état permanent de professorat militaire[1] ». Les souvenirs d'Espagne étaient ceux qu'il évoquait le plus volontiers, pour en tirer des leçons sur la façon de combattre les Arabes. A ces avantages de l'expérience s'ajoutaient ceux que le général Bugeaud tenait de la nature. Il avait beaucoup des dons du capitaine : la décision prompte et audacieuse, le coup d'œil sûr et étendu; l'énergie persévérante, obstinée, l'activité infatigable, le sang-froid intrépide et l'entière liberté d'esprit dans le péril, la hardiesse à assumer et l'aisance à porter les responsabilités, cette autorité particulière du commandement qui fait non seulement que l'armée obéit, mais qu'elle va au feu avec confiance et donne ses efforts sans compter, enfin et surtout deux qualités se complétant l'une l'autre et qui devaient apparaître dans son œuvre à un degré tel, qu'on peut y voir vraiment ses qualités maîtresses : un bon sens que rien ne troublait et une volonté que rien n'arrêtait.

Cette forte et brillante figure n'était pas sans quelques ombres. S'étant formé seul, le général Bugeaud manquait de ce je ne sais quoi de réglé, de mesuré, que donne l'éducation. De là, chez lui, des lacunes, des écarts subits, des saillies excessives. La puissance de volonté, la fermeté de décision, l'ardeur de conviction, la confiance en soi qui faisaient sa force, tournaient parfois en intolérance impérieuse; entier, absolu, obstiné, il jugeait mal ceux qui le contredisaient et avait parfois trop de goût pour les approbateurs dociles. Il

---

[1] Expression du général Trochu.

donnait ce spectacle singulier d'un homme qui aimait à discuter et qui avait horreur d'être discuté, recherchant les controverses où sa verve lui donnait de grands avantages, mais s'y montrant susceptible, irritable, beaucoup moins maître de lui que dans une vraie bataille. Son indépendance à l'égard de ses supérieurs était ombrageuse, et le gouvernement qui l'employait trouvait en lui un instrument plus efficace que commode. Bonhomme avec les petites gens, il était parfois cassant, maladroit, blessant avec ceux d'un rang supérieur. Non dépourvu de finesse, il manquait de tact. Les qualités aussi bien que les défauts, tout chez lui était recouvert d'une écorce rugueuse que les frottements du monde ne parvinrent jamais à polir : c'était comme la marque ineffaçable de son origine. Il semblait même mettre sa coquetterie à montrer d'autant plus en lui le paysan et le soldat que son rôle se trouvait être plus élevé.

Et cependant qui se fût arrêté à cet extérieur eût mal connu le général Bugeaud. Pénétrez plus avant, vous découvrirez une âme qui n'était pas sans délicatesse et même un esprit qui n'était pas sans culture. Rien de plus touchant et de plus charmant que la correspondance du jeune vélite de vingt ans avec ses sœurs : beaucoup de cœur, une droiture fière et un peu sauvage, une pureté naïve[1]. Cet homme si rude fut le plus affectueux, le plus caressant des pères. « Je ne me souviens pas, disait-il un jour à ses enfants, d'avoir reçu de mon père un seul baiser; voilà pourquoi je vous accable de ces tendresses qui ont tant manqué à mon cœur aimant. » A défaut d'instruction première, il avait saisi, à peine entré au régiment, toutes les occasions de travailler et d'apprendre; plus tard, il avait profité de sa retraite, pendant la Restauration, pour faire des lectures; en tout temps, il s'était développé par l'observation personnelle. Ce qu'il avait ainsi acquis, il l'épanchait autour de lui en conversations abondantes, d'un tour singulièrement vif et pittoresque. Des choses de l'intelligence, c'étaient les côtés positifs et pratiques qu'il goûtait le

---

[1] Voir, *passim*, au tome 1ᵉʳ de l'ouvrage de M. d'Ideville sur le maréchal Bugeaud.

plus; il affectait même de dédaigner la poésie; pourtant il avait le cœur à la fois trop haut et trop sincère pour ne pas en subir, parfois à son insu, l'empire et l'attrait. Un jour, sur la frontière du Maroc, il apprend que ses aides de camp sont réunis dans leur tente pour lire le poème de *Jocelyn*. « Ah! ils lisent des poésies, ces messieurs! » s'écrie-t-il, puis, entrant brusquement chez eux : « Belle occupation, ma foi! que la vôtre, messieurs! Avez-vous donc tant d'heures à perdre pour lire des rêveries de songe-creux? Ah! les poètes et les députés poètes qui font de la politique! En vérité, je vous croyais plus sérieux. » Et le voilà s'emportant contre les rimailleurs, gent inutile et nuisible. Le soir cependant, après dîner, la conversation étant revenue sur le même sujet, il consent à entendre un passage du poème. A peine lui a-t-on lu une page : « Donnez-moi cela! » s'écrie-t-il, et, arrachant le volume des mains du lecteur, il se met à relire, de sa voix puissante et bien timbrée, le récit de la mère de Jocelyn mourante, puis, gagné par l'émotion, il continue jusqu'au moment où les mots étranglés s'arrêtent dans sa gorge; de grosses larmes coulent sur ses joues. « Ah! c'en est trop, cette fois, dit-il en riant, voilà que je vais pleurer comme vous. » Et il rejette le livre.

IV

Le général Bugeaud débarqua à Alger, le 21 février 1841. Il avait été précédé ou allait être suivi par de nombreux renforts. L'effectif qui, de 17,900 hommes en 1831 [1], avait été

---

[1] Voici le tableau de l'effectif progressif de l'armée d'Afrique :

1831.	17,900 hommes.		1840.	63,000	hommes.
1832.	22,400	—	1841.	78,989	—
1833.	27,000	—	1842.	83,281	—
1834.	31,000	—	1843.	85,664	—
1835.	30,800	—	1844.	90,562	—
1836.	31,400	—	1845.	89,099	—
1837.	42,600	—	1846.	107,688	—
1838.	48,000	—	1847.	101,520	—
1839.	54,000	—			

successivement élevé à 63,000 hommes, chiffre qu'il atteignait en 1840, se trouva porté à près de 80,000 hommes; il devait encore être augmenté, les années suivantes. Ce n'était pas tout : comme l'a très justement indiqué le général Trochu, « le nouveau gouverneur apportait avec lui une force qui devait faire autant pour la conquête que les soldats et l'argent, force toute morale qui a été, dans les mains du général Bugeaud, l'instrument de tous les succès de sa carrière : il ne doutait pas, et il sut prouver qu'il ne fallait pas douter, à une armée qu'une perpétuelle alternative de succès et de revers, dans une entreprise dont le but était resté jusque-là mal défini, avait laissée dans l'incertitude ». Cet esprit de décision, cette assurance, d'un effet si salutaire, s'étaient manifestés, avant tout commencement d'exécution, dans la netteté avec laquelle le gouverneur avait arrêté son système de guerre. Loin d'en faire mystère, il l'avait, pour ainsi dire, proclamé sur les toits. On n'a donc, pour exposer ce système, qu'à recueillir ce qu'il avait alors dit et écrit à plusieurs reprises.

Tout d'abord le général entendait répudier la défensive et y substituer une offensive énergique. « La meilleure manière de défendre et de protéger, disait-il, c'est d'attaquer et de faire redouter à l'ennemi les maux dont il nous menace. » Mais quel genre d'offensive ? En Europe, il suffit ordinairement de gagner une ou deux batailles, de s'emparer de la capitale ou de quelques autres points importants, pour que l'adversaire soit obligé de s'avouer vaincu. En Algérie, rien de pareil. Il était dans la tactique d'Abd el-Kader d'éviter les grandes batailles, ou en tout cas de ne pas s'y engager trop à fond, de ne pas s'y laisser étreindre de trop près. Et puis, fût-on parvenu à livrer une telle bataille, les résultats n'en auraient été nullement décisifs. On n'avait pas affaire à une armée régulière qui, une fois dispersée, ne compte plus, mais à la population elle-même qui se retrouvait toujours sur pied, population fanatisée et dominée par son chef, courageuse, habituée à combattre, dont on a pu dire que « chacun y naissait un fusil à la main et un cheval entre les jambes ». C'est après s'être rendu bien compte des conditions toutes spéciales de cette guerre que le général Bugeaud avait arrêté sa tactique : en place des grandes batailles impossibles ou inefficaces, une action multiple et incessante; au lieu d'une armée concentrée, beaucoup de petites colonnes toujours en mouvement. Atteindre Abd el-Kader, il savait que c'était difficile ; s'emparer de lui, il ne s'en flattait guère ou, en tout cas, il voyait là une chance tellement incertaine, qu'on ne pouvait faire de sa réalisation la base d'un plan de campagne; mais du moins voulait-il le poursuivre sans trêve, le prévenir, le déjouer, l'épuiser matériellement, ruiner son prestige en le montrant partout traqué. Cette sorte de chasse personnelle ne suffisait pas : il fallait aussi agir contre les tribus dévouées à notre ennemi ou dominées par lui, les contraindre à lui refuser l'impôt et le recrutement. Là même était le nœud principal de la guerre. Comme le général l'avait dit au Roi dans une conversation déjà citée, tant qu'Abd el-Kader pourrait lever des soldats et trouver de l'argent, la lutte ne serait pas terminée. Sur les moyens d'obtenir cette soumission des tribus, le gouverneur n'avait pas des idées moins arrêtées ; il les avait exposées ainsi à la tribune, dès le 15 janvier 1840 : « En Europe, nous ne faisons pas seulement la guerre aux armées, nous la faisons aux intérêts ; quand nous avons battu les armées belligérantes, nous saisissons les centres de population, de commerce, d'industrie, les douanes, les archives, et bientôt ces intérêts sont forcés de capituler... Il n'y a à saisir, en Afrique, qu'un intérêt, l'intérêt agricole : il y est plus difficile à saisir qu'ailleurs, car il n'y a ni villages ni fermes. J'y ai réfléchi bien longtemps, en me levant, en me couchant; eh bien! je n'ai pu découvrir d'autre moyen de soumettre le pays que de saisir cet intérêt... Je dirais aux commandants des colonnes : Votre mission n'est pas de courir après les Arabes, ce qui est fort inutile ; elle est de les empêcher de semer, de récolter, de pâturer. » Et comme l'auditoire n'entendait pas sans murmurer cette théorie des razzias : « Ces murmures, ajouta l'orateur, semblent me dire que la Chambre trouve le moyen trop barbare. Messieurs, on ne fait pas la guerre avec la philanthropie. Qui veut la fin veut les moyens... J'ai la conviction que vous pouvez obtenir la soumission des trois provinces par le système que je viens d'indiquer. En effet, les Arabes ne peuvent vivre qu'en Algérie. Dans le désert, point de grain ; un pâturage rare... Les Arabes pourront fuir dans le désert à l'aspect de vos colonnes, mais ils n'y pourront rester ; il leur faudra capituler. Lorsqu'ils viendront à vous, ce sera le moment d'exiger des garanties, la remise de leurs chevaux, de leurs armes, pour leur permettre de s'établir sur leur ancien territoire, derrière vous. »

L'exécution de ce plan, à travers un pays sans routes, sans ponts, sans villages, enchevêtré de montagnes presque inaccessibles, de ravins presque infranchissables, avec un climat brûlant pendant l'été, glacé pendant l'hiver, exigeait avant tout des troupes très légères et très mobiles, aussi mobiles que l'ennemi à atteindre. En 1836, quand le général Bugeaud avait fait sa première apparition en Afrique, avec mission de relever les affaires compromises de la division d'Oran, à peine débarqué, il avait réuni les officiers et leur avait tenu ce petit discours : « Messieurs, je suis nouveau en Afrique, mais, selon moi, le mode employé jusqu'ici pour poursuivre les Arabes est défectueux. J'ai fait de longues campagnes en Espagne ; or, la guerre que vous faites ici a une grande analogie avec celle que nous avions entreprise, en 1812, contre les guérillas. Vous me permettrez d'utiliser l'expérience que j'ai acquise à cette époque. Comment, traînant avec vous tant de canons et tant de voitures, prendre l'offensive sur un ennemi qui l'a toujours eue jusqu'à présent, qui est dégagé d'attirail et mobile à ce point que vous le déclarez insaisissable ? Il faut vous faire aussi légers que lui ; il faut vous débarrasser de ces *impedimenta* qui sont pour vous une cause permanente de faiblesse et de péril. Vous êtes liés à leur existence ; vous les suivez péniblement là où ils peuvent passer, quand ils peuvent passer. Je vous déclare que j'ordonne l'embarquement de ce matériel de campagne, de ces voitures et de ces canons. Nos soldats porteront plus de vivres. Une petite réserve sera chargée sur des chevaux et des mulets. » A cet ordre de renvoi des canons, les vieux Africains s'étaient scandalisés, et ils avaient chargé le colonel Combes de porter leurs remontrances à ce nouveau venu qui prétendait tout changer. Le général Bugeaud maintint son ordre, et la victoire lui donna raison. Depuis lors, tout avait confirmé la justesse de son premier coup d'œil. Aussi revenait-il en Afrique plus convaincu que jamais des avantages de la mobilité et résolu à ne rien négliger pour l'augmenter encore. L'idée, du reste, ne rencontrait plus de résistance. Tous, au contraire, généraux, officiers, soldats, se prêtaient à l'appliquer et aidaient à la développer. De ce concours, devaient sortir beaucoup d'innovations heureuses dans la disposition des colonnes, le chargement, le fourniment, le costume et la nourriture des soldats, chacune tendant à accroître la rapidité des mouvements.

Si mobiles que fussent ces colonnes, on ne pouvait s'attendre qu'elles allassent bien loin si elles partaient toujours de la mer et devaient y revenir pour se ravitailler. Il fallait leur trouver des bases d'opérations plus près de l'ennemi. Voilà pourquoi, tout en supprimant les postes fortifiés, si inutilement multipliés par son prédécesseur, le général Bugeaud avait le dessein d'occuper quelques points dans l'intérieur des terres. Il ne s'agissait plus d'y enfermer de malheureuses garnisons condamnées à la défensive, mais au contraire d'en faire l'appui ou le point de départ des opérations offensives. Le gouverneur expliquait ainsi lui-même la raison d'être de ces occupations :
« Je n'ai de postes que sur les lignes parallèles à la mer, non pas pour garder ces lignes contre l'invasion de l'ennemi, ce qui est impossible, mais pour rapprocher ma base d'opérations de la zone sud du Tell et du désert. Ces postes, aux yeux des esprits superficiels, pourront paraître une déviation de mes principes de guerre en Afrique qui reposent sur la mobilité. Ce serait une grave erreur, car ils ont pour objet au contraire d'accroître la mobilité, et voici comment : si une colonne, partant de la mer pour opérer à quarante lieues, était obligée de revenir à la mer afin de refaire ses vivres et ses munitions,

de déposer ses malades et ses blessés, elle perdrait en action pour la guerre effective sept ou huit jours pour revenir à la mer, sept ou huit jours pour revenir sur le théâtre des opérations. Il lui faut donc quelques postes bien placés pour pouvoir se ravitailler. On consacre ainsi une portion de son effectif à rendre le reste mobile pour beaucoup plus longtemps [1]. » Où seraient fixés ces postes? Quel en serait le nombre? Au début, le général Bugeaud, par réaction contre le système antérieur, n'en voulait que très peu, trop peu. Chaque fois que ses lieutenants proposaient une occupation, son premier mouvement était de la repousser comme contraire au système de la mobilité. Mais ces idées trop absolues devaient s'amender. Peu à peu, à mesure que notre domination s'étendra, il arrivera à constituer trois lignes de postes, parallèles entre elles : d'abord, celle du littoral, pied-à-terre obligé des arrivages de la métropole; ensuite, la ligne centrale, embrassant dans son rayonnement tout le Tell; enfin les postes avancés, sur la frontière du désert.

Le plan du nouveau gouverneur se dessine donc nettement ; il peut se résumer ainsi : offensive vigoureuse au moyen de plusieurs petites colonnes très mobiles ; poursuite incessante de l'émir et razzia des tribus qui lui demeuraient fidèles ; occupation de postes peu nombreux, choisis non pour servir de barrière à l'ennemi, mais pour rapprocher de lui la base des opérations.

V

Avec ce nouveau système de guerre et particulièrement avec la multiplicité des colonnes, le gouverneur, ne pouvant être partout à la fois, sera souvent obligé de s'en rapporter entièrement, pour l'exécution, aux chefs de ces colonnes. Le général Bugeaud a cette chance de trouver dans l'armée d'Afrique,

---

[1] Lettre du 29 décembre 1843, à M. de Corcelle. (*Documents inédits.*)

au moment où il en prend la direction, des officiers de rare valeur, déjà formés, qui faisaient cette guerre depuis plusieurs années et qui même avaient, du pays et de la population, une expérience plus longue que la sienne. Deux d'entre eux sont alors particulièrement en vue : La Moricière et Changarnier. Leurs faits d'armes viennent précisément de leur valoir à tous deux, le même jour, le 21 juin 1840, les étoiles de maréchal de camp. Le premier n'a que trente-quatre ans ; six ans et huit mois auparavant, il était simple capitaine. Le second, notablement plus âgé, a quarante-sept ans, mais il a franchi plus rapidement encore, en quatre ans et cinq mois, la distance du grade de capitaine à celui de général.

Changarnier a attendu longtemps avant de pouvoir montrer ce qu'il vaut. Quand, en 1835, on l'envoie à l'armée d'Afrique, il est au service depuis vingt ans et capitaine depuis douze ; on ne sait guère alors de lui qu'une chose, c'est qu'il est très brave, peu endurant, et qu'il a eu plusieurs duels dont il est sorti à son avantage ; officier de la garde royale pendant toute la Restauration, cet antécédent l'a fait passer pour légitimiste et a nui à son avancement. Mais à peine l'Algérie lui fournit-elle l'occasion d'agir, qu'on le distingue : au bout de quelques mois, il est chef de bataillon. L'année suivante, en 1836, quand le maréchal Clauzel s'apprête à marcher contre Constantine, il écrit au général Rapatel : « Envoyez-moi, par le retour de la frégate, le bataillon du commandant Changarnier, cet officier que j'ai remarqué dans l'expédition de Mascara. » On sait de quelle gloire le commandant se couvre dans la retraite qui suit l'échec subi devant Constantine : c'est lui qui sauve l'armée ; aussi, au soir de l'une de ces anxieuses journées, le maréchal Clauzel, causant au bivouac avec plusieurs officiers, leur disait-il : « Si je recevais une blessure, je me hâterais de mettre aux arrêts tous les officiers supérieurs en grade à Changarnier ou plus anciens que lui. Si je suis tué, ma foi, dépêchez-vous de vous insurger et de lui décerner le commandement, sinon vous êtes tous... perdus ! » Ce nom, jusqu'alors inconnu, est désormais dans

toutes les bouches, en Algérie comme en France. Il est fait
colonel après l'expédition des Portes de Fer, et son régiment,
le 2ᵉ léger, devenu, grâce à l'habileté du commandement, à
la vigueur de l'entraînement, célèbre dans l'armée d'Afrique,
balance la réputation des zouaves de La Moricière, et partage
avec eux l'honneur des tâches les plus difficiles et les plus
périlleuses. Comme naguère le maréchal Clauzel, le maréchal
Valée a discerné dans cet officier l'étoffe d'un chef d'armée, et
il s'arrange pour lui réserver, malgré son grade relativement
inférieur, le commandement de presque toutes les expéditions.
On ne compte plus les faits d'armes de Changarnier. Tout ce
qu'il entreprend réussit. Son énergie demeure intacte, alors
que tant d'autres sont las et découragés. Sa réputation s'est
étendue jusque chez les Arabes, qui connaissent la sonnerie de
son régiment et qui ne prononcent qu'en tremblant le nom de
Changarlo. Il jouit de ce succès qu'il a si longtemps attendu,
mais il n'en est pas étonné. Il a en soi-même une confiance
dont l'expression presque naïve paraît parfois entachée d'orgueil
et d'infatuation ; mais, après tout, elle est justifiée et elle est
une de ses forces ; elle explique l'entrain avec lequel il aborde
toutes les difficultés, son incomparable sang-froid dans le péril
et aussi son ascendant sur les hommes qu'il commande. Sous
ses ordres, le soldat est capable d'efforts qu'il ne ferait pas
avec un autre : sa fermeté, sa ténacité, son audace sont con-
tagieuses. Les autres officiers ne laissent pas que de jalouser
un peu une fortune devenue tout à coup si rapide. D'autant
que le caractère de Changarnier, toujours digne, n'est pas
toujours commode ; il est plus poli qu'aimable ; avec une parfaite courtoisie, il a peu de cordialité ; avec une réelle élévation d'âme et certains côtés du désintéressement, ceux qui
viennent de la fierté, il est personnel, susceptible et sévère ;
il ne sait ni pardonner une offense ni dissimuler le mépris que
lui inspire une vilenie. Toutefois ceux-là mêmes qui se croient
des raisons d'en vouloir à l'homme sont obligés de rendre
hommage au général ; Saint-Arnaud, qui n'est pas de son bord,
l'appelle le Masséna africain. Ce soldat si vigoureux est en

outre un esprit très cultivé ; M. Guizot devait dire de lui, plus tard : « Changarnier sait écrire », et M. Sainte-Beuve le qualifiera de « véritable autorité littéraire ».

La Moricière nous est connu ; déjà j'ai eu occasion d'esquisser cette physionomie si française [1]. Comme pour Changarnier, c'est Constantine qui a rendu son nom partout célèbre ; à un an de distance, il a trouvé dans un assaut la gloire que son émule avait acquise dans une retraite [2]. Héroïsmes de genre différent, mais de valeur égale. Si nul n'est plus énergique et plus indomptable que Changarnier, nul n'a la bravoure plus brillante et plus entraînante que La Moricière. Le premier, plutôt frêle, la voix faible, toujours correct, recherché même dans ses manières et sa mise, eût fait volontiers comme ces soldats de la garde impériale qui allaient au feu en grande tenue et en gants blancs. Chez le second, petit, mais vigoureux, l'allure et le costume sont plus à la diable : une grande ceinture rouge s'enroulant sur une tunique fanée et poussiéreuse ; de longs cheveux s'échappant d'une *chachia*, sorte de calotte arabe ; les bottes en maroquin rouge et la grande selle aussi à la mode indigène. Ce n'est pas seulement à cause de ces détails extérieurs qu'on peut voir en lui « l'Africain » par excellence. Si Changarnier a passé plusieurs années en Algérie, il ne semble y avoir vu qu'un champ de bataille où la France attendait de lui la victoire et où il pouvait honorer son nom ; mais il lui eût été indifférent de se battre ailleurs. Tout autre est le sentiment de La Moricière, et là est vraiment l'originalité de sa figure. Venu en Algérie dès 1830, il ne l'a pas quittée depuis, sauf des congés de quelques mois pris à de rares intervalles ; il s'indigne contre ces trop

---

[1] Voy. t. III, ch. x, § v.

[2] Sur le rôle de La Moricière dans l'assaut de Constantine, voir t. III, seconde édition, ch. x, § xIII. — L'impression fut très vive en France, et M. de Tocqueville traduisait le sentiment général, quand il écrivait, le 14 novembre 1837 : « Je m'intéresse plus que je ne puis me l'expliquer à La Moricière. Cet homme m'entraîne malgré moi, et, quand j'ai lu le récit de son assaut de Constantine, il m'a semblé que je le voyais arriver le premier au haut de la brèche, et que toute mon âme était un instant avec lui. Je l'aime aussi pour la France, car je ne puis m'empêcher de croire qu'il y a un grand général sous ce petit homme-là. »

nombreux officiers qui passent dans l'armée d'occupation, « n'y cherchant qu'une occasion d'aventures et d'avancement, s'en retournant ensuite bien vite en France, dès qu'ils ont obtenu ce qu'ils sont venus chercher, et ne s'inquiétant nullement de ce qui se passera en Afrique quand ils n'y seront plus[1] ». Quant à lui, dès le début, il s'est donné généreusement, corps et âme, à l'entreprise algérienne. Il a deviné tout de suite que notre établissement sur une terre si peu connue, à côté d'une race si différente de la nôtre, renfermait un problème très complexe et absolument nouveau; le premier, il s'est appliqué à l'éclaircir et à le résoudre. Dans ce dessein, il s'est mêlé hardiment aux indigènes, étudiant leur langue, leurs mœurs, leurs institutions, leurs conditions économiques, la topographie de leur sol. Nul n'est arrivé à les connaître aussi bien; nul n'a trouvé comme lui le secret d'agir sur eux. Son esprit ouvert, hardi, inventif, est sans cesse en travail et en mouvement. Pendant une nuit de bivouac, il écrira un mémoire sur quelque innovation administrative ou sur quelque projet de colonisation. Il semble même parfois avoir quelque chose d'un peu agité et hasardeux. C'est une machine à vapeur toujours sous haute pression. Mais que de services rendus! On le trouve à l'origine de presque toutes les mesures fécondes. C'est lui qui a organisé les zouaves et formé le premier bureau arabe, créant ainsi les deux instruments qui devaient servir à vaincre les indigènes et à les gouverner. Tout jeune, il s'est fait une situation à part et a acquis une importance bien supérieure à son grade. On conçoit dès lors qu'il ne soit pas disposé à prendre patiemment les fausses démarches, les défaillances du gouvernement central ou des autorités militaires d'Alger. Pendant ces dix premières années de notre conquête, il a eu de ce chef plus d'une occasion de se désoler ou de s'irriter : jamais autant que pendant la dernière campagne du maréchal Valée. « Je parle et j'écris rarement de l'impression que me font les choses qui m'entourent, lisons-nous dans une de ses

---

[1] Lettres de 1840 et de 1843 citées par M. KELLER dans sa *Vie du général de La Moricière*.

lettres en date du 16 février 1840. L'impuissance dont notre malheureux pays fait preuve en Afrique est une des choses les plus tristes que puisse contempler un homme qui a encore quelques sentiments de nationalité. » Puis, après avoir continué sur ce ton, il terminait ainsi : « Adieu, mon cher oncle; mes réflexions sont tristes, mais je les crois vraies. Je n'aime pas à m'arrêter à ces idées; l'action de chaque jour m'évite la peine et m'ôte le temps de penser. Cela vaut mieux. Agir, c'est vivre [1]. »

Le jeune officier, qui, à la fin de l'hiver de 1840, était ainsi tenté par le découragement, ne se doutait pas qu'un changement décisif allait précisément se faire dans sa propre situation, et que son rôle en Afrique en serait tout à coup singulièrement agrandi. C'était le moment où M. Thiers, devenu premier ministre, éprouvait des doutes sur l'efficacité du système suivi par le maréchal Valée. Il songea à consulter le colonel de La Moricière qu'il avait rencontré les années précédentes et qu'il avait fort goûté. Il lui envoya donc, vers la fin de mai 1840, l'ordre de se rendre sans retard à Paris. Invité par le président du conseil à exposer ses idées, le colonel le fit avec la vivacité de sa nature et la chaleur de sa conviction. Partant de cette idée qu'il ne suffisait pas de livrer quelques combats à Abd el-Kader, mais qu'il fallait renverser sa puissance, il établit qu'on n'y parviendrait pas tant qu'on ne porterait pas la guerre au siège même de cette puissance, dans la province d'Oran, tant qu'on n'occuperait pas la capitale de l'émir, Mascara. Il ne s'agissait pas d'y recommencer une simple promenade militaire, du genre de celle qu'avait faite autrefois le maréchal Clauzel, ou de ne laisser dans cette ville qu'une petite garnison à peine suffisante pour défendre ses remparts, ainsi que procédait alors le maréchal Valée pour Médéa et Miliana; il fallait s'établir à Mascara avec une division entière qui, de là, rayonnerait dans tous les sens; au lieu d'attendre sa nourriture de convois péniblement amenés de la

---

[1] *Le général de La Moricière*, par E. KELLER, t. I, p. 224 à 226.

côte à coups d'expéditions, le corps installé à Mascara devait trouver sa vie sur place, aux dépens des tribus riches et belliqueuses qui entouraient cette ville et qui étaient la principale force de l'émir; il poursuivrait sans relâche ces tribus jusqu'à ce qu'elles fussent domptées; il s'attaquerait surtout à celle des Hachem, de laquelle était sorti Abd el-Kader, et qui lui fournissait ses principales ressources. Ce plan se rapprochait, par plusieurs côtés, de celui qu'à la même époque le général Bugeaud exposait à la tribune, mais il avait aussi ses parties originales. Il plut fort à M. Thiers, qui, sans attendre le choix d'un nouveau gouverneur, résolut de placer La Moricière sur le théâtre même où il venait de demander qu'on portât l'action. Ce fut alors, en juillet 1840, que le colonel de trente-quatre ans fut nommé maréchal de camp, et peu après, par une mesure peut-être plus exceptionnelle encore, le commandement de la division d'Oran lui était confié. Le maréchal Valée n'avait pas été consulté : signe manifeste de sa prochaine disgrâce. Dès le mois d'août, le jeune général prit possession de son commandement.

La Moricière était nommé pour préparer l'occupation de Mascara; mais personne ne comptait qu'il pût aussitôt marcher sur cette ville; la division d'Oran était trop faible. Il fallait auparavant qu'elle reçût des renforts qui devaient arriver seulement dans quelques mois, et aussi que les troupes de la province d'Alger fussent en mesure de lui prêter un concours qu'on ne pouvait, à ce moment, espérer du maréchal Valée. En attendant, le nouveau commandant ne resta pas inactif. Il s'occupa tout d'abord de refaire matériellement et moralement sa petite armée qu'il avait trouvée en piteux état, bloquée sur quelques points de la côte, décimée par les maladies, démoralisée. Dans ce dessein, il fit évacuer les postes insalubres, améliora le service sanitaire, remit le soldat en haleine et en confiance par des expéditions sagement graduées et heureusement conduites, élargit progressivement le cercle qui nous enserrait et nous étouffait. En même temps, il raffermit la fidélité des tribus alliées en leur distribuant des vivres et en les mettant à l'abri des attaques. De jour en jour, les opérations militaires devinrent plus importantes, les razzias plus hardies, les coups furent frappés plus loin et plus fort. Les tribus ennemies se virent forcées de reculer leurs campements. Les soldats s'aguerrissaient et s'endurcissaient à la fatigue. Toutes ces expéditions étaient en outre, pour l'inventif général, l'occasion d'expérimenter d'heureuses innovations. Il modifia l'équipement du soldat de façon à alléger sa marche, à assurer son bien-être et à préserver sa santé. Il organisa très soigneusement le service des renseignements et de la topographie. Il avait profité de son expérience des Arabes pour nouer avec eux des relations et recruter de nombreux espions; dès lors, au lieu d'être surpris par l'ennemi, comme il nous était arrivé trop souvent en Afrique, ce fut notre tour de le surprendre. Une grande difficulté de cette guerre était de se guider dans un pays inconnu et sans routes : des cartes de la région furent dressées, que l'on complétait au fur et à mesure des informations recueillies et des constatations faites; chaque projet d'expédition était rédigé à l'avance avec croquis à l'appui; puis, quand il s'agissait de se mettre en marche, un officier choisi prenait la tête de la colonne, à quarante pas en avant, entouré des guides arabes et suivi d'un cavalier portant le fanion de direction, blanc avec étoile rouge; l'*étoile polaire*, — ainsi l'avaient surnommée les soldats, — devint bientôt fameuse en Algérie. Pour ces services spéciaux, La Moricière était très utilement secondé par des officiers d'une rare compétence, MM. de Martimprey et Daumas. Du reste, grâce à sa connaissance des hommes et à l'attrait qu'il exerçait, le commandant d'Oran se trouvait avoir autour de lui tout un groupe de jeunes officiers d'élite : nommons MM. Pélissier, de Crény, Trochu, Bosquet, Charras, Bentzmann, d'Illiers, de Montagnac, etc. « Vive La Moricière! écrivait, le 1ᵉʳ février 1841, l'un de ces officiers [1]. Voilà ce qui s'appelle mener la chasse avec intelligence et bonheur! Razzias coup sur coup, réussite complète,

---

[1] M. de Montagnac. (*Lettres d'un soldat*, p. 141 et 142.)

bataillons réguliers de l'émir anéantis presque en totalité, tels sont les résultats prompts et décisifs obtenus par ce jeune général qu'aucune difficulté n'arrête, qui franchit les espaces en un rien de temps, va dénicher les Arabes dans leurs repaires, à vingt-cinq lieues à la ronde... Je vous réponds qu'au printemps, le général aura une petite division solide, avec laquelle il pourra aller loin. Il ne laisse pas un moment de repos aux soldats. Lorsqu'ils ne battent pas la campagne, ils piochent la terre... C'est comme cela qu'il faut mener le soldat : il n'a pas le temps de penser à son pays; son tempérament se forme; son corps se durcit à la fatigue, et les maladies n'ont plus de prise sur lui. Pourquoi n'avons-nous pas beaucoup de généraux comme La Moricière ? »

Ainsi, dans la division d'Oran, naguère si lasse et si découragée, tout était vie, entrain, confiance. Elle était prête pour les grandes opérations que la nomination du nouveau gouverneur général et l'arrivée des renforts allaient permettre d'entreprendre contre les établissements d'Abd el-Kader. Une transformation si complète, opérée en quelques mois, faisait honneur au commandant d'Oran dont elle était bien l'œuvre propre; elle avait en effet précédé l'arrivée du général Bugeaud dont La Moricière se trouvait avoir été le précurseur. Le jeune général méritait que M. de Tocqueville écrivît, à cette époque, après l'avoir vu à l'œuvre sur son terrain : « La Moricière est déjà l'homme principal de ce pays; il y fait admirablement, et il a l'art d'exciter au plus haut point la confiance du soldat, tout en satisfaisant la population civile. »

VI

A peine arrivé en Algérie, le général Bugeaud commença l'exécution du plan si nettement arrêté dans son esprit. Dès la fin de mars 1841, il entrait en campagne. Au moment d'exposer ces opérations militaires, l'historien éprouve un embarras. S'il veut suivre toutes les colonnes qui agissent simultanément, s'il s'arrête à chacun des innombrables petits combats qu'elles livrent aux Arabes, ne risque-t-il pas de ne laisser au lecteur qu'une impression monotone et confuse? Le meilleur système, surtout dans un livre comme celui-ci, paraît être de s'attacher aux faits principaux ou caractéristiques, et de mettre en lumière le dessein général de ces mouvements si complexes [1].

Les premières opérations qui occupèrent les mois d'avril et de mai 1841 eurent pour objet le ravitaillement de Médéa et de Miliana. Il n'était plus seulement question d'apporter aux garnisons de quoi se défendre; il fallait munir les deux villes assez largement pour que les colonnes qui devaient agir dans le sud et à l'ouest de la province pussent y trouver une base d'opérations. Au cours de ces ravitaillements, le général Bugeaud livra plusieurs combats aux Arabes et aux Kabyles. Le plus important eut lieu près de Miliana, contre Abd el-Kader lui-même qui avait réuni là près de 20,000 hommes; le général essaya, par une ruse habile, d'amener son adversaire à un engagement plus serré et plus décisif que ceux auxquels se prêtait d'ordinaire la stratégie arabe; mais son calcul fut dérangé par la trop grande ardeur d'une partie de ses troupes et par la sagacité de l'émir. Ce n'en fut pas moins une brillante victoire, et, dans la suite, le général aimait à rappeler « sa bataille sous Miliana ». Abd el-Kader sortit de ce premier face-à-face avec le

---

[1] Ceux qui auraient intérêt à connaître le détail des opérations peuvent se reporter aux ouvrages spéciaux. En ce moment même, le premier de nos historiens militaires, M. Camille Rousset, poursuit, avec le même éclat, jusqu'en 1857, le récit de la conquête algérienne que, dans un premier livre, il avait conduit jusqu'en 1840. Je me suis beaucoup servi de cet important ouvrage. Signalons aussi *le Maréchal Bugeaud, d'après sa correspondance intime*, par M. D'IDEVILLE; *le Général de La Moricière*, par M. KELLER; les *Souvenirs d'un officier d'état-major*, par le général DE MARTIMPREY; les *Lettres d'un soldat*, correspondance inédite du colonel DE MONTAGNAC; les *Lettres du maréchal de Saint-Arnaud*, les articles sur les *Dernières Campagnes du général Changarnier en Afrique*, publiés dans le *Correspondant*, par le comte D'ANTIOCHE, etc., etc.

nouveau gouverneur, décidé à ne plus l'affronter en bataille rangée.

Ce début de campagne eut un effet décisif sur notre armée d'Afrique. Il lui donna le sentiment qu'elle était bien conduite. La confiance dans le chef, confiance nécessaire et malheureusement ébranlée sous le maréchal Valée, fut pleinement rétablie. L'un des officiers de la colonne, le commandant de Saint-Arnaud, écrivait à son frère, au lendemain de ces expéditions : « Le général Bugeaud s'y est parfaitement placé ; il s'est montré capitaine expérimenté et habile. On voit, on saisit ses pensées militaires. Il se bat quand il veut ; il cherche, il poursuit l'ennemi, l'inquiète et se fait craindre[1]. » Ce n'était pas une impression isolée. Au même moment, un autre officier d'avenir, le lieutenant Ducrot, s'exprimait ainsi dans une lettre adressée à son père : « Décidément le général Bugeaud est l'homme qui convient ici. Il a trouvé moyen de faire trois fois plus de besogne que M. Valée, dans le même temps ; il fatigue beaucoup moins son monde, fait beaucoup plus de mal à l'ennemi et n'a presque point de blessés[2]. » Déjà même, le simple soldat commençait à éprouver pour son général cette sorte d'affection familière qui n'ôte rien au respect et que certains chefs d'armée, non des derniers, ont eu le don d'inspirer. Ce don, nul ne le posséda plus que « le père Bugeaud », dont les zouaves ont si longtemps chanté la légendaire « casquette ». Tout en lui contribuait à cette popularité de bivouac, sa forte stature, sa physionomie martiale, sa familiarité brusque et rustique, son allure de vieux grognard et jusqu'à ce mouvement des épaules révélant aux connaisseurs l'ancienne habitude du sac. Il portait et témoignait aux troupiers un intérêt sincère, ménager de leur vie, de leur santé, en sollicitude constante, méticuleuse et efficace de leur bien-être, s'inquiétant de leur expliquer la raison des efforts qu'il leur demandait, saisissant volontiers l'occasion de causer avec eux, d'un abord facile pour les plus

---

[1] Lettre du 9 mai 1841.
[2] Lettre du 12 mai 1841.

humbles [1]. On citait de lui mille traits qui faisaient sourire ceux que Saint-Arnaud appelait, dans ses lettres, « les gros officiers », mais qui lui gagnaient l'amour des soldats : un jour, par exemple, il descendait de cheval pour aider un muletier qui ne parvenait pas à redresser son bât. Outre que ces traits venaient d'un bon cœur, ils étaient le calcul ou l'instinct d'un habile homme de guerre; c'est parce que le général Bugeaud faisait beaucoup pour ses hommes, qu'il obtenait beaucoup d'eux.

Dans ses premières expéditions sur Médéa et Miliana, le gouverneur n'avait guère fait autre chose que son prédécesseur, tout en le faisant mieux. Le moment était venu d'entreprendre du nouveau. Que serait-ce, et de quel côté? Des trois provinces de l'Algérie, il en était une, celle de Constantine, où Abd el-Kader n'avait jamais eu réellement de pouvoir et où par suite notre autorité était à peu près reconnue; sans doute cette autorité était souvent plus nominale que réelle, mais on ne voulait pas y regarder de trop près. Là donc, notre action militaire devait se borner, pendant quelque temps, à des courses de police sans grand intérêt pour l'histoire. C'était dans les deux autres provinces que nous avions à combattre l'émir. On sait quel était le plan de La Moricière : au lieu de continuer à concentrer tous les efforts sur la province d'Alger, il voulait que l'on portât l'attaque principale dans la province d'Oran, au cœur de la puissance d'Abd el-Kader, et que l'on occupât fortement Mascara. Après quelques hésitations venant de sa répugnance à augmenter le nombre des postes permanents, le général Bugeaud avait adopté ce plan. Il y joignit une autre idée non moins féconde. Depuis que Mascara et Tlemcen avaient été une première fois atteints par le maréchal Clauzel,

---

[1] Ce n'étaient pas seulement les soldats, c'étaient aussi les colons pour lesquels le général était ainsi d'un facile abord. Un jour, l'un de ces colons, pauvre diable, vient le trouver à Alger et lui expose sa requête. « Mais, mon ami, lui dit le gouverneur après l'avoir écouté, cela ne me regarde pas; allez trouver le comte Guyot, le directeur civil. — Ah! reprit le colon en montrant son costume, comment puis-je aller parler à M. Guyot dans la tenue misérable où vous me voyez? »

l'émir avait jugé prudent de reculer plus au sud ses établissements militaires et les avait très judicieusement installés sur la limite extrême du Tell, à l'entrée des hauts plateaux; ainsi avait-il élevé, sur une ligne courant du nord-est au sud-ouest, Boghar, Taza, Takdemt, Saïda, Sebdou, qui dominaient au nord la région cultivable, au sud la région pastorale : c'était sa base d'opération. Le gouverneur pensa qu'il importait de la ruiner le plus tôt possible. Il décida donc de former deux colonnes, destinées à agir simultanément; la plus importante, sous ses ordres, devait partir de Mostaganem, aller détruire Takdemt, au sud-est de la province d'Oran, et se rabattre ensuite sur Mascara; l'autre, partant de Médéa, devait détruire Boghar et Taza, dans le sud de la province d'Alger.

Tout s'exécuta comme il avait été arrêté. En débarquant à Mostaganem, le 15 mai 1841, le gouverneur trouva les choses si admirablement préparées par La Moricière, qu'il put, dès le 18, mettre en mouvement son armée. Bien que Takdemt fût situé dans une région où nos troupes n'avaient jamais pénétré, la marche s'accomplit sans difficulté, grâce à la sûreté des renseignements recueillis par le service topographique de la division d'Oran; la carte dressée d'avance fut trouvée à l'épreuve merveilleusement exacte[1]. Au bout de huit jours, l'armée arriva devant Takdemt. On avait amené quelque artillerie pour battre en brèche les murailles; il n'en fut pas besoin; l'émir avait fait évacuer le fort et l'avait livré aux flammes. Les premiers officiers qui y pénétrèrent n'y trouvèrent qu'un chien et un chat, pendus en face l'un de l'autre, sous la première voûte : façon allégorique de témoigner l'inimitié de l'Arabe et du chrétien. Le génie fit sauter les magasins et les fortifications. Cette première partie de sa tâche accomplie, le général Bugeaud revint sur Mascara, escarmouchant avec Abd el-Kader que, comme toujours, il eut le regret de ne pouvoir amener à un véritable corps-à-corps. Mascara fut trouvé également

[1] « Nous n'avons trouvé, a dit le général Bugeaud dans son rapport, aucun mécompte ni sur les distances, ni sur la configuration des lieux, ni sur les eaux, ni sur les cultures. »

désert. Après y avoir laissé une garnison et des vivres, l'armée retourna à Mostaganem, où elle arriva le 3 juin, non sans que son arrière-garde eût à soutenir quelques combats assez vifs : c'était la coutume des Arabes d'inquiéter les retraites beaucoup plus que les mouvements offensifs.

Pendant ce temps, le général Baraguey d'Hilliers se dirigeait sur Boghar et Taza, qu'il détruisait. Cette opération, accomplie sans aucune résistance, eut des conséquences importantes ; de ce moment, le sud de la province d'Alger fut à peu près perdu pour l'émir.

VII

La campagne du printemps de 1841 avait été un bon début; mais ce n'était qu'un début. Le gouverneur général, avec son habituel bon sens, était le premier à s'en rendre compte. « Sans nul doute, écrivait-il, le 5 juin 1841, au ministre de la guerre, en prenant et détruisant Boghar, Taza et Takdemt, en occupant Mascara, nous venons de frapper un coup moral et matériel qui peut devenir très funeste à la puissance de l'émir ; mais, il ne faut pas se le dissimuler, cette puissance ébranlée n'est pas détruite. L'émir a évité, avec soin et habileté, d'engager son armée régulière ; avec elle et la cavalerie des tribus les plus dévouées, il comprimerait longtemps encore peut-être les dispositions qu'un certain nombre de tribus auraient à faire leur soumission, si nous cessions d'agir, si nous rentrions sur la côte et surtout si Mascara était évacué ou n'était occupé que par une faible garnison privée de toute communication avec l'armée. L'occupation permanente de Mascara par une force agissante me paraît donc, ainsi qu'à tous les gens qui réfléchissent, le point capital. » Par quel moyen assurer cette occupation que le général Bugeaud avait bien raison de signaler comme le « point capital » ? Il s'était posé la question, sans d'abord voir clairement quelle réponse y faire. « Il serait possible, disait le gouverneur, de loger dans Mascara six ou sept mille hommes, et il serait avantageux de les y maintenir; la difficulté ne consiste que dans les moyens de les y maintenir. » On savait ce qu'il coûtait d'efforts pour ravitailler de petites garnisons comme celles de Médéa ou de Miliana : que serait-ce s'il fallait apporter, de la mer à Mascara, tout ce qu'exige l'approvisionnement d'une armée de six mille hommes? La route était loin d'être libre, et, au mois de juillet 1841, l'une des expéditions de ravitaillement ne parvenait à se frayer passage au retour qu'en livrant un rude combat et en faisant des pertes sensibles.

A ce difficile problème, le général de La Moricière proposait une solution neuve et hardie. « Les armées romaines, disait-il, trouvaient le moyen de vivre sur le pays; il faut faire de même. Le corps installé à Mascara doit se nourrir aux dépens des tribus environnantes; il n'a qu'à moissonner leurs récoltes et à découvrir leurs dépôts de grains. Dès lors, plus besoin de ravitaillement. Ce procédé aura, en même temps, l'avantage de contraindre les tribus à se soumettre, en les atteignant dans leur seul intérêt saisissable, l'intérêt agricole. » C'était rentrer par ce dernier point dans les idées du gouverneur. Mais celui-ci se montra d'abord peu disposé à admettre qu'on pût ainsi faire vivre une armée. Il n'avait encore qu'une très médiocre idée de la fertilité de l'Algérie, et ne connaissait pas ses ressources aussi bien que les vieux Africains. Déjà, peu auparavant, comme le général Duvivier, lui annonçait qu'à Médéa il saurait « s'arranger » pour vivre : « On ne se décide pas à des actes aussi graves, avait répondu le gouverneur, sur des assurances de cette nature. » Et puis, il était en méfiance des chimères auxquelles il croyait, non parfois sans raison, l'esprit de La Moricière facilement accessible. Faut-il ajouter que, par une faiblesse dont les plus grands esprits ne savent pas toujours se garer, il ressentait un peu de prévention jalouse à l'égard du jeune général qui l'avait précédé en Algérie? Son premier mouvement fut donc d'écouter avec impatience et même de rembarrer assez vivement ceux qui soutenaient devant lui la thèse du commandant d'Oran [1]. Boutades passagères, il est vrai, et qui ne devaient pas obscurcir longtemps son jugement naturellement si sain. Peu après, tout en gardant un air sceptique et maussade, il consentait à commencer, au moins partiellement, l'épreuve du système, et il mettait en demeure l'un des jeunes officiers qui l'avaient prôné, le capitaine de Martimprey, d'en prouver l'efficacité, en faisant moissonner les récoltes autour de Mascara et en assurant ainsi l'approvisionnement de la place. « Vous voyez, lui disait-il, que je veux mettre vos idées à l'essai : vous serez récompensé, si elles portent fruit; dans le cas contraire, vous aurez à vous repentir de vos erreurs. »

On assiste donc, en juin et juillet 1841, autour de Mascara, à un spectacle tout nouveau : les soldats, la faucille à la main, le fusil en bandoulière, font la moisson, tandis que des bataillons de garde surveillent l'horizon; l'ennemi se montre-t-il, quelques minutes suffisent pour que l'ordre de travail se change en ordre de combat, et les moissonneurs font le coup de feu. Les récoltes s'accumulent ainsi peu à peu dans les magasins de la ville. Le gouverneur ne pouvait longtemps bouder une opération qui flattait ses goûts agricoles et dont sa bonne foi constatait les avantages. Aussi est-il bientôt le plus attentif et le plus actif à la diriger. Étant revenu, vers la fin de juin 1841, passer quelques jours à Mascara, il se plaît à visiter les moissonneurs, à leur donner des leçons et des encouragements. Voit-il, par exemple, une aire où le travail mollit, il s'en approche : « Je suis sûr, s'écrie-t-il, que vous êtes tous ici des gens de lettres. Quel est ton état à toi? — Mon général, je suis tailleur. — Il n'y en a que trop pour faire les méchants habits étriqués que l'on porte aujourd'hui : bats le grain, mon enfant, ce sera plus profitable à la chose publique et à toi aussi. Et toi? — Moi, mon général, je suis étudiant. — Étudiant pour ne rien étudier, c'est connu;

---

[1] Voir notamment la scène assez curieuse que fit un jour le gouverneur au capitaine de Martimprey. (*Souvenirs d'un officier d'état-major*, par le général DE MARTIMPREY, p. 101 à 105.)

prends le fléau, mon ami. » Il secoue ainsi tous les paresseux, soutenu par le rire des autres. « Allons, voyons, commençons à battre... Mais ce n'est pas ça, vous n'y entendez rien... Donnez-moi un fléau... Tenez, on commence comme cela, piano, tu, tu, pan, pan... Et l'on va petit à petit *crescendo*, tu, tu, pan, pan, tu, tu, pan, pan... » Puis il passait à d'autres groupes. Il ne se contente pas de tout surveiller, de mettre tout en train; suivant sa coutume, il explique aux soldats l'utilité de ce qu'on leur fait faire : « Je veux, disait-il dans un ordre du jour du 30 juin 1841, vous louer du zèle actif que vous avez mis dans les travaux des moissons. On voyait, à votre ardeur, que vous compreniez, aussi bien que votre général, que ce métier était digne de vous; car c'était la guerre elle-même. L'occupation permanente et forte de Mascara dépend des travaux que vous avez faits et de ceux que vous allez faire encore. Introduire dans cette place 4 à 5,000 quintaux de froment et 6,000 quintaux de paille, c'est plus pour obtenir la soumission du pays, soyez-en bien persuadés, que de gagner dix combats et de revenir ensuite à la côte. Je vous suivrai dans ces nouveaux travaux; je saurai ce que vous aurez fait, et vous pouvez être assurés que la France et le Roi vous en tiendront compte comme moi. »

De ce principe que l'armée doit et peut vivre sur le pays, La Moricière a tiré une autre conclusion qu'après expérience il fait également accepter au gouverneur. Nos colonnes avaient l'habitude d'emporter leurs vivres, et, ces vivres épuisés, elles étaient obligées de revenir s'approvisionner aux places de dépôt. Le commandant d'Oran a remarqué que les Arabes agissaient tout différemment : sans aucun bagage, ils se nourrissaient avec les grains enfouis dans les silos, greniers souterrains dont ils connaissaient l'emplacement. Pourquoi ne pas faire comme eux? Sous son impulsion, les soldats apprennent à découvrir ces silos. Voyez-les se former en chaîne, sur un espace d'une ou deux lieues, et s'avancer en fouillant la terre avec une baguette de fusil ou une pointe de sabre, jusqu'à ce qu'ils rencontrent la pierre placée à fleur de sol qui recouvre les silos. Les grains ainsi trouvés sont livrés à l'intendance qui en tient compte aux capteurs, d'après un tarif fixé d'avance. La Moricière fait, en outre, ajouter au fourniment de petits moulins à bras, en usage parmi les Arabes : grâce à ces moulins, les soldats peuvent, chaque soir au bivouac, moudre le grain et, avec la farine, se faire de la bouillie ou des galettes qui, jointes au bétail fourni par les razzias, assurent leur nourriture. Ces heureuses innovations permettent de marcher plus vite et de rester plus longtemps en expédition. Double avantage dont on comprend l'extrême importance.

Le général de La Moricière était tellement convaincu de l'efficacité de son système, que d'ores et déjà il demandait à s'installer à Mascara avec une troupe considérable, se faisant fort de se suffire à lui-même, sans ravitaillement. Mais le général Bugeaud, bien que revenu de ses premières préventions, ne croyait pas que le moment fût encore arrivé de tenter une expérience si hardie. Les choses ne lui paraissaient pas suffisamment préparées. Il voulait qu'auparavant Mascara fût plus complètement muni, que les tribus connussent mieux la force et la portée de notre bras. Ce fut à obtenir ce double résultat qu'il employa la campagne d'automne. Il était revenu à Oran pour la diriger. Parties de cette ville le 14 septembre 1841, les troupes ne rentrèrent que le 5 novembre à Mostaganem ; jamais encore, en Afrique, expédition n'avait duré si longtemps. Durant ces cinquante-trois jours, la petite armée, tantôt divisée en plusieurs colonnes, tantôt concentrée, fut sans cesse en mouvement, parcourant en tous sens la province, faisant ainsi plus de deux cents lieues, apportant dans Mascara d'immenses convois de vivres et de munitions, pénétrant dans les montagnes les plus ardues pour y atteindre les tribus hostiles, poussant une pointe jusqu'à la limite des hauts plateaux, afin de détruire Saïda, l'un des établissements de l'émir. Dans ces courses, beaucoup de coups de feu furent tirés, plusieurs combats furent livrés, mais toujours sans pouvoir amener Abd el-Kader à une bataille décisive.

Pendant ce temps, on ne restait pas inactif dans la province d'Alger. Les généraux Baraguey d'Hilliers et Changarnier, qui y exercèrent successivement le commandement, dirigèrent de nombreux convois de ravitaillement sur Médéa et Miliana. Il n'y en eut pas moins de seize, pendant les neuf derniers mois de 1841. Les troupes souffrirent plus de la fatigue et de la chaleur que de l'ennemi qui, occupé dans la province d'Oran, ne leur opposait pas grande résistance. Changarnier trouva cependant moyen, à la fin d'octobre, en revenant de Médéa, d'attirer dans un piège Barkani, l'un des lieutenants de l'émir, et de lui infliger un rude échec.

La campagne de l'automne était loin d'avoir été stérile. « Nous avons détruit presque tous les dépôts de guerre, écrivait le gouverneur à M. Guizot, le 27 novembre 1841. Nous avons foulé les plus belles contrées. Nous avons fortement approvisionné les places que nous possédons à l'intérieur. Nous avons profondément étudié le pays dans un grand nombre de directions, et nous connaissons les manœuvres et les retraites des tribus... Nous avons singulièrement affaibli le prestige qu'exerçait Abd el-Kader sur les populations; il leur avait persuadé que nous ne pouvions presque pas nous éloigner de la mer. « Ils sont comme des poissons, disait-il, ils ne « peuvent vivre qu'à la mer; leur guerre n'a qu'une courte « portée, et ils passent comme les nuages; vous avez des « retraites où ils ne vous atteindront jamais. » Nous les avons atteints, cette année, dans les lieux les plus reculés, ce qui a frappé la population de stupeur. » Ajoutons, comme le disait encore le général dans son ordre du jour du 7 novembre, que « l'armée avait commencé à résoudre le problème, si difficile en Afrique, de faire vivre la guerre par la guerre ». Tout cela était vrai, et cependant, à regarder les choses d'une autre face, il ne semblait pas qu'on fût bien avancé. La plupart des tribus, si « foulées » qu'elles eussent été, ne donnaient aucun signe de lassitude. « On nous a assuré, faisaient-elles dire ironiquement au général Bugeaud vers la fin d'octobre, que vous autres Français, vous aimez les chevaux à courte queue : nous attendons que nos juments en produisent un pareil pour vous le conduire en signe de soumission. » Abd el-Kader, bien que toujours battu, continuait à tenir la campagne, apparaissant et disparaissant à son heure. Son langage était loin d'avoir baissé de ton ; le gouverneur ayant fait répandre des proclamations pour inviter les Arabes à se soumettre, l'émir lui envoya cette réponse hautaine : « Tu demandes l'impossible... Nous te jurons, par Dieu, que tu ne verras jamais aucun de nous, si ce n'est dans les combats... Vous voulez gouverner les Arabes ;... occupez-vous de mieux gouverner votre pays. Les habitants du nôtre n'ont à vous donner que des coups de fusil. Si, comme vous nous le dites, vous aviez de la puissance et de l'influence, vous n'auriez pas causé la ruine de Méhémet-Ali. Vous lui aviez promis de l'aider contre ses ennemis, et pourtant les Anglais sont venus l'attaquer. Aussi votre nom est-il méprisé par tous les peuples de votre religion. Ce continent est le pays des Arabes, vous n'y êtes que des hôtes passagers... Votre influence ne s'étend que sur le terrain que couvrent les pieds de vos soldats. Quelle haute sagesse, quelle raison est la tienne! Tu vas te promener jusqu'au désert, et les habitants d'Alger, d'Oran et de Mostaganem sont dépouillés et tués aux portes de ces villes! » Ce dernier trait ne portait que trop juste : dans la nuit du 21 au 22 octobre 1841, un parti ennemi venait, jusque sous les murs d'Oran, saccager les campements de nos alliés.

Évidemment, le général Bugeaud s'était flatté d'obtenir des avantages plus décisifs. « Ma campagne a été énergique et féconde en événements, écrivait-il à un de ses amis le 20 novembre ; cependant, les résultats ne sont pas considérables. » Tout en affectant de n'en être pas surpris, tout en rappelant qu'il avait souvent répété que la soumission ne serait pas l'affaire d'une année, il sentait le besoin de faire autre chose que de continuer ces expéditions de ravitaillement où s'épuisait l'armée sans grand profit ; il voulait frapper plus fort et surtout plus au cœur de l'ennemi. Le meilleur moyen n'était-il pas d'exécuter le plan hardi du commandant d'Oran? D'ailleurs, tous les préparatifs que le gouverneur avait jugés nécessaires étaient finis, et il ne voyait plus de raisons de contenir l'impatiente ardeur de son lieutenant. Il annonça donc, le 7 novembre, avant de retourner à Alger, que le général de La Moricière allait transporter à Mascara le quartier général de sa division.

VIII.

C'est le 27 novembre 1841 que La Moricière quitte Mostaganem pour se rendre à son nouveau poste. Il emmène une batterie de montagne, 150 spahis d'élite commandés par Yusuf, et huit vieux bataillons, de ceux que, depuis près de dix-huit mois, il a aguerris, entraînés, auxquels il a, pour ainsi dire, communiqué son tempérament : ces troupes, jointes à celles qui étaient déjà à Mascara, doivent former un corps d'environ 8,000 hommes. Le départ est solennel et sérieux. La fanfare des spahis, seule musique de la colonne, joue un air connu sur ces paroles qui semblent de circonstance : « Pauvre soldat, en partant pour la guerre. » Tous savent qu'ils ne s'éloignent pas pour quelques jours, mais qu'ils vont s'installer, pour de longs mois, et des mois d'hiver, en pleine région ennemie, à trente lieues de tout secours, tentative sans précédent et que beaucoup de gens déclarent téméraire. Mais tous aussi, des premiers rangs aux derniers, ont foi dans leur jeune chef, comprennent l'importance capitale de l'œuvre à laquelle ils concourent, et sont résolus à ne rien épargner pour la faire réussir. Quant au général, il n'ignore pas quelle grosse partie il joue. C'est sur son insistance personnelle, malgré l'opposition des uns et les doutes des autres, que l'entreprise se fait. En France et en Algérie, dans les bureaux du ministère de la guerre et même autour du gouverneur général, il sent des mauvaises volontés ouvertes ou cachées qui guettent son insuccès pour l'en accabler. Il ne se fait aucune illusion sur ce que serait pour lui un échec, et, causant un jour de cette éventualité avec un de ses officiers : « Il y a dans ce cas, dit-il, un remède certain, c'est de se faire tuer. »

Le début n'est pas de bon augure. Arrivé à Mascara le 1ᵉʳ décembre 1841, La Moricière y apprend que la plus grande partie du troupeau de la place, sur lequel il comptait pour l'alimentation de son armée, vient d'être enlevé par les Arabes, avec l'officier qui veillait à sa garde : il reste à peine cinq ou six jours de viande. Bien que ses prévisions soient ainsi fort dérangées, le général ne s'en trouble pas. Il donne trois jours à ses troupes pour s'installer tant bien que mal dans la ville, et, dès le 4 décembre, il se met en campagne. Soumettre les tribus belliqueuses du voisinage, entre autres les redoutables Hachem, assurer l'approvisionnement de l'armée et des habitants de Mascara, soit en tout environ douze mille bouches, tels étaient les deux problèmes qui s'imposaient à lui. Dans sa pensée, un seul et même moyen devait servir à les résoudre : la razzia à outrance ; le butin remplirait nos greniers, en même temps que les Arabes dépouillés seraient, par détresse, obligés de capituler. A regarder, en décembre, la grande plaine qui s'étendait au sud de Mascara et les montagnes qui l'entouraient, il semblait que ce fût un désert aride. Et cependant ce sol recélait des trésors abondants : c'étaient les silos. Comment les découvrir ? Sonder à tâtons serait bien long et bien incertain. Avec son flair des Arabes, La Moricière a mis la main sur un certain Djelloul, de la tribu des Hachem, qui, par vengeance et cupidité, est prêt à trahir les siens et à livrer le secret de leurs greniers souterrains. C'est le guide de toutes les expéditions. Avec lui, on court sans hésiter aux bons endroits. Les silos, aussitôt ouverts, livrent des quantités considérables de grains et d'approvisionnements variés. Dans l'embarras de tout transporter, l'armée en consomme, pendant quelques jours, une partie sur place, puis elle vient verser le reste dans les magasins. A peine de retour, elle repart dans une autre direction. Naturellement les Arabes ne se laissent pas ainsi dépouiller sans tenter quelque résistance ; chaque levée de silos donne lieu à des engagements plus ou moins vifs ; mais nos opérations n'en sont pas arrêtées.

Il y a mieux encore que de découvrir les provisions de la tribu, c'est de surprendre la tribu elle-même. Le 20 décembre 1841, La Moricière apprend que deux Arabes ont été assaillis en un certain endroit par des chiens : c'est pour lui un indice suffisant. Le soir, à minuit, un petit corps se met en route, sans tambours ni trompettes. A la pointe du jour, il arrive près d'une tribu qui se croyait à l'abri dans des ravins escarpés. « L'emplacement reconnu, raconte l'un des acteurs de ce petit drame, chacun se lance, se disperse dans une direction quelconque ; on arrive sur les tentes, dont les habitants, réveillés par l'approche des soldats, sortent pêle-mêle avec leurs troupeaux, leurs femmes, leurs enfants. Tout le monde se sauve dans tous les sens ; les coups de fusil partent de tous côtés sur les misérables surpris sans défense. Hommes, femmes, enfants, poursuivis, sont bientôt enveloppés et réunis par quelques soldats qui les conduisent. Les bœufs, les moutons, les chèvres, les chevaux, tous les bestiaux enfin qui fuient sont vite ramassés. Celui-ci attrape un mouton, le tue, le dépèce : c'est l'affaire d'une minute; celui-là poursuit un veau avec lequel il roule, cul par-dessus tête, dans le fond d'un ravin ; les autres se jettent sous les tentes où ils se chargent de butin ; et chacun sort de là, affublé, couvert de tapis, de paquets de laine, de pots de beurre, de poules, d'armes et d'une foule d'autres choses que l'on trouve en très grande quantité dans ces douars souvent très riches. Le feu est ensuite mis partout à ce que l'on ne peut emporter, et bêtes et gens sont conduits au convoi ; tout cela crie, tout cela bêle, tout cela brait. C'est un tapage étourdissant. On quitte enfin la position, fier de son succès. Alors commence la fusillade : les cavaliers ennemis, qui d'abord avaient pris la fuite, reviennent lorsqu'ils voient la colonne leur tourner le dos; ils harcèlent les arrière-gardes; on leur riposte, on les éloigne et l'on rentre avec ses prises[1]. » Voilà la razzia peinte sur le

---

[1] *Lettres d'un soldat*, correspondance inédite du colonel DE MONTAGNAC, p. 192-193.

vif. Cette fois, l'armée ramenait 614 bœufs, 634 moutons, 400 ânes, 60 chevaux ou mulets et 180 prisonniers.

Le corps d'occupation n'avait pas affaire seulement aux Arabes. Depuis le 19 décembre, il luttait contre un nouvel ennemi qui n'est pas le moins redoutable de tous : c'est l'hiver, un hiver du Nord, avec cortège de gelées, de pluies torrentielles, d'ouragans qui brisent tout, de neige qui couvre le sol à un pied d'épaisseur. Les bâtiments de Mascara, à demi ruinés et mal restaurés, s'effondrent. Les soldats n'ont presque plus d'abris ; les vivres mouillés se gâtent ; les bestiaux périssent de misère et de froid. Mais rien n'arrête La Moricière. Les marches de nuit, les surprises, les razzias continuent, s'étendant dans un rayon de plus en plus éloigné. C'est par milliers qu'on compte les bestiaux enlevés, par centaines les prisonniers. Les tribus ainsi pourchassées, battues, dépouillées, commencent à donner quelques signes de lassitude et d'épuisement ; dès la fin de janvier 1842, plusieurs se sont soumises. « Le temps se déchaîne contre nous, écrit-on le 11 février ; pluie, neige, grêle, gelée, pendant cinquante-quatre jours, sans cesser... Malgré cela, même activité : nous sillonnons la plaine et les montagnes dans tous les sens ; le ciel est la seule voûte qui nous couvre[1]. » Dans les derniers jours de février, parmi les tribus voisines de Mascara, il n'y a guère que celle des Hachem qui, malgré d'effroyables souffrances, se refuse à abandonner la cause de l'émir. Notre armée porte aux résistants des coups de plus en plus rudes. « Partis le 26 février, nous rentrons le 8 mars, écrit-on à cette dernière date, traînant après nous quatre cents prisonniers et un troupeau immense ; nous avons rayonné autour de Mascara, dans un espace de vingt-cinq à trente lieues, rasant, battant, frottant, pillant, brûlant, saccageant, bouleversant les tribus qui ne se décidaient pas assez vite à virer de notre côté[2]. » Les Hachem semblent à bout de forces ; cependant ils se raidissent encore. Un moment, on a pu croire qu'ils allaient capituler,

---

[1] *Lettres d'un soldat*, p. 204.
[2] Lettre du 8 mars 1842. (*Ibid.*, p. 206 et 207.)

mais un appel d'Abd el-Kader a suffi pour leur faire rompre les pourparlers. La Moricière alors ne leur laisse, à eux comme aux tribus plus éloignées qui tiennent pour l'émir, aucun répit. Les troupes sont rentrées, le 8 mars, d'une expédition de dix jours : dès le 10, départ d'une nouvelle colonne qui reste dehors vingt-deux jours, vivant le plus souvent à l'arabe, sur ce qu'elle trouve et sur ce qu'elle prend, poussant jusqu'à trente et quarante lieues de Mascara, multipliant les hardis coups de main. Le 25, au milieu même d'une razzia, elle est surprise par une épouvantable tempête de neige qui dure quarante-huit heures. Français et Arabes, qui ne voient plus à deux pas devant eux, errent à l'aventure, mêlés les uns aux autres. La nuit surtout est atroce. « La neige augmente toujours, rapporte un témoin; la pluie vient ensuite grossir le gâchis au milieu duquel gisent hommes, chevaux, bagages. Je ne puis mieux vous mettre à même de juger de ce coup d'œil qu'en vous priant de vous reporter au tableau de Gros, représentant le champ de bataille d'Eylau[1]. » Quand on bat la diane, les officiers sont obligés de frapper à coups de pied et de bâton les hommes engourdis, pour les forcer à se lever. Quelques soldats, plusieurs prisonniers sont morts de froid, ainsi que beaucoup de chevaux, de mulets, de bœufs et de moutons. Enfin, le soleil finit par reparaître, et la troupe rentre à Mascara, chargée de butin, avec le sentiment qu'elle a porté à l'ennemi des coups décisifs. Cette fois, en effet, les dernières résistances paraissent vaincues : les Hachem ont été réduits à demander grâce et ont amené les chevaux de soumission.

Malgré cette vie rude, et grâce à la sollicitude intelligente du général, la santé des troupes est excellente. Le soldat, admirablement entraîné, se montre capable d'efforts extraordinaires. Les bataillons d'élite, débarrassés de leurs sacs, suivent presque les spahis au pas de course et méritent que La Moricière les appelle sa grosse cavalerie. Plusieurs fois, ils font d'une seule traite des marches de quinze et même dix-huit

---

[1] Lettre du 31 mars 1842. (*Lettres d'un soldat*, p. 217.)

lieues. « Il y a longtemps qu'une armée n'a trimé comme la nôtre, écrivait le commandant de l'un de ces bataillons. Nos soldats ne sont plus couverts que de guenilles. Malgré cela, ils se portent tous parfaitement, sont gais et acceptent sans sourciller toutes les fatigues... Depuis l'Empire, jamais nous n'avons eu de troupes comme celles-là, aussi aguerries, aussi faites à toutes les privations... On peut aller partout avec ces lapins-là, et traverser l'Afrique dans tous les sens [1]. » Rien de plus étrange que l'aspect de ces hommes qui, depuis leur arrivée à Mascara, n'ont reçu aucun effet d'habillement, et qui, sur cent vingt jours d'hiver, en ont passé quatre-vingts au bivouac. « Figurez-vous, dit le même officier, une foule de grands diables, vêtus de haillons rafistolés avec de la toile, des morceaux de laine de toutes les couleurs et des morceaux de peaux de chèvre ou de mouton ; couverts de poux ; coiffés, les uns de képis, les autres de fez, quelques-uns de chapeaux de feutre, d'autres d'énormes sombreros de palmier, d'un pied et demi de haut, finissant en pointe, et dont les bords ont un pied de rayon (coiffures ramassées dans les razzias) ; l'extrémité inférieure du personnage garnie de peau de mouton ou de peau de bœuf, avec leurs poils, faute de souliers. Ajoutez à cela une face basanée, une longue barbe pour ceux qui en ont ; de véritables sauvages en un mot [2]. » Si la vie imposée au soldat développait singulièrement son énergie, ne pouvait-on pas craindre qu'elle ne lui fît prendre des habitudes de rapine et de cruauté ? Pour être l'instrument obligé de la soumission, la razzia n'en ressemblait pas moins au brigandage et pouvait devenir une école fâcheuse. La Moricière veillait à ce danger, et, s'il faut en croire un de ses plus honorables officiers, il serait parvenu à l'écarter. « On ne vit jamais, affirme M. de Martimprey, de troupes plus humaines ni mieux disciplinées : elles connaissaient le but élevé auquel tendaient leurs efforts, et elles en étaient justement fières [3]. » Il est vrai qu'un autre officier rend

---

[1] 28 janvier et 8 mars 1842. (*Lettres d'un soldat*, p. 199, 209.)
[2] 31 mars 1842. (*Ibid.*, p. 222.)
[3] *Souvenirs d'un officier d'état-major*, par le général DE MARTIMPREY, p. 131.

un témoignage moins absolument rassurant : « Nous menons ici, dit M. de Montagnac, une véritable vie de brigands; aussi nos soldats sont-ils devenus d'une sauvagerie à faire dresser les cheveux sur la tête d'un honnête bourgeois. Il serait vraiment dangereux de faire rentrer maintenant ces b.....-là en France, où l'on ne saurait fournir un aliment à leur énergie et à leur activité. Il est temps que nous cessions cette existence; nous commençons à devenir impossibles[1]. » En tout cas, le grand prestige de La Moricière aidait à corriger le tort qu'une telle vie pouvait faire à la discipline. M. de Martimprey constate la confiance, l'enthousiasme de tous, officiers et soldats, pour leur jeune chef[2]. M. de Montagnac écrit, de son côté, avec sa vivacité habituelle : « Tout ce que fait le général est admirable; il sort de cette tête de soldat des idées plus brillantes, plus lumineuses tous les jours. Jamais homme n'a eu plus de difficultés à vaincre, et jamais homme ne s'est tiré d'un pareil dédale avec plus d'audace, plus d'intelligence que lui. » Il ajoute, un autre jour, tout transporté : « Vive Dieu et notre brave général! Gloire au général de La Moricière, gloire à lui tout seul! » Et encore : « Je ne donnerais pas le temps que j'ai passé à Mascara pour tout l'or du monde, tant sous le rapport des opérations intéressantes que j'y ai vues se dérouler, que sous le rapport de mon instruction militaire. Mes trente-deux années de soldat ne m'auraient jamais appris ce que j'ai puisé auprès du général de La Moricière, dans les deux mois et demi que je suis resté sous ses ordres[3]. »

Le succès obtenu et visible à tous les yeux justifiait cette admiration. Non sans doute que chaque soumission obtenue puisse être considérée comme absolument définitive; il faut, au contraire, s'attendre à ce que quelques-unes des tribus cherchent l'occasion de secouer le joug subi par elles plutôt qu'accepté. Néanmoins, c'est déjà beaucoup que les plus fiers

---

[1] Lettre du 31 mars 1842. (*Lettres d'un soldat*, p. 222.)
[2] *Souvenirs d'un officier d'état-major*, p. 131.
[3] Lettres du 9 janvier, des 2 et 11 février 1842. (*Lettres d'un soldat*, p. 186, 191, 202 à 205.)

et les plus belliqueux des Arabes soient une première fois forcés de courber le front. Dès maintenant, notre situation en est notablement changée. Autour de Mascara, et surtout au nord dans la direction de la mer, s'étend une zone relativement pacifiée où l'on peut circuler moyennant quelques précautions. A la fin de janvier 1842, il avait fallu une petite armée pour apporter des munitions de Mostaganem à Mascara : au mois de mars suivant, ce sont les Arabes que l'on charge d'amener un nouveau convoi; peu après, les communications sont assez libres pour que le commerce s'approvisionne tout seul, et, en même temps, les tribus soumises alimentent les marchés de la ville qui regorge de vivres. Les faits donnent donc de tous points raison à La Moricière; ils prouvent la justesse de coup d'œil avec laquelle le plan a été dressé d'avance, la vigueur et l'habileté de main avec lesquelles il a été exécuté. Le contre-coup de ce succès se fait sentir au delà de la région où il a été obtenu. « Le cœur de l'Afrique, écrit M. de Montagnac, le 8 mars 1842, c'est Mascara : du moment où nous avons frappé le cœur, le colosse est tombé. » En disant que « le colosse est tombé », le bouillant officier se laisse aller à l'une de ses exagérations habituelles; mais enfin, l'émir a reçu le coup le plus rude qui lui ait encore été porté. Aussi M. de Martimprey, toujours si mesuré et si exact, est-il fondé à dire : « Si l'histoire de la conquête de l'Algérie est un jour écrite avec une impartialité éclairée, la campagne d'hiver de Mascara, de 1841 à 1842, sera considérée comme la cause la plus efficace de cette conquête; elle comptera dans les plus belles pages des annales de l'armée française. »

Sur le moment cependant, tout le monde ne rendit pas cette justice à La Moricière. Les bureaux de la guerre étaient depuis longtemps assez mal disposés pour lui; l'esprit de routine n'avait pu se faire à un avancement si rapide et si anormal; les formalistes trouvaient que les innovations du général, hardiment expérimentées sur le terrain, n'étaient pas assez respectueuses des règlements et de la procédure administrative, et ils lui cherchaient de méchantes chicanes, à propos tantôt des modifications apportées au fourniment, tantôt de l'emploi fait du produit des razzias. En avril 1842, La Moricière apprit que, pour le récompenser de sa belle campagne d'hiver, il était question, à Paris, de mettre au-dessus de lui, à la tête de la division d'Oran, un lieutenant général; on avait jugé peu conforme aux usages qu'un simple maréchal de camp, si jeune d'âge et de grade, eût un si gros commandement. Le général Bugeaud, lui aussi, n'était pas toujours en très bons termes avec La Moricière; tout en faisant grand cas de ses qualités et de ses services, il se méfiait de son imagination, le trouvait parleur et agité [1], était un peu offusqué de l'importance qu'il avait depuis longtemps en Afrique, et le soupçonnait d'être plutôt un rival qu'un subordonné, un successeur éventuel qu'un collaborateur; peut-être aussi éprouvait-il, sans s'en rendre bien compte, quelque jalousie de la faveur dont son lieutenant jouissait auprès de ces journaux qui le maltraitaient lui-même si volontiers [2]; de là sur le compte du commandant d'Oran plus d'une boutade, d'une explosion d'humeur, qui malheureusement lui étaient souvent rapportées. La Moricière, qui avait également la parole prompte et vive, ne ménageait pas davantage, dans ses conversations de bivouac, un supérieur qu'il croyait prévenu contre lui et contre sa division. Les états-majors, naturellement empressés à épouser les griefs de leurs chefs, semblaient s'appliquer à les grossir et à les envenimer. Toutefois, chez les deux grands soldats, ces petites misères n'allaient jamais jusqu'à faire sérieusement tort au service de l'État; quand cet intérêt supérieur était en jeu, les préventions personnelles disparaissaient. On le vit bien, lorsque fut connu, à Alger, l'étrange projet de diminuer la situation

---

[1] « La Moricière, disait un jour le gouverneur au duc d'Aumale, est vaillant, infatigable, débrouillard, sans doute, mais doctrinaire; il discute sans cesse, ergote, hésite et n'aime pas les responsabilités. »

[2] Le général Bugeaud faisait allusion à La Moricière, quand, dans une lettre à Changarnier, il se plaignait de voir « les journaux préconiser les actions magnifiques de tel jeune et brillant général, qualifier de fautes ses propres opérations, blâmer son système et louer, chez les chefs de colonne, les mêmes faits qu'on venait d'imputer à tort au gouverneur ».

du héros de Mascara. Le général Bugeaud se mit aussitôt en travers. « Dans le cadre des lieutenants généraux, répondit-il vivement au ministre, trouverait-on un officier de plus de valeur? Pourquoi donc décourager un maréchal de camp d'un très grand mérite, connaissant le pays, les hommes et les choses, très capable de donner la direction générale et parfaitement accepté comme supérieur par les maréchaux de camp Bedeau et d'Arbouville? » Il concluait : « Si l'on veut un lieutenant général, il y a un moyen, sans rien troubler, c'est de conférer ce grade à M. de La Moricière [1]. » Devant cette opposition si nette, les bureaux reculèrent. D'ailleurs, leur malveillance n'était pas partagée par le ministre de la guerre ; l'année suivante, M. de Martimprey, étant allé à Paris et ayant vu le maréchal Soult, lui exprimait sa satisfaction d'être attaché à l'état-major du commandant d'Oran. « Vous avez raison, répondit le maréchal, le général de La Moricière écrit, en Algérie, les plus belles pages de sa vie [2]. »

Pendant le dur et long hiver de 1842, La Moricière n'avait pas été le seul en mouvement. En plein mois de janvier, sur quelques nouvelles arrivées de l'Ouest, le gouverneur général s'était embarqué pour Oran, afin de diriger une expédition contre Tlemcen. Cette ville, située à une cinquantaine de kilomètres de la mer, près de la frontière du Maroc qu'elle commande, avait, par sa position comme par son passé, une réelle importance militaire et politique. Une première fois, en janvier 1836, le maréchal Clauzel s'en était emparé, mais la France l'avait abandonnée par le traité de la Tafna. Partie d'Oran le 24 janvier 1842, la colonne du général Bugeaud ne rencontra pas d'autres difficultés que celles de la saison, et, le 1er février, elle entra sans combat dans Tlemcen évacué de la veille. De là, le gouverneur se porta plus au sud et détruisit le fort de Sebdou, le dernier des établissements de l'émir sur la limite des hauts plateaux : c'était compléter l'œuvre commencée

---

[1] Cette lettre, qui fait tant d'honneur au général Bugeaud, a été citée pour la première fois par M. Camille ROUSSET.
[2] *Souvenirs d'un officier d'état-major*, par le général DE MARTIMPREY, p. 177.

par la ruine de Boghar, de Taza, de Takdemt et de Saïda. Le général Bedeau fut appelé au commandement de Tlemcen. Breton d'origine, en Afrique depuis 1836, il s'y était distingué par de nombreux faits d'armes, notamment comme colonel du 17e léger; il joignait aux qualités du soldat et du capitaine celles de l'administrateur, ayant moins d'invention et d'initiative que La Moricière, mais exécutant admirablement les instructions qu'on lui donnait [1], esprit très sage, âme élevée et loyale, étranger aux coteries, supérieur aux jalousies qui sévissaient en Algérie, estimé de tous, type de vertu et d'honneur militaires, l'une des plus pures renommées de l'armée d'Afrique. Il fit merveille dans ce nouveau commandement : bien que disposant seulement d'environ trois mille hommes, il infligea de rudes échecs à Abd el-Kader, qui porta un moment de ce côté tous ses efforts; puis, après avoir ainsi refoulé ce redoutable adversaire, il réussit, par son habileté et sa prudence, à pacifier la région environnante.

L'occupation de Tlemcen complétait heureusement, dans la province d'Oran, l'œuvre commencée par l'occupation de Mascara. Quel changement depuis l'époque, pourtant bien récente, où, dans cette province, les Français étaient bloqués dans quelques villes du littoral! Maintenant, de ce côté, la conquête est amenée au même point que dans la province d'Alger : le quadrilatère formé par Oran, Mostaganem, Mascara et Tlemcen est, pour ainsi parler, le pendant de celui que l'on pouvait tracer entre Alger, Cherchel, Miliana et Médéa.

IX

Depuis un an, le général Bugeaud avait porté son effort principal sur la province d'Oran; il allait maintenant s'occuper

---

[1] « Bedeau fait très-bien, disait le général Bugeaud, mais on a besoin de le pousser par les épaules. »

de celle d'Alger. Précisément à cette époque, un incident, qui eut un douloureux et glorieux retentissement, fit ressortir à quel point, en dépit des progrès accomplis depuis le départ du maréchal Valée, la sécurité nous manquait même dans la Métidja, à peu de distance de la capitale. Le 10 avril 1842, en plein jour, un détachement de vingt et un hommes, sous les ordres du sergent Blandan, portait des dépêches de Boufarik au blockhaus voisin de Méred. A environ deux kilomètres de ce dernier poste, il est subitement entouré par plus de trois cents Arabes. « Rendez-vous! » crie en français un grand nègre qui paraît commander les assaillants. « Voilà comme je me rends », répond Blandan, et ajustant le nègre, il le tue raide d'un coup de fusil. A l'exemple de leur chef, nos soldats font une décharge générale. Les Arabes fléchissent un moment, mais bientôt, honteux de reculer devant une poignée d'hommes, ils reviennent à la charge. Les vingt et un se sont formés en cercle : sans abri, criblés de balles, ils tombent l'un après l'autre. Cependant, pas une défaillance. Les blessés à terre chargent les fusils de ceux qui peuvent encore combattre. Blandan, qui a reçu deux balles, commande toujours. Une troisième balle l'atteint au ventre. « Courage, mes amis, s'écrie-t-il, défendez-vous jusqu'à la mort. » Et sentant les forces lui manquer : « Prends le commandement, dit-il à un brigadier de chasseurs, car, pour moi, je n'en peux plus. » Le combat durait depuis une demi-heure. Sur les vingt et un, cinq hommes seulement restaient debout, quand, de Boufarik et de Méred, où l'on a entendu la fusillade, des secours arrivent en toute hâte. Les Arabes s'enfuient, sans avoir pu enlever aucun trophée à l'héroïque détachement. Blandan, ramassé sans connaissance, expire dans la nuit : un seul moment, il a donné quelque signe de vie, c'est quand le colonel a détaché sa propre croix d'honneur pour la lui mettre dans la main. Il avait vingt-trois ans et n'était sous-officier que depuis trois mois. Son nom et celui de ses compagnons, mis solennellement à l'ordre du jour de l'armée, ont été gravés sur le petit obélisque de la fontaine de Méred. Depuis 1887, la statue de l'héroïque sergent s'élève sur l'une des places de Boufarik.

Pour prévenir le retour de pareilles surprises, le général Bugeaud décida d'employer le printemps de 1842 à une grande opération contre les tribus montagnardes qui entouraient, au sud et à l'ouest, la Métidja. Les troupes disponibles de la province d'Oran devaient concourir à cette œuvre, avec celles de la province d'Alger. Par une idée heureuse, le gouverneur imagina de se servir de cette concentration même pour ouvrir, entre ces deux provinces, une communication par terre qui n'existait pas encore pour notre armée. La vaste région s'étendant de Cherchel à Mostaganem et de Miliana à Mascara avait jusqu'alors complètement échappé à l'action des armes françaises. Si l'on jette les yeux sur une carte, cette région apparaît traversée, dans toute sa longueur, par une rivière : c'est le Chélif, l'un des plus importants cours d'eau de l'Algérie ; il prend sa source au sud de la province d'Alger et coule d'abord vers le nord ; arrivé à peu près à la hauteur de Médéa et de Miliana, et à égale distance de ces deux villes, il tourne brusquement à l'ouest et continue dans cette direction, jusqu'à ce qu'il se jette dans la mer à quelque distance de Mostaganem. La vallée profonde et fertile formée par ce cours d'eau semblait la route naturelle pour aller de la province d'Alger dans celle d'Oran ; mais elle était dominée des deux côtés, sur toute sa longueur, c'est-à-dire pendant plus de soixante lieues, par des massifs montagneux, très ardus, absolument inexplorés et où habitaient des tribus hostiles et belliqueuses. Le gouverneur n'hésita pas à braver les risques de cette route ; il décida qu'une colonne, sous ses ordres, partirait de Mostaganem, tandis qu'une autre, commandée par Changarnier, partirait de Blida : elles devaient, l'une remonter, l'autre descendre la rivière, jusqu'à ce qu'elles se rejoignissent. Ce programme, hardiment conçu, s'exécuta sans difficulté sérieuse ; le 30 mai 1842, après dix jours de marche, les deux colonnes se rencontrèrent au milieu de la vallée du Chélif, près de l'Oued-Fodda. Algériens et Oranais s'embrassèrent et festoyèrent pendant deux jours, pour célébrer l'heureuse issue d'une entreprise qui paraissait faire faire un grand pas à notre domination. Sans doute le pays ne pouvait être considéré comme définitivement soumis ; la suite ne devait que trop le prouver ; mais, pour la première fois, il avait été traversé ; c'était déjà un fait considérable.

Restait à se servir des troupes ainsi concentrées dans la vallée du Chélif, pour prendre à revers et dompter les tribus entourant la Métidja. Dans ce dessein, les deux colonnes se séparèrent de nouveau afin de gagner Blida par des directions différentes ; Changarnier s'éleva un peu au nord et pénétra au cœur des montagnes qui s'étendent entre le Chélif et la mer ; Bugeaud prit plus au sud par Miliana et le col de Mouzaia. Le premier rencontra un pays fort difficile : « La Suisse n'est rien auprès, écrivait l'un des officiers de sa colonne, le lieutenant-colonel de Saint-Arnaud ; l'armée marche un par un, bêtes, gens et bestiaux, chaque homme tirant son cheval par la figure ; l'avant-garde part à quatre heures du matin, et l'arrière-garde arrive au bivouac à six heures du soir, tout cela pour faire deux ou trois lieues. » Mais aucun obstacle n'arrêtait la tenace énergie du général que le gouverneur appelait familièrement « son montagnard » ; il passa partout, recevant la soumission spontanée ou contrainte des Arabes qui se trouvaient sur son chemin. Le général Bugeaud rencontra une route plus facile et obtint le même succès. Les tribus les plus redoutables vinrent lui apporter leur hommage, même celle des Hadjout, ces hardis pillards qui étaient, depuis douze ans, la terreur des environs d'Alger. Elles avaient été absolument déconcertées de se voir attaquées par une armée venant de la province d'Oran. Un autre fait les avait frappées plus encore, c'était la présence, dans les rangs français, sous le drapeau français, de deux ou trois mille de leurs coreligionnaires, cavaliers des tribus alliées de l'Ouest, que le gouverneur avait appelés à lui pour cette expédition. Telle fut même l'impulsion ainsi donnée au mouvement de soumission qu'il gagna les environs de Médéa où les colonnes n'avaient pas pénétré. Aussi, au sortir de cette expédition, le 13 juin 1842, le gouverneur pouvait écrire au ministre de la guerre : « Le cercle de granit qui entoure la Métidja est brisé. »

S'il y avait encore quelques coups à frapper pour compléter la destruction de ce « cercle de granit », le général Bugeaud avait sous la main le marteau qui convenait, c'était Changarnier. Celui-ci, arrivé à Blida le 10 juin 1842, se remit en campagne le 17, cette fois dans la région du haut Chélif. Il couronna des opérations habiles et vigoureuses par la plus prodigieuse razzia qui eût encore été faite : le 1er juillet, avec quelques centaines de cavaliers, hardiment lancés, il ramassait 3,000 prisonniers, 1,500 chameaux, 300 chevaux ou mulets et 50,000 têtes de bétail. « Je suis transporté de joie, lui écrivit le gouverneur; c'est admirable !... Les résultats politiques doivent dépasser encore les résultats matériels. »

Grâce à ces succès, la colonisation reprenait un peu confiance aux environs d'Alger, et plusieurs villages étaient fondés dans le Sahel. La sécurité ainsi reconquise s'étendait même plus loin : désormais les communications étaient libres avec Médéa et Miliana, et leur ravitaillement s'opérait par le commerce, presque en dehors de l'administration militaire, à ce point que, le 24 juillet 1842, le gouverneur crut devoir publier une note officielle pour rappeler à la prudence les *mercantis* qui se rendaient dans ces deux villes, seuls et sans armes; recommandation leur était faite de se réunir par caravanes de huit ou dix personnes. Il n'y avait pourtant pas longtemps que, pour le moindre convoi, force était de réunir une armée et de livrer de véritables batailles! Du reste, la vieille route de Médéa, ce col de Mouzaia tant de fois arrosé de sang français, n'allait plus être qu'un souvenir. Le général Bugeaud faisait en effet construire, à travers les gorges jusquelà inaccessibles de la Chiffa, une route plus directe qui fut praticable au mois de septembre 1842.

Pendant que ces importants progrès s'accomplissent dans la province d'Alger, nos affaires gardent bonne tournure dans celle d'Oran. A Tlemcen, l'habile administration du général Bedeau maintient une pacification relative. Autour de Mascara, les choses sont moins au calme : Abd el-Kader est revenu sur cet ancien théâtre de sa puissance, usant de son prestige encore grand pour ramener à lui les tribus soumises, menaçant celles qui nous demeurent fidèles. Plus prodigieux que jamais de mobilité et d'ubiquité, il apparaît soudainement au point opposé à celui où nos troupes croient le rencontrer. C'est l'occasion pour La Moricière de donner de nouvelles preuves de son active énergie. Vainement les forces à sa disposition ont-elles été diminuées pour former la colonne qui remonte le Chélif; fort habile à employer les Arabes soumis, il supplée par leur concours à ce qui lui manque de troupes françaises. Ainsi mène-t-il plus vivement que jamais la campagne permanente qu'il a ouverte au mois de décembre précédent. S'il ne peut atteindre l'émir lui-même qui lui glisse toujours entre les mains, il atteint les tribus qui pourraient le soutenir. A la fin de mai 1842, c'est dans l'est qu'il se dirige : il frappe la puissante tribu des Flitta, puis détruit, pour la seconde fois, Takdemt qu'on a commencé à reconstruire et où Abd el-Kader a établi sa famille avec un détachement de ses réguliers. Au commencement de juin, il se porte au sud-ouest contre les Djaffra et les Hachem que l'émir a décidés à émigrer, les poursuit à outrance jusqu'au désert, et, après les avoir acculés à un chott sans eau potable, les force à demander grâce. Du 15 juin au 25 juillet, nouvelle expédition, cette fois au sud-est, plus longue et plus lointaine que les autres; il s'agit de poursuivre la smala, agglomération errante, qui comprend la famille de l'émir, son trésor, le noyau de son armée régulière, les populations encore attachées de gré ou de force à sa fortune. La Moricière n'a avec lui que deux mille soldats français; mais il a su s'assurer le concours des Harrar, véritables flibustiers des hauts plateaux. Guidé par eux, trouvant, grâce à eux, les sources pour boire et les silos pour manger, il ose, en plein juillet, se lancer dans le désert. « Le soleil nous plombe à quarante-cinq degrés de chaleur, écrit l'un des officiers de la colonne. La terre est brûlée, et, aussi loin que l'œil peut s'étendre, ne présente qu'une teinte grisâtre. Les flammes semblent en sortir et produisent les ondulations du mirage : ce sont des armées de géants qui se plient, se replient, tournoient, voltigent; ce sont des figures, plus monstrueuses les unes que les autres, qui se déroulent, s'élèvent, grandissent, subissent les transformations les plus extraordinaires; et, à travers tous ces êtres imaginaires ou réels, nos petits bataillons, chargés jusque par-dessus les oreilles, cheminent gaiement, au milieu d'un pays où deux armées turques ont été complètement détruites. » A côté de notre colonne, s'avance la bande des Harrar, deux mille cavaliers et six mille chameaux portant les femmes et les enfants. « C'est, continue notre témoin, le coup d'œil le plus pittoresque, le plus fantastique [1]. » Ainsi escortée, l'armée arrive, le 14 juillet, au pied d'un rocher à pic sur lequel est Goudjila : dans ce nid d'aigle, Abd el-Kader a transporté les restes de ses arsenaux. La Moricière fait tout détruire. Les silos du voisinage, où ont été accumulées les provisions, sont vidés. L'émir n'a décidément plus aucun établissement fixe. Quant à la smala elle-même, elle fuit au loin, s'enfonçant dans les sables arides. Le retour de la colonne se fait sans difficulté. Les soldats, qui, au cœur de l'été, viennent de battre la montagne et le désert pendant trente-six jours, et qui ont décrit un cercle de cent vingt à cent trente lieues, rentrent à Mascara, déguenillés, sans souliers, les pieds enveloppés dans les peaux des bœufs qu'ils ont mangés, mais bien portants, « flambants comme le soleil qui leur chauffait les reins », et n'ayant à leur ambulance que treize malades. Ce sont, il est vrai, de rudes soldats : les bataillons d'élite surtout. « Figurez-vous, écrivait alors un de leurs officiers, des carcasses d'hommes qui, depuis dix mois, n'ont cessé de supporter toutes les privations, toutes les intempéries imaginables, recouvertes d'un cuir basané comme des tiges de bottes et sous lequel se meuvent des muscles, devenus ficelles, que le diable ne briserait pas; tou-

[1] Lettre de M. de Montagnac, en date du 27 juillet 1842. (*Lettres d'un soldat*, p. 259 à 261.)

jours gais, obéissant comme par enchantement à tout ce qu'on leur ordonne, pleins d'amour-propre, se tirant d'affaire partout, dans les positions les plus embarrassantes, sans que les officiers et les sous-officiers s'en mêlent ; en un mot, les types les plus remarquables que j'aie encore vus depuis que je roule dans le monde militaire [1]. » L'effet de cette expédition fut considérable dans tout le cercle de Mascara. Une troupe de deux mille hommes avait pénétré là où, un an auparavant, une armée de vingt mille n'eût pas osé s'aventurer. Les Arabes, surpris, intimidés, épuisés, s'inclinaient devant une supériorité si manifeste. Parmi les Hachem eux-mêmes, qui avaient été les premiers à retourner à l'émir, on apercevait plus d'un symptôme de découragement, et l'un de leurs chefs disait à Abd el-Kader : « Marabout, je ne te suivrai plus ; ma parole est donnée aux Français… Va, laisse-nous, nous avons assez souffert, et que Dieu te conduise ! »

X

L'automne de 1842 n'est pas moins activement employé que ne l'ont été l'hiver, le printemps et l'été. Autour de Mascara, La Moricière continue ses incessantes expéditions. La plus importante, qui a lieu en septembre et octobre, ne dure pas moins de quarante jours. A la poursuite de la smala, qui, cette fois encore, nous échappe, notre petite armée s'engage de nouveau dans le désert où elle fait des marches de dix heures sans eau, et s'avance plus loin qu'en juillet, jusqu'à Taguine, à soixante lieues au sud-est de Mascara : c'est l'endroit même où, un an plus tard, la smala tombera aux mains du duc d'Aumale. La colonne française ramasse un butin énorme qui, habilement distribué aux tribus alliées du sud, les fixe à notre cause. Dans une escarmouche, au retour, nos cavaliers

---

[1] Lettre de M. de Montagnac, en date du 18 juin 1842. (*Lettres d'un soldat*, p. 255.)

sont sur le point de s'emparer d'Abd el-Kader; celui-ci ne se sauve qu'à grand'peine, en laissant sur le terrain ses plus braves compagnons et en perdant son cheval, son cachet et sa montre. D'autres opérations suivent, dans le détail desquelles il serait fastidieux d'entrer. En somme, sur trois cent quatre-vingt-quinze jours qui, au 31 décembre 1842, se sont écoulés depuis que La Moricière est installé à Mascara, sa division en a passé trois cent dix en campagne.

Dans la province d'Alger, Changarnier est à l'œuvre. En septembre, il descend une partie de la vallée du Chélif, affermissant la fidélité des tribus soumises, frappant rudement celles qui sont douteuses ou hostiles. Puis, pour revenir vers le sud, il s'engage dans le massif montagneux de l'Ouarensenis par la vallée de l'Oued-Fodda : de faux renseignements lui ont présenté cette route comme facile. Au bout de quelques heures de marche, il se trouve engagé dans un étroit défilé dont 6,000 Kabyles, commandés par un lieutenant de l'émir, occupent les hauteurs et ferment les débouchés en avant et en arrière. Il faut passer ou périr. C'est dans ces situations critiques qu'éclatent les qualités de Changarnier, énergie indomptable, sang-froid, volonté de vaincre. Il n'a avec lui que 1,200 fantassins, 200 chasseurs à cheval, 500 Arabes : peu de fond à faire sur ces derniers qui se croient perdus; mais les Français sont d'une solidité admirable, surtout les zouaves commandés par Cavaignac. Pendant plus de deux jours, le combat se poursuit, acharné. Notre petite colonne avance peu à peu, prenant d'assaut chaque rocher, brisant l'un après l'autre tous les obstacles qu'on lui oppose, se tirant de tous les périls où il semblait qu'elle dût vingt fois succomber. Enfin, le défilé est franchi. Arrivé en pays découvert, le général fait une razzia sur le territoire des tribus qui venaient de l'attaquer, et, par cet audacieux châtiment, terrifie pour longtemps ceux qui naguère se croyaient assurés de l'écraser. Un bon juge, le duc d'Aumale, regarde ce combat de l'Oued-Fodda comme « l'une des luttes les plus longues et les plus difficiles qu'aient enregistrées nos annales d'Afrique », et il ajoute : « Le général

Changarnier sut la terminer par un brillant succès, tandis que bien d'autres eussent peut-être été heureux d'en ramener les débris de leur colonne. Il y a eu des actions plus importantes en Afrique, il n'y a pas eu de journée où chefs et soldats aient montré plus d'audace, de sang-froid et d'intelligence[1]. »

Ce qui venait de se passer à l'Oued-Fodda et plusieurs indices recueillis d'un autre côté par La Moricière, révélaient l'action et l'autorité d'Abd el-Kader dans l'Ouarensenis. Repoussé de toutes les autres parties de la régence, l'émir s'était fait en quelque sorte une dernière citadelle du grand pâté montagneux qui s'élève au sud du Chélif : là, il venait chercher des recrues et des vivres ; de là, il menaçait soit la province d'Alger, soit celle d'Oran. Le gouverneur général résolut donc de porter sur ce point le principal effort de la fin de l'année. Huit mille hommes furent mis en mouvement. Trois colonnes, commandées, la première par le général Bugeaud, la seconde par le général Changarnier, la troisième par le général Korte, pénétrèrent au cœur des montagnes et les parcoururent en tous sens. Sauf un assez rude combat soutenu par le général Korte, nos troupes ne rencontrèrent que peu de résistance. Les habitants, si belliqueux qu'ils fussent, étaient encore sous l'impression de la vigueur déployée naguère par Changarnier. A la fin, une manœuvre habile refoula au centre du massif et accula à des précipices infranchissables la masse effarée des tribus fugitives, guerriers, femmes, enfants, vieillards. Une journée entière se passa, pour ces malheureux, en délibérations pleines d'angoisses ; on voyait de loin les principaux personnages se démener au milieu d'une multitude épouvantée ; on entendait les cris gutturaux des femmes, les bêlements des troupeaux. Enfin, le lendemain matin, le plus important des chefs de la montagne, le vieux Mohammed-ben-Hadj, s'avança vers le gouverneur et lui demanda grâce. « Pour moi, dit-il, j'avais huit fils ; six sont morts en te combattant. J'ai servi le sultan avec zèle, mais il ne peut plus nous

---

[1] *Les zouaves et les chasseurs à pied*, par M. le duc D'AUMALE.

protéger, et, si tu es humain, je suis à toi pour toujours. »
Le gouverneur fut touché de ce langage et jugea habile de
se montrer généreux. A Mohammed qui lui offrait son plus
jeune fils en otage, il répondit : « Ma clémence sera complète.
Je n'ai que faire d'un otage. Ton visage m'inspire la confiance. D'ailleurs, j'ai mieux que des otages : j'ai la force, la
mobilité, la connaissance de tes montagnes, la certitude de
reprendre tous nos avantages si tu manques à ta parole. » Le
30 décembre, après une campagne de quarante-sept jours, le
gouverneur rentrait à Alger, pouvant croire que l'Ouarensenis
était dompté et que l'émir avait perdu la seule base d'opération qui lui restait en deçà des hauts plateaux.

Ainsi se terminaient les opérations de 1842, l'année la plus
laborieuse et la plus féconde de la conquête. D'immenses
résultats avaient été obtenus dans les deux provinces d'Oran
et d'Alger. Le général Bugeaud en était justement fier. « Abd
el-Kader, écrivait-il au ministre de la guerre, a perdu les cinq
sixièmes de ses États, tous ses forts ou dépôts, son armée
permanente, et, qui pis est, le prestige qui l'entourait encore
en 1840. S'il n'a pu nous résister, lorsqu'il disposait de
l'impôt et du recrutement sur tout le pays, lorsqu'il avait une
armée permanente et des provisions de guerre, lorsque toutes
les tribus marchaient à sa voix partout où il l'ordonnait, comment lutterait-il aujourd'hui avec quelque succès, lorsqu'il ne
s'appuie que sur une poignée de tribus déjà ruinées en partie?
Il peut prolonger quelque temps le malheur de quelques populations par des entreprises de partisan; il ne peut reconquérir
sa puissance. » Le gouverneur était loin cependant de dédaigner l'adversaire auquel il avait affaire; il était le premier à
reconnaître ses qualités supérieures, son indomptable énergie,
ses étonnantes ressources, son action sur les populations
arabes. « Abd el-Kader est réellement un maître homme »,
écrivait-il le 12 novembre 1842.

XI

1843 commença moins bien que n'avait fini 1842. A peine le général Bugeaud avait-il quitté l'Ouarensenis, qu'Abd el-Kader y faisait irruption, soulevant les tribus, châtiant impitoyablement tous ceux qui s'étaient ralliés aux Français. En quelques jours, il avait réuni des forces considérables et était maître de toutes les montagnes situées au sud du Chélif; il franchissait même cette rivière et propageait le feu de la révolte, au nord, dans le Dahra. A cette nouvelle inattendue qui faisait douter à beaucoup, en Algérie et en France, de la réalité des succès obtenus jusqu'alors par nos armes, le gouverneur, ému, mais non troublé, fit partir des colonnes de tous les points, de Cherchel, de Miliana, de Médéa, de Mascara, de Mostaganem. En faisant du mal à l'ennemi, ces colonnes souffrirent beaucoup elles-mêmes. L'hiver rendait les opérations singulièrement difficiles au milieu de ces montagnes sans chemins. « C'est une retraite de Russie au petit pied », écrivait l'un des chefs de colonne, le lieutenant-colonel de Saint-Arnaud, officier énergique, qui avait vu son avancement longtemps retardé par des désordres de jeunesse, mais qui, fort apprécié du général Bugeaud, commençait à être en vue. Dès l'approche de nos troupes, Abd el-Kader avait disparu : était-on garanti qu'il ne reviendrait pas une fois qu'elles seraient parties? Les tribus apportaient leur soumission : le passé permettait-il d'y avoir pleine confiance? Aussi l'idée se faisait-elle jour que, pour se rendre maître de cette région, il fallait autre chose que des expéditions passagères.

Dès la fin de 1842, le 5 décembre, La Moricière, dont l'esprit était toujours en mouvement, avait écrit au gouverneur : « L'occupation de Mascara et, plus tard, celle de Tlemcen par des divisions actives ont, en quelques mois, avancé nos affaires plus qu'on n'avait pu le faire en dix ans d'expéditions et de combats meurtriers... Si maintenant nous examinons sur la carte l'est de la province compris entre le Chélif et la Mina, cette étude nous expliquera tout de suite la différence des résultats obtenus. Là, nos colonnes ne peuvent plus se donner la main en trois jours. Il y a cinquante-six lieues de Mostaganem à Miliana, et soixante-douze de Mascara à Médéa. De là l'inefficacité de nos efforts. Notre action sur les tribus réfugiées dans l'Ouarensenis est réduite par dix jours au moins perdus en allées et venues, et ne peut plus être continuée assez longtemps pour amener l'ennemi à merci. Le problème peut donc être posé en ces termes : trouver, entre les quatre places de Mostaganem, Mascara, Miliana et Médéa, un point tel que l'action des troupes qui en partiront puisse se combiner, en trois jours de marche, avec celle des colonnes sortant de ces quatre places. » Les événements survenus depuis cette lettre n'avaient pu que convaincre le général Bugeaud de la justesse des vues qui y étaient exposées. Aussi n'est-on pas surpris de le voir s'appliquer, dès que le printemps est arrivé, à réaliser une fondation si nécessaire. A la fin d'avril 1843, il se rend avec une colonne à El-Esnam, dans la vallée du Chélif, et y jette les bases d'une ville qu'en l'honneur du prince pleuré par la France, il appelle Orléansville. De là, il se dirige vers la mer, à travers les montagnes, ébauchant une route avec la pioche et la mine, tout en faisant le coup de feu, et, en sept jours de travail acharné, atteint Tenès. Ce petit port, que déjà plusieurs fois on avait sans succès cherché à occuper, doit être la place de ravitaillement d'Orléansville, dont il est éloigné seulement de onze lieues. Transformés en terrassiers, maçons, charpentiers, forgerons, serruriers, les soldats déploient la plus grande activité pour faire sortir de terre les constructions des deux villes, pour améliorer la route improvisée qui conduit de l'une à l'autre, et sur laquelle circulent aussitôt des convois. L'un de nos plus fermes officiers, depuis longtemps dévoué à l'œuvre algérienne, le colonel Cavaignac, est appelé au commandement de la nouvelle subdivision d'Orléansville. Ainsi se complétaient, suivant le plan déjà indiqué, les deux premières lignes d'occupation : celle de la côte qui, sans parler de la province de Constantine, comprenait Alger, Cherchel, Ténès, Mostaganem, Oran; celle de l'intérieur, avec Médéa, Miliana, Orléansville, Mascara et Tlemcen. Le gouverneur ne s'en tint pas là; il autorisa ses lieutenants à commencer la troisième ligne, sur la limite extrême du Tell : dans les derniers jours d'avril, La Moricière établit le poste de Tiaret au sud d'Orléansville, et Changarnier celui de Teniet el-Had au sud de Miliana.

En même temps que s'accomplissaient ces travaux, plusieurs colonnes continuaient à fouler en tous sens le massif de l'Ouarensenis et celui du Dahra, forçant les tribus les plus farouches à se soumettre; comme d'habitude, Changarnier est un de ceux qui font le plus de besogne. Autour de Tlemcen, le général Bedeau a affaire à Abd el-Kader; l'émir, en effet, repoussé des montagnes où, en janvier, il avait reparu en maître, s'est jeté dans l'ouest de la province d'Oran, razziant certaines tribus nos alliées, en soulevant d'autres, notamment les Hachem qu'il incorpore dans sa smala; le général Bedeau l'oblige à se retirer. Le général Gentil à l'est et au sud de Mostaganem, le général de La Moricière autour de Tiaret, le colonel Géry autour de Mascara, sont aussi sans cesse en mouvement. On ne saurait suivre dans le détail des opérations qui deviennent si complexes. L'émir étant désormais hors d'état de réunir comme autrefois des armées de dix, quinze ou vingt mille hommes, le général Bugeaud en a profité pour subdiviser davantage encore ses forces et multiplier ses colonnes. La guerre africaine est plus que jamais une affaire de vitesse et de mobilité. Il ne s'y fait pas moins une grande dépense d'énergie et de courage. Les faits d'armes sont nombreux. Le 16 mai 1843, cinquante chasseurs à cheval de la colonne du général Gentil, lancés à la poursuite d'une tribu, tombent au milieu de quinze cents cavaliers ennemis. Le capitaine Daumas, qui les commande, fait mettre à ses hommes pied à terre, les forme en carré derrière leurs chevaux et engage le feu. Le général Gentil, inquiet de ne pas voir revenir le détachement, envoie à son secours le capitaine Favas avec soixante chasseurs, la seule cavalerie qui lui reste, et lui-même se met en route avec son infanterie au pas de course. Guidé par la fusillade, le capitaine Favas arrive sur le lieu du combat. Sans se laisser un moment effrayer par le nombre des ennemis, il charge au galop, fait une trouée dans la ligne profonde des assaillants et va se placer à côté de ses camarades. Les Arabes, un moment bousculés, se rendent compte du petit nombre des Français et reviennent à la charge. La poignée des défenseurs, d'instant en instant plus réduite par le feu de l'ennemi, tient bon sans se laisser entamer. C'est seulement au bout de deux longues heures qu'elle est dégagée par l'arrivée de l'infanterie. Sur les cent dix chasseurs, il n'y en avait plus que cinquante-huit debout. Vingt-deux étaient tués, trente blessés ; des sept officiers, un seul n'avait pas été atteint.

Si honorables que de tels incidents fussent pour nos armes, si sérieusement utiles que fussent, pour la soumission du pays, les mouvements incessants de ces nombreuses colonnes et les divers établissements créés par elles, l'opinion n'en trouvait pas moins nos progrès lents et incertains ; elle restait sous l'impression de doute que lui avait donnée, au mois de janvier, le retour offensif d'Abd el-Kader. Après avoir cru décisifs les succès obtenus en 1842, elle s'étonnait de ne pas trouver les choses plus avancées en 1843. Le général Bugeaud s'apercevait de cet état des esprits et s'en préoccupait. Il avait le sentiment que, pour y mettre fin, un coup d'éclat était nécessaire.

XII

Au printemps de 1843, Abd el-Kader, repoussé partout du Tell et rejeté dans la région des hauts plateaux, n'avait plus d'autre base d'opérations que sa smala. Cette smala, encore grossie depuis l'année précédente, comprenait maintenant au moins quarante mille âmes[1] et avait de plus en plus le caractère d'une capitale errante. Là étaient la famille de l'émir, le siège de son gouvernement, ses richesses, ses approvisionnements, les ouvriers armuriers, selliers, tailleurs, nécessaires à l'entretien de son matériel. La population ainsi agglomérée était composée de plusieurs tribus au complet, et en outre d'émigrés isolés, venus des tribus qui s'étaient soumises aux Français. Ajoutez ceux qui se trouvaient là malgré eux, les prisonniers, les otages et certains douars entraînés de force. La fuite était impossible; de temps à autre, Abd el-Kader faisait crier cette sentence : « De quiconque cherchera à fuir ma smala, à vous les biens, à moi la tête. » La police était faite par les réguliers et par les Hachem. L'ordre d'installation était toujours le même, malgré des déplacements incessants. L'émir, de sa personne, restait ordinairement hors de la smala, mais c'était lui qui dirigeait sa marche. Faire vivre une telle multitude au milieu du désert n'était pas chose aisée; dans le camp, se tenait un grand marché, alimenté par les Arabes des oasis et de la lisière du Tell, qui y apportaient des grains et des fruits. Le plus difficile était de trouver l'eau; un service était organisé pour reconnaître les sources et en empêcher le gaspillage; toutefois, elles étaient vite épuisées, et il arrivait assez fréquemment de voir des individus mourir de soif.

Le général Bugeaud comprenait qu'il ne suffisait pas d'avoir ruiné tous les établissements fixes de l'émir, et que son œuvre serait incomplète tant que subsisterait cette capitale mobile. Résolu à chercher de ce côté le succès éclatant qu'il jugeait nécessaire pour rétablir la confiance un peu ébranlée de l'opinion, il s'en ouvrit à La Moricière. Celui-ci, qui savait la difficulté de l'entreprise, pour l'avoir tentée plusieurs fois l'année précédente, se déclara prêt à donner son concours, mais sans garantir le succès. « Sauf des chances imprévues, ne

---

[1] En 1848, Abd-el-Kader, causant à Toulon avec le général Daumas, a parlé de soixante mille âmes. C'était probablement une exagération.

l'espérez pas trop », écrivait-il au gouverneur, et il ajoutait :
« Une seule journée ne verra pas s'accomplir la ruine de notre
ennemi. Il n'y a plus de grands coups à frapper ; nous nous
avancerons pied à pied ; nos combats auront peu de retentissement ; ce sera l'œuvre de la patience. Mais, en définitive, si,
comme j'en ai le ferme espoir, nous réussissons à asseoir l'autorité de la France dans toute cette belle région qui s'étend de
la mer au désert, nous aurons accompli, comme vous le
demandez, quelque chose de grand. Un peu de temps encore,
et vous aurez raison des clameurs de tous ces hommes qui
jugent sans étudier, sans savoir et sans comprendre. J'ai traversé en Afrique, depuis treize ans, des périodes de découragement plus affligeantes que celle dont vous paraissez alarmé.
Les yeux fixés sur le but, fort de mes convictions conscien-
cieuses, je n'ai jamais désespéré du succès final ni de la justice
de l'avenir envers ceux qui s'y seront dévoués. » Le gouverneur général sentait, comme La Moricière, tout ce qu'avait
d'incertain et de chanceux la poursuite de la smala. Toutefois,
il lui semblait qu'elle pouvait être tentée dans de meilleures
conditions que l'année précédente, où la colonne de Mascara y
avait été seule employée. Cette fois, par une habile combinaison, le général Bugeaud entendait faire traquer l'ennemi
de plusieurs côtés en même temps : « Il faudra bien, disait-il à
un de ses confidents, qu'ayant enfermé Abd el-Kader dans un
cercle, dans un triangle, le choc arrive. Napoléon donnait au
hasard le tiers, je lui donne la moitié. Abd el-Kader nous tient
en alerte par ses ruses, par son incomparable stratégie, par son
insaisissabilité. Nous aussi, nous devons lutter de ruses avec lui. »
Dans la pensée du gouverneur, trois colonnes devaient concourir à cette chasse : celle de Bedeau, à l'extrême ouest ; celle de
La Moricière, au centre, devant Tiaret ; enfin celle de Médéa,
à l'est. Cette dernière avait à sa tête un général de vingt et un
ans, ardent à cueillir sa gerbe dans la moisson de gloire offerte
par la guerre d'Afrique à notre armée : c'était le duc d'Aumale ;
il allait prouver que La Moricière se trompait quand il croyait
le moment passé de « frapper de grands coups » en Algérie.

Il était, on le sait, dans la tradition des fils de France de partager les travaux, les fatigues et les périls de l'armée d'Afrique. Le duc d'Aumale s'y était conformé avec joie. En 1840, âgé de dix-huit ans, il faisait ses premières armes à la sanglante expédition de Médéa, comme aide de camp du duc d'Orléans. En 1841, devenu colonel, il revint prendre part, avec le duc de Nemours, aux premières expéditions du général Bugeaud : « Je vous prierai, écrivait-il à ce dernier, de ne m'épargner ni fatigues ni quoi que ce soit. Je suis jeune et robuste, et, en vrai cadet de Gascogne, il faut que je gagne mes éperons. Je ne vous demande qu'une chose, c'est de ne pas oublier le régiment du duc d'Aumale, quand il y aura des coups à recevoir et à donner. » — « Vous ne voulez pas être ménagé, mon prince, répondit le gouverneur ; je n'en eus jamais la pensée. Je vous ferai votre juste part de fatigues et de dangers ; vous saurez vous-même vous faire votre part de gloire. » Le jeune colonel se conduisit en effet, pendant cette rude campagne, non en prince, mais en soldat. « Il est brave autant qu'un Français peut l'être, écrivait un des lieutenants de son régiment[1], et désireux de prouver à l'armée et à la France qu'un prince peut faire autre chose que parader; en expédition, il n'emmène aucune suite et vit avec nos officiers supérieurs. » Et voici qui n'est pas peu remarquable, quand on songe à l'âge du duc : « Comme lieutenant-colonel, il est parfait ; administration, comptabilité, discipline, il s'occupe de tout, et, ce qui paraîtra plus extraordinaire, en homme entendu. » A la fin de 1842, le prince, nommé maréchal de camp, retourna encore en Afrique ; cette fois, il était seul de la famille royale ; depuis la mort du duc d'Orléans, le duc de Nemours se trouvait retenu auprès du Roi. Le gouverneur appela le jeune général au commandement d'une colonne sans cesse agissante, celle de Médéa ; il savait que cette désignation serait approuvée de toute l'armée. « Ce n'est pas tant le prince, lui écrivait-il le 19 septembre 1842, qu'on accueillera

---

[1] C'était le futur général Ducrot. M. d'Ideville a reçu communication de cette lettre et l'a publiée dans son ouvrage sur le maréchal Bugeaud, t. II, p. 281.

avec une vive satisfaction ; c'est l'officier général qu'on a vu, oubliant son rang, vouloir partager les fatigues et les dangers, comme s'il eût été un soldat parvenu. » Dès les premiers mois de 1843, le nouveau commandant de Médéa justifia, par d'heureux et vifs coups de main, au sud, du côté de Boghar, à l'est, sur l'Isser, le choix qu'on avait fait de lui ; il s'empara notamment de la *khasna,* c'est-à-dire du trésor militaire de Ben-Allal, l'un des principaux lieutenants d'Abd el-Kader. « Vous avez dépassé nos espérances, lui écrivit le général Bugeaud ; la jeunesse est heureuse quand elle est sage et habile. » Ce n'était qu'un prélude.

A la fin d'avril 1843, divers indices signalèrent la présence de la smala au sud de Tiaret et de Boghar. La Moricière et le duc d'Aumale reçurent l'ordre de se lancer à sa poursuite. Le prince n'avait qu'une cavalerie insuffisante ; mais son supérieur immédiat, le général Changarnier, qui prit une part importante à la préparation de cette expédition, s'était inquiété de cette insuffisance et l'avait signalée au général Bugeaud ; au dernier moment, ayant reçu pour ses propres opérations un escadron de renfort, il s'en dépouilla aussitôt au profit du duc d'Aumale. En transmettant à ce dernier ses instructions, le général Changarnier lui témoignait la plus flatteuse confiance : « Je suis heureux de la belle mission que vous avez à remplir, lui écrivait-il, et plein de l'espoir que vous ferez tout ce qu'il peut y avoir de brillant dans la guerre actuelle. » Il le mettait seulement en garde contre sa trop grande ardeur, et, au nom du gouverneur, lui prescrivait, dans le cas où il enverrait en avant sa cavalerie, de demeurer de sa personne avec l'infanterie ; recommandation dont, heureusement pour sa gloire et pour la France, le duc ne devait pas tenir compte.

Dans les premiers jours de mai, les deux colonnes, celle de La Moricière et celle du prince, se mettent en branle, chacune de son côté. La Moricière se dirige au sud, vers Ousenghr. Il ne s'arrête que parvenu dans une région aride où ses chevaux ne trouvent plus un brin d'herbe. Abd el-Kader guette, d'ailleurs, tous ses mouvements, et avertit la smala, qui se dérobe en fuyant vers l'est. Les Arabes se jetaient ainsi, sans le savoir, sous la main du duc d'Aumale que l'émir, par une inadvertance fort étrange de sa part, ne songea pas à surveiller. Le prince, parti de Boghar, avec 1,300 hommes d'infanterie, 560 de cavalerie et un goum de 300 Arabes, a marché d'abord, dans la direction du sud-ouest, vers Goudjila[1]. Il a fait là quelques prisonniers qui lui apprennent la fuite de la smala effrayée par La Moricière; elle se trouve, lui disent-ils, à environ quinze lieues au sud-est, cherchant à gagner la source de Taguine. Seulement, ils ne peuvent croire qu'on prétende la poursuivre avec une troupe si faible. « Vous voulez prendre la smala, et vous n'êtes pas plus de monde, dit l'un d'eux; oh! vous pouvez vous en aller! » S'en aller, le prince n'y songe guère : il décide au contraire de pousser droit vers Taguine, pour y atteindre la smala, si elle y est encore, ou tout au moins pour la rejeter à l'ouest sur la colonne de La Moricière. C'est une marche de plus de vingt lieues, sans une goutte d'eau. Il divise sa colonne en deux parties : l'une, sous son commandement direct, essentiellement mobile, composée de la cavalerie et des zouaves; l'autre, formée de deux bataillons d'infanterie et de soixante chevaux, avec le convoi : le rendez-vous est à Taguine. On marche toute la nuit, malgré le simoun qui fait rage. Le 16 mai au matin, le duc d'Aumale, averti du voisinage de la smala, devance les zouaves, avec la cavalerie, pour faire une reconnaissance; mais, trompé par des renseignements inexacts, il ne découvre rien. Il croit alors l'ennemi décampé et ne songe plus qu'à atteindre les sources afin d'y reposer ses hommes. Ses forces se trouvaient, à ce moment, séparées en trois tronçons : en tête, la cavalerie et le goum; à deux heures de là environ, les zouaves; et beaucoup plus en arrière, le reste de l'infanterie. Disposi-

---

[1] Pour les faits qui vont suivre, je me suis attaché au rapport du duc d'Aumale, à un récit du général Fleury, alors lieutenant et attaché à la colonne, récit publié par M. d'Ideville, enfin au tableau très vivant et très exact tracé par M. Camille Rousset. J'ai trouvé aussi quelques renseignements dans les articles du comte d'Antioche, qui a eu à sa disposition les papiers du général Changarnier.

tion singulièrement audacieuse, en présence d'un ennemi aussi rapide et aussi bien informé que l'était d'ordinaire Abd el-Kader. Quant au prince lui-même, il est avec l'avant-garde, bien résolu à ne pas se souvenir des recommandations prudentes que lui a transmises le général Changarnier.

Vers onze heures du matin, cette avant-garde, qui vient de se remettre en route, après une courte halte, aperçoit un nuage de poussière qui s'élève au loin. On se demande ce que cela peut bien être, quand, tout à coup, quelques-uns des cavaliers qui galopaient en tête pour éclairer la marche, s'arrêtent court derrière la crête d'un petit monticule. L'un d'eux, un Arabe, revient à fond de train vers le colonel Yusuf et lui crie, tout troublé : « Fuyez, quand vous le pouvez encore. Ils sont là tout près, derrière ce mamelon. S'ils vous voient, vous êtes perdus! Ils sont soixante mille, et, rien qu'avec des bâtons, ils vous tueront comme des lièvres qu'on chasse. » Yusuf le calme. « Allons voir de nos yeux », dit-il au lieutenant Fleury; tous deux, suivis du coureur arabe et s'espaçant pour faire moins de poussière, ils gagnent rapidement le mamelon. L'Arabe a dit vrai : contraste saisissant avec la solitude du désert, l'immense smala est là, à environ un kilomètre. Elle vient d'arriver, et le campement s'installe sous la direction des réguliers dont on voit briller les armes. Quelques tentes seulement sont déjà dressées. Combattants, muletiers, femmes, enfants, chameaux, bestiaux de toute sorte s'agitent. On dirait d'une colossale fourmilière. D'où il est, Yusuf entend les cris des hommes et des animaux. « Venez, dit-il à ses compagnons, il n'y a pas un moment à perdre. » Il redescend le mamelon au grand galop et se dirige vers le duc d'Aumale. Celui-ci, depuis quelques minutes, considérait, fort intrigué, ces allées et venues qui ont pris d'ailleurs presque moins de temps qu'il n'en faut pour les raconter. Yusuf, qui pourtant n'est pas un timide, est ému. « Toute la smala est là, à quelques pas de nous, dit-il précipitamment; c'est un monde! Nous ne sommes pas en mesure de l'attaquer; il faut tâcher de rejoindre l'infanterie. » L'agha du goum, très brave aussi, se jette à bas de cheval, et, tenant embrassé le genou du prince : « Par la tête de ton père, ne fais pas de folie! » dit-il. Le colonel Morris, au contraire, est d'avis d'attaquer. Le prince n'hésite pas. « On ne recule pas dans ma race! » s'écrie-t-il vivement[1]. Intervient alors le commandant Jamin, auquel le Roi a donné spécialement mission de veiller sur son fils; il fait valoir sa responsabilité et insiste pour attendre l'infanterie. Mais l'attente n'est-elle pas le parti le plus périlleux? Que la présence des Français soit connue, — et elle ne peut manquer de l'être dans quelques instants, — aussitôt la smala s'éloignera, tandis que les réguliers de l'émir et leurs auxiliaires se jetteront sur la colonne pour l'envelopper et l'écraser. En tout cas, le duc d'Aumale a pris son parti; il impose silence à tous, envoie des émissaires pour hâter la marche des zouaves, met ses cavaliers en ordre de combat, puis commande la charge.

La petite troupe s'élance au galop. Au moment où les irréguliers du goum arrivent sur la hauteur et aperçoivent cette immense ville de tentes, ils prennent peur et se débandent. Les spahis eux-mêmes hésitent un moment; mais ils sont bientôt raffermis par l'exemple des chasseurs qu'enlèvent impétueusement le colonel Morris et le prince lui-même. Yusuf aussi est admirable. Tous se précipitent comme un ouragan sur les Arabes encore occupés à s'installer. Ceux-ci s'attendaient si peu à être attaqués, qu'au premier moment ils ont pris les spahis pour les cavaliers d'Abd el-Kader; ils ne sont désabusés qu'à la vue des chasseurs. Dans cette masse confuse, la surprise produit un trouble et un désordre inouïs. Les réguliers veulent se défendre; ils sont cinq mille contre cinq cents; mais la panique de la foule les entrave, les ahurit, et finit par les gagner eux-mêmes. Nos cavaliers culbutent et sabrent tout ce qui tente de résister. Au bout d'une heure, la victoire est complète. Trois cents cadavres arabes gisent sur le

---

[1] Sur ce qui s'est passé après que Yusuf eut rejoint le duc d'Aumale, j'ai suivi la version de M. Camille Rousset, qui diffère, en quelques points, du récit du général Fleury. J'ai des raisons de croire la version de M. Rousset plus exacte.

sol; on n'a frappé que les combattants. Les Français ont eu seulement neuf tués et douze blessés. Quelques-uns des prisonniers, ayant demandé à voir leurs vainqueurs, ne peuvent croire qu'ils soient si peu nombreux, et, comme l'a rapporté l'un d'eux, le rouge leur monte au visage d'avoir été battus par une telle poignée d'hommes. Tout est bien fini, quand arrivent les fantassins : les zouaves d'abord, vers une heure ; les bataillons de ligne, à quatre heures. Eux aussi ont fait merveille : trente lieues en trente-six heures, par le vent du désert, sans autre eau à boire que celle qui a été emportée dans quelques outres ; marche si dure, que le sang colorait les guêtres blanches. Ils sont fatigués, mais en bon ordre, et n'ont laissé en arrière ni un homme ni un mulet. Les zouaves, à leur arrivée, défilent devant le bivouac des chasseurs d'Afrique, en sifflant les fanfares de la cavalerie, « comme pour railler les chevaux fatigués et se venger de ce que leurs rivaux de gloire ont chargé et battu l'ennemi sans eux [1] ».

La soirée du 16 mai et la journée du lendemain ne sont pas de trop pour reposer nos troupes et mettre un peu d'ordre dans tout ce qui est tombé en leurs mains. Les prisonniers, parmi lesquels beaucoup de personnages considérables, se comptent par milliers. Ils seraient plus nombreux encore si le duc d'Aumale eût disposé d'une troupe moins restreinte. Hors d'état d'envelopper toute la smala, le prince avait dû prendre le parti de pénétrer au milieu et d'y faire une coupure. Beaucoup des Arabes ont donc pu s'enfuir, mais en désordre ; une partie, après avoir erré dans le désert, en proie à la plus grande détresse, devait être ramassée par La Moricière. La dispersion était définitive, et ce sera en vain qu'on cherchera dans l'avenir à reformer une smala. La mère et la femme d'Abd el-Kader ont été un moment parmi les captives ; le dévouement d'un esclave les a fait échapper avant qu'elles eussent été reconnues. Le butin est immense : quatre drapeaux, un canon, deux affûts, d'abondantes munitions, une grande quantité d'armes,

---

[1] Le duc D'AUMALE, *les Zouaves et les chasseurs à pied*.

la tente de 'émir, ses effets précieux, des manuscrits, beaucoup de bijoux e d'argent, plus de trente mille têtes de bétail, des troupes de ameaux, de chevaux, de mulets et d'ânes. Force est de brûler ce qu'on ne peut emporter.

Tout n'est pas fini : il faut rentrer sur le territoire français et y ramener l'immense convoi des prisonniers et du butin. Ce n'est pas la partie la plus facile ni la moins dangereuse de la tâche à accomplir. A l'aller, on a eu cette fortune qu'Abd el-Kader, tout occupé à guetter La Moricière, n'a rien su de l'autre colonne. Maintenant, il est prévenu ; il doit avoir hâte de prendre sa revanche d'un tel désastre ; et puis, n'est-il pas dans l'habitude des Arabes d'attaquer au moment des retraites? Le duc d'Aumale voit le péril, il le mesure, mais ne s'en trouble pas ; il se fie jusqu'au bout à son heureuse audace et compte sur la démoralisation qu'un tel coup a dû jeter chez les ennemis. Ne reçoit-il pas déjà les soumissions empressées des tribus voisines qui, la veille, étaient dans le camp de l'émir? Partie de Taguine, le 18 mai, la colonne, entravée par son convoi, chemine lentement. Son jeune chef, avec un sang-froid qui ne laisse rien voir de sa préoccupation intime, est, nuit et jour, sur le qui-vive, prêt à faire face à toute attaque. Sept longues journées se passent ainsi. Enfin, on arrive à Médéa, sans avoir eu à livrer de véritable combat ; une nuit seulement, il a fallu échanger quelques coups de feu. Quatre ans plus tard, le prince, causant avec Abd el-Kader devenu son prisonnier, l'interrogea sur cette fusillade nocturne. « J'étais là en personne, lui répondit l'émir ; je t'ai guetté, tâté, pendant vingt-quatre heures. » Et il lui fit compliment de la façon dont il s'était gardé. Dans la prudente et ferme vigilance de ce retour, ce général de vingt et un ans ne s'était pas montré moins habile capitaine que, naguère, dans la hardiesse de sa marche en avant.

La nouvelle d'un si beau fait d'armes fut accueillie avec joie, en Algérie et en France. Elle dissipa entièrement les inquiétudes et le découragement que le retour offensif de l'émir avait jetés, au mois de janvier précédent, dans beaucoup d'esprits.

Ce fut comme un brillant rayon de soleil qui perçait victorieusement tous les nuages. Le duc d'Aumale recevait, de toutes parts, les plus chaleureuses félicitations. « Votre rapport, répandu dans le camp, lui écrivait le général Bugeaud, y a produit des transports que je n'essayerai pas de vous décrire. Vous devez la victoire à votre résolution, à la détermination de vos sous-ordres, à l'impétuosité de l'attaque. Oui, vous avez bien fait de ne pas attendre l'infanterie ; il fallait brusquer l'affaire comme vous l'avez fait. Cette occasion presque inespérée, il fallait la saisir aux cheveux. » Le maréchal Soult, le général de La Moricière, pensaient et parlaient de même [1]. L'éloge n'était pas seulement sous la plume de ceux qui, s'adressant au duc d'Aumale, pouvaient être suspects de vouloir lui faire leur cour. Le lieutenant-colonel de Saint-Arnaud écrivait à son frère : « Le prince vient de faire un coup de maître, exécuté avec autant de vigueur que d'habileté. C'est bien, c'est intrépide, c'est habile ! » Et, un an plus tard, se trouvant sur le lieu même où la smala avait été prise, il ajoutait : « J'examine le terrain, je me fais expliquer la position de la smala et celle du prince, et je persiste à dire que c'est un coup d'une hardiesse admirable. Avec la prise de Constantine, c'est le fait saillant de la guerre d'Afrique. Il fallait un prince jeune et ne doutant de rien, s'appuyant sur deux hommes comme Morris et Yusuf, pour avoir le courage de l'accomplir. A mon sens, la meilleure raison pour attaquer, c'est que, la retraite étant impossible, il fallait vaincre ou périr. » Faut-il ajouter à tous ces témoignages celui d'un républicain ardent, le colonel Charras ? « Pour entrer, disait-il, avec cinq cents hommes au milieu d'une pareille population, il fallait avoir vingt-trois ans [2], ne pas savoir ce que

---

[1] Le maréchal Soult félicitait le prince sur « la parfaite combinaison de ses mouvements, sa hardiesse d'exécution et son coup d'œil exercé ». — « J'ai appris presque sur les lieux, lui mandait La Moricière, le brillant succès que vous venez d'obtenir ; j'ai pu juger mieux que personne la hardiesse de l'entreprise et l'importance du résultat. Vous avez porté à la puissance de l'émir le coup le plus rude qu'elle pût recevoir. »

[2] M. Charras se trompait sur l'âge du prince ; celui-ci n'avait que vingt et un ans.

c'est que le danger, ou bien avoir le diable dans le ventre. Les femmes seules n'avaient qu'à tendre les cordes des tentes sur le chemin des chevaux pour les culbuter, et qu'à jeter leurs pantoufles à la tête des soldats pour les exterminer tous depuis le premier jusqu'au dernier. » A l'admiration des hommes de guerre se joignait l'applaudissement unanime et enthousiaste du grand public, dont l'imagination était particulièrement séduite par le caractère aventureux de l'entreprise et par la jeunesse du commandant. Quant à celui qui recevait ainsi les premières caresses de la gloire, caresses si douces, si enivrantes, surtout à l'aurore de la vie, il n'en avait pas la tête tournée; son rapport, sobrement écrit, évitait soigneusement toute mise en scène; le moi y était absent; la belle conduite des autres s'y trouvait seule mise en lumière. Ce qui faisait dire à la reine Marie-Amélie : « Je jouis plus encore de son humanité et de sa modestie que de son courage et de sa résolution, qui pourtant ont été jolis à vingt et un ans! » La réserve délicate et rare qui touchait le cœur de la pieuse mère charmait aussi le public et lui faisait prendre encore plus en gré l'heureux vainqueur. Beaucoup d'esprits, d'ailleurs, frappés de la promesse d'un pareil début, regardaient au delà du petit champ de bataille de Taguine. Leur patriotisme comprenait de quel intérêt il était pour la France qu'un si brillant capitaine se fût révélé, et à un tel âge, sur les marches du trône. Le lieutenant-colonel de Saint-Arnaud traduisait cette impression, quand il écrivait alors : « Il y a de l'avenir dans ce trait-là. » Malheureuse France! qu'a-t-elle fait de cet avenir?

XIII

Le général Bugeaud triomphait. « Nous venons de faire une campagne des plus heureuses », disait-il, le 27 juillet 1843, dans une lettre adressée à M. de Corcelle. Quelques jours auparavant, le 18, il écrivait au maréchal Soult : « Oui, la grosse guerre est finie, la conquête est assurée, le pays est dompté sur presque toute sa surface... Matériellement, Abd el-Kader est presque anéanti. » A Paris, on reconnaissait le progrès accompli, et le ministre de la guerre félicitait les commandants de l'armée d'Afrique du « pas immense » fait, grâce à leurs succès, « vers la pacification générale de l'Algérie ». Aussi des récompenses bien méritées furent-elles distribuées aux principaux artisans de ces succès. Le gouverneur général recevait, le 31 juillet, le bâton de maréchal. Auparavant, Changarnier, La Moricière et le duc d'Aumale avaient été promus au grade de lieutenant général, les deux premiers par ordonnances du 9 avril, le dernier à la date du 3 juillet.

Au moment même où la France recueillait avec bonheur le fruit de tant de glorieux efforts et se plaisait à en honorer les auteurs, l'un de ceux-ci, et non le moindre, le général Changarnier, allait, à la suite de regrettables incidents, s'éloigner de l'Algérie pour plusieurs années. Dès l'origine, les rapports entre lui et le général Bugeaud avaient été assez difficiles. Avec des qualités supérieures, Changarnier était, nous l'avons dit, de caractère peu commode et d'une confiance en soi qui ne le disposait pas à la déférence envers ses supérieurs hiérarchiques; ayant été tout sous le maréchal Valée, il n'avait pu dissimuler son déplaisir de voir arriver un chef sous lequel il redevenait un subordonné; justement fier de ses hauts faits, il s'était offusqué qu'un nouveau débarqué se donnât l'air de venir enseigner à tous la façon de combattre en Afrique. Le gouverneur, de son côté, rustique, brusque, impérieux, irascible, n'avait rien de ce qu'il fallait pour amadouer les natures ombrageuses; de plus, très jaloux de sa propre gloire, il était malheureusement trop disposé à croire qu'on voulait l'en frustrer au profit de ses lieutenants. Lors des premières présentations à Alger, en février 1841, des paroles aigres-douces avaient été échangées. Quelques mois après, le soir de « la bataille sous Miliana », Bugeaud avait appelé les chefs de corps dans sa tente, pour leur faire, suivant son usage, la critique des opérations du jour : au cours de ses observations, il fut amené à blâmer l'offensive trop précipitée de l'aile gauche, dont étaient le duc de Nemours et Changarnier. Le prince accueillit le blâme en silence, mais Changarnier se défendit avec aigreur. « Il y a des années que je fais la guerre, dit-il, et, pour mon métier, je crois bien le savoir. » — « Eh, monsieur, répondit le gouverneur, prompt aux coups de boutoir, le mulet du maréchal de Saxe a fait vingt campagnes, et il est toujours resté mulet. » Les relations, si mal commencées, parurent cependant s'améliorer en 1842. Le général Bugeaud, fort heureux des belles opérations de son lieutenant dans la région du Chélif, ne lui marchandait pas les éloges. « Je suis on ne peut plus satisfait, lui écrivait-il en juin, c'est comme cela que j'aime la guerre. » Quelques jours après : « On n'a réellement pas le temps d'apprendre le nom de toutes les tribus qui viennent à vous. Poursuivez cette belle volage qu'on nomme la fortune ; vous savez, mieux que qui que ce soit, que, pour la fixer, il faut la bien caresser. Modifiez comme vous l'entendrez les instructions que je vous ai données. » Au lendemain de la grande razzia du 1er juillet : « Je suis transporté de joie, c'est admirable ! » Nouvelles félicitations en octobre. Le gouverneur ne cachait pas aux autres le cas qu'il faisait des qualités militaires de Changarnier, de ce qu'il appelait « sa merveilleuse intelligence de la guerre ». Dans ses conversations avec le duc d'Aumale, il se plaisait parfois à classer ses lieutenants : il mettait Changarnier en tête, Bedeau ensuite, et enfin La Moricière qu'il ne prisait pas à sa vraie valeur. « Le premier, disait-il, c'est ce j... f... de Changarnier, méchant caractère, mauvais coucheur, mais rude soldat, le plus fort, le meilleur de tous mes généraux. Nous avons eu souvent maille à partir ; mais, si je le chéris médiocrement, je l'estime très haut ; je l'appelle le Montagnard ; il est le seul qui aborde la montagne de front comme moi, qui l'aime et qui y pénètre sans faire des détours. Les autres sont braves, sans doute, mais préfèrent la plaine, et multiplient les circuits. » La bonne harmonie de 1842 ne dura malheureusement pas entre le gouverneur et Changarnier. Dès les premiers mois de 1843, les rapports étaient de nouveau très tendus. Changarnier croyait voir chez Bugeaud « la volonté de plus en plus caractérisée de lui enlever le mérite de ses services », et il en ressentait une irritation qu'il ne prenait pas la peine de cacher. Le gouverneur trouvait son lieutenant irrespectueux et insubordonné. Les choses en vinrent au point que ce dernier demanda, en août, à quitter l'Algérie. Le maréchal appuya cette demande auprès du ministre, en exposant longuement tous ses griefs contre le général. « Sa conduite depuis qu'il est lieutenant général, écrivait-il, m'a prouvé que l'armée n'avait plus de bons services à attendre de lui, et que toute son ambition était d'aller se reposer en France... Pour mon compte, je suis heureux de me séparer de lui, et je pense qu'il ne laissera pas de regret dans l'armée. » De son côté, Changarnier se plaignait amèrement au maréchal Soult de « la haine violente » que lui témoignait le gouverneur. « Retirez-moi de ce pays, monsieur le maréchal, ajoutait-il, de ce pays qui m'a si bien traité, où j'ai passé de longues années laborieusement occupées, mais que les procédés de M. le gouverneur général me rendent odieux désormais. Mon excellente santé y succomberait infailliblement, moins à des fatigues incessantes qu'à des peines morales que je ne puis supporter. » Des deux parts, on le voit, le jugement était troublé. Changarnier fut rappelé. A son arrivée à Paris, le Roi et le ministre le reçurent très froidement; on jugeait qu'en tout cas il avait manqué à la discipline[1], et, sur la demande expresse qu'en avait faite le maréchal Bugeaud, aucun emploi ne lui fut donné. Cette disgrâce ne devait pas durer moins de quatre ans. Changarnier la supporta avec une fierté silencieuse, ne pardonnant pas, ne se repentant pas, mais dédaignant de récriminer. Triste épisode en vérité que ce conflit qui aboutissait à priver, pour

---

[1] Le Roi écrivait au maréchal Soult, le 30 septembre 1843 : « Il me paraît bien désirable de fortifier la hiérarchie et la subordination dans notre armée d'Afrique, et d'y décourager cet esprit d'opposition envers leurs supérieurs, de jalousie et de mauvais coucheurs, dont la correspondance que vous me communiquez ne cesse de donner de tristes exemples. » (*Documents inédits*.)

un temps, la France de l'épée d'un de ses plus vaillants capitaines. Qu'on ne nous demande pas de prolonger après coup cette querelle, en y appuyant et en y prenant parti. Un tel exemple n'était pas nécessaire pour nous rappeler que la petitesse humaine se fait souvent sa part chez les plus grandes âmes et au milieu des plus grandes actions. La conclusion à en tirer nous paraît être cette réflexion que l'on rencontre précisément dans une lettre adressée par Bugeaud à Changarnier, et dont il est fâcheux que tous deux ne se soient pas mieux inspirés : « Trouvons-nous souvent, écrivait le gouverneur, des hommes complets? Servons-nous donc de leurs qualités, quand elles l'emportent sur leurs défauts, et atténuons ceux-ci autant que nous le pouvons. »

XIV

Dans cette lettre du 18 juillet 1843, où il déclarait Abd el-Kader matériellement « presque anéanti », le gouverneur général avait eu soin d'ajouter : « Il lui reste encore son ascendant moral, et certainement il en usera souvent. Il ne peut plus rien faire de sérieux, mais il nous tracassera, tantôt sur un point, tantôt sur un autre. Il n'abandonnera la partie que quand il ne lui restera ni un soldat, ni un écu, ni une mesure d'orge. » La prévision était juste. Pendant la seconde moitié de 1843, l'émir nous tint sans cesse en alerte, dans le sud et le sud-ouest de la province d'Oran. Hors d'état désormais de réunir des forces considérables, il ne s'attaquait pas aux troupes françaises, mais, se glissant entre elles, il fondait à l'improviste sur les tribus soumises, pour les soulever ou les piller. Nos colonnes accouraient partout où l'ennemi était signalé, et parfois parvenaient à le joindre; dans ce cas, elles le maltraitaient fort, sans pouvoir mettre la main sur l'insaisissable émir qui trouvait toujours, au dernier moment, le moyen de leur échapper. A Paris, on s'étonnait que tant de soldats en mouvement ne pussent prendre un homme. « Comment imaginez-vous, répondait le maréchal Bugeaud, que, par des manœuvres sur un théâtre sans bornes, on puisse entourer un ennemi qui fuit toujours? Et, fût-il même stratégiquement entouré, comment espérer prendre dans ses filets un cavalier agile qui peut, en quelques heures, franchir de très grandes distances et se dérober à nos colonnes, quelque multipliées qu'elles soient? Abd el-Kader peut être pris ou tué dans un combat; mais cela est du ressort des éventualités très incertaines de la guerre, et ce serait une grande folie que d'y compter... Suivant toute probabilité, il se réfugiera dans le Maroc, et c'est une extrémité à laquelle il faut s'attendre [1]. » Le gouverneur ne négligeait cependant rien pour augmenter encore la rapidité de ses troupes; il organisait des bataillons d'infanterie montée sur des mulets ou des chameaux, afin d'atteindre plus facilement les nomades du désert, dernière réserve d'Abd el-Kader; en outre, pour être mieux à portée d'agir sur cette région du sud oranais où se débattait l'émir, La Moricière fondait de nouveaux postes : c'étaient, sur la ligne centrale, Sidi-bel-Abbès, à moitié chemin entre Mascara et Tlemcen; et, sur la troisième ligne, à l'entrée des hauts plateaux, entre Tiaret et la frontière du Maroc, Sidi-Djelali-ben-Amar, Ouizert, Saïda et Sebdou.

Si indomptable que fût ce « Jugurtha renforcé », comme l'appelait le maréchal Bugeaud, chaque échec que nous lui infligions le laissait un peu plus faible et plus dénué. Enfin, le 11 novembre 1843, le général Tempoure, parti de Mascara, surprit et détruisit complètement, près de Sidi-Yaya, à l'ouest de Saïda, ce qui restait des réguliers arabes. Ben-Allal, le principal lieutenant et le conseiller le plus intime de l'émir, fut tué dans ce combat. Cette fois, le coup était décisif. Abd el-Kader, à bout de forces, fut obligé de se réfugier, avec sa deïra (on appelait de ce nom les débris de son ancienne smala),

---

[1] Lettre à M. de Corcelle, en date du 29 décembre 1843. (*Documents inédits.*)

dans des territoires incertains entre l'ancienne régence et le Maroc; il n'avait plus qu'un espoir, c'était d'obtenir ouvertement ou secrètement l'appui de cet empire. Le gouverneur général faisait donc un tableau exact de la « situation militaire », quand il écrivait, le 29 décembre 1843 : « Des frontières de Tunis à celles du Maroc, partout où la puissance d'Abd el-Kader s'était établie, nous y avons substitué la nôtre, et cela s'applique non seulement au Tell, mais au petit désert. Nous avons chassé notre ennemi de tous les points de cet immense territoire où nous régnons en maîtres. Nous lui avons enlevé toute espèce d'impôt et de recrutement, d'un bout de son empire à l'autre. Nous avons détruit à peu près les seules forces organisées avec lesquelles il s'efforçait encore de soutenir la lutte. Nous l'avons enfin rejeté jusque sur la frontière du Maroc [1]. »

Si bas que fût la fortune d'Abd el-Kader, il n'en continuait pas moins à tenir la tête très haute. En janvier 1844, l'interprète Roches, qui connaissait l'émir pour avoir séjourné auprès de lui, à Mascara, après le traité de la Tafna, lui fit offrir secrètement, par ordre du gouverneur, de se retirer en terre sainte, à la Mecque, avec des honneurs et une large pension servie par la France. L'émir refusa fièrement. « Comment, répondit-il à M. Roches, toi qui es comme mon fils et qui, dans cette démarche, te dis guidé par une amitié sincère, comment as-tu pu penser que j'accepterais, comme une grâce, un refuge qu'il est à ma disposition d'atteindre avec mes propres forces et avec le secours des fidèles qui restent encore autour de moi? Que le Français ne méprise pas ma faiblesse, car le moucheron peut aveugler le lion. Qu'il ne s'enorgueillisse pas de sa force, car, après les succès, on doit redouter les plus grands échecs. Je connais parfaitement ma religion, et je sais très bien qu'une heure passée à combattre l'infidèle est préférable pour mon salut à soixante-dix ans passés à la Mecque. Tu me prédis qu'il pourrait bien m'arriver une fin semblable à celle de mon frère

---

[1] Lettre à M. de Corcelle.

et de mon ami Sidi-Mohammed-ben-Allal. Mais, loin de redouter cette fin, je la demande à Dieu, tôt ou tard, pour moi et pour tous les musulmans. »

XV

A mesure que la conquête avançait, d'autres tâches s'imposaient au gouverneur général. Lui-même énumérait ainsi, dans ce qu'il appelait « leur ordre naturel », les trois problèmes à résoudre en Algérie : « 1° vaincre les Arabes; 2° organiser et administrer le peuple conquis; 3° procéder à l'utilisation de la conquête par l'implantation sur le sol d'une force colonisatrice vigoureusement constituée[1]. » Il s'était d'abord à peu près exclusivement attaché à résoudre le premier de ces problèmes. Sa conviction très arrêtée et très réfléchie avait toujours été qu'il fallait, avant tout, en finir avec la conquête, et en finir très vite, de peur d'être surpris, au milieu de cette entreprise, par quelque crise européenne du genre de celle qu'on venait de traverser en 1840. « Vous me conseillez de laisser faire la guerre et de gouverner, écrivait-il à M. de Corcelle, le 11 décembre 1841. Je vous réponds à tous que je vais au plus pressé, au plus important, et que, quand le feu sera à mon grenier, je ne resterai pas à la cuisine pour voir si la volaille est bien embrochée[2]. » A la fin de 1843 et au commencement de 1844, il n'avait plus les mêmes raisons de ne pas s'occuper de « gouverner », puisqu'il proclamait la conquête accomplie. Aussi le voyons-nous alors employer les loisirs que lui laissait l'accalmie militaire à régler tout ce qui regardait l'administration des indigènes; c'était le second des trois problèmes.

Tant qu'il avait eu à combattre les Arabes, le gouverneur avait employé contre eux tous les moyens qui lui paraissaient

---

[1] Lettre du 29 décembre 1843 à M. de Corcelle. (*Documents inédits.*)
[2] *Documents inédits.*

nécessaires, si rigoureux fussent-ils, et sans se laisser arrêter par aucune sensiblerie philanthropique. Mais ces Arabes une fois vaincus, il fut le plus résolu à empêcher qu'on ne les maltraitât, ce que presque tous les colons étaient fort disposés à faire. « Après la conquête, écrivait-il dans une circulaire justement célèbre[1], le premier devoir comme le premier intérêt du conquérant est de bien gouverner le peuple vaincu; la politique et l'humanité le lui commandent également... Nous avons fait sentir notre force et notre puissance aux tribus de l'Algérie; il faut leur faire connaître notre bonté et notre justice, leur faire préférer notre gouvernement à celui du Turc et à celui d'Abd el-Kader. » Comment obtenir ce résultat si noblement défini? On se trouvait en face d'une population trop nombreuse pour être absorbée; trop séparée de nous par son état religieux, social, économique, pour qu'on espérât une assimilation complète et prompte; trop hostile et trop redoutable, pour qu'on la laissât absolument à elle-même. Le gouverneur s'arrêta à ce double parti : d'une part, conserver les cadres traditionnels de la société arabe, la constitution intérieure de la tribu, son administration autonome, la hiérarchie de ses chefs, sauf à moraliser ceux-ci par notre exemple et par notre surveillance, ou à changer les personnes si l'on ne pouvait compter sur leur fidélité; d'autre part, réserver à la France, au-dessus de cette organisation indigène, comme signe toujours présent de la conquête, les prérogatives de la souveraineté politique, le droit de guerre, le droit d'impôt, certains droits de justice, la désignation des chefs, et, en même temps, créer auprès des tribus une influence française, non en vue de supplanter les influences indigènes, mais afin de les contrôler et de les diriger. Ce fut pour assurer l'exercice de ces droits et de cette influence que le gouverneur jugea nécessaire de développer les bureaux arabes, de régler leur organisation et leurs attributions.

Déjà nous avons signalé, en 1833, la création du premier

---

[1] Circulaire du 17 septembre 1844.

de ces bureaux[1] ; nous avons mis en lumière par quel expédient ingénieux, pour corriger l'arbitraire instable du commandement militaire, sans établir une administration civile qui eût été impuissante et méprisée, on imagina de demander à certains officiers de se faire administrateurs. Le germe ainsi semé subit, depuis lors, dans son développement, plus d'une vicissitude, tantôt soigneusement cultivé, tantôt systématiquement contrarié, conséquences des changements et des incertitudes de direction dont l'entreprise algérienne avait si longtemps souffert. Supprimée complètement, en 1839, par le maréchal Valée, la direction des affaires arabes fut rétablie, en 1841, par le général Bugeaud, et, les années suivantes, en 1842 et 1843, le général de La Moricière, comme presque toujours initiateur habile, organisa fort bien, dans sa province d'Oran, avec le concours d'officiers très compétents, MM. Daumas, de Martimprey, Bosquet, de Barral, Charras, tout le service des affaires arabes. Ce fut en s'aidant de cette expérience que le maréchal Bugeaud prépara l'ordonnance royale du 1er février 1844, véritable charte constitutive des bureaux arabes. Elle instituait, sous l'autorité des commandants militaires, une direction des affaires arabes dans chacune des trois provinces et un bureau arabe dans chaque subdivision ou cercle. La direction d'Alger avait le titre de direction centrale. En exécution de cette ordonnance, un arrêté du gouverneur général établit huit bureaux dans la province d'Alger et quatre dans chacune des deux autres provinces. Des instructions, marquées au coin du bon sens élevé et pratique qui distinguait le gouverneur, furent adressées aux officiers chargés de ces services. De plus, le lieutenant-colonel Daumas, premier directeur central, rédigea un code succinct, contenant les principales mesures administratives et judiciaires, applicables aux tribus suivant les lieux et les circonstances.

Cette institution des bureaux arabes, bien appropriée à l'époque de transition où se trouvait l'Algérie, devait se

---

[1] Cf. plus haut, t. III, ch. x, § v.

développer encore dans les années qui suivirent. Son influence a été considérable et, en dépit de quelques abus, bienfaisante. De nombreux officiers se sont donnés et adaptés à cette tâche ardue et souvent ingrate, avec beaucoup de zèle et de persévérance, d'intelligence et de souplesse, apprenant à manier les indigènes, acquérant sur eux un véritable prestige, se familiarisant avec leur langue, leurs mœurs et leurs lois. C'est par eux que la France est parvenue à voir clair dans cette société arabe qui lui était d'abord si fermée. Par eux s'est établie, dans le gouvernement et l'administration des tribus, en dépit de la mobilité inévitable du commandement militaire, une tradition fixe et persistante. Par eux, en un mot, la conquête a été définitivement affermie, et le peuple vaincu est devenu un peuple soumis.

Il resterait maintenant, ce semble, à parler du problème que le maréchal Bugeaud classait le troisième, par ordre chronologique, non par rang d'importance, du problème de la colonisation. Mais pour faire l'exposé des systèmes essayés ou proposés et l'examen des résultats obtenus, nous préférons attendre : en 1845, et surtout en 1846 et 1847, ces questions occuperont davantage le gouvernement et l'opinion. De 1841 à 1844, on avait peu fait pour l'introduction d'une population européenne en Algérie. Le gouverneur général, tout en se proclamant « colonisateur ardent », n'avait guère de goût pour les colons civils; et surtout il s'était montré fort résolu à ne pas embarrasser son action militaire, en laissant ces colons s'introduire prématurément dans un pays encore peu sûr, où il eût fallu immobiliser des troupes pour les protéger. Cependant, à mesure qu'une région était pacifiée, il ne se refusait pas à y appeler les émigrés de la métropole et à leur offrir des concessions. Aussi, à la fin de 1843, comptait-on vingt-deux villages, établis principalement autour d'Alger, dans le Sahel; seize autres se trouvaient en préparation. C'était encore bien modeste, et que de mécomptes nous réservaient ces créations tout administratives! Dans les villes, les progrès étaient moins lents. Alger prenait de plus en plus l'aspect d'une cité européenne avec le mouvement d'une capitale. Les autres villes, occupées ou créées par nous sur la côte ou dans l'intérieur, voyaient accourir, à la suite des soldats, toute une population, composée en grande partie, il est vrai, de cabaretiers et de *mercanti* dont la moralité n'était pas faite pour dissiper les préventions du gouverneur contre l'élément civil. Ainsi le chiffre des Européens, qui était de 23,000 à la fin de 1840, s'était élevé à 65,000 vers la fin de 1843 ; il sera de 95,000 à la fin de 1845. Progression rapide, trop rapide même aux yeux du maréchal Bugeaud. Toute cette population était en mouvement et même circulait librement d'une ville à l'autre. Dans un intérêt stratégique, l'armée avait créé, en deux ans, plus de trois cent cinquante lieues de routes dont le commerce profitait. Des services de voitures publiques étaient organisés d'Alger à Médéa, de Mostaganem à Oran, à Mascara, à Tlemcen, de Mascara à Tiaret.

Rien mieux que cette sécurité, et l'activité pacifique qui en était la suite et la preuve, ne permettait de mesurer le progrès accompli. Le maréchal Bugeaud ne manquait pas une occasion de mettre en lumière une si complète transformation. Il écrivait, le 27 octobre 1843, à M. Guizot : « Vous me direz peut-être que je vous parle presque uniquement de la guerre. Ah! c'est que la bonne guerre fait tout marcher à sa suite. Vous seriez de cet avis, si vous pouviez voir la fourmilière d'Européens qui s'agite en tous sens, d'Alger à Miliana et Médéa, de Ténez à Orléansville, de Mostaganem à Mascara, d'Oran à Tlemcen. Le premier agent de la colonisation et de tous les progrès, c'est la domination et la sécurité qu'elle produit. Que pouvait-on faire, quand on ne pouvait aller à une lieue de nos places de la côte sans une puissante escorte? On ne voyageait, on ne transportait que deux ou trois fois par mois. Aujourd'hui, c'est à toute heure de jour et de nuit, isolément et sans armes. Aussi le mouvement correspond à la confiance; les hommes et les capitaux ont cessé d'être timides, les constructions pullulent; le commerce prospère; nos revenus grandissent. La charrue ne peut aller, comme le voudraient les journalistes, de front avec l'épée ; celle-ci doit marcher vite, et la colonisation est lente de sa nature. Elle va, je crois, aussi vite qu'elle peut aller, avec les moyens dont nous disposons jusqu'à ce jour ; elle pourra accélérer le pas à présent. »

XVI

Depuis que le général Bugeaud a mis le pied sur la terre d'Afrique, au mois de février 1841, nous l'y avons vu déployer une telle activité, que, tout occupés à le suivre, nous n'avons pas, un seul moment, détourné notre attention de ce théâtre. Avons-nous donc oublié que le sort de l'Algérie ne se décidait pas seulement sur place, qu'il dépendait aussi d'une lutte engagée sur un tout autre terrain, en France, dans le parlement, et que là notre colonie naissante était habituée à rencontrer des adversaires non moins redoutables que les Arabes ? Nous ne l'avons pas oublié : mais le gouverneur général avait si bien pris possession de toute l'initiative, il avait tellement tout attiré à soi et tout fait partir de soi, qu'à vrai dire, dans cette entreprise, le parlement ne dirigeait plus, il suivait. Pour s'en rendre compte, il suffit de jeter un rapide regard sur les débats auxquels les affaires algériennes donnaient lieu, chaque année, dans la Chambre des députés, à l'occasion des crédits supplémentaires, et particulièrement sur les rapports que faisaient les commissions chargées d'examiner ces crédits [1].

Au commencement de 1841, avant que le général Bugeaud eût encore pu agir, les adversaires de l'Algérie avaient le verbe haut à la tribune et ne craignaient pas d'y parler d'évacuation ; si la commission des crédits, dans son rapport, n'était pas allée jusque-là, elle se refusait du moins à tout ce qui eût impliqué un projet d'occupation permanente dans l'intérieur des terres ; quant au ministère, il ne croyait pas pouvoir lutter de front contre

---

[1] Cf. séances des 14 et 15 avril 1841, des 4 et 5 avril 1842, des 23, 24 et 25 mai 1843, des 5 et 6 juin 1844.

cette commission, et il n'obtenait le vote des crédits contestés qu'en déclarant la question de l'étendue et du caractère de l'occupation absolument réservée. Mais les années suivantes, à mesure qu'en Afrique la conquête se développe et s'affermit, un changement se produit à Paris, par contre-coup, dans l'attitude du ministère et dans celle de la commission des crédits. Le ministère ose dire ce qu'il veut ; en 1842, il parle d'occuper certains postes ; en 1843, il allonge la liste de ces postes, sans dépasser encore la seconde ligne, celle de l'intérieur du Tell ; en 1844, il fait un pas de plus, avoue et défend les établissements fondés sur la limite du petit désert. Les commissions, de leur côté, si peu favorables qu'elles soient par tradition à l'Algérie, sont obligées de rendre hommage au gouverneur général et à ses succès, hommage visiblement contraint et maussade en 1842, plus chaleureux en 1843 et en 1844; forcées également d'accepter le fait accompli des occupations, elles voudraient sans doute le limiter; chaque fois, elles tâchent d'obtenir qu'on s'arrête où l'on est, ou tout au moins qu'on aille moins vite; mais elles ne sont pas de force à lutter contre l'impulsion victorieuse partie de l'Algérie, et lorsqu'elles proposent une réduction de crédits, en 1842 comme en 1844, la Chambre, visiblement pressée par l'opinion, leur donne tort.

Tout occupé qu'il fût de ce qui se passait sous ses yeux en Afrique, le général Bugeaud suivait de loin, avec une attention passionnée, les péripéties de la question algérienne en France. Il ne se contentait pas d'y exercer une action indirecte, mais décisive, par ses succès mêmes, qui enhardissaient les partisans de la colonie, décidaient les hésitants, désarmaient ou discréditaient les adversaires. Il prétendait y intervenir d'une façon plus directe ; comme l'a dit M. Guizot, « il se croyait engagé, à la fois, sur deux champs de bataille, sur celui de la discussion publique à la tribune ou dans la presse, en France, aussi bien que sur celui de la guerre, en Afrique, et il voulait, en toute occasion, faire acte de présence et de vaillance sur les deux ».

Tout d'abord, il se préoccupe d'éclairer le ministère, de le stimuler, au besoin même de le redresser. C'est avec M. Guizot qu'il est le plus en confiance et s'épanche le plus volontiers. C'est sur lui qu'il compte pour être son avocat dans le conseil des ministres et auprès du Roi[1]. Dès la fin de 1841, il échangeait avec lui de longues lettres où les diverses faces du problème algérien étaient examinées. Ayant cru remarquer chez le ministre quelques doutes sur la possibilité d'obtenir « la soumission complète des Arabes », il les relève aussitôt. « Je suis assuré de cette soumission, dit-il, pourvu que nous sachions persévérer. » La correspondance continue les années suivantes. M. Guizot était tout disposé à seconder l'homme qu'il avait fait appeler à la tête de l'Algérie. « J'ai joui de vos succès auxquels j'avais cru d'avance, parce que j'ai confiance en vous, lui écrit-il le 20 septembre 1842. Je vous ai soutenu dans le conseil et ailleurs, toutes les fois que l'occasion s'en est présentée. Tenez pour certain que mon amitié vous est acquise, que je vous la garderai fidèlement et que je serai toujours charmé de vous la prouver. » Et le général Bugeaud lui répond, le 18 octobre : « Oui, je compte sur vous, de loin comme de près, et je m'honore de l'amitié dont vous me donnez l'assurance. »

Avec d'autres membres du cabinet, particulièrement avec le ministre de la guerre, le gouverneur général était loin d'entretenir des relations aussi cordiales. Il croyait le maréchal Soult hostile à sa personne et froid pour l'Algérie, mettait à sa charge les mauvaises volontés, souvent trop réelles, des bureaux de la guerre, se plaignait qu'il le défendît mollement devant la Chambre et ne lui accordât pas les récompenses auxquelles avaient droit ses officiers ou ses soldats, se figurait même parfois qu'il voulait le dégoûter de son poste et qu'il lui avait, sous main, préparé quelque successeur. L'imagination facilement inquiète du gouverneur l'égarait. Si le maréchal Soult, comme beaucoup d'autres, n'avait que tardivement pris goût

---

[1] Sur la correspondance du général Bugeaud avec M. Guizot, voyez les *Mémoires* de ce dernier, t. VI, p. 387 et suiv., et t. VII, p. 135 et suiv.

à notre entreprise en Afrique, il s'en occupait maintenant avec intérêt et était sérieusement décidé à la faire réussir, en poussant la conquête avec vigueur [1] ; seulement, il redoutait les difficultés parlementaires dont il se tirait mal, et, sans rien abandonner du fond, il n'était pas disposé à braver les préjugés de la Chambre et à brusquer ses hésitations, autant que l'eût désiré le général Bugeaud. Loin de vouloir écarter ce dernier, il appréciait sa façon de mener la guerre et se félicitait de ses succès; seulement, il eût aimé à y avoir plus de part; il eût désiré que sa direction supérieure fût à la fois plus réelle et plus visible; il était offusqué de l'indépendance ombrageuse, de l'humeur absolue, de l'importance gênante de ce prétendu subordonné qui se conduisait à peu près comme s'il avait reçu d'avance une sorte de blanc-seing, et qui ne paraissait reconnaître à son supérieur hiérarchique d'autre rôle que de lui fournir les moyens d'action nécessaires ou de le couvrir devant le parlement. Depuis si longtemps habitué à être un personnage considérable et illustre, maréchal de France dès 1804, il avait peine à se laisser ainsi effacer par celui qui, à cette date, n'était encore qu'un obscur vélite de la garde impériale.

Ces dispositions réciproques amenèrent plus d'un froissement entre deux hommes également susceptibles, et dont aucun n'avait reçu, de son éducation première, ce tact, ce savoir-vivre qui apprend à ménager les susceptibilités d'autrui. En 1842, divers indices donnèrent à penser au gouverneur général qu'il était question de réduire l'effectif de l'armée d'Afrique : cet effectif, notablement supérieur au chiffre autorisé par la loi de finances, avait fourni prétexte à beaucoup de critiques, de la part des députés comme des journaux, et le ministre de la guerre, ennuyé de ces critiques, avait invité le gouverneur à se restreindre au strict nécessaire. Fort ému, le

---

[1] Lors de l'envoi du général Bugeaud en Algérie, il lui avait donné les instructions suivantes : « Prendre une offensive hardie; faire une guerre énergique, poussée à fond, en vue d'amener l'entière soumission des Arabes et de préparer les voies à la colonisation qui, seule, après la conquête, peut nous maintenir en possession du territoire soumis par nos armes. »

général Bugeaud ne se contenta pas d'adresser confidentiellement au gouvernement des observations du reste très fortes et très fondées; il en appela à l'opinion, par une brochure signée de son nom, où il combattait vivement toute idée de réduction. Le maréchal Soult, choqué de cette opposition publique faite par son subordonné à un dessein que celui-ci lui supposait, manifesta son mécontentement. Le général Bugeaud, à son tour, surpris et blessé de ce blâme, ne parut pas comprendre l'incorrection de sa conduite. Dans cet incident, c'était le général Bugeaud qui avait manqué de déférence envers le maréchal Soult; d'autres fois, c'était le maréchal qui manquait d'égards envers le général; témoin ce qui se passa lors de l'élévation de ce dernier au maréchalat, en 1843. Contrairement aux promesses faites, cette élévation subit des retards qui irritèrent le gouverneur à ce point qu'il menaça de donner sa démission; de plus, lorsque la nomination fut faite, le ministre de la guerre, par maladresse ou par rudesse hautaine, annonça au nouveau dignitaire qu'une « condition » y était mise, c'était qu'il exerçât encore ses fonctions en Algérie pendant un an. Le mot de « condition » fit bondir Bugeaud, qui répondit au ministre en termes pleins d'amertume. Dans ces regrettables conflits, M. Guizot intervenait généralement comme pacificateur, pansant les blessures respectives, mais sans pouvoir corriger les caractères.

Le gouverneur général ne se préoccupait pas seulement des dispositions des ministres; il s'inquiétait aussi de vaincre ou de prévenir les résistances et les hésitations de la Chambre. Tous les moyens d'action que les circonstances lui offraient pour atteindre ce but, il les saisissait avec empressement. Au printemps de 1841, un député de la gauche, d'esprit droit et éclairé, M. de Corcelle, avait entrepris, avec deux de ses amis, M. de Tocqueville et M. de Beaumont, un voyage d'étude en Algérie. M. de Tocqueville étant tombé malade et M. de Beaumont étant resté avec lui pour le soigner, M. de Corcelle se trouva seul accompagner le général Bugeaud, dans sa première expédition contre Mascara, assistant à ses combats et campant à ses côtés. Un rapprochement s'opéra ainsi entre deux hommes que la politique avait jusqu'alors séparés ; le député se prit d'admiration pour le général ; le général donna son estime au député[1]. On ne s'en tint pas là. Une correspondance assidue fit suite aux conversations du bivouac. Le gouverneur trouvait en M. de Corcelle, qui avait, à défaut d'influence, une grande considération dans son parti, un utile intermédiaire auprès de ce monde de la gauche où il avait personnellement peu d'accès. Il recevait par lui d'utiles informations sur les dispositions des députés. En outre, toutes les fois qu'il avait quelque vérité à mettre en lumière, quelque prévention à dissiper, quelque erreur à redresser, il lui écrivait longuement, prenant au besoin pour cela sur ses nuits ; il savait que sa lettre serait fidèlement communiquée et commentée ; c'était sa façon de prendre part à ces conversations de couloirs qui ont parfois autant d'action sur les votes que les discussions en séance publique.

Telle cependant que nous connaissons la nature du général Bugeaud, il ne pouvait pas se contenter de ces moyens discrets, de cette propagande à voix basse. A défaut de la tribune, où sa présence obligatoire en Algérie ne lui permettait plus de monter, il usait fréquemment, impétueusement, de la presse, non par l'entremise d'écrivains officieux, mais par lui-même, montrant ainsi qu'il avait le tempérament d'un de ces journalistes dont il disait volontiers tant de mal. Que de fois les feuilles d'Alger publiaient des notes ou même de longs articles de polémique qu'il avait écrits ou dictés dans son cabinet ou sous sa tente, et dont non seulement les idées, mais le tour trahissait l'auteur[2] ! Parfois même, il ne prenait pas la

---

[1] Quelque temps après, le général Bugeaud écrivait à M. de Corcelle : « Votre lettre m'a renforcé dans l'opinion que vous êtes bien l'homme le plus loyal et le plus généreux qu'il y ait au monde. » (*Documents inédits.*)

[2] Lisez, par exemple, dans le *Moniteur algérien* du 25 décembre 1843, un article de trois colonnes, signé : *Un touriste*. C'est la prétendue conversation du « touriste » avec un officier qui lui démontre comment la guerre était nécessaire et comment elle n'avait pu se faire qu'avec des razzias. Le touriste était arrivé plein de préventions contre « ces barbares razzias, condamnées par tous les philanthropes et par toutes les âmes sensibles en France ». L'officier lui

peine de se masquer pour descendre dans cette arène où les personnages de son importance hésitent d'ordinaire à se commettre ; il s'y jetait à visage découvert, tout entier aux entraînements, aux emportements de sa nature batailleuse. Ce genre de lutte ne lui était pas sain ; il n'y gardait pas le sang-froid qui faisait sa force sur les vrais champs de bataille. Trouve-t-il, dans le *Siècle,* la lettre d'un député qui critique la façon dont sont dirigées les affaires algériennes ; aussitôt il prend feu et envoie au journal une réplique véhémente, trop véhémente, il devait le reconnaître lui-même. « Je le confesse, — écrit-il à ce propos à M. de Corcelle qui lui avait adressé d'amicales représentations, — je n'ai pas été assez modéré. Que voulez-vous ? j'ai les défauts de mes qualités ; j'ai l'âme trop vive[1]. »

répond : « Qu'est-ce que la guerre en Europe et partout ? N'est-ce que la destruction des armées belligérantes ? Non, c'est aussi une attaque aux intérêts des peuples... On s'empare des grandes villes, des centres de population et de commerce, de la navigation des fleuves et des grandes routes ; à la première guerre, on s'emparera des chemins de fer. C'est en mettant la main sur tous ces grands intérêts que l'on fait capituler les nations et qu'on fait la guerre. Avions-nous des intérêts semblables à saisir en Afrique ? Les villes, fort clairsemées, ne sont que de misérables bourgades dont les habitants sont étrangers au peuple arabe, qui les méprise ; point de routes, point de navigation, point de capitale, point de centre enfin... L'intérêt agricole, que l'on néglige en Europe, est le seul vraiment que l'on puisse blesser en Afrique. Il y est plus difficile à saisir que partout ailleurs ; car on ne trouve, chez les Arabes du moins, ni villages ni fermes ; ce peuple vit sous la tente, et toutes ses richesses mobilières peuvent être transportées par les bêtes de somme dont il dispose... Dès que nos colonnes se mettaient en mouvement, le vide s'opérait devant nous : les villages se chargeaient sur les chameaux, les mulets, les bœufs, et fuyaient avec les femmes et les enfants... Il nous a fallu longtemps pour agir de manière à atteindre les populations fugitives. Nous l'avons pu enfin, et, de ce moment, vous avez vu commencer et progresser la pacification. C'est donc à la razzia, qui vous faisait horreur, que nous devons tous nos progrès, particulièrement cette sécurité qui vous a permis de visiter si paisiblement une grande partie de l'Algérie. » Suivait une comparaison entre la razzia algérienne et le bombardement européen, tout à l'avantage de la première, présentée comme beaucoup moins cruelle. Naturellement, le touriste finit par se déclarer convaincu et un peu honteux des critiques qu'il avait faites. « Je fis des excuses à l'officier, dit-il, et lui promis que la loyauté et l'humanité de l'armée d'Afrique n'auraient pas de plus ardent défenseur que moi. » — Peu après, le 28 avril 1844, le maréchal Bugeaud écrivait à M. de Corcelle : « Je ne puis pas me résoudre à ménager la sottise de nos philanthropes ; je leur ai prouvé, dans le *Moniteur algérien* du 25 décembre, que la razzia était un moyen de guerre indispensable... S'ils ne veulent pas me comprendre, tant pis pour eux, car cela prouve qu'ils sont des sots. » (*Documents inédits.*)

[1] Lettre du 27 juillet 1843. (*Documents inédits.*)

Plus d'une fois, il aura à faire une confession semblable, et toujours il donnera la même explication, invoquera la même excuse : « J'avoue, écrira-t-il plus tard, que je suis très impressionnable aux injustices. Mon humeur militante me fait riposter à l'instant même. Quand j'ai le sentiment d'avoir bien fait et que je me vois jugé faussement, à de grandes distances, je ne suis pas toujours maître de mes mouvements... C'est cette ardeur de caractère et de tempérament qui m'a fait triompher des Arabes. Je ne leur ai jamais permis de mordre impunément ma queue et mes flancs. Mais je conviens que, dans les relations sociales et parlementaires, il ne faut pas agir toujours ainsi [1]. » Il en convenait, mais ne s'amendait pas.

A la vérité, la presse, qui depuis longtemps était en mauvais termes avec lui, semblait avoir pris à tâche de piquer sans cesse ce taureau si facile à exciter. Elle affectait de ne pas croire aux succès obtenus, se scandalisait des procédés employés, et, toutes les fois qu'il y avait un léger échec, un retour offensif de l'émir, elle semblait se plaire à les grossir, à en tirer argument pour inquiéter et décourager l'opinion. Quant au gouverneur, oubliant qu'un grand esprit, dans une grande situation, doit savoir distinguer les choses importantes des secondaires, ne s'attacher qu'aux premières et ne pas s'embarrasser des autres, il ne pouvait prendre sur lui de dédaigner ces attaques, si misérables qu'elles fussent. Il y ripostait souvent, en souffrait toujours. Singulier état d'esprit : nul homme n'a plus méprisé la presse, et nul ne s'est plus inquiété d'elle. Un soir, causant avec quelques intimes : « Vous tous, mes amis, leur dit-il, vous me croyez très heureux. Je devrais l'être en effet, et, cependant, je ne le suis pas. Ces maudits journaux empoisonnent mon existence; ils me calomnient, dénaturent mes actes, changent le bien en mal. Je sais bien que l'on me dira que j'ai grand tort de me chagriner de pareilles criailleries : mais empêcheriez-vous le lion piqué par

---

[1] Lettres du 8 juillet et du 28 septembre 1845. (*Documents inédits.*)

un moucheron de rugir? On ne commencera à me connaître, à m'apprécier, que lorsque je ne serai plus[1]. » Tel était le trouble douloureux où il était ainsi jeté que, par moments, des tentations de découragement lui traversaient l'esprit. Au printemps de 1844, à l'heure de son plus grand succès et de son plus grand prestige, il se figure, sur on ne sait quel bruit de presse ou de coulisses parlementaires, qu'il se forme contre lui toute une conspiration d'injustice et d'ingratitude. A quoi bon rester plus longtemps en Afrique? se demande-t-il en écrivant à son confident M. de Corcelle; et il continue en ces termes : « N'ayant plus à redouter le feu des Arabes, j'y serai sous les feux croisés de toutes les idées fausses, de tous les préjugés, de toutes les critiques de France. Il en serait de ceci comme il en a été de la majorité à la Chambre des députés. Tant que l'émeute a grondé, on s'est rallié autour de Casimir Périer et du ministère du 11 octobre; dès que la situation a été plus calme, on s'est divisé et on a attaqué. Je puis quitter à présent, avec la plus grande somme de gloire qu'il soit possible d'obtenir en ce siècle. J'ai vaincu et soumis les Arabes; j'ai refoulé Abd el-Kader dans un petit coin montagneux sur la frontière du Maroc; j'ai mis en mouvement la colonisation; j'ai inspiré une confiance qui a fait arriver de la population et des capitaux; j'ai triplé le revenu en trois ans; j'ai fondé le système de guerre et d'occupation qui est aujourd'hui dans la conviction de toute l'armée; j'ai organisé l'administration des Arabes qui se laissent gouverner aujourd'hui mieux que les Européens. Que me resterait-il donc à faire qui valût cela! Vous voyez que je dois quitter sans regret aucun. Je ne me plaindrai même pas que l'on garde certaines ordonnances pour le joyeux avènement d'un jeune prince que j'aime et que j'estime. Rentré en France, j'y servirai mieux peut-être la cause d'Afrique qu'en restant ici. On me croira un peu mieux, parce

---

[1] Cette conversation a été rapportée par M. Lapasset, qui y assistait. (*Le Maréchal Bugeaud*, par M. D'IDEVILLE, t. III, p. 46 et 47.)

que je ne serai plus orfèvre, et je pourrai, j'espère, faire adopter quelques idées justes, ce qui jusqu'ici a été fort difficile[1]. »

XVII

Est-ce donc sur cette doléance amère et découragée qu'il nous faut quitter le maréchal, en 1844, au terme de la première phase de son commandement? Ce serait, à notre tour, donner à des incidents secondaires une importance exagérée et commettre ainsi la faute que nous reprochions tout à l'heure au gouverneur. Si vives qu'elles fussent, ces bouffées de tristesse ou de colère étaient passagères et traversaient son imagination, plutôt qu'elles ne pénétraient au fond de son âme. Il eût été fort désagréablement surpris, si on l'avait pris au mot et si on lui avait désigné un successeur. Le sentiment qui dominait alors chez lui et qui se trahissait au milieu même de ses plaintes, c'était la satisfaction de l'œuvre accomplie, la conscience de la gloire acquise. Rien de plus légitime que ce sentiment. En effet, les résultats obtenus, dont on pouvait mesurer l'importance en comparant l'Algérie de 1844 et celle de 1840, ces résultats étaient vraiment son œuvre. Partout apparaissaient sa pensée, sa volonté, sa main. Sans doute il a été secondé. Son armée a été à la hauteur de sa tâche; mais c'est lui qui lui a donné confiance, a exalté son énergie et l'a rendue capable d'efforts que d'autres n'auraient pas obtenus. Certaines idées heureuses lui ont été suggérées par ses lieutenants; beaucoup des victoires ont été remportées par eux; mais c'est lui qui, de toutes les idées, — soit qu'elles fussent tirées de son fonds, soit qu'elles fussent empruntées à d'autres après avoir été passées au crible de son imperturbable bon sens, — a fait un plan d'ensemble ; c'est lui qui a présidé à l'exécution, donnant l'impulsion générale,

[1] Lettre du 14 mars 1844. (*Documents inédits.*)

ayant l'œil à tout, presque constamment en campagne, gardant à sa disposition un bâtiment sous vapeur qui pouvait le transporter en vingt-quatre heures d'une province à l'autre, inspirant, surveillant ce qu'il était empêché de faire lui-même; c'est lui qui a assuré l'unité d'efforts si multiples et les a fait tous concourir à l'accomplissement du dessein qu'il avait d'abord conçu et dont il ne s'est pas écarté un moment; c'est lui, en un mot, qui a eu le premier rôle. Ses lieutenants d'ailleurs l'ont reconnu. En 1850, plusieurs des généraux africains, La Moricière, Bedeau, Cavaignac, étaient réunis dans un dîner avec des hommes politiques, MM. de Tocqueville, de Beaumont, de Corcelle, Dufaure. Ce dernier profita d'une telle rencontre pour demander à ces généraux quel était, à leur avis, l'homme qui avait le plus fait pour l'établissement de la France en Algérie et que l'on pouvait considérer comme le fondateur de cette colonie. Cavaignac répondit : « Je prends la parole au nom de tous mes camarades, sans crainte d'être contredit par eux. C'est au maréchal Bugeaud qu'on doit la réussite de cette grande entreprise. Nous avons tous été formés à son école, et nos services se recommandaient des siens. » Les autres généraux confirmèrent ce témoignage, si honorable et pour celui à qui il était rendu et pour ceux qui le rendaient [1].

Cette primauté du gouverneur une fois constatée, il convient de faire et de faire large la part de ses lieutenants. Ils furent pour beaucoup dans le succès. Entre plusieurs qui méritent cet éloge, quelques-uns ont été plus particulièrement en lumière; leurs noms ressortent de l'ensemble même de notre récit. La campagne audacieuse et décisive de La Moricière autour de Mascara, les vigoureuses expéditions de Changarnier dans la région du Chélif et son admirable combat de l'Oued-Fodda, les sages et habiles manœuvres de Bedeau autour de Tlemcen, l'éclatant fait d'armes du duc d'Aumale dans la poursuite de la smala assurent à ces généraux une gloire propre qui n'est pas seulement le reflet de celle de leur

---

[1] Ce fait m'a été rapporté par M. de Corcelle, qui était l'un des convives.

chef. L'histoire se plaît à les placer à côté de lui et à proclamer que tous furent de grands serviteurs de la France. Elle efface ainsi, par cette communauté d'hommages, toute trace des petites querelles qui ont pu diviser quelques-uns d'entre eux.

Dans cette énumération de ceux auxquels la France doit l'Algérie, n'oublions pas non plus la foule des héros anonymes qui donnaient leur peine, leur santé, leur vie, sans espoir d'occuper d'eux leur pays et encore moins la postérité. Le soldat a été admirable en Afrique. C'était une rude vie que la sienne. Il y a eu sans doute des guerres plus sanglantes; il n'y en a pas eu qui exigeât de chaque homme une plus grande dépense d'énergie morale et physique. Le danger n'existait pas seulement le jour des batailles; il était de toutes les minutes; pas un rocher, pas une broussaille qui ne pût recéler une embuscade. Et ce danger était, si je puis ainsi parler, moins collectif, plus personnel que dans les grandes guerres. « Il faut à nos hommes, écrivait un officier, une bravoure, un courage individuel, un sentiment de leur force, qui ne sont pas nécessaires en Europe, où, groupés par masses, ils sont encadrés dans d'autres masses. Ici, quinze ou vingt soldats déployés dans un bois, parmi des rochers, sur un terrain quelconque, sont appelés souvent à tenir en échec quatre ou cinq cents Arabes; s'ils ne possédaient, à un suprême degré, le sentiment de leur devoir et la confiance en leur valeur, pourraient-ils tenir ferme contre un ennemi qui, par ses cris, ses mouvements, sa fusillade, essaye de les épouvanter[1]? » Le champ de bataille était moins meurtrier qu'en Europe, mais l'hôpital l'était davantage, surtout au début, avant que l'expérience de tous et l'énergique sollicitude du gouverneur général eussent appris aux hommes à se mieux préserver des maladies. Enfin, ce qui était peut-être plus difficile pour le soldat que d'affronter le péril dans l'excitation d'une heure de combat, c'était de supporter la fatigue des longues marches, à travers un pays sans routes, sans villes, sans villages, au milieu de montagnes

---

[1] *Lettres d'un soldat*, p. 316.

effroyablement tourmentées ou sur le sable aride du désert, tantôt sous un soleil torride, tantôt dans la boue et la neige, portant une charge énorme sur le dos, déguenillé, sans souliers, n'ayant souvent pour nourriture que les grains des silos, pour abri que la voûte du ciel, sans cesse harcelé par un ennemi invisible, et cela pendant des semaines et des mois. « Si l'armée d'Afrique n'a pas versé autant de sang que sous l'Empire, disait à la tribune le maréchal Bugeaud, en revanche elle a répandu beaucoup plus de sueurs, car je ne crois pas qu'aucune armée se soit fatiguée autant que celle-ci [1]. » Les jeunes recrues, arrivant de France, avaient de la peine à supporter un tel régime, et elles passaient quelquefois par des crises de démoralisation [2]. Mais les régiments faits à cette vie, bien entraînés, endurcis, ayant évacué sur l'hôpital ou renvoyé au dépôt les éléments physiquement ou moralement trop faibles, ne comptant plus guère que des soldats de vingt-deux à

---

[1] Discours du 24 janvier 1845. — Déjà, en novembre 1841, le gouverneur avait écrit à M. Guizot : « On devrait savoir que nous ne pouvons pas avoir en Afrique des batailles d'Austerlitz, et que le plus grand mérite, dans cette guerre, ne consiste pas à gagner des victoires, mais à supporter, avec patience et fermeté, les fatigues, les intempéries et les privations. Sous ce rapport, nous avons dépassé, je crois, tout ce qui a eu lieu jusqu'ici. »

[2] Le lieutenant-colonel de Saint-Arnaud fut employé avec ses zouaves, en juillet 1841, à une expédition de ravitaillement dirigée de Mostaganem sur Mascara. La colonne se composait principalement de jeunes troupes de ligne arrivées récemment de France. La chaleur était effroyable; les Arabes suivaient la petite armée et massacraient les traînards. Saint-Arnaud dépeint ainsi à son frère le spectacle dont il a été témoin : « J'ai vu là, frère, tout ce que la faiblesse et la démoralisation ont de plus hideux. J'ai vu des masses d'hommes jeter leurs armes, leurs sacs, se coucher et attendre la mort, une mort certaine, infâme. A force d'exhortations, ils se levaient, marchaient cent pas, et, accablés de chaleur, de fatigue, affaiblis par la dyssenterie et la fièvre, ils retombaient encore et, pour échapper à mes investigations, allaient se coucher, en dehors de ma route, sous les buissons et dans les ravins. J'y allais, je les débarrassais de leurs fusils, de leurs sacs, je les faisais traîner par mes zouaves; j'en ai fait monter sur mon cheval, jusqu'à ce que j'eusse sous la main les sous-officiers de cavalerie, seuls moyens de transport que nous ayons eus à l'arrière-garde... J'en ai vu beaucoup me demander en pleurant de les tuer, pour ne pas mourir de la main des Arabes; j'en ai vu presser, avec une volupté frénétique, le canon de leur fusil, en cherchant à le placer dans leur bouche. Eh bien, frère, pas un n'est resté en arrière, pas un ne s'est tué; beaucoup sont morts asphyxiés, mais ce n'est pas ma faute. » Et Saint-Arnaud ajoutait : « Non, pour les épaulettes de général, je ne voudrais pas recommencer la vie que j'ai faite, dix heures de suite, le 2 juillet. »

vingt-sept ans, avec une proportion considérable de remplaçants, formaient des troupes hors ligne. On ne saurait notamment se faire une idée du savoir-faire pour le bivouac ou le combat, de la résistance à la fatigue, de l'audace et de la fermeté dans le péril, qu'avaient acquis les escadrons des chasseurs d'Afrique, le régiment des zouaves, ou certains bataillons d'élite organisés par La Morlcière dans sa division. C'est d'un de ces bataillons qu'écrivait M. de Montagnac : « J'aurai, dans ma vie militaire, un souvenir qu'aucun autre ne pourra effacer : c'est d'avoir commandé, une fois, des soldats comme je n'en verrai probablement jamais, et d'avoir pu apprécier la dose d'énergie, de courage, de résignation qu'on peut trouver chez de pareils hommes, lorsqu'ils ont été faits au danger, trempés au feu et rompus à toutes les privations [1]. »

N'était-ce donc pas une rare fortune pour la France de pouvoir se faire une telle armée? Le 17 avril 1842, la division de Mascara arrivait à Oran, pour se reposer, pendant quelques jours, des fatigues de sa fameuse campagne d'hiver. Avant d'entrer dans la ville, La Morlcière la fit défiler devant lui. Les hommes barbus, noircis par le hâle, vêtus à la diable, mais d'une allure superbe sous leurs haillons, marchaient d'un pas alerte, en dépit de la longueur de la route qu'ils avaient faite et du gros butin qu'ils portaient, presque tous, étrangement échafaudé sur leurs sacs. En les contemplant, leur jeune chef, qui les avait formés, ne pouvait retenir un sourire d'orgueil. Le soir, au milieu de son état-major, en étant venu à parler de l'émotion de ce spectacle : « Quel malheur, s'écria-t-il, de ne pouvoir montrer de tels soldats sur un champ de bataille d'Europe! » — « Peut-être n'est-ce pas un malheur », osa dire un jeune aide de camp que le général goûtait fort et auquel il laissait son franc parler. C'était le capitaine Trochu, et, à l'appui de son interruption, il exposa les raisons pour lesquelles il ne croyait pas notre armée bien préparée, par la vie d'Afrique, à l'éventualité qu'appelait son chef. La Mori-

---

[1] *Lettres d'un soldat*, p. 277.

cière, surpris, scandalisé même, riposta avec véhémence, et la discussion continua assez vive. Le capitaine Trochu n'était pas alors seul de son avis ; vers le même temps, le général de Castellane écrivait de France au général Changarnier : « L'Algérie n'est plus une bonne école de guerre. » Toutefois, en 1842, cette opinion avait un air de paradoxe. Le sentiment général était plutôt celui de La Moricière. On rapportait ce mot du duc d'Orléans : « Si nous avions une guerre en Europe, je formerais mon avant-garde des régiments tirés d'Afrique. » Autant les profits économiques de la colonie paraissaient encore douteux, autant chacun se croyait assuré des avantages qu'y trouvait notre éducation militaire ; on disait couramment que l'armée d'Afrique était le meilleur produit, quelques-uns ajoutaient : le seul produit que la France pouvait espérer retirer du sol africain. Depuis cette époque, la controverse ébauchée dans le salon du commandant d'Oran s'est continuée et développée. Seulement, un revirement semble s'être fait dans les esprits : personne aujourd'hui ne prétend plus que l'Algérie ait été une conquête stérile, et beaucoup en sont venus à croire que notre armée y a plus perdu que gagné. Cette dernière thèse est soutenue notamment, dans des écrits d'un grand éclat, par l'ancien capitaine Trochu, devenu l'un de nos généraux les plus en vue. Il n'appartient pas à un profane de juger un tel débat : toutefois, il lui sera peut-être permis d'indiquer, avec grande réserve, quelques conclusions qui sortent des faits mêmes.

D'abord, après ce qui a été dit tout à l'heure, une vérité semble incontestable : c'est que, par la vie qu'il menait, par les qualités que cette vie exigeait et développait, le soldat acquérait en Algérie une singulière trempe physique et morale ; le général Trochu a été le premier à reconnaître « qu'à un certain débraillé près, la guerre d'Afrique nous faisait d'excellents soldats ». N'en peut-on pas dire autant des officiers ? Plus que dans toute autre campagne, ils prenaient une très large part des fatigues et des périls. Cette guerre avait pour eux un autre avantage. L'avancement étant très lent dans les armées modernes, les officiers d'ordinaire arrivent trop tard à l'exercice du commandement, et, longtemps encadrés dans de grandes masses à mouvements uniformes, ils s'habituent personnellement à un rôle un peu passif. L'Afrique, au contraire, leur fournissait mille occasions d'acquérir et de développer cette qualité d'initiative si précieuse dans la guerre et si conforme au génie de notre race. Avec des troupes dispersées, morcelées, sans communications promptes et faciles entre les différentes colonnes ou même entre les petits détachements, en face d'un ennemi partout présent et attaquant toujours à l'improviste, le gouverneur ou ses principaux lieutenants ne pouvaient tout prévoir à l'avance, tout ordonner de loin, tout diriger sur place ; dès lors, il n'était pas de colonels, de capitaines, parfois même de simples sergents qui ne pussent être amenés à assumer toutes les responsabilités, à prendre toutes les décisions d'un commandant en chef. Ainsi s'exerçaient-ils, sur un théâtre petit, mais difficile, en face d'un adversaire barbare, mais rusé et brave, à faire œuvre de tactique, à tirer parti du terrain, à remuer les hommes, à veiller à leurs besoins physiques, à soutenir leur moral, à montrer de la présence d'esprit, du sang-froid et de la prévoyance. Toutefois, s'il faut en croire le général Trochu, cette vie qui semblait si profitable à nos officiers, leur était, à un autre point de vue, souvent nuisible. « Le commandement fut conduit, a-t-il écrit, à l'invention et à l'application journalière de la fameuse et traditionnelle formule du *débrouillez-vous*, qui était à l'armée d'Afrique sans danger notable pour l'ensemble des affaires militaires, mais qui devait être plus tard si fatale à nos généraux dans la préparation et dans la conduite de la grande guerre en Europe. » On perdit de vue la nécessité des prévisions exactes, des préparations méticuleuses, des ordres détaillés et précis. Le germe de ce défaut était déjà et depuis longtemps dans la nature française ; ne le retrouverait-on pas chez les brillants vaincus de Crécy, de Poitiers et d'Azincourt? La guerre d'Afrique ne l'a donc pas créé : seulement, elle a pu contribuer à le développer. Dans le même ordre d'idées, le général Trochu a signalé un autre inconvénient : les généraux sortaient d'Algérie sans avoir aucune notion du maniement des immenses armées modernes et de toutes les opérations si compliquées qui s'y rattachent; or, bien que n'ayant pu ainsi apprendre qu'une partie de la guerre, ils s'imaginaient l'avoir apprise tout entière, et, pour avoir razzié quelques tribus ou culbuté les réguliers d'Abd el-Kader, ils se voyaient devenus d'ores et déjà des capitaines complets; ils se le disaient même si haut entre eux, que le public finissait par le croire, et là, ajoute-t-on, aurait été l'origine des illusions qui devaient aboutir, en 1870, à de si terribles mécomptes. Peut-être est-ce pousser les conséquences bien loin : à chercher les causes de nos récents désastres, on en trouverait facilement ailleurs de plus proches, de plus directes et de plus agissantes. En tout cas, si l'infatuation dont on parle a été le fait de quelques officiers à vue courte et présomptueuse, rien n'indique qu'elle ait existé chez les hommes vraiment supérieurs, les seuls en passe de devenir de vrais chefs d'armée : ceux-ci se rendaient compte, sans nul doute, que la guerre européenne différait de la guerre d'Afrique, et l'on se demande en quoi le fait d'avoir heureusement pratiqué l'une, les aurait empêchés de se préparer et de se former à l'autre.

On le voit, ma conclusion n'est pas absolue. Je suis le premier à déclarer que la guerre d'Afrique était, pour notre armée, une école incomplète; j'admets que, mal comprise, elle pouvait, sur certains points, devenir une école dangereuse; mais je crois que, par d'autres côtés, elle a été une école bienfaisante. La part du bien l'a-t-elle emporté sur le mal? Question toujours délicate à laquelle on voudrait laisser les faits répondre. Qu'a valu l'armée formée en Afrique, quand, quelques années plus tard, elle a été mise à l'épreuve d'une grande guerre? C'est elle que nous retrouvons en Crimée; elle n'a pas encore eu le temps de subir les influences qui devaient, peu après, la modifier si gravement. Eh bien, de l'aveu des Anglais qui l'ont vue de près et qui ne sont pas d'ordinaire pour nous des juges bienveillants, jamais la France n'avait eu une plus belle armée. Et encore faut-il faire observer qu'elle ne se présentait pas avec tous ses avantages, puisque les plus illustres des Africains, ceux qui semblaient le mieux préparés aux commandements supérieurs, avaient été enlevés à leurs soldats, le maréchal Bugeaud par la mort, le duc d'Aumale, les généraux de La Moricière, Changarnier et Bedeau par l'exil politique, en cette circonstance aussi néfaste que la mort. Voilà, semble-t-il, la réponse des faits. N'oublions pas, d'ailleurs, comment se pose la question. On n'a pas à se demander si l'armée eût trouvé une école plus complète dans une grande guerre; la paix régnait, pour longtemps encore, dans l'Europe fatiguée des secousses du commencement du siècle, et personne ne saurait le regretter. Il s'agit de savoir ce qui valait mieux pour notre éducation militaire : se battre en Algérie ou ne pas se battre du tout. Ainsi posée, la question ne semble même plus fournir matière à la discussion. Nos officiers, tels qu'on les connaissait alors, n'eussent pas appris théoriquement à la caserne ce qu'on reproche à la guerre d'Afrique de ne leur avoir pas pratiquement enseigné. Et ils auraient perdu l'occasion que ce champ de bataille permanent leur offrait de se former aux vertus militaires, par l'effort accompli, par la fatigue supportée, par le péril affronté, par le sang répandu; occasion d'autant plus précieuse que l'air ambiant était alors plus amollissant et que notre société bourgeoise, industrielle, financière et matérialiste était plus occupée de bien-être, plus réfractaire à l'idée même du sacrifice.

CHAPITRE VI

TAITI ET LE MAROC.

(Février-septembre 1844.)

I. Le protectorat de la France sur les îles de la Société. Le protectorat est changé en prise de possession. Le gouvernement français ne ratifie pas cette prise de possession. Il est violemment critiqué dans la Chambre et dans la presse. — II. Impression produite en Angleterre. Voyage du Czar à Londres. — III. Abd el-Kader sur la frontière du Maroc. Attaques des Marocains. Envoi d'une escadre sous les ordres du prince de Joinville. Instructions adressées au prince et au maréchal Bugeaud. Attitude de l'Angleterre. Impatience du maréchal et réserve du prince. — IV. Incident Pritchard. Grande émotion en Angleterre et en France. Négociations entre les deux cabinets. Excitation croissante de l'opinion des deux côtés du détroit. — V. Bombardement de Tanger. Bataille d'Isly. Bombardement de Mogador et occupation de l'île qui ferme le port de cette ville. — VI. Effet produit par ces faits d'armes en Angleterre. Un conflit avec la France paraît menaçant. Attitude de l'Europe. — VII. Le gouvernement français comprend la nécessité d'en finir. Arrangement de l'affaire Pritchard et traité avec le Maroc. Attaques des oppositions en France et en Angleterre. Injustice de ces attaques.

I

A peine l'entente cordiale venait-elle, en janvier et février 1844, d'être solennellement proclamée et ratifiée dans les parlements de France et d'Angleterre, qu'avant même la fin de ce mois de février, la nouvelle d'un incident survenu aux antipodes menaçait de ranimer, de chaque côté du détroit, les méfiances et les irritations mal éteintes de 1840. C'était, semblait-il, la loi rigoureuse imposée à M. Guizot et comme le prix dont la Providence lui faisait payer sa longue vie ministérielle, de ne pouvoir jamais se reposer sur un succès :

aussitôt qu'il se flattait d'être sorti d'une difficulté, une autre surgissait, remettant tout en question et l'obligeant à recommencer la même lutte.

Pour comprendre quel était l'incident qui arrivait à la traverse de l'entente cordiale, il convient de reprendre les faits d'un peu plus haut. Le gouvernement du roi Louis-Philippe s'était rendu compte que la question de l'équilibre entre les puissances, autrefois circonscrite sur un coin du globe, se posait maintenant dans toutes les parties du monde, et que, dès lors, la France devait penser à se faire sa place jusque dans les régions les plus éloignées. Non sans doute qu'il voulût se lancer à la légère dans une politique de guerres et de conquêtes coloniales; il estimait qu'en ce genre c'était bien assez de l'Algérie, et il avait récemment décliné des invitations pressantes de tenter une entreprise sur Madagascar. Mais, à défaut de vastes établissements territoriaux, il cherchait à créer, près des grandes terres ou au milieu des grandes mers qui s'ouvraient à l'action européenne, des stations où notre commerce pût trouver un appui et notre marine un refuge. L'Afrique attira tout d'abord son attention : nous y avions déjà pied par l'Algérie, le Sénégal et l'île Bourbon. De 1841 à 1844, non sans exciter la mauvaise humeur de l'Angleterre, des établissements fortifiés furent créés à l'embouchure des principaux fleuves du golfe de Guinée, et possession fut prise, au nord du canal de Mozambique, des îles de Mayotte et de Nossi Bé. Il y avait aussi quelque chose à faire dans cette Océanie que, depuis un siècle, nos navigateurs avaient tant de fois explorée. Dès la fin de 1839, on avait songé à s'installer dans la Nouvelle-Zélande; il fallut y renoncer; les Anglais, prévenus de notre dessein, nous avaient devancés. En 1841, l'amiral Dupetit-Thouars reçut mission d'occuper les îles Marquises, ce qu'il fit en 1842. S'il s'en fût tenu là, aucune difficulté ne se serait produite, et l'opinion publique en Europe eût à peu près ignoré cet incident lointain. Mais l'amiral, homme d'initiative hardie, voulut faire davantage. A peu de distance des Marquises, se trouvait un autre archipel plus considérable et plus connu ; c'étaient les îles de la Société et, parmi elles, la charmante Taïti, qu'on appelait « la reine des mers du Sud ». De longue date, l'influence anglaise y était prépondérante. Des missionnaires méthodistes, à la fois prédicants et trafiquants, soutenus par la puissante « société des missions de Londres », s'étaient emparés de l'esprit de la reine Pomaré et gouvernaient sous son nom, fort jaloux de leur autorité et ne se gênant pas pour maltraiter les prêtres ou les marins français qui s'aventuraient dans ces régions. Le plus important d'entre eux, investi par lord Palmerston des fonctions de consul d'Angleterre, était un nommé Pritchard, personnage remuant, retors, sournois, opiniâtre, avide de domination, pénétré jusqu'à la moelle de tout ce que l'orgueil anglais et le fanatisme protestant peuvent contenir d'animosité contre la France et contre le catholicisme. A Londres, dans le monde religieux et dans celui des affaires, on s'était habitué à considérer les îles de la Société comme dépendant moralement de l'Angleterre. Aucun lien officiel cependant ne les y rattachait. Deux fois, le gouvernement britannique avait refusé le protectorat qui lui était offert. Estimait-il que l'état de choses existant lui donnait autant d'influence, avec moins de charges et de responsabilité ? Ce fut vers cet archipel que l'amiral Dupetit-Thouars, agissant absolument en dehors de ses instructions, se dirigea, après avoir pris possession des îles Marquises ; déjà, quelques années auparavant, il y avait paru pour soutenir les réclamations de nos nationaux ; ayant appris que de nouvelles vexations avaient été, depuis lors, infligées à des Français, il voulut profiter de ce qu'il était en force dans ces parages, pour les réprimer. Il le prit sur un ton assez haut avec la reine Pomaré, et lui demanda un compte sévère de ces vexations. La reine, fort gênée d'avoir à rendre ce compte et fort effrayée de ce qu'il pourrait lui en coûter, privée d'ailleurs des conseils de M. Pritchard, alors absent, trouva que le meilleur moyen de sortir d'embarras était d'offrir de se placer sous le protectorat de la France. L'amiral, qui avait lui-même fait suggérer cette offre, l'accepta aussitôt, sous la seule réserve de la ratification du Roi, et un traité fut passé à la date du 9 septembre 1842.

Le cabinet de Paris n'apprit pas sans déplaisir une entreprise qu'il n'avait ni ordonnée ni prévue. Il n'entrait pas dans sa politique d'ajouter aux difficultés qui venaient de surgir au sujet du droit de visite, une nouvelle cause de froissement avec l'Angleterre. Volontiers il eût refusé ce protectorat. Mais l'influence française ne serait-elle pas gravement compromise dans l'océan Pacifique, si elle y débutait par une reculade? Et de plus, ne serait-ce pas fournir une nouvelle arme à cette opposition, déjà si empressée à dénoncer les prétendues faiblesses du Roi et de M. Guizot envers l'Angleterre? Le 17 avril 1843, le cabinet se décida donc, assez à contre-cœur, à accepter le protectorat. L'émotion fut vive à Londres : des meetings furent provoqués par le parti des Saints, des démarches faites auprès des ministres. Mais, après tout, l'Angleterre s'était refusée à acquérir aucun droit sur Taïti, et la reine Pomaré avait usé de son indépendance. Lord Aberdeen ne put le contester et se borna à demander, en faveur des missionnaires anglais, certaines assurances que notre cabinet s'empressa de lui donner très complètes. Cette satisfaction obtenue, le secrétaire d'État, sans « reconnaître » expressément notre protectorat, déclara « ne pas le mettre en question », et enjoignit à ses agents de ne « soulever » à ce sujet aucune « difficulté ». En France, le public s'occupa peu de cette affaire et s'y intéressa encore moins. « Je vous assure, écrivait alors M. Désages à M. de Jarnac, qu'on n'est pas fort engoué, à Paris, de toutes ces occupations polynésiennes. Parce que les Anglais mangeaient du sauvage, nos gens étaient jaloux et voulaient en manger. Ils s'en dégoûteront bientôt, pour peu qu'on leur en serve encore. C'est un très drôle de pays que le nôtre[1]. » Quant à l'opposition, ne trouvant pas moyen d'accuser le ministère de couardise, elle lui reprocha sa témérité, contesta l'opportunité des établissements océa-

---

[1] Lettre du 30 mars 1843. (*Documents inédits.*)

niens et chercha à les restreindre : il fallut, pour obtenir le vote des crédits nécessaires, qu'un long discours de M. Guizot expliquât et justifiât l'entreprise[1].

Télle était la situation, et personne ne pensait plus à cette affaire, quand, vers le 17 février 1844, arriva la nouvelle que l'amiral Dupetit-Thouars, revenu à Taïti, en novembre 1843, après quatorze mois d'absence, avait soulevé une question de pavillon au moins douteuse, et saisi le prétexte du refus opposé à ses exigences par la reine Pomaré, pour prononcer sa déchéance et substituer au protectorat une prise de possession directe des îles de la Société. Que s'était-il donc passé qui pût expliquer cet acte violent? L'amiral arguait des intrigues contre le protectorat, fomentées par les missionnaires protestants et appuyées par certains officiers de la marine anglaise; il se plaignait que la reine, surtout depuis le retour de M. Pritchard, fût retombée sous des influences hostiles à la France. Cela était vrai. Mais, malgré tout, le protectorat subsistait et n'avait rencontré aucune résistance matérielle; la reine protestait de sa volonté de s'y soumettre; quant aux agents anglais, les instructions envoyées de Londres leur enjoignaient de prendre une attitude plus correcte. Ces difficultés et ces mauvaises volontés ne dépassaient donc pas ce qu'on devait prévoir dans une entreprise de ce genre et ce qu'on pouvait surmonter avec un peu de patience et d'adroite fermeté. L'amiral n'en avait pas jugé ainsi. Ne considérant que le théâtre particulier où il agissait, il avait cru un acte de force nécessaire pour grandir le prestige de la France au regard des indigènes et pour rabattre l'orgueil anglais. Il savait bien que, cette fois encore, il agissait sans instruction : mais il jugeait bon de forcer un peu la main à un gouvernement que les journaux disaient si timide, et il s'imaginait ainsi répondre au sentiment national[2].

---

[1] Séances des 10-12 juin 1843.

[2] A ce propos, le chancelier Pasquier écrivait à M. de Barante, le 14 septembre 1844 : « Nos marins, à présent, ont toujours en vue ces malheureux journaux dont ils prennent les excitations pour la voix de la France entière, et,

« C'est une tuile qui tombe sur la tête du cabinet », écrivit le duc de Broglie, à la nouvelle de ce qui s'était passé à Taïti [1]. A quelque parti que s'arrêtât le gouvernement, les difficultés étaient grandes. S'il ratifiait l'annexion, il ne pouvait se faire illusion sur la façon dont elle serait prise par l'Angleterre qui, l'année précédente, avait eu tant de peine à laisser passer le simple protectorat; l'émotion s'y manifestait tout de suite si vive, que lord Aberdeen n'obtenait pas sans peine de ses collègues qu'ils attendissent la décision du gouvernement français, avant de prononcer quelque parole irritante. La possession de Taïti valait-elle pour nous le sacrifice de cette entente cordiale, proclamée naguère un si heureux événement? D'autre part, il n'y avait pas plus à se faire illusion sur l'effet que produirait en France le désaveu de l'amiral; sans doute l'opposition s'était montrée, en 1843, très froide pour nos établissements océaniens; mais du moment où elle trouverait un prétexte à accuser le ministère d'avoir peur de l'Angleterre, elle ne manquerait certainement pas de le saisir : le langage de ses journaux le faisait déjà pressentir [2]. Le ministère pesa toutes ces difficultés, et, après délibération, se conformant à l'avis très arrêté du Roi, il décida de ne pas ratifier l'acte de l'amiral Dupetit-Thouars. Le 26 février 1844, le *Moniteur* publia une note qui se terminait ainsi : « Le Roi, de l'avis de son conseil, ne trouvant pas, dans les faits rapportés, des motifs suffisants pour déroger au traité du 9 septembre 1842, a ordonné l'exécution pure et simple de ce traité et l'éta-

---

grâce à cette grossière erreur, ils croiraient volontiers que le premier coup de canon tiré par eux serait la résurrection de toutes les gloires qui se sont ensevelies dans celles de l'Empire. Le défunt amiral Lalande a donné un bien funeste exemple, par la correspondance que, pendant sa station dans les mers de Grèce, il a entretenue avec un ou deux journalistes; il en a été payé par des salves d'éloges auxquelles tous ses semblables, en grade et en position, aspirent maintenant, comme moyen de monter plus haut encore. » (*Documents inédits.*)

[1] *Documents inédits.*

[2] Le duc de Broglie écrivait, le 24 février 1844 : « Les journaux de l'opposition ont hésité quelque temps pour voir de quel côté pencherait le ministère. Ne pouvant rester aussi longtemps incertains que lui, ils ont pris leur parti pour la gloire, et vont lui faire une obligation de poursuivre sa marche triomphante dans l'océan Pacifique. » (*Documents inédits.*)

blissement du protectorat français dans l'île de Taïti. »

L'explosion de la presse de gauche dépassa en violence ce qu'on pouvait attendre. Phénomène plus grave encore et qui s'était déjà produit lors de l'affaire du droit de visite, l'émotion gagna le grand public, et le parti conservateur lui-même parut troublé. Le reproche de reculer devant l'Angleterre se trouvait faire un effet terrible. C'est que la blessure du 15 juillet 1840 était toujours à vif. Et même, comme nous l'avons pressenti, l'éclat avec lequel le rapprochement des deux cabinets avait été proclamé, portait la nation à se montrer d'autant plus susceptible que son gouvernement lui paraissait suspect de ne pas l'être assez. Les adversaires de M. Guizot estimèrent qu'un tel état des esprits leur offrait l'occasion de prendre la revanche de leurs échecs. Ils convinrent donc aussitôt d'une attaque dans laquelle devaient se réunir toutes les nuances de l'opposition. M. Molé réclama pour un de ses amis de la Chambre des députés, M. de Carné, l'honneur de déposer l'interpellation et de porter les premiers coups. La bataille s'annonçait très vive. Du côté du ministère, on n'était pas sans inquiétude, et le duc de Broglie écrivait à son fils : « La majorité est mécontente, hargneuse et intimidée [1]. »

La discussion s'ouvrit le 29 février 1844. Elle ne sembla pas d'abord bien tourner pour le gouvernement. Vainement M. Guizot déployait-il toute son éloquence, exposait-il les faits en détail pour prouver « l'erreur » de l'amiral Dupetit-Thouars, et repoussait-il avec émotion le reproche de pusillanimité; ses adversaires touchaient des cordes faciles à faire vibrer, en dénonçant les intrigues de l'Angleterre et en s'indignant de voir frapper un marin coupable d'avoir « porté haut la susceptibilité pour l'honneur national », tandis que le ministre qui, dans l'affaire du droit de visite, avait « méconnu la dignité du pavillon français », restait à sa place. A la fin du second jour, l'opposition se croyait assurée du succès. M. Guizot, effrayé, demanda le renvoi au lendemain. Dans la soirée, de grands

---

[1] Lettre du 29 février 1844. (*Documents inédits.*)

efforts furent faits pour éclairer les députés sur les conséquences du vote qu'ils allaient émettre. Chez la duchesse d'Albufera, où il y avait réception, M. de Rothschild allait de l'un à l'autre, disant : « Vous voulez la guerre; eh bien, vous l'aurez... Dans peu de jours, on se tirera des coups de canon [1]. » L'avertissement fit réfléchir, et le lendemain, à la reprise des débats, la majorité parut raffermie. Au vote, malgré le scrutin secret réclamé par les amis de M. Molé, l'ordre du jour de blâme fut repoussé par 233 voix contre 187 : 46 voix de majorité! les plus optimistes n'en espéraient pas tant. Il est vrai que M. Guizot, en repoussant hautement tout blâme direct ou indirect, et en posant sur ce point la question de cabinet, avait jugé prudent de déclarer qu'il ne sollicitait pas une approbation formelle de sa conduite. « C'est un acte qui commence, ajoutait-il; l'avenir montrera si nous avons eu pleinement raison de l'accomplir; nous restons dans notre responsabilité, la Chambre reste dans son droit de critique; nous ne demandons rien de plus. »

Battue au Parlement, l'opposition ne baissa pas de ton dans la presse. Les journaux semblaient chercher, chaque jour, une épithète plus flétrissante à accoler au nom des ministres. Le *National* ouvrit une souscription pour offrir une épée d'honneur à l'amiral Dupetit-Thouars; deux cents élèves de l'École polytechnique étant venus souscrire dans les bureaux du journal, l'école fut consignée pendant quinze jours. Le prince de Joinville, alors âgé de vingt-six ans, déjà contre-amiral, avait conquis dans la marine un prestige semblable à celui de son jeune frère le duc d'Aumale dans l'armée de terre; esprit brillant, vif, de feu pour tout ce qui lui paraissait intéresser la grandeur de la France, il crut devoir choisir ce moment pour publier sur l'*État des forces navales de la France* une note non signée, mais dont tout le monde savait qu'il était l'auteur; supposant une guerre avec l'Angleterre, tout en se défendant de la vouloir, il établissait l'insuffisance de notre flotte et dénon-

---

[1] *Notes inédites de M. Duvergier de Hauranne.*

çait la négligence de l'administration de la marine qu'il accusait de s'être endormie et d'avoir endormi le pays. Il est d'usage, en France, et encore plus en Angleterre, de pousser de temps à autre de pareils cris d'alarme [1] : mais, dans le cas présent, les circonstances générales et la qualité de l'auteur donnaient à l'incident une gravité particulière. Les adversaires du cabinet s'emparèrent aussitôt de cette publication, à ce point que le gouvernement jugea nécessaire de faire adresser au jeune amiral une remontrance par le *Journal des Débats* [2].

Pendant ce temps, dans les deux Chambres, l'opposition saisissait, inventait tous les prétextes de rouvrir des discussions sur la malheureuse affaire de Taïti, plutôt pour fatiguer le cabinet et entretenir l'agitation, que dans l'espoir de faire revenir la majorité sur son vote. « Vous dites, lui répondait M. Guizot, que vous ne vous laisserez pas décourager. Ne croyez pas que nous nous laissions décourager davantage [3]. » Les violences auxquelles le ministre se heurtait ne le troublaient pas : c'était seulement pour lui une occasion d'exprimer, une fois de plus, ce mépris hautain qui n'était pas la forme la moins saisissante de son éloquence. « J'aime mieux, disait-il, subir, en passant, certains dégoûts, que les ramasser de ma propre main pour les renvoyer à ceux qui me les jettent [4]. » Loin, du reste, d'abaisser le drapeau de l'entente cordiale, il le tenait plus droit et plus haut que jamais. « Nous donnons, s'écriait-il en finissant l'un de ses discours, le spectacle de la paix sincère

---

[1] Quelques mois plus tard, lord Palmerston jetait, au delà de la Manche, un cri d'alarme tout semblable, et il écrivait, le 10 novembre 1844, à son frère : « Si la rupture avait éclaté, les Français auraient pu frapper quelque coup dangereux, avant que nous eussions été en mesure de nous défendre contre eux. » BULWER, *Life of Palmerston*, t. III, p. 142.)

[2] Dans son article, le *Journal des Débats* dénonçait la manœuvre par laquelle on prétendait exploiter « contre le gouvernement du Roi » un « entraînement naturel à l'âge du prince et particulier, dit-on, à son caractère »; il parlait de « popularité trompeuse », de « triomphe suspect »; puis, montrant ce qu'avait d'incorrect cet appel à la publicité fait par un officier général et par un prince : « On ne peut pas, disait-il, être à la fois sur les marches d'un trône et sur la brèche de la polémique quotidienne. »

[3] Discours du 13 avril 1844.

[4] Discours du 19 avril 1844.

et sérieuse entre deux grandes nations fières et jalouses. C'est là un spectacle qui fait l'orgueil de notre temps et l'orgueil du cabinet qui n'a fait à ce grand résultat aucun sacrifice qui puisse être regardé comme une atteinte réelle aux intérêts du pays. Messieurs, si, pour obtenir de tels résultats, il fallait savoir être patient et attendre longtemps la justice du pays, nous saurions nous y résigner et attendre; mais la justice du pays ne nous a pas un moment manqué; c'est elle qui nous a encouragés et soutenus dans cette difficile carrière; nous attendrons avec désir, mais avec patience, la justice de l'opposition [1]. »

II

Le désaveu si nettement et si promptement prononcé par le gouvernement français avait dissipé les humeurs et les méfiances du cabinet de Londres. Tandis que sir Robert Peel s'empressait de rendre hommage à notre loyale modération, lord Aberdeen ne rencontrait plus chez ses collègues d'objection aux mesures qu'il voulait prendre pour retirer de Taïti les agents compromettants : M. Pritchard, entre autres, fut nommé à un consulat fort éloigné de là, dans les îles des Amis. En même temps, le secrétaire d'État mesurait son langage public de façon à ne pas aggraver les embarras parlementaires de M. Guizot. Dès le 1er mars 1844, il disait, en réponse à une question de lord Brougham : « Je crois devoir déclarer que ce désaveu a été absolument un acte volontaire et spontané du cabinet français. Je n'ai pas écrit au représentant du gouvernement de Sa Majesté à Paris, et pas un mot de remontrance n'a été prononcé par l'ambassadeur lui-même... Je fais cette déclaration de la manière la plus explicite, mais je m'attends à voir les ministres du roi des Français attaqués par le parti de la guerre et accusés d'avoir fléchi devant

[1] Discours du 28 mai 1844.

l'Angleterre. Le parti de la guerre ne manquera pas de profiter de cette occasion, de même que je sais parfaitement que tout ce que j'aurai fait, comme ce que je n'aurai pas fait, sera interprété, en Angleterre, par les amis du parti de la guerre français, comme un acte de soumission basse et lâche à la France. Mais le parti de la guerre mérite aussi peu d'attention en France qu'il en obtient heureusement peu en Angleterre. »

Toutefois, si le cabinet britannique ne pouvait qu'être satisfait de la conduite de notre gouvernement, il se demandait, en présence de l'excitation des esprits en France et de divers symptômes dont la « note » du prince de Joinville ne lui paraissait pas le moins inquiétant, si le pouvoir ne risquait pas de tomber, d'un jour à l'autre, aux mains du parti que lord Aberdeen appelait « le parti de la guerre », et il prenait ses précautions en conséquence. Il était bien résolu, dans ce cas, à refaire contre la France la coalition de 1840. Lord Wellington, entre autres, ne s'en cachait pas dans ses conversations avec les diplomates étrangers. De là, dans la pratique de l'entente cordiale, une certaine réserve ; plus que jamais, le cabinet britannique se préoccupait de ne pas sacrifier à cette entente les bons rapports avec les puissances continentales, notamment avec la Prusse qu'il comblait de témoignages d'amitié et qu'il appelait « l'alliée naturelle » de l'Angleterre [1].

Les ennemis de la France en Europe voyaient cette situation et tâchaient d'en profiter. Ainsi s'explique la visite retentissante, soudaine, impétueuse, que le Czar vint faire alors à la reine Victoria. Depuis quelques mois déjà, il laissait pressentir ce voyage, mais pour un avenir plus ou moins éloigné, quand, à la fin de mai 1844, évidemment déterminé par ce qui lui revenait des rapports de l'Angleterre et de la France, il se décida si brusquement que la cour de Windsor n'eut que quarante-huit heures pour se préparer à le recevoir. Du reste, comme l'écrivait M. Guizot, Nicolas « aimait les surprises et les effets de ce genre ». Courtiser l'Angleterre pour la déta-

[1] Dépêches de M. de Bunsen, citées par HILLEBRAND, *Geschichte Frankreichs*, 1830-1848, t. II, p. 583, 584.

cher de la France, tel était son dessein. Il reprenait avec plus d'éclat l'effort tenté, deux ans auparavant, par Frédéric-Guillaume IV. Aussi, à Berlin, s'intéressait-on tout particulièrement à la démarche du Czar. De cette ville où il était alors en congé, l'ambassadeur de Prusse à Londres, M. de Bunsen, écrivait à sa femme : « Ce voyage aura des résultats immenses. Tout est dans la main de Dieu... Que veut l'Empereur? Premièrement, être désagréable au roi Louis-Philippe. Deuxièmement, imiter le roi Frédéric-Guillaume IV dans sa galanterie princière envers la souveraine des îles. Troisièmement, disposer favorablement la reine Victoria, Peel, Wellington, et les éloigner de la France... Pourquoi? Pour nulle autre chose que celle-ci : pour des plans qui intéressent un prochain avenir et au sujet desquels il ne voudrait pas voir l'Angleterre et la France sur une même ligne [1]. » A Paris, sans être aussi bien informé, on pressentait ces mauvais desseins. « Ce voyage a donné ici fort à penser, écrivait à une de ses amies d'outre-Manche un homme politique de la gauche, M. Léon Faucher. Quand nous voyons apparaître les corbeaux, nous croyons qu'ils accourent à la curée... Pour l'empereur Nicolas du moins, *there is some plot in it*... Pour séduire Palmerston, l'on avait envoyé M. de Brunnow; pour séduire Peel, ce n'est pas trop de l'Empereur lui-même [2]. » M. Guizot affectait une indifférence dédaigneuse, mais, évidemment, il était préoccupé. « Soyez réservé, avec une nuance de froideur, écrivait-il à son ambassadeur à Londres. Les malveillants ou seulement les malicieux voudraient bien ici que nous prissions de ce voyage quelque ombrage ou du moins quelque humeur. Il n'en sera rien... L'Empereur vient à Londres, parce que la Reine est venue à Eu. Nous ne le trouvons pas difficile en fait de revanche [3]... »

Arrivé en Angleterre, le 1ᵉʳ juin, Nicolas n'épargna rien pour gagner l'affection de la Reine, pour inspirer confiance aux

---

[1] *Mémoires de Bunsen*, cités par M. SAINT-RENÉ TAILLANDIER dans son étude sur le *Conseiller de la reine Victoria*.

[2] Léon FAUCHER, *Biographie et Correspondance*, t. I, p. 150.

[3] *Mémoires de M. Guizot*, t. VI, p. 208.

ministres, pour séduire la nation, aussi bien la foule que l'aristocratie. Une fois dans sa vie, l'autocrate superbe se faisait courtisan, gardant dans ce rôle nouveau sa grande mine, y obtenant de véritables succès, succès, il est vrai, plus de curiosité et d'étonnement que de sympathie profonde, mais parfois gâtant ses effets par un certain manque de mesure : tel le jour où il disait à la Reine : « Je prie Votre Majesté de considérer toutes mes troupes comme lui appartenant. » Propos dont il faisait ressortir encore plus l'énormité asiatique, en le rapportant lui-même à plusieurs officiers anglais. Est-ce parce qu'il devinait le sourire un peu incrédule que ses interlocuteurs avaient parfois peine à retenir, qu'il répétait à tout venant : « Je sais qu'on me prend pour un comédien, mais rien n'est plus faux ; je suis sincère, je dis ce que je pense, et je tiens parole [1]. » Ces caresses à l'Angleterre se doublaient toujours d'un coup de griffe contre la France. Dans ses conversations avec sir Robert Peel et lord Aberdeen, le Czar, tout entier à sa passion, parlait parfois si haut, criait si fort, qu'on le priait de s'éloigner des fenêtres ouvertes et de se retirer en un endroit où il ne pût être entendu du dehors. En venait-il à parler de Louis-Philippe : « Personnellement, disait-il, je ne serai jamais son ami. » Sur M. Guizot : « Je ne l'aime pas du tout. Je l'aime moins encore que Thiers ; celui-ci est un fanfaron, mais il est franc ; il est bien moins nuisible, bien moins dangereux que Guizot. » Sur les Français en général : « Je fais grand cas de l'opinion des Anglais ; mais ce que les Français disent de moi, je n'en prends nul souci, je crache dessus. » Les ministres britanniques écoutaient ces violences, sans y adhérer, mais aussi sans les contredire ; il n'entrait pas dans leur jeu de détruire des préventions qui empêchaient cette alliance franco-russe, toujours fort redoutée à Londres. Néanmoins, sir Robert Peel ne laisse pas ignorer au Czar « qu'un des principaux désirs de sa politique était de voir le trône de France, après la mort de Louis-Philippe, passer

---

[1] C'est principalement aux Mémoires du baron de Stockmar que nous empruntons ces détails et ceux qui vont suivre sur les conversations du Czar.

sans convulsion au plus proche héritier légitime de la dynastie d'Orléans ». Nicolas ne combattit pas directement cette idée, mais il exposait les raisons pour lesquelles on ne pouvait compter ni sur la tranquillité intérieure de la France ni sur la durée de son entente avec l'Angleterre. « La première bourrasque dans les Chambres françaises emportera cette entente, dit-il. Louis-Philippe essayera de résister, et, s'il ne se sent pas assez fort, il se mettra à la tête du mouvement, pour sauver sa popularité. »

Malgré ses protestations répétées « qu'il n'était pas venu avec des vues politiques », le Czar mettait volontiers la conversation sur la question d'Orient, préoccupation dominante de la diplomatie russe. « La Turquie est en train de mourir, disait-il. Nous pouvons chercher les moyens de lui sauver la vie : nous n'y réussirons pas. Elle mourra... Ce sera un moment critique. » Il affirmait « ne pas vouloir un pouce de son territoire », et croire aussi au désintéressement de l'Angleterre. Alors revenait son idée fixe. « Dans cette crise, déclarait-il, je ne redouterai que la France. Que voudra-t-elle? Je la redoute sur bien des points : en Afrique, dans la Méditerranée, en Orient même. Vous souvenez-vous de l'expédition d'Ancône? Pourquoi n'en ferait-elle pas une semblable à Candie, à Smyrne? » Et il montrait alors cette intervention de la France mettant le feu aux poudres, amenant une conflagration générale. « On ne peut, ajoutait-il, stipuler maintenant sur ce qu'on fera de la Turquie après sa mort...; mais il est nécessaire de considérer, honnêtement, raisonnablement, le cas possible de cette chute; il est nécessaire de s'entendre sur des idées justes, d'établir un accord loyal en toute sincérité. » En réalité, son dernier mot, son arrière-pensée persistante était un nouveau traité du 15 juillet 1840, une entente à quatre, en dehors de la France, sur le partage de l'empire ottoman. Il tâtait le terrain; ne pouvant encore poser les bases d'une telle convention, il en lançait au moins l'idée et tâchait de la faire accepter. Y réussit-il? Dans les explications que lord Aberdeen donna tout de suite à M. Guizot sur la visite impériale, il lui affirma que le Czar, tout en causant longuement de l'Orient, n'avait rien obtenu du cabinet anglais, mieux encore, qu'il ne lui avait rien proposé[1]. La sincérité habituelle du secrétaire d'État donne confiance dans sa parole : celle-ci paraît d'ailleurs confirmée par une lettre intime de la reine Victoria au roi des Belges, où nous lisons : « L'Empereur n'a absolument rien demandé[2]. » Et cependant ces assertions sont difficiles à concilier avec un document, demeuré longtemps secret et publié, en 1854, lors de la guerre de Crimée. Il s'agit d'un *memorandum* qui fut envoyé à Londres, à la fin de juin 1844, par M. de Nesselrode, et dans lequel le chancelier russe résumait les conversations de son souverain avec le cabinet anglais. Outre les déclarations déjà connues du Czar sur le maintien désirable du *statu quo* en Orient, sur la probabilité d'une catastrophe, sur l'utilité d'un accord entre l'Angleterre et la Russie pour parer aux dangers de cette catastrophe, ce document contenait l'affirmation précise et réitérée, non que les conditions de cette entente fussent d'ores et déjà fixées, mais que le « principe » en était « arrêté » et qu'il y avait, entre les deux gouvernements, « engagement éventuel de se concerter s'il arrivait quelque chose d'imprévu en Turquie »; le *memorandum* ne dissimulait pas que ce concert se ferait en dehors de la France; il indiquait même expressément que, la Russie et l'Autriche étant déjà d'accord, l'adhésion de l'Angleterre suffirait pour que la France « fût dans la nécessité de suivre ». Ce n'était pas absolument ce que lord Aberdeen communiquait à M. Guizot. Y avait-il donc, de la part du ministre anglais, en 1844, dissimulation à notre égard? Ou bien le gouvernement russe, en croyant avoir obtenu cet « engagement éventuel », était-il sous l'empire d'une illusion volontaire ou non? En tout cas, s'il y avait illusion, on ne jugea pas utile, à Londres, de la dissiper; on y reçut le *memorandum*, sans faire aucune objection[3]. Nicolas se crut donc autorisé à comp-

---

[1] *Mémoires de M. Guizot*, t. VI, p. 212.
[2] Cité dans *The Life of the Prince Consort*, par sir Théodore MARTIN.
[3] S'il faut en croire une assertion formelle de lord Malmesbury dans ses *Mémoires*

ter qu'en cas de crise orientale, il s'entendrait facilement avec l'Angleterre contre nous ou du moins en dehors de nous. Cette impression persistait chez lui à la veille de la guerre de Crimée et ne fut pas pour peu dans la témérité provocante avec laquelle le Czar se conduisit alors envers la France, dans le sans-gêne avec lequel, au commencement de 1853, il proposa à l'envoyé de la reine Victoria une entente pour le partage de l'empire ottoman, laissant voir que, ce marché fait, il se moquerait de ce qu'on pourrait penser à Paris. Aussi sa déception fut-elle terrible, quand il vit, au contraire, les deux puissances occidentales unies et armées contre la Russie.

Nicolas ne devait donc pas retirer, dans l'avenir, le fruit qu'il espérait de sa démarche. Avait-il du moins réussi, dans le présent, à détruire ou seulement à ébranler l'entente cordiale des deux puissances occidentales? Sans doute les ministres anglais ne cachaient pas la satisfaction que leur causaient la visite et les avances du Czar : il leur était agréable d'être ainsi courtisés, et les dispositions de la Russie leur paraissaient un en-cas fort utile pour le jour où un revirement parlementaire changerait la politique française. Mais ils n'en désiraient pas moins, pour le moment, continuer l'entente cordiale; ils se sentaient même d'autant mieux à l'aise pour l'afficher que, désormais, on ne pouvait plus, autour d'eux, les accuser d'y sacrifier les bons rapports avec les autres puissances con-

(vol. I, p. 402), il y aurait eu plus encore. Cet homme d'État a consigné en effet sur son journal, à la date du 3 juin 1853, qu'en 1844, un *memorandum* secret avait été signé, à Londres, par le Czar d'une part, par Robert Peel, Wellington et Aberdeen d'autre part; il avait pour objet d'assurer à la Russie, sans consulter la France, son protectorat sur les Lieux saints et sur la religion grecque en Turquie. L'existence de cette pièce, connue seulement de la Reine, était révélée à chaque nouveau ministre des affaires étrangères lors de son entrée en fonction. C'était ainsi que lord Malmesbury l'avait connue, lorsqu'il avait été chargé du *foreign office*, peu avant de raconter ces faits dans son journal. L'assertion est précise et paraît fort autorisée. Je sais cependant qu'en Angleterre des personnes bien placées pour connaître les faits, et particulièrement pour avoir été informées de tous les actes de lord Aberdeen, ne croient pas à l'existence d'un *memorandum* signé par les ministres anglais. A leur avis, lord Malmesbury avait dû faire une confusion avec le *memorandum* de M. de Nesselrode. Les éléments nous manquent, en France, pour éclaircir cet incident. C'est aux historiens anglais qu'il appartient de le faire.

tinentales. Quant à la reine Victoria, nous connaissons ses impressions, par ses lettres au roi des Belges et par son journal[1] : d'abord assez prévenue contre le Czar et ayant appris sa visite avec ennui, tant d'efforts pour lui plaire ne l'avaient pas trouvée insensible. « Certainement, écrivait-elle, cette visite est un grand événement et un grand compliment : le peuple ici en est très flatté. » Elle croyait découvrir en Nicolas, à défaut de l'étendue et de la culture d'esprit qui l'avaient tant intéressée chez Louis-Philippe, certaines qualités de cœur, une sincérité, une chaleur dans les affections de famille, qu'elle « ne pouvait s'empêcher d'aimer ». Et puis, elle se prenait de compassion pour le fond de tristesse qu'elle apercevait derrière ce masque superbe[2]. Mais, si séduite ou touchée qu'elle pût être, la Reine, comme ses ministres, souhaitait vivement que cet incident ne changeât rien aux relations amicales nouées avec la cour de France. Elle était fort préoccupée de la pensée que le bruit fait autour du voyage impérial pouvait détourner Louis-Philippe de lui rendre à Windsor, comme il en avait annoncé l'intention, la visite qu'elle lui avait faite à Eu. Aussi, dans la lettre même où elle racontait au roi des Belges ses impressions sur son hôte, elle ajoutait : « J'espère que vous persuaderez au Roi (Louis-Philippe) de venir tout de même au mois de septembre. Notre intention et notre politique n'ont rien d'exclusif; nous tenons à être en bons termes avec tous. Et pourquoi pas? nous n'en faisons pas mystère. » Louis-Philippe était sans doute fort désireux de répondre au vœu de la Reine. Mais avant qu'il pût le faire, d'autres difficultés plus graves encore allaient mettre en péril l'entente cordiale. Cette fois, ce n'est plus en Océanie, c'est en Afrique qu'il faut porter nos regards.

---

[1] *The Life of H. R. H. the Prince Consort*, par sir Théodore MARTIN.

[2] La Reine écrivait le 4 juin 1844 : « L'Empereur fait à Albert et à moi l'impression d'un homme qui n'est pas heureux et sur lequel son immense puissance et sa position pèsent lourdement et péniblement. » Elle ajoutait un peu plus tard : « Il n'est pas heureux, et ce fond de tristesse qui se lit sur ses traits nous faisait parfois de la peine. Je ne sais pas pourquoi, mais je ne peux pas m'empêcher de le plaindre. »

III

On se rappelle comment Abd el-Kader, partout vaincu et pourchassé, avait été contraint, au commencement de 1844, de se réfugier sur la frontière du Maroc. Pour continuer la lutte, il ne lui restait plus qu'une ressource, obtenir le concours de cet empire. Le terrain lui était favorable, aussi bien à cause du fanatisme de la population que de l'état anarchique du gouvernement, l'une facile à entraîner, l'autre à dominer. Depuis longtemps, nous avions de ce côté des difficultés de frontière : il avait fallu nous défendre contre des incursions et contre des chicanes. Sous l'influence d'Abd el-Kader, ces incursions devinrent plus menaçantes, ces chicanes plus insolentes. Il nous revenait que l'on commençait à prêcher la guerre sainte chez les tribus marocaines, et que des rassemblements armés se formaient autour d'Oudjda, la ville la plus proche de notre territoire. La Moricière, qui commandait dans la province d'Oran, voyait le danger grossir. Tout en restant sur la défensive et en évitant soigneusement ce qui eût pu provoquer la guerre ouverte désirée par l'émir, il prenait ses précautions; ainsi, vers la fin d'avril 1844, pour surveiller et protéger la frontière, il établissait un poste fortifié à Lalla-Maghnia, à l'ouest de Tlemcen, entre cette ville et Oudjda. Les autorités marocaines réclamèrent contre cet établissement; réclamation sans fondement aucun et qui trahissait un parti pris de querelle, car le territoire de Lalla-Maghnia, du temps des Turcs, avait toujours fait partie de la régence. La Moricière répondit avec autant de fermeté que de calme et continua l'installation du nouveau poste. Chaque jour, la situation devenait plus tendue. Enfin, le 30 mai 1844, sans autre avis préalable, un corps nombreux de cavaliers marocains, conduit, disait-on, par un personnage de la famille impériale, vint attaquer La Moricière dans son camp. Le général était sur ses gardes. Après un vif combat, il repoussa les assaillants, leur infligea des pertes sérieuses, mais se borna à les poursuivre jusqu'à la frontière. Cette attaque ouverte créait une situation nouvelle. Averti et appelé par La Moricière, le maréchal Bugeaud se dirigea aussitôt, avec quelques renforts, vers Lalla-Maghnia. En chemin, il manda au ministre de la guerre que son intention était de mettre fin à un état « équivoque », dangereux pour l'Algérie, et d'obliger les autorités marocaines à choisir entre une paix sérieuse ou une guerre ouverte. « J'aime mieux la guerre ouverte sur la frontière, disait-il, que la guerre des conspirations et des insurrections derrière moi. S'il faut faire la guerre, nous la ferons avec vigueur, car j'ai de bons soldats, et, à la première affaire, les Marocains me verront sur leur territoire. Je vous avoue que si j'eusse été à la place de M. le général de La Moricière, je n'aurais pas été si modéré. »

La nouvelle du combat du 30 mai, arrivée à Paris au moment où le gouvernement se félicitait d'être sorti des ennuis de Taïti, lui causa une vive contrariété. Comme le maréchal Bugeaud, le ministère comprenait l'impossibilité de garder plus longtemps une attitude purement passive en présence de telles agressions. Mais, mieux que lui, il se rendait compte des embarras que cette affaire pouvait nous attirer en Europe. Le voisinage de Gibraltar, d'anciens traités, des relations commerciales assez actives, rendaient le cabinet de Londres fort attentif à ce qui touchait le Maroc; il prenait facilement ombrage de toute intervention des autres États en ces parages, et ses inquiétudes augmentaient encore quand il s'agissait de la puissance qu'il avait vue déjà, avec tant de déplaisir, s'établir en Algérie. Il nous fallait donc, d'une part, parler et au besoin frapper assez fort pour mettre les Marocains à la raison; d'autre part, ménager les susceptibilités anglaises, afin que l'entente cordiale, à peine sauvée des périls que lui avaient fait courir les incidents du Pacifique, ne succombât pas dans cette nouvelle épreuve. Par la manière dont il prit tout de suite position, le gouvernement montra qu'il ne perdait de vue aucune des faces du problème. Dès le 12 juin, M. Guizot donna ordre à notre consul général à Tanger d'adresser « les plus vives représentations » au gouvernement marocain. « Est-ce la paix ou la guerre que veut ce gouvernement? demandait notre ministre. Si c'est la guerre, nous en aurions un sincère regret, mais nous ne la craignons pas. Si c'est la paix, qu'il le prouve en nous accordant les satisfactions qui nous sont dues. » Suivait l'énumération de ces satisfactions : elles sont intéressantes à noter, car l'*ultimatum*, ainsi formulé dès le premier jour, devait être maintenu à peu près sans changement jusqu'au dernier ; c'était la dispersion des troupes réunies sur la frontière, le châtiment des chefs coupables, le renvoi d'Abd el-Kader, enfin la délimitation des territoires conformément à l'état de choses existant du temps des Turcs. M. Guizot protestait d'ailleurs que la France « n'avait absolument aucune intention de prendre un pouce de territoire marocain, et ne désirait que vivre en paix avec l'Empereur » ; mais il se disait résolu à « ne pas souffrir que le Maroc devînt, pour Abd el-Kader, un repaire inviolable d'où partiraient des agressions semblables à celle qui venait d'avoir lieu ». En vue d'appuyer cette démarche diplomatique, des renforts furent envoyés au maréchal Bugeaud, et, mesure plus grave au point de vue de l'effet européen, une division navale, commandée par le prince de Joinville, reçut ordre de se rendre sur les côtes du Maroc. Le choix d'un tel commandant, au lendemain de la publication de la note sur l'*État des forces navales de la France,* avait quelque chose d'assez hardi ; mais M. Guizot avait causé à fond avec le prince et s'était assuré de la façon dont il comprendrait sa mission. « Quand il y a une occupation sérieuse à donner à des princes jeunes et capables, écrivait-il à M. de Sainte-Aulaire, il faut la leur donner ; c'est quand ils ne font rien qu'ils ont des fantaisies [1]. » Les instructions remises aux commandants de

---

[1] Cette pièce et presque toutes celles que nous citerons ou auxquelles nous ferons allusion dans la suite de ce paragraphe, ont été publiées alors par le gouvernement, pour être distribuées aux Chambres. Nous les compléterons avec d'autres documents cités par M. Guizot dans ses *Mémoires*.

Quelques mois plus tard, à la tribune de la Chambre, M. Guizot, parlant

mer et de terre rappelaient avec insistance que, pour le moment, il s'agissait d'intimider plutôt que de frapper; c'était seulement au cas de nouvelle attaque ou de rejet de notre *ultimatum*, que la guerre devait commencer.

Outre-Manche, les mesures prises par le gouvernement français, surtout la démonstration navale et le choix du prince de Joinville causèrent une vive émotion. Les Anglais s'imaginèrent aussitôt, — et le chef du cabinet, sir Robert Peel, ne fut pas le moins prompt à concevoir ce soupçon, — que les choses tourneraient comme lors de la querelle avec le dey d'Alger, et que, partis sous prétexte de venger une injure, nous finirions par entreprendre une conquête. Inquiétude assez naturelle, mais en fait bien mal fondée. Depuis longtemps, par la seule considération des intérêts français, le gouvernement du roi Louis-Philippe était fort décidé à se tenir en garde contre cette tentation des agrandissements successifs qu'éprouve toute nation civilisée établie en pays barbare; c'était à son corps défendant qu'il avait été amené peu à peu à conquérir toute l'Algérie; il trouvait que c'était bien assez et entendait ne pas se laisser entraîner au delà des limites de l'ancienne régence ; au Maroc comme à Tunis, il ne désirait que le maintien du *statu quo*[1].

M. Guizot s'efforça de dissiper les soupçons de l'Angleterre, en faisant connaître à notre ambassadeur à Londres nos intentions en cette affaire et les instructions envoyées à nos agents. « Vous voilà bien au courant,

---

du choix du prince de Joinville, disait : « Il n'y a aucun de vous, messieurs, qui ne se rappelle le bruit, je dirai l'abus qu'on a fait de la note de M. le prince de Joinville sur les forces navales de la France. On a voulu y voir, y faire voir un acte, une velléité du moins, de malveillance pour le cabinet, d'hostilité pour l'Angleterre. On avait fait ainsi au noble prince une situation délicate. Nous avons pensé qu'il était de notre devoir de lui fournir la première occasion de montrer à la fois son dévouement au pays, à l'honneur et à la dignité du pays, et en même temps son intelligence de la politique qui convient au pays. » (Discours du 21 janvier 1845.)

[1] Le 30 septembre 1843, à propos de difficultés qui s'étaient produites avec quelques tribus tunisiennes de la frontière, le roi Louis-Philippe écrivait au maréchal Soult : « En vérité, nous avons déjà assez de territoires et de tribus à soumettre, sans chercher à en augmenter l'étendue et le nombre. » (*Documents inédits.*)

disait-il en terminant à M. de Sainte-Aulaire : que lord Aberdeen le soit comme vous... En présence de tant de méfiances aveugles, ce que nous avons de mieux à faire, je crois, c'est de nous tout dire. Pour mon compte, je n'y manquerai jamais, et j'espère que lord Aberdeen en fera toujours autant. » Ce langage sensé et loyal fit effet sur le chef du *Foreign Office,* qui reconnut la justice de notre cause, la droiture de nos vues, et amena ses collègues plus soupçonneux à les reconnaître également. Sir Robert Peel lui-même déclara, le 25 juin, à la Chambre des communes, que le cabinet de Paris avait donné au gouvernement de la Reine des « explications complètes » sur les faits du passé comme sur ses intentions d'avenir, et que ces explications étaient « satisfaisantes ». Efficace contre l'opposition anglaise, cette réponse fournit à l'opposition française le prétexte d'une assez méchante chicane : les orateurs et les journaux de la gauche et de l'extrême droite affectèrent d'en conclure qu'il avait été donné connaissance au cabinet de Londres des instructions militaires envoyées au prince de Joinville et au maréchal Bugeaud, et ils s'en indignèrent comme d'un manque de convenance patriotique [1]. M. Guizot n'eut pas de peine à établir qu'on abusait des paroles de sir Robert Peel, que celui-ci avait reçu communication, non des instructions militaires, mais de la substance des instructions politiques. N'était-il donc pas naturel et conforme à l'usage, au début d'une guerre, d'éclairer et de rassurer les autres puissances, et particulièrement les puissances amies, sur les intentions qu'on y apportait? Pour prouver d'ailleurs qu'il n'y avait eu là aucune confidence déplacée, le ministre répéta, à la tribune, ce qu'il avait dit dans le huis clos des chancelleries, saisissant volontiers cette occasion de donner à tous, par une déclaration solennelle et publique, une nouvelle garantie de la modération et du désintéressement de la France.

En réponse à la communication qui lui avait été donnée,

[1] Débats du 5 juillet 1844 à la Chambre des députés, et du 10 juillet à la Chambre des pairs.

lord Aberdeen, rendant confiance pour confiance, nous fit connaître les instructions qu'il adressait à ses propres agents ; elles contenaient ordre au consul d'Angleterre à Tanger d'aller trouver l'empereur du Maroc et de le presser de nous donner satisfaction. Sans le demander formellement, le ministre britannique eût été bien aise de transformer cette intervention toute spontanée de sa part en une médiation acceptée des deux parties ; mais notre gouvernement ne s'y préta pas : il ne suffisait pas à la France d'obtenir justice ; il lui fallait montrer qu'elle avait la volonté et la force de se faire justice elle-même [1]. Lord Aberdeen n'en témoigna pas d'humeur et persista dans son attitude conciliante. Se méfiant de l'esprit de rivalité jalouse qui animait la marine anglaise, il rappela aux commandants des navires en croisière sur la côte marocaine « qu'en envoyant ces navires, le gouvernement de la Reine n'avait pas l'intention de prêter appui au Maroc dans sa résistance aux demandes justes de la France », et il invita ces officiers à user au contraire de leur influence pour appuyer ces demandes. Il prescrivit en outre que le nombre des bâtiments anglais dans les eaux du Maroc ne fût jamais supérieur ni même égal à celui des bâtiments français.

Pendant ce temps, que se passait-il en Afrique ? Que faisaient le maréchal Bugeaud et le prince de Joinville ? Le premier, arrivé à Lalla-Maghnia le 12 juin, essaya d'abord des négociations, et, le 15, le général Bedeau s'aboucha avec le caïd d'Oudjda ; cette entrevue ne fit que mettre en lumière les mauvais desseins de ceux auxquels nous témoignions des dispositions si conciliantes, et se termina par des coups de fusil. Le gouverneur cependant ne commença pas la guerre ; il se borna à saisir toutes les occasions que

---

[1] M. Désages écrivait à M. de Jarnac, le 8 juillet 1844 : « L'opinion repousse de bien loin toute idée de médiation réelle ou apparente. Nous désirons sincèrement que l'influence anglaise au Maroc s'emploie à faire entendre raison aux Marocains : nous serons heureux qu'elle atteigne ce but ; mais nous devons et voulons laisser au cabinet de Londres la libre et entière appréciation des moyens propres à y conduire. Aucun concert, aucune discussion ne doit s'établir entre Paris et Londres à cet égard. »

lui fournissaient les agressions des Marocains, pour les frapper rudement, ne se refusant pas parfois de pousser une pointe hors du territoire français pour rabattre un peu tant d'insolence, mais rentrant aussitôt après dans ses lignes. Si le maréchal se contenait ainsi par obéissance aux ordres réitérés qui lui venaient de Paris, ce n'était qu'en frémissant et en maugréant. A la vue des camps qui se formaient et grossissaient de l'autre côté de la frontière, au bruit des cris de guerre sainte qui arrivaient jusqu'à lui, il aspirait impatiemment à prendre l'offensive et rêvait même d'une expédition à Fez[1]. Par un contraste inattendu, le jeune amiral, dont la nomination à la tête de la flotte française avait paru à plusieurs une imprudence, entrait plus complètement que le maréchal dans la politique réservée du cabinet. Après s'être montré une première fois devant Tanger, le prince de Joinville s'était retiré à Cadix, pour laisser aux influences pacifiques le temps d'agir au Maroc, et particulièrement pour attendre le résultat des démarches du consul anglais. « Tout ce qu'on fera de démonstrations et de menaces, écrivait-il le 10 juillet au ministre de la marine, ne pourra que servir les projets de nos ennemis... Pour moi, à moins que le maréchal Bugeaud, poussé à bout, ne déclare la guerre, ou à moins d'ordres contraires du gouvernement, je suis bien décidé à ne pas paraître sur les côtes du Maroc. Je ferai en sorte que l'on me sache dans le voisinage, prêt à agir si la démence des habitants du Maroc nous y forçait; mais j'éviterai de donner par ma présence un nouvel aliment à l'excitation des esprits. » Cette prudence ne lui faisait pas oublier le soin de notre influence et de notre dignité, et il ajoutait : « Un seul cas me ferait passer par-dessus toutes ces considérations, c'est celui où une escadre anglaise viendrait sur les côtes du Maroc... Il est essentiel que cette affaire ne soit pas traitée sous le canon d'une escadre étrangère. » Quelques jours plus tard, en effet, au bruit que

---

[1] Le Roi était fort préoccupé des idées qui traversaient à ce sujet l'esprit du maréchal Bugeaud. (Lettres du roi Louis-Philippe au maréchal Soult, en juillet 1844. *Documents inédits.*)

les vaisseaux de la Reine arrivaient devant Tanger, il appareillait aussitôt ; mais les Anglais n'ayant fait que passer, il reprit son poste d'observation. « J'étais sûr, écrivait M. Guizot à M. de Jarnac, que M. le prince de Joinville jugerait avec beaucoup de sagacité et agirait avec beaucoup de prudence ; je ne me suis pas trompé. » Par contre, le maréchal Bugeaud trouvait cette prudence excessive, et il l'écrivait sans ménagement au prince, qui était peu habitué à recevoir de tels reproches et nullement disposé à les mériter.

Ainsi vers la fin de juillet de 1844, grâce à la patience de la France, la guerre n'était pas encore ouvertement déclarée ; mais il était visible que cette patience touchait à son terme, et que si l'obstination fanatique du Maroc persistait, force nous serait de recourir aux grands moyens. On s'en rendait bien compte outre-Manche, et la préoccupation y devenait chaque jour plus vive. A la Chambre des communes, l'opposition dénonçait, avec une véhémence croissante, la faiblesse du cabinet tory envers la France, et ces attaques trouvaient écho dans l'opinion. Le cabinet en était troublé et sentait renaître à notre endroit ses méfiances de la première heure. Certains ministres commençaient à parler des armements à faire en vue d'un conflit possible. Lord Aberdeen, tout en tâchant de calmer ses collègues, ne manquait pas une occasion de répéter à notre représentant que « c'était la plus grosse question qui se fût élevée entre les deux puissances, depuis 1830 ». Et il ajoutait : « Je veux éviter le plus possible de susciter des difficultés extérieures à M. Guizot, ou de prévoir les extrémités, même les plus inévitables ; mais de vous à moi, soyez sûr que l'occupation définitive d'un point quelconque de l'empire marocain par la France serait forcément un *casus belli*, et que, dans la mesure même où vous paraîtriez prendre pied définitivement, nous serions contraints de faire des démonstrations de guerre proportionnelles[1]. »

---

[1] Dépêche de M. de Jarnac, en date du 29 juillet 1844. (Notice sur lord Aberdeen, par M. DE JARNAC.)

IV

La question du Maroc fût-elle demeurée la seule pendante entre la France et l'Angleterre, qu'elle eût suffi à rendre leurs relations fort délicates. Mais vers la fin de juillet, au moment même où cette question éveillait tant d'inquiétudes et de susceptibilités outre-Manche, une nouvelle y tomba, un peu comme un charbon ardent sur un baril de poudre; il s'agissait, cette fois encore, d'un incident survenu dans cette région du Pacifique d'où nous étaient déjà arrivés tant de contretemps. Étranges complications que celles qui obligent ainsi l'historien à se transporter si brusquement d'Océanie en Afrique, puis d'Afrique en Océanie. Naguère, à peine le gouvernement français s'était-il cru débarrassé de l'affaire de Taïti, que surgissait celle du Maroc. Cette fois, c'est l'imbroglio océanien qui renaît et vient non pas succéder, mais s'ajouter au conflit africain : les deux difficultés se mêlent et s'aggravent l'une l'autre.

Que s'était-il donc passé à Taïti? Lorsque l'amiral Dupetit-Thouars avait, en novembre 1843, par une mesure que son gouvernement ne devait pas sanctionner, substitué au protectorat la souveraineté directe de la France, plusieurs des missionnaires méthodistes avaient pris une attitude hostile. M. Pritchard, le plus animé et le plus remuant de tous, amena aussitôt son pavillon de consul et annonça qu'il cessait ses fonctions. En même temps, il disait aux indigènes et à la reine Pomaré, toujours dominée et conduite par lui, que l'Angleterre ne reconnaîtrait pas le nouveau régime, et que ses vaisseaux allaient venir y mettre fin. Par leurs démarches et leur langage, certains officiers de la marine britannique semblaient s'associer à ces menées. Elles eurent le résultat qui était à prévoir : sur plusieurs points, la fermentation naturelle, produite par notre prise de possession, tourna bientôt en révolte ouverte. Dans cette situation difficile, le capitaine de vaisseau Bruat, qui venait de prendre le commandement des établissements français dans l'Océanie, se montra énergique et habile, frappant fort au besoin pour maintenir notre autorité, mais sans provoquer d'incidents qui compliquassent nos relations avec l'Angleterre. Tous ses sous-ordres n'eurent pas malheureusement la même prudence. Au commencement de mars 1844, pendant que le commandant bataillait à l'une des extrémités de l'île, le capitaine de corvette d'Aubigny, qui le remplaçait dans la capitale, prit occasion d'une attaque dirigée contre un matelot, pour établir le plus rigoureux état de siège et faire arrêter, sans éclaircissements préalables, M. Pritchard qu'il désigna, dans une proclamation pleine de menaces irritées, comme le seul instigateur de la révolte; l'ancien consul fut enfermé dans un étroit réduit situé au-dessous d'un blockhaus; privé de toute communication, même avec sa famille, il ne recevait sa nourriture que par une trappe du plafond, et, malade, il ne pouvait consulter son médecin que par le même orifice. M. Bruat, revenu quatre jours après, jugea que son subordonné avait été trop vite et trop loin; il se hâta de faire retirer le prisonnier de son cachot et de le transférer à bord d'une frégate, en recommandant de le traiter avec beaucoup d'égards. Quelques jours après, il le remit au capitaine d'un navire anglais, sous la condition qu'il quitterait aussitôt les eaux de Taïti.

Ce fut ce navire qui, arrivé en Angleterre le 26 juillet 1844, y jeta brusquement la nouvelle que, dans cette île de Taïti où l'on pensait déjà avoir eu tant à se plaindre de la France, un ministre de l'Évangile, un consul d'Angleterre (on ne savait pas que M. Pritchard avait amené son pavillon), venait d'être brutalement arrêté par les autorités françaises, enfermé dans un cachot malsain sans aucune forme de procès, puis expulsé. La victime était là en personne, donnant aux faits, par son récit, l'aspect le plus révoltant, réclamant de son gouvernement et de ses compatriotes protection et vengeance. L'effet fut immense sur des esprits que tant d'incidents avaient déjà rendus singulièrement nerveux. Toute la presse poussa un cri d'indignation et demanda la réparation immédiate de l'atteinte portée à l'honneur britannique. Les journaux whigs, impuissants cette fois à dépasser en véhémence les journaux tories, accusaient les ministres *guizotés*, comme ils appelaient Robert Peel et ses collègues, d'avoir provoqué cette « indignité » par leur patience excessive envers la France. La colère la moins terrible n'était peut-être pas celle des sociétés bibliques, des *saints*, qui partout se démenaient et manifestaient en l'honneur de leur martyr. « Jamais, depuis mon arrivée à Londres, écrivait notre chargé d'affaires, je n'ai vu un incident de la politique extérieure faire une telle impression. » Sous le coup de cette excitation générale, sir Robert Peel perdit tout sang-froid, et, le 31 juillet, avant d'avoir pu recevoir ni même demander aucune explication du gouvernement français, il s'exprima ainsi, dans la Chambre des communes, en réponse à une question de sir Charles Napier : « Présumant que les rapports reçus sont exacts, je n'hésite pas à dire qu'un outrage grossier, accompagné d'une grossière indignité (*a gross outrage accompanied with gross indignity*), a été commis contre l'Angleterre, dans la personne de son agent. » Il terminait en exprimant l'espoir que « le gouvernement français prendrait des mesures immédiates pour faire à ce pays l'ample réparation qu'il avait droit de demander ».

Dès qu'il avait appris les événements de Taïti, M. Guizot avait écrit à M. de Jarnac qui, en l'absence de M. de Sainte-Aulaire, était alors notre chargé d'affaires à Londres : « Voici de bien désagréables nouvelles : tout cela me contrarie vivement. » Le cabinet de Paris estimait le procédé du capitaine d'Aubigny violent et excessif. Tel était d'ailleurs le jugement porté, sur les lieux mêmes, par le commandant Bruat, qui avait pourtant bien sujet d'être irrité contre M. Pritchard, et qui devait désirer de ne pas charger un camarade : dans son rapport au ministre, après avoir déclaré que, « dans l'agitation où se trouvait le pays », l'état de siège et l'arrestation étaient « nécessaires », il avait ajouté : « Je n'ai dû approuver ni la forme ni le motif de cette arrestation. » Les autorités françaises s'étaient donc mises dans leur tort. Mais c'est toujours chose délicate, de puissance à puissance, que de reconnaître un tort. Ce l'était plus encore dans l'état de l'esprit public en France. La précipitation violente avec laquelle le premier ministre anglais s'était exprimé à la Chambre des communes, ne nous rendait pas les explications plus aisées. « Vous n'avez pas d'idée, écrivait M. Guizot à M. de Jarnac, de l'effet qu'ont produit ici les paroles de sir Robert Peel et de ce qu'elles ont ajouté de difficultés à une situation bien difficile ; le fond de l'affaire a presque disparu devant un tel langage. » La presse, qui eût été, dans tous les cas, portée à prendre parti pour des officiers français contre des prédicants anglais, y apporta dès lors encore plus de passion. Le *Journal des Débats* essayait-il timidement d'insinuer qu'il fallait attendre des renseignements plus complets pour apprécier certains détails de forme, les autres journaux s'indignaient comme si on leur proposait de sacrifier l'honneur national. La plupart d'entre eux ne cachaient pas que ce qui leur plaisait dans la conduite de nos marins, c'était la mortification qu'en ressentaient nos voisins d'outre-Manche. Au théâtre, le public battait des mains à tout ce qui pouvait paraître une allusion contre la Grande-Bretagne ; il demandait l'air de l'opéra de *Charles VI* : « Jamais en France, jamais l'Anglais ne régnera », et il l'accueillait avec des transports frénétiques. Si M. Guizot n'eût pas mieux résisté que sir Robert Peel à l'émotion qui l'entourait, et si, du haut de la tribune française, il eût parlé sur le même ton, que ne serait-il pas arrivé ? Mais plus maître de lui, plus soucieux des périls extérieurs du pays, et plus dédaigneux de ses propres embarras intérieurs, il résolut de ne répondre à aucune interpellation. « Il y a un moment, dit-il, où la discussion porte la lumière dans les questions de politique étrangère ; il y en a d'autres où elle y mettrait le feu... Convaincu, comme je le suis, que, pour celle dont il s'agit, il y aurait un inconvénient réel à la débattre en ce moment, je m'y refuse absolument. » Il renvoya toute explication à l'époque « où les faits et les droits dont il s'agissait auraient été éclaircis ». Vainement fut-il pressé, à la Chambre des pairs, le 3 août, par le prince de la Moskowa et M. de Montalembert, à la Chambre des députés, le 5 août, par M. Billault et M. Berryer, il maintint fermement son droit de se taire. « Si je disais ici ce que je dois faire ailleurs, déclarat-il, j'échaufferais les ressentiments que je veux apaiser. » La session fut close sur ce refus, et le gouvernement français put dès lors entamer une négociation déjà assez malaisée en elle-même, sans être encore embarrassé par des discussions parlementaires [1].

« Tenez pour certain, écrivait M. Guizot à M. de Jarnac, qu'ici comme à Londres, il faut mener cette affaire doucement, et que, si elle continuait comme elle a commencé, elle nous mènerait nous-mêmes fort loin. » Lord Aberdeen le comprenait aussi et n'avait aucune envie de négocier comme sir Robert Peel avait parlé. Sa première démarche fut même pour nous déclarer, en forme de semi-désaveu, que le premier ministre « ne reconnaissait la complète exactitude d'aucune des versions données de ses paroles par les journaux ». De plus, il s'abstint de nous adresser la demande formelle de réparation qu'avait fait prévoir le langage du premier ministre, et attendit ce que le gouvernement français offrirait spontanément, voulant lui éviter toute apparence de céder à une injonction étrangère. Comme, de son côté, M. Guizot jugeait utile de gagner du temps, dans l'espoir que ce temps amortirait un peu la vivacité des impressions en France et en Angleterre, il n'y eut pas d'abord à proprement parler de communications officielles entre les deux ministres. Ce fut par un échange d'idées tout officieux qu'ils s'appliquèrent à préparer une solution amiable. M. Guizot commença par établir un point important, à savoir que M. Pritchard, par son fait même,

---

[1] Pour l'histoire des négociations qui vont suivre, j'ai consulté les documents qui ont été distribués aux Chambres à la fin de 1844, ceux qui ont été cités par M. Guizot dans ses *Mémoires*, par M. de Jarnac dans sa notice sur lord Aberdeen, et aussi quelques documents inédits, entre autres la correspondance de M. Désages avec M. de Jarnac.

n'était plus consul à Taïti au moment où il avait été arrêté. Lord Aberdeen le reconnut; mais il ne s'en plaignait pas moins qu'un citoyen anglais, encore officier de la Reine, puisqu'il avait un brevet de consul dans un autre archipel, eût été emprisonné et expulsé arbitrairement; il prétendait qu'une réparation était due de ce chef; il donnait même à entendre qu'elle devait consister dans le retour momentané de M. Pritchard à Taïti, et dans l'éloignement de MM. Bruat et d'Aubigny. M. Guizot maintint, en principe, notre droit d'expulser un étranger, et affirma, en fait, qu'il y avait eu des raisons d'user de ce droit contre M. Pritchard; il admit seulement, s'attachant à ne pas dépasser sur ce point les appréciations de M. Bruat, que les procédés employés avaient eu quelque chose d'excessif; il se montra disposé à en témoigner son regret et, dans une certaine mesure, son improbation, mais rien de plus; quant au retour de M. Pritchard et au rappel de nos officiers, il déclara qu'il s'y refuserait absolument. L'attitude de notre ministre témoignait à la fois d'un grand désir d'accord et d'une volonté très nette de ne rien abandonner de ce qui intéressait la dignité de son pays. « Tournez et retournez en tous sens cette idée, écrivait-il le 15 août à M. de Jarnac, qu'il est impossible que la paix du monde soit troublée par Pritchard, Pomaré et d'Aubigny, sans aucun vrai ni sérieux motif. Ce serait une honte pour les deux cabinets. C'est là le cri du bon sens. Donnons à la foule, des deux côtés de la Manche, le temps de le sentir; elle finira par là. Pour moi, j'irai aussi loin que me le permettront la justice envers nos agents et notre dignité. S'il y a de l'humeur à Londres, j'attendrai qu'elle passe; mais s'il y a un acte d'arrogance, ce ne sera pas moi qui le subirai. » Il ajoutait, le 18 août : « Je compte pleinement sur le bon esprit de lord Aberdeen. Nous avons, entre lui et moi, étouffé, depuis trois ans, bien des germes funestes. J'espère que nous étoufferons encore celui-ci... Pour mon compte, je ferai, sans hésiter et quoi qu'il m'en puisse arriver, ce qui me paraîtra juste et honorable; mais s'il devait y avoir au bout de tout ceci une faiblesse ou une folie, bien certainement je ne m'en chargerais pas. » Le chef du *Foreign Office* n'était pas insensible à de tels appels. Toutefois, l'excitation des esprits, autour de lui et jusque dans le sein du cabinet, entravait sa bonne volonté. Impatient de voir arriver l'offre de réparation dont il nous avait laissé l'initiative, il écrivait à son ambassadeur à Paris que si la France tardait davantage, il se verrait à regret dans la nécessité d'exposer officiellement les motifs pour lesquels l'Angleterre avait droit à cette réparation. Un autre jour, il racontait à M. de Jarnac comment il avait dû, pour contenter ses collègues, rédiger une note annonçant à la France que M. Pritchard allait être ramené à Taïti par un navire anglais. « Elle est là sur mon bureau, ajoutait-il, mettez-moi en mesure de l'y laisser. » Il était seul dans le cabinet à se prononcer contre une augmentation considérable et immédiate des forces maritimes[1], et, s'il parvenait à faire écarter les mesures d'un apparat provocant, ordre n'en était pas moins donné aux arsenaux de pousser les armements avec une grande activité[2]. Aussi ne dissimulait-il pas son anxiété. « Je ferai tout ce qui sera en mon pouvoir, disait-il à M. de Jarnac, pour aplanir les voies au Roi et à M. Guizot; mais je suis préparé au pire. »

Faut-il ajouter que, des deux côtés du détroit, les oppositions, uniquement occupées d'augmenter les embarras des cabinets, semblaient s'être donné pour tâche d'échauffer les esprits et de rendre toute conciliation plus difficile? En France, les journaux accusaient chaque matin M. Guizot de méditer quelque lâcheté, et ameutaient d'avance contre cette lâcheté toutes les colères patriotiques. En Angleterre, ils faisaient une campagne semblable contre lord Aberdeen; le parti

---

[1] Ces armements étaient réclamés notamment par le duc de Wellington, qui disait « que la disposition des Français était d'insulter l'Angleterre partout où ils pourraient le faire impunément, et que le seul moyen de rester en paix avec eux était d'être plus forts qu'eux sur tous les points du globe ». (*The Greville Memoirs, second part*, t. II, p. 254.)

[2] Cela résulte d'une conversation du duc de Wellington avec M. Greville (*ibid.*), et est confirmé par le journal intime de lord Malmesbury, à la date du 2 septembre 1844. (*Mémoires de lord Malmesbury.*)

des saints excitait par ses meetings le fanatisme protestant; en outre, dans le Parlement, qui était encore en session, lord Palmerston reprochait à son successeur de s'être plus préoccupé de maintenir M. Guizot au pouvoir que de défendre les grands intérêts de son pays, et, parcourant le globe entier, il montrait partout « la diminution de l'influence et de la considération de l'Angleterre [1] ». Pour se défendre, les ministres tories croyaient nécessaire de s'exprimer, sur la réparation due à leur gouvernement, en des termes qui, pour être moins brutaux que les premières phrases échappées à sir Robert Peel, n'en fournissaient pas moins à l'opposition française une arme aussitôt employée.

V

Pendant ce temps, sur l'autre théâtre qu'il ne nous faut pas perdre de vue, le conflit avec le Maroc, loin de s'apaiser, prenait un tour qui augmentait encore l'agitation de l'opinion anglaise. Par une malheureuse coïncidence, les deux questions arrivaient au même moment à leur phase la plus aiguë. Nous avons déjà indiqué que l'attitude expectante où s'étaient d'abord renfermés le maréchal Bugeaud et le prince de Joinville était de celles qui ne pouvaient se prolonger beaucoup. Les jours s'écoulaient, et le gouvernement du Maroc ne faisait aucune réponse satisfaisante à l'*ultimatum* de la France. Les démarches du consul anglais n'obtenaient rien de l'Empereur, soit que celui-ci partageât le fanatisme de ses sujets, soit qu'il fût impuissant à le contenir. Les rares communications auxquelles les agents marocains feignaient de se prêter, n'avaient visiblement d'autre but que de traîner les choses en longueur, jusqu'à ce que la mauvaise saison empêchât notre action militaire et surtout maritime; elles se terminaient d'ail-

---

[1] Voir notamment le discours de lord Palmerston dans la séance du 7 août 1844.

leurs presque toujours par quelque insolence, telle que la sommation d'évacuer Lalla-Maghnia ou de punir le maréchal Bugeaud. Cependant, autour d'Oudjda, l'armée marocaine grossissait chaque jour; le fils de l'Empereur venait en grand appareil se mettre à sa tête, et l'on se préparait plus ouvertement que jamais à la guerre sainte. De l'autre côté de la frontière, le maréchal avait assez d'une attente qui lui paraissait « funeste » et « intolérable ». Il s'en exprimait avec une amertume extrême dans ses lettres au ministre de la guerre. Le prince de Joinville eût été personnellement plus disposé à continuer encore quelque temps les moyens dilatoires; mais il était piqué des reproches du maréchal qui lui écrivait « que la guerre, pour n'être pas déclarée diplomatiquement, n'en existait pas moins de fait », et qui se plaignait que, dans de telles circonstances, la flotte demeurât inactive. Aussi, le 25 juillet, le prince annonça-t-il au ministre de la marine que, se rangeant par déférence à l'avis du gouverneur général, et voulant maintenir l'unité de vue et d'action entre les deux commandements, il se décidait à sortir de sa réserve. En prenant ce grave parti, le jeune amiral n'était pas en désaccord avec son gouvernement; en effet, le 27 juillet, le ministre, avant même d'avoir reçu la lettre du prince, lui écrivait « de commencer les hostilités, si la réponse à l'*ultimatum* n'était pas satisfaisante ».

Une fois résolu à agir, le prince de Joinville ne laissa pas les choses languir. Le 1er août, il était devant Tanger, avec toute son escadre, composée de 3 vaisseaux, 3 frégates, 4 corvettes et plusieurs bâtiments de moindre rang, en tout 28 navires de guerre. Il attendit encore quelques jours, pour être assuré que le consul anglais avait quitté l'intérieur des terres et était en sûreté. Enfin, le 6 août, en présence des escadres étrangères, spectatrices du combat, il ouvrit le feu contre les fortifications. Après deux heures et demie de canonnade, toutes les batteries étaient éteintes et démantelées. La ville avait été épargnée, à cause de son caractère semi-européen. Nos pertes se réduisaient à 16 blessés et 3 morts; l'ennemi avouait 150 morts et 400 blessés.

En apprenant, le 11 août, le bombardement de Tanger, le maréchal Bugeaud ne put retenir un cri de joie. « Le 14 au plus tard, écrivit-il au prince de Joinville, j'ai la confiance que nous aurons acquitté la lettre de change que la flotte vient de tirer sur nous. » Son plan fut aussitôt arrêté avec une telle précision qu'il l'envoya d'avance au ministre de la guerre et au commandant de la flotte. L'armée ennemie était massée au delà d'un petit cours d'eau dont le nom allait devenir fameux, l'Isly; elle se composait presque entièrement de cavaliers; en quel nombre? au moins 45,000, ont dit les uns; d'après les autres, plus de 60,000. Les Français n'étaient que 10,000, mais solides et avec l'élite des officiers d'Afrique, La Moricière, Bedeau, Cavaignac, Pélissier, Tartas, Morris, Yusuf, etc. Le maréchal ne s'inquiétait pas de cette disproportion numérique; il avait des idées très arrêtées sur l'impuissance des multitudes sans organisation et sans tactique, et, depuis quelque temps, il ne manquait pas une occasion de développer cette thèse devant les officiers, les sous-officiers et même les simples soldats; on sait que ce professorat militaire était dans ses habitudes et ses goûts. « Ne comptez donc pas les ennemis, disait-il en terminant ses démonstrations; il est absolument indifférent d'en combattre 40,000 ou 10,000, pourvu que vous ne les jugiez pas par vos yeux, mais bien par votre raisonnement qui vous fait comprendre leur faiblesse. Pénétrez au milieu de cette multitude, vous la fendrez comme un vaisseau fend les ondes; frappez et marchez, sans regarder derrière vous : c'est la forêt enchantée; tout disparaîtra avec une facilité qui vous étonnera vous-mêmes. »

Le 12 août, les troupes furent prévenues qu'elles allaient prendre l'offensive. Dans la soirée, eut lieu une scène dont le souvenir est resté profondément gravé chez tous ceux qui y assistèrent [1]. Les officiers s'étaient réunis, afin d'offrir un punch

---

[1] Voir le récit du général TROCHU dans son livre sur l'*Armée française en 1867*, celui de M. Léon ROCHES, inséré dans l'ouvrage de M. D'IDEVILLE sur le *Maréchal Bugeaud*, celui du capitaine BLANC, dans les *Souvenirs d'un vieux zouave*, et aussi quelques lignes des *Souvenirs d'un officier d'état-major*, par le général DE MARTIMPREY.

à ceux de leurs camarades qui venaient d'arriver de France
pour prendre part à la campagne. La fête se donnait au milieu
du camp, dans une sorte d'enceinte pittoresquement encadrée
de lauriers-roses. On causait, avec une gaieté émue, des événements qui se préparaient. Une seule chose manquait, la
présence du grand chef : celui-ci, très fatigué de sa journée,
était déjà couché. L'interprète, M. Roches, fut dépêché vers
lui. Fort bourré d'abord par celui qu'il réveillait, il le détermina cependant à venir. Les acclamations qui accueillirent le
maréchal à son arrivée chassèrent toute sa mauvaise humeur. On
fit cercle; de sa haute taille, Bugeaud dominait les quatre cents
officiers qui l'entouraient. « Après-demain, mes amis, s'écriat-il d'une voix mâle qui portait au loin, sera une grande journée,
je vous en donne ma parole. Avec ma petite armée, je vais
attaquer l'armée du prince marocain qui s'élève à soixante
mille cavaliers. Je voudrais que ce nombre fût double, fût
triple, car plus il y en aura, plus leur désordre et leur désastre
seront grands. Moi, j'ai une armée, lui n'a qu'une cohue. Je
vais vous prédire ce qui se passera. Et d'abord je veux vous
expliquer mon ordre d'attaque. Je donne à ma petite armée la
forme d'une hure de sanglier. Entendez-vous bien ? La défense
de gauche, c'est Bedeau ; le museau, c'est Pélissier, et moi, je
suis entre les deux oreilles. Qui pourra arrêter notre force de
pénétration? Ah ! mes amis, nous entrerons dans l'armée marocaine, comme un couteau dans du beurre. » Il accompagnait
ses explications de violents gestes des coudes, très expressifs,
qui excitaient la gaieté de l'auditoire. Puis il continua à
exposer « l'invincible supériorité des petits groupes organisés
sur les grandes masses dépourvues d'organisation, à la condition d'une ferme attitude inspirée par la conscience même de
cette supériorité ». Spectacle singulier que celui de ce
général démontrant par avance à son armée la victoire qu'il
allait lui faire remporter. Bugeaud apparaissait vraiment grand
en de pareils moments. L'auditoire était transporté d'enthousiasme, aussi bien les officiers serrés autour du gouverneur,
que les soldats groupés hors de l'enceinte, sur les escarpements

de la vallée, tous fantastiquement éclairés par la lueur des torches, des lanternes en papier de couleur et par les flammes des cinquante gamelles de punch.

Le lendemain, 13 août, l'armée, feignant d'aller au fourrage, se rapprocha de l'ennemi. Le 14, elle se remit en route à deux heures du matin. La confiance et l'entrain régnaient dans tous les rangs, et les fantassins saluaient au passage leur chef par de gais propos. Vers six heures, en débouchant sur une hauteur, on aperçut tout d'un coup les innombrables tentes des camps marocains qui s'étalaient dans un périmètre plus vaste que celui de Paris. A cette vue, un hourra immense sortit de toutes les poitrines. L'armée, formant la fameuse hure, traversa à gué l'Isly. Cependant, les Marocains étaient montés à cheval et se précipitaient sur notre phalange, qui fut littéralement enveloppée d'une nuée de cavaliers. « C'est un lion attaqué par cent mille chacals », disait un Arabe. Nulle part, notre infanterie ne se laissa troubler ni entamer; elle attendait les cavaliers à petite portée, et les arrêtait net par une décharge meurtrière; on les voyait alors tourbillonner sur eux-mêmes et se rejeter en désordre sur ceux qui les suivaient. Pendant deux heures, ainsi entourés et assaillis, les Français avancèrent toujours, conservant leur même ordre; ils finirent par atteindre la hauteur sur laquelle était le camp. Le maréchal, se rendant compte que les bandes marocaines étaient fatiguées et brisées par leurs efforts infructueux, fit sortir ses escadrons de chasseurs et de spahis qu'il avait gardés jusqu'ici entre les oreilles de la hure; il en lança une partie contre le camp, tandis que l'autre précipitait la déroute des cavaliers ennemis. Dès midi, la victoire était complète. Tout s'était passé comme l'avait prévu le maréchal. Nous n'avions eu que vingt-sept morts et une centaine de blessés. Nos adversaires laissaient huit cents cadavres sur le champ de bataille. Un butin immense, la tente, le parasol et la correspondance du fils de l'Empereur, dix-huit drapeaux, onze pièces de canon et jusqu'aux chaînes de fer destinées aux prisonniers français étaient tombés entre nos mains.

Les jours suivants, le maréchal eût volontiers poursuivi plus avant les restes de l'armée marocaine ; mais ses troupes, épuisées par une chaleur torride, décimées par les maladies, étaient, pour le moment, incapables d'un nouvel effort.

Pendant ce temps, la flotte continuait ses opérations. En quittant Tanger, elle se dirigea au sud, vers Mogador. Cette ville, principal centre commercial de l'empire, était la propriété particulière du souverain qui en louait les maisons et trouvait là l'une des sources les plus claires de son revenu. Arrivée, le 11 août, devant Mogador, par une mauvaise mer, l'escadre fut, pendant plusieurs jours, empêchée d'agir. Enfin, le 15, le lendemain de la bataille d'Isly, le bombardement commença. La résistance fut plus sérieuse qu'à Tanger. Après un vif combat, les compagnies de débarquement s'emparèrent de la petite île fortifiée qui fermait l'entrée du port. Le lendemain, nouvelle descente à terre, pour détruire les défenses de la ville. En se retirant, le prince laissa 500 hommes solidement établis dans l'île et quelques-uns de ses bâtiments dans le port.

Neuf jours avaient suffi pour frapper des coups décisifs sur terre et sur mer. Autant nos chefs militaires s'étaient montrés patients et prudents avant que fût venue l'heure d'agir, autant ils avaient été prompts et résolus dans l'action. Des deux façons, ils avaient répondu aux vues du gouvernement. C'était bien ce qui convenait, d'une part pour rassurer l'Europe sur nos desseins, de l'autre pour « prouver au Maroc, suivant le mot du prince de Joinville, qu'il ne fallait pas jouer avec nous ».

VI

Les nouvelles de ces heureux faits d'armes, arrivant coup sur coup, firent grand effet en France. Le public fut flatté dans son amour-propre national ; on lui avait tant répété que le gouvernement n'oserait rien faire ! Les journaux de l'opposition eux-mêmes durent reconnaître que la campagne avait été bien menée; mais ils prétendirent que le prince de Joinville et le maréchal Bugeaud avaient agi contre leurs instructions et violenté la lâcheté du ministère.

En Angleterre, au contraire, où l'opinion était déjà si troublée des événements de Taïti, le canon de notre flotte eut un douloureux retentissement. Le bombardement de Tanger fut connu vers le 16 août. L'alarme se manifesta aussitôt très vive [1], et alla grossissant les jours suivants, bien que les événements plus graves d'Isly et de Mogador fussent encore ignorés. « On répète, écrivait de Londres M. de Jarnac, le 22 août, que la paix du monde entier est maintenant à la merci de chaque incident d'une guerre qui semble placer en conflit inévitable les intérêts majeurs de la France et de l'Angleterre... Je ne vois personne qui ne me parle de la situation actuelle avec une vive appréhension [2]. » Sir Robert Peel sentait renaître ses premières défiances. Se reportant toujours à l'expédition d'Alger en 1830, il exprimait la crainte que les événements du Maroc n'eussent la même issue. Tous les faux bruits qu'on lui apportait sur nos armements maritimes trouvaient créance chez lui; voyant un conflit probable et prochain, il insistait auprès de ses collègues pour que l'Angleterre s'y préparât sans retard. M. Guizot, surpris et blessé

---

[1] « Voilà le canon de Tanger parti, écrivait M. Désages à M. de Jarnac, le 15 août 1844. A en juger par la consternation du pauvre lord Cowley (ambassadeur d'Angleterre à Paris), cela aura grand retentissement à Londres. » (*Documents inédits.*)

[2] Un fait de presse qui fit alors beaucoup de bruit montre bien ce qu'il y avait d'animosité contre la France dans certaines parties de l'opinion anglaise. Le principal journal de Londres, le *Times*, publia quelques lettres qu'il prétendait avoir été écrites par des officiers de la flotte britannique, témoins du bombardement de Tanger, lettres où nos marins et leur chef, « Joinville et sa bande », comme on disait, étaient accusés d'avoir déshonoré le pavillon français par leur incapacité et par leur couardise. L'indignation fut extrême en France. Les plus sages, tels que le *Journal des Débats*, déclarèrent que de tels procédés risquaient de rendre vains les efforts faits pour maintenir la paix. Il est vrai qu'en Angleterre même, on eut honte de ce genre d'attaques; des protestations s'élevèrent contre la publication du *Times*. Les autorités navales s'émurent; une enquête ayant révélé que l'auteur des lettres était le chapelain du vaisseau le *Warspite*, ce chapelain fut révoqué, et le commandant de la flotte britannique dans la Méditerranée flétrit sa conduite par un ordre du jour.

de ces inquiétudes, rappela comment la France avait été forcée à une guerre qu'elle eût désiré éviter, et, tout en revendiquant fermement le droit de ne négliger aucun des moyens qui pouvaient rendre cette guerre efficace et assurer la sécurité de notre territoire algérien, il ajouta, pour dissiper les ombrages de sir Robert Peel : « Pas plus aujourd'hui qu'avant l'explosion de la guerre, nous n'avons aucun projet, aucune idée d'occupation permanente sur aucune partie du territoire marocain. Nos succès ne changeront rien à nos intentions, n'ajouteront rien à nos prétentions. » Lord Aberdeen, demeuré fidèle à l'entente cordiale, se servait de ces déclarations pour rassurer ses collègues, mais pas toujours avec succès.

Ce fut bien pis quand, dans les derniers jours d'août, on apprit, à Londres, la bataille d'Isly, et surtout l'occupation de Mogador, qui apparut comme le début d'un établissement sur la terre marocaine. Les journaux whigs, prompts à exploiter cette alarme jalouse, n'avaient pas assez d'invectives contre ce ministère qui, depuis trois ans, suivant l'expression de lord Palmerston, « baisait presque la terre devant l'allié français ». L'une des conséquences de cette émotion fut de rendre beaucoup plus aiguë, entre les deux cabinets, la question soulevée par l'arrestation de M. Pritchard. Cela se conçoit. Si les événements d'Afrique fournissaient aux whigs un prétexte pour attaquer la politique de lord Aberdeen, il était difficile que le gouvernement britannique y trouvât un sujet sérieux de réclamation à adresser au gouvernement français, surtout en présence des assurances formelles que celui-ci donnait de son absolu désintéressement ; de ce côté, l'Angleterre avait à la fois beaucoup de déplaisir et pas de grief. Mais ce grief qui lui échappait dans l'affaire du Maroc, ne croyait-elle pas le posséder dans celle de Taïti, où M. Guizot n'avait encore offert aucune réparation ? On se montra donc, à Londres, d'autant plus porté à mal prendre ce retard, qu'on était plus mortifié de ce qui venait de se passer en Afrique. L'attitude fut telle, qu'un conflit armé semblait possible, quelques-uns même disaient : probable.

26.

Notre chargé d'affaires, le comte de Jarnac, vit le danger et s'empressa de le signaler à M. Guizot. Dans une dépêche en date du 28 août, il montrait « l'idée s'accréditant, en Angleterre, que, malgré le désir des deux souverains et des deux cabinets, une rupture était à la veille d'éclater ». Puis il ajoutait : « Il est de mon devoir de le dire à Votre Excellence, et assurément je ne suis pas le seul à l'en informer ; la guerre, ses conséquences probables, les forces, les ressources, les alliances respectives des deux pays sont devenues ici le thème général de la conversation, et les classes qui, par leurs habitudes et leurs intérêts, seraient le moins portées à admettre ces formidables éventualités, se prêtent aujourd'hui à les prévoir et à les discuter... Votre Excellence aura remarqué que le rappel de lord Cowley a été formellement indiqué, sinon réclamé, ces jours-ci, par le principal organe de l'opinion publique. Je sais d'ailleurs à ne pouvoir en douter, que les membres les plus influents du conseil des ministres se sont vivement émus de cette situation, qu'un changement complet dans la politique extérieure de la Grande-Bretagne est discuté chaque jour, que les partis les plus extrêmes, ceux qui rendraient peut-être impossible le maintien des relations diplomatiques entre les cours, sont sans cesse passés en revue. J'ai tout lieu de craindre que, si aucun arrangement des différends actuels ne pouvait être arrêté, une politique au plus haut point compromettante pour les relations des deux cours ne saurait longtemps encore tarder à prévaloir dans le conseil. »

L'opposition française a soutenu après coup que, dans cette circonstance, notre jeune chargé d'affaires avait manqué de sang-froid et de clairvoyance, qu'il avait été la dupe de lord Aberdeen, en prenant au vrai des alarmes systématiquement exagérées, et qu'il avait cru trop facilement au danger de la guerre. Les témoignages contemporains anglais, témoignages d'autant moins suspects qu'ils ressortent de documents intimes, nullement destinés à une publicité immédiate, justifient M. de Jarnac. Lord Palmerston écrivait à son frère, le

29 août 1884 : « Les esprits les plus tranquilles commencent à regarder une guerre avec la France comme un événement que toute notre prudence ne peut pas longtemps empêcher et auquel nous devons nous préparer sans délai. Dans une telle guerre, le gouvernement recevra l'appui unanime de la nation entière, et toutes les nouvelles charges qui pourront devenir nécessaires pour cet objet seront volontiers supportées[1]. » Dira-t-on que lord Palmerston est suspect à cause de son animosité contre la France? Voici lady Holland, grande amie de notre pays, fort opposée pour son compte à la guerre, qui constate avec chagrin, dans une lettre à lady Palmerston, « que tout le monde, en Angleterre, est résigné à la guerre et est préparé à la supporter, fût-ce au prix de 10 pour 100 d'*income tax*[2] ». Lord Malmesbury, après avoir rapporté dans son journal intime, toujours à la même époque, que « l'on faisait des préparatifs militaires dans tous les arsenaux », ajoutait : « Lord Canning, sous-secrétaire d'État au *Foreign Office*, m'avait écrit après le bombardement de Tanger que, pendant plusieurs jours, la guerre avec la France avait été imminente ; l'occupation de Mogador va encore compliquer la situation[3]. » Même impression recueillie dans le journal de M. Charles Greville[4]. Enfin, la reine Victoria écrivait à son cher oncle, le roi des Belges, combien elle était « affligée et effrayée du nuage menaçant qui planait sur les relations de l'Angleterre avec la France » ; et plus tard, quand les affaires seront arrangées, elle écrira : « Il est nécessaire que vous et ceux qui sont à Paris sachiez combien le danger était imminent[5]. »

Pendant qu'à Londres les choses menaçaient de tourner à une rupture, en France, on était à la fois inquiet et excité. La Bourse baissait sur les bruits de guerre, et un observateur de sang-froid notait que « jamais, sans en excepter peut-être 1840,

---

[1] BULWER, *Life of Palmerston*, t. III, p. 129.
[2] Cité par lord Palmerston, à la date du 21 août 1844. (*Ibid.*, p. 132.)
[3] *Mémoires de lord Malmesbury*, à la date du 2 septembre 1844.
[4] *The Greville Memoirs, second part*, vol. II, p. 253.
[5] Lettres de la fin d'août et du commencement de septembre 1844, citées dans la *Vie du Prince consort*.

l'opinion, même celle des hommes d'ordinaire sages et pacifiques, n'avait été plus montée contre les Anglais [1] ». Les journaux de la gauche faisaient tout pour augmenter cette excitation. Le moindre ménagement envers la Grande-Bretagne était dénoncé par eux comme une lâcheté et une trahison. A voir la façon dont ils donnaient à entendre que le vrai vaincu n'était pas le Maroc, mais l'Angleterre, on eût dit qu'ils s'étaient donné mission de fournir aliment aux méfiances de cette dernière. S'ils voulaient bien assurer les puissances continentales que, pour le moment, nous ne visions pas la rive gauche du Rhin, ils avertissaient nos voisins d'outre-Manche que notre ambition se portait désormais sur le domaine colonial et maritime. Bien plus, le *National* discutait ouvertement les chances d'un débarquement sur les côtes de la Grande-Bretagne, et il soutenait que l'entreprise était d'un succès facile. Ces articles, aussitôt reproduits et commentés au delà du détroit, ne contribuaient pas à y calmer les esprits.

Les chancelleries européennes apercevaient le péril de la situation et s'en préoccupaient. A Vienne, M. de Metternich, tout en se félicitant de voir « crouler » l'entente cordiale, contre laquelle il s'était toujours plu à dogmatiser, se demandait, non sans angoisse, « si la banqueroute de cette entente cordiale n'entraînerait pas celle de la paix politique » ; en dépit des intentions pacifiques des deux gouvernements, il trouvait « les choses fort dangereusement placées [2] ». Ce que devaient être les espérances du Czar à l'approche d'un tel conflit et ses dispositions empressées à soutenir l'Angleterre contre nous, on peut en avoir idée en se rappelant ce qu'il était venu faire naguère à Londres. Mêmes sentiments, avec un peu moins d'impétuosité, à Berlin. Par une coïncidence qui n'était pas indifférente, le frère du roi de Prusse, celui qui sera plus tard l'empereur Guillaume Ier et le redoutable ennemi de la France, était alors l'hôte de la cour de Windsor et nouait avec elle des

---

[1] *Journal inédit du baron de Viel-Castel*, à la date du 27 août 1844.
[2] Lettres au comte Apponyi, du 29 et du 30 août 1844. (*Mémoires de M. de Metternich*, t. VII, p. 29 à 31.)

relations très intimes. Aussi le *Times*, dans un article menaçant, nous avertissait-il qu'en cas de guerre, les puissances du Nord seraient avec l'Angleterre contre la France isolée. M. Bresson, qui était à cette époque ambassadeur à Madrid, mais qui connaissait bien l'Europe centrale pour avoir été pendant longtemps ministre à Berlin, écrivait à M. Guizot, le 2 septembre : « Finissez cette affaire ; rentrons dans des termes convenables avec l'Angleterre. Le reste de l'Europe épie nos dissentiments, pour se ranger aveuglément et en forcené contre nous. Je connais bien les puissances allemandes ; ne nous faisons pas d'illusions [1]. »

VII

Il ne fallait pas, en effet, laisser se prolonger davantage un tel état de choses. Nos ministres le comprenaient. Il leur paraissait d'ailleurs que les succès obtenus en Afrique permettaient d'être conciliant, et que la victoire rendait la modération plus facile. Le Roi les poussait fort dans ce sens ; depuis longtemps, il aspirait à en finir avec ce qu'il appelait « les tristes bêtises de Taïti », à sortir « du guêpier du Maroc », et à « mettre au *requiem* ces malheureux incidents [2] ».

Tout d'abord, résolution fut prise de ne pas retarder davantage, dans l'affaire Pritchard, la communication officielle que le cabinet anglais attendait depuis plus d'un mois. Seulement, quelle satisfaction le cabinet français allait-il offrir pour les torts de forme que, d'accord avec M. Bruat, il avait reconnus et regrettés dès le premier jour ? Malgré son esprit de conciliation, il persistait à ne pas vouloir entendre parler des mesures

---

[1] *Documents inédits.*
[2] Expressions employées par le Roi dans une lettre au maréchal Soult, en date du 14 août 1844 (*Documents inédits*), et dans une lettre au roi des Belges, non datée, mais qui doit être du 1ᵉʳ ou du 2 septembre. (*Revue rétrospective.*)

suggérées par lord Aberdeen, c'est-à-dire du retour de M. Pritchard et de l'éloignement des officiers français. Il lui fallait trouver quelque autre solution dont se contentât l'Angleterre et qui fût plus acceptable pour la France. Ainsi fut-il amené à reprendre une idée qui s'était fait jour, un moment, à Londres, dans les premiers pourparlers, mais qui avait été aussitôt rejetée dans l'ombre, celle d'une indemnité allouée à M. Pritchard. Il jugeait, non sans raison, beaucoup moins coûteux de payer les torts commis, avec quelques écus qu'avec la disgrâce de nos officiers. Un dédommagement accordé de ce chef laissait entiers le droit de la France et l'honneur de ses agents. Comme M. Guizot l'a écrit lui-même plus tard, on ne pouvait refuser davantage et accorder moins. On devait même craindre que l'Angleterre ne jugeât pas suffisante une satisfaction si inférieure à celle qu'elle avait désirée. Sa décision prise, le cabinet français ne perdit pas un instant. M. Guizot adressa à M. de Jarnac deux dépêches, destinées à être communiquées à lord Aberdeen. Dans la première, datée du 29 août 1844, il commençait par affirmer très nettement que les autorités françaises avaient eu le droit de renvoyer M. Pritchard, et que celui-ci, par sa conduite, avait mérité ce renvoi; seulement, il exprimait son « regret » et son « improbation » au sujet de « certaines circonstances qui avaient précédé l'expulsion ». Il protestait de sa volonté d'assurer à tous les missionnaires la liberté dont ils avaient besoin, mais ne se déclarait pas moins résolu à « maintenir et à faire respecter les droits de la France ». Il terminait en témoignant la « confiance que, pleins l'un pour l'autre d'une juste estime, les deux gouvernements avaient le même désir d'inspirer à leurs agents les sentiments qui les animaient eux-mêmes, et de leur interdire tous les actes qui pourraient compromettre les rapports des deux États ». Dans la seconde dépêche, datée du 2 septembre, M. Guizot, rappelant « son regret et son improbation de certaines circonstances qui avaient précédé le renvoi de M. Pritchard », se disait « disposé à lui accorder, à raison des dommages et des souffrances que ces circonstances avaient pu lui faire éprouver, une équitable indemnité ». Quant à la fixation du chiffre, le ministre proposait d'en remettre le soin aux commandants des stations française et anglaise dans l'océan Pacifique. On le voit, de ces deux pièces il ressortait très clairement que l'indemnité était offerte, non pour l'expulsion dont on maintenait au contraire la légitimité, mais pour quelques « circonstances » fâcheuses qui l'avaient précédée.

Aussitôt nos propositions arrivées à Londres, le cabinet anglais se réunit pour en délibérer. Il trouvait sans doute la satisfaction « mince » (*slender*); mais divers motifs le déterminèrent à n'y pas regarder de trop près : lui aussi sentait le besoin d'en finir; il souhaitait vivement annoncer l'arrangement, dans le discours de clôture de la session qui allait être prononcé le 5 septembre; il se rendait compte combien serait déraisonnable une guerre pour un si petit sujet; enfin, à ce moment même, les affaires d'Irlande prenaient une tournure qui lui faisait désirer de ne pas se mettre un autre embarras sur les bras [1]. Ajoutons que l'influence de lord Aberdeen s'exerçait, comme toujours, dans le sens de la conciliation; M. Guizot lui avait fait savoir d'avance qu'en cas de refus, se trouvant placé entre des concessions qu'il ne voudrait pas faire et la guerre, il ne resterait pas au pouvoir. « Alors, avait répondu le secrétaire d'État, je n'aurais point à choisir; nous nous retirerions ensemble, et notre politique succomberait avec nous [2]. » Le cabinet tory se prononça donc pour l'acceptation pure et simple des offres françaises. Interrogé dans la dernière séance de la Chambre des communes, le 5 septembre, sir Robert Peel déclara que l'affaire de Taïti venait de se terminer « de la manière la plus amicale et la plus satisfaisante ». Il refusa néanmoins d'en dire plus long et de faire connaître les conditions de l'arrangement; il craignait évidemment que l'opposition ne profitât de ce que la clôture de la session n'était pas encore prononcée, pour exploiter contre le cabinet

---

[1] *The Greville Memoirs, second part*, vol. II, p. 253, 254.
[2] Lettre de M. de Jarnac à M. Guizot, en date du 29 août 1844.

le désappointement que ces conditions devaient causer au public. Quelques heures après, le discours de la Reine, prononçant la prorogation du Parlement, se borna également à faire connaître que les difficultés élevées entre les deux gouvernements avaient été « heureusement écartées, grâce à leur esprit de justice et de modération ». Le lendemain, 6 septembre, par une dépêche adressée à son ambassadeur à Paris, lord Aberdeen annonça officiellement au gouvernement français l'acceptation de ses offres; il se déclarait entièrement satisfait et n'élevait aucune objection sur la façon dont M. Guizot avait posé la question et revendiqué les droits des autorités françaises; tout au plus faisait-il observer que M. Pritchard « niait la vérité des allégations portées contre lui », mais en se gardant bien de prendre cette négation à son compte. Tout révélait chez le ministre anglais la volonté de ne laisser aucune trace du conflit. « Ma conviction, écrivait-il, est que le désir sincère des deux gouvernements de cultiver l'entente la meilleure et la plus cordiale, rend presque impossible que des incidents de cette nature, s'ils sont vus sans passion et traités dans un esprit de justice et de modération, puissent jamais aboutir autrement qu'à une issue amicale et heureuse. »

Le gouvernement français ne s'était pas montré moins pressé de mettre fin à la guerre avec le Maroc. En même temps qu'il proposait à Londres une solution de l'affaire Pritchard, il écrivait, le 30 août, aux agents diplomatiques qui assistaient le prince de Joinville, — c'étaient M. de Nion, consul à Tanger, et le duc de Glücksberg, fils du duc Decazes, alors secrétaire d'ambassade à Madrid, — de se transporter immédiatement devant Tanger et de faire savoir à l'empereur du Maroc que nous étions prêts à traiter avec lui sur les bases de l'*ultimatum* signifié avant l'ouverture des hostilités; on n'en a pas oublié les quatre conditions : dispersion des troupes rassemblées sur la frontière; châtiment des auteurs des agressions commises sur notre territoire; expulsion d'Abd el-Kader; délimitation de la frontière telle qu'elle existait du temps des Turcs. M. Guizot eut soin d'aviser aussitôt le gouvernement anglais de cette démarche. Ainsi les succès de nos armes ne faisaient rien ajouter aux premières demandes. Il ne manquait pas de gens pour conseiller de se montrer plus exigeant, de réclamer, par exemple, une indemnité pour les frais de la guerre, la remise d'Abd el-Kader entre nos mains, et l'occupation, jusqu'à complète exécution du traité, de quelque partie du territoire ennemi. Rien sans doute n'eût été plus justifié ; mais il fallait songer aux conséquences. Il était à prévoir que l'Empereur repousserait ces conditions [1]. En admettant même qu'il les acceptât, il ne trouverait le moyen ni de réunir l'argent ni de s'emparer de l'émir ; force nous serait d'aller prendre nous-mêmes la rançon et l'otage qu'on ne voudrait ou qu'on ne pourrait pas nous livrer. C'était donc, dans tous les cas, prolonger indéfiniment la guerre, ce que notre gouvernement désirait éviter, non seulement par préoccupation de ses relations avec l'Angleterre, mais parce qu'en elle-même cette guerre présentait des difficultés nullement en rapport avec les avantages qu'on prétendait en tirer. Il ne fallait pas oublier qu'au lendemain de la bataille d'Isly, notre armée était épuisée par la chaleur et incapable d'un effort de plus. Les obstacles venant du climat et du sol n'étaient pas les seuls à prévoir. En frappant de nouveaux coups, nous risquions de faire crouler le pouvoir déjà peu solide de l'empereur Abd er-Raman, et alors, dans l'anarchie qui suivrait, aux prises avec des populations insaisissables, comment en finirions-nous ? Ne serions-nous pas attirés dans l'engrenage d'une nouvelle conquête dont nous ne voulions pas ? Ou bien, si cette crise portait Abd el-Kader à la place d'Abd er-Raman, substitution dont on commençait à parler chez les plus fanatiques de nos adversaires, y gagnerions-nous ? Si l'on avait jugé nécessaire de donner une leçon à l'empereur, on ne voulait pas l'abattre ; bien au contraire, la leçon donnée, on avait

---

[1] « J'ai la conviction, écrivait le maréchal Bugeaud au prince de Joinville, que l'empereur s'exposerait plutôt à continuer une mauvaise guerre que de donner un seul million. Je sais qu'il est sordidement intéressé. Quant à Abd el-Kader, il ne pourrait pas le livrer, sans se faire honnir par tout son peuple. »

intérêt à le rassurer, à le raffermir, à lui prouver qu'il pouvait et devait vivre avec nous en ami. Tels furent les motifs, très réfléchis et après tout fort raisonnables, pour lesquels, en posant les conditions du traité à conclure, le cabinet français résolut de se montrer très peu exigeant, de se contenter du possible et de l'indispensable. Même à ces conditions, était-il assuré d'en finir tout de suite? Obtiendrait-il de Fez une réponse nette et prompte? Trouverait-il seulement des négociateurs ayant pouvoir et volonté de traiter? Ne devait-il pas s'attendre aux lenteurs cauteleuses qui sont l'habitude de ces sortes de gouvernements et qui, dans le cas particulier, pouvaient être un calcul?

Les choses marchèrent avec une rapidité inespérée. Dès le 3 septembre, avant l'arrivée des instructions de M. Guizot, le prince de Joinville fut avisé que l'empereur demandait la paix et se déclarait prêt à nous donner satisfaction. S'étant assuré des pouvoirs de ceux qui lui transmettaient cette demande, le prince, assisté de M. de Nion et du duc de Glücksberg, se rendit devant Tanger, le 10 septembre, et fit signifier aux plénipotentiaires marocains un traité tout rédigé et conforme à notre *ultimatum* [1]; ce traité devait être accepté immédiatement, sans discussion, sinon la guerre continuerait. En deux heures tout fut signé. Le prince prit alors sur lui d'ordonner l'évacuation immédiate de l'île de Mogador. Dans sa façon de faire la paix, il montrait le même mélange de prudence et de décision, dont il avait fait preuve dans l'action. « Guerre forte, paix généreuse et douce », c'est par ces mots que, quelques jours après, le roi Louis-Philippe résumait la conduite de son gouvernement.

---

[1] Ce traité différait cependant de l'*ultimatum* en un point, c'est qu'il stipulait la mise hors la loi d'Abd el-Kader, au lieu de son expulsion. En conséquence de cette mise hors la loi, sorte d'excommunication religieuse autant que politique, les Marocains s'engageaient à poursuivre à main armée l'émir sur leur territoire, jusqu'à ce qu'il fût expulsé ou tombé entre leurs mains; dans ce dernier cas, il serait transporté dans une ville du littoral de l'Ouest, et les deux gouvernements se concerteraient sur les mesures à prendre. Rien de mieux, si l'on eût pu compter sur l'exécution sérieuse de ces engagements.

Les deux questions étaient donc résolues à quelques jours de distance, et, par suite, tous les dangers qu'elles avaient paru un moment soulever, se trouvaient dissipés. Le gouvernement français s'en félicitait vivement. « Nous voilà hors de deux grosses affaires, mandait M. Guizot au maréchal Soult, le 18 septembre. J'espère que vous aurez été content de la manière dont elles se sont terminées. Le cabinet reste, je crois, en bonne position. On se fortifie par les difficultés qu'on a vaincues [1]. » La satisfaction du gouvernement anglais n'était pas moins vive. « L'heureuse fin de nos difficultés avec la France est une bénédiction », écrivait, le 14 septembre, la reine Victoria au roi des Belges [2]. Mais pendant que tel était le sentiment des pouvoirs responsables, les oppositions irresponsables, des deux côtés du détroit, affectaient de se plaindre d'autant plus haut qu'elles se savaient maintenant garanties contre tout danger de guerre par la sagesse des cabinets. A Londres, les journaux de lord Palmerston dénonçaient, avec colère, « la poltronnerie qui régnait au *Foreign Office* ». « La France, disaient-ils, sait maintenant qu'elle peut nous braver. » Ils se complaisaient à faire ressortir que, dans l'affaire de Taïti, lord Aberdeen « s'était humblement contenté de l'ombre d'une excuse », et que le capitaine d'Aubigny sortait de là sans le moindre désagrément. « Nous avalons une insulte, concluaient-ils, et reculons devant une querelle. » A Paris, M. Guizot n'était pas mieux traité. Sans doute la presse de gauche, qui avait jusqu'au dernier moment soutenu que notre ministre n'oserait pas refuser le rappel de M. d'Aubigny, fut d'abord un peu déconcertée quand elle sut les conditions toutes différentes de l'arrangement conclu dans l'affaire Pritchard; elle se laissa même aller à railler la mesquinerie de la satisfaction dont avait dû se contenter le cabinet anglais; mais cela ne dura pas, et elle eut bientôt découvert que l'octroi d'une indemnité était plus déshonorant encore que ne l'aurait été le rappel des officiers. « On comprend, disait-elle aux ministres, que lord

---

[1] *Documents inédits.*
[2] Cité dans la *Vie du Prince consort.*

Aberdeen ait été facile sur le reste, du moment où il vous imprimait cette honte sur le front. » De même, pour le Maroc, ces journaux, un moment surpris par l'heureuse promptitude des négociations, ne tardèrent pas à dénoncer la précipitation avec laquelle le gouvernement avait « offert humblement la paix » et « bâclé » un traité digne, selon eux, d'être comparé à celui de la Tafna. A les entendre, au lieu d'obtenir le prix de nos victoires, le dédommagement de nos sacrifices, on s'était contenté de belles paroles, de vaines promesses, sans prendre aucune garantie de leur exécution, bien plus, en renonçant, par l'évacuation hâtive de Mogador, au moyen de contrainte que nous possédions déjà, et tout cela par obéissance craintive aux ordres et aux menaces de l'étranger. En France comme en Angleterre, ce langage de la presse n'était pas sans action sur le public dont il caressait certains ressentiments, et l'on devait dès lors prévoir que les oppositions parlementaires trouveraient là, pour la prochaine session, un de leurs meilleurs terrains d'attaque. Au fond, cependant, les deux nations étaient satisfaites. En dépit des bravades auxquelles elles s'étaient plus ou moins associées, elles avaient eu très peur de la guerre[1] et se sentaient fort soulagées de la voir écartée. En France notamment, ceux-là mêmes qui ne semblaient pas fâchés d'entendre reprocher à M. Guizot son manque de fierté, eussent été implacables pour le ministère qui aurait laissé rompre la paix. M. de Barante, après avoir analysé cet état d'esprit avec sa perspicacité habituelle, concluait ainsi : « La solution de nos difficultés avec l'Angleterre est un grand sujet de contentement non seulement dans la région de la cour et du ministère, mais dans l'opinion générale[2]. »

En tout cas, à regarder aujourd'hui les choses de haut et de

---

[1] Le duc de Broglie écrivait le 5 septembre 1844 : « De ce côté-ci de la Manche, tout le monde meurt de peur, au milieu des bravades et des cris de victoire, et le parti conservateur tout entier supplie M. Guizot de se montrer complaisant, tandis que le parti Thiers le pousse dans le même sens, en lui disant que c'est sa faute. » (*Documents inédits.*)

[2] Lettre du 25 septembre 1844, adressée à M. d'Houdetot. Voir aussi une lettre du 5 septembre. (*Documents inédits.*)

loin, l'histoire n'hésite pas. Entre ces oppositions qui, par calcul de parti, ont grossi et envenimé des accidents secondaires, parfois même insignifiants, de la politique extérieure, au point d'en faire des questions dangereuses, qui ont risqué de jeter leur pays dans la guerre afin de renverser ou seulement d'embarrasser un cabinet, — et ces gouvernements qui, dédaigneux de la popularité, plus soucieux du péril public que du leur propre, se sont mis en travers des irritations passagères, des entraînements irréfléchis de l'opinion, pour sauvegarder les intérêts supérieurs et permanents de leurs nations, — la postérité donne hautement raison aux gouvernements. Et, pour ne parler que de la France qui nous occupe particulièrement, nous ne parvenons pas à trouver coupable de faiblesse le cabinet qui, dans l'affaire du Maroc, a écarté toute médiation étrangère, s'est fait justice à main armée, a bombardé Tanger et Mogador devant la flotte anglaise, et a dicté seul la paix à l'empereur vaincu ; le cabinet qui, dans l'affaire de Taïti, a refusé toutes les satisfactions de principe et de personnes désirées à Londres et s'est borné à offrir, pour des torts incontestables, un léger dédommagement pécuniaire [1]. Sans doute, en traitant ces affaires, nos ministres se sont préoccupés de ménager l'Angleterre avec laquelle ils tenaient à bien vivre, et de ne pas compromettre la paix européenne qui leur paraissait importer plus à la France que tels petits avantages en Afrique ou en Océanie. Qui peut s'en étonner et leur en faire un reproche ? Au contraire, quelle condamnation paraîtrait assez sévère contre les hommes d'État qui eussent laissé sortir une grande guerre, d'accidents aussi secondaires que les incursions des fanatiques marocains, aussi misérables que la querelle avec le révérend Pritchard ? Au plus aigu de la crise, le roi Louis-Philippe, qui était pour beaucoup dans la politique suivie par son gouvernement, écrivait au roi des Belges : « Je n'ai pas de patience pour la manière dont on magnifie si souvent des bagatelles en *casus belli*. Ah ! malheureux que

---

[1] En fait, l'indemnité n'a jamais été payée à M. Pritchard.

vous êtes ! Si vous saviez comme moi ce que c'est que *bellum*, vous vous garderiez bien d'étendre, comme vous le faites, le triste catalogue des *casus belli* que vous ne trouvez jamais assez nombreux pour satisfaire les passions populaires et votre coupable soif de popularité [1]. » Cette lettre n'a été connue qu'après la révolution de Février. Si quelque indiscrétion l'avait fait publier au moment où elle a été écrite, il est probable que l'opposition eût feint d'y trouver un patriotisme trop timide. Aujourd'hui, il n'est pas à craindre que ce langage ne soit pas compris ; les générations nouvelles n'ignorent plus « ce que c'est que *bellum* ».

Le 18 décembre 1849, Louis-Philippe, réfugié en Angleterre, faisait à l'homme d'État qui avait présidé le cabinet anglais en 1844, l'honneur de visiter son manoir. Au moment où il se retirait, sir Robert Peel, alors guéri par l'expérience des velléités de méfiance qui lui avaient parfois traversé l'esprit pendant son ministère, lui adressa ces nobles paroles : « Sire, nous vous avons dû la paix du monde ; chef d'une nation justement susceptible, justement fière de sa gloire militaire, vous avez su atteindre ce grand but de la paix, sans jamais sacrifier aucun intérêt de la France, sans jamais laisser porter aucune atteinte à son honneur dont vous étiez plus jaloux que personne. C'est surtout aux hommes qui ont siégé dans les conseils de la couronne britannique qu'il appartient de le proclamer [2]. » Au milieu des tristesses de l'exil et en face de la mort prochaine, le vieux roi déchu a dû trouver, dans cet hommage d'un étranger, la consolation de tant d'injustices françaises. Il pressentait que l'histoire s'approprierait les paroles de sir Robert Peel.

[1] *Revue rétrospective.*
[2] *Sir Robert Peel*, par M. Guizot.

CHAPITRE VII

L'ÉPILOGUE DE L'AFFAIRE PRITCHARD.

(Septembre 1844-septembre 1845.)

I. La visite de Louis-Philippe à Windsor. — II. Ouverture de la session de 1845. Les menées de l'opposition. M. Molé et M. Guizot à la Chambre des pairs. Le débat de l'adresse à la Chambre des députés. Le paragraphe relatif à l'affaire Pritchard n'est voté qu'à huit voix de majorité. — III. Le ministère doit-il se retirer? Il se décide à rester. Polémiques de la presse de gauche. La loi des fonds secrets au Palais-Bourbon et au Luxembourg. Le ministère est vainqueur. Rencontre de M. Guizot et de M. Thiers. Maladie de M. Guizot. — IV. Les premiers pourparlers sur l'affaire du droit de visite. Nomination de deux commissaires, le duc de Broglie et le docteur Lushington. L'opposition prédit l'insuccès. Le duc de Broglie à Londres. Les négociations. Le traité du 29 mai 1845. — V. Effet du traité à Paris et à Londres. Seconde visite de la reine Victoria à Eu. Succès du cabinet. Discours prononcé par M. Guizot devant ses électeurs.

I

L'arrangement de l'affaire Pritchard et le traité avec le Maroc avaient écarté le danger, un moment imminent, d'une rupture entre la France et l'Angleterre. Mais n'était-il rien resté de tant de soupçons et d'aigreurs réciproques? Beaucoup d'esprits ne croyaient pas qu'il pût encore être question d'entente cordiale entre deux gouvernements qui, tout à l'heure, semblaient sur le point d'en venir aux mains. C'était la thèse des journaux opposants, de chaque côté du détroit. M. de Metternich, spectateur éloigné, mais attentif, des choses d'Occident, se flattait d'être à jamais débarrassé de ce qu'il appelait « *feu l'entente cordiale*, cette vague formule, morte de sa mort naturelle [1] ». Une visite de Louis-Philippe à Windsor allait donner

---

[1] *Mémoires de M. de Metternich*, t. VII, p. 31.

tout de suite un démenti à ces appréciations. Vainement certaines personnes avaient-elles tenté d'inquiéter le Roi sur le danger de témoigner personnellement à l'Angleterre une amitié peu en harmonie avec les sentiments qui venaient d'éclater chez son peuple, il ne voulut pas retarder une démarche annoncée depuis longtemps et très désirée par la reine Victoria. Il estimait que se refuser à rendre la visite faite à Eu, serait une offense, et, quelques mois après le voyage du Czar à Londres, il n'eût pas jugé prudent de fournir un tel grief à la cour britannique.

Le 8 octobre 1844, Louis-Philippe, accompagné du duc de Montpensier et de M. Guizot, débarqua à Portsmouth et de là se rendit à Windsor. Un souverain français sur le sol d'Angleterre, cela ne s'était pas vu depuis que Jean II y avait été amené prisonnier après la bataille de Poitiers. Dans le château même de Windsor, tout parlait de la rivalité séculaire des deux nations; dans les salles s'étalaient les trophées de Marlborough, de Nelson et de Wellington. De tels souvenirs, un tel cadre faisaient ressortir davantage encore et l'empressement du royal visiteur et l'accueil affectueux qui lui était fait[1]. Le vainqueur de Waterloo avait été envoyé au-devant de lui, avec le prince Albert, pour lui souhaiter la bienvenue à son débarquement. La Reine, toujours sous le charme de l'esprit du vieux roi, lui prodigua les marques de son attachement : entre elle et son hôte, on eût dit une intimité de famille. Elle voulut lui conférer solennellement cet ordre de la Jarretière que chacun se rappelait avoir été institué après la bataille de Crécy. La cour, entraînée par l'exemple de sa souveraine et séduite aussi par les qualités du Roi, s'associait à ces actes d'amicale courtoisie. Le peuple anglais lui-même témoignait avec éclat sa sympathie pour un prince auquel il savait gré d'être libéral et pacifique. Louis-Philippe se promenait-il un jour dans les environs de Windsor, partout, sur son passage, il était chaleureusement acclamé, « beaucoup plus que

---

[1] Sur les détails de cette visite, voir *The life of the Prince Consort*, par sir Théodore MARTIN, notamment les fragments du Journal de la Reine qui y sont cités.

ne l'avait été l'empereur de Russie », notait la Reine sur son journal; curieux rapprochement, cette promenade le conduisait à Twickenham, où il avait séjourné pendant un premier exil, et à Claremont, où il devait bientôt trouver un nouveau refuge. Les municipalités saisissaient, avec un empressement fort remarqué, les occasions de lui rendre leurs hommages. Louis-Philippe, calquant sa visite sur celle qu'il avait reçue l'année précédente, s'était appliqué à demeurer exclusivement l'hôte de la Reine, et avait, pour cette raison, décliné les invitations de la Cité de Londres; alors, on vit un fait sans précédent dans les annales de cette fière corporation : tous ses représentants, lord-maire, aldermen, shérifs, conseillers, se déplacèrent et vinrent apporter en grand appareil, jusque dans le château de Windsor, une adresse à celui qu'ils regrettaient de ne pouvoir fêter à Mansion-House. Dans les speeches qu'il prononçait en pareille circonstance, comme dans ses conversations de tous les instants, le Roi proclamait avec insistance, à la vive satisfaction de ses auditeurs, son amour de la paix, son désir de maintenir l'union entre les deux nations [1]. Le 14 octobre, quand vint le moment de se séparer, la Reine voulut reconduire son hôte jusqu'à Portsmouth, où il devait retrouver la frégate le *Gomer* qui l'avait amené. A mi-route, une forte tempête obligea Louis-Philippe à modifier son itinéraire et à aller s'embarquer à Douvres. Par une gracieuse inspiration, la reine Victoria n'en poursuivit pas moins jusqu'à Portsmouth

---

[1] Nous lisons, à propos d'un de ces entretiens, dans le Journal de la Reine : « Le Roi est un homme extraordinaire. Il a beaucoup parlé de nos récentes difficultés et de l'émotion excessive de la nation anglaise. Il a dit que la nation française ne désirait pas la guerre, mais que les Français aiment à faire claquer leur fouet comme les postillons, sans songer aux conséquences. Puis il a dit que les Français ne savaient pas être de bons négociants comme les Anglais, et qu'ils ne comprenaient pas la nécessité de la bonne foi qui donne tant de stabilité à ce pays-ci. « La France, a-t-il ajouté, ne peut pas faire la guerre à l'Angleterre, « qui est le Triton des mers; l'Angleterre a le plus grand empire du monde. » Puis, parlant de l'affaire de Taïti : « Je la voudrais au fond de la mer, dit-il, et « désirerais beaucoup en être entièrement débarrassé. » — Bien que Louis-Philippe fût alors très soucieux de plaire à la Reine, je doute que celle-ci ait bien entendu et exactement rapporté ce qui lui avait été dit. Elle a dû exagérer et mal comprendre certaines phrases de politesse. Le Roi n'a pu, en causant avec une souveraine étrangère, tenir, sur son propre pays, certains des propos qui lui sont ici attribués.

27.

et se rendit à bord du *Gomer;* elle daigna même y accepter le déjeuner offert par l'amiral français, et porta un toast en l'honneur du Roi absent. Nos marins, qui gardaient cependant plus vives encore que toute autre partie de la nation les vieilles préventions contre « l'Anglais », témoignèrent, par la chaleur de leur accueil, combien ils étaient touchés d'une si aimable démarche.

Le Roi et M. Guizot revinrent en France, enchantés de leur voyage et avec le sentiment d'avoir fait quelque chose d'utile à leur politique. « Je m'applaudis, écrivait Louis-Philippe au roi des Belges, d'avoir secoué toutes les timidités qui s'inquiétaient de ma résolution de faire le voyage d'Angleterre... Tout le monde ici s'accorde à trouver non seulement que l'effet est immense, mais qu'il s'accroît encore chaque jour. C'est le traitement le plus efficace contre les préjugés heureusement si battus en Angleterre et si funestes pour le bien-être des deux pays et la prospérité du monde. J'espère et je crois que nous sommes ici en bon progrès à cet égard, et j'ai tout lieu de me flatter que si notre excellente petite reine Victoria, son sage et bon Albert et ses sages ministres continuent ce qui est en si bon train, nous viendrons à bout de gagner les convictions des deux nations et de consolider tout à fait cette précieuse entente cordiale qui est dans l'intérêt bien entendu de tous[1]. » M. Guizot, de son côté, déclarait, dans une lettre à M. de Barante, « l'effet du voyage excellent » des deux côtés du détroit. « En Angleterre, ajoutait-il, nous n'avons, quant à présent, rien à désirer. La disposition est parfaite et la satisfaction grande. La popularité du Roi dans le public anglais a réagi sur le cabinet qui était bienveillant, mais inquiet et timide. Aujourd'hui, il est bien décidé à laisser petites toutes les petites questions et à maintenir toujours, au-dessus des incidents, des conflits locaux, des embarras momentanés, la grande politique de la paix et de la bonne intelligence avec nous. » En France aussi, M. Guizot croyait « le public content ». « J'ai vu moi-même, disait-il,

---

[1] *Revue rétrospective.*

l'impression à Calais, Boulogne, Montreuil, sur toute notre route. Vif plaisir de ravoir le Roi en France. Vif et joyeux orgueil de l'accueil qu'il venait de recevoir en Angleterre et du spectacle donné en Europe. Vive satisfaction de la consolidation de la paix. Tout cela était dans tous les discours, dans toutes les conversations, sur toutes les physionomies [1]. »

Quoique en partie exactes, ces observations étaient, en ce qui concernait la France, un peu optimistes. Le public éprouvait tous les sentiments notés par M. Guizot, mais, en même temps, par une contradiction que nous avons plusieurs fois signalée, il prêtait volontiers l'oreille aux journalistes de gauche qui montraient, dans cette visite faite au lendemain de l'affaire Pritchard, « le coup de grâce de la dignité nationale », et qui s'efforçaient de tourner contre le Roi les hommages reçus par lui en Angleterre. A les entendre, en effet, ces hommages s'adressaient non à la France, toujours jalousée et détestée, mais à la personne de Louis-Philippe, et l'on avait soin d'insinuer que, si celui-ci était populaire outre-Manche, c'était parce que, dans son royaume, il se mettait en travers du sentiment national. Plus on approchait de la rentrée des Chambres, plus la presse travaillait à éveiller ces ombrages. Il était visible que l'opposition, loin de désarmer, s'apprêtait à exploiter, dans le Parlement, les derniers incidents de la politique extérieure, et qu'une partie du public était disposée à lui prêter l'oreille.

II

La session s'ouvrit le 26 décembre 1844. Le discours du trône aborda hardiment les questions brûlantes. Sur l'affaire du Maroc, il célébra « la paix aussi prompte que la victoire », et montra l'Algérie profitant de ce que nous avions ainsi

---

[1] Lettre du 21 octobre 1844. (*Lettres de M. Guizot à sa famille et à ses amis*, p. 226 à 228.)

« prouvé à la fois notre puissance et notre modération ». Sur l'affaire Pritchard, le Roi s'exprimait ainsi : « Mon gouvernement était engagé avec celui de la reine de la Grande-Bretagne dans des discussions qui pouvaient faire craindre que les rapports des deux États n'en fussent altérés. Un mutuel esprit de bon vouloir et d'équité a maintenu, entre la France et l'Angleterre, cet heureux accord qui garantit le repos du monde. » Venait ensuite un paragraphe où Louis-Philippe s'étendait avec complaisance sur son voyage à Windsor, et témoignait du « prix qu'il attachait à l'intimité » des deux cours. Comme on le voit, la politique de l'entente cordiale ne se dissimulait pas. Certains journaux lui reprochaient même de se montrer provocante.

De son côté, l'opposition était fort animée. Divers symptômes lui faisaient croire qu'elle tenait enfin l'occasion, vainement cherchée par elle depuis plus de quatre ans, de jeter bas M. Guizot. Lors de la nomination du bureau de la Chambre des députés, les candidats ministériels ne l'emportèrent que péniblement. Non seulement M. Molé, mais aussi M. Dupin et même M. de Montalivet se prononçaient hautement contre le cabinet, et ne devait-on pas supposer que de tels personnages entraîneraient avec eux une partie des conservateurs[1]? Pour ébranler ces derniers, les meneurs exploitaient surtout l'attitude de M. de Montalivet. Ils insinuaient que l'intendant de la liste civile, que « l'homme du Roi » ne se fût pas ainsi déclaré, s'il n'eût été autorisé d'en haut expressément ou tacitement; ils ajoutaient qu'aux Tuileries on était fatigué de M. Guizot et qu'on y sentait la nécessité d'un nouveau relais. Les journaux racontaient tout haut que, mécontent de l'accueil assez froid fait à son discours, Louis-Philippe avait dit, au sortir de la séance d'ouverture : « J'aime bien mon ministère, mais je voudrais cependant avoir des ministres dont

---

[1] « A chaque instant, raconte l'un des chefs du centre gauche, nous rencontrions à la salle des conférences, à la buvette, des députés flottants qui, après s'être assurés d'un regard circulaire qu'on ne les voyait pas, venaient à nous et nous serraient la main avec une parole ou un geste fort significatif. » (*Notes inédites de M. Duvergier de Hauranne.*)

la présence à mes côtés n'empêchât pas de crier : Vive le Roi! »
Y avait-il quelque chose de vrai dans ces récits et de fondé dans
ces insinuations? Qu'en prévision d'un vote qui eût mis M. Guizot et ses collègues en minorité, le souverain se préoccupât
d'empêcher que sa politique intérieure et extérieure n'en fût
trop altérée, le fait n'aurait rien d'étonnant. Sous ce rapport,
il pouvait ne pas lui déplaire que M. de Montalivet se conduisît
de façon à être le ministre de l'intérieur de la future administration, tandis que M. Molé y dirigerait la politique étrangère.
Mais s'il croyait devoir prendre des précautions en vue d'une
crise possible, il était loin de la désirer ou seulement d'y
être résigné d'avance. Aussi voulut-il démentir lui-même les
bruits que les ennemis du cabinet cherchaient à répandre : le
jour où le bureau nouvellement élu de la Chambre lui fut présenté, il dit à l'un des vice-présidents, M. Debelleyme, qui
avait failli être battu par M. Billault : « Monsieur, je suis
enchanté que vous ayez été nommé; j'aurais désiré que ce fût
à une plus grande majorité, et ceux qui ont cru le contraire
ont joué le rôle de dupes. » Le propos, aussitôt répété, produisit son effet. Est-ce pour cela que, peu de jours après, lors
de la nomination de la commission de l'adresse, la majorité
parut raffermie, et que les commissaires élus par les bureaux
furent tous, sauf un, des ministériels?

Cette élection remonta le courage un peu ébranlé des amis
de M. Guizot[1], mais sans abattre la confiance de ses adversaires. Ceux-ci paraissaient même considérer la succession du
cabinet comme déjà ouverte et s'inquiétaient de la partager.
M. Thiers, ne se croyant pas actuellement possible, déclara
laisser la place à M. Molé, auquel il promettait, pour un an,
sinon l'appui, du moins la neutralité bienveillante de l'opposition; il lui demanda seulement de ne pas s'en tenir, comme
les années précédentes, à des manœuvres de couloirs, mais de
se compromettre en prononçant, à la Chambre des pairs, un
discours d'opposition. M. Molé entrait vivement dans ce rôle

---

[1] « La majorité conservatrice est ralliée, disait à ce propos le *Journal des Débats;*
la situation est rétablie. » (2 janvier 1845.)

de président du conseil en expectative; s'occupant dès lors de choisir ses futurs collègues, il proposait des portefeuilles à divers personnages, à M. de Rémusat qui refusait, à M. Billault qui acceptait d'abord avec empressement, mais ensuite élevait des objections dès qu'apparaissait l'intention de réserver le ministère de l'intérieur à M. de Montalivet. Se heurtait-il à ces résistances, l'ancien ministre du 15 avril allait aussitôt implorer le secours de M. Thiers, qui, moitié sérieux, moitié goguenard, invitait ses amis à faciliter cette nouvelle coalition[1]. Quelque chose de ces démarches transpira dans le public, et ce fut une occasion pour le *Journal des Débats* de dénoncer, avec colère et non sans quelque alarme, ce qu'il appelait « l'intrigue ».

La discussion de l'adresse à la Chambre des pairs s'ouvrit le 13 janvier 1845. M. Molé prit le premier la parole. Tout, — l'importance du personnage, le silence qu'il avait gardé depuis quatre ans, ce que l'on entrevoyait des combinaisons ébauchées dans la coulisse, — faisait de ce discours un événement. La tâche de l'orateur n'était pas aussi simple que l'eût été celle d'un homme de gauche. Il avait trop le respect de soi et le souci de demeurer, aux yeux du Roi et de l'Europe, le ministre possible du lendemain, pour prendre à son compte les déclamations des journaux contre l'entente cordiale. Aussi reprocha-t-il à M. Guizot moins d'avoir eu une mauvaise politique que de l'avoir maladroitement appliquée. « Si j'essayais, dit-il, de caractériser par un seul mot la politique de M. le ministre des affaires étrangères, je dirais qu'elle est *partout* et *toujours* une politique *à outrance*, à outrance même dans ses faiblesses... Ainsi M. le ministre des affaires étrangères veut la paix, et toute la France, toutes les opinions la veulent avec lui, autant que lui; et cependant il en parle de telle manière, il montre tant d'ardeur, d'entraînement à la maintenir, il donne à croire qu'il ferait dans ce dessein de tels sacrifices, que les plus pacifiques ne croiraient pas pouvoir se dire aussi paci-

---

[1] *Notes inédites de M. Duvergier de Hauranne.*

fiques que lui. Il veut l'alliance anglaise, et je ne pense pas qu'il y ait en France un ami de son pays, un homme sensé, surtout un esprit politique, qui ne la veuille, n'en sente l'importance autant que lui; mais, sans le vouloir et sans le savoir, il en exagère les conséquences, et il en parle de façon à la compromettre, à susciter contre elle la susceptibilité nationale, à donner aux Français contre cette alliance, dont, en 1830, je crois avoir jeté les fondements, des préventions qui, si elles ne cessaient, pourraient devenir un sérieux embarras dans l'avenir. » M. Molé justifiait ce reproche général, en invoquant l'affaire du droit de visite et celle de Taïti : à l'entendre, dans la première, M. Guizot avait provoqué lui-même, par la signature de la convention de 1841, une réaction qu'il ne savait plus comment apaiser, et il se trouvait acculé à une impasse; dans la seconde, les désagréments et les périls de l'incident Pritchard étaient venus de ce que le gouvernement avait ordonné étourdiment ces occupations océaniennes, qu'il se trouvait maintenant aussi embarrassé de maintenir que d'abandonner. La conclusion était que le ministre avait accumulé autour de lui des difficultés dont il n'était pas en état de sortir.

Dans sa réponse, M. Guizot prit tout de suite avantage de ce que M. Molé « admettait au fond toute la politique du cabinet », de ce qu'il « n'indiquait même pas, pour les questions à traiter, de solutions différentes », et de ce qu'il se bornait à critiquer certaines erreurs de conduite. Ces erreurs auraient-elles été en effet commises, disait le ministre, y avait-il là de quoi justifier un acte d'opposition aussi grave? Puis, déchirant vivement les voiles dont le préopinant avait enveloppé ses prétentions ministérielles, il lui demanda sans ménagement ce qu'il serait au pouvoir. Aurait-il cette situation si nette, si simple et si forte de l'administration actuelle, appelée aux affaires pour raffermir la paix et soutenue par une majorité animée des mêmes sentiments? « Il entrerait au pouvoir, continuait M. Guizot, pour pratiquer, pour maintenir la bonne politique, en la dégageant de ce qu'il ap-

pelle nos fautes; mais il y entrerait par l'impulsion et avec
l'appui de tous les hommes qui n'ont pas cessé de combattre
cette politique... Il ne faut pas beaucoup de réflexion ni beaucoup d'expérience pour comprendre que c'est là une situation
radicalement fausse et impuissante... Vous vous trouveriez
entre une portion considérable, importante, du parti conservateur, mécontente, méfiante, irritée, et des oppositions
exigeantes qui auraient bien le droit de vous demander
quelque chose pour l'appui qu'elles auraient prêté à votre
avènement... Vous auriez beau faire, beau vouloir, à l'instant
même, la bonne politique serait, entre vos mains, énervée,
abaissée, compromise. » Le ministre terminait en se défendant d'avoir mis en péril l'alliance anglaise. Ceux qui la
mettent en péril, disait-il, ce sont d'abord les opposants qui
travaillent à grossir et à envenimer toutes les difficultés; ce
sont ensuite ceux qui « accueillent à moitié ou ne repoussent
qu'à moitié » ces opposants. « Nous les combattons les uns et
les autres, ajoutait M. Guizot,

> Les uns, parce qu'ils sont méchants et malfaisants,
> Et les autres, pour être aux méchants complaisants
> Et n'avoir pas pour eux ces haines vigoureuses
> Que le vice fait naître aux âmes vertueuses. »

M. Molé, fort sensible à la rudesse de cette riposte, répliqua
avec amertume. « Cessez, dit-il au ministre, de parler des
ambitions personnelles qui vous attaquent, et dont vous ne
pouvez prendre ici l'idée que dans vos propres souvenirs.
Si vous pouviez juger du fond des cœurs autrement que par
le vôtre, vous sauriez mieux les intentions qui m'animent
et les motifs qui m'ont décidé à signaler au pays les embarras
que vous lui avez donnés... Vous avez cru que je ne vous
dirais pas ce que je pensais de votre politique. Eh bien, je
vous l'ai dit en toute conscience... Les questions si graves que
vous croyez ou que vous dites terminées sont encore toutes
vives... Elles vous donneront de mauvais moments. Sur-
montez-les, c'est ce que je demande, et permettez-moi de
dire les gros mots : Ce n'est pas votre place que j'ambitionne;

ce que je voudrais, c'est que vous pussiez tirer la France des difficultés qu'elle vous doit. »

Commencée par cette sorte de duel, la discussion devint, les jours suivants, une mêlée plus générale. Divers orateurs insistèrent sur les questions que M. Molé avait marquées comme les principaux points d'attaque ; ils y ajoutèrent celle du Maroc, dont l'ancien ministre du 15 avril n'avait presque rien dit, n'approuvant pas sans doute sur ce point les critiques de l'opposition. Le ministère se défendit habilement et fortement. Plusieurs orateurs lui vinrent au secours, entre autres le duc de Broglie qui justifia le traité de Tanger dans un très remarquable discours ; rarement la raison politique avait parlé un langage aussi net, aussi lumineux, aussi élevé, aussi convaincant. D'ailleurs, bien que cette discussion eût une vivacité et une étendue inaccoutumées dans la Chambre des pairs, l'issue n'en faisait doute pour personne : au vote, la minorité opposante fut de 39 voix, la majorité de 114.

C'était maintenant le tour de la Chambre des députés. Le projet d'adresse, préparé par la commission, contenait une approbation très nette de la politique ministérielle. Sur la tactique à suivre pour y faire échec, une divergence se produisit entre les meneurs de l'ancienne opposition et les amis de M. Molé. Les premiers désiraient procéder, comme lors de la fameuse coalition de 1839, par une suite d'amendements portant sur chacun des paragraphes de l'adresse. Les seconds, afin de moins effaroucher les timides, demandaient au contraire qu'on se bornât à exprimer un regret sur l'ensemble de la politique suivie. On transigea : il fut convenu que M. de Carné présenterait d'abord un amendement général qui serait appuyé par la gauche ; mais celle-ci se réserva de présenter ensuite, s'il y avait lieu, des amendements successifs que les amis de M. Molé s'engageaient aussi à soutenir [1].

A peine la discussion fut-elle ouverte, le 20 janvier 1845,

---

[1] *Notes inédites de M. Duvergier de Hauranne.*

qu'on vit se précipiter à l'attaque les nouveaux coalisés, MM. Thiers, Billault, de Tocqueville, de Beaumont, Marie, à côté de MM. Dupin, Saint-Marc Girardin, de Carné. Le Maroc, Taïti et le droit de visite, tels étaient d'ordinaire les trois points traités. Le cabinet était accusé d'imprévoyance et de faiblesse, imprévoyance à laisser ou même à faire naître les questions périlleuses entre la France et l'Angleterre, faiblesse au milieu des complications qui en sortaient. Non cependant que ces divers opposants fussent d'accord sur la politique à suivre. Les uns attaquaient tout le « système » appliqué jusqu'alors, et c'était pour y mettre fin qu'ils cherchaient à jeter bas le ministère; les autres prétendaient ne vouloir changer ce ministère que pour sauver le « système » compromis par lui. Les premiers se défendaient d'être les adversaires de l'alliance britannique et se plaignaient qu'on l'eût mise en péril; les seconds, dénonçant dans l'Angleterre l'ennemie perfide et obstinée de la France, s'indignaient qu'on se fût rapproché d'elle. Tous ne s'en trouvaient pas moins réunis pour irriter l'amour-propre national et pour dénoncer avec véhémence le gouvernement qui sacrifiait honteusement à l'étranger les droits, les intérêts, la dignité du pays.

Secondé par plusieurs députés de la majorité, notamment MM. de Peyramont et Hébert, et par deux de ses collègues du cabinet, MM. Duchâtel et Dumon, M. Guizot fit tête avec vigueur à cette redoutable attaque. Sa défense consista surtout à exposer les faits et les négociations tels que nous les connaissons. Il se fit honneur de l'entente cordiale : à elle seule, disait-il, on devait que les incidents les plus délicats, les plus graves, n'eussent pas « abouti à la rupture ni même au refroidissement des relations des deux pays ». Puis, après avoir rappelé comment la France, si inquiète au moment de la crise, avait été satisfaite de la voir terminée et avait salué avec joie les résultats du voyage du Roi en Angleterre : « Messieurs, s'écria-t-il, il y a loin de cette région haute et vraie à l'arène inférieure et confuse des prétentions, des agitations, des luttes de partis, de coteries, de personnes, à travers lesquelles on nous traîne depuis un mois. Dans laquelle de ces deux régions se placera la Chambre?... Donnera-t-elle raison au premier jugement public qui a éclaté, qui régnait il y a deux mois? Ou bien laissera-t-elle obscurcir sa vue et fausser son jugement par les nuages que les partis, les coteries, les intérêts personnels essayent d'élever autour de nous? C'est la question que le débat actuel va décider. »

Dans cette première phase de la discussion, la Chambre se trouvait en présence de l'amendement de M. de Carné, qui exprimait, d'une façon générale, le regret qu'une « conduite prévoyante et ferme » n'eût pas « prévenu ou terminé, d'une façon plus satisfaisante », les complications récemment survenues dans la politique étrangère. Sur le désir exprimé par les amis de M. Molé qui promettaient, à ce prix, des défections nombreuses dans la majorité, le scrutin secret fut demandé. L'amendement n'en fut pas moins repoussé, le 23 janvier, par 225 voix contre 197; la majorité pour le cabinet était de 28 voix. Grand désappointement parmi les adversaires de M. Guizot qui se reprochaient, une fois de plus, d'avoir fait quelque fond sur l'influence de M. Molé. Parmi les ministériels, joie d'autant plus vive qu'on avait été plus inquiet. Toutefois la bataille n'était pas finie. En dépit du préjugé défavorable résultant de ce premier vote, la gauche et le centre gauche résolurent de recommencer la campagne pour leur compte et de présenter les amendements qu'ils avaient préparés sur chaque paragraphe de l'adresse.

Le 24 janvier, à l'appui du premier de ces amendements, relatif au Maroc, divers orateurs renouvelèrent contre le gouvernement l'accusation d'avoir conclu précipitamment un traité dérisoire, et de l'avoir fait par faiblesse envers l'Angleterre. M. Guizot, estimant, non sans raison, que justice avait été déjà faite de ces critiques par ses discours antérieurs et par celui du duc de Broglie, ne remonta pas à la tribune. Il y fut d'ailleurs suppléé par le maréchal Bugeaud. L'intervention de ce dernier fit d'autant plus d'effet que, dans ses conversations, il n'avait pas toujours bien parlé des négociations de

Tanger[1]. On rapportait de lui quelques boutades que les opposants invoquaient à l'appui de leurs critiques. Mais, une fois à la tribune, en face de ces opposants, le maréchal se retrouva homme de gouvernement. Il confessa que, tout d'abord, plus préoccupé de l'Algérie que des affaires générales, il n'avait pas été entièrement satisfait du traité; mais il ajouta que, depuis, les événements et ses propres réflexions l'avaient mis en doute sur sa première impression, et porté à approuver la modération du gouvernement. Il semblait qu'un tel témoignage dût être décisif. Néanmoins, l'amendement ne fut rejeté par assis et levé qu'après une épreuve douteuse.

À gauche, ce résultat parut de bon augure pour l'amendement suivant qui portait sur l'affaire Pritchard. C'était le point où l'on croyait avoir le plus de chance de faire brèche, les journaux étant parvenus à faire un je ne sais quoi d'énorme et de scandaleux de l'indemnité accordée au turbulent missionnaire. L'attaque fut soutenue à la tribune, le 25 janvier, par M. Odilon Barrot, dont la véhémence oratoire était particulièrement à l'aise au milieu de ces généralités sur l'indépendance et la dignité nationales, et par M. Dufaure, tout armé de sa puissante dialectique. « Vous avez dit, répétaient à l'envi les orateurs en s'adressant au ministère, que M. Pritchard voulait détruire notre établissement; il a fait massacrer nos soldats; et vous, à la face de l'Europe, vous donnez une indemnité à M. Pritchard! » M. Guizot ne crut pas pouvoir se taire, comme lors de l'amen-

[1] Le maréchal avait eu, sur ce sujet, un langage au moins assez variable et assez incertain. Avant le traité, le 3 septembre 1844, il reprochait au prince de Joinville d'exiger trop du Maroc. « Dans notre situation vis-à-vis de la jalouse Angleterre, écrivait-il, nous devons nous montrer faciles. » (D'IDEVILLE, *le Maréchal Bugeaud*, t. II, p. 543.) Le traité fait, il se plaint qu'on n'ait pas assez obtenu. « Applaudissez, vous tout seul, écrit-il au général de La Moricière, car moi, je n'applaudis pas le moins du monde. » (KELLER, *le Général de La Moricière*, t. I, p. 365.) Il écrit dans le même sens à M. Guizot. (*Mémoires de M. Guizot*, t. VII, p. 176.) Mais, le 29 décembre 1844, il mande du Périgord à M. de Corcelle : « Je me contente de vous dire que les résultats généraux sont bons, et que s'il eût été possible d'obtenir davantage, ce n'eût été qu'aux dépens d'un retard dans la conclusion. Ce retard aurait pu compliquer en Europe certaines questions. » (*Documents inédits*.)

dement précédent. Reprenant l'exposé des faits, il montra que, s'il avait fait des concessions, l'Angleterre en avait fait également, et que la transaction à laquelle on était ainsi arrivé était préférable à la rupture qui n'eût pu sans cela être évitée. Sa conclusion fut nette et fière : « Nous n'avons, dit-il, aucun regret de ce que nous avons fait; nous n'avons pas hésité, nous n'hésiterions pas davantage aujourd'hui... Nous sommes convaincus que nous faisons, depuis quatre ans, de la bonne politique, de la politique honnête, utile au pays et moralement grande... Mais cette politique est difficile, très difficile; elle a bien des préventions, bien des passions à surmonter sur ces bancs, hors de ces bancs. Elle a besoin, pour réussir, du concours net et ferme des grands pouvoirs de l'État. Si ce concours, je ne dis pas nous manquait complètement, mais s'il n'était pas suffisamment ferme pour que cette politique pût être continuée avec succès, nous ne consentirions pas à nous en charger. » Au vote par assis et levé, cette fois encore, la première épreuve fut douteuse; à la seconde, malgré les réclamations de la gauche, le bureau déclara l'amendement rejeté.

L'opposition ne se tint pas pour battue. Elle n'avait pu obtenir le blâme de l'arrangement conclu dans l'affaire Pritchard. Ne pouvait-elle pas du moins empêcher l'approbation « satisfaite » contenue dans le paragraphe de l'adresse? Ce fut ce qu'elle tenta dans la séance du 27 janvier. D'un ton impérieux, menaçant, M. Billault montra aux députés l'impopularité électorale qu'ils encourraient, en s'associant à un tel acte par un éloge aussi précis. « Je supplie la Chambre, s'écria-t-il, de prendre la seule attitude qui me semble digne dans cette affaire, le silence et, puisque malheureusement elle ne peut faire mieux, la résignation. » — « Savez-vous, répondit vivement un des ministres, M. Dumon, ce que l'on propose à la Chambre? c'est de n'avoir point de politique, point d'avis sur les grandes affaires du pays, d'abdiquer... Je l'adjure solennellement de dire son avis avec netteté, avec franchise, comme il convient à son indépendance et sans s'inquiéter des influences extérieures dont on l'a menacée. Je lui demande d'affermir ou de renverser la politique du gouvernement. » Le vote eut lieu au milieu d'une grande agitation. 205 voix repoussèrent le paragraphe, 213 l'adoptèrent : s'il y avait encore une majorité pour le ministère, elle était singulièrement réduite; cela tenait à ce que douze ou quinze membres du centre s'étaient abstenus. A la proclamation du résultat, l'opposition éclata en applaudissements, en cris de triomphe, en trépignements de joie. Feignant de croire qu'elle avait entièrement gagné la bataille, elle retira aussitôt tous les amendements présentés par elle sur les paragraphes suivants. Enfin, au vote sur l'ensemble, elle s'abstint, dans l'espoir que l'on ne réunirait pas les 230 votants nécessaires à la validité du scrutin; cette tactique avait été conseillée par M. Thiers; mais toute la gauche n'obéit pas à la consigne : 249 députés prirent part au vote, et l'adresse se trouva adoptée par 216 voix contre 33.

III

Quand elle se prétendait victorieuse, l'opposition cherchait à en imposer au public; après tout, elle n'avait pu faire passer un seul amendement. Le ministère, cependant, ne pouvait se dissimuler qu'une majorité aussi réduite était pour lui un échec : le *Journal des Débats* n'hésitait pas à prononcer ce mot. Dès lors, se posait une question délicate : si le cabinet ne devait pas à l'opposition de lui céder la place, ne se devait-il pas à lui-même de ne pas garder un pouvoir affaibli? Plusieurs de ses amis, non des moins dévoués, la princesse de Lieven entre autres [1], lui conseillaient de se retirer. Leurs motifs étaient sans doute ceux que, peu auparavant, à la veille de l'ouverture des Chambres, le duc de Broglie exposait dans une lettre adressée à M. Guizot. « La session prochaine sera rude

---

[1] *The Greville Memoirs, second part*, vol. II, p. 270.

et difficile, lui écrivait-il. La majorité de la Chambre veut bien haïr vos ennemis ; elle veut bien que vous les battiez ; mais elle s'amuse à ce jeu-là, et toutes les fois qu'ils reviennent à la charge, fût-ce pour la dixième fois, non seulement elle les laisse faire, mais elle s'y prête de très bonne grâce, comme on va au spectacle de la foire. C'est une habitude qu'il faut lui faire perdre, en lui en laissant, si cela est nécessaire, supporter les conséquences ; sans quoi, vous y perdrez votre santé et votre réputation. Tout s'use à la longue, et les hommes plus que tout le reste, dans notre forme de gouvernement. Il y a quatre ans que vous êtes au ministère ; vous avez réussi au delà de toutes vos espérances ; vous n'avez point de rivaux ; le moment est venu pour vous d'être le maître ou de quitter momentanément le pouvoir. Pour vous, il vaudrait mieux quelque temps d'interruption ;... vous rentreriez promptement, avec des forces nouvelles et une situation renouvelée. Pour le pays, s'il doit faire encore quelque sottise et manger un peu de vache enragée, il vaut mieux que ce soit du vivant du Roi[1]. » Cette idée des avantages d'une retraite momentanée avait gagné jusqu'à certains membres du cabinet. A l'époque où le duc de Broglie écrivait sa lettre, M. Duchâtel s'exprimait de même dans une conversation intime avec son ami M. Vitet. « Remarquez bien, lui disait-il, que si, chaque fois qu'on nous livre bataille, nous la gagnons, le lendemain c'est à recommencer. Tantôt l'un, tantôt l'autre attache le grelot ; mais, pour le détacher, c'est toujours notre tour. Ils ont des relais, nous n'en avons pas. Je reconnais que la fortune nous a presque gâtés depuis quatre ans, à la condition toutefois de ne jamais nous délivrer d'une difficulté sans nous en mettre une autre aussitôt sur les bras... C'est un métier de Sisyphe que nous faisons là. La vie publique n'est pas autre chose, je le sais ; seulement, il y faut du repos. Plus nous durons, plus la corde se tend. Nos amis ne sont plus ce qu'ils étaient il y a trois ans. Ils ont perdu ces craintes salutaires, ces souvenirs de 1840, qui les rendaient vigilants et

---

[1] Lettre du 30 octobre 1844, publiée par la *Revue rétrospective*.

dociles. Sans un peu de crainte, point de sagesse. Ils se passent leurs fantaisies, se donnent à nos dépens des airs d'indépendance, convaincus, quoi qu'ils fassent, que nous devons durer toujours... Ce que les amis perdent en discipline, les adversaires le gagnent en hostilité. Plus nous durons, plus ils s'irritent, ceux-là surtout qui, avant le 1er mars, étaient nos meilleurs amis; ils nous avaient prédit que nous en avions à peine pour six mois; je comprends leur mécompte, et qui sait où il peut les conduire? » Aussi M. Duchâtel en venait-il à se demander s'il ne vaudrait pas mieux « saisir la première occasion d'un vote un peu douteux et s'en faire honorablement une porte de sortie ». Sa conclusion était qu'il fallait « en finir, interrompre une lutte irritante qui lasse le pays, se donner à soi-même un repos bien gagné, amasser des forces nouvelles, détendre, rajeunir, renouveler la situation [1] ».

Nul doute qu'en présence du vote du 27 janvier, les considérations exposées par le duc de Broglie ne fussent revenues à l'esprit de M. Guizot; quant à M. Duchâtel, il avait dû reconnaître là « l'occasion » appelée par lui quelques semaines auparavant. Et cependant, le premier, après quarante-huit heures d'incertitude, renonça à donner sa démission; quant au second, il fut, dit-on, dès le premier jour, d'avis de rester[2]. Ne sourions pas et ne songeons pas au bûcheron de la fable qui invoque la mort et n'en veut plus dès qu'elle se montre. Sans nier la part qu'a pu avoir, dans la décision prise, cet attachement au pouvoir, aussi naturel à l'homme, paraît-il, que l'attachement à la vie, il est facile d'y discerner des motifs d'un ordre plus élevé. Au dehors, les ministres se croyaient sur le point de recueillir, dans d'importantes questions, celles du droit de visite et du mariage de la reine d'Espagne, les fruits de cette entente cordiale jusque-là si méconnue; il leur en coûtait d'y renoncer, pour eux et pour leur pays. A l'intérieur, ils s'inquiétaient sincèrement des aventures où un ministère, obligé de s'appuyer sur la gauche

---

[1] *Le Comte Duchâtel*, par M. Vitet.
[2] *Notes inédites de M. Duvergier de Hauranne.*

et de faire procéder à des élections générales, pouvait jeter la monarchie. Ils croyaient que le meilleur moyen de servir les vrais intérêts de la nation était, non d'avoir égard à l'ennui que lui causait la longue durée de leur administration, mais de lui assurer un peu de cette stabilité dont au fond elle avait surtout besoin. Enfin, ils connaissaient assez le tempérament de la majorité conservatrice, formée et maintenue par eux avec tant de peine, pour douter qu'elle fût en état de résister aux manœuvres dissolvantes d'un cabinet centre gauche, et qu'une fois décomposée et dispersée, il y eût chance de la reformer; ils savaient bien qu'elle n'avait rien de pareil à ces partis anglais aussi compacts dans l'opposition qu'au pouvoir. L'idée médiocre qu'ils se faisaient ainsi de la solidité de leurs propres troupes les rendait assez incrédules à l'espoir de rentrée prochaine dont les flattaient les partisans de la démission, et ils écoutaient plus volontiers les esprits « positifs » qui qualifiaient un tel espoir de « rêverie » et qui conseillaient de garder la position tant qu'on avait chance de s'y maintenir[1].

Au premier rang de ces esprits positifs était le Roi. Une démission lui eût presque fait l'effet d'une désertion. « On verra ce que c'est qu'un ministre qui ne veut pas s'en aller », avait-il dit en appelant M. Guizot à remplacer M. Thiers. Jusqu'alors, sa prévision n'avait pas reçu de démenti; il s'en félicitait et comptait bien sur la même ténacité dans l'avenir. Ses sentiments, en pareille matière, apparaissent dans une lettre que, l'année suivante, il écrivait à son gendre le roi des Belges, aux prises avec une crise ministérielle. « Ce qui gâte toutes nos affaires, lui disait-il, c'est qu'en général nos hommes politiques ont une surabondance de courage et d'audace quand ils sont dans l'opposition, tandis que, dans le ministère, ils sont *feigherzig* et toujours prêts à tout lâcher, en disant au Roi : Tire-t'en, Pierre, mon ami, comme dans la chanson. Il faut trouver un Guizot pour obvier à ces

---

[1] Ceux qui conseillaient de rester étaient appelés, dans certains milieux ministériels, les amis *sérieux*, par opposition aux amis *romanesques* qui poussaient à la démission. (*Journal inédit du baron de Viel-Castel.*)

maux, un homme qui sache tenir tête à ses adversaires, et qui sache aussi secouer ses amis, lorsqu'ils s'effrayent et qu'ils viennent le tirer par les basques de son habit pour le faire tomber à la renverse, quand les adversaires n'ont pas réussi à le faire tomber sur le nez ; et c'est parce que Guizot a eu le nerf de résister à tous ces ébranlements, qu'il a déjà six ans de ministère passés et une jolie perspective d'avenir. Je conviens que la denrée est rare[1]. »

Le Roi n'était pas le seul à peser sur les ministres pour les détourner d'abandonner la partie. La majorité même qui avait amené la crise par son défaut de consistance, n'eut pas plutôt entendu parler de démission, qu'elle en fut toute troublée. Dès le surlendemain du fameux vote, les conservateurs les plus considérables, MM. Hartmann, Delessert, de Salvandy, Bignon, Jacqueminot, les maréchaux Sébastiani et Bugeaud provoquèrent une réunion à laquelle assistèrent ou adhérèrent 217 députés, et qui, par suite, comprenait plusieurs des défectionnaires du 27 janvier. Il y fut décidé à l'unanimité qu'une démarche serait faite auprès du cabinet pour lui demander de rester aux affaires et de maintenir sa politique. En conséquence, une députation se rendit chez le maréchal Soult et chez M. Guizot. Les ministres, dont le parti était déjà pris, ne firent pas difficulté de se rendre au vœu de la majorité. Seulement, il fut entendu que la loi des fonds secrets serait immédiatement présentée, et qu'à cette occasion, la Chambre serait mise en demeure d'émettre un vote de confiance qui ne laissât plus place à aucune équivoque.

Furieux de voir que le ministère, déclaré par eux bel et bien mort, prétendait être encore vivant, les journaux de gauche redoublèrent de violence. Ce n'est pas sans une sorte de stupéfaction qu'on relit après coup les déclamations alors courantes sur cette affaire Pritchard qui paraît aujourd'hui si insignifiante, et qu'on mesure ainsi le grossissement de ce que M. Guizot a appelé justement le microscope parlementaire.

[1] *Revue rétrospective.*

Dans cette violence, tout n'était pas entraînement de passion ; il y avait beaucoup de calcul ; on se flattait d'intimider par là une partie de la majorité. Dès le 29 janvier, les journaux de gauche publièrent, sous ce titre : *Députés du parti Pritchard,* la liste des 213 conservateurs qui avaient voté le paragraphe de l'adresse ; ils avaient reconstitué cette liste en dépit du caractère secret du scrutin, et annonçaient l'intention de la reproduire à des époques déterminées. « Notre but n'est pas un mystère, disaient-ils ; c'est une table de proscription que nous dressons en vue des élections prochaines. » Peut-être était-ce dépasser le but. Ces menaces, habilement soulignées et commentées par le *Journal des Débats,* montraient aux 213 « proscrits » qu'ils n'avaient plus à attendre aucun ménagement de la part de la gauche, et que leur sort était irrévocablement lié à celui du ministère. La colère ou tout au moins la peur redonna du courage à ceux qu'on s'était flatté de terroriser. « L'irritation est grande entre les partis, notait un observateur bien placé pour savoir ce qui se passait chez les ministériels, plus grande qu'on ne l'avait vue depuis bien longtemps. Les conservateurs, loin d'être effrayés par les menaces, en sont devenus plus animés, je dirai presque plus violents[1]. » Le ministère d'ailleurs ne s'abandonnait pas, et, pour en imposer à ses partisans, il révoquait deux fonctionnaires considérables, M. Drouyn de Lhuys, directeur au ministère des affaires étrangères, et le comte Alexis de Saint-Priest, ministre de France à Copenhague, qui avaient, l'un comme député, l'autre comme pair, hautement pris parti pour l'opposition.

Ce fut le 20 février 1845 que commença à la Chambre des députés le débat attendu sur les fonds secrets. Bien que la question de confiance y fût nettement et solennellement posée, il n'eut pas grande ampleur ; il ne prit que deux séances, encore la première fut-elle presque entièrement occupée par des récriminations sur la révocation de MM. Drouyn de Lhuys et de Saint-Priest. Évidemment chacun avait le sentiment que, sur

---

[1] *Journal inédit du baron de Viel-Castel.*

les grands sujets, tout avait été dit lors de l'adresse. Entre M. Billault, le seul orateur important de l'opposition qui prit la parole, et M. Guizot, la contestation porta principalement sur la question parlementaire. Le premier soutint que le cabinet n'avait plus une majorité suffisante pour gouverner. Le ministre répondit que c'était, au contraire, l'opposition qui n'avait pas de majorité du tout, et il en donna pour preuve que ses véritables chefs, M. Odilon Barrot et M. Thiers, déclinaient, en ce moment, toute prétention ministérielle. « Savez-vous, demandait-il, ce qui arrivera si le cabinet succombe? C'est que vous n'aurez pas, à sa place, sur ces bancs, un pouvoir vainqueur. Vous aurez deux pouvoirs, un pouvoir protecteur et un pouvoir protégé. Vous aurez un pouvoir protégé, cherchant sa force, mendiant son pain, tantôt à droite, tantôt à gauche... Est-ce de là qu'on attend de la force et de la dignité pour le pouvoir et pour la Chambre? » Il termina par ces paroles : « Quel que soit le vote de la Chambre, nous garderons notre opinion. Seulement, si ce vote nous est contraire, nous dirons : Qu'une nouvelle expérience se fasse; que la France voie encore une fois ce que peut lui valoir, pour sa dignité comme pour sa sécurité, pour son influence au dehors comme pour sa prospérité au dedans, une politique incertaine, protégée par l'opposition. » Le vote était attendu avec anxiété. En dehors des discours prononcés à la tribune et des polémiques de presse, de grands efforts avaient été faits, des deux côtés, pour travailler individuellement chacun des cinquante ou soixante députés supposés douteux. M. Molé, fort habile en ce genre de propagande, et M. de Montalivet, qui s'affichait de plus en plus ouvertement contre M. Guizot, s'y étaient employés activement. Ils se flattaient d'avoir réussi, et, dans leur entourage, on annonçait que le cabinet serait en minorité de 10 voix. Ce fut au contraire l'opposition qui se trouva en minorité de 24 voix : elle ne réunit que 205 suffrages contre 229.

La loi des fonds secrets fut aussitôt portée à la Chambre des pairs, où elle vint en discussion dans les premiers jours de mars. M. Molé ne pouvait se flatter de trouver au Luxembourg la revanche de l'échec subi par ses alliés au Palais-Bourbon. Toutefois, il intervint à plusieurs reprises dans le débat, se posant plus ouvertement encore que lors de l'adresse en compétiteur de M. Guizot. Rassurer le centre tout en donnant des gages à la gauche, telle fut la double tâche à laquelle il employa d'abord l'habileté de sa parole. Pour rassurer le centre, il protesta n'avoir pas changé de principes, être toujours conservateur, et se défendit même de faire en cette circonstance acte d'opposition. Pour donner des gages à la gauche, il se proclama homme de progrès, sans préciser, il est vrai, quel progrès il se chargerait d'accomplir; il se défendit d'être de ces ministres qui cherchent leur salut dans l'immobilité et s'imaginent que « durer, c'est gouverner »; il déclara ne pas admettre qu'on divisât le pays et le Parlement en deux partis absolus et tranchés, à la façon des whigs et des tories; suivant lui, une telle division n'était pas conforme à l'état des esprits, dans un siècle de tolérance et d'indifférence. Cela dit pour justifier la situation qu'il avait prise, il passa à l'offensive contre le cabinet en fonction. Il le montra « protégé, depuis quatre ans, par une majorité qu'il ne conservait qu'à force de lui céder, ne faisant autre chose que de courir après le nombre qui lui échappait, réduit à n'avoir pas d'avis toutes les fois qu'il n'avait pas son existence à défendre, laissant affaiblir, amoindrir de plus en plus entre ses mains ce pouvoir qu'il mettait tant d'efforts à conserver ». Contre M. Guizot personnellement, les traits étaient nombreux et parfois assez aiguisés; l'orateur se plaisait surtout à évoquer les souvenirs de la coalition. Le ministre n'était pas homme à laisser une telle attaque sans réponse. Au reproche de stérilité, il opposa la comparaison de la situation extérieure et intérieure de 1840 avec celle de 1845. Sur les dispositions du parti conservateur, il argua contre son contradicteur de la démarche solennelle faite par ce parti pour demander au cabinet de ne pas se retirer. Puis, revenant à sa thèse favorite, il exposa comment M. Molé, au pouvoir, serait obligé de gagner beaucoup de terrain à gauche pour compenser celui qu'il perdrait au centre, et comment il ne pourrait le faire qu'au prix d'un changement de politique : il en conclut que seul le cabinet actuel était en état de maintenir l'intégrité de la politique conservatrice et du parti conservateur. Lui aussi, il fit un retour sur la coalition. « Plusieurs, dit-il, trouvaient que l'honorable préopinant avait eu, en 1839, la bonne fortune d'une chute heureuse et honorable; ils trouvent aujourd'hui qu'il gâte, qu'il perd cette bonne fortune; ils s'en étonnent et s'en affligent. » Commencée par ce dialogue singulièrement aigre entre les deux principaux adversaires, la discussion se prolongea pendant trois jours, un jour de plus qu'à la Chambre des députés. Plus elle avançait, plus le ton en devenait irrité. D'autres ministres intervinrent, notamment M. de Salvandy qui venait de remplacer M. Villemain au ministère de l'instruction publique. M. Molé, fort piqué de se voir combattu par un de ses anciens collègues du 15 avril, se laissa aller à prononcer sur lui ces paroles blessantes : « Après la ligne de conduite que je lui ai vu suivre depuis deux ans, après le langage que je lui ai entendu tenir, je suis bien plus tenté de le plaindre que de le blâmer. » Le vote ne faisait aucun doute : toutefois on remarqua que l'opposition réunit 44 voix, cinq de plus que lors de l'adresse; à la Chambre des pairs, ce chiffre était relativement assez élevé.

Pour n'être pas considérable et éclatante, la victoire du ministère n'en était pas moins réelle. Vainement les journaux opposants affectaient-ils de le traiter toujours de moribond et déclaraient-ils que « la majorité obtenue par lui sur les fonds secrets pouvait lui servir de prétexte pour garder le pouvoir, mais ne lui donnait pas la force suffisante pour l'exercer[1] »; vainement avaient-ils trop souvent occasion de le montrer sans autorité efficace sur la Chambre, réduit à laisser mutiler les

---

[1] Veut-on un spécimen des déclamations de la presse de gauche sur ce sujet? Le *Siècle* disait du ministère, le 26 février 1845 : « C'est un gladiateur épuisé qui perd du sang à chaque pas, et dont la main défaillante, cherchant à maintenir l'appareil qui couvre la plaie sans la guérir, ajuste les plis de son manteau, souillé dans l'arène. Il demande en vain la vie ou la mort; son imperceptible et inconcevable majorité, qu'il salue tristement, le condamne à une lente agonie. »

lois d'affaires qu'il avait présentées, il n'en était pas moins certain que cette même Chambre avait manifesté la volonté très nette de lui conserver la direction des affaires, et surtout de ne pas la laisser prendre à ses compétiteurs. M. Guizot écrivait au duc de Broglie, le 18 mars 1845 : « La situation devient non pas plus facile, mais plus ferme. Le parti conservateur est de plus en plus décidé, ce qui ne l'empêchera pas de faire encore je ne sais quelles bévues ; mais le fond est bon et restera bon. Quelle œuvre nous avons entreprise ! Et pourtant il le faut, et j'espère toujours que nous réussirons. Mais le fardeau est bien lourd. Plus je vais, plus je sens le sacrifice que j'ai fait, en ne me retirant pas au premier mauvais vote. J'y aurais gagné du repos et beaucoup de cet honneur extérieur et superficiel qui a bien son prix. Mais j'aurais, sans raison suffisante, livré ma cause à de très-mauvaises chances et mon parti à une désorganisation infaillible. Quoi qu'il m'en coûte, j'ai encore assez de force et de vertu pour ne pas regretter d'être resté sur la brèche. » Le ministre ajoutait, le 31 mars, dans une lettre adressée au même correspondant : « Je crois toujours que j'irai jusqu'au bout, tantôt laissant aller les petites choses, tantôt livrant bataille sur les grandes[1]. »

Quant à M. Molé, il n'avait retiré de sa campagne ni réel profit, car le ministère était toujours debout, ni grand honneur, car ses anciens amis eux-mêmes étaient étonnés, attristés, scandalisés presque, de le voir engagé dans une opposition si acharnée et si personnelle, avec des alliances si suspectes. « Les conservateurs, écrivait un témoin, sont maintenant presque aussi irrités contre lui qu'ils l'étaient contre M. Guizot du temps de la coalition[2]. » Le Roi ne cachait pas son mécontentement[3]. La bonne impression que les cabinets européens avaient gardée du ministère du 15 avril en était altérée, et M. de Metternich entre autres s'exprimait très sévèrement[4]. Ajoutons que la façon dont M. Molé s'était

---

[1] *Documents inédits.*
[2] *Journal inédit du baron de Viel-Castel.*
[3] *Ibid.*
[4] Lettre au comte Apponyi, du 15 mars 1845. (*Mémoires de M. de Metternich*, t. VII, p. 91, 92.)

mis en avant et avait fait de la lutte politique du moment une sorte de duel entre lui et le ministre des affaires étrangères, avait pour curieuse conséquence, sinon de rapprocher M. Guizot de M. Thiers, du moins de détendre un peu leurs rapports personnels. Peu après la discussion des fonds secrets à la Chambre des pairs, M. Thiers, se trouvant en visite chez madame de Lieven, qui avait désiré l'entretenir sur un passage de son histoire, remarqua qu'après son entrée, la princesse donnait ordre de tenir la porte fermée pour tout le monde. Il réclama aussitôt et déclara avec insistance n'avoir aucune objection à rencontrer M. Guizot. Juste à ce moment, le ministre arriva. A la vue de M. Thiers, il fut d'abord stupéfait. Madame de Lieven se mit à rire. M. Thiers, puis M. Guizot en firent autant. L'hilarité finie, la princesse expliqua la cause de la visite, et la conversation porta, pendant quelque temps, sur l'*Histoire du Consulat*. Après une pause, la maîtresse de la maison s'adressa à M. Thiers : « J'avais, lui dit-elle, un message à vous faire de la part de M. Guizot : c'était de vous faire observer qu'il s'est mieux comporté avec vous que vous ne l'avez fait avec lui. Vous lui aviez jeté Molé dans les jambes, et lui vous a débarrassé de Molé. Maintenant, il n'y a plus que deux possibilités politiques : vous et lui. » — « C'est vrai, confirma M. Guizot, je l'avais chargée de vous dire cela. » M. Thiers répondit sur le même ton, et alors s'engagea, entre les deux adversaires, sur toutes les questions politiques, une conversation fort intéressante pour celle qui en était l'unique témoin, conversation pleine de liberté, de franchise et de bonne grâce ; les interlocuteurs s'accordèrent sur tous les points, sauf sur celui de la paix et de la guerre, M. Guizot maintenant que la paix pouvait être conservée, M. Thiers insistant sur ce qu'un jour ou l'autre elle serait nécessairement rompue. On se quitta en termes fort courtois [1].

La vie si rude que M. Guizot menait depuis plus de quatre

---

[1] Cet épisode est raconté par M. Greville, qui en tenait le récit de la princesse de Lieven elle-même. (*The Greville Memoirs, second part*, vol. II, p. 278 et p. 287, 288.)

ans, sans un moment de répit, épuisait ses forces. Déjà, l'été précédent, il avait souffert de crises hépathiques assez violentes. Le voyage à Windsor lui avait été une distraction salutaire. « C'est un bon cordial que le succès », écrivait-il à ce propos, le 21 octobre 1844. Mais, vers la fin d'avril 1845, à la suite des fatigues de la session, sous le coup d'irritations et d'anxiétés que son sang-froid apparent ne l'avait pas empêché de ressentir, la maladie revint si forte, qu'il fut, cette fois, obligé de prendre un congé et de se retirer au Val-Richer. L'intérim de son ministère fut confié à M. Duchâtel. Beaucoup se flattaient que M. Guizot était définitivement hors de combat, ou qu'en tout cas on allait s'habituer à marcher sans lui. Ce dernier sentiment n'était pas étranger à certains conservateurs et même peut-être à tel ou tel membre du cabinet qui s'imaginait grandir personnellement par la disparition d'un collègue si éclatant et si absorbant. L'épreuve, au contraire, se trouva tourner à la confusion de ceux qui croyaient pouvoir se passer facilement de M. Guizot. Celui-ci n'était pas éloigné depuis quelques jours que M. de Viel-Castel notait, le 1er mai, sur son journal intime : « Les dernières séances de la Chambre des députés ont déjà suffi pour démontrer tout ce que le ministère perd de force et de dignité par le fait de l'absence de M. Guizot. Les journaux de l'opposition en triomphent. Ils accablent M. Duchâtel de sarcasmes méprisants, et, pour rabaisser plus complètement les ministres restants, ils ne craignent pas d'exalter déjà celui qui s'est retiré momentanément. Le *Constitutionnel* dit qu'on va voir ce que c'est qu'une plate politique platement défendue. Le *National* prétend que M. Duchâtel reproduit les idées de M. Guizot, comme Scarron reproduit Virgile. Le *Courrier*, ce mortel ennemi de M. Guizot, dit qu'il n'a jamais paru plus grand que depuis qu'on voit à l'œuvre ceux qui essayent de prendre sa place[1]. » Le jeune prince Albert de Broglie écrivait au duc son père, alors en mission à Londres : « La

---

[1] *Journal inédit du baron de Viel-Castel.*

Chambre est fort désorganisée en ce moment. L'amiral de Mackau (ministre de la marine) a été très malheureux hier dans une réponse à M. Barrot... Le vaisseau du ministère a l'air tout désemparé; mais les batteries de l'opposition ne sont pas bien servies non plus. » Il ajoutait dans une autre lettre, peu de temps après : « Vous voyez la situation trop en noir. M. Guizot se remet très rapidement. Cette retraite, d'où il conduit tout, comme le dieu dans les nuages, et qui fait sentir son absence à la Chambre, le grandit plutôt dans l'opinion. » Quand donc, après environ cinq semaines de congé, dans les premiers jours de juin, le ministre des affaires étrangères revint à son poste, son prestige parut en quelque sorte renouvelé et rajeuni. Au dehors, d'ailleurs, des événements heureux lui venaient au secours, apportant enfin la justification de l'entente cordiale et en faisant recueillir les profits. Par un juste retour, cette politique étrangère, dont les accidents avaient tant de fois ébranlé la situation du ministre, servait maintenant à la raffermir. Nous ne faisons pas seulement allusion à ce qui se passait en Espagne et en Grèce, où, comme nous le verrons plus tard, notre influence se trouvait, depuis quelque temps, avoir repris le dessus et où le pouvoir était passé aux chefs des « partis français[1] ». Mais à ce moment précis, notre diplomatie remportait à Londres un succès plus remarquable et plus décisif encore; elle résolvait, d'une façon pleinement satisfaisante, ce problème du droit de visite, dont l'opposition avait tant de fois annoncé que M. Guizot ne pourrait jamais se tirer.

IV

On se rappelle les faits qui avaient donné naissance à la question du droit de visite : le soulèvement inattendu d'opi-

---

[1] Je remets à plus tard l'exposé de ces affaires d'Espagne et de Grèce, afin de ne pas le morceler.

nion provoqué par la signature de la convention du 20 décembre 1841 ; le ministère surpris, reculant peu à peu devant ce soulèvement, ajournant d'abord la ratification de la convention, puis y renonçant définitivement et faisant agréer ce refus à l'Angleterre et aux autres puissances ; l'opposition non désarmée, mais, au contraire, encouragée par cette satisfaction, et, dans la session de 1843, une nouvelle poussée dirigée, non plus contre le traité de 1841, qui avait disparu, mais contre ceux de 1831 et de 1833, c'est-à-dire contre le principe même du droit de visite tel qu'il était appliqué depuis plus de dix ans ; le gouvernement essayant d'abord de résister, déclarant toute revision des anciens traités dangereuse à demander, impossible à obtenir, ensuite contraint de céder et acceptant le mandat de poursuivre cette revision, sous la condition toutefois, expressément stipulée par lui devant la Chambre, qu'il choisirait son heure et attendrait pour ouvrir les négociations qu'elles fussent sans péril et eussent chance de réussir. Cette position prise ou subie, M. Guizot avait usé du droit qu'il s'était réservé, d'attendre ; il s'était gardé de faire à l'Angleterre des propositions prématurées, mais, en même temps, n'avait pas perdu de vue l'œuvre à accomplir, ne manquant pas une occasion d'en appeler au bon sens et à la bonne foi de lord Aberdeen, de lui faire comprendre la force des préventions éveillées en France et la nécessité d'en tenir compte. Tel avait été notamment l'esprit des conversations que, lors de la visite de la Reine à Eu, il avait eues avec le chef du *Foreign Office;* il l'avait amené, non sans doute à accepter telle ou telle solution, mais à reconnaître plus ou moins explicitement qu'il fallait en chercher une [1].

Le terrain ainsi préparé, M. Guizot se hasarda à y faire un pas de plus ; le 6 décembre 1843, il invita son ambassadeur à Londres à reprendre avec le ministre anglais la conversation commencée à Eu, et à lui faire savoir notre désir de ne pas tarder davantage à ouvrir les négociations sur la revision des

---

[1] Voir plus haut, ch. I, § v à VIII, et ch. II, § I, IV, VI et IX.

traités de 1831 et de 1833 [1]. Lord Aberdeen, s'inspirant de l'entente cordiale qui venait d'être inaugurée, répondit : « Vous pouvez écrire à M. Guizot que, plein de confiance dans la sincérité de sa résolution de travailler à la suppression de la traite, j'accueillerai toute proposition qui viendra de lui avec beaucoup de... *prévenance*, et que je l'examinerai avec la plus grande attention... Mais prenez bien garde de rien ajouter qui implique une adhésion de ma part à telle ou telle mesure; il s'est agi, à Eu, entre M. Guizot et moi, de commencer une négociation, non d'en préjuger l'issue. Je comprends la situation de votre ministère devant ses Chambres; il doit aussi comprendre la mienne. » Le secrétaire d'État avait en effet à compter non seulement avec l'opposition, mais avec ses propres collègues. Le premier mouvement de sir Robert Peel avait été de refuser tous pourparlers sur ce sujet. « M. Guizot, disait-il avec humeur, pose des principes très justes, pour en faire ensuite une application partielle; il parle de l'amour-propre et de la susceptibilité des assemblées; il sait bien que l'Angleterre aussi n'est pas un pouvoir absolu, et que son gouvernement ne peut pas ne pas tenir compte de la fierté et des passions nationales. Jamais la Chambre des communes ne consentira à faire des concessions aux exigences de la Chambre des députés. » Lord Aberdeen parvint cependant à l'amadouer; il lui fit comprendre l'impossibilité de repousser *à priori* des propositions qui n'étaient pas connues, et obtint qu'on ne se refuserait pas à la négociation.

M. Guizot, fidèle à sa tactique expectante, ne se hâta pas de faire des propositions. « Nous ne sommes pas autrement pressés de pousser l'affaire, écrivait M. Désages à M. de Jarnac, le 29 janvier 1844. Il vaut mieux attendre, je crois, pour le cabinet anglais et pour nous, que le premier feu des parlements respectifs soit épuisé sur la question des ouvertures générales, et que les préoccupations parlementaires se

---

[1] Pour le récit des négociations qui vont suivre, je me suis principalement servi des documents cités par M. Guizot au tome VI de ses *Mémoires*, p. 198 et suiv.

dirigent vers d'autres voies [1]. » Les difficultés qui éclatèrent bientôt après sur les affaires de Taïti et du Maroc furent une raison de plus de retarder l'ouverture de la négociation. En attendant, notre gouvernement s'occupait de former son dossier ; il faisait faire une enquête par la marine sur les moyens nouveaux qui pourraient être proposés pour la répression de la traite. A l'automne de 1844, après l'arrangement de l'incident Pritchard et le traité de Tanger, les circonstances parurent plus favorables. M. Guizot profita donc de son voyage à Windsor, au mois d'octobre, pour causer du droit de visite, non seulement avec lord Aberdeen, mais aussi, sur le conseil de ce dernier, avec les autres ministres et même avec les chefs de l'opposition. « Il se peut, leur disait-il, qu'en soi le droit de visite soit, comme on le pense en Angleterre, le moyen le plus efficace de réprimer la traite ; mais, pour être efficace, il faut qu'il soit praticable ; or, dans l'état des esprits en France, Chambres et pays, il n'est plus praticable, car, s'il est sérieusement pratiqué, il suscitera infailliblement des incidents qui amèneront la rupture entre les deux pays. Faut-il sacrifier à cette question particulière notre politique générale? Nous croyons, nous, qu'il y a, pour assurer la répression de la traite, d'autres moyens que le droit de visite, et des moyens qui, dans la situation actuelle, seront plus efficaces. Nous vous les proposerons. Refuserez-vous de les examiner avec nous et de les adopter, si, après examen, ils paraissent plus efficaces que le droit de visite, qui aujourd'hui ne peut plus l'être? » Habilement développées, ces considérations avaient une autorité particulière dans la bouche du ministre qui avait commencé par risquer sa popularité pour défendre le droit de visite en France. Aussi firent-elles généralement une sérieuse impression, et M. Guizot quitta Windsor, convaincu que le moment était enfin venu d'engager officiellement la négociation préparée avec une si habile patience.

Le 26 décembre 1844, notre ministre adressa à M. de Sainte-Aulaire une dépêche qui devait être communiquée au cabinet

---

[1] *Documents inédits.*

de Londres; toujours préoccupé d'amener l'autre partie à la négociation sans lui faire voir trop tôt quelle en devait être l'issue, il n'entrait pas dans le détail des moyens de répression à substituer au droit de visite réciproque; il indiquait seulement, en termes généraux, le but à atteindre, et proposait que les deux gouvernements nommassent des commissaires qui se réuniraient à Londres pour rechercher les moyens. Lord Aberdeen, toujours notre auxiliaire, fit agréer la proposition à ses collègues. Le résultat dépendait pour beaucoup de la désignation des commissaires. M. Guizot eut une idée fort heureuse, il s'adressa au duc de Broglie, et obtint de lui qu'il acceptât cette mission. La haute considération du personnage, la notoriété de ses convictions abolitionnistes lui assuraient un crédit particulier auprès du gouvernement et du public anglais; lord Aberdeen, sir Robert Peel, la Reine, le prince Albert témoignèrent aussitôt leur satisfaction d'un tel choix et l'espoir qu'ils en concevaient[1]. De son côté, le gouvernement britannique nomma pour son commissaire le docteur Lushington, membre du conseil privé et juge de la Haute Cour d'amirauté, fort estimé pour sa science et son caractère, à la fois whig et abolitionniste ardent, et dont l'opinion devait avoir, par suite, une importance particulière aux yeux des adversaires de la traite.

Au moment même où ces désignations préliminaires s'accomplissaient heureusement dans le huis clos des chancelleries, la session parlementaire de 1845 s'ouvrait à Paris et à Londres. Les oppositions, ayant eu vent qu'il se préparait quelque chose, portèrent la question du droit de visite aux deux tribunes. En France, les ennemis de M. Guizot partaient toujours de cette idée qu'il ne se tirerait pas de la négociation où on l'avait forcé à s'engager. A la Chambre des pairs, M. Molé se complut à montrer le ministre acculé dans une impasse, aussi incapable

[1] M. de Sainte-Aulaire écrivait de Londres à M. de Barante, le 14 février 1845 : « Nous attendons Broglie. L'accueil qui a été fait ici à son nom est une des plus flatteuses récompenses que puisse recevoir un homme public. » (Documents inédits.)

de faire céder l'Angleterre que de faire reculer la Chambre des députés; il se refusa à prendre au sérieux l'expédient des commissaires, déclara ne rien attendre de leur intervention, et invoqua « son habitude des affaires », pour prédire leur insuccès. A la Chambre des députés, M. Thiers le prit sur le même ton, et affecta de ne voir dans ce qui se faisait qu'une apparence destinée à amuser le public. « Quand on est embarrassé, disait-il ironiquement, on choisit des commissaires. » La meilleure défense pour M. Guizot eût été de révéler l'état exact de la négociation. Mais il eût risqué ainsi d'en compromettre le résultat; dès le premier jour, lord Aberdeen, préoccupé des susceptibilités anglaises, l'avait averti d'être très réservé dans ses explications devant les Chambres. Plus soucieux donc d'assurer son succès final que de se procurer sur le moment un avantage de tribune, il se borna à répondre par quelques généralités et à affirmer qu'un « grand pas » avait été fait en « décidant le gouvernement anglais à chercher, de concert avec nous, de nouveaux moyens de réprimer la traite ». « On dit, ajouta-t-il, que nous poursuivons un but impossible. J'espère fermement qu'on se trompe, et que deux grands gouvernements, pleins d'un bon vouloir réciproque et fermement décidés à persévérer dans la grande œuvre qu'ils ont entreprise en commun, réussiront, en tout cas, à l'accomplir. » Pendant ce temps, au Parlement anglais, lord Palmerston cherchait, sans beaucoup de succès, il est vrai, à ameuter les esprits contre toute idée de toucher aux traités de 1831 et de 1833, déclarant que ce serait sacrifier l'honneur britannique à M. Guizot. « Instituer une commission, disait-il, en vue d'examiner si le droit de visite est essentiel pour la suppression de la traite, est juste aussi raisonnable que si l'on instituait une commission pour rechercher si deux et deux font quatre ou s'ils font quelque chose autre. »

Arrivé en Angleterre le 15 mars 1845, le duc de Broglie y fut très bien accueilli par la cour, les ministres, et même par plusieurs des principaux whigs, depuis longtemps ses amis[1].

---

[1] J'ai eu sous les yeux tous les papiers relatifs à cette mission du duc de Bro-

Cette faveur personnelle pouvait l'aider à surmonter les obstacles; mais elle ne les supprimait pas. Dans la première audience qu'elle avait donnée à notre commissaire, la Reine lui avait dit, en faisant allusion à l'affaire qu'il venait traiter : « Ce sera bien difficile. » Lord Aberdeen se montra, dès le début, plein de bonne volonté, « plutôt notre complice que notre adversaire », écrivait le duc de Broglie à M. Guizot. Mais il était visible que le secrétaire d'État, suspect d'être trop favorable à la France, ne se croyait pas en mesure, soit vis-à-vis de l'opposition, soit même vis-à-vis des autres membres du cabinet, de prendre seul la responsabilité d'une solution. Était-il pressé par nous, il se retranchait derrière le docteur Lushington. « Je m'en remets à lui, disait-il, du soin de chercher les expédients, et j'accepterai tout de lui avec confiance. » C'était donc le docteur qu'il fallait convaincre. Tant qu'il ne le serait pas, les plus conciliants n'oseraient pas se dire de notre avis. Lui gagné, les plus revêches seraient sinon convertis, du moins désarmés. Le duc de Broglie le comprit, et manœuvra en conséquence, avec une adresse souple qu'on ne lui connaissait pas. Il avait affaire, en la personne du commissaire anglais, à un esprit droit, probe, sensible aux bonnes raisons, mais un peu entêté, pointilleux, préoccupé de son propre sens et de son succès personnel. Il ne négligea rien pour ménager ses préventions, gagner sa confiance et aussi flatter son amour-propre, car l'honnête docteur n'était pas invulnérable sur ce dernier point. Ce ne devait pas être sans succès, et le duc pourra bientôt écrire à M. Guizot : « Le docteur et moi vivons comme deux frères; comme on l'invite partout à dîner avec moi, il se trouve tout à coup être du grand monde et fêté dans des salons où il n'avait pas eu jusqu'ici un accès habituel. »

La première semaine fut employée à entendre les dépositions de plusieurs officiers de marine anglais et français sur

glie, dépêches officielles et correspondance confidentielle. C'est sur ces documents, dont du reste M. Guizot avait déjà cité plusieurs extraits dans ses *Mémoires*, que j'ai rédigé le récit qui va suivre.

la traite et sur les moyens de la réprimer autrement que par le droit de visite. Après cette enquête, vint le moment vraiment critique, celui où les deux commissaires se communiquèrent leurs vues. Ces vues parurent d'abord assez divergentes. Le système proposé par le duc de Broglie consistait à supprimer définitivement tout droit de visite et à y substituer l'envoi, sur la côte occidentale d'Afrique, de deux escadres française et anglaise, composées d'un nombre déterminé de croiseurs et manœuvrant de concert; de plus, des traités devaient être conclus avec les chefs indigènes, afin de pouvoir au besoin agir sur terre. Le docteur Lushington acceptait l'idée des deux escadres; seulement, il y mettait une double condition : 1° au lieu d'abolir les conventions de 1831 et de 1833, il se bornait à les suspendre pendant cinq ans, pour permettre l'essai du nouveau système; au terme du délai, ces conventions devaient rentrer en vigueur *ipso facto*, si elles n'étaient pas expressément abrogées du consentement des deux gouvernements; 2° il établissait formellement le droit de vérifier la nationalité des bâtiments soupçonnés d'arborer un pavillon qui n'était pas le leur, droit réclamé depuis longtemps par l'Angleterre, mais contesté par d'autres puissances, notamment par les États-Unis. Notre gouvernement jugea ces deux conditions inacceptables. Sur le premier point, il avait le sentiment que nos Chambres ne seraient satisfaites que par une abolition définitive du droit de visite. Sur le second point, sans prétendre poser en principe qu'un négrier ou un pirate pouvait échapper à toute surveillance en arborant un drapeau autre que le sien, il ne voulait pas reconnaître expressément à des navires de guerre étrangers le droit d'arrêter et de visiter, en temps de paix, nos bâtiments de commerce, sous prétexte de vérifier leur nationalité; il se rendait compte que ce genre de visite ne paraîtrait pas moins insupportable que l'autre à l'opinion française, et ne donnerait pas lieu, dans l'exécution, à de moindres difficultés. Un mois entier s'écoula en conférences sur ces deux questions, entre le duc de Broglie d'une part, le docteur Lushington et lord Aberdeen d'autre part. Inutile de raconter les péripéties diverses par lesquelles on passa. Il semblait, à certains moments, que la préoccupation où était forcément chaque partie des préventions de l'esprit public dans son pays, rendrait l'accord impossible. Mais la bonne foi et la bonne volonté apportées par les négociateurs finirent par triompher de toutes les difficultés. On aboutit à une transaction qui était en réalité tout à notre avantage. Le traité, qui fut signé, le 29 mai 1845, par les plénipotentiaires, organisait d'abord le système des deux escadres de croiseurs et prévoyait les traités à conclure avec les chefs indigènes, conformément aux propositions de notre commissaire; sur les conventions de 1831 et de 1833, il stipulait qu'elles seraient suspendues pendant dix ans, terme assigné à la durée du nouveau traité, et qu'au bout de ce temps elles seraient, non pas remises en vigueur si elles n'étaient abrogées d'un commun accord, mais, au contraire, considérées comme définitivement abrogées si elles n'étaient pas, d'un commun accord, remises en vigueur; quant au droit de vérification de la nationalité des bâtiments, aucune maxime générale et absolue n'était établie; on s'en référait aux instructions « fondées sur les principes du droit des gens et sur la pratique constante des nations maritimes », qui seraient adressées aux commandants des escadres et dont le texte serait annexé au nouveau traité.

« La convention est excellente, écrivit aussitôt M. Guizot au duc de Broglie. On n'est jamais mieux arrivé à son but et de plus loin. » Et il ajoutait avec une légitime fierté : « A coup sûr, sans lord Aberdeen, vous et moi, si l'un des trois avait manqué, rien ne se serait fait. » Il avait raison. Peu d'œuvres diplomatiques ont été plus sagement conduites, plus heureuses pour le pays et plus honorables pour ceux qui y ont pris part. Est-ce à dire que le système imaginé fût parfaitement efficace contre la traite? A l'épreuve, il ne devait pas donner grand résultat, d'autant que les stipulations dont on attendait le plus d'effet, celles qui prévoyaient les traités à faire avec les chefs indigènes pour atteindre sur terre le commerce des esclaves, n'ont pu être sérieusement appliquées, par suite du mauvais vouloir du commandant de la station anglaise. Mais, à vrai dire, ce n'était pas là le côté principal du problème. Ce qu'on avait voulu résoudre, c'était moins une question africaine qu'une question européenne. Il s'agissait avant tout d'écarter la grosse difficulté qui, depuis plusieurs années, pesait si lourdement sur les rapports de la France et de l'Angleterre, embarrassait notre politique générale, et pouvait même un jour mettre la paix en péril. A ce point de vue du moins, le succès était complet, et la difficulté se trouvait supprimée.

V

Le traité du 29 mai fut connu à Paris dans les premiers jours de juin 1845, au moment même où M. Guizot, relevant de maladie, faisait sa rentrée dans les Chambres. L'effet parlementaire fut considérable, d'autant plus considérable que l'opposition avait proclamé à l'avance ce succès impossible. Tout ce qu'elle avait dit à ce sujet se retournait maintenant contre elle et faisait davantage ressortir l'heureuse habileté du cabinet. A gauche et au centre gauche, où, depuis le commencement de la session, on avait eu le verbe si haut, on portait maintenant la tête basse et l'on ne savait plus que dire. Lorsqu'il fallut nommer, dans les bureaux, la commission chargée d'examiner les crédits demandés pour l'exécution du traité, aucune contradiction sérieuse n'osa se produire, et les ministériels l'emportèrent à de grandes majorités. Même embarras et même silence lors du débat en séance, le 27 juin; le projet fut voté par 243 voix contre une; les adversaires de parti pris avaient été réduits à s'abstenir. « Je suis content, écrivait peu après M. Guizot. La session de nos Chambres finit bien; mes amis sont confiants, mes adversaires sont découragés[1]. » Et

[1] Lettre du 22 juillet 1845. (*Lettres de M. Guizot à sa famille et à ses amis*, p. 230.)

M. de Barante confirmait ainsi ce jugement : « Jamais session ne s'est terminée dans des circonstances plus heureuses pour un ministère, plus défavorables à l'opposition [1]. »

Il fallait s'attendre que le traité ne fît pas une moindre impression à Londres ; seulement cette impression serait-elle aussi favorable au cabinet anglais qu'elle l'avait été au cabinet français? Ne pouvait-on pas craindre que les concessions faites à la France ne fournissent aux adversaires de lord Aberdeen des armes pour attaquer sa politique de loyale conciliation? En effet, dès le 2 juin, à la première nouvelle du traité, le *Morning Chronicle* disait : « M. Guizot ne pouvait remporter un plus grand triomphe, et quelque amertume que nous inspire la pusillanimité avec laquelle les ministres anglais se sont laissé duper, nous sommes forcés de complimenter les Français sur l'habileté avec laquelle ils ont satisfait les désirs de leurs partis extrêmes. » Peu de semaines après, le 8 juillet, lord Palmerston soulevait la question à la Chambre des communes; il constatait avec douleur qu'il ne restait plus rien du droit de visite, et déplorait la timidité avec laquelle le gouvernement s'était soumis aux exigences du cabinet de Paris. Ces attaques cependant n'eurent pas grand écho dans le public et même parmi les whigs. Le temps, dont M. Guizot s'était fait habilement un auxiliaire, avait amorti les préventions de l'opinion anglaise; on y sentait la nécessité d'une solution, dans l'intérêt même de la répression de la traite, et, quant au choix de cette solution, on s'en rapportait volontiers à un abolitionniste aussi notoire que le docteur Lushington. Aussi sir Robert Peel eut-il facilement raison des critiques de lord Palmerston. Il renvoya à ce dernier et à sa politique de 1840 la responsabilité du soulèvement qui s'était produit en France contre le droit de visite, et s'attacha à démontrer l'efficacité de la nouvelle convention, s'abritant du reste, sur ce point, derrière les commissaires dont il fit un magnifique éloge. Il n'y eut pas de vote. Lord Palmerston, reconnaissant lui-même que le mi-

---

[1] Lettre du 1er août 1845. (*Documents inédits.*)

nistère était assuré d'une forte majorité, avait renoncé à proposer aucune résolution.

La politique de l'entente cordiale qui triomphait ainsi à Paris et à Londres allait trouver une confirmation nouvelle dans une démarche personnelle de la reine Victoria. Louis-Philippe, enchanté de ses deux premières entrevues avec la Reine, en 1843 à Eu, en 1844 à Windsor, eût vivement désiré qu'une telle rencontre se renouvelât tous les ans, tantôt d'un côté du canal, tantôt de l'autre[1]. Il n'avait pas semblé d'abord que ce désir eût chance d'être réalisé en 1845. La Reine avait résolu d'employer le mois d'août à faire une sorte de pèlerinage de famille en Saxe, dans le pays de son cher Albert; sur la route, elle devait rendre au roi de Prusse la visite que celui-ci lui avait faite à Londres, en janvier 1842. A ces déplacements, on ne jugeait pas possible d'ajouter un voyage en France qui eût d'ailleurs témoigné trop clairement la volonté d'ôter toute portée politique aux politesses faites en Allemagne. Louis-Philippe avait été informé de cette impossibilité et s'y était résigné, non sans regret. « Je vois bien, écrivait-il à la reine des Belges, le 12 mai, que, pour cette année, *we are completely out of the question*[2]. » La reine Victoria se mit en route le 8 août. Après être passée par la Belgique, et avoir accepté, à Brühl, près de Cologne, l'hospitalité de Frédéric-Guillaume, qui profita de la circonstance pour évoquer dans un toast le souvenir de Waterloo[3], elle séjourna quelques

---

[1] Le Roi s'en était souvent expliqué avec le roi et la reine des Belges, qui étaient ses intermédiaires habituels avec la cour d'Angleterre. Il écrivait notamment à la reine des Belges, le 12 mai 1845 : « Ce que je désire, c'est que tout s'arrange de manière que nous puissions nous donner des *cals* réciproques, *on both sides of the channel.* » (*Revue rétrospective.*) — Lord Palmerston écrivait à son frère, le 16 mars de la même année : « Louis-Philippe désire que la Reine vienne le voir à Paris, l'été prochain, et offre de lui rendre sa visite l'année d'après. Il dit que, dans l'état présent des relations entre les deux pays, les souverains devraient se rencontrer tous les ans. » (BULWER, *The Life of Palmerston*, t. III, p. 151.)

[2] *Revue rétrospective.*

[3] Voici ce toast, qui ne manquait pas d'une certaine éloquence : « Messieurs, remplissez vos verres! Il y a un mot d'une inexprimable douceur pour les cœurs britanniques et allemands. Il y a trente ans, on l'entendit proférer sur les hauteurs de Waterloo par des voix anglaises et allemandes, après des jours de com-

semaines en Saxe, se prenant d'une vive affection pour cette
« chère petite Allemagne [1] » sur laquelle rejaillissait quelque
chose de sa tendresse conjugale. Durant ce temps, l'adroite
insistance de la reine des Belges qui avait accompagné, pendant plusieurs jours, la royale voyageuse, et aussi le désir
de plaire à la France, d'y contre-balancer l'effet que pouvaient y produire des incidents tels que le toast à Waterloo,
déterminèrent la reine Victoria à modifier ses projets et à
terminer sa tournée par une courte visite au château d'Eu.
Elle y arriva en effet le 8 septembre. Suivant son désir,
la réception garda un caractère absolument intime [2].
Tout s'y passa à merveille. La Reine fut charmée. Louis-
Philippe était radieux. Après vingt-quatre heures, les deux
familles royales se séparèrent plus attachées que jamais l'une
à l'autre. Cette visite, à laquelle on ne s'attendait pas en
Europe, y fut fort remarquée. Au delà du Rhin, on en ressentit une vive mortification dont la trace se trouve dans la
correspondance de M. de Metternich [3]. En France, au con-

bat terribles, pour marquer le glorieux triomphe de nos frères d'armes. Aujourd'hui, il résonne sur les rives de notre Rhin bien-aimé, au milieu des bénédictions
de la paix qui est le fruit sacré du grand combat : ce mot, c'est « *Victoria!* »
Messieurs, buvez à la santé de S. M. la reine Victoria et à celle de son auguste
consort. »

[1] Journal de la Reine, cité par sir Théodore Martin. (*The Life of the Prince
Consort.*)

[2] Ce fut au cours de cette visite que furent échangées, au sujet du mariage du
duc de Montpensier avec l'infante, sœur de la reine d'Espagne, des explications
importantes sur lesquelles j'aurai à revenir quand je raconterai les négociations
relatives aux mariages espagnols.

[3] « Le voyage de la reine d'Angleterre en Allemagne, écrivait M. de Metternich au comte Apponyi, n'a point eu de succès. Des circonstances peu dignes
d'égards dans d'autres temps que les nôtres ont contribué à ce fait. Ce qui a fini
par effacer les bonnes impressions, — car, parmi de regrettables, il y en a eu aussi
de bonnes, — c'est la visite à Eu. Cette visite, qui de tout temps avait été méditée par le roi Louis-Philippe, a été habilement amenée par l'intermédiaire de la
reine des Belges... Sous l'influence de la famille de Cobourg, les raisons contraires au projet du roi des Français ont été étouffées..... La visite à Eu n'a été
qu'une scène de la pièce qui se joue et dans laquelle tout le monde, auteur,
acteurs et spectateurs, est mystifié ou mystificateur. » (*Mémoires de M. de Metternich*, t. VII, p. 102.) — M. de Metternich s'était rencontré avec la reine Victoria au château de Stolzenfels, sur le Rhin. « J'ai trouvé le prince, écrit la
Reine dans son Journal, notablement plus âgé que je ne m'y attendais, *dogmatisant beaucoup*, parlant lentement, mais du reste très aimable. »

traire, la satisfaction fut générale. Venant au lendemain d'un succès de notre diplomatie, cette démarche ne pouvait avoir, même pour les esprits les moins bien disposés, qu'une interprétation flatteuse à l'amour-propre national.

Tous ces événements profitaient au cabinet, dont ils justifiaient la politique. Sa situation, naguère ébranlée, était maintenant tout à fait raffermie. Aucune menace à l'intérieur, aucune difficulté pressante au dehors. Depuis longtemps, M. Guizot n'avait pas connu semblable tranquillité et sécurité. Après la vie si rude qu'il venait de mener, après tant de contretemps accumulés, de luttes continues, de fatigues sans répit, d'angoisses sans cesse renouvelées, le ministre, qui, aussitôt la session finie, était parti pour sa chère résidence du Val-Richer, jouissait de ce repos dans le succès. Parfois, cependant, il consentait à sortir de sa retraite. Ainsi avait-il eu, peu avant la visite de la reine d'Angleterre, l'occasion de prononcer, à un banquet offert par ses électeurs normands, un discours qui, dans le silence relatif des vacances parlementaires, eut un grand retentissement. Ce qui distinguait ce discours, c'était l'accent particulier de sérénité victorieuse avec lequel l'orateur parlait des luttes qu'il venait de soutenir : « Ces luttes si vives, disait-il, quelquefois si rudes, je ne m'en suis jamais plaint, je ne m'en plaindrai jamais. C'est la condition de la vie publique dans un pays libre. Des hommes que le monde honore et à côté desquels je tiendrais à grand honneur que mon nom fût un jour placé, ont été tout aussi attaqués, tout aussi injuriés, tout aussi calomniés que moi. Ils n'en ont pas moins continué à servir leur pays; ils n'en sont pas moins restés entourés de son regret... Le dirai-je, messieurs? je trouve qu'on est envers l'opposition, envers les journaux, à la fois trop exigeant et trop timide. On leur demande une impartialité, une modération, une justice que ne comportent guère nos situations réciproques et la nature de notre gouvernement. Ils ont leurs passions, nous avons les nôtres. Acceptons, tolérons notre liberté mutuelle, au lieu de nous en plaindre... C'est là une part du mouvement, de l'activité de la vie politique, et il en résulte, à tout prendre, beaucoup plus de bien que de mal. Mais, en même temps que j'accepte franchement et sans me plaindre la liberté de la presse politique, ses écarts, ses injustices, ses rigueurs, je regarde comme une nécessité et comme un devoir de conserver avec elle la plus complète indépendance, de ne me laisser conduire ni par ses avis, ni par le besoin de ses éloges, ni par la crainte de ses attaques. Je m'applique, en toute occasion, à ne tenir compte que des choses mêmes, des vrais intérêts de mon pays... Permettez-moi, messieurs, de vous engager à en faire autant. Vous, mes amis politiques, lisez les journaux, sans vous irriter ni vous plaindre de leur rudesse, de leur violence ; mais gardez avec eux la pleine indépendance de votre pensée ; jugez les hommes politiques non d'après ce que ces journaux en disent, mais d'après la connaissance personnelle que vous en avez. » Pour « faire un essai de cette méthode », M. Guizot invitait ses auditeurs à considérer ce qu'il appelait « les résultats généraux, acquis, évidents » de la politique conservatrice. Il montrait, au dedans, « le régime constitutionnel se déployant tous les jours librement et grandement » ; au dehors, le gouvernement de la France non seulement « parfaitement indépendant en Europe », mais recevant partout les témoignages d'une « grande considération », et voyant des États constitutionnels se former à son image et sous son influence, en Belgique, en Espagne, en Grèce. « Tout cela, s'écriait-il, s'est accompli, tout cela s'accomplit chaque jour, sans violence, sans guerre. Nous avons réussi à consommer une révolution, à fonder un gouvernement nouveau, au dedans par la légalité, au dehors par la paix. » Et alors, se redressant, pour ainsi dire, en face de cette opinion par laquelle il avait été naguère méconnu, mais à laquelle, en ce moment, il en imposait par son succès : « Je n'hésite pas à le dire, messieurs, et je le dis avec un orgueil juste et permis, car c'est de notre pays lui-même et de notre gouvernement tout entier que je parle, il y a là de quoi être satisfait et fier. »

CHAPITRE VIII

LA LIBERTÉ D'ENSEIGNEMENT.

I. La paix religieuse sous le ministère du 1er mars et au commencement du ministère du 29 octobre. — II. Le projet déposé en 1841 sur la liberté d'enseignement. Les évêques, menacés dans leurs petits séminaires, élèvent la voix. C'est la lutte qui commence. — III. L'irréligion dans les collèges. M. Cousin et la philosophie d'État. Attaques des évêques contre cette philosophie. Livres et brochures contre l'enseignement universitaire. L'*Univers* et M. Veuillot. Parmi les catholiques, certains blâment les excès de la polémique. — IV. M. Cousin et ses disciples en face de ces attaques. Renaissance du voltairianisme. — V. M. de Montalembert et le parti catholique. Il ne veut agir qu'avec les évêques. Difficulté de les amener à ses idées et à sa tactique. Mgr Parisis. M. de Montalembert secoue la torpeur des laïques. Il manque parfois un peu de mesure. L'armée catholique fait bonne figure au commencement de 1844. — VI. L'Université et ses défenseurs repoussent la liberté. Diversions tentées par les partisans du monopole. Les « Cas de conscience ». Les Jésuites. Les cours de M. Quinet et de M. Michelet au Collège de France. Le livre du P. de Ravignan, *De l'existence et de l'Institut des Jésuites*. — VII. Dispositions du gouvernement. M. Guizot, M. Martin du Nord et M. Villemain. La majorité. Le Roi. Ses relations avec Mgr Affre. — VIII. Les bons rapports du gouvernement avec le clergé sont altérés. Difficultés avec les évêques. Mécontentement des universitaires. Attitude effacée du ministère dans les débats soulevés à la Chambre. M. Dupin et M. de Montalembert. — IX. Le projet de loi déposé en 1844 sur l'enseignement secondaire. Le rapport du duc de Broglie. La discussion. Échecs infligés aux universitaires et aux catholiques. — X. Le rapport de M. Thiers. M. Villemain remplacé par M. de Salvandy. — XI. L'affaire du *Manuel* de M. Dupin. Nouvelles attaques contre les Jésuites. — XII. M. Thiers s'apprête à interpeller le ministère sur les Jésuites. Le gouvernement embarrassé recourt à Rome. Mission de M. Rossi. La discussion de l'interpellation. Les catholiques se préparent à la résistance. Note du *Moniteur* annonçant le succès de M. Rossi. — XIII. M. Rossi à Rome. Le Pape conseille aux Jésuites de faire des concessions. Équivoque et malentendu. — XIV. Effet produit en France. Les mesures d'exécution. Tristesse des catholiques. Était-elle fondée ? Apaisement à la fin de 1845. Un discours de M. Guizot. Les catholiques et la monarchie de Juillet.

I

Tandis que dans la région plus particulièrement politique et parlementaire se succédaient les événements divers que

nous venons de raconter, des faits graves s'étaient produits
dans une autre sphère qui, depuis 1830, a plus d'une fois
déjà attiré notre attention, celle des questions religieuses.
Ces faits peuvent d'autant moins être négligés qu'à raison
même de leur importance, ils finirent par envahir la scène
politique et par devenir l'une des principales préoccupations
de l'opinion, des Chambres et du gouvernement. J'ai dit comment, après l'explosion antichrétienne qui avait accompagné
et suivi la révolution de 1830, la paix religieuse s'était peu à
peu rétablie, et comment, malgré quelques incertitudes,
quelques fausses démarches, quelques restes de prévention,
les relations de l'État avec l'Église s'étaient rétablies sur un
bon pied et tendaient chaque jour à s'améliorer [1]. On eût pu
craindre que l'avènement du ministère du 1er mars 1840 ne
marquât un arrêt dans ce progrès si honorable pour la monarchie de Juillet. Ce ministère n'était-il pas en coquetterie avec la
gauche? L'une des thèses de la coalition dont il prétendait consommer le triomphe, n'avait-elle pas été de reprocher à M. Molé
et à la royauté leurs faiblesses envers le clergé, et n'était-ce
pas l'un des collègues de M. Thiers, M. Cousin, qui, le 26 décembre 1838, à la Chambre des pairs, avait dénoncé, avec
une solennité tragique, la « renaissance de la domination
ecclésiastique » [2]? Cependant, du 1er mars au 29 octobre 1840,
aucun acte du cabinet ne témoigna d'une hostilité contre
le clergé [3]. Le prélat d'esprit très fin et très modéré qui
représentait la cour de Rome à Paris, Mgr Garibaldi, écrivait
alors à l'un des membres de l'épiscopat français : « Le nouveau cabinet est assez bien disposé envers la religion.
M. Thiers, en qui se résume tout le ministère, laisse sans doute
à désirer sous le rapport pratique, tout le monde le sait, et,
dans le temps où nous vivons, la plupart des hommes publics
sont dans le même cas. Mais M. Thiers est en admiration devant

[1] Cf. t. I, liv. I, ch. vii; t. II, ch. vi, § iii; ch. xiii; t. III, ch. ix.
[2] Cf. t. III, ch. ix, § vi.
[3] Tout au plus la presse religieuse eut-elle à relever la décision par laquelle
M. Cousin avait mis les *Provinciales* de Pascal sur le programme du baccalauréat.

la religion catholique, considérée même philosophiquement. Il ne veut pas entendre parler du protestantisme; il l'appelle une absurdité et une religion bâtarde, et il ne connaît d'autre christianisme que celui qu'enseigne le catéchisme. Il professe une grande vénération pour le pape Grégoire XVI, par qui il a été reçu deux fois avec bienveillance et dont il parle dans les termes les plus respectueux, disant que, dans sa vie, il n'a rien éprouvé de pareil, rien de plus saisissant que l'impression qu'il a reçue en paraissant devant le Pape et en s'entretenant avec lui. » Ce n'est pas que le diplomate romain fût pleinement rassuré par ces déclarations. « Il y a dans M. Thiers, ajoutait-il, beaucoup de talent et une étonnante promptitude d'intelligence; mais il y a aussi de la témérité, et son esprit est fort mobile. Il y a de l'élévation et du bon sens; mais l'ambition gâte tout. Il y a le catholicisme en théorie, mais je ne sais trop quoi en pratique. Enfin, à un grand sentiment du pouvoir, il joint beaucoup d'idées révolutionnaires. » Mgr Garibaldi passait ensuite en revue les autres membres du cabinet, et il concluait en ces termes : « Je n'ai donc pas d'inquiétude pour les personnes qui composent le ministère. En les voyant souvent et en cherchant à gagner leur confiance, on peut continuer, je crois, avec elles, le peu de bien qu'on a fait jusqu'ici [1]. »

Le changement de ministère qui s'opéra le 29 octobre 1840 n'était pas de nature à détruire les espérances de l'internonce. Le principal ministre, M. Guizot, était, entre tous les hommes d'État de cette époque, celui qui comprenait le mieux l'importance sociale du christianisme et en parlait avec le plus d'élévation. C'était lui qui naguère, au nom de la société en péril, de la philosophie désorientée, de la politique impuissante, avait jeté à la religion un appel d'une éloquence désespérée [2]. Il semblait d'ailleurs n'avoir qu'à laisser faire. Le mouvement de retour vers le catholicisme, qui n'avait pas été

---

[1] *Vie du cardinal Mathieu*, par Mgr Besson, t. I, p. 244 à 247.
[2] Cf. t. III, ch. IX, § VI.

l'une des conséquences les moins inattendues de la révolution de Juillet, continuait, comme par sa propre impulsion, dans les âmes et dans la société. En 1841, le succès des conférences du carême, à Notre-Dame, encourageait le Père de Ravignan à y ajouter une retraite pendant la semaine sainte, et, l'année suivante, il couronnait ces exercices en instituant la grande communion des hommes. Dans ce même temps, le premier fondateur de ces prédications, Lacordaire, menait à fin une autre œuvre non moins extraordinaire, la rentrée des moines sur la terre de France [1]. Dans les premières semaines de 1841, il put, sous le costume de Dominicain, traverser la France étonnée, mais généralement sympathique et respectueuse, intéressée par ce que cette hardiesse avait de vaillant, flattée de la confiance témoignée en sa tolérance et en sa justice. Arrivé à Paris, il fit plus encore pour prendre solennellement possession de la liberté qu'il venait de reconquérir : violentant quelques timidités amies, il parut dans la chaire de Notre-Dame, avec sa robe blanche et sa tête rasée, ayant devant lui dix mille hommes, parmi lesquels tous les chefs du gouvernement et de l'opinion ; et alors, sous ce froc du moyen âge, il prononça, par un contraste voulu, le plus moderne de ses discours, celui sur « la vocation de la nation française ». Après cela, n'était-il pas fondé à dire, en montrant sa robe : « Je suis une liberté » ? Il venait en effet, par ce coup d'éclat, d'arracher au pays lui-même ce que les pouvoirs publics n'eussent voulu ni osé accorder du premier coup ; il avait gagné devant l'opinion le procès, non seulement des Dominicains, mais de tous les Ordres religieux. Les Jésuites, qui jusqu'alors ne s'étaient établis en France que d'une façon équivoque et en se prêtant à une sorte de dissimulation convenue, ne furent pas les derniers à profiter de ce changement : dès l'année suivante, pour la première fois, en annonçant les conférences du carême, on dit « le Père de Ravignan » et non plus « l'abbé de Ravignan ». Lacor-

---

[1] Sur les débuts de cette œuvre, voy. t. III, ch. IX, § II.

daire, invité à dîner chez le ministre des cultes, y vint en froc; l'un des convives, ancien ministre de Charles X, M. Bourdeau, se penchant vers son voisin, lui dit : « Quel étrange retour des choses de ce monde! Si, quand j'étais garde des sceaux, j'avais invité un Dominicain à ma table, le lendemain, la chancellerie eût été brûlée. » M. Isambert ayant cherché à faire tapage, à la Chambre, de la présence de M. Martin du Nord, ministre des cultes, au discours du nouveau moine, le ministre put se borner à répondre en souriant : « Je suis catholique, et il m'arrive, autant que je le puis, d'en remplir les devoirs; oui, je l'avoue, je vais à la messe, je vais au sermon; si c'est un crime, j'en suis coupable. »

En même temps, les bonnes relations du gouvernement et des évêques apparaissaient à plus d'un signe. A Paris, notamment, Mgr Affre, appelé en 1840 à la succession de Mgr de Quélen, rétablissait aussitôt, entre l'archevêché et les Tuileries, les rapports à peu près interrompus depuis dix ans, et, le 1er janvier 1841, le Roi, tout heureux de recevoir enfin les félicitations d'un archevêque de Paris, lui répondait : « Plus la tâche de mon gouvernement est difficile, plus il a besoin de l'appui moral et du concours de tous ceux qui veulent le maintien de l'ordre et le règne des lois... C'est cet appui moral et ce concours de tous les gens de bien qui donneront à mon gouvernement la force nécessaire à l'accomplissement des devoirs qu'il est appelé à remplir. Et je mets au premier rang de ces devoirs celui de faire chérir la religion, de combattre l'immoralité et de montrer au monde, quoi qu'en aient dit les détracteurs de la France, que le respect de la religion, de la morale et de la vertu est encore parmi nous le sentiment de l'immense majorité. » Que de chemin fait depuis ce lendemain de 1830, où le souverain n'osait même plus prononcer le mot de « Providence »! Mêmes bons rapports entre le gouvernement de Juillet et le Pape. Grégoire XVI ne manquait pas une occasion de blâmer ceux des membres du clergé français qui gardaient encore, à l'égard de la monarchie nouvelle, une attitude hostile ou boudeuse[1]. Au commencement de 1842, Mgr de Forbin-Janson, évêque de Nancy, qui s'était retiré à Rome depuis 1830, avait chez lui, pour quelques semaines, un de ses parents, M. le marquis de Raigecourt. Un jour, celui-ci trouva l'évêque très troublé, se promenant de long en large dans son salon et agitant les bras. — « Qu'avez-vous, monseigneur? — Ah! si vous saviez, mon ami, ce que le Pape vient de me dire! — Comment donc? — Il m'a dit, d'un ton très sévère, que j'avais grand tort de ne pas aller voir Louis-Philippe, et il a ajouté : *È un'ingiuria per la Santa Sede!* Son gouvernement a pour nous les meilleurs procédés, et les évêques de France doivent lui en savoir gré[2]. »

II

A l'heure où la paix religieuse semblait ainsi définitivement acquise, où des deux côtés on en voulait sincèrement le maintien, un conflit s'éleva tout à coup, conflit grave qui devait, pendant plusieurs années, mettre aux prises les catholiques et le gouvernement de Juillet. La liberté de l'enseignement en fut l'occasion[3]. Promise par la Charte, elle avait été établie en 1833 pour l'instruction primaire. Une tentative avait été faite, en 1836, pour l'instruction secondaire, tentative loyale, mais qui n'avait malheureusement pas réussi[4]. Cet échec, bien qu'im-

---

[1] Nous avons déjà noté, en 1836 et 1837, le blâme porté par le Souverain Pontife sur l'attitude de Mgr de Quélen. (Cf. t. III, ch. IX, § VII.)

[2] Je tiens le récit de cette anecdote de M. le marquis de Raigecourt.

[3] En 1880, certains incidents de la politique contemporaine m'avaient amené à détacher par avance, des notes réunies pour l'histoire de la monarchie de Juillet, une étude particulière sur les luttes de la liberté d'enseignement de 1841 à 1848. (Cf. *L'Église et l'État sous la monarchie de Juillet*, 1 vol. in-12, Librairie Plon.) Je ne puis aujourd'hui, sous le prétexte que je l'ai déjà traitée ailleurs, omettre une question aussi importante. On ne s'étonnera donc pas de retrouver ici une partie de ce qu'on a pu déjà lire dans cette première étude : on la retrouvera, d'ailleurs, concentré, complété et surtout mis au point d'une histoire générale.

[4] Cf. t. III, ch. IX, § IV.

putable uniquement aux adversaires du clergé, n'avait pas cependant fait sortir ce dernier de son attitude pacifique. A cette époque, d'ailleurs, l'idée de la liberté d'enseignement n'était encore dans le monde religieux qu'une thèse d'avant-garde, suspecte à plusieurs pour avoir figuré sur le programme du journal *l'Avenir*. Pendant les deux ou trois années qui suivirent, les ministères, absorbés par des crises parlementaires incessantes, ne songèrent guère à exécuter la promesse de la Charte. Ce fut seulement en 1839 que l'on commença, du côté des catholiques, à parler un peu de cette liberté, si longtemps ajournée. Encore ceux d'entre eux qui s'en occupaient le plus ne pensaient-ils pas à entreprendre une campagne d'opposition; ils tâchaient d'arriver, par des négociations pacifiques, à une transaction entre le clergé et l'Université. M. de Montalembert fut mêlé assez activement aux pourparlers engagés, en 1839 et en 1840, avec MM. Villemain et Cousin qui s'étaient succédé au ministère de l'instruction publique. L'esprit de conciliation, qui paraissait régner de part et d'autre, avait fait un moment espérer le succès; mais, chaque fois, les ministres tombèrent avant que rien fût conclu. Ces négociations furent reprises lorsque le cabinet du 29 octobre 1840 fut constitué et sorti de ses premières difficultés. Les réclamations des catholiques, sans avoir pris encore de caractère hostile, devenaient plus pressantes. Enfin, en 1841, un nouveau projet de loi fut déposé.

Ne fallait-il pas s'attendre à quelque chose d'aussi satisfaisant pour le moins que le projet de 1836? N'était-on pas plus loin encore des préjugés et des passions de 1830? L'auteur de ce projet de 1836, M. Guizot, n'était-il pas le principal membre du cabinet du 29 octobre? Et cependant ces espérances, qui semblaient si fondées, furent trompées. L'exposé des motifs contestait jusqu'au principe de la liberté promise par la Charte. Quant à la loi elle-même, par les exigences de grades et par les autres conditions compliquées, gênantes, parfois blessantes, imposées aux concurrents de l'Université, elle rendait à peu près illusoire la liberté nominalement concédée. Il semblait que ce projet fût marqué du vice le plus propre à détruire l'effet d'une réforme libérale, le manque de sincérité. Comment expliquer une pareille déception? M. Guizot, absorbé par la direction des affaires extérieures alors si graves, avait eu le tort de laisser tout faire par le ministre de l'instruction publique, M. Villemain. Celui-ci, moins homme d'État que professeur, d'un esprit plus vif que large, partageait les préventions de l'Université contre l'enseignement libre, et c'était sous l'influence d'un esprit de corps fort étroit qu'il avait rédigé son projet; non qu'il songeât à ouvrir les hostilités contre le clergé; mais, connaissant imparfaitement les choses et les hommes du monde ecclésiastique, il ne s'était pas rendu compte à l'avance de l'effet qu'il allait produire. Dans cet acte qui devait avoir de fâcheuses et lointaines conséquences, qui commençait la guerre là où la paix était si désirable et semblait si désirée, il y eut, non seulement chez M. Guizot, mais même chez M. Villemain, plus d'inadvertance que de malveillance.

Et encore, si le projet n'avait fait que soumettre l'enseignement libre à des conditions trop rigoureuses, l'opposition n'eût peut-être pas été bien bruyante, tant on était alors, du côté des catholiques, peu disposé à livrer bataille. Mais le ministre avait commis la faute de toucher aux petits séminaires, dont j'ai déjà eu occasion d'indiquer la situation particulière[1] : son projet leur enlevait l'espèce de privilège, chèrement acheté, qui les avait laissés jusqu'ici sous la direction exclusive de l'épiscopat; il les soumettait au droit commun fort peu libéral de la loi nouvelle et les plaçait sous la juridiction de l'Université. Les évêques estimèrent, non sans raison, que ce régime compromettait l'existence des écoles ecclésiastiques et leur rendait notamment à peu près impossible de trouver des professeurs. Ils se voyaient ainsi attaqués sur le terrain étroit, modeste, strictement enclos, qu'on leur

---

[1] Cf. t. III, ch. ix, § iv.

avait réservé en dehors du large domaine de l'Université. Jusqu'alors ils s'étaient tenus à l'écart des polémiques relatives à la liberté d'enseignement; d'ailleurs, par un reste de cette intimidation qui, au lendemain de 1830, avait empêché qu'aucune soutane se montrât dans les rues, ils répugnaient à toute démarche qui les eût fait sortir du sanctuaire. Mais, cette fois, se voyant menacés dans ce sanctuaire même, ils ne purent se contenir. Spontanément, sans y être poussés par aucun homme politique, par aucun journal, la plupart laissèrent échapper un cri public d'alarme et de protestation. Les feuilles religieuses se trouvèrent remplies, pendant plusieurs mois, des lettres que plus de cinquante prélats adressèrent, l'un après l'autre, au gouvernement, presque toutes d'un ton grave et triste, quelques-unes d'un accent plus vif et presque comminatoire. Ébranlé par cette plainte générale de l'épiscopat, mal accueilli d'ailleurs par la commission de la Chambre plus libérale que le ministre, non soutenu par le gouvernement qu'un tel orage surprenait et désappointait, le projet fut retiré, avant d'avoir été même l'objet d'un rapport.

Les conséquences de cette tentative maladroite et malheureuse devaient survivre au retrait de la loi; sans le vouloir et sans s'en douter, on avait fait sortir l'Église de France de l'expectative muette, patiente, presque confiante, où, malgré le rejet du projet de 1836, elle s'était renfermée depuis dix ans; on avait fait naître l'agitation dans une région naguère calme et silencieuse. Qui peut dire où elle s'arrêtera? Pour apprendre à combattre en faveur des intérêts généraux, il faut, d'ordinaire, avoir été frappé dans ses intérêts particuliers. C'est un peu ce qui est arrivé aux évêques. Pour le moment, leurs protestations contre le projet de 1841 portent presque exclusivement sur les dispositions relatives à leurs petits séminaires; à peine, sous forme de prétérition timide, indiquent-elles les défauts du projet en ce qui concerne les établissements libres; quelques prélats même déclarent, comme l'archevêque de Tours, que cette dernière question n'est pas de leur ressort. Mais attendez : le champ de bataille ne tardera pas à s'élargir.

III

Ceux des évêques qui, subissant l'entraînement d'une polémique une fois engagée, se hasardèrent bientôt à regarder au delà de leurs petits séminaires, furent tout d'abord amenés à examiner la valeur morale et religieuse de cette éducation universitaire à laquelle on paraissait ne vouloir permettre aucune concurrence, et surtout aucune concurrence ecclésiastique. Telle fut la première forme du débat : ce n'était pas la moins délicate ni la moins irritante. Mais fallait-il s'étonner que des prélats, préoccupés par état du soin des âmes, envisageassent la question à ce point de vue? On ne peut nier que plus d'un fait ne fût de nature à émouvoir leur sollicitude.
« L'éducation religieuse n'existe réellement pas dans les collèges, écrivait alors un protestant. Je me souviens avec terreur de ce que j'étais au sortir de cette éducation nationale. Je me souviens de ce qu'étaient tous ceux de mes camarades avec lesquels j'avais des relations... Nous n'avions pas même les plus faibles commencements de la foi et de la vie évangélique[1]. » M. Sainte-Beuve s'exprimait ainsi, en 1843 : « En masse, les professeurs de l'Université, sans être hostiles à la religion, ne sont pas religieux. Les élèves le sentent, et de toute cette atmosphère ils sortent, non pas nourris d'irréligion, mais indifférents... Quoi qu'on puisse dire pour ou contre, en louant ou en blâmant, on ne sort guère chrétien des écoles de l'Université[2]. »

Sans doute c'était le mal du temps, plus encore que la faute de tels ou tels hommes et surtout de tel ou tel gouvernement.

---

[1] A. DE GASPARIN, *les Intérêts généraux du protestantisme en France.*
[2] *Chroniques parisiennes*, p. 100 et 122.

L'Université était l'image de la société, telle que l'avaient faite le dix-huitième siècle et la Révolution. L'état des collèges n'avait pas été meilleur sous la Restauration, au temps de Mgr Frayssinous; peut-être même avait-il été pire, et la religion s'y était-elle trouvée plus impopulaire, à raison même des efforts tentés par les Bourbons pour la protéger[1]. Mais, en dehors de ce mal général du temps sur lequel il était plus naturel de gémir qu'il n'était aisé d'y remédier, un fait nouveau, survenu depuis 1830, donnait particulièrement prise aux critiques de l'épiscopat. L'enseignement philosophique de l'Université, par lequel devaient passer tous les aspirants au baccalauréat, s'était émancipé de la religion, à laquelle il avait été jusque-là plus ou moins subordonné, et était passé sous l'autorité d'une école, ou pour mieux dire d'un homme : cet homme était M. Cousin. A défaut de la religion d'État supprimée par la Charte de 1830, on avait une philosophie d'État. Un régime politique ne vit pas seulement de lois constitutionnelles, administratives ou économiques; il lui faut une doctrine. Le choix de cette doctrine est chose grave pour lui, pour sa force morale, pour l'action qu'il exercera sur les esprits, pour la trace qu'il laissera dans la vie de la nation. Si la monarchie de Juillet apparaît liée à la philosophie « éclectique », c'est moins par une préférence voulue et réfléchie de sa part, que par l'effet des circonstances. Bien que M. Cousin n'eût été personnellement pour rien dans le soulèvement de juillet 1830, l'importance acquise par lui dans le mouvement libéral de la Restauration, l'habitude où l'on était, depuis quinze ans, de le voir marcher à la tête des générations nouvelles[2], l'avaient placé naturellement au premier rang des vainqueurs, de ceux qui devaient avoir part aux dépouilles. Avide de « paraître » et de « faire

---

[1] On peut voir, dans un mémoire rédigé, peu avant la révolution de Juillet, par les aumôniers des collèges de Paris, des détails navrants sur ce sujet et, pour ainsi dire, la statistique des naufrages dans lesquels périssaient les âmes des jeunes collégiens. M. Foisset a donné des extraits de ce mémoire, dans la *Vie du P. Lacordaire* (t. I, p. 86 à 91).

[2] Sur M. Cousin avant 1830, voir ce que j'en ai dit dans le *Parti libéral sous la Restauration*, p. 233.

du bruit », de nature absorbante, encombrante et dominante, d'une personnalité presque naïve, il n'était pas homme à se laisser oublier et eût plutôt joué des coudes pour se pousser en avant et se faire une place plus large. Il n'imita pas tant d'autres professeurs ou écrivains qui cherchèrent alors fortune dans la région banale de la politique proprement dite; loin de songer à quitter la philosophie, il persista plus que jamais à en faire « sa carrière[1] »; seulement, il voulut y jouer un rôle nouveau. Ce n'est plus le professeur éloquent, hardi, parfois téméraire, « promoteur et agitateur dans l'ordre des idées ». Maintenant, la conquête est accomplie; M. Cousin prétend l'organiser et s'y établir en maître. Dans ce dessein, il s'installe à tous les hauts postes lui donnant pouvoir sur les hommes et les choses : il est à la fois l'un des huit du conseil royal de l'instruction publique où il représente seul la philosophie, directeur de l'École normale, président perpétuel du jury d'agrégation de philosophie, membre très agissant de l'Académie française et de l'Académie des sciences morales, pair de France. De ces postes, il rédige, entièrement à sa guise, les programmes de l'enseignement philosophique auxquels il fait subir une sorte de laïcisation[2], et surtout il règne sur les maîtres qui sont sous sa main, à sa merci, dans toutes les phases de leur carrière, comme élèves de l'École normale, candidats à l'agrégation, professeurs, aspirants aux distinctions académiques. Les ministres passent, M. Cousin reste, exerçant ce gouver-

---

[1] Dès 1828, à l'époque où l'avènement du ministère Martignac eût pu lui donner l'occasion d'un rôle politique, il avait écrit à M. Hegel : « J'ai pris mon parti. Non, je ne veux pas entrer dans les affaires : ma carrière est la philosophie, l'enseignement, l'instruction publique. Je l'ai déclaré une fois pour toutes à mes amis, et je soutiendrai ma résolution. J'ai commencé, dans mon pays, un mouvement philosophique qui n'est pas sans importance; j'y veux, avec le temps, attacher mon nom; voilà toute mon ambition; j'ai celle-là, je n'en ai pas d'autre. Je désire, avec le temps, affermir, élargir, améliorer ma situation dans l'instruction publique, mais seulement dans l'instruction publique. »

[2] Voir l'étude curieuse où M. Janet fait honneur à M. Cousin d'avoir été, en cette circonstance, le précurseur des laïcisateurs de nos jours, et où il compare son œuvre à celle qui a fait établir dans les écoles primaires un enseignement moral indépendant de toute doctrine religieuse.

nement doctrinal, cette dictature spirituelle, dont on eût cherché vainement l'analogue sous un autre régime. Il avait fini par se considérer comme le chef d'une sorte de « religion philosophique officielle », d'une « église laïque » ayant reçu du gouvernement et de la société de 1830, pour former les jeunes âmes, une autorité et une mission semblables à celles qui étaient contenues dans la parole du Christ aux apôtres : *Ite et docete*. Naturelle de la part d'une Église qui se croit en possession de la vérité absolue, cette prétention se comprend plus difficilement de la part d'un homme qui, après avoir remué beaucoup d'idées, était loin d'être arrivé, sur tous les points, à quelque chose de fixe[1]. Mais s'il y avait hésitation dans la doctrine, il n'y en avait pas dans le commandement. Ces professeurs que M. Cousin dirigeait, il les appelait son « régiment ». Il les surveillait tous dans leurs moindres actes, connaissait le dossier de chacun. Admirable pour secouer, soutenir, pousser ceux qui avaient du talent, mais à condition qu'ils fussent dociles et se laissassent tyranniser, il était impitoyable jusqu'à la cruauté pour les médiocres, les maladroits ou les indépendants[2]. Il ne comprenait pas qu'on se plaignît. La philosophie n'était-elle pas libre, puisqu'il l'avait émancipée de l'Église? Il fallait, à la vérité, obéir à M. Cousin. Mais celui-ci n'était-il pas un philosophe? ou, pour mieux dire, n'était-il pas la philosophie elle-même?

Cette domination, si rude pour ceux qui y étaient soumis, était-elle du moins rassurante pour les catholiques? Sans doute, c'est l'honneur de M. Cousin d'avoir été le promoteur d'une réaction contre le sensualisme du dix-huitième siècle et d'avoir répudié l'impiété haineuse ou ricanante du voltairianisme. Aussi exigeait-il de ses professeurs qu'ils enseignassent, sur l'immortalité de l'âme, sur la liberté humaine, sur la morale,

---

[1] M. Cousin avait conscience de la mobilité de son esprit. Plus tard, quand on donna son nom à une rue : « J'accepte, dit-il spirituellement, parce que c'est une rue et non une place. »

[2] Pour se faire une idée de ce régime, il n'est même pas besoin d'écouter les plaintes des victimes; il suffit de prêter l'oreille aux confidences de ceux qui passaient pour être les protégés. Voir, à ce sujet, le très piquant volume de M. Jules Simon sur *Victor Cousin*.

sur la création, les doctrines spiritualistes; il leur recommandait d'être respectueux pour la religion, de ne pas se « faire d'affaires » avec le clergé, et leur donnait volontiers des leçons de diplomatie pratique sur la façon de se conduire avec les évêques et les aumôniers, de leur échapper sans les offusquer. Mais, si étroitement surveillés qu'ils fussent, ces jeunes maîtres, presque tous incroyants et sachant que leur chef ne l'était pas moins qu'eux, laissaient parfois percer dans leur enseignement ou en tout cas ne cachaient pas dans leurs travaux personnels l'irréligion qui était le fond de leur âme. Les livres mêmes de M. Cousin contenaient, à côté de ce spiritualisme que le christianisme pouvait reconnaître comme un allié, plus d'une doctrine inquiétante. Il était facile d'y discerner des velléités de panthéisme et surtout un rationalisme qui n'acceptait ni le surnaturel ni la révélation divine. Si le catholicisme n'y était plus raillé ou insulté, la politesse qu'on lui témoignait était assez dédaigneuse. On affectait de voir en lui « la plus belle », mais « la dernière des religions », une institution utile pour la partie de l'humanité qui ne sait pas encore réfléchir, mais inférieure à la philosophie et destinée à être remplacée par elle à mesure que les intelligences se développeraient : idée que trahissait cette phrase souvent citée de M. Cousin : « La philosophie est patiente... Heureuse de voir les masses, le peuple, c'est-à-dire à peu près le genre humain tout entier, entre les bras du christianisme, elle se contente de leur tendre doucement la main et de les aider à s'élever plus haut encore. »

Il eût fallu n'avoir aucune notion de ce qu'est une Église convaincue de la divinité de son institution et de l'infaillibilité de sa doctrine, pour croire qu'elle pouvait reconnaître à la philosophie la suprématie que celle-ci réclamait, et se contenter, à côté d'elle, au-dessous d'elle, du domaine abaissé et rétréci où on la tolérait avec une bienveillance hautaine et transitoire. Du moment donc où l'on avait provoqué les évêques à la lutte, rien de surprenant de les voir s'en prendre surtout à cette philosophie d'État, lui demander compte de son enseignement dans les collèges, et imputer à ses lacunes ou à ses erreurs l'irréligion des jeunes générations élevées par elle. L'évêque de Chartres, Mgr Clausel de Montals, prélat de la vieille école, gallican et royaliste, dont l'âge n'avait pas attiédi l'ardeur, fut l'un des premiers à élever ces plaintes ; il multiplia les lettres et les réponses, les accusations et les apologies, s'attaquant, avec une véhémence croissante, à MM. Cousin, Jouffroy, Damiron ou autres chefs de l'école éclectique. La discussion ainsi engagée, beaucoup d'autres prélats y intervinrent : pour ne citer que les principaux, c'étaient l'archevêque de Paris, Mgr Affre, qui combattait le rationalisme universitaire d'un ton posé, faisant largement la part de la raison, et parlant des personnes avec une courtoisie parfaite ; l'évêque de Belley, Mgr Devie, qui, indigné de faits graves signalés dans plusieurs collèges, employait le langage singulièrement énergique des Écritures, pour détourner « les fidèles d'envoyer leurs enfants dans ces *écoles de pestilence* » ; l'archevêque de Toulouse, Mgr d'Astros, qui dénonçait et réfutait, dans un mandement, les doctrines manifestement antichrétiennes d'un professeur à la faculté de cette ville, M. Gatien Arnould ; le cardinal de Bonald, archevêque de Lyon, qui en venait à menacer publiquement de retirer les aumôniers des collèges, et les évêques de Châlons, de Langres et de Perpignan, qui s'associaient à cette démarche.

En dénonçant d'aussi haut les dangers de l'enseignement universitaire au point de vue religieux, les évêques donnaient à la polémique catholique une direction qui ne pouvait manquer d'être suivie. Prêtres et laïques se jetèrent avec ardeur dans cette controverse, qui devint chaque jour plus passionnée. Pour quelques ouvrages de doctrine, écrits avec une convenance parfaite, tels que l'*Essai sur le panthéisme*, de l'abbé Maret, il y en eut beaucoup d'autres qui tenaient davantage du pamphlet. Tel fut *le Monopole universitaire, destructeur de la religion et des lois,* livre d'abord anonyme, très violent de forme et de fond, et qui fit alors grand tapage ;

plus tard, l'abbé des Garets y apposa son nom; mais il n'en était pas le véritable, ou tout au moins l'unique auteur. Quelques écrits du même goût suivirent, entre autres le *Simple coup d'œil* de l'abbé Védrine et le *Miroir des collèges*. On ne saurait mettre tout à fait sur le même rang le *Mémoire à consulter* de l'abbé Combalot, bien qu'il ressemblât plus à l'imprécation d'un prophète de l'ancienne loi, qu'à la discussion d'un prêtre de la nouvelle. Beaucoup de catholiques considérables n'étaient pas les derniers à déplorer le ton que prenait ainsi la polémique; de ce nombre était le P. de Ravignan, approuvé en ce point par le général de son Ordre, le P. Roothaan[1]. Mgr Affre estima même nécessaire de blâmer publiquement plusieurs de ces écrits, notamment le *Monopole universitaire;* il se plaignit que l'auteur « eût confondu des hommes dont il aurait dû séparer la cause, fait des citations dont l'exactitude matérielle ne garantissait pas toujours l'exactitude quant au sens, et pris un ton injurieux, ce qui était une manière fort peu chrétienne de défendre le christianisme[2] ». Mais, peu de jours après, un journal qui, quoique encore contesté, commençait à prendre une réelle importance dans le monde religieux, l'*Univers*, publiait deux documents : le premier était une protestation dans laquelle l'abbé des Garets déclarait « ne pouvoir accepter le blâme » de l'archevêque de Paris; le second, une lettre par laquelle l'évêque de Chartres louait le pamphlet en question, critiquait la démarche de son métropolitain et croyait devoir informer le public que ce titre de métropolitain n'était qu'une « prééminence honorifique, n'entraînant point de supériorité quant à l'enseignement ». Mgr Affre fut fort ému de cet incident : il en demeura, dit un de ses biographes, « pâle et défait pendant plusieurs jours ».

Nous venons de nommer l'*Univers*. Ce journal jouait en effet un rôle considérable dans l'attaque dirigée contre l'enseigne-

---

[1] *Vie du P. de Ravignan*, par le P. DE PONTLEVOY, t. II, p. 272 à 274.
[2] *Observations sur la controverse élevée au sujet de la liberté d'enseignement*, par Mgr AFFRE (1843).

ment universitaire; nul n'a porté à cet enseignement des coups plus rudes; nul aussi n'a plus contribué à donner à la polémique un tour violent, amer et personnel. Fondé, peu après 1830, par l'abbé Migne, il avait eu successivement plusieurs rédacteurs en chef, sans obtenir grand succès; mais, au moment même où la lutte s'échauffait contre l'Université, il lui arriva un collaborateur, ancien journaliste ministériel, converti de la veille au catholicisme; ce nouveau venu, malgré la résistance de certains patrons du journal, en devint aussitôt le maître par le droit d'un talent supérieur : désormais on put dire que l'*Univers* était M. Louis Veuillot. Son entrée en scène donnait aux catholiques ce qu'ils n'avaient plus dans la presse quotidienne, depuis l'*Avenir* : un polémiste, alerte, vigoureux, tel qu'aucun autre journal n'en possédait à cette époque; un écrivain-né, dont la langue pleine de trait et de nerf et dont la verve de franc jet avaient, on l'a remarqué avec raison, quelque chose du parler des servantes de Molière; un satirique habile, implacable à saisir et, au besoin, à créer les ridicules, se servant, au nom de la religion, de cette ironie dont elle avait eu si souvent à souffrir; un batailleur courageux, hardi à prendre l'offensive, se faisant détester, mais écouter et craindre, donnant à un parti jusqu'alors humilié le plaisir de tenir à son tour le verbe haut, d'avoir le dernier mot, et quelquefois le meilleur, dans les altercations de la presse. L'avantage était grand, et nous ne prétendons certes pas en rabaisser le prix. Mais, si brillante qu'elle fût, la médaille n'avait-elle pas un revers?

Déjà sous la Restauration, Lamennais avait introduit dans la polémique religieuse des habitudes de violence, de sarcasme et d'outrage [1]. M. Veuillot fut, sous ce rapport, son héritier direct. La nature même de son talent le portait à cette violence. Ces esprits de race gauloise, chez lesquels déborde si naturellement la sève des écrivains du seizième siècle et en qui l'on croit reconnaître parfois la descendance littéraire de

---

[1] Voir, sur l'influence de Lamennais à ce point de vue, ce que j'en ai dit dans mon étude sur l'Extrême droite sous la Restauration (*Royalistes et Républicains*).

Rabelais, ont peine à sacrifier aux convenances mondaines ou même à la charité chrétienne la tentation et le plaisir d'un mot bien trouvé, d'une mordante raillerie, d'une caricature amusante et meurtrière, d'une invective vivement troussée. Plus la lutte s'anime, plus on risque de voir le tempérament l'emporter : chez eux, ce n'est pas tant la colère qu'une sorte d'enivrement d'artiste ; ils en veulent moins à la victime qu'ils ne se complaisent dans l'art avec lequel elle est exécutée. M. Veuillot était ainsi conduit, un peu aux dépens du prochain, à se reprendre aux jouissances batailleuses dont il avait acquis naguère l'habitude dans le journalisme profane, trouvant dans l'ardeur très sincère de sa foi nouvelle, non une leçon de douceur, mais une raison de se livrer à ces polémiques avec une conscience plus tranquille et plus satisfaite. Ne connaissait-on pas déjà, aux siècles de foi profonde et rude, de ces convertis qui s'imaginaient donner la mesure de leur dévouement à l'Église par le degré de vigueur avec lequel ils maltraitaient les infidèles, ou même parfois ceux qui n'étaient pas fidèles à leur guise ? Lacordaire était d'un sentiment différent quand il déclarait que le premier devoir de « l'homme converti » était « d'avoir pitié » ; autrement, ajoutait-il, « ce serait comme si le centurion du Calvaire, en reconnaissant Jésus-Christ, se fût fait bourreau, au lieu de se frapper la poitrine ».

Ce genre de polémique n'était pas sans éveiller plus d'une alarme et d'une répugnance dans les parties élevées du public religieux, principalement chez les évêques. Mgr Affre surtout en était fort mécontent ; conseils, menaces de désaveu, essais de comité de direction, il avait recours à tout pour tâcher d'obtenir de l'*Univers* un peu plus de modération [1]. Le nonce, dans ses conversations avec M. Guizot, exprimait aussi ses regrets et sa désapprobation [2]. Mais rien de tout cela n'arrêtait M. Veuillot, qui parlait avec une impatience dédaigneuse de ceux qui « s'accrochaient à ses vêtements pour le retenir [3] ».

---

[1] Foisset, *Vie du P. Lacordaire*, t. II, p. 95 et suiv.
[2] *Journal inédit de M. de Viel-Castel.*
[3] *Univers*, 25 mai 1843.

Il avait compris d'ailleurs que, derrière cette élite de délicats, était une foule au goût moins fin et à la passion plus violente, qu'au-dessous de l'aristocratie épiscopale, il y avait la grande démocratie cléricale, ces fils de paysans qui, en si grand nombre, occupent et honorent aujourd'hui les presbytères de nos campagnes ou même de nos villes. Cette race forte, saine et féconde, dans laquelle on est heureux de voir l'Église se recruter, n'est raffinée ni par nature ni par éducation; elle préférait la verve agressive du nouveau journal à la sagesse somnolente du vieil et respectable *Ami de la religion* ou à l'impartialité un peu terne du *Journal des villes et campagnes*, et trouvait, avec plaisir, dans ces rudes représailles de la plume, la revanche d'humiliations injustement subies, la consolation de déchéances douloureusement senties. C'est à ces masses profondes du clergé populaire que M. Veuillot s'adressait directement, en quelque sorte par-dessus la tête des évêques; c'est sur elles qu'il s'appuyait. Entre elles et lui, s'établit bientôt une étroite communication et comme une action réciproque. Ce rôle joué par la presse religieuse était un fait grave dans l'histoire de l'Église de France; on assistait à l'avènement d'une puissance nouvelle dont on ne voyait pas bien la place dans la hiérarchie de la société catholique, et dont le danger n'échappait pas aux intéressés clairvoyants, surtout aux évêques [1].

C'était ce qu'on serait presque tenté d'appeler le côté révolutionnaire de l'homme qui a, toute sa vie, avec autant de passion que de sincérité, combattu et maudit la révolution. Cette contradiction apparente ne tenait-elle pas en partie à l'origine même de l'écrivain? Question plus personnelle, plus intime, mais que M. Veuillot nous a, en quelque sorte, invités à aborder, en publiant sur soi un livre dont l'accent rappelle parfois les confessions des grands convertis [2]. Il nous a

---

[1] Telle a été, pendant plusieurs années, la préoccupation des prélats les plus éclairés. Le désordre qui pouvait en résulter a été signalé, quelques années plus tard, en 1853, dans un écrit fameux de Mgr Guibert, depuis archevêque de Paris. (*OEuvres pastorales*, t. I, p. 356 et suiv.)

[2] *Rome et Lorette.* Voir notamment l'Introduction.

raconté, avec une franchise qui ne lui coûtait ni ne le rabaissait, la douloureuse et émouvante histoire de ses premières années. Il nous a fait connaître comment, fils d'ouvriers honorables, mais sans instruction et sans religion, il avait reçu ses premières impressions, enfant, dans les pauvres leçons et les exemples détestables de l'école mutuelle, « l'infâme école mutuelle », a-t-il écrit, puis au milieu des propos cyniques d'une étude d'avoué où il était petit clerc ; jeune homme, dans les polémiques violentes du journalisme, où il avait été jeté presque sans préparation, et où chacun, disait-il, n'avait guère d'autre « foi » que celle de ses « besoins » et de ses « intérêts ». Il n'avait pas gardé de ce qu'il appelait ces « mauvais chemins » un seul souvenir pur, tendre et consolant, fût-ce celui de sa première communion, et n'en avait remporté, au contraire, que des sentiments de mépris amer pour les hommes, de révolte irritée contre la société : sentiments d'autant plus profonds et douloureux qu'ils s'étaient gravés dans une âme d'enfant. On en peut juger au seul accent avec lequel il rappelait l'effet produit sur lui par cette « société sans entrailles et sans intelligence » à laquelle « il ne devait rien », par le spectacle « des oppressions, des distances iniques et injurieuses du hasard de la naissance, heureux pour d'autres, insupportable pour lui ». Si radicale qu'eût été sa conversion, si renversant qu'eût été le coup de la grâce sur ce nouveau chemin de Damas, si entier que fût son dévouement à sa foi nouvelle et son désir d'y conformer désormais sa conduite, tout le vieil homme avait-il été détruit chez lui? Le pli imprimé à cette intelligence, dès le jeune âge, avait-il été complètement effacé? Qui sait s'il ne faudrait pas remonter jusque-là pour trouver l'origine de certaines notes qui rendaient, par exemple, les âpretés de M. Veuillot fort différentes des vivacités de M. de Montalembert? Quand le rédacteur de l'*Univers* maltraitait si fort les hommes de 1830 et les lettrés de l'Université, on était parfois tenté de se demander si, à côté du chrétien néophyte qui se faisait un pieux devoir d'immoler les voltairiens sur ses nouveaux autels, il n'y avait pas aussi, à son insu, quelque chose du démocrate d'origine, de l'ancien révolutionnaire par éducation et par souffrance, qui se plaisait à frapper sur les bourgeois. Il était équitable, croyons-nous, d'indiquer cette explication : elle est, dans une certaine mesure, une excuse pour M. Veuillot, innocent après tout du malheur de son premier âge, et les souvenirs douloureux qu'il a été le premier à faire connaître, en inspirant compassion pour l'enfant, ne peuvent qu'adoucir le jugement porté sur l'homme.

IV

En présence de l'accusation, parfois grave, souvent violente, portée contre eux au nom de la religion, quelle fut l'attitude des représentants de l'enseignement officiel? Ils témoignèrent une grande surprise et se posèrent presque en persécutés, tout au moins en pacifiques que des voisins contraignaient à la lutte par leur esprit d'empiétement et de querelle. Ils oubliaient que le conflit était principalement imputable à ceux qui avaient, depuis dix ans, obstinément entravé l'exécution de la promesse de la Charte. M. Cousin surtout affecta des airs d'innocence méconnue et indignée. On l'entendit affirmer, à la tribune du Luxembourg, avec la solennité émue de sa parole, qu'il « ne s'enseignait aucune proposition qui pût directement ou indirectement porter atteinte à la religion catholique ». En même temps, sentant bien quelles armes ses anciens écrits fournissaient à ses adversaires, il commença à leur faire subir une sorte de revision et multiplia les éditions nouvelles, les préfaces, pour effacer, voiler ou expliquer d'une façon anodine ce qu'il avait pu dire de compromettant, notamment sur le panthéisme. Peut-être, dans ce travail, obéissait-il non seulement à une préoccupation de tactique, aux nécessités de sa situation officielle, mais aussi à cet attrait qui devait, dans la dernière partie de sa vie, le rapprocher de la vérité religieuse, sans, il est vrai, l'y faire jamais entrer complètement. Mais, sur le moment, les spectateurs les moins suspects de partialité catholique ne considéraient pas sans sourire cette évolution qui leur paraissait plus prudente que sérieuse et sincère. M. Sainte-Beuve déclarait « un peu impatientantes » ces pieuses « inclinaisons de tête » du philosophe, et voyait là du « charlatanisme [1] »; Henri Heine lui reprochait son « hypocrisie » et son « jésuitisme [2] »; quant à Proudhon, plus brutal, il trouvait cette conduite « indigne » et « ignoble [3] ». M. Cousin d'ailleurs avait du malheur : tandis qu'il tâchait de convaincre les autres et peut-être lui-même de l'orthodoxie de sa doctrine, ses plus chers disciples, soit dans leur enseignement, soit dans leurs écrits et jusque dans leurs réponses aux critiques des écrivains religieux, laissaient voir le scepticisme qui était au fond et surtout au terme de cette doctrine, et trahissaient leur hostilité dédaigneuse à l'égard de cette Église si savamment caressée par leur maître. Chaque jour, les catholiques aux aguets pouvaient relever quelque fait de ce genre.

Si la tactique de M. Cousin était ainsi dérangée par ses disciples, qu'était-ce quand la parole était prise par les indépendants de l'Université! M. Génin, professeur de faculté, polémiste dur et passionné, — des écrits duquel M. Sainte-Beuve disait alors : « C'est âcre, violent et du pur dix-huitième siècle », — raillait « les hommages d'une sincérité suspecte » rendus par l'éclectisme à la religion, et avouait, proclamait l'antinomie de la philosophie et du catholicisme. M. Quinet, professeur au Collège de France, parlait de même et « félicitait l'Église de s'être lassée la première de la trêve menteuse qu'on avait achetée si chèrement de part et d'autre ». M. Libri, réfugié italien, de vive intelligence et de petite moralité, alors en grande faveur dans le monde universitaire, et devenu, presque coup sur coup, membre de l'Institut, professeur à la Faculté des sciences et au Collège de France,

---

[1] *Chroniques parisiennes*, p. 53.
[2] Lettre du 8 juillet 1843, adressée à la *Gazette d'Augsbourg*. (*Lutèce*, p. 386.)
[3] Lettre du 9 mai 1842. (*Correspondance de Proudhon*.)

membre du conseil académique de Paris, officier de la Légion d'honneur, publiait des lettres sur le *Clergé et la liberté d'enseignement,* qui étaient le plus perfide et le plus haineux des pamphlets contre le catholicisme. Dans toutes ces publications, c'était le vieux voltairianisme qui relevait la tête. A tort ou à raison, on prêtait à M. Thiers ce mot : « Il est temps de mettre la main de Voltaire sur ces gens-là. » Il n'était pas jusqu'à l'Académie française qu'on ne mêlât aussi, un peu par surprise, à cette mise en scène voltairienne. En juin 1842, sur la proposition de M. Dupaty, elle mettait au concours « l'éloge » de Voltaire; cette résolution, combattue par M. Molé et M. de Salvandy, avait été appuyée par M. Mignet et même par M. Cousin, oublieux, en cette circonstance, des prudences de sa tactique. L'émotion fut vive, et chacun y vit une manifestation. Pour en atténuer le caractère, l'Académie substitua après coup, dans le programme du concours, le mot de « discours » à celui d' « éloge ».

Le plus grand nombre des journaux, dont les rédacteurs étaient souvent d'anciens professeurs ou même des professeurs en fonction, prenaient la défense de l'Université, et ils le faisaient en partant en guerre contre le catholicisme. Ce n'était pas seulement le langage de la presse de gauche ou du centre gauche, du *National,* où écrivait M. Génin, du *Courrier français,* qui déclarait que « le clergé était un ennemi devant lequel il ne fallait jamais poser les armes », du *Constitutionnel,* rédigé encore à cette époque par les survivants du dix-huitième siècle; c'était aussi celui de la principale feuille conservatrice, de l'organe attitré du ministère et de la cour : obéissant moins aux inspirations de ses patrons politiques qu'aux ressentiments propres de plusieurs de ses rédacteurs, universitaires personnellement atteints par les plaintes des catholiques, le *Journal des Débats* faisait chorus sur ce sujet avec les feuilles contre lesquelles il défendait chaque jour la monarchie; il se distinguait même, entre toutes, par la vivacité de sa polémique antireligieuse, notamment par une sorte d'aptitude à reproduire le vieil accent voltairien. « Voltaire, s'écriait-il, désormais, c'est notre épée, c'est notre bouclier! » Seul de toute la presse, il obtint cet honneur qu'un évêque crut devoir ordonner des prières en réparation d'un de ses articles [1].

Nous voilà bien au delà des limites prudentes dans lesquelles M. Cousin aurait voulu d'abord renfermer la justification de l'Université. Aussi l'un de ses disciples les plus autorisés, M. Saisset, finissait-il par pousser un cri d'alarme sur ce qu'il appelait la *Renaissance du voltairianisme*[2]. Il prenait sans doute beaucoup de précautions oratoires, déclarait absoudre pleinement le voltairianisme dans le passé et « ne sentir pour lui qu'une juste reconnaissance » ; il « n'admettait aucune vérité surnaturelle » et ne reconnaissait « d'autre source de vérité, parmi les hommes, que la raison » ; mais il s'effrayait de voir que des alliés plus logiques et plus impatients concluaient à la destruction immédiate des institutions religieuses ; il confessait, d'une façon assez naïve, la terreur ressentie par la philosophie officielle, à la vue des responsabilités qui, dans ce cas, pèseraient sur elle, et il finissait par proclamer qu'elle serait « incapable de se charger à elle seule du ministère spirituel dans les sociétés modernes ». Les indépendants avaient beau jeu contre M. Saisset. Après l'avoir traité de « jésuite », M. Génin montrait comment, au fond, le défenseur de l'éclectisme n'était pas plus chrétien que ceux qu'il blâmait ; comment il voyait, ainsi qu'eux, dans le christianisme, une religion fausse ; comment enfin sa thèse aboutissait à « écraser la vérité dangereuse, pour prêter la

---

[1] Un observateur qui n'était pas favorable aux réclamations du clergé, M. de Viel-Castel, notait alors sur son journal intime : « Le *Journal des Débats* se distingue par l'ardeur, la passion voltairienne avec laquelle il attaque le clergé. C'est tout au plus s'il a la précaution de mêler à ses arguments et à ses épigrammes quelques protestations banales et vagues en faveur de la religion. Il ramasse avec soin tout ce qui lui paraît propre à discréditer, à ridiculiser le catholicisme. » (*Documents inédits.*) Aussi M. de Tocqueville, après avoir constaté que tous les journaux étaient « dans un paroxysme de vraie fureur contre le clergé et contre la religion elle-même », ajoutait que, sur ce point, « les journaux du gouvernement étaient peut-être pires que ceux de l'opposition ». (Lettre du 6 décembre 1843.)
[2] *Revue des Deux Mondes* du 1er février 1845.

main à une imposture utile ». Une telle polémique n'était pas faite pour déplaire aux catholiques : ceux-ci y trouvaient la confirmation de ce qu'ils avaient toujours dit sur la négation religieuse qui faisait le fond de la philosophie officielle. Et n'étaient-ils pas fondés à demander de quel droit cette philosophie, si épouvantée à la pensée de recueillir la succession de la religion détruite, prétendait, après un tel aveu d'impuissance, former seule les jeunes intelligences et refuser aux ministres de cette religion la liberté de prendre part à l'enseignement? Entre leurs adversaires de droite et leurs alliés de gauche, la situation des doctrinaires de l'Université devenait de moins en moins tenable.

V

Jusqu'à présent, nous n'avons vu dans la polémique provoquée par le projet de 1841 que le procès fait par l'Église de France à l'enseignement universitaire. Peut-être, pour réveiller les consciences de leur torpeur, était-il nécessaire que la lutte commençât ainsi. Des dissertations d'un caractère plus politique ou plus savant sur la liberté pour tous ou sur les vertus de la concurrence, n'eussent probablement pas produit, à ce moment, les mêmes résultats. Toutefois, ce genre de débat n'était pas sans inconvénient : il semblait conclure à une accusation d'indignité, portée par le clergé contre l'Université. On blessait et l'on soulevait ainsi un redoutable esprit de corps. La lutte courait risque de s'irriter et de se rapetisser dans des querelles de personnes qui ont d'ordinaire assez mauvaise apparence et sont peu propres à gagner la sympathie des spectateurs. Il importait donc que la discussion ne demeurât pas renfermée sur ce terrain un peu étroit et dangereux.

Ici apparaît l'action du jeune pair qui avait, dès 1830, à vingt ans, prononcé le serment d'Annibal contre le monopole universitaire, et qui, depuis 1835, attendait l'occasion de faire reprendre aux catholiques position dans la vie publique : on a nommé M. de Montalembert[1]. Il n'a été pour rien dans l'émotion ressentie par les évêques, à la vue des dispositions du projet de 1841, relatives aux petits séminaires; mais il s'en empare aussitôt, afin d'amener le clergé et les fidèles sur le terrain, nouveau pour eux, où il veut les voir se placer. Quelle conclusion doit-on tirer de l'insuffisance religieuse de l'enseignement universitaire? Faut-il s'attacher à modifier et à améliorer cet enseignement? M. de Montalembert met les catholiques en garde contre une telle illusion. Il ne croit pas que l'Université puisse « représenter autre chose que l'indifférence en matière de religion » : il « ne lui en fait pas crime; c'est le résultat de l'état social ». Seulement, il n'admet pas qu'une telle éducation soit imposée à ceux qui se préoccupent de conserver la foi de leurs enfants. Sa conclusion, c'est la liberté d'enseignement, la même, déclare-t-il, dont on jouit pour l'instruction primaire, la liberté pour tous; il désavoue hautement, devant ses adversaires, la moindre arrière-pensée de monopole pour le clergé, et il montre à ses amis combien il serait « impossible » de « vouloir refaire de la France un État catholique, telle qu'elle l'a été depuis Clovis jusqu'à Louis XIV[2] ». S'il parle donc, lui aussi, du caractère antichrétien de l'enseignement universitaire, ce n'est pas pour se perdre en controverses sur les doctrines philosophiques, ni en récriminations irritées ou plaintives contre les personnes, c'est uniquement pour y trouver la raison qui doit pousser les catholiques à invoquer la liberté.

Cette liberté d'enseignement, si nécessaire, M. de Montalembert estime qu'il ne faut pas l'attendre humblement de la bienveillance du gouvernement. « Depuis trop longtemps, dit-il, les catholiques français ont l'habitude de compter sur tout,

---

[1] Sur les débuts de M. de Montalembert, cf. liv. I, ch. ix, et liv. III, ch. ix, § iii et vii.
[2] Voir les discours prononcés par M. de Montalembert à la Chambre des pairs, le 1er mars et le 6 juin 1842.

excepté sur eux-mêmes... La liberté ne se reçoit pas, elle se conquiert. » Il sait quelles ressources on peut trouver dans les institutions dont la France est en possession ; il connaît la vertu de cette atmosphère dans laquelle un monopole et une injustice ne peuvent longtemps se maintenir, la sonorité qu'ont à cette époque toute protestation et toute plainte publiques, cette logique qui s'impose aux plus réfractaires et par laquelle la liberté appelle nécessairement la liberté. Aussi engage-t-il ses coreligionnaires à se servir de ces institutions, au lieu de conserver à leur égard « une défiance absurde ou une indifférence coupable ». Avec la presse, la tribune et le pétitionnement, que ne peuvent-ils pas faire? Les catholiques d'Irlande et de Belgique, voilà l'exemple qu'il ne se lasse pas de leur proposer. Il leur rappelle comment, par les seules armes de la liberté, O'Connell et Félix de Mérode ont donné à la cause religieuse des succès et une popularité jusque-là inconnus. Ou bien il leur offre encore comme modèle la ligue formidable qui vient d'être fondée par Cobden, contre les *corn laws*, et qui, à ce moment même, remue toute l'Angleterre. Lui aussi, il veut créer une « ligue » et soulever une « agitation ». Trop souvent, dit-il, les catholiques français ont été « à la queue d'autres partis » ; qu'ils constituent eux-mêmes un parti ; qu'au lieu de continuer à être « catholiques *après tout* », ils soient « catholiques *avant tout* », ayant pour programme exclusif auquel tout serait subordonné, la liberté de l'enseignement. Si, à eux seuls, ils ne sont qu'une minorité, ils forment du moins presque partout l'appoint d'où dépend la majorité; qu'ils se portent du côté où l'on donnera un gage à leur cause. C'est sans doute se séparer du gouvernement et des partis existants ; mais, ajoute M. de Montalembert, on ne comptera avec les catholiques que du jour où ils seront pour tous « ce qu'on appelle, en style parlementaire, un embarras sérieux[1] ».

Cette idée d'un « parti catholique » était nouvelle en France, et il eût fallu remonter jusqu'à la Ligue pour trouver un précé-

---

[1] Voir notamment la brochure sur le *Devoir des catholiques dans la question de la liberté d'enseignement.* 1843.

dent. Elle a été fort discutée depuis lors, surtout quand on a pu craindre qu'elle n'eût des applications de nature à lui faire quelque tort. Interprétée, en effet, comme certains semblaient disposés à le faire, elle n'eût tendu à rien moins qu'à fausser complètement le rôle des catholiques dans la vie publique, en les réduisant à un état permanent de minorité étroite, exclusive, étrangère en quelque sorte aux préoccupations du reste du pays, et elle eût produit ainsi un résultat diamétralement opposé à celui-là même qu'avait poursuivi M. de Montalembert. Dans la pensée de son fondateur, l'existence de ce parti était un fait accidentel, passager, anormal, qui tenait aux conditions de la société politique de 1830, et particulièrement à cette circonstance qu'aucun des deux grands partis qui se disputaient le pouvoir et l'influence, ne paraissait alors disposé à appuyer, ou seulement à écouter les revendications des croyants ; on se trouvait en face de conservateurs qui se méfiaient de la religion, au lieu d'y chercher le fondement de toute politique conservatrice ; de libéraux qui ne comprenaient pas que la liberté religieuse était la plus sacrée de toutes les libertés. Les catholiques se croyaient autorisés à profiter de l'isolement où on les laissait, pour s'organiser à part, avec une sorte d'égoïsme que justifiait l'indifférence ou l'hostilité des autres. Mais n'était-il pas évident que cette conduite ne devait point survivre aux conditions exceptionnelles qui l'avaient motivée ? M. de Montalembert l'a compris lui-même, quand, après 1848, il s'est trouvé en face d'un parti conservateur que des désenchantements et des terreurs salutaires avaient guéri de ses préventions antireligieuses, et quand il a vu engager sous ses yeux une bataille où était en jeu l'existence de la société. Il ne s'est plus posé alors en chef d'un parti distinct et isolé, presque indifférent à ce qui n'était pas son programme particulier : il s'est mêlé à ceux-là mêmes qu'il combattait la veille, pour former avec eux « le grand parti de l'ordre », ne réclamant que l'honneur de combattre à l'avant-garde, de donner et de recevoir les premiers coups. En faisant ainsi largement son devoir de citoyen, il a rencontré d'ailleurs, comme par surcroît, le succès de sa cause spéciale. En effet, si l'existence du parti catholique avait été nécessaire pour poser la question de la liberté d'enseignement, l'attitude différente prise après la révolution de Février a permis seule de la résoudre, en rapprochant ceux qui pouvaient former une majorité, et en les amenant à ces transactions qui doivent, à leur heure, remplacer les revendications exclusives et les aveugles résistances.

Lorsqu'il appelait les catholiques à combattre par la liberté et pour la liberté, M. de Montalembert reprenait une des idées de l'*Avenir*. Seulement, l'*Avenir* avait procédé comme les entreprises révolutionnaires, agitant toutes les questions à la fois, proposant des solutions extrêmes, prodiguant, comme à plaisir, les formules inquiétantes ou irritantes, faisant table rase du passé, pour réorganiser, d'un seul coup et sur des bases absolument nouvelles, les rapports de l'Église et de l'État. Cette fois, M. de Montalembert s'en tient à une question précise, soulevée par les événements eux-mêmes, admirablement choisie pour intéresser toutes les consciences et faire faire aux catholiques, sans trop d'alarme, l'expérience d'une tactique libérale; il ne touche au problème plus large de la situation de l'Église en face de la société moderne, que dans la mesure où les faits l'imposent, sans l'étendre témérairement et sans sortir des conclusions pratiques, simples et limitées.

Il était un point surtout par lequel la nouvelle campagne entendait se distinguer de celle de Lamennais : ce dernier avait échoué, pour avoir agi en dehors des évêques; M. de Montalembert était résolu à ne rien tenter qu'avec leur concours. L'obtenir n'était pas une petite affaire; il ne s'agissait de rien moins que d'opérer une véritable révolution dans les idées et les habitudes du haut clergé. Nous avons déjà eu occasion de noter à quel point le principe même de la liberté de l'enseignement était d'abord étranger aux chefs de l'Église de France. En 1841, bien que leurs idées commençassent dès lors à s'élargir, bien peu nombreux avaient été ceux qui, en protestant contre le projet de M. Villemain, étaient sortis de la question particulière des petits séminaires, pour exprimer le vœu d'une liberté générale, et encore ne l'avaient-ils fait que d'une façon accessoire et en laissant voir qu'ils seraient prêts à transiger si l'on améliorait la situation de leurs écoles ecclésiastiques. De l'autre camp, on était tout disposé à leur offrir quelque marché de ce genre. M. de Montalembert devait donc les mettre en garde contre ce piège, intéresser leur conscience et leur honneur à ne pas accepter le partage humiliant et funeste par lequel, pour assurer tant bien que mal l'éducation des prêtres, ils sacrifieraient celle des laïques. Le jeune fondateur du parti catholique demandait plus encore aux évêques : il les poussait à en appeler directement, ouvertement à l'opinion, des hésitations ou des résistances du gouvernement, à prendre part à l'agitation légale qu'il voulait provoquer. C'était un rôle auquel l'épiscopat ne semblait guère préparé par ses antécédents. Sous l'Empire, l'Église de France, encore meurtrie de la persécution révolutionnaire, éblouie par les bienfaits du Concordat, « n'avait eu que juste le courage nécessaire pour ne pas sacrifier à la toute-puissance du maître du monde la majesté et la liberté du Souverain Pontife [1] ». Sous la Restauration, elle n'avait pas songé à s'adresser à d'autres qu'aux princes qu'elle aimait et dans lesquels seuls elle espérait. Après 1830, l'embarras de son impopularité, l'instinct des périls auxquels l'aurait exposée, en un pareil moment, la moindre apparence d'intrusion dans la politique, lui avaient inspiré une sorte de timidité patiente, attristée plus souvent qu'irritée. Ces habitudes gênaient l'ardeur de M. de Montalembert, qui parfois était disposé à les qualifier sévèrement. Il y avait bien là quelque faiblesse, tout au moins un défaut d'éducation : il faudrait se garder cependant de trop blâmer l'hésitation des évêques avant de se jeter ouvertement dans des agitations qui, pour avoir un motif religieux, n'en risquaient pas moins de de-

---

[1] *Testament* du P. Lacordaire.

venir ou de paraître des luttes de parti; elle était après tout conforme à l'esprit de l'Église, et il valait mieux, en pareil cas, pécher par excès, que par défaut de prudence. Tel était notamment le sentiment très prononcé de Mgr Affre. Si le nouvel archevêque de Paris était dégagé des attaches politiques du vieux clergé, il partageait ses répugnances pour les éclats de la vie publique moderne; il avait gardé, de Saint-Sulpice, cette maxime que « le bien ne fait pas de bruit, et que le bruit ne fait pas de bien ». Son esprit plus solide et plus sensé que brillant, sa nature froide, tout, jusqu'à son défaut d'extérieur et sa gaucherie de manières, semblait peu fait pour lui donner le goût d'agir à la façon du P. Lacordaire ou de M. de Montalembert. Aussi le voit-on, au début des luttes pour la liberté d'enseignement, recommander à ses collègues non l'abstention, mais le secret. « On ne pense pas, — écrivait-il en 1843, dans une note confidentielle, communiquée à tous les évêques de France, — qu'il soit à propos de publier aucune critique de l'Université par la voie des mandements ou même de la presse. On croit que des lettres, dans le sens de ces observations, seraient le seul moyen à employer, du moins en commençant, peut-être toujours [1]. » Détail piquant, bien fait pour montrer ce qu'avait d'un peu puéril une telle recherche du secret sous un régime de presse libre, cette note « confidentielle » tombait, peu de temps après, aux mains des adversaires de la cause religieuse et était imprimée dans les pamphlets de MM. Libri et Génin. Une autre fois, l'archevêque, mettant en pratique ses propres conseils, adressait, de concert avec ses suffragants, un mémoire secret au Roi [2]; quelques jours ne s'étaient pas écoulés, qu'à son grand déplaisir il retrouvait le mémoire en tête des colonnes de l'*Univers*. Une autre nouveauté, non moins que la publicité, troublait les habitudes, inquiétait la prudence de plusieurs évêques et de Mgr Affre

---

[1] Voir le texte complet de cette note, dans la *Vie de Mgr Devie*, par l'abbé Cognat, t. II, p. 405 et suiv.
[2] *Actes épiscopaux*, t. I, p 9 et suiv.

en particulier : pour la première fois, il était question que des laïques partageassent en quelque sorte avec l'épiscopat la direction de la défense religieuse, et y eussent même le rôle le plus en vue, l'initiative prépondérante ; c'étaient eux notamment qui devaient composer le comité, aux mains duquel serait concentrée toute l'action. Certains prélats étaient tentés de voir là une atteinte à l'organisation de l'Église, et l'un des plus respectés, l'archevêque de Rouen, Mgr Blanquart de Bailleul, allait jusqu'à écrire que « les laïques n'avaient pas mission de défendre la religion ». Du côté du gouvernement, on n'ignorait pas ces répugnances d'une partie du clergé pour la campagne publique et laïque entreprise par M. de Montalembert. Le ministre des cultes, dans sa correspondance avec les évêques, touchait volontiers cette corde : il leur donnait à entendre que les choses iraient bien mieux, que les solutions satisfaisantes seraient plus vite trouvées, si l'on n'avait affaire qu'à la « sagesse » et à la « prudence » de l'épiscopat ; tout était compromis, ajoutait-il, par l'action tapageuse, irritante, du « parti religieux ».

M. de Montalembert n'avait donc pas peu à faire pour amener les évêques à ses idées et à ses procédés. Il s'y employa, avec une ardeur extrême, par ses démarches et ses écrits. A lui seul, toutefois, serait-il parvenu à opérer cette conversion? Il eut la fortune de rencontrer dans les rangs mêmes de l'épiscopat un très utile et très puissant allié. Rien n'avait fait pressentir le rôle qu'allait jouer Mgr Parisis. Nommé évêque de Langres à quarante ans, en 1834, il s'était d'abord renfermé dans son ministère pastoral ; il passait plutôt pour être peu favorable aux idées nouvelles, et, lors des premières prédications de Lacordaire, il s'était montré « l'un de ses plus chauds adversaires [1] ». Mais, en 1843, un voyage en Belgique, où il entre en rapport avec l'évêque de Liège [2], lui fait com-

---

[1] *Correspondance du P. Lacordaire avec M*^{me} *Swetchine*, p. 392.

[2] Ce prélat avait publié, en 1840, sous ce titre : *Exposé des vrais principes sur l'instruction publique*, un livre qui avait exercé une influence considérable en Belgique.

prendre, par une sorte de révélation, le rôle qui convient à l'Église dans la société moderne. A peine de retour en France, il commence la publication de brochures qui vont se succéder sans interruption et avec un retentissement croissant, à chaque incident, à chaque phase de la lutte. L'attitude qu'il y prend est, sur tous les points, celle que conseillait M. de Montalembert. Tout d'abord, il s'attache à enlever au débat ce caractère de querelle entre le clergé et l'Université, que les premières protestations des évêques tendaient trop à lui donner. « On s'obstine, dit-il dès son premier écrit, à répéter que nous ne défendons que la cause du clergé; il faut bien faire voir que nous défendons la cause de tous, même la cause de ceux contre qui nous réclamons. » Il n'invoque pas le droit divin des successeurs des apôtres, mais la liberté promise à tous les Français : c'est comme citoyen qu'il réclame ce qu'on a refusé à ceux qui se présentaient comme prêtres. Conduit à examiner l'attitude du clergé dans la France nouvelle, il désavoue toute arrière-pensée légitimiste. La société telle que les siècles l'ont faite, il l'accepte, la mettant seulement en demeure d'appliquer les principes qu'elle a posés en dehors de l'Église et quelquefois contre elle, cherchant et trouvant dans les libertés qu'elle a établies le moyen de défendre la cause religieuse. Il estime que, dans les circonstances actuelles, « tout bien pesé, nos institutions libérales, malgré leurs abus, sont les meilleures et pour l'État et pour l'Église », que « la publicité et la liberté sont plus favorables à la vérité et à la vertu que le régime contraire », et que, dès lors, « les catholiques doivent accepter, bénir et soutenir, chacun pour sa part, les institutions libérales qui règnent aujourd'hui sur la France [1] ». Bien loin d'hésiter à prendre part à l'agitation légale que recommande M. de Montalembert, l'évêque de Langres répond, avec force,

---

[1] C'est la thèse que Mgr Parisis devait développer *ex professo*, dans un livre paru en 1847 et intitulé : *Cas de conscience à propos des libertés exercées ou réclamées par les catholiques, ou accord de la doctrine catholique avec la forme des gouvernements modernes.* Ce livre a été depuis retiré du commerce.

dans son *Second Examen*, à ceux qui, du dedans ou du dehors, blâment une telle conduite comme inconvenante et téméraire : c'est dans le même dessein qu'il publiera plus tard une brochure spéciale, sous ce titre : *Du silence et de la publicité*. Il se charge aussi de rassurer ceux des évêques qui s'effarouchent de l'intervention des laïques; en 1844, il écrit, sur ce sujet, deux lettres publiques à M. de Montalembert [1]; il l'engage solennellement à « persévérer dans la voie où il est courageusement entré », et lui déclare qu'il est « tout ensemble le centre et l'âme de l'action catholique dans toute la France ».

A si peu de distance de la Restauration, presque au lendemain de la condamnation de l'*Avenir*, une telle attitude et un tel langage sont, de la part d'un évêque français, choses singulièrement nouvelles. L'effet est considérable. Au début des controverses, en 1841 et 1842, le vieil évêque de Chartres, par l'ardeur et la fréquence de ses écrits sur la question philosophique, avait paru être à la tête du clergé militant. Mais on sent bientôt que la note si différente de l'évêque de Langres est la vraie, la mieux appropriée à l'état des esprits et des institutions; que sa parole plus froide, aussi ferme, mais moins désolée, plus politique et pour ainsi dire moins cléricale, est bien autrement efficace. A sa suite, les autres prélats n'hésitent plus à s'engager sur le terrain où les appelle M. de Montalembert. Leurs manifestations publiques sont chaque année plus nombreuses, plus résolues, plus hardiment libérales [2]. Quel changement dans leur langage, depuis les protestations contre le projet de 1841 ! « Nous ne parlerons même pas, Sire, de nos petits séminaires, — lisons-nous dans un mémoire adressé au Roi, en 1844, par les évêques de la province de Paris, — parce que la question n'est plus là aujourd'hui. Elle y était encore il y a trois ans; elle n'était

---

[1] Lettres du 25 mai et du 15 août 1844.
[2] Voir, à la fin du tome II des *Actes épiscopaux relatifs au projet de loi sur l'instruction secondaire*, la liste des écrits d'évêques publiés de la fin de 1841 au commencement de 1844. Or, tandis qu'en 1842 il y en avait 8, dont 5 de l'évêque de Chartres, on en compte 24 en 1843, et 5 dans le seul mois de janvier 1844. Ce sera bien autre chose quand le projet de 1844 aura été déposé.

même presque que là pour nous. Moins éclairés sur le véritable état des choses, nous ne pensions guère qu'à stipuler les intérêts de nos écoles cléricales. Maintenant, nous demandons davantage, parce que l'expérience s'est accrue, parce que la lumière s'est faite [1]. »

Il est d'autant plus précieux à M. de Montalembert d'avoir gagné le plein concours des évêques, qu'il lui faut d'autre part lutter contre la mollesse des catholiques laïques. Eux non plus n'ont pas pris dans le passé l'habitude des résistances publiques. Un esprit de conservation mal comprise les a plutôt accoutumés à une sorte de docilité, ou, tout au moins, de résignation silencieuse. Par une humilité bizarre, que l'Évangile ne commandait pas, ils semblent avoir accepté que l'activité, la parole bruyante, l'influence, le pouvoir soient généralement du côté de leurs adversaires. Combien d'entre eux, d'ailleurs, sont empêchés par le respect humain de se poser ouvertement en chrétiens! « Les catholiques en France, écrit alors M. de Montalembert, sont nombreux, riches, estimés; il ne leur manque qu'une seule chose, c'est le courage. » Et ailleurs : « Jusqu'à présent, dans la vie sociale et politique, *être catholique* a voulu dire rester en dehors de tout, se donner le moins de peine possible et se confier à Dieu pour le reste. » Pour secouer cette torpeur des laïques, comme tout à l'heure pour écarter les scrupules des évêques, M. de Montalembert déploie une activité et une énergie passionnées. Ses colères contre les pusillanimes sont terribles. Il a de ces cris, on dirait presque de ces gestes comme en trouvent les capitaines-nés pour enlever en pleine bataille les soldats hésitants. Pas un instant il ne laisse languir le combat. A la fin de 1842, une maladie de madame de Montalembert l'oblige à quitter la France et même l'Europe, pendant deux années. Ni la préoccupation d'une santé si chère ni la distance ne refroidissent un moment son zèle. Il stimule, dirige de loin ses amis. De Madère, il lance, vers la fin de 1843, cette fameuse brochure

---

[1] *Recueil des actes épiscopaux relatifs au projet sur l'instruction secondaire*, t. I, p. 29 (1845).

sur le *Devoir des catholiques dans la question de la liberté d'enseignement*, qui est vraiment le manifeste et contient tout le programme du nouveau parti.

M. de Montalembert était un incomparable agitateur. Mais, dans son horreur des tièdes et des timides, prenait-il toujours garde de ne pas aller trop vite et trop loin? En donnant aux catholiques militants une vie propre, une organisation à part, l'habitude de se sentir les coudes et de ne plus être mêlés aux indifférents ou aux ennemis, ne risquait-il pas de les séparer trop du reste de la société et de leur donner un peu l'apparence d'une secte excentrique et batailleuse? Ce qui lui paraissait nécessaire pour entraîner ses troupes, ne pouvait-il pas quelquefois irriter ses adversaires, ou, ce qui était plus fâcheux, effaroucher les spectateurs des régions moyennes? Pour relever ses coreligionnaires de leur attitude trop humiliée, n'était-il pas tenté de pousser la fierté jusqu'à la provocation, le mépris du respect humain jusqu'à la bravade? S'il avait répudié les erreurs de l'*Avenir*, n'en conservait-il pas certaines habitudes d'esprit, un goût de véhémence dans la forme et des exigences trop absolues dans le fond? « Je ne suis qu'un soldat, écrivait-il, tout au plus un chef d'avant-garde[1]. » Lui-même pressentait qu'un jour viendrait où il faudrait d'autres qualités. « Dans toutes les grandes affaires de ce bas monde, disait-il, il y a deux espèces d'hommes : les hommes de bataille et les hommes de transaction, les soldats qui gagnent les victoires et les diplomates qui concluent les traités, qui reviennent chargés de décorations et d'honneurs, pour voir passer les soldats aux Invalides[2]. » Les meilleurs amis de M. de Montalembert avaient parfois le sentiment qu'il manquait un peu de mesure. Lacordaire, par exemple, ne lui cachait pas dans ses lettres qu'il trouvait la guerre contre l'Université conduite d'une façon « un peu âpre et

---

[1] Lettre du 7 juillet 1844.

[2] *Du devoir des catholiques dans les élections* (1846). — M. Thiers, causant un jour avec Mgr Dupanloup, lui disait : « M. de Montalembert est un grand guerrier; M. de Falloux est un grand homme d'État. »

égoïste » ; il se préoccupait beaucoup « des tièdes, des indifférents, des politiques et de la masse flottante ». N'allait-on pas les effrayer, les aliéner? Ne faudrait-il pas leur montrer davantage « le désir de la paix et l'esprit de conciliation » ? Il craignait aussi qu'on ne prît une attitude trop hostile envers le pouvoir, et il souhaitait qu'à cet égard on « rentrât dans la voie de conciliation suivie depuis 1830[1] ».

M. Ozanam, dont la position était assez délicate entre l'Université, à laquelle il appartenait, et les amis dont il partageait la foi et les aspirations, était également disposé à trouver qu'on avait commencé la bataille un peu vite et qu'on la menait un peu rudement. Seulement, hâtons-nous d'ajouter que, jusque dans ses exagérations, la polémique de M. de Montalembert conservait un caractère particulier de dignité aristocratique, de sincérité vaillante, pure et désintéressée. Les coups qu'il portait, si violents fussent-ils, étaient comme les coups de lance que les chevaliers se donnaient dans les tournois : pour coûter parfois la vie à l'adversaire, ils ne révélaient aucune passion basse chez les champions. Aussi, ceux-là mêmes qu'il attaquait, pour peu qu'ils eussent l'âme haute, ne se défendaient pas d'éprouver à son égard estime et sympathie. Tel était notamment M. Guizot. En pleine bataille, il remerciait l'orateur catholique de ce que « son opposition était une opposition qui avait le sentiment de l'honneur et pour ses adversaires et pour elle-même » ; il ajoutait, non sans mélancolie : « Nous n'y sommes pas accoutumés, depuis quelque temps. »

Quoi qu'il en soit d'ailleurs des défauts qui pouvaient se mêler à de si belles et si grandes qualités, les résultats obtenus étaient considérables. A voir le nouveau parti catholique tel qu'il se présentait au commencement de 1844, force est de reconnaître que, depuis 1841, il y a eu transformation complète. L'armée réunie et mise en mouvement par M. de Montalembert faisait vraiment bonne figure. Les spectateurs

---

[1] Lettres diverses, citées par M. de Montalembert et par M. Foisset, dans leurs ouvrages sur le P. Lacordaire.

peu bienveillants, M. Sainte-Beuve par exemple, en étaient frappés[1]. Presque tout l'épiscopat combattait décidément à côté du leader laïque, sur son terrain et avec ses armes. Le clergé paroissial protestait publiquement contre ceux qui cherchaient à le séparer des évêques. De nombreuses brochures, des écrits de divers genres révélaient l'activité et l'élan des esprits : tous, grâce à Dieu, ne ressemblaient pas à ceux qu'il nous a fallu blâmer; bientôt même les publications du P. de Ravignan et de l'abbé Dupanloup allaient donner à la polémique catholique un accent dont la dignité s'imposerait aux adversaires eux-mêmes. Les journaux religieux étaient tous d'accord, à commencer par l'*Univers,* pour servir, suivant la parole de Lacordaire, « la liberté religieuse sous les drapeaux de la liberté civile ». On commençait à faire circuler et signer des pétitions. Un conseil de jurisconsultes était constitué. La direction du mouvement se concentrait aux mains d'un comité composé de laïques et présidé par le comte de Montalembert. Derrière ce comité se groupaient tous les catholiques agissants. Les légitimistes, qui avaient été d'abord en méfiance à l'égard de la nouvelle école religieuse, venaient presque tous, avec un intelligent et généreux oubli des ressentiments passés, prendre rang dans l'armée catholique, et l'un des signataires des ordonnances de 1828, M. de Vatimesnil, acceptait noblement, à côté et au-dessous de M. de Montalembert, la vice-présidence du « comité pour la liberté religieuse ». Au même moment, comme pour augmenter encore l'éclat et la popularité de la cause catholique, les prédications de Notre-Dame, qui avaient été le point de départ du mouvement, recevaient un nouveau développement : vers la fin de 1843, le P. Lacordaire remontait, à côté du P. de Ravignan, dans cette chaire qu'il avait quittée en 1836 et où, cinq ans après, il n'avait paru qu'en passant; les hommes de ce temps avaient ainsi cette fortune d'entendre le Dominicain pendant l'Avent et le Jésuite pendant le Carême, tous deux attirant des foules

---

[1] *Chroniques parisiennes,* p. 117, 118.

chaque jour plus nombreuses, plus émues, plus conquises. Les stations de Paris ne suffisaient pas au zèle des deux apôtres; ils allaient remuer, par leur parole, les grandes villes de province, et l'enthousiasme public y prenait parfois des proportions et un caractère plus extraordinaires encore. N'y avait-il pas de quoi frapper ceux qui se rappelaient quelles étaient en France, peu d'années auparavant, les humiliations du catholicisme? Aussi comprend-on que l'un des hommes qui avaient le plus contribué à ce changement, Lacordaire, s'écriàt alors avec une émotion reconnaissante : « Quelle différence entre 1834 et 1844!... Ce que nous avons gagné, dans cette dernière campagne, en vérité, en force, en avenir, est à peine croyable... Je ne crois pas que l'histoire ecclésiastique présente nulle part une aussi surprenante péripétie. Où allons-nous donc, et qu'est-ce que Dieu prépare[1]? » Les catholiques se sentaient à l'une de ces heures de grands espoirs, pendant lesquelles on est heureux d'avoir vécu, dussent-elles être suivies plus tard de douloureuses déceptions.

VI

Que l'Université se soit défendue et ait tâché de rendre coup sur coup, quand on a d'abord semblé poursuivre sa déchéance pour cause d'indignité morale et religieuse, rien là qui doive surprendre. Mais voici qu'elle se trouve en présence d'une campagne beaucoup moins blessante pour elle; les catholiques demandent la liberté pour tous. Ne prendrait-elle pas le beau rôle et ne servirait-elle pas ses vrais intérêts, en déclarant qu'elle ne combat ni ne craint cette liberté? Elle n'en fait rien; les nuits du 4 août sont rares dans l'histoire des privilégiés. Bien au contraire, elle paraît se cramponner à son monopole avec un égoïsme craintif, à ce

---

[1] Lettres de mai et juin 1844.

point que M. Sainte-Beuve ne peut s'empêcher de relever le caractère « mesquin » de ce qu'il appelle ces « anxiétés de pot-au-feu[1] ». Une attitude moins justifiable encore est celle des « libéraux ». Ils ne doivent pas ignorer que ce sont eux qui, sous la Restauration, ont lancé l'idée de la liberté d'enseignement et qui en ont ensuite inscrit le principe dans la Charte de 1830. Et cependant, il leur suffit de l'entendre réclamer par des catholiques, pour la renier. Tous les journaux de gauche ou de centre gauche, sauf le *Commerce,* organe peu répandu du petit groupe Tocqueville, et, par intermittence, une feuille radicale, la *Réforme,* se font, par haine du clergé, les champions du monopole universitaire dont naguère encore ils se plaisaient à dire du mal. Quant au *Journal des Débats,* qui persiste en cette question à marcher avec ses adversaires politiques, il répond allègrement à ceux qui lui opposent la promesse de la Charte, que les catholiques n'ont pas qualité pour invoquer cette Charte, faite « non pour eux et par eux, mais contre eux ».

Si résolus que fussent les avocats du monopole à braver toute pudeur libérale, la défensive leur paraissait embarrassante sur ce terrain constitutionnel. Aussi les voyons-nous tout de suite tâcher d'en sortir et chercher à prendre l'offensive sur quelque autre sujet. Dans les séminaires, quand les jeunes clercs sont sur le point de recevoir le sacerdoce, pour les mettre à même d'exercer le ministère de la confession, on leur fait étudier une certaine partie de la théologie morale, celle qui traite des cas de conscience les plus délicats. Là, comme dans les thèses de droit criminel, il faut, pour définir les degrés de culpabilité et la gravité des peines, recourir à des distinctions que l'ignorant superficiel peut être tenté de regarder comme subtiles. Là, surtout quand il s'agit des péchés contre le sixième et le neuvième commandement, on est réduit à approfondir les plaies les plus honteuses de l'âme, ainsi qu'il est fait, dans les livres de médecine, pour celles du corps : répugnante,

---

[1] *Chroniques parisiennes,* p. 148, 149.

mais nécessaire dissection, qui n'est pas plus immorale dans un cas que dans l'autre. Les règles de cette science, s'appliquant non à des faits créés par une imagination dépravée, mais à ceux que fournit l'expérience des confesseurs, sont exposées dans des ouvrages spéciaux, écrits en latin pour les mieux soustraire aux mauvaises curiosités. L'un de ces ouvrages tomba, en 1843, sous les yeux d'un protestant de Strasbourg, qui y vit prétexte à un petit pamphlet, publié sous ce titre : *Découvertes d'un bibliophile*. Accusant les professeurs des séminaires d'excuser le vol, le parjure, l'adultère et jusqu'aux débauches contre nature, de pervertir la conscience et de corrompre l'imagination de leurs élèves, il affectait l'effroi d'une pudeur indignée, à la vue des ignominies où se complaisait l'enseignement ecclésiastique. Il était facile de se rendre compte que cette accusation s'appuyait sur des citations audacieusement tronquées et dénaturées, ou sur des contresens comme on en commet toujours, quand on veut traiter au pied levé d'une science quelconque dont on ignore l'ensemble, les principes, la méthode et même la langue. Mais les champions du monopole universitaire n'y regardaient pas de si près : voyant là une arme, ils s'en saisirent avec empressement et s'en servirent avec une passion sans scrupule. Le *Journal des Débats* ne fut pas des derniers à exprimer le dégoût que lui inspiraient « les honteux écarts de l'enseignement ecclésiastique » et la « boue de la casuistique ». Notons en passant que l'un des plus âpres à flétrir ces distinctions où il prétendait découvrir l'excuse de tous les crimes, et en particulier du vol, était M. Libri; probablement avait-il déjà commencé dans nos bibliothèques les soustractions qui devaient lui attirer peu après une condamnation infamante. Le tapage fut un moment si fort, qu'on put se demander si la vérité parviendrait jamais à se faire entendre. Au bout de quelques mois cependant, devant la réaction du bon sens et du dégoût, nul n'osa plus prolonger cette calomnie. M. Isambert ayant tenté d'en porter l'écho à la tribune de la Chambre, il suffit de quelques mots émus du garde des sceaux pour en faire justice.

La diversion des « cas de conscience » avait donc échoué, et les adversaires de la liberté d'enseignement eussent risqué de se trouver à court, sans la ressource d'une autre manœuvre, moins nouvelle, mais d'un effet plus sûr. Benjamin Constant disait un jour à M. de Corcelle : « On a vraiment bien tort de s'embarrasser pour l'opposition ; quand on n'a rien,... eh bien, il reste les Jésuites ; je les sonne comme un valet de chambre, ils arrivent toujours. » Après avoir tenu tant de place dans les polémiques de la Restauration, ces religieux avaient fait peu parler d'eux depuis 1830. S'ils continuaient et même développaient leurs œuvres de confession et de prédication, c'était sans bruit. Ils n'enseignaient plus en France, depuis 1828, et leurs collèges de Brugelette, de Fribourg et du Passage étaient hors frontières. Ils se défendaient de tout lien avec les partis politiques et de toute hostilité contre la monarchie de Juillet [1]. Un moment, en 1838 et 1839, quelques-uns des fauteurs de la coalition essayèrent de réveiller contre eux les vieilles préventions ; la tentative échoua, et le *Journal des Débats* railla ceux qui avaient « peur des Jésuites [2] ». Plus tard, quand, à la suite du projet de 1841, la question de la liberté d'enseignement se trouva soulevée, la Compagnie de Jésus ne sortit pas de sa prudente réserve, et ne se mêla pas, au moins ostensiblement, aux polémiques engagées à ce sujet. Et cependant, voici que, tout à coup, vers 1842, on se remettait, dans la presse « libérale », à crier : Au Jésuite ! comme sous M. de Villèle. Le *Journal des Débats* n'était pas le moins ardent à agiter le fantôme dont il se moquait naguère avec tant de verve. Le pamphlet principal de M. Génin avait pour titre : *les Jésuites et l'Université*, et, dans ses *Lettres*, M. Libri se posait cette question : *Y a-t-il encore des Jésuites?* Il n'était pas jusqu'aux écoliers qu'on n'eût l'inconvenance de mêler à ces querelles ; dans plusieurs collèges de Paris, en 1842, on donnait pour sujet de discours français,

---

[1] Voir, à ce propos, la note que le P. Guidée, provincial à Paris, avait fait parvenir au Roi, en 1838, t. III, ch. IX, § VI.
[2] *Ibid.*

Arnauld demandant, devant le Parlement, l'expulsion des
Jésuites, les accablant des accusations les plus violentes et les
plus injurieuses, et faisant, par contre, un éloge enthousiaste
de l'Université. Il semblait que toute la controverse ne portât
plus que sur la Compagnie de Jésus; ce qui faisait dire spirituellement à M. Rossi : « Je ne sais si l'humilité chrétienne
est parmi les vertus de cette congrégation, mais elle aura
quelque peine à ne pas céder aux séductions de l'orgueil,
tellement est grande la place qu'elle a occupée dans nos
débats. » La polémique, du reste, n'est pas plus sérieuse que
sous la Restauration : même façon de transformer les actes
les plus simples de dévotion ou de charité en noirs complots,
les humbles demeures des religieux en redoutables et mysté-
rieuses forteresses. L'archiconfrérie de Notre-Dame des Victoires, fondée par M. Desgenettes, en dehors des Jésuites,
est présentée comme une terrible société secrète dont les
50,000 affiliés sont les agents de la puissante compagnie.
« Rien ne se fait, dit gravement M. Libri, sans que les
Jésuites y prennent part. » Et il les montre ayant pied dans
toutes les classes de la société, particulièrement dans « le
boudoir des jolies femmes », détournant le produit des quêtes
pour former « *les fonds secrets de la congrégation* » ; guerres,
révolutions, tout ce qui s'accomplissait dans le monde est
l'œuvre des Jésuites; ils ont dans leur maison mère, à Rome,
« un immense livre de police qui embrasse le monde entier »,
et où est admirablement racontée la biographie de tous les
hommes auxquels ils ont eu affaire. « Un de mes amis a vu
le livre », affirme M. Libri. Ces sottises finissaient par
impatienter Henri Heine lui-même : il raillait ceux qui attri-
buaient tout aux intrigues des Jésuites et s'imaginaient sérieusement que, de Rome, le général de la compagnie dirigeait,
par ses sbires déguisés, la réaction dans le monde entier.
« Ce sont, ajoutait-il, des contes pour de grands marmots,
de vains épouvantails, une superstition moderne. » Mais
M. Libri n'en était pas moins tout entier à l'épouvante irritée
que lui causait l'envahissement croissant de cette congrégation.

Sa perspicacité ne laissait échapper aucun signe de cet envahissement ; quelques églises commençaient alors à être chauffées : n'était-ce pas la preuve, demandait le savant professeur, que la morale relâchée des Jésuites gagnait et dominait tout le clergé? On a le regret de constater que le signal de cette triste et souvent bien sotte campagne était parti d'assez haut. N'était-ce pas le grand maître de l'Université, M. Villemain, qui, le 30 juin 1842, en pleine Académie, à propos d'un concours sur Pascal, avait semblé inviter à reprendre les vieilles polémiques « contre cette société remuante et impérieuse que l'esprit de gouvernement et l'esprit de liberté repoussent également » ? L'exemple de M. Villemain était suivi, à l'Académie, par M. Mignet, dans la séance du 8 décembre 1842; à la Sorbonne, l'année suivante, par M. Lacretelle, ouvrant son cours d'histoire. Les vieilles préventions parlementaires venaient au secours des rivalités universitaires, et, en 1843, deux procureurs généraux, M. Dupin, à la Cour de cassation, M. Borely, à la cour d'Aix, attaquaient les Jésuites dans leurs discours de rentrée. Enfin, un pair de France, homme du monde et homme d'esprit, le comte Alexis de Saint-Priest, publiait un volume d'histoire sur la suppression de l'Ordre au dix-huitième siècle.

Qu'il y ait eu dans ces attaques une part de préjugés sincères, on ne peut le contester ; toutefois, la façon dont elles ont éclaté de toutes parts, si subitement et sans prétexte apparent, révèle une tactique raisonnée ou instinctive. C'est une « ruse de guerre », disait alors Henri Heine. On avait compris l'avantage de ce mot de « Jésuite », pour soulever les passions et pour rendre impopulaire la liberté elle-même. Suivant la parole de M. de Montalembert, « les défenseurs du monopole faisaient ce qu'on fait dans une place assiégée ; ils faisaient une diversion habile, une sortie vigoureuse ». L'arme paraissait si commode et à elle seule si efficace, qu'on s'en servait contre tous ceux que l'on voulait combattre. A propos des cas de conscience, avait-on à parler des ouvrages des abbés Moullet, Sœttler, etc., on avait bien soin de les appeler le

« Père » Moullet ou le « Père » Sœttler, pour faire croire qu'ils appartenaient à la Compagnie de Jésus. Tout ce qu'on reprochait au clergé, dans le présent ou dans le passé, on l'attribuait à cette compagnie, qui eût pu souvent répondre :

Comment l'aurais-je fait, si je n'étais pas né?

Contrairement aux vues premières de quelques-uns de ceux qui avaient étourdiment engagé ce combat, ce qu'on s'était trouvé bientôt attaquer, sous le nom de jésuitisme, c'était le catholicisme lui-même. Le masque gallican ou janséniste, derrière lequel on cherchait à dissimuler l'hostilité antichrétienne, était déjà bien usé sous la Restauration, en dépit de M. de Montlosier ou de M. Cottu, et quoique la société de cette époque se rattachât encore, par quelques points, aux traditions d'ancien régime. Mais, après 1830, il ne pouvait plus tromper personne. Aussi, répondant au *Journal des Débats,* qui s'était un jour défendu d'avoir attaqué « la religion du pays » et prétendait n'en vouloir qu'à « la superfétation honteuse du jésuitisme », une autre feuille ministérielle, le *Globe,* lui disait : « Soyez donc plus francs et plus hardis; ne lancez plus vos attaques obliquement; laissez là les épithètes de Jésuites et de casuistes. Allez droit au but; ayez la hardiesse de votre inconsidération. Osez dire aux évêques de France : Nos injures sont pour vous. » « Le jésuitisme, lisons-nous dans la *Revue indépendante,* à la date du 25 mai 1843, n'est ici qu'une vieille formule qui a le mérite de résumer toutes les haines populaires contre ce qu'il y a de rétrograde et d'odieux dans les tendances d'une religion dégénérée... Tout le monde voit bien ce qui est au fond de cette querelle : il s'agit en réalité de savoir qui l'emportera du catholicisme exclusif ou de la liberté. » D'ailleurs, qui eût pu conserver quelque doute sur le caractère que prenait de plus en plus cette lutte, en voyant ce qui se passait alors dans l'une des principales écoles de l'État?

A la même heure, en 1843, deux professeurs au Collège de France, non des premiers venus, M. Quinet et M. Michelet, transformaient leurs cours en une sorte de diatribe haineuse

contre les Jésuites. La surprise fut grande. Le passé de
ces deux hommes ne semblait pas les avoir préparés à ce
rôle de pamphlétaire. Les accès de fièvre révolutionnaire
et belliqueuse ressentis par M. Quinet en 1830 et en
1840 avaient été considérés comme des accidents passagers dans une vie qui paraissait d'ailleurs absorbée par des
travaux d'érudition et de poésie. S'il n'était pas chrétien, il
n'avait pas apporté jusqu'ici, dans les choses religieuses, de
passion agressive, et l'on croyait voir en lui un penseur
cherchant le Dieu qu'il souffrait d'avoir perdu. Du reste,
aussi éloigné que possible de toute question pratique et contemporaine, il vivait plutôt dans les nuages, si peu en quête
des applaudissements vulgaires qu'un de ses amis pouvait
dire : « Que voulez-vous? Quinet a toujours eu un talent
particulier pour cacher ce qu'il fait. » Quant à M. Michelet,
bien que n'ayant jamais eu d'habitudes ni même de convictions
religieuses, et n'ayant été baptisé qu'à dix-huit ans, il avait été
quelque temps considéré par les catholiques, sinon comme
un des leurs, du moins comme un allié. C'était M$_{gr}$ Frayssinous qui l'avait nommé à l'École normale, comptant qu'il
y contre-balancerait l'influence voltairienne de professeurs
plus « libéraux ». On l'avait choisi pour enseigner l'histoire
à la fille du duc de Berry, en attendant qu'on lui donnât
pour élève, après 1830, la princesse Clémentine. Nul n'avait
semblé goûter plus vivement cette poésie du christianisme
que Chateaubriand venait de révéler à son siècle; nul n'avait
mieux senti le moyen âge, rendu un plus tendre hommage au
rôle maternel de l'Église envers la jeune Europe; nul n'avait
baisé d'une lèvre plus émue la croix du Colisée ou les pierres
de nos cathédrales gothiques. « Toucher au christianisme!
s'écriait-il; ceux-là seuls n'hésiteraient point qui ne le connaissent pas. » Et, pour exprimer la nature des sentiments
que la vieille religion lui inspirait, il rappelait ce qu'il avait
éprouvé auprès du lit de sa mère malade. Aussi pouvait-il
écrire, en 1843 : « Les choses les plus filiales qu'on ait dites
sur notre vieille mère l'Église, c'est moi peut-être qui les ai

dites. » Du reste, étranger aux passions et aux intrigues du dehors, tout entier à ses vieux documents ou à ses élèves qu'il aimait également, sorte de Bénédictin soucieux de ce qu'il appelait « sa virginité sauvage », il donnait à tous, par sa personne comme par ses écrits, l'idée d'un talent dont la note dominante était une naïveté tendre et enthousiaste; Henri Heine l'appelait alors « le doux et paisible Michelet, cet homme au caractère placide comme le clair de lune ». Et cependant, à peine ces deux professeurs sont-ils atteints, avec tant d'autres, par le livre du *Monopole universitaire,* qu'ils bondissent furieux et deviennent, à l'étonnement de tous et au regret de leurs amis, les adversaires les plus vulgairement passionnés du clergé et du catholicisme. Comment expliquer cette transformation? Peut-être y avait-il eu, dès l'origine, chez M. Quinet, un fanatisme révolutionnaire et antichrétien plus profond qu'on ne le croyait; ses lettres, publiées après sa mort, révèlent en effet, de 1830 à 1843, une sorte de misanthropie irritée contre le gouvernement et la société, qui rappelle parfois la correspondance de Lamennais. Quant à M. Michelet, à côté des tendresses de sa nature littéraire, il avait une sensibilité douloureuse, venant en partie de la misère et des blessures d'amour-propre dont il avait souffert pendant son enfance et souvent même dans son âge mûr; la longue et laborieuse solitude où il avait vécu sur lui-même, accumulant dans le silence bien des amertumes, avait ajouté à cette susceptibilité quelque chose de concentré et une sorte d'exaltation intérieure qui n'attendait qu'une circonstance pour faire explosion. Il y avait en outre chez lui un grand orgueil et une vanité plus grande encore. N'est-ce même pas surtout par là qu'il est tombé? Ne semble-t-il pas qu'à cette époque le démon l'ait transporté sur la montagne de la tentation, qu'il lui ait montré à ses pieds et offert, s'il voulait servir des passions mauvaises, le royaume de la basse popularité? M. Michelet crut trouver là une revanche des humiliations mondaines dont il avait souffert; il se laissa séduire, et aussitôt le vertige s'empara de lui.

Ce fut à propos des littératures méridionales de l'Europe, sujet officiel de son cours, que M. Quinet trouva moyen de faire six leçons sur les Jésuites ou plutôt contre eux. Prétendant analyser et définir le jésuitisme, il s'attaqua, avec une violence extrême, aux *Exercices spirituels* de saint Ignace; par des citations mal traduites ou inexactes, il chercha à rendre odieuse et ridicule cette grande méthode de vie intérieure, et dénonça, dans l'esprit qui en émanait, une influence mortelle à toute civilisation : « Ou le jésuitisme doit abolir l'esprit de la France, concluait-il, ou la France doit abolir l'esprit du jésuitisme. » Cette dernière œuvre était, à ses yeux, la mission propre de l'Université et la raison d'être de son monopole. Estimant que le catholicisme — à cette date il l'appelait encore le jésuitisme — était incompatible avec la révolution, il voulait que l'État fondât une religion nouvelle, destinée à rétablir, au-dessus des divisions actuelles de sectes, l'unité morale de la nation; l'enseignement public lui paraissait le moyen d'imposer ce nouvel Évangile aux jeunes générations. M. Quinet devait bientôt laisser voir que cette religion se confondait, dans sa pensée, avec l'idée révolutionnaire. Le scandale fut grand de voir de pareilles thèses professées par un personnage qui se plaisait lui-même à dire : « Je suis un homme qui enseigne ici publiquement, au nom de l'État. » Fallait-il s'étonner que l'amphithéâtre du Collège de France ressemblât parfois plus à la salle d'un club qu'à celle d'un cours? Chaque leçon était « une bataille », dit un disciple de M. Quinet, M. Chassin. La partie ardente de la jeunesse catholique, ainsi provoquée, venait protester contre les outrages que le professeur jetait à ses croyances. « Plus d'une fois, raconte encore M. Chassin, entendant des cris formidables, l'administrateur accourut, par les couloirs intérieurs, jusqu'à la chaire du professeur, et, pâle d'effroi, lui conseilla de lever immédiatement la séance : — Je ne sais pas, disait-il, si, ce soir, il subsistera une pierre du Collège de France. » Mais après quelques scènes de ce genre, les étudiants catholiques, obéissant aux conseils des chefs de leur parti, notamment du P. de Ravignan, renoncèrent à ces manifestations. Quant à M. Quinet, au milieu des passions qu'il soulevait, il apportait une sorte de fanatisme mystique dont on trouve la trace dans sa correspondance, se croyant un apôtre et presque un martyr, alors qu'il faisait œuvre de détestable pamphlétaire.

Encore chez M. Quinet y avait-il une apparence d'enseignement, une certaine gravité, un plan suivi. Rien de tout cela chez M. Michelet. Chargé d'un cours d'histoire et de morale, les sujets traités par lui jusqu'alors ne le conduisaient pas à s'occuper des Jésuites ; mais sa passion fantaisiste dédaigne même la feinte d'une transition. Il suffit de jeter un regard sur son auditoire pour voir ce qu'est devenu, avec cet étrange professeur, le vieux Collège de France. Une foule tapageuse fait queue aux portes et se bouscule pour entrer. Dans la salle comble, en attendant le maître, on s'interpelle, on crie, on échange de grossiers lazzi, on chante la *Marseillaise*, *Jamais l'Anglais ne régnera*, ou des couplets de Béranger dont chaque refrain est accueilli par un hurlement : A bas les Jésuites ! quelquefois des chants pires encore. Un jeune homme profite d'un intermède pour déclamer des vers patriotiques ; un autre quête pour la Pologne. Enfin, M. Michelet fait son entrée : tête couverte de grands cheveux déjà presque blancs, figure longue et fine, bouche un peu contractée, regard ardent, et, dans toute sa physionomie, quelque chose de fébrile et de troublé. Il s'assied. Les bras pendants sous la table, il s'agite, se balance, et commence d'un ton saccadé, en style haché. Il n'est pas orateur : les mots lui viennent rares et pénibles ; souvent il se gratte le menton, en paraissant attendre l'idée. Sur quoi va porter la leçon ? On ne s'en doute pas. Le sait-il lui-même ? Son début est parfois des plus étranges : tel jour, il parle d'un incident vulgaire qui a frappé un moment son regard, en venant au Collège de France. Il veut charmer et amuser ses auditeurs ; il veut surtout les flatter et obtenir leur applaudissement, en faisant écho à leur passion du moment[1].

---

[1] Cette recherche lui attire parfois quelque mésaventure. Un jour, les jeunes gens, en l'attendant, s'étaient mis à chanter une chanson obscène qui avait pour

Nul moyen d'analyser ces leçons. Il y règne une animosité violente, une colère furieuse, une sorte de terreur grotesque que tout révèle, jusqu'au trouble inouï du style et de la composition. Le plus souvent, le professeur s'attaque aux hypothèses que crée son imagination, aux perfidies, aux égarements, aux corruptions qu'il suppose possibles, que dès lors il prend comme réels et sur lesquels il fonde sa satire et son réquisitoire. Du reste, dans cette vision maladive, tout défile et se mêle en désordre, passé, avenir et présent, philosophie, politique, peinture, Pologne, bals du quartier latin, architecture, façon dont les babies mangent de la bouillie, et presque toujours il aboutit à parler de soi. « Je suis sûr de ne pas rester court, disait-il, parce que ce que je raconte, c'est moi. » C'est lui qui a tout fait, qui a tout vu ; il est la personnification de l'humanité ; il est le précurseur d'un nouveau Messie, s'il n'est ce Messie lui-même. Aussi M. Sainte-Beuve écrit-il, à ce propos, le 28 juillet 1843 : « Jamais le *je* et le *moi* ne s'est guindé à ce degré. C'est menaçant. » M. Michelet a la plus haute idée de son œuvre ; à l'entendre, « chacune de ses leçons est un poème » ; il déclare « n'avoir jamais eu un sentiment plus religieux de sa mission, n'avoir jamais mieux compris le sacerdoce, le pontificat de l'histoire ». Triste décadence d'un brillant esprit, que rien désormais n'arrêtera plus. Le cours de 1843 a été une époque décisive et fatale dans la vie de M. Michelet. L'une des extravagances de sa dernière manière sera de prétendre distinguer deux François Ier, l'un *avant*, l'autre *après l'abcès ;* deux Louis XIV, l'un *avant*, l'autre *après la fistule ;* comme on l'a dit spirituellement, on serait mieux fondé à distinguer deux Michelet, l'un *avant*, l'autre

---

refrain un mot ignoble, hurlé en chœur. Sur ce mot, qui a depuis fait son entrée dans la langue parlementaire, la porte s'ouvre, le silence se fait, et M. Michelet paraît. N'ayant entendu de loin que le vacarme, il s'imagine qu'on chantait la *Marseillaise*. Empressé, suivant son usage, de s'unir aux sentiments des assistants, il commence : « Messieurs, dit-il, au milieu de ces chants patriotiques... » Un immense éclat de rire couvre sa voix, et le professeur est obligé de chercher un autre exorde, en face d'un auditoire rendu, par cet incident, plus tumultueux et plus inconvenant encore que de coutume.

après les Jésuites. Le second n'a rien du premier, et prend en quelque sorte plaisir à le contredire. Le talent même s'est altéré ; les défauts sont aggravés, et les qualités se sont voilées. L'écrivain paraît de plus en plus sous l'empire d'une folie malsaine dans laquelle un sentiment domine : la haine satanique du christianisme. Ce fut une des ruines morales et intellectuelles de ce siècle qui en a tant connu.

Ces cours qui étaient le plus grand désordre des luttes religieuses de ce temps, eurent du moins un avantage. Désormais, il ne fut plus possible de soutenir qu'en attaquant les Jésuites, on ne s'en prenait pas au clergé tout entier et à la religion elle-même. Les deux professeurs dédaignaient de dissimuler la vraie portée de leurs coups. M. Michelet en vint bientôt à soutenir que le christianisme était un obstacle aux progrès de l'humanité, une décadence par rapport non seulement au paganisme, mais au fétichisme, la « cité du mal », par opposition à la révolution qui était la « cité du bien », et il proclamait sa résolution de « détrôner le Christ ». Quant à M. Quinet, un de ses apologistes, M. Chassin, nous le montre, dans son cours, poursuivant le catholicisme à travers tous les siècles, « se rangeant du côté de ses grands ennemis du dix-huitième siècle, détrônant l'Église, et décernant à la révolution française la papauté universelle et le gouvernement des âmes ». Cette franchise brutale dérangeait bien des tactiques. Au premier moment, tous les partisans du monopole, depuis le *Journal des Débats* et la *Revue des Deux Mondes* jusqu'au *National* et à la *Revue indépendante*, avaient applaudi à la sortie des deux professeurs ; mais les habiles et les prudents ne tardèrent pas à y trouver plus d'embarras que de secours. Dès l'apparition du livre des *Jésuites*, dans lequel les deux professeurs avaient réuni leurs leçons de 1843, la *Revue des Deux Mondes* disait : « La publication a réussi, le coup a porté, *trop bien peut-être*. » Un autre fait se dégageait des scandales du Collège de France, c'est que les passions soulevées s'attaquaient en réalité à la monarchie de Juillet aussi bien qu'à l'Église catholique. A chaque incident, à chaque parole des maîtres, à chaque manifestation des élèves, ce caractère révolutionnaire apparaissait plus marqué et plus agressif. M. Chassin a loué depuis M. Quinet de ce que, après deux ans de son enseignement, « la jeunesse des écoles avait cessé d'être catholique et était devenue républicaine »; il a déclaré, en parlant des événements de 1848, que « les cours du Collège de France pouvaient être considérés comme une des causes les plus directes de ce réveil national et universel »; et il a ajouté, à propos du rôle de M. Quinet, le 24 février : « Au jour de l'action, il fut à son poste. Il avait, si j'ose dire, armé les âmes; il devait donc se jeter en personne dans la bataille... Un des premiers, il entra aux Tuileries, le fusil à la main. L'alliance conclue par l'idée fut ainsi scellée dans le sang. » N'y a-t-il pas là une leçon pour les politiques à courte vue qui s'imaginent que le cri : A bas les Jésuites! ne menace pas l'État, ou qui même croient habile de détourner de ce côté les passions gênantes ou redoutables?

La diversion, chaque jour plus violente et plus tapageuse, tentée contre la Compagnie de Jésus, obligea les catholiques qui avaient pris d'abord l'offensive contre le monopole universitaire, à se défendre, à leur tour, sur le terrain où on les attaquait et qui, à raison des préjugés encore régnants, pouvait paraître peu favorable. M. de Montalembert avouait plus tard, à la tribune, « l'embarras » que, dans le premier moment, cette évocation d'un Ordre si impopulaire avait causé aux catholiques. Toutefois, ils firent vaillamment face à l'attaque. Journaux, revues, brochures, livres, tout fut employé. Un écrit effaça tous les autres : ce fut celui que le P. de Ravignan publia en janvier 1844, sous ce titre : *De l'existence et de l'institut des Jésuites*. Rare fortune pour cet institut, de posséder alors dans ses rangs un prédicateur célèbre dont les hommes de tous les partis étaient les auditeurs assidus et les admirateurs, dont le chancelier Pasquier faisait l'éloge en pleine Académie; un religieux dont la vertu en imposait à ce point que personne n'osait l'attaquer. Qu'un tel homme prît en main la cause des Jésuites et les personnifiât en quelque sorte devant le monde, au jour du péril, c'était déjà beaucoup, car son nom, à lui seul, était une force et une protection; mais de plus son petit livre était, en lui-même, excellent. Traitant successivement des *Exercices spirituels* de saint Ignace, des constitutions, des missions et des doctrines de la compagnie, il contenait une réfutation brève, simple et forte, de toutes les accusations portées. Et surtout, quel accent incomparable avait cette courte apologie, fière sans rien de provocant ni d'irritant, où l'auteur se défendait sans s'abaisser au rang d'accusé : mélange singulièrement saisissant de l'humilité du religieux qui parle par obéissance, avec un absolu détachement de tout ce qui le touche personnellement, et de la noblesse d'âme du gentilhomme, soucieux de l'honneur de son drapeau! Et quelle sérénité dans une œuvre de polémique! A peine, par moments, un peu d'impatience, à la vue du bon sens et de la bonne foi si outrageusement méconnus, mais aucune pensée petite, amère, aucune animosité contre les hommes; toujours cette politesse du langage qui, chez l'écrivain, était à la fois la marque de l'homme bien né et la manifestation d'une ardente charité chrétienne; depuis la première page jusqu'à la dernière, une émotion où l'on ne sait ce qui domine, de l'amour de la cause que l'auteur défend, ou de celui des âmes qu'il veut toucher; par places, des cris du cœur d'une admirable éloquence. Le contraste était grand avec les œuvres troublées auxquelles il répondait, et aussi, il faut le dire, avec quelques-unes de celles par lesquelles avait été défendue jusqu'alors la cause catholique [1].

[1] De courts extraits donneront l'idée de ce petit livre. Il débutait ainsi : « La prudence a ses lois, elle a ses bornes. Dans la vie des hommes, il est des circonstances où les explications les plus précises deviennent une haute obligation qu'il faut remplir. Je l'avouerai : depuis surtout que le pouvoir du faux semble reprendre parmi nous un empire qui paraissait aboli, depuis que des haines vieillies et des fictions surannées viennent de nouveau corrompre la sincérité du langage et dénaturer les droits de la justice, j'éprouve le besoin de le déclarer : je suis Jésuite, c'est-à-dire religieux de la Compagnie de Jésus... Il y a d'ailleurs, en ce moment, trop d'ignominies et trop d'outrages à recueillir sous ce nom, pour que je ne réclame point publiquement ma part d'un pareil héritage. Ce nom est mon nom; je le dis avec simplicité : les souvenirs de l'Évangile pourront faire comprendre à plusieurs que je le dise avec joie. » La fin n'était ni moins noble ni moins tou-

Dans la publication du P. de Ravignan, il y avait plus qu'une belle parole, il y avait un grand acte. Jusqu'à présent les Jésuites ne s'étaient défendus que par la vieille méthode, attendant tout de la tolérance du gouvernement, sollicitée sans bruit, faisant parler d'eux le moins possible, évitant même de se nommer. En 1838, par exemple, ils avaient été menacés : nous avons vu alors le provincial de Paris, le P. Guidée, faire parvenir au Roi un mémoire secret où il trouvait moyen de justifier son Ordre sans en prononcer une seule fois le nom; il s'y faisait même un mérite de cette espèce de dissimulation. Tout autre avait été la tactique inaugurée par Lacordaire avec son *Mémoire pour le rétablissement des Frères Prêcheurs,* et suivie par M. de Montalembert, Mgr Parisis et les autres chefs du mouvement catholique, tactique qui consistait à se défendre par la publicité, par toutes les armes que fournissaient les libertés modernes, et à s'adresser à l'opinion plus qu'au gouvernement. Par sa brochure, le P. de Ravignan s'engage et engage avec lui résolument sa compagnie dans cette voie libérale. Tout d'abord il se nomme, avec une hardiesse dont la nouveauté stupéfie ses adversaires[1]. Il n'invoque pas le droit divin de l'Église, mais le droit public de la France; il s'appuie, non sur les

---

chante : « Que si je devais succomber dans la lutte, avant de secouer, sur le sol qui m'a vu naître, la poussière de mes pas, j'irais m'asseoir une dernière fois au pied de la chaire de Notre-Dame. Et là, portant en moi-même l'impérissable témoignage de l'équité méconnue, je plaindrais ma patrie, et je dirais avec tristesse : Il y eut un jour où la vérité lui fut dite; une voix la proclama, et justice ne fut pas faite; le cœur manqua pour la faire. Nous laissons derrière nous la Charte violée, la liberté de conscience opprimée, la justice outragée, une grande iniquité de plus. Ils ne s'en trouveront pas mieux; mais il y aura un jour meilleur, et, j'en lis dans mon âme l'infaillible assurance, ce jour ne se fera pas longtemps attendre. L'histoire ne taira pas la démarche que je viens de faire; elle laissera tomber sur un siècle injuste tout le poids de ses inexorables arrêts. Seigneur, vous ne permettrez pas toujours que l'iniquité triomphe sans retour ici-bas, et vous ordonnerez à la justice du temps de précéder la justice de l'éternité. »

[1] M. Libri écrivait alors : « M. l'abbé de Ravignan s'intitule publiquement membre de la Compagnie de Jésus, ce qu'on n'avait jamais osé faire sous la Restauration. » Et M. Cuvillier-Fleury disait dans le *Journal des Débats* : « Ils ont osé, quatorze ans après la révolution de Juillet, ce qu'ils n'avaient jamais tenté, même sous la Restauration; ils se sont nommés. »

bulles des papes, mais sur la Charte. « La Charte a-t-elle proclamé la liberté de conscience, oui ou non? » tel est le fond de son argumentation. Il se défend d'être hostile aux principes auxquels il fait appel. « On nous transforme, dit-il, en ennemis des libertés et des institutions de la France : pourquoi le serions-nous? » Afin de compléter sa démarche, il publie, en même temps, une lettre et une consultation de M. de Vatimesnil, qui établissent la situation légale des congrégations, notamment des Jésuites, et qui déterminent ainsi le terrain de la résistance judiciaire.

L'effet de ce livre fut immense. Il s'en vendit, dans la seule année 1844, plus de vingt-cinq mille exemplaires : chiffre considérable pour l'époque. Les adversaires n'osaient l'attaquer directement. Pendant que Lacordaire proposait, au cercle catholique, « trois salves en l'honneur du P. de Ravignan », celui-ci recevait l'avis que, dans les Chambres, « sa brochure avait produit très bon effet, qu'on en avait beaucoup parlé dans un bon sens, que MM. Pasquier, Molé, de Barante, Sauzet, Portalis et autres l'approuvaient hautement », que les ministres eux-mêmes, M. Guizot et M. Martin du Nord, la jugeaient favorablement[1]. Le premier président, M. Séguier, venait voir l'auteur pour le féliciter. Il n'était pas jusqu'à M. Royer-Collard, si imbu de préventions jansénistes, qui ne lui exprimât son admiration. M. Sainte-Beuve écrivait alors dans la *Revue suisse* : « C'est le premier écrit sorti des rangs catholiques, durant toute cette querelle, qui soit digne d'une grande et sainte cause... Il est de nature à produire beaucoup d'effet; il s'en vend prodigieusement. » Aussi le P. de Ravignan écrivait-il modestement au Père général : « Dieu a béni cette publication, malgré l'inconcevable indignité de l'instrument; pas un blâme encore, que je sache, pas un inconvénient signalé, au contraire. » Un succès si complet contient une leçon. Il est dû à deux causes : d'abord la modération et la dignité du ton, l'esprit large, juste et cha-

---

[1] Lettres inédites du R. P. de Ravignan.

ritable qui anime l'auteur, sa préoccupation, non de flatter les passions de ses amis ou de meurtrir ses adversaires, mais de convaincre et d'attirer tous les hommes d'entre-deux; ensuite l'avantage du terrain nouveau où il s'est placé, de la thèse de liberté et de droit moderne sur laquelle il s'est fondé. Il a pris, pour une défensive devenue nécessaire, les armes dont les chefs du parti catholique s'étaient servis naguère pour l'offensive; il l'a fait avec un avantage égal, et il a empêché ainsi que les partisans du monopole ne trouvassent, par la diversion contre le jésuitisme, un moyen de réparer l'échec moral subi par eux, sur la question même de la liberté d'enseignement.

VII

Jusqu'à présent nous avons assisté au combat des deux armées opposées, évêques contre philosophes, champions de la liberté d'enseignement contre tenants du monopole universitaire. Du gouvernement, sauf ce qui a été dit, à l'origine, de son malheureux projet de 1841, il n'a pas encore été parlé. C'est l'ordre logique. Dans ces premières années, en effet, le ministère n'a eu qu'un rôle secondaire et effacé; il n'a pas exercé d'action sur la lutte dont il a, sans le vouloir et sans le savoir, donné le signal; on se battait en dehors de lui et par-dessus sa tête. Pendant ce temps, son attention et ses efforts étaient absorbés par les questions extérieures ou intérieures dont la politique parlementaire faisait, à chaque session, des questions de cabinet; nous avons vu quelles elles étaient : la liberté d'enseignement n'y avait pas figuré. Et cependant, à voir les choses de plus haut, bien des raisons n'eussent-elles pas dû déterminer le gouvernement à s'emparer du problème ainsi soulevé et à briguer l'honneur de lui donner une solution sagement libérale? Il souffrait, nous l'avons vu, du vide de la scène politique et ne savait comment le remplir, ne voulant pas, à l'intérieur, d'innovations dangereuses pour un pays ébranlé par tant de secousses, et ne pouvant rien entreprendre au dehors, en face de la coalition toujours prête à se reformer contre la France de 1830. Avec la liberté d'enseignement, une occasion s'offrait à lui de faire quelque chose de grand, de sain et de fécond, qui eût remplacé avec avantage les questions factices et les querelles de personne où se dépensait toute la vie politique. Ne serait-ce pas jeter une semence féconde dans ce champ parlementaire qui paraissait stérilisé à force d'avoir été moissonné, rajeunir le formulaire un peu vieilli et usé de la politique conservatrice, agrandir et élever ce qu'il y avait d'étroit et d'abaissé dans une société bourgeoise, apporter le meilleur contrepoids à la prépondérance des préoccupations matérielles, donner aux hommes d'État d'alors cette moralité, cette grandeur, ce prestige qu'ils ne peuvent avoir quand rien n'indique chez eux le souci des principes supérieurs, et dont M. Guizot, dès 1832, sentait le besoin pour la monarchie de Juillet [1]? La liberté religieuse était celle à laquelle les gouvernements pouvaient faire la part la plus large, se confier avec le plus de sécurité, « la moins redoutable de toutes les libertés, disait le comte Beugnot, puisqu'elle n'est réclamée que par des hommes de paix et de bonne volonté ». Loin d'augmenter ainsi l'instabilité, qui était comme le mal constitutionnel de ce régime issu d'une révolution, on la diminuerait. En assurant à la royauté de 1830 l'adhésion et la reconnaissance des catholiques satisfaits, on corrigerait cette faiblesse morale qui résultait de l'hostilité des hautes classes, demeurées fidèles au parti légitimiste. En enlevant aux royalistes la possibilité de se poser, contre le gouvernement, en champions de la liberté religieuse, on leur retirerait le moyen le plus efficace qu'ils pussent trouver de rafraîchir leur programme et de recruter, dans la meilleure partie des générations nouvelles, leur armée affaiblie. Et pour atteindre ce but, il n'était pas besoin de souscrire à toutes les exigences du parti religieux. Sauf quelques esprits ardents et absolus, les catholiques

---

[1] Discours du 16 février 1832.

se contenteraient à moins. Que le ministère, se portant médiateur, prît avec autorité l'initiative d'une sorte de transaction, ils seraient heureux de l'accepter, s'ils y discernaient la bonne volonté de faire tout ce que permettaient les circonstances. Ne seraient-ils pas pleinement et définitivement satisfaits, que du moins ils désarmeraient et, suivant la fine distinction de Mgr Parisis, à défaut d'un *acquit,* donneraient un *reçu.* Il suffirait probablement de reprendre le projet de 1836.

C'est certainement ce qu'eût fait M. Guizot, s'il s'était cru libre de suivre son sentiment personnel. On peut le croire, quand il affirme après coup, dans ses *Mémoires,* que « personne n'était plus engagé et plus décidé que lui à sérieusement acquitter, quant à la liberté d'enseignement, la promesse de la Charte ». S'il avait professé à côté de M. Villemain et de M. Cousin, il n'était pas resté comme eux un dévot de l'Université : « Vous voulez, disait-il alors à un professeur fort mêlé aux polémiques, vous voulez, avec votre question universitaire, être un parti, et vous ne serez jamais qu'une coterie. » La lutte qui avait éclaté n'était pas de nature à le faire changer d'avis. Ce n'est pas ce haut esprit qui s'effrayait ou s'effarouchait de voir les catholiques et même les évêques user des armes de la liberté. A la différence de la plupart de ses contemporains, il comprenait les griefs du clergé, la gravité des questions soulevées; il se plaisait à considérer et à saluer, dans ces débats, quelque chose de plus vrai, de plus profond, de plus élevé que ce qui agitait les partis politiques au milieu desquels il était condamné chaque jour à manœuvrer. Aussi rendait-il hommage à la « sincérité » de l'opposition des catholiques, et déclarait-il leur émotion « digne d'un grand respect », alors même qu'elle conduisait à des démarches, selon lui, excessives. Bien plus, comme il l'avouera plus tard, ses sympathies étaient au fond avec eux, et, au plus fort de la lutte, il éprouvait à leur égard comme un sentiment d'envie. On lui attribuait l'inspiration du *Globe* qui blâmait alors sévèrement l'attitude du *Journal des Débats* en matière religieuse. Même sur les Jésuites, il avait l'esprit libre et large; il était allé souvent entendre, à

Notre-Dame, le P. de Ravignan, pour lequel il ressentait estime et sympathie; plus d'une fois, il eut avec lui des entretiens où il aimait à se montrer supérieur aux préjugés régnants [1].

M. Guizot trouvait-il les mêmes dispositions chez ses collègues, entre autres chez le ministre des cultes et chez celui de l'instruction publique que leurs attributions appelaient à s'occuper plus spécialement des questions discutées? M. Martin du Nord eût été, en temps ordinaire, le plus aimable des ministres : bien intentionné, déférent envers ceux qu'il appelait *ses* évêques, *son* clergé, gracieux même pour les Jésuites, désirant sincèrement le bien de la religion et proclamant sa foi à la tribune. Mais cet avocat disert, ancienne célébrité d'un barreau de province, manquait un peu des vues hautes et du caractère ferme qui font l'homme d'État. Surpris et troublé des graves problèmes qu'on soulevait devant lui, il eût volontiers étouffé l'attaque comme la défense. On ne savait ce qui agissait le plus sur lui, de la crainte d'attrister les évêques ou de celle de braver leurs adversaires. Il n'eût pas fait obstacle à une politique largement libérale, mais il n'était pas homme à en prendre l'initiative. Néanmoins les prélats rendaient volontiers hommage à ses bonnes intentions. Ils se plaignaient plus vivement de M. Villemain qui leur paraissait être, dans le cabinet, le principal obstacle à la politique de conciliation désirée par M. Guizot. Ce n'était pas que le ministre de l'instruction publique fût animé de passions antireligieuses. Dans une note confidentielle adressée à ses collègues, Mgr Affre faisait, au contraire, remarquer que M. Villemain se distinguait, entre les hommes politiques de l'époque, par ses habitudes privées de vie chrétienne, et que, comme ministre, il avait fait, dans le choix des livres ou des professeurs, des efforts sincères pour rendre l'enseignement officiel plus religieux [2]. Mais l'esprit de corps univer-

---

[1] *Vie du P. de Ravignan*, par le P. DE PONTLEVOY, t. I, p. 265 à 269.
[2] *Vie de Mgr Devie*, par M. l'abbé COGNAT, t. II, p. 416. — M. Villemain écrivait à Mgr Mathieu, le 14 janvier 1844 : « Je connais la douceur du nom de Jésus-Christ et je le fais aimer à mes petits-enfants. Les âpretés de la vie publique, loin de détourner de Celui qui console, y ramènent le cœur. » (*Vie du cardinal Mathieu*, par Mgr BESSON, t. I, p. 317.)

sitaire qu'il avait apporté au pouvoir s'était encore échauffé depuis au feu de tant de polémiques. Lui et M. Cousin, tout en se jalousant et se détestant, l'un chatouilleux, ombrageux, inquiet, l'autre violent, impétueux, passionné, se disputaient l'honneur de personnifier la corporation enseignante. « M. Villemain, disait une feuille de gauche, est bien plutôt le grand maître de l'Université qu'il n'est le ministre de l'instruction publique. Au lieu de se considérer comme le grand pontife de l'enseignement universel, il est resté le général du corps enseignant laïque, le supérieur du couvent universitaire. Ainsi l'ont fait ses antécédents, ses habitudes d'esprit, la situation actuelle des choses et la difficulté de s'élever à la hauteur de son personnage [1]. » Nous avons déjà eu, du reste, l'occasion de remarquer que M. Villemain, tout en étant le plus ingénieux des littérateurs, avait moins encore que M. Martin du Nord les qualités de l'homme d'État [2]. Joignez à cela cette susceptibilité craintive et irritable qui est souvent le mal des hommes de lettres, et que les polémistes catholiques ne ménageaient pas toujours assez. Très sensible à la louange, encore plus aux critiques, le ministre de l'instruction publique avait été fort ému de l'accueil, pour lui inattendu, qui avait été fait à son projet de 1841. De là ce je ne sais quoi d'aigri et d'agité avec lequel il se mêlait à la lutte. Quant aux autres membres du cabinet, ils ne paraissaient pas s'occuper de cette question d'enseignement dont ils ne comprenaient pas encore l'importance.

Cet état d'esprit des ministres n'était pas le seul obstacle auquel se heurtait la bonne volonté de M. Guizot : il y en avait un plus embarrassant encore, c'était le sentiment régnant dans le Parlement, non seulement à gauche, où, sauf de rares exceptions, tout le monde repoussait une liberté qui pouvait profiter à la religion, mais aussi dans la majorité conservatrice, où le plus grand nombre, par fidélité à la mauvaise tradition de 1830, répugnait à laisser prendre au clergé plus d'action

---

[1] *Courrier français* du 12 février 1844.
[2] Voir t. III, ch. I, § III.

sur la société. Parmi ceux qui naguère s'étaient montrés bienveillants pour l'Église, plusieurs l'avaient crue vaincue et réduite pour toujours à l'état d'une cliente affaiblie, timide, qu'ils étaient alors flattés d'avoir sous leur protection. Mais la voir relever la tête, l'entendre parler un langage fier, mâle, hardi, cela les surprenait, les choquait et réveillait leurs vieilles préventions. Ils ne parvenaient pas d'ailleurs à comprendre les sentiments et les besoins au nom desquels parlaient les évêques. « Voilà de singulières querelles pour notre temps », écrivait l'un d'eux. Arborer le drapeau religieux, dix ans après la révolution de Juillet, leur paraissait une sorte de bizarrerie inexplicable, un éclat de mauvais goût, absolument comme si, dans un salon, ceux-là venaient tout à coup à parler bruyamment que leur situation obligeait à garder un silence modeste. On ne s'expliquait pas le rôle de M. de Montalembert. « Que veut-il? disait-on. Où cela peut-il le mener? Il ne tiendrait qu'à lui d'être ambassadeur en Belgique, et il se rend impossible de gaieté de cœur. » Aussi, en 1843, lorsque les bureaux de la Chambre des députés furent saisis d'une très modeste proposition, déposée par M. de Carné et tendant seulement à supprimer le certificat d'études, ne se trouva-t-il que deux bureaux sur neuf qui autorisèrent la lecture du projet; des ministériels s'étaient unis aux hommes de gauche, pour refuser même de l'examiner.

M. Guizot ne croyait pas possible d'aller à l'encontre de ces préventions. Aux catholiques qui se plaignaient, il répondait avec mélancolie : « Mais mettez-vous donc à ma place! » Attristé de ne pouvoir faire ce qu'il eût voulu, il gardait en ces questions une réserve qui ne convenait guère à son rôle de ministre dirigeant. Du 29 octobre 1840 au mois d'avril 1844, il ne prit pas une seule fois la parole dans les débats qui s'engagèrent sur la liberté d'enseignement ou autre sujet religieux. Il laissa au ministre des cultes et à celui de l'instruction publique le soin d'y représenter le gouvernement, ce qu'ils firent avec des différences d'accent qui à elles seules eussent suffi pour révéler qu'il n'y avait eu, sur ce point, ni attitude concertée ni impulsion donnée. Y aurait-il eu moyen, avec un peu de décision et de volonté, de dominer, de redresser une opinion qui n'était pas possédée par des passions bien profondes? Question délicate, qu'on doit se garder de trancher légèrement. En tout cas, M. Guizot ne paraît pas l'avoir essayé. Il n'avait pas l'habitude, on le sait, de violenter cette majorité dont il craignait toujours le démembrement, et plus d'une fois déjà, nous l'avons vu ainsi amené à suivre une politique qui n'était pas vraiment la sienne.

L'état d'esprit de M. Guizot et de ses collègues n'est pas le seul qu'il soit intéressant de connaître. Au-dessus du ministère était le Roi, qui, par son activité d'esprit, son sens politique si aiguisé, méritait d'exercer et exerçait en effet une action considérable sur la marche des affaires. Quelle était son opinion sur les questions soulevées par les réclamations des catholiques? Louis-Philippe était personnellement un homme du dix-huitième siècle : il en avait à la fois le scepticisme et la sensibilité. Mais, chez lui, le politique, par instinct et par expérience, sentait très vivement l'intérêt du gouvernement à vivre en paix avec le clergé. De concert avec ses ministères successifs, il s'était appliqué à remettre sur un bon pied les rapports des deux pouvoirs. Nous l'avons entendu, dès 1830, dire cette parole si juste dans sa vive familiarité : « Il ne faut jamais mettre le doigt dans les affaires de l'Église; il y reste. » N'eût-il pas eu cette raison politique de craindre les conflits, qu'il les eût évités pour ne pas attrister la reine Marie-Amélie. « Ne me faites pas d'affaires avec cette bonne reine », répétait-il souvent à M. Cousin quand celui-ci était son ministre. Seulement, s'il avait l'esprit trop fin pour ne pas voir les embarras et les périls d'une lutte avec le catholicisme, il ne se rendait peut-être pas aussi bien compte de l'efficacité et de la nécessité sociale de la religion; et surtout, il ne savait pas toujours discerner à quelles conditions on pouvait satisfaire les consciences. Il y avait là des idées et des sentiments qui lui étaient étrangers. Pas plus que certains députés de la majorité, il ne comprenait l'attitude de M. de Montalembert, et il

avait coutume de demander quand le jeune pair entrerait dans
les Ordres. La vraie portée de la lutte pour la liberté d'enseignement lui échappait, et il l'appelait parfois « une querelle
de cuistres et de bedeaux ». Ce n'est pas qu'il fût porté à
prendre parti pour les « cuistres » contre les « bedeaux ».
Les prétentions de la philosophie inquiétaient son bon sens,
et, dans le monde universitaire, on se plaignait généralement que « le parti prêtre fût soutenu par le château ».
D'autre part cependant, le Roi se méfiait de l'enseignement du clergé : il craignait que, des collèges ecclésiastiques,
les enfants ne sortissent « carlistes ». En somme, pour le
moment, sa pensée ne se dégageait pas nettement. On sait
d'ailleurs qu'il était dans la nature de cet esprit pourtant si
brillant et si étendu, dans les habitudes de ce politique par
certains côtés si consommé, de ne pas prendre volontiers
parti sur les questions de principes, mais de louvoyer au milieu
des faits avec une souplesse patiente et avisée, multipliant au
besoin les inconséquences pour éviter les conflits. Rien chez
lui de cette jeunesse chevaleresque, parfois un peu naïve et
téméraire, qui se plaît à poser les grandes questions. Il aimait
mieux tourner une difficulté que de l'aborder de front, ajourner
un problème que de tenter de le résoudre. D'ailleurs, il croyait
peu à la puissance du bien et beaucoup à celle du mal; il
pensait qu'à combattre le mal de front, on risquait de se faire
briser, et que le meilleur moyen de lui échapper était de
ruser avec lui, en le cajolant. Ainsi l'avons-nous vu, au
début, en user avec l'esprit révolutionnaire. Peut-être était-
il disposé à traiter de même la passion antireligieuse, si
celle-ci se montrait trop menaçante; non pas sans doute qu'il
la partageât ou voulût lui céder; mais il estimait que c'était la
seule manière, sinon de détruire, au moins de limiter son
action malfaisante. Était-ce une tactique heureuse ou nécessaire dans les matières purement politiques? En tout cas, s'il
était des questions où les expédients fussent insuffisants, où
les courtes habiletés ne pussent prévenir les conflits, ni les
petites caresses faire oublier les légitimes griefs, c'étaient celles

qui intéressaient la conscience religieuse. Le Roi devait en faire l'expérience, parfois non sans surprise ni déplaisir; à ce point de vue, ses rapports avec Mgr Affre sont assez curieux à étudier.

Louis-Philippe avait été très ennuyé de l'opposition de Mgr de Quélen. Quand il fut question de lui trouver un successeur, fidèle à sa pratique constante dans les choix d'évêques, il voulut avant tout un prêtre justement considéré; mais il ne lui déplut pas d'appeler à ce siège élevé un personnage sans patronage et sans clientèle, que ne désignaient ni un grand nom, ni un talent hors ligne, ni une haute situation. Jugeant des choses ecclésiastiques par ce qui se passait dans la politique, il comptait ainsi, non pas pouvoir exercer sur le nouveau prélat une pression qui n'était pas dans ses desseins, mais lui en imposer, l'avoir dans sa main. Mgr Affre fut tout de suite fort attiré aux Tuileries, où il était aimablement accueilli. Le Roi se plaisait à ces bons rapports auxquels ne l'avait pas habitué la bouderie hautaine de Mgr de Quélen. Tel soir, par exemple, pendant une grande réception, il tenait le prélat assis à ses côtés sur un canapé, et répétait à tous ceux qui venaient le saluer : « Je cause avec mon cher archevêque. » Il se livrait avec lui à toute l'abondance de sa conversation, s'étendant sur le bien qu'il voulait au catholicisme : « Ah! si je n'étais pas là, s'écriait-il, tout serait bouleversé. Que deviendriez-vous? Que deviendrait la religion? » Il le consultait sur les choix épiscopaux. « Il est délicieux, disait-il, notre cher archevêque : comme il juge bien les hommes[1]! » Mgr Affre se prêtait à ces effusions avec une gravité peu souple. Nullement hostile à l'établissement de Juillet, fort mal vu pour cette raison du parti légitimiste, opposé par goût à toute démarche téméraire, plus que personne il désirait un accord entre le clergé et la monarchie de 1830. Mais il ne se payait pas de caresses auxquelles sa nature droite et un peu fruste était moins sensible qu'une autre; nul n'était plus éloigné de se réduire au rôle d'un prélat de cour qui éviterait avant tout de paraître

---

[1] Ces détails et ceux que nous ajoutons plus loin sont rapportés dans la *Vie de Mgr Affre*, par M. CRUICE, mort depuis évêque de Marseille.

génant. Aussi, quand, après le projet de 1841, la question d'enseignement fut mise à l'ordre du jour, voulut-il user des relations que lui avait permises la faveur royale, pour aborder ce sujet. Ce n'était pas l'affaire du souverain, qui croyait pouvoir passer à côté de la question sans prendre parti. Aux premiers mots de l'archevêque, il changea la conversation. Plusieurs fois, le prélat revint au sujet loin duquel l'entraînaient les digressions calculées de son interlocuteur. Tout à coup Louis-Philippe lui dit : « Monsieur l'archevêque, vous allez prononcer entre ma femme et moi. Combien faut-il de cierges à un mariage? Je soutiens que six cierges suffisent; ma femme prétend qu'on en doit mettre douze. Je me rappelle fort bien qu'à mon mariage, c'était dans la chambre de mon beau-père, il n'y avait que six cierges. » Ces mots étaient dits avec cette bonhomie caressante, légèrement narquoise, qui était un des grands artifices du prince. « Il importe peu, répondit Mgr Affre d'un ton à la fois courtois et sérieux, que l'on allume six cierges ou douze cierges à un mariage, mais veuillez m'entendre sur une question plus grave. » — « Comment, monsieur l'archevêque! ceci est très grave, reprit en souriant le Roi; il y a division dans mon ménage : ma femme prétend avoir raison, je soutiens qu'elle a tort. » Sans répliquer, le prélat poursuivit sa défense de la liberté d'enseignement. Louis-Philippe l'interrompit : « Mais mes cierges, monsieur l'archevêque, mes cierges? » Son accent commençait à témoigner d'une certaine impatience. Mgr Affre ne se troubla pas et continua comme s'il ne se fût aperçu de rien. Le Roi alors, s'emportant : « Tenez, s'écria-t-il, je ne veux pas de votre liberté d'enseignement; je n'aime pas les collèges ecclésiastiques; on y apprend trop aux enfants le verset du *Magnificat : Deposuit potentes de sede.* » L'archevêque se leva et, après avoir salué, se retira. La dernière parole du Roi était moins l'expression réfléchie de sa pensée qu'une boutade comme il lui en échappait souvent dans l'intempérance de sa conversation : seulement, ce qui était vrai, c'est qu'il désirait gagner du temps et retarder le moment de se prononcer.

L'archevêque revint, d'autres jours, à la charge; il ne fut pas plus heureux; Louis-Philippe ripostait en lui demandant « quelle différence il y avait entre *Dominus vobiscum* et *pax tecum* » ; il se mettait à lui raconter l'histoire de sa première communion, des anecdotes de son exil, ou bien parlait sur tout autre sujet avec une imperturbable volubilité; puis il terminait ainsi son monologue : « Allons, bonjour, monsieur l'archevêque, bonjour. » Du reste, il était toujours fort gracieux avec le prélat, qu'il pensait avoir à la fois séduit et éconduit, comme il avait fait de tant d'hommes politiques. C'était là où il se trompait : quand on traite avec des hommes de foi, on peut les contredire; on ne leur fait pas, par de pareils moyens, perdre de vue ce qu'ils considèrent comme un devoir. Puisqu'on ne voulait pas l'entendre dans des conversations secrètes, Mgr Affre se résolut à parler publiquement. Le 1ᵉʳ mai 1842, présentant ses hommages au souverain, à l'occasion de sa fête, il exprima, d'ailleurs en termes réservés et convenables, le vœu du clergé de pouvoir « travailler plus librement à former le cœur et l'esprit de la jeunesse ». Le Roi fut mécontent. « Où ai-je été prendre ce M. Affre? dit-il. C'est une pierre brute des montagnes. Je la briserais, si je n'en craignais les éclats. » De cette date commencèrent, entre le souverain et le prélat, des rapports assez tendus. Un jour, Mgr Affre terminait ainsi l'entretien auquel avait donné lieu l'un des incidents de la lutte : « Permettez-moi d'ajouter, Sire, que le gouvernement gagnerait beaucoup dans l'estime de tous, en laissant à l'Église son indépendance. » Le Roi se leva, croisa les bras et s'écria : « Ainsi je suis un persécuteur de l'Église! » — « Non, Sire, reprit l'archevêque; mais je maintiens que le gouvernement serait plus aimé, s'il ne contrariait pas notre action par de fréquentes et inutiles tracasseries. » — « Allons, bonjour, monsieur l'archevêque, bonjour. » Plus tard même, Louis-Philippe, que l'âge rendait plus irritable et plus impérieux, devait se laisser aller à des paroles véhémentes et comminatoires, où il y avait du reste plus de calcul que de colère et surtout que d'animosité efficace : « Je lui ai fait une peur de chien », disait-il après une scène de ce genre ; mais, pour rien au monde, il n'eût mis la moindre de ses menaces à exécution. Il se trompait sur l'effet d'une telle attitude : son interlocuteur sortait des Tuileries moins intimidé qu'attristé. « Ces gens-là, disait-il, ne voient dans la religion qu'une machine gouvernementale ; ils ne se doutent pas que nous avons une conscience. » Le résultat le plus clair fut que Mgr Affre, d'abord si bien disposé pour le régime de Juillet, s'en éloigna peu à peu. Malgré toute son habileté, le vieux roi se trouvait n'avoir contenté ni les universitaires ni le clergé.

VIII

Quand les gouvernements ne donnent pas l'impulsion, ils la reçoivent : c'est ce qui arrivait au ministère dans la question religieuse. Il ne voulait sans doute pas aller aux extrémités où le poussaient les adversaires du clergé ; mais il se croyait obligé de céder à quelques-unes de leurs exigences. Sur plus d'un point, les bons rapports qui avaient commencé à s'établir entre l'Église et l'État se trouvaient ainsi un peu altérés. Jusqu'alors, les ministères successifs avaient gardé, en face de la restauration monastique entreprise par Lacordaire, une neutralité bienveillante, quoique un peu inquiète. Une fois les luttes de la liberté d'enseignement engagées, la bienveillance demeura au fond, mais elle n'osa plus se manifester, et l'inquiétude augmenta. Ainsi vit-on le ministre des cultes s'agiter pour empêcher que le nouveau Dominicain ne prêchât en froc : campagne aussi malheureuse que puérile ; la liberté finit par l'emporter. La victoire dépassa même cette petite question de costume ; en effet, Lacordaire, hardi avec prudence et finesse, fondait à cette époque les deux premières maisons de son Ordre, à Nancy d'abord, près de Grenoble ensuite. Le ministre protesta, mais en vain ; il s'en consolait d'ailleurs, n'ayant eu d'autre dessein que de prendre ses sûretés, pour le cas où il serait harcelé par M. Isambert. Ces petites gênes n'entravaient donc pas sérieusement les progrès de la liberté religieuse; seulement, elles suffisaient pour que le gouvernement n'eût ni l'honneur ni le profit de ces progrès, pour que tout parût se faire malgré lui et presque contre lui. Même attitude à l'égard de la Compagnie de Jésus; le ministère n'avait contre elle aucun parti pris; M. Guizot et M. Martin du Nord étaient heureux, quand, dans les entretiens assez fréquents qu'ils avaient avec ses membres, ils pouvaient les rassurer; mais s'ils n'avaient pas peur des Jésuites, ils avaient peur de ceux qui cherchaient à leur en faire peur; ils ne voulaient pas frapper ces religieux, mais tâchaient, sans succès, il est vrai, de faire prendre des mesures contre eux par les évêques, ou essayaient d'obtenir de la compagnie elle-même quelque concession qui pût désarmer ses adversaires.

Le gouvernement n'avait pas seulement affaire aux congrégations; c'était avec les évêques, réclamant la liberté d'enseignement, que le conflit était le plus directement engagé et aussi le plus embarrassant. Le ministre des cultes répugnait aux mesures répressives, qui, en pareil cas, sont d'ordinaire odieuses ou inefficaces, quelquefois l'un et l'autre. Aussi essaya-t-il d'abord d'agir par des lettres non publiques, adressées à tel prélat ou à l'épiscopat tout entier; mais, qu'il usât de caresses ou de remontrances, l'effet était à peu près nul, et le ton sur lequel répondaient les évêques montrait combien peu ils étaient séduits ou effrayés. Il se laissa alors entraîner à frapper plus fort. L'évêque de Châlons, en novembre 1843, fut déféré pour abus au conseil d'État, à raison d'une lettre où il avait menacé éventuellement de retirer les aumôniers des collèges; la sentence, raillée par les catholiques, ne fut guère prise au sérieux que par M. Dupin. Au commencement de 1844, deux prêtres, auteurs de publications véhémentes contre le monopole universitaire, l'abbé Moutonnet à Nîmes, l'abbé Combalot à Paris, étaient poursuivis devant le jury; le premier fut acquitté, le second condamné à quinze jours de prison et à 4,000 francs d'amende; l'émotion produite fit plus de tort au gouvernement accusé de persécution, qu'au condamné qui refusa sa grâce et qui, passé aussitôt martyr, reçut de partout, même de certains évêchés, d'enthousiastes et publiques félicitations.

En même temps qu'il n'intimidait et ne contenait personne, le gouvernement se trouvait élargir lui-même le débat qu'il eût tant voulu étouffer. Dans les premiers jours de 1844, les évêques de la province de Paris ayant adressé au Roi un mémoire collectif sur la liberté d'enseignement, M. Martin du Nord crut devoir signifier à Mgr Affre que ce mémoire « blessait gravement les convenances » et constituait une infraction à celui des articles organiques qui interdisait toute délibération dans une réunion d'évêques non autorisée. « Il serait étrange, disait le ministre, qu'une telle prohibition pût être éludée au moyen d'une correspondance établissant le concert et opérant la délibération, sans qu'il y ait eu assemblée. » Qui aurait voulu fournir une occasion d'attaquer les articles organiques, en en faisant l'application la plus excessive et la plus ridicule, n'aurait pas agi autrement. Il n'y eut pas assez de sarcasmes, dans toute la presse catholique, sur « le concert par écrit » de M. Martin du Nord. L'archevêque de Paris répondit par une lettre légèrement ironique et fortement raisonnée, où il ne se contenta pas de démontrer ce qu'avait d'insoutenable cette extension donnée aux interdictions portées par les articles organiques; il protesta contre ces interdictions elles-mêmes, et demanda, au nom de la liberté religieuse, la revision de cette législation. Ce ne fut pas tout : la plupart des évêques de France (cinquante-cinq environ) écrivirent à l'archevêque de Paris pour approuver sa conduite et s'associer à ses protestations. Le ministre des cultes fut réduit à subir en silence la manifestation qu'il avait provoquée ; ce pacifique, ce timide, si désireux d'éviter les conflits et d'écarter les grosses questions, se trouvait s'être mis tout l'épiscopat sur les bras et avoir soulevé le redoutable problème des articles organiques. Le P. de Ravignan disait alors dans une de ses lettres : « La question vraie est la liberté de l'Église. C'est une nouvelle voie qu'il faut ouvrir, une nouvelle ère à commencer; c'est, comme je le conçois, l'action ferme et prudente de l'autorité spirituelle, réclamant, par tous les moyens constitutionnels et légaux, le libre exercice de ses droits et sa place au soleil des institutions du pays. »

Somme toute, le gouvernement n'avait pas d'intentions méchantes : il n'avait même qu'une résolution bien arrêtée, celle de ne pas être persécuteur; et quand, dans l'émotion de la lutte, des journalistes ou même de vénérables prélats parlaient comme ils l'eussent fait en face de quelque Dioclétien, M. Martin du Nord était assez fondé à leur répondre : « Vous pouvez parler des persécutions sans crainte; il n'y a pas grand courage à braver des dangers imaginaires. Plus tard, les catholiques jugeront ce gouvernement avec plus de sang-froid et d'équité. » Mais, vers 1844, sous le coup de l'irritation causée par de petites vexations, le clergé était conduit à s'éloigner de la monarchie de Juillet dont naguère il se rapprochait, et l'un des plus modérés entre les polémistes catholiques, l'abbé Dupanloup, écrivait : « N'est-il pas évident qu'on nous méconnaît, et que, nous méconnaissant, on tend à nous pousser dans une opposition où nous ne sommes pas?... Il y a péril à nous accoutumer à ne rien attendre du présent, et à nous faire, las et déçus, porter nos regards vers l'avenir[1]. »

Si les catholiques étaient mécontents, leurs adversaires ne l'étaient pas moins. C'est la condition des politiques indécises et faibles, que tout le monde s'en plaint. Les universitaires se déclaraient mal défendus, presque trahis, et accusaient couramment le ministère et le Roi de complaisance envers le clergé; MM. Libri et Génin le disaient avec amertume, MM. Quinet et Michelet, avec menaces. On en voulait surtout à M. Martin du Nord, auquel on opposait M. Villemain. Ces plaintes n'étaient pas sans écho à la Chambre des députés; toutefois, jusqu'en 1844, ce ne fut qu'un écho peu retentissant; l'opposition parlementaire n'avait pas encore trouvé intérêt à s'em-

---

[1] *Première Lettre à M. le duc de Broglie* (1844).

parer de la question et à la mettre au premier rang. M. Isambert fut à peu près seul, en 1842 et 1843, à dénoncer les défaillances du gouvernement dans les questions religieuses; il n'épargnait rien cependant pour inquiéter les esprits, proclamant que « c'était pire que sous le ministère Villèle », demandant gravement si l'on voulait ramener le pays « au moyen âge », et s'il y avait, « comme sous la Restauration, un gouvernement occulte, allié au parti jésuitique ». M. Martin du Nord trahissait, dans ses réponses, l'embarras de sa situation; d'une part, il ne pouvait entendre tant d'attaques odieuses et absurdes, sans tâcher d'en effacer l'effet par quelques paroles douces et polies à l'adresse des évêques, parfois même sans élever quelques protestations chaleureuses. « On craint que la religion ne nous envahisse, s'écriait-il un jour; je suis loin de partager cette crainte, et je me félicite au contraire du développement des idées religieuses... Je ne cherche pas à obtenir l'assentiment d'hommes qui voient toujours dans la religion un péril pour le gouvernement. » Mais, aussitôt après, il croyait nécessaire de se faire pardonner cette bienveillance, en se vantant de toutes les mesures qu'il avait prises contre le clergé, en adressant des remontrances aux prélats, du haut de la tribune, et en donnant aux néo-gallicans la satisfaction d'adhérer à leurs prétentions. Ce qui apparaissait de plus clair au milieu de ces contradictions hésitantes, c'était le désir qu'avait le ministre, non de rien résoudre, mais de tout assoupir. Son idéal eût été que les évêques parlassent tout bas, et que M. Isambert ne parlât pas du tout; il semblait que cette double et un peu naïve supplication, adressée aux partis opposés, fût le dernier mot de chacun de ses discours.

On comprend sans doute qu'entre deux opinions extrêmes, un gouvernement veuille tenir une conduite intermédiaire : c'est souvent son devoir; mais la modération n'est pas l'incertitude et le laisser-aller; nulle politique au contraire n'exige une volonté plus résolue et plus précise, une ligne de conduite plus nettement arrêtée et plus fermement suivie. Le ministère ne le comprenait pas. Aussi ne gouvernait-il ni les esprits ni les événements, et, au lieu d'obtenir cette pacification qu'il croyait faciliter en éludant les questions, voyait-il les ardents des deux camps s'échauffer davantage, saisir l'opinion, donner le ton, échanger leurs défis et leurs coups par-dessus sa tête, sans presque s'inquiéter de ce qu'il pouvait penser et dire. C'est ce qui se produisit surtout dans la session de 1844, quand la question religieuse commença à occuper plus de place dans les débats parlementaires. A la tête de ceux qui prétendaient défendre, à la tribune, les droits de l'État contre le clergé, M. Dupin s'empara avec éclat du premier rôle. Prenant des mains de M. Isambert le drapeau que celui-ci avait tenu jusqu'alors d'une façon un peu ridicule, il fit une charge à fond contre le « parti prêtre », réprimanda les faiblesses ou les hésitations du gouvernement et lui dicta le programme d'une politique de combat [1]. Ce légiste, qui avait recueilli de l'ancien régime toutes les prétentions, tous les préjugés, tous les ressentiments du gallicanisme et du jansénisme parlementaires, n'avait pas l'esprit assez large et assez haut pour voir combien ces thèses étaient déplacées dans la société nouvelle ; il se plaisait à ces luttes qu'il réduisait à une sorte de querelle de basoche et de sacristie. « Elles vont juste, écrivait alors M. Sainte-Beuve, à cette nature avocassière et bourgeoise de Dupin, le remettent en verve et le ravigotent. » D'ailleurs, sous son masque de paysan du Danube, se cachaient une finesse subalterne et une courtisanerie vulgaire : en flattant les passions anticléricales, il cherchait à retrouver quelque chose de la popularité qu'il avait perdue après 1830, et un peu de l'importance parlementaire que les mésaventures de son tiers parti et sa descente du fauteuil de la présidence avaient singulièrement diminuée [2]. Il lança son réquisitoire avec une verve un peu grossière, mais rapide et vigoureuse. Rien de neuf, de haut, de profond ; c'était plein de ce que le duc de Broglie appelait « ces arguments à la Dupin,

---

[1] Discours du 19 mars 1844. M. Dupin avait du reste déjà commencé, le 25 janvier précédent.
[2] Sur M. Dupin, voir t. II, ch. v, § i.

ces raisons de coin de rue ». Un tel langage n'allait que mieux aux étroites rancunes, aux jalousies mesquines d'une partie de l'auditoire. Quel plaisir de voir maltraiter les évêques avec une sorte de familiarité rude, comme on ferait d'un employé mutin! Et puis, l'une des habiletés de cet orateur qu'on a appelé « le plus spirituel des esprits communs » était de donner aux préjugés terre à terre la tournure d'une saillie de bon sens. Sa parole fut singulièrement âpre. « Rappelons-nous, s'écria-t-il, que nous sommes sous un gouvernement qu'on ne confesse pas. » Et il termina par cette injonction fameuse : « Je vous y exhorte, gouvernement, soyez implacable! » Après coup, le mot « inflexible » fut substitué à celui d' « implacable ». L'effet fut considérable. « Jamais je n'avais vu l'assemblée plus unanime, écrivait le lendemain un spectateur... On eût dit que le clergé avait touché à toutes les libertés de la France, qu'il avait déchiré la Charte d'une main violente, et que nous allions revenir au temps de Grégoire VII!... M. Dupin est redevenu un homme populaire. Il a parlé en maître à tous les instincts révolutionnaires de la France. Plus il est brutal, et plus on l'écoute; plus il est incisif, et plus on l'applaudit; il a la verve et la passion de certains discours de Saurin, le protestant, et, à cette verve, à cette passion, il conserve la couleur catholique [1]. »

Vivement troublé de cette déclaration de guerre contre le clergé, que la majorité avait semblé faire sienne par ses applaudissements, le ministère n'osa ni la contredire ni l'approuver. Il lui fallut bientôt assister à la contre-partie. M. de Montalembert, arrivé récemment de Madère où il venait de passer deux ans, avait entendu, d'une des tribunes publiques, la harangue de M. Dupin. Quelques jours après, il y répondait à la Chambre des pairs : et certes il apparut que, si le gouvernement avait été embarrassé, les catholiques n'avaient pas été intimidés. La parole du jeune pair fut plus fière, plus provocante même que jamais. A peine s'arrêta-t-il à railler les vexations impuissantes du gouvernement : il prit à partie

---

[1] *Correspondance de Jules Janin.*

le réquisitoire prononcé à la Chambre des députés et le mit en pièces. « Arrière ces prétendues libertés! » s'écria-t-il en parlant des « libertés gallicanes ». Puis il continua ainsi : « On vous dit d'être implacables ou inflexibles; mais savez-vous ce qu'il y a de plus inflexible au monde? Ce n'est ni la rigueur des lois injustes, ni le courage des politiques, ni la vertu des légistes; c'est la conscience des chrétiens convaincus. Permettez-moi de vous le dire, Messieurs, il s'est levé parmi vous une génération d'hommes que vous ne connaissez pas. Nous ne sommes ni des conspirateurs, ni des complaisants; on ne nous trouve ni dans les émeutes, ni dans les anti-chambres; nous sommes étrangers à toutes vos coalitions, à toutes vos récriminations, à toutes vos luttes de cabinet, de partis; nous n'avons été ni à Gand, ni à Belgrave-Square; nous n'avons été en pèlerinage qu'au tombeau des apôtres, des pontifes et des martyrs; nous y avons appris, avec le respect chrétien et légitime des pouvoirs établis, comment on leur résiste quand ils manquent à leurs devoirs, et comment on leur survit. » Il termina par ces paroles devenues aussitôt fameuses : « Quoi! parce que nous sommes de ceux *qu'on confesse*, croit-on que nous nous relevions des pieds de nos prêtres, tout disposés à tendre les mains aux menottes d'une légalité anticonstitutionnelle? Ah! qu'on se détrompe. Au milieu d'un peuple libre, nous ne voulons pas être des ilotes; nous sommes les successeurs des martyrs, et nous ne tremblerons pas devant les successeurs de Julien l'Apostat; nous sommes les fils des croisés, et nous ne reculerons pas devant les fils de Voltaire [1]. » Pendant que ce dialogue enflammé s'échangeait d'une tribune à l'autre et occupait l'attention publique, quelle pâle figure faisait le ministère! « Le cabinet s'est abstenu, écrivait alors M. de Tocqueville; il a laissé arriver les événements, il a laissé les passions grandir, il s'est tenu coi en face de toutes choses; c'est son habitude. »

[1] Ces derniers mots furent gravés sur la médaille d'honneur offerte par les catholiques de Lyon à M. de Montalembert.

IX

Si désireux qu'il fût de s'effacer, le gouvernement ne pouvait oublier que la promesse de la liberté d'enseignement, inscrite dans la Charte, lui imposait une mission à laquelle il ne lui était pas permis de se dérober indéfiniment. Force lui était de recommencer la tentative, déjà faite sans succès, en 1836 et en 1841, pour organiser cette liberté dans l'instruction secondaire. Il se décida donc, le 2 février 1844, à déposer un nouveau projet. Donnait-il cette fois satisfaction aux catholiques? Tout d'abord, il s'était gardé de répéter la maladresse commise en 1841, au sujet des petits séminaires; ceux-ci conservaient leurs privilèges et même recevaient quelques avantages. Par contre, les conditions du droit commun étaient singulièrement étroites. Les établissements libres se trouvaient placés sous l'autorité et la juridiction, non de l'État, juge impartial, mais du corps universitaire, leur concurrent. On leur imposait des formalités, des exigences de brevets, de grades, si multipliées et si gênantes que, dans beaucoup de cas, elles devaient équivaloir à une interdiction : n'allait-on pas jusqu'à stipuler que tous les surveillants seraient bacheliers? Le certificat d'études était maintenu : pour se présenter au baccalauréat, il fallait justifier qu'on avait fait sa rhétorique et sa philosophie, soit dans sa famille, soit dans les collèges de l'État, soit dans les institutions de plein exercice, ce dernier caractère n'étant acquis aux établissements libres que moyennant des conditions à peu près impossibles à réaliser. Enfin un article, visant spécialement les Jésuites, obligeait tous ceux qui voulaient enseigner à affirmer, par une déclaration écrite et signée, qu'ils « n'appartenaient à aucune association ou congrégation religieuse » : rien de plus contraire aux principes que cette interrogation inquisitoriale, obligeant un citoyen à se frapper par sa propre déclaration; c'était comme la violation du plus sacré des domiciles, celui de la conscience, et les catholiques étaient fondés à demander si les auteurs du projet avaient voulu recueillir, dans le naufrage de l'intolérance anglaise, l'odieuse formalité du Test. On était donc, cette fois encore, bien loin du grand acte de gouvernement et de justice qu'il eût été dans l'intérêt du ministère et dans le goût de M. Guizot d'entreprendre. Celui-ci cependant avait dit, quelques semaines auparavant, au P. de Ravignan : « On va s'occuper de la liberté d'enseignement. Il n'y aura pas de concessions, parce qu'un gouvernement n'en fait pas. Mais, sous certaines conditions, tous seront admis. Vous ne devez pas être exclus, pourvu que vous vous conformiez à ce qui sera exigé[1]. » Depuis lors, que s'était-il donc passé? Le ministre des affaires étrangères avait-il, une fois de plus, laissé carte blanche à son collègue de l'instruction publique? Divers indices tendent à faire croire qu'il avait été question un moment de présenter un projet plus libéral, mais que les partisans de l'Université l'avaient fait écarter, en exploitant l'émotion produite, à la fin de 1843, par certaines polémiques épiscopales.

Les amis de la liberté d'enseignement n'étaient pas disposés à laisser passer sans résistance un tel projet. Précisément, à cette époque, le parti catholique en avait fini avec les tâtonnements du début; il était organisé; il avait arrêté son programme et sa tactique. Ce furent les chefs du clergé qui donnèrent le signal. De presque tous les évêchés, partirent des protestations émues, fermes, quelques-unes presque menaçantes, toutes n'invoquant que la liberté. Jamais on n'avait vu une manifestation aussi générale et aussi prompte de l'épiscopat. Si les critiques étaient parfois assez vives, les conclusions qui s'en dégageaient étaient, après tout, modérées et raisonnables; on pouvait les résumer ainsi : soustraire les établissements libres, non à la surveillance de l'État qu'on acceptait, mais à l'autorité de l'Université; diminuer les exi-

---

[1] *Vie du P. de Ravignan*, par le P. DE PONTLEVOY, t. I, p. 268.

gences de grades; supprimer le certificat d'études; n'exiger aucune déclaration relative aux congrégations religieuses, en s'en référant à la législation existante pour la situation de ces congrégations [1].

Le projet avait été déposé d'abord à la Chambre des pairs. Le rapport, rédigé au nom de la commission, par le duc de Broglie, fut une œuvre considérable, dont les doctrines, les tendances et le ton tranchaient avec l'exposé des motifs de M. Villemain. Répudiant les sophismes sur l'État enseignant, il posait tout d'abord, avec une netteté supérieure, le principe même de la liberté d'enseignement qu'il déclarait être la conséquence nécessaire de la liberté de conscience. « Si l'État intervient, disait-il, ce n'est point à titre de souverain; c'est à titre de protecteur et de guide; il n'intervient qu'à défaut des familles..., et pour suppléer à l'insuffisance des établissements particuliers. » N'était-ce pas beaucoup, à cette époque, que de proclamer cette doctrine, dût-on n'en pas tirer immédiatement toutes les conséquences? « Le principe de la concurrence, à côté et en face de l'Université, a été posé par M. de Broglie, écrivait M. Sainte-Beuve; il est difficile que ce principe, dans de certaines limites, n'arrive pas à triompher. » Le rapporteur, préoccupé de satisfaire, sur un autre point, les consciences catholiques, reconnaissait hautement la nécessité de l'instruction religieuse. « Il ne suffit pas, disait-il, d'un enseignement vague et général, fondé sur les principes du christianisme, mais étranger au dogme et à l'histoire de la religion... Un tel enseignement aurait pour résultat d'ébranler dans l'esprit de la jeunesse les fondements de la foi, de donner aux enfants lieu de penser que la religion tout entière se réduit à la morale. Mieux vaudrait un silence absolu. » Et il ajoutait : « La loi, telle que nous la proposons, place au premier rang des études l'instruction morale et religieuse; elle veut que la morale trouve dans le dogme son autorité, sa vie, sa sanction; elle lui veut pour appui des pratiques régulières. » Son insis-

---

[1] Ces protestations ont été réunies dans les deux premiers volumes des *Actes épiscopaux*.

tance même trahissait une certaine méfiance de l'enseignement universitaire, principalement de l'enseignement philosophique, et, sur ce point, sa parole prenait presque parfois le caractère d'une admonestation non dissimulée. Sans doute la commission était loin de faire une application complète des principes qu'elle avait si bien posés. Il eût fallu pour cela bouleverser radicalement le projet du gouvernement, ce qui n'était pas dans les habitudes circonspectes de la pairie. D'ailleurs, si, par logique comme par sentiment, l'éminent rapporteur était porté vers les solutions libérales, il paraissait retenu par une double crainte à laquelle les événements ne devaient pas donner raison : la crainte d'abord que cette liberté, qui n'avait pas encore été expérimentée, n'amenât un abaissement et une désorganisation des études : de là, l'adhésion donnée aux exigences de grades, la crainte ensuite qu'en heurtant les préjugés existants, on ne provoquât un soulèvement d'opinion plus nuisible à la religion qu'une loi temporairement restrictive ; de là, l'exclusion des congrégations. Sur ce dernier point, le rapporteur passait rapidement, avec une gêne visible, ne présentant cet article que comme une concession momentanée à de fâcheuses préventions, comme l'application forcée d'une législation préexistante qu'il ne cherchait guère à justifier et qu'il se gardait surtout de présenter comme définitive [1]. La réserve et la timidité regrettables de la commission dans les questions d'application ne l'empêchaient pas cependant d'apporter au projet des améliorations notables. Les principales étaient fondées sur cette idée que, pour la constitution, la surveillance, la discipline des établissements libres, il n'était pas juste de donner toute l'autorité à l'Université, mais qu'il convenait de faire intervenir des personnages plus indépendants et plus impartiaux, appartenant à la magistrature, aux corps électifs, à la haute administration, au clergé, et représentant l'État, ou mieux encore la société. Plusieurs amende-

---

[1] Dans son beau livre des *Vues sur le gouvernement de la France*, le duc de Broglie a exprimé sur ces questions son opinion dernière : il s'y prononce pour la liberté la plus large.

ments étaient proposés dans cet esprit. La commission introduisait ainsi dans la législation un principe nouveau, fécond, essentiel à la liberté d'enseignement, et qui devait se retrouver dans les innovations les plus importantes de la loi de 1850. Les partisans du monopole se montrèrent fort mécontents du rapport. « Cousin est furieux, écrivait le duc de Broglie à son fils, le 19 avril 1844; il dit que l'Université est trahie, vendue, livrée à ses ennemis [1]. » Quant aux catholiques, dans l'excitation de la lutte, ils étaient naturellement plus frappés de ce que l'on continuait à leur refuser que de ce qu'on commençait à leur accorder; néanmoins l'évêque de Langres et surtout l'abbé Dupanloup adressèrent alors à M. le duc de Broglie des lettres publiques où, tout en combattant sur plusieurs points ses conclusions, ils rendaient, sur d'autres, hommage à l'œuvre de la commission et surtout au langage du rapporteur.

Le débat s'ouvrit, à la Chambre des pairs, le 22 avril 1844, et se prolongea jusqu'au 24 mai, avec une gravité, un éclat qui en font l'un des épisodes parlementaires les plus remarquables de la monarchie de Juillet. La cause du monopole universitaire fut prise en main par M. Cousin, qui se prononça hautement contre toute liberté d'enseignement. Au grand étonnement de ceux qui se rappelaient son renom d'éloquence, l'ancien professeur n'avait guère réussi jusqu'alors, comme orateur parlementaire; cette fois, une passion profonde et le besoin de défendre sa propre situation le rendirent vraiment éloquent : ce furent ses grands jours de tribune. A tout propos, il parlait deux ou trois heures de suite, vraiment infatigable et intarissable, tantôt ironique, tantôt véhément, ou bien encore se posant en victime et, comme l'écrivait un spectateur, « faisant paraître l'Université devant la Chambre, en robe presque de suppliante ou d'accusée [2] ». Malgré tout, sa parole eut plus de retentissement qu'elle n'exerça

---

[1] *Documents inédits.*

[2] L'expression est de M. Sainte-Beuve, qui disait aussi : « M. Cousin a l'air véritablement, depuis toute cette discussion, d'être condamné à la ciguë, et il varie l'*Apologie de Socrate* sur tous les tons. » (*Chroniques parisiennes*, p. 203 et 214.)

d'action. Les pairs demeuraient froids ou même étaient tentés de sourire à ses adjurations les plus solennelles, à ses plus pathétiques lamentations; la préoccupation trop visiblement personnelle de l'orateur les mettait en défiance; dans ses effets tragiques, ils étaient choqués d'une sorte d'exagération factice, et devinaient le comédien qui se trahissait jusque par l'accent, le geste, la mimique du visage. Sans doute ce comédien existait déjà chez M. Cousin, lors de ses grands succès de Sorbonne; mais alors, dans la jeunesse de tous, jeunesse du professeur, jeunesse de l'auditoire, jeunesse du siècle lui-même, l'admiration n'y avait pas regardé de si près; et puis, quand il ne s'agissait de rien moins que de renouveler l'esprit humain, était-il étonnant d'avoir des allures de prophète et d'hiérophante? Rien de pareil, en 1844, quand M. Cousin, ayant dépassé la cinquantaine et devenu un haut fonctionnaire, défendait son gouvernement philosophique devant des vieillards trop froids, trop sceptiques, trop expérimentés, pour être dupes de certains procédés.

A l'autre extrémité de la lice, était M. de Montalembert, assisté des rares champions de la liberté d'enseignement. Parmi ces derniers, il en était qu'on ne se fût pas attendu à voir là, entre autres le premier président Séguier, principal auteur de l'arrêt de 1826 contre les Jésuites, et le comte Arthur Beugnot, que ni ses antécédents ni ses relations n'avaient paru préparer à devenir un champion du clergé. Le jeune fondateur du parti catholique était dans la fleur de son talent, dans l'ardeur de ses généreuses convictions. Bien qu'il fût loin d'obtenir pour toutes ses idées l'adhésion de l'auditoire, il se faisait écouter avec une surprise attentive et sympathique. Sa parole hardiment accusatrice, prompte à porter les défis, avait un accent de confiance dans l'avenir que faisait encore ressortir l'attitude souvent gémissante de M. Cousin. Avec le philosophe, on eût cru entendre les adieux attristés d'une cause naguère triomphante, qui sentait approcher l'heure de la défaite; avec le catholique, c'était le fier salut d'une cause hier méconnue, mais assurée de vaincre demain.

Entre ces deux petits groupes extrêmes, flottait la masse de l'assemblée, disposée à les taxer l'un et l'autre d'exagération et résolue à leur imposer une transaction plus ou moins hétérogène; habituée à soutenir l'Université, mais agacée par ses prétentions, effarouchée par ses doctrines et surtout par ses défenseurs; bienveillante pour le catholicisme, par convenance politique plus que par foi religieuse, mais inquiète, dans sa sagesse timide, de ce que la thèse de la liberté d'enseignement avait de jeune, d'audacieux, d'inconnu; en ce qui touche les Jésuites, dégagée peut-être des passions, non des préjugés de son temps; portée, suivant l'expression de M. Beugnot, « à prendre un principe à droite, un principe à gauche, à les rapprocher malgré eux, et à faire ainsi adopter un projet qui ne fût ni complètement bon, ni tout à fait mauvais ». Ce fut la commission qui exerça le plus d'influence sur cette masse flottante; elle eut pour principaux interprètes deux orateurs, l'un de grande autorité, le duc de Broglie, l'autre de rare habileté, M. Rossi. Le ministère, au contraire, ne sut pas prendre dans le débat le rôle directeur qui eût dû lui appartenir. M. Villemain, au lieu de se porter médiateur entre les deux opinions extrêmes, fut uniquement préoccupé de ne pas se laisser dépasser par M. Cousin en zèle universitaire; dans ses discours, beaucoup d'épigrammes aigres-douces à l'adresse de son rival, mais pas une vue d'homme d'État; son talent de parole lui-même était voilé; l'orateur sentait son insuccès et en souffrait beaucoup. D'ailleurs, comme pour diminuer encore l'action du cabinet, l'attitude du ministre de l'instruction publique se trouvait souvent contredite par celle du ministre des cultes, M. Martin du Nord, qui saisissait toutes les occasions de se poser presque en avocat et en protecteur du clergé. Quant à M. Guizot, qui, dans une discussion si importante, ne pouvait persister à se tenir à l'écart, sa parole, d'ordinaire si ferme, ne laissa pas que de paraître un peu embarrassée. Il sentait visiblement la faiblesse de la cause qu'il soutenait par nécessité parlementaire et la grandeur de celle qu'il combattait à regret. Aussi, évitant autant que possible de parler de la loi elle-même, il s'échappait à côté ou planait au-dessus. Comme pour s'excuser et se consoler des mesures restrictives qu'il se croyait obligé d'imposer au clergé, il faisait de la religion l'un des plus magnifiques éloges qui eussent été prononcés à la tribune française, rendait hommage à la sincérité et à la légitimité de l'opposition catholique, avertissait la société nouvelle qu'elle devait s'accoutumer à l'influence de l'Église, laissait voir que, dans sa pensée, la loi proposée n'était pas une solution définitive, et faisait espérer, pour l'avenir, la pleine liberté qu'il repoussait à contre-cœur dans le présent.

Les universitaires furent les premiers auxquels la Chambre des pairs infligea un échec. Voulant apporter une conclusion pratique aux défiances manifestées dans le rapport, M. de Ségur-Lamoignon avait proposé de restreindre le cours de philosophie. M. Cousin, personnellement visé, se défendit avec vivacité. On vit alors, non sans surprise ni sans émotion, M. de Montalivet appuyer la proposition : la situation de l'orateur auprès du Roi était telle, que chacun devina dans sa démarche la pensée du « château ». L'intendant de la liste civile soutint qu'il convenait de donner à la fois un avertissement à certaines témérités de l'enseignement universitaire et une satisfaction aux griefs du clergé; il protesta, avec une grande énergie, contre cette philosophie officielle qu'on prétendait rendre indifférente à toutes les religions, par respect pour la liberté des cultes. L'effet fut considérable. Dès le lendemain, le *Constitutionnel* raillait avec amertume les conversions opérées par la parole du « favori » et dénonçait le « gouvernement occulte ». Au nom de la commission, le rapporteur proposa un amendement inspiré par le même esprit, mais autrement libellé : il ne laissait plus au seul conseil royal de l'Université, c'est-à-dire à M. Cousin en ce qui concernait la philosophie, le droit d'arrêter le programme du baccalauréat, mais soumettait ce programme au conseil d'État. C'était l'application de ce que le duc de Broglie appelait « le principe de la loi » : principe en vertu duquel l'autorité sur l'enseignement libre devait appartenir à un pouvoir impartial, représentant l'État, ou mieux la société entière. L'amendement se trouvait atteindre M. Villemain, qui, intimidé par les universitaires, n'avait pu se décider à donner les satisfactions demandées par la commission sur la question des programmes. Toutefois, les sentiments du ministre à l'égard de M. Cousin lui apportaient quelque consolation dans cette mésaventure : il était, écrivait-on alors, « partagé entre la douleur de voir sa loi modifiée, l'Université un peu réduite, et le plaisir de voir la philosophie de son rival recevoir une chiquenaude ». Aussi combattit-il mollement l'amendement, exprimant son regret qu'on voulût donner ce soufflet à la philosophie, mais indiquant que, si l'on tenait à le faire, il se résignait à présenter la joue de M. Cousin. Seul, celui-ci, stupéfait et désolé de l'abandon où il était réduit, se débattit avec une énergie désespérée, violent d'abord, suppliant ensuite, et humiliant l'orgueil de cette philosophie, naguère si hautaine, jusqu'à l'abriter derrière des noms catholiques. Rien n'y fit. L'amendement fut voté à une grande majorité. L'opinion considéra avec raison cet incident comme une leçon à l'adresse de M. Cousin, un échec pour l'Université, une marque solennelle de défiance à l'égard de ses doctrines, la négation de la prétention qu'elle avait d'être l'État et de dominer à ce titre les établissements particuliers [1]. « Le coup moral est porté »,

[1] Le duc de Broglie écrivait, le 11 mai 1844, à son fils, au sujet de ce débat : « J'avais prévenu plus d'une fois Cousin qu'il se tint très tranquille, sous peine de voir passer un amendement dirigé spécialement contre lui ; il n'a tenu compte de mon avertissement ; il a bien fallu alors lui administrer une correction sévère ; je l'ai fait, en substituant à un amendement saugrenu qui n'avait de sens que d'être dirigé contre Cousin, un amendement général qui affranchit le ministre et le conseil royal de l'instruction publique de la petite tyrannie de chaque membre de ce conseil, lequel se regarde comme souverain dans sa sphère et ne prend la peine de communiquer ce qu'il fait à ses collègues que pour la forme. En faisant du programme du baccalauréat ès lettres une affaire de gouvernement, ce qui est l'exacte vérité, nous avons mis ordre à tout envahissement de l'esprit de coterie dans l'instruction publique. Il avait fallu assister à la discussion, pour voir apparaître au grand jour le fond des choses et pour bien reconnaître qu'il y a, en ce moment, en France, un petit pape de la philosophie, avec un petit clergé philosophique, qui prétend disposer de l'enseignement philosophique sans que personne y regarde, et qu'on ne puisse devenir avocat, médecin, pharmacien, fonctionnaire

écrivait alors M. Sainte-Beuve, et l'*Univers* était fondé à dire : « N'est-ce pas la justification de toutes les réclamations de l'épiscopat et de toute notre polémique? » On avait voulu, en effet, comme le disaient M. de Montalivet et le duc de Broglie, tenir compte, dans une certaine mesure, des réclamations des évêques; mais n'était-il pas surprenant qu'on eût mieux aimé donner raison à leurs griefs religieux que satisfaction à leurs revendications libérales, qu'on eût trouvé plus facile de faire quelque chose contre l'Université que pour la liberté? Certaines personnes crurent deviner dans un tel choix l'action personnelle du Roi.

Ce vote émis, la haute assemblée se jugea quitte envers les catholiques. MM. Beugnot, de Barthélemy, Séguier et de Gabriac avaient présenté un contre-projet dont les principales dispositions étaient : le droit d'enseigner pour tout bachelier muni d'un certificat de moralité; la suppression du certificat d'études; des jurys d'examen composés mi-partie de professeurs de faculté, mi-partie de notables; à côté du conseil royal de l'Université, l'institution d'un conseil supérieur pour l'enseignement libre, composé de magistrats, de membres de l'Institut, de chefs d'institution et de l'archevêque de Paris. Tous les articles de ce contre-projet furent rejetés. La majorité se borna à accepter les améliorations réelles, quoique insuffisantes, par lesquelles la commission, appliquant « le principe de la loi », substituait ou associait d'autres autorités à l'Université, lorsqu'il s'agissait de l'enseignement libre. Quant à l'article excluant les membres des congrégations, elle l'adopta, mais tristement, d'un air un peu honteux, et sans prétendre faire ainsi une œuvre durable. Au vote sur l'ensemble de la loi, 85 voix se prononcèrent pour, 51 contre. C'était une très forte minorité pour la Chambre des pairs : un projet qui, dès le début, rencontrait tant d'adversaires sur un tel terrain, n'avait guère chance de réussir. Le rapporteur,

public, professeur ou autre chose sans avoir souscrit le formulaire de la raison impersonnelle. J'ai fait passer l'amendement aux neuf dixièmes des voix. » (*Documents inédits.*)

M. de Broglie, était le premier à s'en rendre compte. « C'est une loi qui ne se fera pas », écrivait-il à son fils [1].

La discussion qui venait d'avoir lieu n'en était pas moins un fait considérable et plein de promesses. N'était-ce pas beaucoup que d'avoir vu le public oublier presque les luttes de portefeuille ou les spéculations de chemins de fer, pour s'intéresser à ces questions d'enseignement? Et de quel ton elles avaient été discutées! « Jamais, écrivait l'abbé Dupanloup, la grande et sainte Église catholique, l'épiscopat français, l'autorité pontificale, les congrégations, les Jésuites eux-mêmes n'ont été traités avec plus de gravité et de convenance. » Ajoutons que ce long débat avait servi à l'éducation du public; il lui avait révélé les diverses faces d'un problème pour lui tout nouveau, et la lumière ainsi faite profitait à la bonne cause. Aussi, du côté des catholiques, les cœurs étaient-ils à l'espérance. On y avait conscience que la petite armée, de formation si récente, venait de déployer et de planter noblement son drapeau. La direction était prise, l'élan donné, et chacun sentait que la victoire définitive n'était plus qu'une question de temps. « Il est très certain, écrivait M. Sainte-Beuve, qu'on ne conclura pas cette année; mais les idées germeront. » Et un autre spectateur, M. de Viel-Castel, ajoutait : « Cette cause gagne et gagnera chaque jour du terrain. Ce qui suffisait il y a trois ans ne suffira plus aujourd'hui; ce qui suffirait aujourd'hui ne suffira plus dans trois ans. »

X

Battus au Luxembourg, les universitaires cherchèrent une revanche au Palais-Bourbon. « Ils ont réussi, écrivait alors le duc de Broglie, à ameuter contre nous la Chambre des députés presque tout entière [2]. » Ce fut ainsi, « sous le vent

[1] Lettre du 1er juin 1844. (*Documents inédits.*)
[2] *Ibid.*

d'une réaction violente contre le clergé[1] », que fut nommée la commission chargée d'examiner le projet voté par l'autre assemblée. M. Thiers était parmi les élus, et se montrait l'un des plus zélés pour l'Université. D'où venait cette attitude, nouvelle chez lui? Il n'avait en ces matières aucune passion personnelle; fort étranger jusqu'à présent aux controverses de la liberté d'enseignement, il avait semblé d'abord n'y voir, lui aussi, qu'une « querelle de cuistres et de bedeaux ». Mais l'émotion qui s'empara de la Chambre des députés à la suite de la discussion de la Chambre des pairs, les préventions hostiles au clergé qui s'y manifestèrent jusque dans les rangs des conservateurs, lui parurent fournir l'occasion d'une manœuvre d'opposition; en se faisant l'interprète de ces préventions, il entrevit la chance d'embarrasser le cabinet, peut-être de lui infliger un échec : il ne se plaça pas à un autre point de vue. Quant au mécontentement qu'en ressentiraient les catholiques, il ne s'en inquiétait pas : il n'avait pas encore reconnu dans la religion la puissance sociale dont il devait, après 1848, implorer le secours contre l'anarchie menaçante; la force à ménager lui paraissait ailleurs, du côté de la révolution; comme Louis-Philippe lui disait, à cette époque, qu'il fallait faire quelque concession au clergé, « que c'était encore quelque chose de très fort qu'un prêtre » : « Sire, répondit M. Thiers, il y a quelque chose de plus fort que le prêtre, je vous assure, c'est le jacobin[2]. »

Une fois dans la commission, M. Thiers se fit nommer rapporteur. Peu de semaines lui suffirent pour improviser sa petite enquête en causant avec quelques professeurs, et il fut aussitôt en mesure d'écrire un volumineux rapport, du reste assez superficiel. Son intention avait été de faire la contre-partie du rapport présenté à la Chambre des pairs. Le duc de Broglie avait proclamé les théories les plus libérales sur les droits respectifs de la famille et de l'État, et c'était visiblement à regret qu'il n'avait pas immédiatement tiré toutes les consé-

---

[1] Lettre du 1er juin 1844. (*Documents inédits.*)
[2] *Chroniques parisiennes* de M. Sainte-Beuve, p. 228.

quences de ces théories. M. Thiers revendiquait au contraire, avec insistance, pour la puissance publique, le droit de former l'esprit de l'enfant; il ne dissimulait pas ses préférences pour le système en vertu duquel « la jeunesse serait jetée dans un moule et frappée à l'effigie de l'État » ; il n'y renonçait que par l'obligation où il était « de se tenir dans la vérité de son temps et de son pays » ; au moins, pour s'en rapprocher, cherchait-il à restreindre et à entraver, autant que possible, la liberté qu'il n'osait entièrement refuser. Aux méfiances témoignées par la Chambre des pairs sur l'enseignement philosophique, il opposait une apologie sans réserve de l'éducation intellectuelle, morale et même religieuse des collèges. Le duc de Broglie s'était appliqué à soustraire en partie les établissements libres à la domination de l'Université; M. Thiers déclarait que ces établissements devaient être « compris dans la grande institution de l'Université » qui avait mission de « les surveiller, contenir et ramener sans cesse à l'unité nationale ». Il prétendait tout subordonner, dans l'éducation publique, à la préoccupation de conserver « l'esprit national » qui, selon lui, n'était autre que « l'esprit de la révolution » ; l'Université lui paraissait seule propre à cette œuvre, et l'enseignement ecclésiastique lui inspirait une défiance qu'il ne dissimulait pas. Sans doute, il parlait du clergé avec politesse, trompant ainsi l'attente des sectaires qui s'étaient flattés de le voir se confondre dans leurs rangs; mais, derrière ces ménagements de forme, la malveillance et la menace étaient visibles. C'était, en tous points, le contraire des idées que M. Thiers devait, quelques années plus tard, faire prévaloir dans la loi de 1850.

Déposé et lu à la Chambre le 13 juillet 1844, ce rapport fit un moment quelque bruit; les journaux de gauche et de centre gauche le portèrent aux nues; des universitaires vinrent en députation remercier leur avocat. Puis le silence se fit assez vite. Plusieurs causes y contribuèrent : la clôture de la session qui suivit de près; les préoccupations soulevées dans le public par la guerre du Maroc et par les complications un moment menaçantes de l'affaire Pritchard; la réserve des évêques qui, bien que fort prompts alors à prendre la parole, ne jugèrent pas nécessaire de réfuter M. Thiers. Il semblait du reste qu'il y eût, vers la seconde moitié de 1844, un moment de halte dans l'armée catholique; prélats et laïques avaient pris position avec éclat, et dit très haut ce qu'ils avaient à dire; ils comprenaient qu'un résultat immédiat n'était pas possible, et qu'il fallait laisser mûrir les idées nouvelles. Le gouvernement se félicitait naturellement de cette sorte d'accalmie, et, de son côté, il témoignait, par quelques-uns de ses actes, un certain désir de se rapprocher des catholiques; telle fut notamment l'interprétation donnée au changement qui se fit alors à la tête du ministère de l'instruction publique.

Dans les derniers jours de décembre 1844, une nouvelle sinistre s'était répandue dans Paris : M. Villemain, fléchissant sous le poids des chagrins de famille et des déboires politiques, avait eu un violent accès de folie. Quelques instants auparavant, il avait fait appeler ses jeunes enfants dont il s'occupait beaucoup depuis qu'il avait dû placer leur mère dans une maison de santé, et on l'avait entendu murmurer : « Pauvres enfants! le père et la mère! » Son mal s'était manifesté surtout par deux idées fixes : la crainte qu'on ne le soupçonnât d'avoir fait enfermer sa femme arbitrairement; la croyance qu'il était persécuté par les Jésuites[1]. La consternation fut générale. « On est tenté d'en vouloir à la poli-

[1] Depuis quelque temps, M. Villemain était, sur ce sujet, en proie à de véritables hallucinations. Il s'imaginait toujours voir auprès de lui des Jésuites, le guettant et le menaçant. Un jour, il sortait, avec un de ses amis, de la Chambre des pairs où il avait prononcé un brillant discours, et causait très librement, quand, arrivé sur la place de la Concorde, il s'arrête effrayé. — « Qu'avez-vous? » lui demande son ami, médecin fort distingué. — « Comment! vous ne voyez pas? » — « Non. » — Montrant alors un tas de pavés : « Tenez, il y a là des Jésuites; allons-nous-en. » M. Sainte-Beuve a raconté, à ce propos, l'anecdote suivante : « Un jour que Villemain avait été repris de ses lubies et de ses papillons noirs, il avait à dicter à son secrétaire, le vieux Lurat, un de ces rapports annuels qu'il fait si bien. Il se promenait à grands pas, dictait à Lurat une phrase; puis, s'arrêtant tout à coup, il regardait au plafond et s'écriait : *A l'homme noir! Au Jésuite!* Puis, reprenant le fil de son discours, il dictait une autre phrase qu'il interrompait de même par une apostrophe folâtre, et le rapport se trouva ainsi fait, aussi bien qu'à l'ordinaire. Des deux écheveaux de la pensée, l'un était sain, l'autre

tique, écrivait alors M. Sainte-Beuve, d'avoir ainsi détourné de sa voie, abreuvé et noyé dans ses amertumes une nature si fine, si délicate, si faite pour goûter elle-même les pures jouissances qu'elle prodiguait. » Quant au *Constitutionnel,* il montrait tout simplement dans cette maladie une trame des Jésuites. Ce fut pour M. Guizot l'occasion d'un acte significatif : il ne se contenta pas de désigner un intérimaire ; avec une promptitude que M. Villemain devait, une fois rétabli, lui reprocher non sans aigreur, il remplaça définitivement le ministre dont il avait eu tant de fois à subir et à regretter le zèle universitaire. Son choix se porta sur M. de Salvandy, l'un des hommes politiques du régime de Juillet qui montraient le plus de bienveillance pour les personnes et les idées du monde religieux, étranger à l'Université, membre de la minorité dans la commission qui avait nommé naguère M. Thiers rapporteur de la loi d'instruction secondaire ; nature un peu vaine et pompeuse, mais généreuse et sincère, manquant parfois de tact et de mesure, non d'esprit ni de cœur. Nul, parmi les catholiques, ne pouvait douter des bonnes intentions du nouveau ministre ; la seule question était de savoir s'il aurait l'habileté et la force de les réaliser. L'un de ses premiers actes fut d'écrire à l'administrateur du Collège de France des remontrances sévères, mais impuissantes, au sujet des cours de MM. Quinet et Michelet, dont les « désordres », disait-il, « étonnaient et blessaient le sentiment public ».

M. Villemain éloigné, personne parmi les ministres ne s'intéressait plus au sort de sa loi sur l'instruction secondaire et n'était pressé de la mener à fin. Louis-Philippe l'était moins encore que ses ministres ; déjà, au lendemain de la discussion de la Chambre des pairs, il eût été disposé à en rester là, sans porter le projet à la Chambre des députés. « Le Roi est décidément contre la loi, écrivait alors le duc de Broglie ; il la trouve trop libérale et trop défavorable au clergé [1]. » Les catho-

---

était en lambeaux. Quelle leçon d'humilité ! O vanité du talent littéraire ! » (*Cahiers de Sainte-Beuve,* p. 30.)

[1] *Documents inédits.* — Le 30 septembre 1844, causant avec Mgr Mathieu

liques ne pouvaient regretter l'abandon d'un projet qui les blessait par beaucoup de côtés. Mais ne fallait-il pas s'attendre que l'opposition fît obstacle à cette tactique d'ajournement, et que l'auteur du rapport notamment s'agitât pour le faire discuter? Il n'en fut rien. Le mobile esprit de M. Thiers se portait alors d'un autre côté : il avait cru découvrir dans l'affaire Pritchard une arme plus efficace contre le ministère. Personne ne se trouva donc, dans la session de 1845, pour demander la mise à l'ordre du jour de ce projet. Comme on disait en style de couloirs, c'était une affaire « enterrée ».

XI

L'accalmie qui s'était produite chez les catholiques à la suite de la session de 1844 dura peu. Comment en effet pouvaient-ils désarmer, alors que non seulement on ne donnait pas satisfaction à leurs griefs, mais qu'ils étaient attaqués chaque jour plus violemment dans la presse ou au Collège de France? Dès le mois de janvier 1845, dans la discussion de l'adresse de la Chambre des pairs, le ministre des cultes eut à essayer de nouveau le feu de M. de Montalembert. Peu après, il se trouvait, une fois de plus, aux prises avec tout l'épiscopat. Ce fut à propos d'un mandement, en date du 4 février 1845, dans lequel le cardinal de Bonald, archevêque de Lyon, avait condamné solennellement, « comme contenant des doctrines fausses et hérétiques, propres à ruiner les véritables libertés de l'Église », le *Manuel du droit public ecclésiastique*, récemment réédité par M. Dupin. Ce livre, publié pour la première fois sous la Restauration, était la collection des textes dans lesquels, depuis Pithou jusqu'à Napoléon Ier, s'était formulé le gallicanisme des légistes, répudié de tout temps par le

---

que lui avait amené l'amiral de Mackau, Louis-Philippe laissait voir clairement sa volonté de « laisser tomber dans l'eau » le projet de loi. (*Vie du cardinal Mathieu*, par Mgr Besson, t. I, p. 329.)

clergé, même le moins ultramontain; compilation terne, lourde et fastidieuse, recouverte en quelque sorte d'une poussière d'ancien régime et imprégnée d'une odeur de basoche. La démarche du cardinal pouvait être diversement appréciée; pendant que les ardents y applaudissaient, d'autres, parmi lesquels l'archevêque de Paris, se demandaient si, pour atteindre un livre vieux de plusieurs années et dont la réédition n'avait eu aucun succès, c'était la peine de faire un acte aussi insolite, et que la situation de l'auteur condamné devait rendre aussi retentissant. Le gouvernement, ému des criailleries de M. Dupin, déféra le mandement au conseil d'État, qui déclara, le 9 mars, qu'il y avait abus. Les ministres ne tardèrent pas à s'apercevoir qu'ils venaient de faire une maladresse. M. Beugnot eut beau jeu à dénoncer, devant la Chambre des pairs, la bizarre contradiction de cet État qui tenait à se proclamer « laïque » et qui voulait en même temps faire le « théologien ». Dès le 11 mars, le cardinal de Bonald écrivit au garde des sceaux une lettre publique, plus railleuse et dédaigneuse encore qu'irritée, où, après avoir malmené le corps politique et laïque qui prétendait lui « enseigner la religion », il déclarait ne reconnaître qu'au Pape le droit de juger son jugement. « Jusque-là, ajoutait-il, un appel comme d'abus ne peut pas même effleurer mon âme... J'ai pour moi la religion et la Charte : je dois me consoler. Et quand, sur des points de doctrine catholique, le conseil d'État *a parlé, la cause n'est pas finie.* » C'était l'un des caractères de cette lutte, que le gouvernement ne pouvait toucher un évêque, sans que tous les autres prissent fait et cause pour lui; on revit ce qui s'était déjà vu à propos de la réprimande adressée par M. Martin du Nord à l'archevêque de Paris et à ses suffragants : en quelques jours, plus de soixante évêques déclarèrent adhérer aux doctrines proclamées par le cardinal de Bonald et blâmées par le conseil d'État. Bientôt aussi, les journaux religieux purent annoncer que, le 5 avril, la congrégation de l'Index avait condamné le *Manuel*. Pour l'amour de la théologie de M. Dupin, le gouvernement s'était donc mis en conflit avec l'Église tout entière, et il n'avait même pas pour soi l'opinion des indifférents et des frivoles. Cette fois, en effet, la cause religieuse avait, ce qui ne lui arrive pas toujours, les rieurs de son côté. Dans deux de ses pamphlets les plus vivement enlevés, *Oui et non* et *Feu, feu*, Timon s'était chargé, à la grande surprise et au grand déplaisir de ses amis politiques, de montrer à la partie du public qui ne lisait pas les mandements, où étaient non seulement la justice et la liberté, mais le bon sens. Son succès fut considérable ; on en put juger au chiffre des éditions qui s'éleva, en un an, à près de vingt. La gauche, déconcertée et furieuse, essaya vainement d'écraser sous une espèce de charivari de presse l'écrivain que naguère elle applaudissait si fort quand il faisait une vilaine besogne[1]. Ce tapage ne profita pas à la cause des appels comme d'abus. En tout cas, c'était une singulière façon de réaliser le rêve de silence caressé par M. Martin du Nord ; aussi n'est-on pas étonné d'entendre alors celui-ci déclarer, à la tribune, que « c'était une des époques les plus pénibles de sa vie ». Le gouvernement eut au moins la sagesse de comprendre qu'il s'était engagé dans une sotte campagne, et de ne s'y pas obstiner : bravé, raillé, il se tint coi, avec une prudence tardive, mais méritoire. « Le mandement est et demeure supprimé », disait solennellement l'ordonnance. Singulière « suppression » dont le seul résultat fut d'augmenter la publicité du document. Le « comité pour la défense de la liberté religieuse » n'en fit pas moins réimprimer le mandement, y joignit toutes les lettres d'adhésion des évêques, et répandit ce volume par toute la France. S'il y avait quelque chose de « supprimé », c'était l'appel comme d'abus, surtout en matière doctrinale. Le gouvernement de Juillet le comprit : de 1845 à 1848, il ne devait plus recourir à ce moyen de répression.

Se sentant sur un mauvais terrain dans l'affaire du *Manuel*, les adversaires des catholiques recoururent à leur tactique

---

[1] On publia contre Timon : *Feu Timon, Saint Cormenin, le R. P. Timon, Feu contre feu, Eau sur feu*, etc.

habituelle ; ils se mirent à crier plus fort que jamais : Au Jésuite ! Depuis quelque temps, le journal de M. Thiers, le *Constitutionnel*, publiait, sous la forme alors nouvelle et fort en vogue du roman feuilleton, le *Juif errant* de M. Eugène Sue. Toutes les infamies débitées depuis deux ou trois ans contre les Jésuites, le romancier les mettait en action, les faisait vivre, les incarnait dans des personnages tels que nous en rencontrons tous les jours, et les jetait ainsi aux passions de la foule : forme particulièrement meurtrière et irréfutable de la calomnie. La Compagnie de Jésus était représentée dominant le monde par les moyens les plus vils et les plus criminels, fomentant et exploitant la luxure, organisant le vol et l'assassinat, ayant pour agents les « étrangleurs » de l'Inde, le tout assaisonné d'excitations socialistes et imprégné d'une sensualité malsaine. Cela pénétrait partout, dans les salons, les ateliers, les cabarets. Le peu scrupuleux *impresario* du *Constitutionnel*, M. Véron, calculait avec satisfaction les 15 à 20,000 abonnés que lui rapportaient les 100,000 francs payés à l'auteur. Quant à M. Sue, il se vantait à bon droit de n'avoir pas fait une œuvre moins moralisatrice que MM. Libri, Génin, Quinet et Michelet; il leur faisait l'honneur de les saluer comme ses inspirateurs, et affirmait avoir été « déterminé » par leurs « hardis et consciencieux travaux » sur les « funestes théories de la Compagnie de Jésus », à « apporter aussi sa pierre à la digue puissante élevée contre un flot impur et toujours menaçant ». Les défenseurs de l'Université se gardaient de répudier ce concours. Le *Journal des Débats* lui-même déclarait que ce roman « appartenait, par le sujet et l'intention, à la croisade antijésuitique », et il ajoutait : « Laissons toute liberté au pinceau de M. Eugène Sue. »

Quel moyen, du reste, n'était bon, du moment où il s'agissait de combattre ces religieux ? Tout servait de prétexte : témoin le procès Affnaer. Cet Affnaer était un fripon vulgaire qui, employé à l'économat des Jésuites, leur avait escroqué 200,000 francs. Dénoncé et arrêté, il tâcha d'exploiter en sa faveur les passions régnantes et se mit à calomnier ceux qu'il venait de voler. La presse accueillit ce concours déshonorant et, sur la foi du misérable, prétendit dévoiler les mystères de la fortune et de l'organisation intérieure de la compagnie. Cette fantasmagorie dut s'évanouir au plein jour des débats publics. Mais la condamnation, prononcée le 9 avril 1845, n'en fut pas moins l'occasion d'un redoublement d'attaques : s'être laissé escroquer et surtout s'être plaint, c'était, disait-on, braver insolemment une législation qui ne permettait aux Jésuites ni de posséder ni même d'exister. Un cri s'éleva, demandant qu'il fût mis un terme à ce scandale. Quelques jours après le jugement, à propos d'une pétition des catholiques marseillais contre les cours de MM. Quinet et Michelet, M. Cousin déclara, à la Chambre des pairs, que le vrai désordre n'était pas ce qui se passait au Collège de France, mais l'existence des Jésuites en violation des lois : il demanda l'exécution de ces lois; puis, après avoir accompli un tel acte de courage, il s'écria d'un ton tragique qui fit sourire l'assemblée : « Je n'hésite pas à me déclarer l'adversaire de cette corporation : il m'en arrivera ce qui pourra! » M. Martin du Nord se borna à répondre vaguement qu'il y avait bien d'autres associations non autorisées, qu'il convenait d'apprécier les faits et de ne pas céder à des impatiences irréfléchies. La Chambre haute, peu disposée à suivre le véhément philosophe, se contenta de cette défaite. Mais ce n'était qu'une escarmouche préliminaire : une plus grosse bataille se préparait dans l'autre Chambre.

XII

L'opposition n'avait pas retiré de l'affaire Pritchard les avantages espérés; le ministère, un moment ébranlé au début de la session de 1845, s'était encore une fois raffermi. Ce fut sous l'impression de ce désappointement et par besoin de chercher un autre terrain d'attaque, que les adversaires de

M. Guizot se trouvèrent ramenés à ces questions religieuses où ils avaient déjà fait une première excursion, à la fin de la session précédente, lors du rapport de M. Thiers. De ce rapport, il n'était plus parlé, et personne ne songea à en demander la discussion. Le bruit grandissant qui se faisait autour des Jésuites parut une indication du point où l'on pouvait utilement porter l'effort. Dans une conférence à laquelle prirent part MM. Thiers, Odilon Barrot, Dupin, de Rémusat, de Beaumont, de Malleville, Billault, Duvergier de Hauranne et quelques autres, il fut décidé d'interpeller le gouvernement sur la situation de la Compagnie de Jésus. Toutefois, quand il s'agit de décider qui porterait la parole, chacun, trouvant au fond la besogne peu glorieuse, invoqua quelque raison pour s'en dispenser : peu s'en fallut que l'affaire ne tombât à l'eau, faute d'interpellateur. M. Thiers alors se proposa : il n'est pas besoin de dire que son offre fut acceptée avec enthousiasme[1]. Ce n'était pas sans hésitation et sans répugnance qu'il s'engageait dans cette voie. Les Jésuites en eux-mêmes lui étaient absolument indifférents. « Je ne pense pas d'eux tout le mal qu'on en dit, déclarait-il, en 1844, dans un des bureaux de la Chambre ; il y a là-dessus beaucoup d'exagération. » Et, dans son rapport, il avait affirmé « n'être pas animé, à l'égard de ces religieux, d'un petit esprit de calomnie et de persécution ». Au pouvoir, il leur avait été plutôt bienveillant. Mais, en sommant le ministère d'agir contre eux, il croyait le placer dans l'alternative embarrassante et périlleuse, soit de se poser en protecteur des Jésuites devant l'opinion ameutée, soit de commencer une persécution moralement et peut-être juridiquement impraticable. C'était assez pour triompher de ses scrupules.

M. Guizot n'avait consenti qu'à regret, dans le projet de 1844, à interdire l'enseignement aux congrégations ; au moins s'était-il flatté que, moyennant cette sorte de rançon, la Compagnie de Jésus ne serait pas inquiétée dans son existence. Il

---

[1] *Notes inédites de M. Duvergier de Hauranne.*

l'avait dit alors, et d'autres défenseurs du projet, M. Portalis par exemple, l'avaient répété. Or voilà que les ennemis des Jésuites, encouragés et non désarmés par cette concession, manifestaient des exigences plus grandes. Quelque temps, le ministre avait espéré pouvoir les éluder : « Il y a une forte tempête, disait-il au P. de Ravignan; je m'y opposerai. J'ai parlé au Roi, au conseil. Il ne faut pas commettre une grande injustice. Aucune mesure n'a été prise. Laissons passer le flot. » Mais ce flot grossissait chaque jour davantage. Quand il fut connu que M. Thiers était décidé à parler, le ministère fut bien obligé de s'avouer qu'il n'y avait plus moyen de faire la sourde oreille. Quel parti prendre? Défendre, sinon les Jésuites, du moins leur liberté, se mettre hardiment en travers du préjugé et de la passion, c'eût été une noble et peut-être habile politique; elle était en tout cas conforme aux sympathies personnelles de M. Guizot. Mais, après ce qui s'était passé depuis quatre ans, pouvait-on s'attendre à voir le gouvernement la pratiquer? Il croyait les esprits si montés, il craignait tant d'être, sur cette question, abandonné par ses propres amis, qu'il jugeait toute résistance de front impossible, périlleuse pour la religion, mortelle peut-être pour la dynastie; il lui semblait que la monarchie de Juillet serait compromise, comme l'avait été celle de Charles X, si elle s'associait ainsi à une cause impopulaire, et Louis-Philippe déclarait ne pas vouloir « risquer sa couronne pour les Jésuites ». O brièveté de la sagesse politique, quand elle prétend discerner ce qui perd et ce qui sauve les pouvoirs! On jetait des religieux par-dessus bord pour alléger le navire qui portait la fortune de la monarchie; et quand, peu après, soufflera la tourmente, ce sera ce grand et beau navire qui sombrera, tandis que la petite barque des Jésuites arrivera au port; la révolution qui jettera la famille d'Orléans en exil fera disparaître, au moins pour quelque temps, les derniers vestiges de proscription pesant sur la Compagnie de Jésus, et M. Thiers lui-même proclamera, devant le pays, cette sorte d'émancipation.

Si le gouvernement ne croyait pas pouvoir défendre les

Jésuites, il était cependant bien résolu à ne pas s'engager dans une de « ces luttes du pouvoir civil contre les influences religieuses », qui, suivant la parole de M. Guizot, « prennent aisément l'apparence et aboutissent souvent à la réalité de la persécution ». Sur ce point, sa prudence ne parlait pas moins haut que sa justice. Rien de plus aisé que de pérorer sur les « lois du royaume » frappant la Compagnie de Jésus; rien de plus incertain, de plus difficile et de plus périlleux que de les appliquer, pour un gouvernement dont l'honneur était de ne pouvoir et de ne vouloir jamais faire acte d'arbitraire. D'ailleurs, M. Guizot savait bien que, si M. Thiers le poussait dans cette aventure, ce n'était pas avec l'espérance de l'en voir sortir; il comprenait que l'opposition lui tendait un piège où elle comptait enlever au ministère la vie et l'honneur. Ne trouverait-on donc pas quelque moyen détourné et pacifique de supprimer en quelque sorte la matière du conflit? Déjà plusieurs fois, pendant les dernières années, on avait demandé, en vain, il est vrai, aux évêques de sacrifier eux-mêmes les Jésuites. Ce que les évêques refusaient, n'y aurait-il pas chance de l'obtenir du Pape? Le gouvernement résolut de l'essayer, imitant l'exemple de la Restauration qui, lors des ordonnances de 1828, dans une situation analogue, s'était adressée à Rome pour sortir de peine [1]. Nous ne blâmons ni le procédé, ni l'intention; M. Guizot a déclaré plus tard n'avoir agi que « dans l'intérêt de la liberté d'association et d'enseignement » qui eût souffert d'une intervention directe de l'autorité civile, tandis que « porter la question devant le pouvoir spirituel, supérieur religieux des Jésuites, c'était faire appel à la liberté même et aux concessions volontaires [2] ». Seulement, quand on voit tous les gouvernements, à tour de rôle, provo-

---

[1] On pourrait noter, du reste, entre les deux époques, des analogies curieuses. En 1828, le négociateur français fut, comme en 1845, un personnage d'origine italienne, M. Lasagni, jurisconsulte éminent qui a laissé les meilleurs souvenirs dans la magistrature française. Les résultats de la négociation, la conduite de la cour romaine et du gouvernement français, l'imbroglio qui en résulta, furent à peu près les mêmes dans les deux cas.

[2] Lettre au R. P. Daniel (*Études religieuses*, septembre 1867).

quer ainsi eux-mêmes la papauté à régler la conduite du clergé et des catholiques dans les affaires françaises, peut-on ensuite leur reconnaître grand droit à se plaindre de ce qu'ils appellent les progrès de l'ultramontanisme ?

Dès que l'idée de ce recours à Rome s'était présentée à l'esprit de M. Guizot, il avait choisi *in petto* son négociateur : c'était M. Rossi. Ce personnage s'était distingué, à la Chambre des pairs, dans la discussion de 1844, où il avait pris adroitement position entre M. de Montalembert et M. Cousin, visant évidemment à la succession de M. Villemain, compromis et usé. Il n'eut pas le portefeuille : l'ambassade de Rome lui échut à la place. La Providence, qui se joue des calculs les plus habiles, le conduisait ainsi à une destinée qu'il eût été alors le dernier à prévoir : envoyé à Rome pour y arracher, au nom des préjugés voltairiens et de la timidité ministérielle, le sacrifice des Jésuites, il devait y rester pour succomber martyr de l'indépendance pontificale et dire en allant au-devant des assassins : « Qu'importe, la cause du Pape est la cause de Dieu ! » Existence singulière entre toutes que celle de cet Italien au pâle visage, au regard de lynx, au profil d'aigle, si souvent transplanté et déraciné, poussé par les hasards de la vie dans les pays les plus divers, les sociétés les plus dissemblables, chaque fois y reconstruisant à nouveau l'édifice de sa fortune, et partout, en dépit de difficultés souvent immenses, s'élevant au premier rang ! Jeune homme, à Bologne, il est à la tête du barreau. Émigré en 1815, il se réfugie à Genève ; professeur, député, il devient l'homme le plus important de la république. 1830 l'appelle en France : accueilli d'abord par les sifflets des étudiants, il est, au bout de peu d'années, pair de France, membre de l'Institut, doyen de la Faculté de droit, ambassadeur et comte. En 1848, il perd tout ; il reçoit ce coup avec le sang-froid d'un joueur pour lequel la fortune n'a plus de surprises ; ce sexagénaire change une fois de plus de patrie et recommence une nouvelle carrière ; ministre de Pie IX, il rencontre, pour couronner et ennoblir une existence où l'ambition avait paru parfois tenir plus de place que le sacrifice, l'héroïsme tragique de sa mort. Vie plus agitée et plus remplie que féconde, où les événements semblent n'avoir jamais permis à M. Rossi de donner sa mesure : il n'en a pas moins laissé à ceux qui l'ont approché, l'impression d'un homme d'État qui eût été égal aux plus grands rôles, et l'histoire doit reconnaître en lui le dernier descendant de ces politiques que jadis l'Italie donnait ou plutôt prêtait aux autres nations.

Ce fut le 2 mars 1845 que le gouvernement accrédita M. Rossi auprès du Pape, avec mission d'obtenir la dissolution et la dispersion des Jésuites en France. Ce choix, qui surprit à Paris, déplut à Rome, où l'on fit tout d'abord très froid accueil à l'envoyé français. Son passé, sa qualité d'émigré, son mariage avec une protestante, son indifférence notoire dans les questions religieuses, tout en lui était fait pour éveiller les ombrages de la cour et de la société pontificales. Mais il n'était pas de ceux qu'une telle réception pouvait démonter. Que de fois n'avait-il pas dû se pousser dans des milieux hostiles! Il avait l'art de plaire avec souplesse et dignité, la hardiesse sensée, la sagacité froide et prompte, et, dans la volonté comme dans l'action, une persévérance impassible qui donnait bientôt aux autres le sentiment qu'il finirait par l'emporter. Il avait aussi cette patience qui est peut-être la qualité la plus nécessaire pour traiter avec Rome; deux mois durant, il resta dans une sorte d'inaction, laissant les mauvaises volontés s'émousser, les curiosités ou les prudences s'étonner, puis s'inquiéter de son silence, travaillant seulement à se faire sous main des amis dans la prélature et la curie.

Pendant ce temps, les événements se précipitaient à Paris. L'interpellation était annoncée pour le 2 mai, et l'approche de ce jour avivait encore la polémique. M. Thiers avait cette fortune étrange de voir la campagne qu'il dirigeait en réalité contre le ministère, secondée passionnément par le principal organe de ce ministère. Le *Journal des Débats,* en effet, dépassait en violence toutes les feuilles de gauche, traitant les Jésuites « d'hypocrites patentés, de marchands d'indulgences, de pourvoyeurs d'absolutions, de colporteurs de pieuses calomnies ». « Vous êtes, leur criait-il, un monument vivant du mépris de la loi; rien qu'à ce titre, je vous repousse; car vous n'êtes pas des proscrits honteux qui cachent leur nom et qui implorent la générosité d'un adversaire. » Ces excitations n'étaient pas sans produire quelque émotion dans le populaire : des placards injurieux et menaçants étaient collés sur la porte des Jésuites; des bruits d'émeute circulaient dans certains quartiers; la police avait dû se mettre sur ses gardes.

Enfin, au jour fixé, M. Thiers monta à la tribune, pour demander « l'exécution des lois de l'État à l'égard des congrégations religieuses ». Il fut courtois et relativement modéré dans la forme, par souci évident de se distinguer de ceux avec qui il faisait campagne. Remontant jusqu'à l'ancien régime, il prétendit rechercher quelles lois étaient applicables contre les Jésuites. Malgré la clarté habituelle de son talent, il ne resta de sa longue dissertation qu'une impression confuse et incertaine. Sa gêne fut plus grande encore, quand il fallut donner la raison de fait qui justifiait l'application de la loi. Il n'en indiqua pas d'autre que la lutte soutenue par les évêques contre l'Université. Mais pourquoi frapper les Jésuites, non les évêques? C'est, disait l'orateur, que les Jésuites « étaient *probablement* les auteurs du trouble ». A l'égard du gouvernement, il affecta de vouloir uniquement lui venir en aide; il n'ignorait pas qu'il est aussi fatal à un cabinet de se laisser protéger que de se laisser vaincre par l'opposition; de telles protestations lui paraissaient d'ailleurs le meilleur moyen de cacher le piège qu'il tendait. Deux procureurs généraux appuyèrent M. Thiers : celui de la Cour de cassation, M. Dupin, et celui de la cour royale de Paris, M. Hébert. Le premier, tout meurtri encore de la condamnation récente du *Manuel*, soutenait presque une cause personnelle : on le vit à l'amertume vulgaire de son langage. La gauche, par l'organe de son chef, n'exprima qu'un regret : c'est qu'on voulût encore garder des ménagements et qu'on s'en prît seulement aux Jésuites. La cause de la liberté était perdue d'avance : toutefois elle fut défendue par M. de Lamartine avec quelque incohérence, par

M. de Carné avec une vaillante droiture, par M. Berryer avec une puissance éloquente. C'était la première fois que le grand orateur légitimiste intervenait dans la campagne de la liberté religieuse. Il sentait combien ce débat était supérieur à la plupart de ceux auxquels il se mêlait d'ordinaire, et il en était ému. Le P. de Ravignan, qui était allé le voir le matin, l'avait trouvé se promenant dans sa chambre. « Ah! sans doute, s'écria Berryer, la cause est perdue, et cependant elle sera gagnée. Pour le présent, je suis désespéré; je vois d'ici tous ces hommes au parti pris d'avance, comme un mur de marbre devant moi. Seulement, je suis indigne d'être l'avocat d'une pareille cause; ne me remerciez pas, mais priez pour moi. » Dans le parti catholique, certains ne voyaient pas sans quelque inquiétude l'intervention de M. Berryer : on craignait qu'il ne cherchât à rattacher la cause de la liberté religieuse à celle de son parti politique. Il n'en fit rien; il parla en libéral, en jurisconsulte, en chrétien, s'appliquant à montrer, avec une vigueur lumineuse, quelle était la situation des congrégations d'après les lois et d'après notre droit public : réfutation souveraine, et l'on peut dire définitive, de tous ceux qui, alors ou depuis, ont prétendu évoquer, contre les Ordres religieux, les vieilles lois de proscription. Pour dissimuler ce que la politique du gouvernement avait, en cette circonstance, de timide et d'un peu subalterne, il eût fallu la grande et haute parole de M. Guizot : mais celui-ci était alors malade au Val-Richer. M. Martin du Nord le remplaça. On sentait que son honnêteté eût désiré résister, mais qu'il se croyait obligé de céder du moment où l'exigence devenait trop vive. Il accepta pleinement la thèse juridique de M. Thiers. A peine essaya-t-il quelques atténuations, en ce qui touchait les reproches faits au clergé. En fin de compte, il se borna à prier qu'on ne le forçât pas à aller trop vite et qu'on lui laissât le choix des moyens; il indiqua d'ailleurs lequel il emploierait d'abord : « Je crois, disait-il, que, s'il est possible d'arriver à une mesure quelconque de concert avec l'autorité spirituelle, ce concours offrira des avantages incontestables. »

M. Thiers, convaincu qu'on échouerait à Rome, n'éleva pas d'objection : seulement il précisa impérieusement que, « quel que fût le résultat des négociations, les lois seraient appliquées », et le ministre, toujours docile, adhéra à cette déclaration.

Le cabinet aurait désiré que la discussion se terminât par l'ordre du jour pur et simple : il n'osa le demander et subit un ordre du jour imposé par M. Thiers et ainsi motivé : « La Chambre, se reposant sur le gouvernement du soin de faire exécuter les lois de l'État, passe à l'ordre du jour. » Une trentaine de députés furent seuls à protester. Les conservateurs votèrent en masse avec la gauche. Plusieurs en souffraient. « Je rougis, disait l'un d'eux à M. Beugnot, du rôle que le ministère nous a fait jouer. » Quant au gouvernement, il s'était fait une idée telle du péril, qu'il se déclara satisfait du résultat. « Vous appelez cela une défaite, disait le Roi au nonce. En effet, dans d'autres temps, c'en eût été une peut-être ; aujourd'hui, c'est un succès, grâce aux fautes du clergé et de votre cour. Nous sommes heureux de nous en être tirés à si bon marché [1]. » L'opposition ne s'employait pas pourtant à diminuer, pour le ministère, les humiliations de la capitulation. Dès le lendemain, le journal de M. Thiers, le *Constitutionnel*, notait que « l'opposition avait fait une fois de plus l'office de gouvernement ». Le cabinet, ajoutait-il, « a trouvé la Chambre plus redoutable encore que les Jésuites ; il aura contre les Jésuites le courage du poltron acculé à l'abîme ». M. Thiers trouvait-il le plaisir de sa victoire sans mélange ? Certaines paroles un peu inquiètes de la fin de son discours laissaient entrevoir chez lui comme une impression tardive de ce que cette campagne avait de peu honorable et de dangereux. En somme, triste discussion ; les témoins observèrent que, pendant ces deux jours, la Chambre avait été visiblement « mal à l'aise, indécise, étonnée de sa froideur et de sa gêne », et l'abbé Dupanloup put écrire : « On voulait du bruit, du scandale, une mani-

---

[1] Guizot, *Mémoires*, t. VII, p. 413.

festation ; on a eu tout cela ; mais on en a été médiocrement satisfait ; c'est un spectacle curieux aujourd'hui d'étudier l'embarras où cette discussion laisse tout le monde [1]. »

Ceux qui souffraient le moins de cet embarras étaient les catholiques. Ils croyaient entrer dans « l'ère de la persécution » ; mais leur courage ne s'en troublait pas. Ils n'en étaient plus à ces époques de timidité plaintive où, devant une menace, ils ne savaient guère que gémir aux portes d'un palais. C'était sur la place publique qu'ils étaient résolus à porter leurs réclamations et leur résistance. En dépit de leur petit nombre, de l'impopularité trop réelle attachée à ce nom de Jésuite sur lequel ils étaient réduits à livrer la bataille, ils semblaient éprouver un frémissement joyeux à la pensée de paraître, devant l'opinion et devant la justice, comme les confesseurs de la liberté religieuse ; ils espéraient même, à la faveur de ce rôle, rompre cette tradition d'impopularité. Du reste, pas de divergence parmi eux. Laïques, évêques, congréganistes de tous les Ordres, étaient d'accord pour se défendre par les armes du droit commun. Mgr Parisis « conjurait » publiquement les religieux menacés de ne « faire aucune concession » et de « subir tous les genres de persécution, plutôt que de sacrifier le principe de liberté qui est humainement aujourd'hui le boulevard de l'Église » ; et il ajoutait : « Plutôt cent ans de guerre que la paix à ce prix [2]. » Les Jésuites de France étaient pleinement entrés dans ces sentiments. Appuyés sur une consultation qui établissait leur droit et la manière de le faire sauvegarder par les tribunaux, ils avaient envoyé à toutes leurs maisons, pour le cas où le pouvoir voudrait y porter la main, un programme de résistance légale et des formulaires de protestation où ils tenaient ce viril et libéral langage :

« Français, jouissant des droits de la cité, nous invoquons l'appui protecteur des lois communes à tous, et nous protestons, avec toute l'énergie de notre conscience, contre une violation inexplicable des droits religieux et des garanties consti-

---

[1] *Des associations religieuses* (1845).
[2] *Un mot sur les interpellations de M. Thiers* (juin 1845).

tutionnelles les plus avérées. Nous ne pouvons croire que des clameurs aveugles et un nom calomnié, sans coupables désignés, sans délit imputé, sans un fait articulé, suffisent, dans un pays libre, pour faire expulser et proscrire des religieux, des prêtres, des Français, égaux devant la loi à tous les autres Français. » Les catholiques ne se contentaient pas de préparer la défensive, ils prenaient hardiment l'offensive. En même temps que plusieurs évêques protestaient publiquement, MM. de Montalembert, Beugnot et de Barthélemy soulevaient la question devant la Chambre des pairs (11 et 12 juin 1845). Tous trois, le premier avec un éclat de passion dédaigneuse et vengeresse, le second avec un grand sens politique, le troisième avec une connaissance étendue du problème juridique, mirent en vive lumière l'inanité des griefs allégués contre la Compagnie de Jésus, l'illégalité et le péril des mesures qu'on voulait prendre contre elle. Ils flétrirent la conduite de l'opposition libérale, donnant un démenti à tous ses principes, et aussi la faiblesse du ministère, livrant la liberté religieuse à des passions qui n'étaient ni les siennes ni même celles de ses amis, mais celles de ses ennemis. Le ministre des cultes, obligé de dire pourquoi il s'en prenait aux Jésuites, ne sut guère leur reprocher que « d'être venus hautement, à la face du pays, déclarer ce qu'ils étaient [1] ». Singulier grief, en vérité, dans un temps de publicité, et tout au moins fort différent du reproche de dissimulation qu'on adressait d'ordinaire à ces religieux.

L'attitude prise par les catholiques faisait désirer plus vivement encore au gouvernement que la cour de Rome le tirât de l'impasse où il s'était fourvoyé. De ce côté, étaient son unique ressource et son espoir. « Je compte beaucoup sur le Pape, disait M. Martin du Nord à un évêque vers le milieu de juin; je parierais trois contre un qu'il tranchera la difficulté. » Au

---

[1] A la même époque, dans un mémorandum adressé à la cour romaine, M. Rossi reprochait aux Jésuites « la confiance inexplicable avec laquelle ils avaient déchiré le voile qui les couvrait et avaient voulu que leur nom vînt se mêler à la discussion des affaires du pays ».

contraire, ni les catholiques ni les opposants de gauche ne croyaient au succès de M. Rossi. De temps à autre, le *Constitutionnel* annonçait, avec une satisfaction non dissimulée, que la négociation ne marchait pas. Le 2 juillet 1845, l'*Univers* recevait une lettre de Rome, en date du 20 juin, faisant savoir que la congrégation des affaires ecclésiastiques avait repoussé la demande du gouvernement français et que, « dès ce moment, la mission de M. Rossi était terminée ». La plupart des journaux acceptèrent cette nouvelle comme officielle, et le *Constitutionnel* publia, le 5 juillet, un grand article où il triomphait, contre le ministère, de l'échec des négociations, et le menaçait, s'il n'agissait pas directement contre les Jésuites, d'une injonction explicite dans la prochaine adresse. Telle était la situation quand, le lendemain, 6 juillet, le *Moniteur* publia la note suivante : « Le gouvernement du Roi a reçu des nouvelles de Rome. La négociation dont il avait chargé M. Rossi a atteint son but. La congrégation des Jésuites cessera d'exister en France et va se disperser d'elle-même ; ses maisons seront fermées, et ses noviciats seront dissous. » La surprise et l'émotion furent vives, les catholiques consternés, les opposants déroutés, les ministériels triomphants. On n'y comprenait rien. Que s'était-il donc passé à Rome ?

XIII

M. Rossi était sorti de sa réserve après l'interpellation de M. Thiers[1]. La discussion et le vote de la Chambre lui avaient

[1] Sur les faits assez obscurs de cette négociation, on peut consulter d'une part les *Mémoires de M. Guizot*, t. VII, qui renferment des extraits précieux de la correspondance diplomatique, et d'autre part : *La liberté d'enseignement, les Jésuites et la cour de Rome en 1845, lettre à M. Guizot sur un chapitre de ses Mémoires*, par le P. Ch. Daniel, qui contient comme annexe une *Note* importante du P. Rubillon; la *Vie du P. de Ravignan*, par le P. de Pontlevoy; la *Vie du P. Guidée*, par le P. Grandidier; l'*Histoire de la Compagnie de Jésus*, par M. Crétineau-Joly, t. VI; la *Vie du cardinal de Bonnechose*, par Mgr Besson. C'est en rapprochant ces renseignements, venus en quelque sorte des deux partis

servi d'argument auprès du Pape. Tracer un tableau plus menaçant qu'exact des passions soulevées contre les Jésuites, sans prendre du reste à son compte les reproches adressés à cet Ordre; faire entrevoir les plus grands périls pour la religion, notamment la dissolution légale de toutes les congrégations et même le schisme, si l'on ne faisait pas quelque sacrifice aux préjugés régnants; insinuer que ce sacrifice ne serait que temporaire, et qu'on se contenterait d'une « sécularisation de six mois »; faire miroiter, comme compensation, toutes sortes de faveurs pour le clergé, la solution de la question d'enseignement et la modification des articles organiques, — tels furent les moyens par lesquels le négociateur chercha à agir sur Grégoire XVI et sur son entourage. D'abord insinuant, il prit peu à peu un ton plus raide. De Paris, le Roi le secondait : « Savez-vous ce qui arrivera, disait Louis-Philippe au nonce, si vous continuez de laisser marcher et de marcher vous-même dans la voie où l'on est? Vous vous rappelez Saint-Germain l'Auxerrois, l'archevêché saccagé, l'église fermée pendant plusieurs années. Vous reverrez cela pour plus d'un archevêché et d'une église. Il y a, me dit-on, un archevêque qui a annoncé qu'il recevrait les Jésuites dans son palais, si l'on fermait leur maison. C'est par celui-là que recommencera l'émeute. J'en serai désolé; ce sera un grand mal et un grand embarras pour moi et pour mon gouvernement. Mais, ne vous y trompez pas, je ne risquerai pas ma couronne pour les Jésuites; elle couvre de plus grands intérêts que les leurs. Votre cour ne comprend rien à ce pays-ci, ni aux vrais moyens de servir la religion [1]. » Au fond, le Roi ne croyait probablement pas la situation aussi mauvaise, et surtout il n'était nullement disposé à laisser faire l'émeute, comme en 1831; mais il jugeait utile d'effrayer.

Blessé de la pression qu'on prétendait exercer sur lui, Gré-

---

en présence, qu'on se fait une idée un peu exacte de ce qui s'est passé. Les documents qui vont être cités où analysés se trouvent dans ces diverses publications. J'y ai ajouté quelques pièces inédites dont communication m'a été donnée.

[1] *Mémoires de M. Guizot*, t. VII, p. 413.

goire XVI était en même temps troublé des éventualités dont on le menaçait. Le vieux pontife et ses conseillers, tous hommes d'un autre temps, ne se sentaient pas sur un terrain connu et sûr, quand il leur fallait prendre un parti au sujet de la France de 1830. Leur finesse italienne pressentait une exagération dans les paroles de M. Rossi; mais comment discerner l'exacte vérité, au milieu de ces batailles de presse et de parlement si étrangères à leurs mœurs? Comment mesurer la force réelle de cette opinion publique avec laquelle leur chancellerie n'était pas accoutumée à traiter? Ils entendaient bien les catholiques de France les conjurer de tout refuser, et n'auraient pas voulu les contrister; mais ils ne pouvaient s'empêcher de trouver un peu étrange et inquiétante leur manière de défendre la religion. On avait remarqué que, malgré certaines sollicitations, le Pape n'avait jamais voulu approuver ni encourager la conduite du nouveau parti religieux [1], et M. Rossi savait bien toucher la corde sensible, quand il répétait à tout propos que ce parti était « *la coda di Lamennais* ». De plus, le gouvernement pontifical, sachant gré à la monarchie de Juillet du mal qu'elle n'avait pas fait et de celui qu'elle avait empêché après 1830, désirait la ménager par prudence autant que par justice, par prévoyance autant que par gratitude. Pour tous ces motifs, il était, en face de la demande qui lui était adressée, indécis et anxieux; il usait alors de sa ressource habituelle en pareil cas : il ne disait rien et attendait.

Le ministère français, qui ne pouvait s'accommoder de ce silence, devint plus pressant. La congrégation des affaires ecclésiastiques fut alors convoquée; à l'unanimité, elle décida que le Pape ne pouvait accorder ce qui lui était demandé. C'est la délibération que, quelque temps après, faisait connaître l'*Univers*. Était-ce donc un échec complet pour M. Rossi? Une

---

[1] A plusieurs reprises, les évêques français avaient consulté Rome sur la façon dont ils prenaient part aux débats sur la liberté religieuse. Rome avait refusé de répondre. Mgr Parisis s'est plaint avec vivacité de ce silence, dans une lettre considérable, adressée à un prélat romain, le 1er novembre 1845. Cette lettre n'a pas été publiée, mais nous en avons eu le texte sous les yeux.

mesure aussi extrême et aussi absolue n'eût pas été dans les traditions de la diplomatie pontificale. En même temps qu'on sauvegardait le principe par la décision de la congrégation, on donnait à entendre au négociateur français que, si le Pape ne devait rien ordonner, il serait probablement possible d'obtenir des Jésuites eux-mêmes quelques concessions volontaires. C'était inviter ceux qui faisaient un crime aux religieux d'avoir un supérieur étranger, à invoquer l'autorité de ce supérieur. Mais M. Rossi était tenu de réussir à tout prix : il savait que son gouvernement, sans passion propre en cette affaire, serait heureux de tout expédient qui, à défaut d'un succès réel, en donnerait l'apparence, permettrait de déjouer la tactique de M. Thiers, et tirerait tant bien que mal les ministres d'embarras. Il accepta donc avec empressement l'ouverture qui lui était faite. Ses demandes, bien moins absolues qu'au début, finirent par se réduire à ceci : « que les Jésuites se missent dans un état qui permît au gouvernement de ne pas les voir, et qui les fît rester inaperçus, comme ils l'avaient été jusqu'à ces dernières années. » Le cardinal Lambruschini, secrétaire d'État, estima un accord possible sur ce terrain : « Les maisons peu nombreuses, disait-il, pourraient très facilement être inaperçues; les grandes et celles qui sont placées dans les localités où les passions sont trop violentes, seraient réduites à un petit nombre d'individus. » De son côté, le P. Roothaan, général de la congrégation, déjà travaillé par plusieurs intermédiaires, notamment par l'abbé de Bonnechose, depuis cardinal, était préparé à entrer dans cette voie. Seulement, tandis que le Pape désirait que les concessions parussent un acte volontaire du général, celui-ci se préoccupait de dégager sa responsabilité, en ayant sinon un ordre, du moins un conseil du pontife. Il reçut ce conseil[1].

---

[1] M. Crétineau-Joly a prétendu que le Pape n'avait pas voulu donner un conseil aux Jésuites. Nous ne voulons pour preuve du contraire que ce passage d'une lettre écrite par le Père général au P. de Ravignan : « Le Seigneur ne permettra pas qu'un parti *conseillé* et *suggéré* par le *Souverain Pontife* tourne contre nous. » (*Vie du P. de Ravignan*, par le P. DE PONTLEVOY, t. 1ᵉʳ, p. 332.)

Dès le 13 juin, au lendemain de la réunion de la congrégation des affaires ecclésiastiques, deux cardinaux s'étaient rendus chez le P. Roothaan et l'avaient engagé, de la part de Grégoire XVI, à faire quelques sacrifices pour avoir la paix et pour laisser passer la tourmente. Le général invita aussitôt les supérieurs français à disperser les maisons de Paris, Lyon et Avignon. A la suite d'une nouvelle démarche faite par d'autres cardinaux, le 21 juin, il ajouta la maison de Saint-Acheul et les noviciats trop nombreux. « Nous devons, écrivait-il, tâcher de nous effacer un peu, et expier ainsi la trop grande confiance que nous avons eue à la belle promesse de liberté qui se trouve dans la Charte et qui ne se trouve que là. » Il n'était du reste question que de déplacer des religieux, nullement de fermer des maisons : l'existence de la compagnie en France ne recevait aucune atteinte. A ceux qui lui demandaient davantage, le général répondit que des mesures plus radicales dépassaient son pouvoir, et qu'il faudrait un ordre du Pape. Cet ordre ne vint pas.

Tel fut le dernier mot des concessions faites par les Jésuites, fort différent, on le voit, de la note du *Moniteur*. Cette note avait été rédigée sur une dépêche de M. Rossi, qui disait seulement : « Le but de la négociation est atteint... La congrégation va se disperser d'elle-même, les noviciats seront dissous, et il ne restera dans les maisons que les ecclésiastiques nécessaires pour les garder, vivant d'ailleurs comme des prêtres ordinaires. » Dans sa préoccupation de frapper plus vivement le monde parlementaire, le rédacteur de la note officielle n'avait pas voulu voir que, si M. Rossi parlait de « congrégation dispersée » et de « noviciats dissous », il ne parlait pas de « congrégation cessant d'exister » et de « maisons fermées ». La dépêche elle-même, bien que moins brutalement inexacte, dépassait cependant, sur certains points, les concessions consenties par le P. Roothaan. Ce dernier malentendu tenait sans doute à ce que M. Rossi n'avait voulu traiter avec les Jésuites que par intermédiaires. L'envoyé français n'en était pas du reste seul responsable, car il avait lu, à deux reprises, sa dépêche au cardinal Lambruschini qui l'avait approuvée, après discussion. Le secrétaire d'État ne devait pas ignorer que le Père général n'avait pas autant concédé. Pourquoi donc n'avait-il pas signalé l'erreur? Était-ce de sa part timidité ou finesse? Avait-il craint le conflit qu'aurait pu provoquer une trop pleine lumière? Avait-il considéré que cet éclaircissemnnt ne rentrait pas dans son rôle qui était celui d'un témoin, non d'un acteur direct? Avait-il cru deviner qu'après tout notre négociateur aimait mieux un malentendu dont on verrait plus tard à se tirer, qu'un échec immédiat? Avait-il pressenti que les religieux menacés gagneraient plus qu'ils ne perdraient dans la confusion de cet imbroglio? On ne saurait le dire. Interrogé ultérieurement par les Jésuites français, il tenta de justifier sa conduite, dans une dépêche au nonce du Pape à Paris[1] : il y prouva facilement qu'il n'avait jamais connu ni accepté la note du *Moniteur;* mais, sur l'approbation donnée par lui à la dépêche du négociateur français, ses explications n'éclaircirent rien. M. Rossi était bien Italien, et il l'avait montré dans cette affaire. Peut-être le cardinal Lambruschini ne l'était-il pas moins.

XIV

Dès le lendemain de la note du *Moniteur,* les journaux catholiques recevaient de Rome des nouvelles qui leur permettaient d'en contester l'exactitude. Seulement, ils ne savaient, au sujet de la négociation, que ce que les Jésuites pouvaient leur en apprendre; ils ignoraient quel avait été au juste le rôle de la cour romaine; celle-ci gardait le silence; ce qu'elle avait voulu, c'était la pacification, et elle redoutait sans doute de la voir compromise, si l'on arrivait trop tôt à préciser le malentendu. Les autres journaux pressentaient bien qu'il y avait là quelque équivoque, peut-être une sorte de mystifica-

---

[1] Voir le texte complet de cette dépêche, dans la *Vie du P. Guidée,* par le P. Grandidier, p. 254 à 257.

tion : mais qui en était victime? Le ministère lui-même aurait été bien gêné de faire pleine lumière et surtout de justifier la rédaction de sa note. Interrogé, à la Chambre des pairs, par M. de Boissy, le 16 juillet 1845, M. Guizot resta dans les généralités, rendant hommage à la sagesse du Pape, même à celle des Jésuites, et M. de Montalembert, tout frémissant et irrité qu'il fût, déclara n'avoir pas de données assez certaines pour contredire les assertions ministérielles. Du reste, la fin de la session vint bientôt dispenser le gouvernement de toute explication. En somme, malgré l'embarras que pouvait éprouver le cabinet, l'impression générale fut qu'il avait remporté un succès : il avait réussi là où l'on croyait qu'il échouerait. L'opposition en était toute désappointée. Comme naguère, lors du traité supprimant le droit de visite, ses prévisions étaient dérangées, ses manœuvres déjouées. M. Thiers, qui, au lendemain de son interpellation, croyait M. Guizot pris au piège, fut réduit à battre en retraite. Le terrain religieux ne lui était décidément pas propice; il se hâta de le quitter; du moment que les Jésuites ne lui servaient plus contre le cabinet, il n'avait aucun goût à s'en occuper davantage; il ne devait plus prononcer leur nom jusqu'au jour où, en 1850, il le fera pour les défendre. Quant à M. Guizot, il triomphait. « L'issue de l'affaire des Jésuites, écrivait-il à M. de Barante le 18 juillet, est une des choses qui, dans le cours de ma vie politique, m'ont donné le plus de sérieuse et profonde satisfaction, non seulement à cause de son importance parlementaire et momentanée, mais encore et surtout comme preuve que le bon pacte d'intelligence et d'alliance entre l'Église catholique et l'État constitutionnel peut être fondé et que la bonne politique peut réussir à se faire comprendre et accepter. L'œuvre sera difficile et longue; mais enfin la voilà commencée[1]. » Le ministre ajoutait, le 22 juillet, dans une lettre adressée à une de ses amies d'outre-Manche : « Londres et Rome, les deux capitales des deux grandes fois

---

[1] *Documents inédits.*

modernes, m'ont témoigné de la considération et de la confiance. J'en jouis beaucoup[1]. »

Toutes les difficultés cependant n'étaient pas résolues. Restait l'exécution matérielle des mesures annoncées par la note du *Moniteur*. Les Jésuites de France étaient prêts à obéir à leur supérieur, avec cet esprit de discipline qui est l'honneur et la force de leur compagnie; mais ils avaient la mort dans l'âme, presque la rougeur au front. Jamais la soumission n'avait été si dure à l'âme du P. de Ravignan; il disait « ne pouvoir plus se montrer à aucun des pairs de France, des députés et des avocats qui avaient préparé et approuvé la consultation de M. de Vatimesnil ». Dès le 10 juillet, ces religieux chargèrent le comte Beugnot de faire savoir au gouvernement que, « par un motif de paix » et en réservant leurs droits, ils étaient disposés à exécuter les instructions de leur général, mais rien de plus; au cas d'exigences plus grandes, « on serait, déclaraient-ils, nécessairement replacé sur le terrain des discussions et des résistances légales ». Le ministre ne fut pas satisfait : il lui fallait, conformément à la note du *Moniteur*, toutes les maisons fermées, ou du moins gardées chacune par trois religieux au plus, les noviciats dissous, sauf un pour les missions, les Jésuites n'existant plus à l'état de congrégation. Il ajouta cependant « qu'il ne voulait pas user de violence, et que, si les Jésuites ne s'exécutaient pas d'eux-mêmes, il adresserait ses plaintes au Pape, assuré d'en obtenir tout ce qu'il demanderait[2] ».

La difficulté se trouvait donc de nouveau reportée à Rome. M. Guizot sentait où était son point faible : il ne possédait aucune pièce écrite du gouvernement pontifical, à l'appui des affirmations de M. Rossi; aussi avait-il chargé ce dernier de tâcher d'en obtenir une, et avait-il suggéré, dans ce dessein, les procédés les plus ingénieux. Mais la cour romaine était sur ses gardes; elle répondit adroitement et poliment, sans se lais-

---

[1] *Lettres de M. Guizot à sa famille et à ses amis*, p. 230.
[2] Lettre du P. de Ravignan au Père général, 11 juillet 1843. (*Documents inédits.*)

ser surprendre la déclaration désirée, et en renvoyant soigneusement aux Jésuites eux-mêmes les remerciements qu'on lui adressait. D'ailleurs, elle témoignait alors un vif mécontentement des inexactitudes de la note du *Moniteur*. M. Rossi, interpellé, dut la désavouer et même faire savoir indirectement au couvent du *Gesù* qu'il ne fallait pas prendre à la lettre les termes de cette note. Interrogé d'un autre côté par les Jésuites de France, le cardinal Lambruschini leur faisait dire par le nonce qu'il n'avait jamais été question, à Rome, de consentir aux mesures indiquées par le *Moniteur*, et qu'à toute demande de ce genre, le Pape ferait une réponse négative. Sa dépêche se terminait par ces paroles : « Votre Excellence pourra dire aux Jésuites, sous forme de conseil, de s'en tenir à ce que le Père général leur écrira de faire; car ils ne sont pas obligés d'outrepasser les instructions de leur chef. » Or le P. Roothaan déclarait au P. de Ravignan que les sacrifices faits « étaient le *nec plus ultra* », et il ajoutait : « Si le gouvernement ne s'en contente pas, nous ferons valoir nos droits constitutionnels. » L'un de ses assistants, le P. Rozaven, écrivait à M. de Montalembert : « Nous imiterons M. Martin du Nord, qui se croise les bras et nous laisse agir. Nous croiserons aussi les bras et le laisserons venir. Quand on veut assassiner quelqu'un, il faut qu'on ait le courage d'immoler la victime; la prier de s'immoler elle-même, pour s'en épargner la peine, c'est pousser la prétention trop loin. »

Le gouvernement rencontrait donc une certaine résistance à Rome aussi bien qu'en France. Il essaya quelque temps d'en triompher, mais avec une mollesse dont il faut faire honneur à sa bienveillante prudence. D'ailleurs, pendant ce temps, les Chambres s'étaient séparées : les journaux parlaient d'autre chose. Le ministère, plus libre de suivre ses propres inspirations, renonça sans bruit aux mesures annoncées avec tant d'éclat dans le *Moniteur*, et finit par se contenter de celles qu'avait consenties le Père général. L'exécution, commencée en août, était terminée au 1er novembre : elle ne toucha que les maisons de Paris, Lyon, Avignon et les noviciats de

Saint-Acheul et de Laval. Il y eut des déplacements, des disséminations, des morcellements gênants, pénibles et coûteux pour la compagnie; mais pas un Jésuite ne quitta la France, pas une maison ne fut fermée : il s'en ouvrit au contraire de nouvelles[1]. M. Guizot laissa faire et n'exigea pas davantage. On ne devait revenir sur cette affaire, dans le Parlement, que deux ans plus tard. Le 10 février 1847, un député, M. de la Plesse, appuyé par M. Dupin, demanda où en étaient les « négociations commencées avec la cour de Rome, relativement à l'existence de certaine corporation religieuse ». M. Guizot se borna à répondre, en termes vagues, que les négociations continuaient, mais que le changement de pontificat les avait retardées. Aucune suite ne fut donnée à cet incident, dont le seul résultat fut de faire constater que la question n'intéressait plus personne. Il convient de louer la modération par laquelle le ministère avait effacé en partie les effets de sa faiblesse. M. Guizot s'en est plus tard fait honneur; parlant de cette exécution si restreinte et si peu en rapport avec ce qui avait été d'abord annoncé : « J'ai fait en sorte, en 1845, dit-il, que le gouvernement et le public français s'en contentassent, et j'y ai réussi. Je demeure convaincu que, par là, j'ai bien compris et bien servi, dans un moment très critique, la cause de la liberté d'association et d'enseignement[2]. »

Les catholiques n'étaient pas, sur le moment, disposés à se laisser convaincre qu'ils devaient être satisfaits. Ils avaient pris position, préparé leurs armes, échauffé leurs troupes, défié leurs adversaires, et à l'heure où, devant le public attentif à l'éclat de ces préliminaires, la bataille allait s'engager, voilà que, suivant la parole de Montalembert, « leur avant-garde était obligée tout d'un coup, par l'ordre de son chef, de poser les armes et de défiler, sans mot dire, sous le feu

---

[1] C'est ainsi que la division du personnel de la maison de la rue des Postes amena, à Paris, la fondation de la maison de la rue du Roule, supprimée en 1850, et de celle de la rue de Sèvres, devenue l'une des résidences importantes de la Compagnie.
[2] Lettre de M. Guizot au R. P. Daniel (*Études religieuses*, septembre 1867).

de l'ennemi ». Que leur importait que le mal matériel fût peu de chose? Il y avait là une mortification plus sensible que bien des défaites, parce qu'elle paraissait toucher à l'honneur. D'ailleurs, ne pouvait-on pas craindre que l'armée tout entière ne fût dissoute, ou que du moins elle ne perdît pour toujours l'élan et la confiance? Ne semblait-il pas que Rome donnait raison ainsi à ceux qui traitaient les chefs du parti catholique d'irréguliers compromettants? « Ce fut un moment terrible », a écrit plus tard M. de Montalembert. Le respect seul empêchait que cette émotion ne se traduisît en plaintes publiques contre la papauté. Mgr Parisis écrivit à un prélat romain une longue lettre, destinée à être montrée, où il exposait, avec une fermeté triste et parfois un peu âpre, comment la conduite suivie risquait de blesser, de décourager les catholiques, de les rendre défiants envers Rome[1]. Il s'étonnait que l'autorité suprême, qui jusqu'alors n'avait cru devoir donner aucun encouragement aux défenseurs de la liberté religieuse en France, ne fût sortie de sa réserve que pour les frapper, sur la demande de leurs ennemis. « Ma raison en est confondue, s'écriait-il, autant que mon cœur en est broyé. » Il insistait principalement sur ce qu'il y avait « d'offensant pour l'épiscopat français » dans la façon d'agir du Pape, qui ne l'avait même pas consulté, dans une question le touchant de si près. Parmi les catholiques, il en était un cependant qui trouvait qu'après tout, étant donnée la situation, il n'y avait pas à regretter les résultats de la négociation : ce n'était ni un timide ni un tiède, c'était Lacordaire. Il ne niait pas que la « résistance extrême » n'eût pu avoir « plus de grandeur et de fierté »; mais n'eût-on pas risqué d'y perdre tout ce qu'on avait gagné pour l'existence des Ordres religieux? « Au contraire, ajoutait-il, en cédant quelque chose, on consacrait ce qui n'était pas touché, on apaisait les esprits, on donnait au gouvernement la force de se séparer de nos ennemis, on lui ôtait les chances terribles d'une persécution, on rentrait dans

---

[1] Lettre inédite du 1er novembre 1845.

la voie de conciliation suivie depuis 1830... Il fallait au gouvernement, aux Chambres, une porte pour sortir du mauvais pas où tous s'étaient jetés : cette porte leur est ouverte. » Lacordaire constatait qu'en fait les Jésuites eux-mêmes n'étaient pas sérieusement atteints. « Nous sommes battus en apparence, victorieux en réalité... Je crois qu'en matière religieuse, le succès sans le triomphe est ce qu'il y a de mieux[1]. » Qui oserait affirmer que, sur plus d'un point, les faits n'aient pas donné raison à Lacordaire? Grâce aux résultats quelque peu équivoques de la négociation de M. Rossi et des demi-concessions consenties par Rome, la question des Jésuites disparaissait, sans que les Jésuites disparussent eux-mêmes. Presque aussitôt, il se faisait sur eux un silence complet qui révèle d'ailleurs combien le tapage de tout à l'heure avait été factice et superficiel. Désormais la question de la liberté d'enseignement se posait, mieux dégagée des passions et des mots par lesquels on avait cherché et trop souvent réussi à l'obscurcir et à l'irriter[2]. Enfin, si la tactique du parti catholique était un moment désorientée, si l'élan de ses troupes se trouvait ralenti, si la continuation de la guerre était rendue plus difficile, la paix, qui après tout était le but, ne devenait-elle pas plus facile?

En effet, il semble y avoir, à la fin de 1845, une sorte de détente dans les luttes religieuses naguère si ardentes, comme une trêve acceptée tacitement par les deux partis. La presse éteint son feu. D'autres sujets occupent le Parlement. Les évêques se sont retirés de la place publique où, à plusieurs reprises, dans ces dernières années, ils sont descendus en masse, mais où ils comprennent sans doute que leur présence est anormale et doit être passagère. A peine Mgr Pa-

---

[1] Voyez *Correspondance avec Mme Swetchine*, p. 420, et FOISSET, *Vie du P. Lacordaire*, t. II, p. 104 à 107.

[2] M de Montalembert lui-même le reconnaissait, quand il disait, à la Chambre des pairs, le 16 juillet 1845, en s'adressant aux ministres : « La question de l'enseignement et celle de la liberté religieuse restent entières. Elles couraient grand risque d'être absorbées toutes deux dans la question des Jésuites, et peut-être d'y périr. Eh bien, on ne le pourra plus; vous les avez dégagées. »

risis et le cardinal de Bonald continuent-ils à publier, l'un des écrits de polémique, l'autre des mandements sur la liberté de l'Église. Et puis, voici qu'au nom de la cause religieuse, des hommes prennent la parole qui « croient à la possibilité d'une transaction, au pouvoir du temps et de la modération pour mener à bonne fin les questions difficiles [1] ». L'abbé Dupanloup fait paraître son bel écrit de la *Pacification religieuse*, dont le titre seul est un programme. « Ce livre, déclare-t-il en commençant, est une invitation faite à la paix, au nom de la justice. J'ai cru les circonstances favorables. Les jours de trêve qui nous sont donnés permettent la réflexion dont ce livre a besoin pour être bien compris. » Loin de vouloir « jeter de nouvelles causes d'irritation dans une controverse qui, peut-être, dit-il, n'a déjà été que trop vive », il demande qu'à la guerre succède enfin la paix fondée sur la justice et la liberté. Il l'appelle avec des accents singulièrement émus : « N'y aura-t-il donc pas en France, s'écrie-t-il, un homme d'État qui veuille attacher son nom à ce nouveau et glorieux concordat? » Pour son compte, il s'applique à rendre la conciliation facile ; sans rien abandonner des droits des catholiques, il leur recommande la patience et la modération, évite tout ce qui pourrait blesser, cherche ce qui rapproche, et, par les déclarations les plus libérales, s'efforce de dissiper les préventions que la société politique conserve encore contre le clergé. A la même époque, le *Correspondant* publie un article remarqué de M. Beugnot. L'auteur rend hommage à l'ardeur qui a été déployée jusqu'alors par le parti catholique et qui était nécessaire pour lancer la question. Mais, à son avis, cette première partie de l'œuvre est accomplie. Il met en garde contre les mécomptes auxquels l'analogie expose souvent en politique ; le mirage de la révolution de 1688 avait trompé les hommes de 1830 ; suivant M. Bougot, les chefs du mouvement religieux en France ne commettraient pas une moindre erreur s'ils s'imaginaient être dans une situation pareille à celle des

---

[1] Expressions de M. Ozanam dans une lettre du 17 juin 1845.

agitateurs catholiques d'Irlande et de Belgique qui pouvaient mettre en branle des nations entières. Quant à lui, il n'a pas de ces illusions. Sa prudence un peu sceptique se ferait plutôt une trop petite idée de la force de son parti. S'il croit au succès final, c'est dans un temps éloigné. En attendant, les catholiques doivent se préparer des alliés, et, malgré les préjugés régnants, M. Beugnot ne l'estime pas impossible, au moins à la Chambre des pairs; mais, pour cela, ils doivent se montrer plus modérés, plus prudents qu'ils ne l'ont été jusqu'alors, éviter de « rallumer le feu des passions religieuses », et surtout ne pas reproduire contre l'enseignement de l'Université des accusations qui « ont pris, dans la discussion, une place beaucoup trop grande », et qui, « quoique fondées, ne serviraient aujourd'hui qu'à irriter les esprits, sans profit pour la liberté ». « Les temps sont changés, dit M. Beugnot, la circonspection est aujourd'hui un devoir [1]. » Sans doute, ces idées pacifiques et modératrices n'étaient pas acceptées par tous. M. de Montalembert, par exemple, se montrait plus préoccupé du péril des défaillances que de celui des imprudences, et ne croyait pas que l'heure de traiter fût encore venue. L'*Univers* reprochait à M. Dupanloup d'être trop conciliant. M. Lenormant, dans le *Correspondant*, désavouait à demi l'article de M. Beugnot [2]. Mais ces dissidences n'ôtaient pas leur valeur aux manifestations si considérables faites par les hommes de transaction. D'ailleurs, il était visible que, parmi les catholiques, on ne retrouverait plus, après cette interruption, l'élan des premiers assauts. Une époque était finie dans l'histoire du parti religieux, celle qu'on pourrait appeler l'époque des luttes héroïques.

Le ministère comprenait-il pleinement le devoir que lui imposaient ces dispositions d'une partie des catholiques? Tout au moins, il paraissait désireux de faire durer la trêve, en accordant à ceux-ci quelques satisfactions. M. de Salvandy, au concours général de 1845, parlait, en termes très chrétiens,

[1] *De la liberté d'enseignement à la prochaine session* (10 novembre 1845).
[2] *Quelques mots de réserve* (10 décembre 1845).

des limites dans lesquelles les cours de philosophie devaient se renfermer, et protestait énergiquement contre « l'impiété dans l'enseignement », qui serait, disait-il, « un crime public ». Après de nouveaux efforts, il parvenait, malgré la résistance des professeurs du Collège de France, à empêcher la continuation du cours de M. Quinet, ce qui valait au ministre l'honneur d'une petite émeute d'étudiants, venant crier : A bas les Jésuites! sous ses fenêtres, comme naguère sous celles de M. de Villèle. Une autre mesure eut alors un plus grand retentissement. A l'ancien conseil royal de l'Université, omnipotent à raison de son petit nombre, de sa permanence et de son inamovibilité, une ordonnance du 7 décembre 1845 substitua hardiment et subitement un conseil de trente membres, dont vingt étaient nommés chaque année. Par cette modification d'organisation intérieure, le ministre n'accordait sans doute aux catholiques aucun des droits qu'ils réclamaient; mais il frappait un corps qui s'était montré fort hostile à leurs revendications; il démantelait la forteresse du monopole où commandait M. Cousin, et dégageait le pouvoir ministériel d'une subordination qui ne lui eût jamais permis le moindre pas vers la liberté. Le « coup d'État » de M. de Salvandy, comme on disait alors, fut vivement attaqué par les amis de l'Université. Le *Constitutionnel* le dénonça comme une concession au clergé et une clause secrète du marché passé à Rome par M. Rossi. Des débats furent soulevés à ce sujet, dans les deux Chambres; mais le public s'intéressait médiocrement aux ressentiments personnels des membres de l'ancien conseil; l'attaque fut sans résultat, ou du moins elle n'en eut pas d'autre que de faire prononcer par M. Guizot un discours qui fut un événement.

Au cours de la discussion, M. Thiers et M. Dupin avaient essayé de réveiller les préventions antireligieuses sous l'empire desquelles avait été voté, huit mois auparavant, l'ordre du jour contre les Jésuites. M. de Salvandy, intimidé et embarrassé, crut nécessaire de protester de son zèle universitaire et de répudier toute intention de faire des concessions aux catholiques. Mais M. Guizot, plus fier, s'impatienta de cette attitude subalterne : il n'admit pas qu'une fois encore son cabinet suivît docilement M. Thiers, pour ne pas être battu par lui ; il voulut lui échapper et le dominer, en s'élevant dans les hautes régions. Dès ses premières paroles, on vit combien il se dégageait des idées étroites ou timides dont s'étaient trop souvent inspirés en ces matières les orateurs du ministère. Il avoua les « vices » de l'organisation universitaire : « Tous les droits en matière d'instruction publique n'appartiennent pas à l'État, dit-il ; il y en a qui sont, je ne veux pas dire supérieurs aux siens, mais antérieurs, et qui coexistent avec les siens. Les premiers sont les droits des familles ; les enfants appartiennent aux familles avant d'appartenir à l'État... Le régime de l'Université n'admettait pas ce droit primitif et inviolable des familles. Il n'admettait pas non plus, du moins à un degré suffisant, un autre ordre de droits, et je me sers à dessein de ce mot, les droits des croyances religieuses... Napoléon ne comprit pas toujours que les croyances religieuses et les hommes chargés de les maintenir dans la société ont le droit de les transmettre, de génération en génération, par l'enseignement, telles qu'ils les ont reçues de leurs pères... Le pouvoir civil doit laisser le soin de cette transmission des croyances entre les mains du corps et des hommes qui ont le dépôt des croyances. » Aussi, loin de vouloir éluder la promesse de la liberté d'enseignement, le ministre proclamait très haut qu'il importait à l'État, à la monarchie, de la remplir. Parlant de la lutte engagée entre l'Église et l'Université, il déclara que le rôle du gouvernement était non de prendre parti pour l'Université, comme avaient fait souvent les ministres, mais de s'élever « au-dessus » de cette lutte, afin de « la pacifier ». C'était pour faciliter cette pacification, ajoutait-il, qu'on avait supprimé l'ancien conseil royal directement engagé dans le conflit avec le clergé. Il terminait en proclamant une fois de plus sa volonté de sauvegarder la liberté et la paix religieuses [1].

[1] Discours du 31 janvier 1846.

L'effet fut immense. L'opposition, interdite, avait écouté dans un morne silence. La majorité, qui naguère, dans ces mêmes questions, suivait M. Thiers, était conquise, émue, ravie qu'on lui proposât pour programme ces hautes pensées. « J'ai rarement vu un enthousiasme aussi général », écrivait un contemporain. L'un des députés s'approchant de M. Guizot comme il descendait de la tribune : « Monsieur, lui dit-il, votre haute raison a fait taire mes mauvais instincts. » Devant ce grand succès, M. Thiers ne reprit la parole que pour constater sa déroute et en appeler à l'avenir. Vainement M. Dupin tenta un retour offensif, et jeta à la Chambre le mot de « moines », du même accent dont un musulman prononce le mot « chiens » en parlant des chrétiens; il dut, devant les murmures d'impatience, battre en retraite comme M. Thiers. L'impression s'étendit hors du Parlement. L'acte parut si « considérable » aux journaux de la gauche, qu'ils y dénoncèrent un changement de « la politique du règne ». Les amis de la liberté religieuse applaudissaient. « M. Guizot, disait le *Correspondant*, a dû voir par l'unanimité de la presse religieuse quel est le fond des cœurs catholiques. Quand des paroles de paix et d'impartialité se font entendre, ils s'émeuvent et oublient facilement le passé. » L'auteur de l'article allait jusqu'à comparer l'effet produit par les paroles du ministre à l'enthousiasme ressenti lorsque le premier Consul avait rouvert les églises.

Ces belles espérances ne devaient pas entièrement se réaliser. Sans doute, dans les dernières années de la monarchie, on ne reverra plus rien de pareil aux luttes passionnées qui, de la présentation du projet de 1841 à la fin de la mission de M. Rossi en juillet 1845, ont tant agité les catholiques. Mais ce ne sera pas encore le règne de la pleine paix religieuse, fondée sur la satisfaction des droits. Le gouvernement de Juillet tombera sans avoir réalisé l'intention sincère qu'il avait de résoudre le problème de la liberté de l'enseignement secondaire. Ce sera son malheur et peut-être le châtiment de ses timidités et de ses préventions, que les nobles idées qui avaient été semées et avaient germé sous son règne, ne mûriront et ne seront moissonnées qu'après sa chute. Toutefois, si sévère que l'on soit dans l'appréciation de la politique religieuse alors suivie, il ne serait pas juste de confondre, dans une mesure quelconque, la monarchie constitutionnelle avec les gouvernements qui se sont faits les persécuteurs de l'Église. Rien de commun entre des hommes politiques qui voulaient sincèrement résister à la perversion intellectuelle, mais qui croyaient à tort pouvoir le faire avec la seule doctrine du « juste milieu », qui, en déclinant, pour cette résistance, le concours des catholiques militants, s'imaginaient seulement écarter une exagération en sens contraire, — et les sectaires qui, à d'autres époques, ont poursuivi plus ou moins ouvertement une œuvre de destruction religieuse et sociale. Rien de commun entre les conservateurs qui, en face de questions toutes nouvelles, ont craint de s'engager dans des chemins alors inconnus, qui n'ont pas su devancer les préjugés régnants, pour inaugurer une réforme légitime, et les révolutionnaires qui prétendraient aujourd'hui revenir en arrière et supprimer les droits acquis. Ajoutons que, si le gouvernement du roi Louis-Philippe a eu le tort d'hésiter à accorder aux catholiques une liberté nouvelle, il leur a du moins toujours assuré, même quand il pouvait en être gêné, l'usage des libertés publiques au moyen desquelles leur cause devait finir par triompher. Fait bien rare, la lutte, loin de l'échauffer et de le porter à la violence, ne faisait qu'augmenter son désir de pacification. Semblait-il parfois poussé par les circonstances à prendre des mesures vexatoires, il ne tardait pas à s'arrêter, par un sentiment naturel de modération, de bienveillance et d'honnêteté politique. En somme, ces années ont été, pour l'Église, des années de combats, non des années de souffrances. Bien au contraire, on aurait peine à trouver, dans ce siècle, une époque où les catholiques aient davantage ressenti cette confiance intime, cette impulsion victorieuse d'une cause en progrès, où surtout ils aient pu se croire aussi près de dissiper les malentendus qui éloignent l'esprit moderne de la vieille foi, et de résoudre ainsi le plus difficile et le plus important des problèmes qui pèsent sur notre temps. Que ce gouvernement ait eu tout le mérite, et le mérite voulu, des avantages recueillis par le catholicisme sous son règne, nous ne le prétendons pas; mais on ne peut nier qu'il n'y ait été pour quelque chose, ne serait-ce que par le bienfait de ces lois et de ces mœurs sous l'empire desquelles le monopole et l'oppression ne pouvaient longtemps résister aux réclamations des intérêts et aux protestations des consciences.

Cette mesure et cette équité dans l'appréciation de la politique religieuse de la monarchie de 1830, les catholiques ne pouvaient pas l'avoir sur le moment, en pleine bataille. Ne voyant que ce qu'on tardait à leur accorder, ils s'éloignèrent chaque jour davantage de cette monarchie, à ce point que plusieurs la virent tomber sans regret ou même saluèrent la révolution de Février comme une délivrance. La justice n'est venue que plus tard, sous la leçon des événements et par l'effet des comparaisons. Quelques-uns cependant, et non des moins illustres, ne l'ont pas fait longtemps attendre. Dès juillet 1849, M. de Montalembert, qui avait été l'un des plus passionnés dans la lutte, mais dont l'âme généreuse ne supportait pas un moment la pensée d'être injuste envers des vaincus, se reprochait publiquement d'avoir poussé trop loin et trop vivement son opposition contre le gouvernement du roi Louis-Philippe, de n'avoir pas bien « apprécié toutes ses intentions », et de n'avoir pas assez « pris compassion de ses difficultés [1] ». Un peu plus tard, il faisait remonter jusqu'à l'époque de la monarchie de Juillet l'origine et l'honneur de tous les succès remportés depuis par la cause catholique; il rappelait à ses coreligionnaires tout ce qu'ils avaient alors gagné, grâce aux libertés publiques, « grâce à ce culte du droit, à cette horreur de l'arbitraire qu'inspirait le régime parlementaire [2] ». Et, dans le même temps, tandis que M. de Montalembert s'honorait par cet aveu, les conservateurs qui

---

[1] Discours sur la loi de la presse, du 21 juillet 1849, et lettre à l'*Univers* du 23 juillet.
[2] *Des intérêts catholiques au dix-neuvième siècle.* (1852.)

lui avaient, avant 1848, marchandé la liberté d'enseignement, éclairés par des événements redoutables, confessaient eux aussi leur erreur passée et la réparaient en faisant avec les catholiques la grande loi de 1850. Ne convenait-il pas de terminer par le spectacle de cette réconciliation l'histoire des luttes qui, pendant quelques années, avaient malheureusement séparé des causes et des hommes faits pour être unis? Aussi bien le rapprochement ainsi opéré entre le parti de la liberté religieuse et celui de la monarchie constitutionnelle a-t-il été définitif : rien depuis n'est venu le troubler, et tout au contraire a contribué à le rendre plus étroit.

FIN DU TOME CINQUIÈME.

TABLE DES MATIÈRES

LIVRE V

LA POLITIQUE DE PAIX.
(1841-1845)

Pages.

CHAPITRE PREMIER. — L'AFFAIRE DU DROIT DE VISITE ET LES ÉLECTIONS GÉNÉRALES DE 1842 (juillet 1841-juillet 1842)............. 1
   I. Que faire? M. Guizot comprenait bien le besoin que le pays avait de paix et de stabilité, mais cette sagesse négative ne pouvait suffire.. 2
   II. Les troubles du recensement. L'attentat de Quénisset........ 7
   III. Les acquittements du jury. Affaire Dupoty. Élection et procès de M. Ledru-Rollin.................. 11
   IV. Ouverture de la session de 1842. Débat sur la convention des Détroits. 17
   V. Convention du 20 décembre 1841 sur le droit de visite. Agitation imprévue contre cette convention. Discussion à la Chambre et vote de l'amendement de M. Jacques Lefebvre.............. 22
   VI. M. Guizot est devenu un habile diplomate. Ses rapports avec la princesse de Lieven. Lord Aberdeen................. 32
   VII. Mécontentement des puissances à la suite du vote de la Chambre française sur le droit de visite. La France ne ratifie pas la convention. Les autres puissances la ratifient, en laissant le protocole ouvert. 36
   VIII. Situation difficile de M. Guizot en présence de l'agitation croissante de l'opinion française contre le droit de visite, des irritations de l'Angleterre et des mauvaises dispositions des cours continentales. Comment il s'en tire.................... 40
   IX. Débats sur la réforme parlementaire et sur la réforme électorale. Victoire du cabinet. Mort de M. Humann, remplacé au ministère des finances par M. Lacave-Laplagne.............. 50
   X. Les chemins de fer. Tâtonnements jusqu'en 1842. Projet d'ensemble déposé le 7 février 1842. Discussion et vote. Importance de cette loi. 59
   XI. Élections du 9 juillet 1842. Leur résultat incertain. Joie de l'opposition et déception du ministère................ 74

CHAPITRE II. — LA MORT DU DUC D'ORLÉANS (juillet-septembre 1842)... 79
   I. La catastrophe du chemin de la Révolte. L'agonie du prince royal. La duchesse d'Orléans.................... 79
   II. Douleur générale. Le duc d'Orléans était très aimé et méritait de l'être. Inquiétude en France et au dehors............ 85

III. Nécessité d'une loi de régence. Attitude de l'opposition. Projet préparé par le gouvernement. M. Thiers presse l'opposition de l'accepter. 91
IV. Ouverture de la session. Discussion de la loi de régence. M. de Lamartine et M. Guizot. M. Odilon Barrot attaque la loi. M. Thiers lui répond et se sépare de lui avec éclat. Vote de la loi. 99
V. Scission du centre gauche et de la gauche. Le pays est calme et rassuré. 113

Chapitre III. — Le ministère dure et s'affermit (septembre 1842-septembre 1843) 119
I. Le ministère s'occupe de compléter sa majorité. Il obtient à Londres la clôture du protocole relatif à la ratification de la convention du 20 décembre 1841. 119
II. Négociations pour l'union douanière avec la Belgique. Résistances des industriels français. Opposition des puissances. Susceptibilités des Belges. Devant ces difficultés, le gouvernement renonce à ce projet. 124
III. Ouverture de la session de 1843. Silence de M. Thiers. M. de Lamartine passe à l'opposition. Son rôle politique depuis 1830, et comment il a été amené à se déclarer l'adversaire du gouvernement. 135
IV. Avantages que l'opposition trouve à porter le débat sur les affaires étrangères. Le droit de visite à la Chambre des pairs. A la Chambre des députés, le projet d'adresse demande la revision des conventions de 1831 et de 1833. M. Guizot n'ose le combattre, mais se réserve de choisir le moment d'ouvrir les négociations. Vote dont chaque parti prétend s'attribuer l'avantage. 150
V. La loi des fonds secrets. Intrigues du tiers parti. Succès du ministère. 161
VI. La difficulté diplomatique de la question du droit de visite. Débats du parlement anglais. Dispositions de M. de Metternich. 167
VII. Les affaires d'Espagne. Espartero régent. L'Angleterre n'accepte pas nos offres d'entente. L'ambassade de M. de Salvandy. 172
VIII. La question du mariage de la reine Isabelle. Le gouvernement du roi Louis-Philippe renonce à toute candidature d'un prince français, mais veut un Bourbon. La candidature du prince de Cobourg. Le cabinet français fait connaître ses vues aux autres puissances. Accueil qui leur est fait. Chute d'Espartero. Son contre-coup sur l'attitude du gouvernement anglais. 178
IX. La reine Victoria se décide à venir à Eu. Le débarquement et le séjour. Conversations politiques sur le droit de visite et sur le mariage espagnol. Satisfaction de la reine Victoria et du roi Louis-Philippe. Effet en France et à l'étranger. Bonne situation du ministère du 29 octobre. 190

Chapitre IV. — L'entente cordiale entre la France et l'Angleterre (septembre 1843-février 1844). 206
I. Lord Aberdeen et ses rapports avec le cabinet français. Les voyages du duc de Bordeaux en Europe. Sur la demande du gouvernement du Roi, la reine Victoria décide de ne pas recevoir le prétendant. Les démonstrations de Belgrave square. Leur effet sur le roi Louis-Philippe. Cet incident manifeste les bons rapports des deux cabinets. 206
II. Le discours du trône en France proclame l'entente cordiale. Discussion sur ce sujet dans la Chambre des députés. M. Thiers rompt le silence qu'il gardait depuis dix-huit mois. L'entente cordiale ratifiée par la Chambre 219

TABLE DES MATIÈRES.

III. Débats du parlement anglais. Discours de sir Robert Peel 226
IV. La dotation du duc de Nemours. Une manifestation des bureaux empêche la présentation du projet désiré par le Roi. Article inséré dans le *Moniteur*. Mauvais effet produit. 229
V. L'incident de Belgrave square devant les Chambres. Le projet d'adresse « flétrit » les députés légitimistes. Premier débat entre M. Berryer et M. Guizot. Faut-il maintenir le mot : *flétrit?* Nouveau débat. M. Berryer rappelle le voyage de M. Guizot à Gand. Réponse du ministre. Scène de violence inouïe. Le vote. Réélection des « flétris ». Reproches faits par le Roi à M. de Salvandy. Conséquences fâcheuses que devait avoir pour la monarchie de Juillet l'affaire de la « flétrissure ». 233

CHAPITRE V. — BUGEAUD ET ABD EL-KADER (1840-1844) 251
I. Abd el-Kader recommence la guerre à la fin de 1839. Le maréchal Valée reçoit des renforts. La campagne de 1840. Ses médiocres résultats. 251
II. Débats à la Chambre des députés. Idées exprimées par le général Bugeaud. M. Thiers songe à le nommer gouverneur de l'Algérie, mais n'ose pas. Cette nomination est faite par le ministère du 29 octobre. 262
III. Antécédents et portrait du général Bugeaud. 268
IV. Système de guerre que le nouveau gouverneur veut appliquer en Afrique et qu'il a proclamé à l'avance. 274
V. Les lieutenants qu'il va trouver en Algérie. Changarnier. La Moricière. Ce dernier, comme commandant de la division d'Oran, a été le précurseur du général Bugeaud. 279
VI. Le gouverneur entre tout de suite en campagne, au printemps de 1841. Occupation de Mascara et destruction des établissements d'Abd el-Kader. 287
VII. L'armée apprend à vivre sur le pays. Campagne de l'automne de 1841. 292
VIII. La Moricière s'installe à Mascara. Sa campagne d'hiver autour de cette ville. Les résultats obtenus. Bugeaud défend La Moricière contre les bureaux du ministère de la guerre. Bedeau à Tlemcen. . 299
IX. Le sergent Blandan. Expédition du Chélif au printemps de 1842 et soumission des montagnes entourant la Métidja. La Moricière continue ses opérations autour de Mascara. 309
X. Campagne de l'automne 1842. Changarnier et l'Oued-Fodda. Grands résultats de l'année 1842. 316
XI. Retour offensif d'Abd el-Kader dans l'Ouarensenis au commencement de 1843. Fondation d'Orléansville. 320
XII. La smala. Le duc d'Aumale. Surprise et dispersion de la smala. Effet produit. 323
XIII. Bugeaud est nommé maréchal. Ses difficultés avec le général Changarnier. 334
XIV. Abd el-Kader est rejeté sur la frontière du Maroc. 338
XV. Le gouvernement du peuple conquis. Les bureaux arabes. La colonisation 341
XVI. L'Algérie et le Parlement. Rapports du gouverneur avec M. Guizot et avec le maréchal Soult. Bugeaud et la presse. 346
XVII. Bugeaud a eu le premier rôle dans la conquête. Ses lieutenants. L'armée d'Afrique. La guerre d'Algérie a-t-elle été profitable à notre éducation militaire?. 355

CHAPITRE VI. — TAÏTI ET LE MAROC (février-septembre 1844). 364
    I. Le protectorat de la France sur les îles de la Société. Le protectorat est changé en prise de possession. Le gouvernement français ne ratifie pas cette prise de possession. Il est violemment critiqué dans la Chambre et dans la presse. 364
    II. Impression produite en Angleterre. Voyage du Czar à Londres. . . 373
    III. Abd el-Kader sur la frontière du Maroc. Attaque des Marocains. Envoi d'une escadre sous les ordres du prince de Joinville. Instructions adressées au prince et au maréchal Bugeaud. Attitude de l'Angleterre. Impatience du maréchal et réserve du prince. 381
    IV. Incident Pritchard. Grande émotion en Angleterre et en France. Négociations entre les deux cabinets. Excitation croissante de l'opinion des deux côtés du détroit. 389
    V. Bombardement de Tanger. Bataille d'Isly. Bombardement de Mogador et occupation de l'île qui ferme le port de cette ville. 396
    VI. Effet produit par ces faits d'armes en Angleterre. Un conflit avec la France paraît menaçant. Attitude de l'Europe. 401
    VII. Le gouvernement français comprend la nécessité d'en finir. Arrangement de l'affaire Pritchard et traité avec le Maroc. Attaques des oppositions en France et en Angleterre. Injustice de ces attaques. . 407

CHAPITRE VII. — L'ÉPILOGUE DE L'AFFAIRE PRITCHARD (septembre 1844-septembre 1845). 417
    I. La visite de Louis-Philippe à Windsor. 417
    II. Ouverture de la session de 1845. Les menées de l'opposition. M. Molé et M. Guizot à la Chambre des pairs. Le débat de l'adresse à la Chambre des députés. Le paragraphe relatif à l'affaire Pritchard n'est voté qu'à huit voix de majorité. 421
    III. Le ministère doit-il se retirer? Il se décide à rester. Polémiques de la presse de gauche. La loi des fonds secrets au Palais-Bourbon et au Luxembourg. Le ministère est vainqueur. Rencontre de M. Guizot et de M. Thiers. Maladie de M. Guizot. 432
    IV. Les premiers pourparlers sur l'affaire du droit de visite. Nomination de deux commissaires, le duc de Broglie et le docteur Lushington. L'opposition prédit l'insuccès. Le duc de Broglie à Londres. Les négociations. Le traité du 29 mai 1845. 444
    V. Effet du traité à Paris et à Londres. Seconde visite de la reine Victoria à Eu. Succès du cabinet. Discours prononcé par M. Guizot devant ses électeurs. 453

CHAPITRE VIII. — LA LIBERTÉ D'ENSEIGNEMENT. 459
    I. La paix religieuse sous le ministère du 1er mars et au commencement du ministère du 29 octobre. 459
    II. Le projet déposé en 1841 sur la liberté d'enseignement. Les évêques, menacés dans leurs petits séminaires, élèvent la voix. C'est la lutte qui commence 464
    III. L'irréligion dans les collèges. M. Cousin et la philosophie d'État. Attaques des évêques contre cette philosophie. Livres et brochures contre l'enseignement universitaire. L'*Univers* et M. Veuillot. Dans le sein même du catholicisme, on blâme certains excès de la polémique 468
    IV. M. Cousin et ses disciples en face de ces attaques. Renaissance du voltairianisme 479

TABLE DES MATIÈRES.

V. M. de Montalembert et le parti catholique. Il ne veut agir qu'avec les évêques. Difficulté de les amener à ses idées et à sa tactique. Mgr Parisis. M. de Montalembert secoue la torpeur des laïques. Il manque parfois un peu de mesure. L'armée catholique fait bonne figure au commencement de 1844. 483

VI. L'Université et ses défenseurs repoussent la liberté. Diversions tentées par les partisans du monopole. Les « Cas de conscience ». Les Jésuites. Les cours de M. Quinet et de M. Michelet au Collège de France. Le livre du P. de Ravignan *De l'existence et de l'Institut des Jésuites* 497

VII. Les dispositions du gouvernement. M. Guizot, M. Martin du Nord et M. Villemain. La majorité. Le Roi. Ses relations avec Mgr Affre. 514

VIII. Les bons rapports du gouvernement avec le clergé sont altérés. Difficultés avec les évêques. Mécontentement des universitaires. Attitude effacée du ministère dans les débats soulevés à la Chambre. M. Dupin et M. de Montalembert. 525

IX. Le projet de loi déposé en 1844 sur l'enseignement secondaire. Le rapport du duc de Broglie. La discussion. Échecs infligés aux universitaires et aux catholiques. 533

X. Le rapport de M. Thiers. M. Villemain remplacé par M. de Salvandy. 543

XI. L'affaire du *Manuel* de M. Dupin. Nouvelles attaques contre les Jésuites 548

XII. M. Thiers s'apprête à interpeller le gouvernement sur les Jésuites. Le gouvernement embarrassé recourt à Rome. Mission de M. Rossi. La discussion de l'interpellation. Les catholiques se préparent à la résistance. Note du *Moniteur* annonçant le succès de M. Rossi. . . 552

XIII. M. Rossi à Rome. Le Pape conseille aux Jésuites de faire des concessions. Équivoque et malentendu. 563

XIV. Effet produit en France. Les mesures d'exécution. Tristesse des catholiques. Était-elle fondée? Apaisement à la fin de 1845. Un discours de M. Guizot. Les catholiques et la monarchie de Juillet. . . 568

FIN DE LA TABLE DES MATIÈRES.

PARIS. — TYPOGRAPHIE DE E. PLON, NOURRIT ET Cie, RUE GARANCIÈRE

LIBRAIRIE PLON

10, RUE GARANCIÈRE, PARIS.

BULLETIN BIBLIOGRAPHIQUE

Extrait du Catalogue général

OUVRAGES ET MÉMOIRES

SUR

LA RÉVOLUTION FRANÇAISE

AUGEARD. — **Mémoires secrets de J. M. Augeard**, secrétaire des commandements de la reine Marie-Antoinette (1760-1800). Documents inédits sur les événements accomplis en France pendant les dernières années du règne de Louis XV, le règne de Louis XVI et la Révolution, jusqu'au 18 brumaire, précédés d'une Introduction par M. Évariste Bavoux. Un volume in-8º cavalier. Prix. . . . . 6 fr.

BEAUCHESNE (A. de). — **Louis XVII, sa vie, son agonie, sa mort.** — **Captivité de la Famille royale au Temple.** Ouvrage enrichi de nombreux autographes du Roi, de la Reine, du Dauphin, de la Dauphine et de Madame Élisabeth, de dessins sur bois intercalés dans le texte, orné des portraits en taille-douce de Louis XVI, Marie-Antoinette, Louis XVII, Marie-Thérèse-Charlotte, Madame Élisabeth, la princesse de Lamballe, gravés sous la direction de M. Henriquel-Dupont, et précédé d'une *Lettre de Mgr Dupanloup, évêque d'Orléans*. 3ᵉ édition. Deux magnifiques volumes grand in-8º jésus. Prix. . . 30 fr.
— Le même ouvrage. 6ᵉ édition, deux volumes in-8º cavalier. Prix. 16 fr.
— Le même ouvrage. 14ᵉ édition, deux volumes in-18. Prix. . . . 10 fr.
(*Couronné par l'Académie française.*)

— **Galerie de portraits** *pour servir à l'histoire de Louis XVII*. Magnifique album comprenant les portraits de Louis XVI, — Marie-Antoinette, — Louis XVII, — Marie-Thérèse-Charlotte, — Madame Élisabeth, — la princesse de Lamballe, gravés sous la direction de M. Henriquel-Dupont. Grand in-folio tiré à 100 exemplaires *numérotés*, et avant la lettre. Il ne reste que quelques exemplaires. 80 fr.

— **La vie de Madame Élisabeth**, sœur de Louis XVI. 2ᵉ édition. Deux volumes in-18, enrichis de deux portraits de Madame Élisabeth, représentant cette princesse, le premier avant la Révolution, le second pendant sa captivité. Prix. 10 fr.

CADOUDAL (G. de). — **Georges Cadoudal et la Chouannerie**, par son neveu Georges DE CADOUDAL, ancien conseiller général du Morbihan, ancien rédacteur de l'*Union*. Un volume in-8°, orné d'un portrait et d'une carte. Prix. . . . . 8 fr.

CAMPARDON. — **Marie-Antoinette et le Procès du Collier**, d'après la procédure instruite devant le Parlement de Paris. Ouvrage orné de la gravure en taille-douce du Collier, et enrichi de divers autographes inédits du Roi, de la Reine, du comte et de la comtesse de Lamotte. Un volume grand in-8°. Prix. . . . . 8 fr.

— **Le Tribunal révolutionnaire de Paris**, Ouvrage composé d'après les documents originaux conservés aux Archives nationales, suivi de la Liste complète des personnes qui ont comparu devant le tribunal, et enrichi d'une gravure et de *fac-simile*. Deux forts volumes in-8° cavalier. Prix. . . . . 16 fr.

CHEVERNY (J. N. DUFORT, comte de). — **Mémoires sur les règnes de Louis XV et Louis XVI, et sur la Révolution**, par J. N. DUFORT, comte DE CHEVERNY, introducteur des ambassadeurs, lieutenant général du Blaisois (1731-1802), publiés avec une introduction et des notes par Robert DE CRÈVECOEUR. Deux volumes in-8° carré, enrichis de deux portraits. Prix . . . . 16 fr.

CLARETIE. — **Camille Desmoulins, Lucile Desmoulins**, Étude sur les Dantonistes, d'après des Documents nouveaux et inédits. Un volume in-8°, enrichi d'un portrait de Camille Desmoulins, gravé à l'eau-forte par Rajon, d'un dessin du maréchal Brune représentant Lucile Desmoulins et de *fac-simile* d'autographes. Prix. . . . . 8 fr.

Il a été tiré quelques exemplaires sur papier de Hollande. Prix. . 16 fr.

COSTA DE BEAUREGARD (M¹ˢ). — **Un homme d'autrefois.** Souvenirs recueillis par son arrière-petit-fils. Un volume in-18. 5ᵉ édition. Prix. . . . . 4 fr.

(*Couronné par l'Académie française, prix Montyon.*)

DAUBAN. — **La Démagogie en 1793, à Paris**, ou histoire jour par jour de l'année 1793, accompagnée de documents contemporains rares ou inédits, recueillis, mis en ordre et commentés par C. A. DAUBAN. Ouvrage enrichi de seize gravures de Valton et autres artistes, d'après des dessins inédits et des gravures du temps. Un fort volume in-8° cavalier. Prix. . . . . 8 fr.

— **Paris en 1794 et en 1795**. Histoire de la rue, du club, de la famine, composée d'après des documents inédits, particulièrement les rapports de police et les registres du Comité de salut public, avec une Introduction. Ouvrage enrichi de neuf gravures du temps et d'un *fac-simile*. Un volume in-8° cavalier vélin glacé. Prix. . . . . . 8 fr.

— **Les Prisons de Paris sous la Révolution**, d'après les relations des contemporains, avec des Notes et une Introduction. Ouvrage enrichi de onze gravures, vues intérieures et extérieures des prisons du temps. Un volume in-8° cavalier. Prix. . . . . 8 fr.

— **Mémoires inédits de Pétion et Mémoires de Buzot et de Barbaroux**, accompagnés des notes inédites de BUZOT et de nombreux documents inédits sur Barbaroux, Buzot, Brissot, etc., précédés d'une Introduction, avec le *fac-simile* d'un autographe de Barbaroux et les portraits de Pétion, Buzot, Brissot et Barbaroux, gravés par Adrien Nargeot. Un volume in-8°. Prix. . . . . 8 fr.

— **Lettres en grande partie inédites de Madame Roland (Mlle Phlipon) aux Demoiselles Cannet**, suivies des Lettres de Madame Roland à Bosc, Servan, Lanthenas, Robespierre, etc., et de documents inédits; avec une Introduction et des Notes. Deux volumes in-8°, ornés d'un portrait de Madame Roland photographié d'après le tableau de Heinsius, d'une gravure et d'un plan. Prix. . . . . 16 fr.

DURAS (duchesse de). — **Journal des prisons de mon père, de ma mère et des miennes.** Un volume in-8°, avec portrait en héliogravure. Prix. . . . . 7 fr. 50

ÉCHEROLLES (Alexandrine des). — **Une Famille noble sous la Terreur.** Un volume in-8°. Prix. . . . . . . 7 fr. 50
— *Le même ouvrage.* 2e édition. Un volume in-18 jésus. Prix. . . 4 fr.

FARÉ. — **Un Fonctionnaire d'autrefois.** *P. F. Lafaurie,* 1786-1876. Un volume in-8° cavalier. Prix. . . . . 6 fr.

FEUILLET DE CONCHES. — **Louis XVI, Marie-Antoinette et Madame Élisabeth.** Lettres et documents inédits publiés par F. Feuillet de Conches. Six volumes grand in-8°, ornés de portraits et d'autographes. Prix. . . . . 48 fr.
Quelques exemplaires sur papier teinté extra. Prix. . . . . . 80 fr.

— **Correspondance de Madame Élisabeth de France,** sœur de Louis XVI, publiée par F. Feuillet de Conches, sur les originaux autographes, et *précédée d'une lettre de Mgr Darboy, archevêque de Paris.* Un volume in-8° cavalier, enrichi d'un portrait de Madame Élisabeth gravé par Morse sous la direction d'Henriquel-Dupont, et de *fac-simile* d'autographes. Prix. . . . . 8 fr.
Quelques exemplaires sur papier de Hollande. Prix. . . . . . 16 fr.

FORNERON (H.). **Histoire générale des Émigrés,** pendant la Révolution française, par H. Forneron. Deux volumes in-8° carré. Prix. . . . . 15 fr.

— LE MÊME, 3e édition, 2 volumes in-16. Prix. . . . . . . 8 fr.

GRANIER DE CASSAGNAC. — **Histoire des causes de la Révolution française.** 2e édition. Quatre volumes in-8°. Prix. 24 fr.

GUILHERMY (de). — **Papiers d'un émigré** (1789-1829). Lettres et notes extraites du portefeuille du baron de Guilhermy, député aux états généraux, conseiller du comte de Provence, attaché à la légation du Roi à Londres, etc., mises en ordre par le colonel de Guilhermy. Un volume in-8°. Prix. . . . . 7 fr. 50

HUE. — **Dernières Années du règne et de la vie de Louis XVI,** par François Hue, l'un des officiers de la chambre du Roi, appelé par ce prince, après la journée du 10 août, à l'honneur de rester auprès de lui et de la famille royale. Troisième édition, revue sur les papiers laissés à l'auteur, précédée d'une notice sur M. HUE, par M. René DU MESNIL DE MARICOURT, *son petit-gendre*, et d'un Avant-propos par M. Henri DE L'ÉPINOIS. Un volume in-8º. Prix . . . . . 6 fr.

HYDE DE NEUVILLE. — Mémoires et Souvenirs du baron Hyde de Neuville. *La Révolution.* — *Le Consulat.* — *L'Empire.* Un volume in-8º. Prix . . . . 7 fr. 50

LANZAC DE LABORIE (L. de). — *Un royaliste libéral en 1789.* **Jean-Joseph Mounier**, sa vie politique et ses écrits, par L. DE LANZAC DE LABORIE, avocat à la Cour d'appel. Un vol. in-8º. Prix . . 8 fr.
(*Couronné par l'Académie française, prix Thérouanne.*)

LEBON (André). — L'Angleterre et l'émigration française de 1794 à 1801, par André LEBON, ancien élève de l'École libre des sciences politiques, avec une Préface de M. Albert SOREL. Un volume in-8º carré. Prix. . . . . 7 fr. 50

LESCURE (de). — La Vraie Marie-Antoinette, étude historique, politique et morale, suivie d'un recueil de lettres de la Reine, dont plusieurs inédites, et de divers documents. 3ᵉ édition, augmentée d'une Préface de l'auteur. Un volume in-8º. Prix . . . . 5 fr.

— Correspondance secrète inédite sur Louis XVI, Marie-Antoinette, la Cour et la ville (de 1777 à 1792), publiée par M. DE LESCURE, sur le manuscrit de la Bibliothèque impériale de Saint-Pétersbourg. Deux forts volumes grand in-8º. Prix . . 16 fr.

— Rivarol et la société française pendant la Révolution et l'Émigration (1753-1801). Études et portraits historiques et littéraires d'après des documents inédits. Un vol. in-8º cavalier. Prix. . . . . . 8 fr.
(*Couronné par l'Académie française, prix Guizot.*)

MALOUET (Bᵒⁿ). — Mémoires de Malouet, publiés par son petit-fils le baron MALOUET. 2ᵉ édition, augmentée de lettres inédites. Deux volumes in-8º cavalier, avec portrait. Prix . . . . 16 fr.

MARTEL (Cᵗᵉ de). — Types révolutionnaires. Étude sur Fouché, par le comte DE MARTEL, ancien préfet. PREMIÈRE PARTIE : *le Communisme dans la pratique en 1793.* Un vol. petit in-8º. . . 5 fr.
DEUXIÈME PARTIE : *Fouché et Robespierre.* Un vol. petit in-8º. . 5 fr.

MASSON (F.). — Le Département des affaires étrangères pendant la Révolution (1789-1804), par Frédéric MASSON, bibliothécaire du ministère des affaires étrangères. Un volume in-8º. . 10 fr.

— Le Cardinal de Bernis depuis son ministère (1758-1794). — *La Suppression des Jésuites.* — *Le Schisme constitutionnel.* Un vol. in-8º cavalier. Prix . . . . 8 fr.

METTERNICH (prince de). — Mémoires, documents et écrits divers, laissés par le prince de Metternich, chancelier de cour et d'État, publiés par son fils, le prince Richard DE METTERNICH, classés et réunis par M. A. DE KLINKOWSTROEM.
PREMIÈRE PARTIE : *Depuis la naissance de Metternich jusqu'au Congrès de Vienne*

(1773 à 1815). (Tomes I, II.) 3ᵉ édition. Deux beaux volumes in-8º cavalier, avec portrait et *fac-simile* d'autographes. Prix . . . 18 fr.

DEUXIÈME PARTIE : *L'Ère de paix* (1816 à 1848).

(Tomes III et IV.) 2ᵉ édition. Deux beaux vol. in-8º cavalier . . 18 fr.

(Tome V.) *La Révolution de Juillet et ses conséquences immédiates.* Un beau volume in-8º cavalier. Prix . . . . 9 fr.

(Tomes VI et VII.) *Période du règne de l'empereur Ferdinand.* Deux beaux volumes in-8º cavalier. Prix . . . . 18 fr.

TROISIÈME PARTIE : *La Période de repos.* (1848-1859).

(Tome VIII.) Un volume in-8º cavalier. Prix . . . . 9 fr.

Il a été tiré :

60 *exemplaires numérotés sur papier de Hollande*. Prix . . . 160 fr.

20 *exemplaires numérotés sur papier Whatman*. Prix . . . 320 fr.

MICHEL (André). — Correspondance inédite de Mallet du Pan avec l'Empereur d'Autriche (1794-1798), publiée d'après les manuscrits conservés aux Archives de Vienne, avec une préface de M. TAINE, de l'Académie française. Deux volumes in-8º cavalier. Prix . . . . 16 fr.

MONITEUR (Réimpression illustrée de l'Ancien). Seule histoire authentique et inaltérée de la Révolution française. Cette édition forme 32 vol. gr. in-8º, ornés de 626 grandes gravures hors texte, imitations des illustrations du temps et puisées dans les dépôts publics et dans les précieuses collections de MM. Hennin et Laterrade. — Les 32 vol. br. 250 fr.

Reliés. Prix . . . . 300 fr.

MONTAGU (marquise de). — Anne-Paule-Dominique de Noailles, marquise de Montagu. Nouvelle édition. Un volume in-8º, avec portrait en héliogravure. Prix . . . . 7 fr. 50

PUYMAIGRE (Cᵗᵉ Alexandre de). — Souvenirs sur l'Émigration, l'Empire et la Restauration, publiés par le fils de l'auteur. Un volume in-8º carré. Prix . . . . 7 fr. 50

ROCQUAIN (Félix). — L'Esprit révolutionnaire avant la Révolution; les livres condamnés (1715-1789) d'après les arrêts et les réquisitoires conservés aux Archives nationales. Un volume in-8º. 8 fr.

(*Couronné par l'Académie française, prix Thérouanne.*)

RICARD. — L'abbé Maury (1746-1791). *L'abbé Maury avant 1789; l'abbé Maury et Mirabeau.* Un volume in-18. Prix . . . . . 3 fr. 50

SOREL. — Essais d'histoire et de critique. Metternich, Talleyrand, Mirabeau, Elisabeth et Catherine II, l'Angleterre et l'émigration française, la diplomatie de Louis XV, les colonies prussiennes, l'alliance russe et la Restauration, la politique française en 1866 et 1867, la diplomatie et le progrès. Un volume in-18. Prix . . . . . 3 fr. 50

— **L'Europe et la Révolution française.** PREMIÈRE PARTIE : *Les mœurs politiques et les traditions.* 2ᵉ édition. Un volume in-8º. Prix. 8 fr

— DEUXIÈME PARTIE : *La Chute de la royauté.* 2ᵉ édit. Un vol. in-8º. 8 fr.

(*Couronné deux fois par l'Académie française* GRAND PRIX GOBERT.)

STOFFLET (E.). — **Stofflet et la Vendée.** Un volume in-18 jésus, enrichi d'une grande carte spéciale. Prix. . . . . 4 fr.

SYLVANECTE. — **Profils vendéens**, par Sylvanecte (madame Georges Graux), avec une Préface de Jules Simon, de l'Académie française. Un volume in-18. . . . . 3 fr. 50

TOURZEL (duchesse de). — **Mémoires de madame la duchesse de Tourzel**, gouvernante des Enfants de France pendant les années 1789, 1790, 1791, 1792, 1793, 1795, publiés par le duc Des Cars. Ouvrage enrichi du dernier portrait de la Reine. Deuxième édition. Deux volumes in-8° carré. Prix. . . . . 15 fr.

VATEL (C.). — **Charlotte de Corday et les Girondins**, pièces classées et annotées, par M. Charles Vatel, avocat à la Cour d'appel de Paris. Trois volumes grand in-8°, accompagnés d'un Album contenant treize portraits gravés d'après les originaux authentiques, des vues et plans explicatifs des lieux et des *fac-simile* d'autographes. Prix (volumes et Album). . . . . 24 fr.

WELSCHINGER (H.). — **Le duc d'Enghien**, 1772-1804. Un volume in-8°. Prix. . . . . 8 fr.

VIENT DE PARAITRE :

Louis de Frotté et les Insurrections normandes (1793-1832), par L. de la Sicotière, sénateur de l'Orne. 3 volumes in-8° avec portraits et carte. Prix. . . . . 20 fr.

SOUS PRESSE

Pour paraître prochainement :

Talleyrand. — Mission à Londres en 1792. 1 vol. in-8°.

Correspondance intime du comte de Vaudreuil et du comte d'Artois pendant l'émigration (1789-1804), publiée par M. Léonce Pingaud. 2 volumes in-8° avec portraits.

Marie-Antoinette, sa vie et sa mort (1755-1793), par F. de Vyré. 1 volume in-8°.

Mémoires du duc des Cars. 2 volumes in-8°.

Charles X et Louis XIX en exil. Mémoires inédits du marquis de Villeneuve. 1 volume in-8°.

ENVOI FRANCO DU CATALOGUE GÉNÉRAL

On peut se procurer tous ces ouvrages soit à la **librairie Plon**, soit dans les principales librairies de France et de l'Étranger.

PARIS. TYPOGRAPHIE DE E. PLON, NOURRIT ET Cⁱᵉ, RUE GARANCIÈRE, 8.

BULLETIN DE SOUSCRIPTION

Je soussigné ....

....

demande à MM. E. Plon, Nourrit et Cie, de vouloir bien m'adresser les ouvrages dont les titres suivent et qui me seront envoyés *franco*,

	FRANCS.	CENT.
....	....	....
....	....	....
....	....	....
....	....	....
....	....	....
TOTAL.	....	....

au prix de ....

payable après réception, contre une quittance qui me sera présentée par la poste, le 15 du mois prochain.

SIGNATURE.

.... le .... 188 .

N. B. Les personnes qui préféreraient fixer une autre échéance que celle indiquée ci-dessus, ou qui désireraient que le prix fût réparti en plusieurs paiements mensuels, sont priées de vouloir bien l'indiquer; il sera fait suivant leur désir.

Messieurs

E. PLON, NOURRIT et Cie

IMPRIMEURS-ÉDITEURS

10, Rue Garancière, 10

PARIS

Affranchi

15 centim

En vente chez tous les Libraires

BULLETIN BIBLIOGRAPHIQUE

DE LA

LIBRAIRIE E. PLON, NOURRIT & Cie

10, rue Garancière, PARIS

FÉVRIER 1889

DERNIÈRES PUBLICATIONS HISTORIQUES

PRESSENSÉ (F. de). — L'Irlande et l'Angleterre, depuis l'acte d'union jusqu'à nos jours (1800-1888). Un vol. in-8°. Prix : 7 fr. 50

Un des sujets qui passionnent le plus l'opinion publique à notre époque, est la lutte obstinée soutenue par l'Irlande contre l'Angleterre. M. Francis de Pressensé a recherché les causes de cette division en apparence irrémédiable. Après avoir montré comment s'est faite l'union et à l'aide de quels procédés, après avoir décrit les péripéties de la question irlandaise pendant ces dernières années, l'auteur a rassemblé les éléments d'une solution conforme à l'esprit historique. C'est là le point le plus curieux de son œuvre. M. de Pressensé conclut que le grand procès de l'Irlande, déjà gagné au tribunal de l'histoire, est aussi à la veille d'être gagné au tribunal de la démocratie britannique. M. Gladstone, qui est assurément un des hommes les plus au courant d'un problème dont il a formulé la solution, a écrit deux lettres à l'auteur pour le féliciter « de l'indépendance de jugement qui fait, d'après lui, la grande valeur de cet ouvrage », et de ce qu'il veut bien appeler « l'admirable clarté et la parfaite exactitude » avec laquelle M. de Pressensé a tracé un tableau qui rappelle ceux des Guizot et des Mignet.

Anne-Paule-Dominique de Noailles, marquise de Montagu. Un vol. in-8°, avec portrait. Prix . . . . 7 fr. 50

Quelle fortune pour un livre d'être à la fois un document humain et la meilleure leçon d'histoire! C'est le cas pour ces récits de madame de Montagu, que nous recommandons aujourd'hui au public sentimental et lettré. Madame de Montagu nous fait pénétrer, on peut dire, dans l'intimité même de la Révolution française. En femme intelligente, délicate et fine, elle ramène tout à sa juste proportion. Tribuns, généraux, princes, dépouillent leur figure légendaire pour redevenir ce qu'ils étaient : des hommes de foi ou de passion. Elle ne les regarde ni par le petit bout ni par le gros bout de la lorgnette; elle les considère tels qu'ils sont. La Fayette, par exemple, comme elle le peint! et tant d'autres!

Ce qu'on peut emporter de la lecture de ce livre, c'est que la Révolution française, on ne la connaît que superficiellement, que toute cette histoire est à refaire, car les historiens ont tous été ou des apologistes, ou des pamphlétaires, qu'il faut remonter aux sources, et que de toutes les sources, la meilleure certainement, c'est un livre comme celui-ci, précisément parce qu'il ne fut pas écrit pour être un pamphlet ou une satire, mais bien comme un témoignage au cours du procès le plus tragique qui se vit jamais.

DURAS (Mme la duchesse de). — Journal des prisons de mon père, de ma mère et des miennes. Un joli vol. in-8° elzevir, enrichi d'un portrait en héliogravure. Prix. . . . . 7 fr. 50

Nos grandes familles françaises possèdent dans leurs archives nombre de documents du plus haut intérêt qui étaient restés trop longtemps inconnus. Ceux qui ont déjà été publiés ont reçu un accueil de curiosité et de sympathie bien mérité. On nous présente aujourd'hui des souvenirs de la Révolution dus à la plume de Madame la duchesse de Duras, née Noailles, et dans lesquels apparaissent les noms de plus d'une famille du noble faubourg. Cet ouvrage, dramatique et entraînant comme un véritable roman, d'autant plus saisissant qu'il ne retrace que des aventures trop réelles, constitue en même temps un ensemble de notes historiques de la plus grande importance. Le *Journal des prisons de mon père, de ma mère et des miennes*, est une nouvelle pièce, et non des moins séduisantes, qui s'ajoute à une série très heureusement commencée et qui continuera, nous l'espérons, car le faubourg Saint-Germain conserve encore plus d'un recueil de mémoires dignes de voir le jour.

COSTA DE BEAUREGARD (marquis). — Prologue d'un règne. La jeunesse du roi Charles-Albert. Un joli vol. in-8° elzevir, orné de deux portraits en héliogravure. Prix. . . . . 7 fr. 50

M. le marquis Costa de Beauregard, l'auteur d'*Un homme d'autrefois* (un très remarquable livre couronné par l'Académie française), publie un ouvrage des plus attachants sur ce souverain mystérieux qui s'appelait *Charles-Albert*. Voici quarante ans que l'étrange et infortuné héros est mort, et nul n'a encore pu deviner le secret de cette conscience royale pleine de rêves, d'élans et de repentirs, faite pour déconcerter la logique, la foi et l'amour. M. le marquis Costa de Beauregard a tenté de surprendre le *secret du Roi*, et en même temps a illuminé d'un jour nouveau la grande crise historique de l'évolution moderne de l'Italie.

VOGÜÉ (marquis de). — Villars, d'après sa correspondance et des documents inédits. Deux volumes in-8°, avec portraits, gravures et cartes. Prix. . . . . 16 fr.

Cette magnifique étude, écrite par un de nos historiens les plus distingués et consacrée à une des figures militaires les plus séduisantes du siècle de Louis XIV, n'est pas précisément une biographie du vaillant capitaine. C'est un ouvrage embrassant les principales périodes d'une vie très accidentée, et qui a surtout pour but de donner une idée exacte du rôle et du caractère de Villars. Il nous montre que si Villars fut ambitieux, amoureux non seulement de la gloire, mais aussi des distinctions, des récompenses, de la fortune, tant soit peu fanfaron et étourdi, il fut aussi un de nos plus valeureux hommes de guerre, sachant jouer gaiement sa vie pour la patrie; aussi plein d'esprit que de courage; réfléchi et audacieux sans témérité devant l'ennemi; ayant le don d'égayer et d'enlever les troupes, enfin le vrai type du soldat français.

Sans atténuer les défauts de Villars, l'auteur n'oublie pas qu'il a arrêté l'invasion victorieuse et que son épée a libéré le territoire national.

HYDE DE NEUVILLE. — **Mémoires et Souvenirs du baron Hyde de Neuville.** *La Révolution, le Consulat, l'Empire.* Un vol in-8°. Prix . . . . 7 fr. 50

Le baron Hyde de Neuville, l'ardent royaliste mêlé à tant de conspirations pendant la Révolution et le Consulat, l'âme chevaleresque que Bonaparte ne put faire plier et qu'il poursuivit dès lors avec acharnement, l'homme de gouvernement qui, entrant aux affaires à la Restauration, exerça comme ministre et comme ambassadeur une action si importante sur la politique de notre pays, a laissé des mémoires de la plus haute valeur et du plus vif attrait. Leur saveur originale, les piquantes révélations qu'ils apportent, le caractère romanesque des aventures qu'on y rencontre, la vie et la conviction qui les animent, mettent ces souvenirs au premier rang parmi les publications les plus curieuses de notre époque.

WELSCHINGER (H.). — **Le duc d'Enghien (1772-1804).** Un vol. in-8°. Prix. . . . . 8 fr.

M. H. Welschinger, connu par d'importants travaux sur la Révolution et sur l'Empire que l'Académie française a couronnés, vient de publier un ouvrage considérable sur le *duc d'Enghien*. L'auteur a puisé aux meilleures sources, et il est arrivé à présenter aux lecteurs, par ses recherches et ses observations personnelles, les vues les plus neuves sur des points peu connus ou encore obscurs, tels que les premières années du prince, ses voyages et sa correspondance, son mariage secret avec la princesse Charlotte de Rohan-Rochefort, le rôle de Talleyrand dans l'enlèvement et l'exécution du duc d'Enghien, les incidents dramatiques du procès, la prétendue mission de Réal à Vincennes, et les vrais motifs qui déterminèrent le premier Consul à prendre les funestes résolutions des 15 et 21 mars 1804. Les erreurs que de très nombreux historiens ont laissées s'accréditer jusqu'à ce jour sont redressées, et la vérité sur des événements d'une importance capitale est enfin connue.

JANSSEN (Jean). — **L'Allemagne et la Réforme : l'Allemagne depuis le commencement de la guerre politique et religieuse jusqu'à la fin de la révolution sociale,** traduit, sur la quatorzième édition, par E. Paris. Un vol. in-8°. Prix. . . . . . . 8 fr.

La première partie d'un ouvrage des plus remarquables de Jean Janssen, le grand historien allemand, *L'Allemagne et la Réforme : l'Allemagne à la fin du moyen âge*, publiée l'année dernière, a obtenu un grand succès dans le monde des lettres. La dernière partie, non moins savante et curieuse que la première, vient de paraître. Elle est consacrée à l'histoire de l'*Allemagne depuis le commencement de la guerre politique et religieuse jusqu'à la fin de la révolution sociale* (1525). Etude du parti révolutionnaire et de ses actes jusqu'à la diète de Worms (1521); progrès de la révolution politique et religieuse jusqu'à l'explosion de la révolution sociale (1524); enfin, tableau détaillé des causes, des caractères, des épisodes de cette révolution et de ses effets; rôle et influence de Jean Huss et de Luther : telles sont les étapes de ce magnifique ouvrage, écrit avec une érudition et une hauteur de vue admirables, qui a eu en Allemagne un immense retentissement, et sera accueilli en France avec autant de faveur que la première partie.

PASTOR (Dr Louis). — **Histoire des Papes depuis le moyen âge.** Traduit de l'allemand par Furcy RAYNAUD. Deux vol. in-8°. Prix . . . . 15 fr.

Un érudit allemand de la plus haute valeur, M. le docteur Louis Pastor, professeur à la faculté d'Innsbrück, écrit, d'après un grand nombre de documents inédits extraits des archives secrètes du Vatican et autres, une *Histoire des Papes* depuis la fin du moyen âge, qui est une œuvre vraiment magistrale. Elle jette un jour nouveau sur cette série de grands hommes que nous connaissons si peu et que nous aurions cependant tant d'intérêt à bien connaître, à une époque où le successeur de saint Pierre semble appelé à devenir le restaurateur de la paix, et où les fêtes du cinquantenaire du vénéré pape Léon XIII ont provoqué dans le monde entier un mouvement d'enthousiasme qui rappelle les beaux jours des grands jubilés. M. Furcy Raynaud vient de publier une excellente traduction du livre du docteur Louis Pastor. C'est rendre un grand service au lecteur français que de le mettre ainsi à même de connaître cette histoire pleine de documents nouveaux et passionnément attachante pour tous ceux qui aiment la science, l'Église et la vérité.

GREEN (J. R.). — **Histoire du peuple anglais.** Traduit de l'anglais par Auguste MONOD, et précédée d'une Introduction par Gabriel MONOD. Deux vol. in-8°. Prix . . . . 16 fr.

Ce livre n'est pas seulement une étude approfondie, érudite, éloquemment écrite; c'est de plus un ouvrage d'une physionomie particulièrement originale : on a souvent reproché aux historiens de ne raconter que les guerres, les conquêtes, les aventures des souverains. L'auteur passe rapidement sur les batailles, les négociations, les intrigues de cour, mais il expose, avec une abondance de détails merveilleuse, le développement intellectuel, social et constitutionnel de la nation elle-même. Il relègue au second rang les brillants succès des armées; il exalte en revanche tous les exploits pacifiques du peuple anglais, comme la *Fairy Queen* et le *Novum Organum*. Il place Shakespeare au premier rang parmi les héros du siècle d'Elisabeth, et met les investigations scientifiques de la Société Royale de Londres à côté des victoires de Cromwell. Ce point de vue si juste donne à l'œuvre un caractère des plus curieux.

Sous presse, pour paraître prochainement :

ROUSSET (Camille). — La Conquête de l'Algérie, 2 vol. in-8°, avec atlas.

SICOTIÈRE (De la). — Louis de Frotté et les insurrections normandes (1793-1832), 3 vol. in-8°.

PINGAUD. — Correspondance intime du comte de Vaudreuil, 2 vol. in-8°.

CHAUDORDY (Comte de). — La France en 1889, 1 vol in-18.

WELSCHINGER (H.). — Le Divorce de Napoléon, 1 vol. in-18.

EN VENTE A LA MÊME LIBRAIRIE

La Conquête de l'Algérie (1841-1857), par Camille Rousset, de l'Académie française. Deux vol. in-8°, avec atlas spécial. Prix. . . . . 20 fr.

Un Chancelier d'ancien régime. *Le règne diplomatique de M. de Metternich*, par Ch. de Mazade, de l'Académie française. Un vol. in-8° Prix. 7 fr. 50

La Jeunesse du roi Charles-Albert, par le marquis Costa de Beauregard. Un vol. in-8° elzevir, avec portrait. Prix. . . . . 7 fr. 50

Les Gloires maritimes de la France : L'Amiral Baudin, par le vice-amiral Jurien de la Gravière, de l'Académie française. Un vol. in-18, accompagné de sept cartes. Prix. . . . . 4 fr.

Les Gloires maritimes de la France : L'Amiral Roussin, par le vice-amiral Jurien de la Gravière, de l'Académie française. Un vol. in-18, avec quatre cartes et fac-similé. . . . . 4 fr.

Le Divorce de Napoléon, par Henri Welschinger. Un vol. in-18. 3 fr. 50

Le Duc d'Enghien (1772-1804), par Henri Welschinger. Un vol. in-8°. 8 fr.

Défense de Dantzig en 1813. *Documents militaires du lieutenant général de Campredon*, publiés par Ch. Auriol. Un vol. in-18, avec plan. . 4 fr.

Journal des prisons de mon père, de ma mère et des miennes, par madame la duchesse de Duras, née Noailles. Un vol. in-8°, avec portrait en héliogravure. Prix. . . . . 7 fr. 50

Anne-Paule-Dominique de Noailles, marquise de Montagu. Nouvelle édition, avec portrait en héliogravure. Prix. . . . . 7 fr. 50

Frotté et les insurrections normandes, par L. de la Sicotière, sénateur de l'Orne. Trois vol. in-8°, accompagnés de portraits, de fac-similé et d'une carte spéciale en couleurs. Prix. . . . . 20 fr.

La Famille de madame de Sévigné en Provence, d'après des documents inédits, par le marquis de Saporta. Un vol. in-8°, avec portraits. 7 fr. 50

Renonciation des Bourbons d'Espagne au trône de France, par le marquis de Courcy, ancien diplomate. Prix. . . . . 3 fr. 50

La France en 1889, par le comte de Chaudordy. 2e édition. Un vol. in-18. Prix. . . . . 3 fr. 50

La Mission de Talleyrand à Londres, en 1791. Correspondance inédite avec le département des affaires étrangères, le général Biron, etc., etc. Ses lettres d'Amérique à lord Lansdowne. Pièces inédites publiées par G. Pallain, ancien directeur au ministère des affaires étrangères. Un beau vol. in-8°, avec un portrait de Talleyrand, d'après une miniature d'Isabey. Prix. 8 fr.

Dupleix, d'après sa correspondance inédite, par Tibulle Hamont. Ouvrage accompagné de cartes. Un vol. in-8°. Prix. . . . . 7 fr. 50

La Question d'Orient au dix-huitième siècle : Origines de la triple alliance, par Albert Sorel. 2e édition. Un vol. in-18. Prix. . . 3 fr. 50

PARIS. TYPOGRAPHIE DE E. PLON, NOURRIT ET Cie, RUE GARANCIÈRE, 8.